《江西天然气公司志》编纂委员会

主　　任　何国群

副 主 任　李天晓

委　　员　刘伟伟　孙秋平　黄　强　叶金万　詹　辉　胡素平　聂长文　王　杨　程晓龙　陈　东　赵雪海

《江西天然气公司志》编纂人员

编纂顾问　冯江南

编纂人员（按姓氏笔画排序）

万　晨	万闵晓霞	王佩瑶	王晓艳	邓勇平	左玉磊
叶　露	兰忠宇	成菊林	朱　光	朱珍妮	刘　扬
刘　阳	刘　远	刘　丽	刘步青	刘芹琴	刘福英
刘碧娟	江艺青	许文清	李卫明	李　平	李　伟
李英博	李　凯	李淑平	李皓然	李德平	杨晓燕
杨　康	肖　峰	吴　强	何芳仪	何瑞莉	邹领夫
沙尔正	沈　成	宋昊轩	宋　薇	张　云	张天阳
张春燕	张　莹	张　慧	陈伟婷	陈　琰	陈　登
欧阳佩	欧阳凰生	卓琳昕	罗　忆	罗来玉	周洁如
周容彬	周新华	赵　璨	胡雨欣	胡怡婷	柯　伟
钟　良	钟明波	洪艳萍	姚　欣	姚　渡	贺丝雨
贾美胜	徐调能	郭海锋	黄诚军	黄保亮	黄敏倩
黄智窈	梅　真	彭　帅	彭江莉	彭思敏	韩　旭
掌　英	喻　琨	喻琴琴	程鹏波	舒屹斐	曾彩梅
曾　瑜	谢欢欢	赖家扬	雷宇诗诗	蔡升鑫	熊洪刚
黎　羿					

江西天然气公司志

JIANGXITIANRANQIGONGSIZHI

2007-2018

《江西天然气公司志》编纂组　编

图书在版编目（CIP）数据

江西天然气公司志：2007~2018 / 《江西天然气公司志》编纂组编. -- 南昌：江西人民出版社，2020.11

ISBN 978-7-210-10356-1

Ⅰ.①江… Ⅱ.①江… Ⅲ.①石油企业－工业企业－概况－江西－2007-2018 Ⅳ.①F426.22

中国版本图书馆CIP数据核字（2018）第078641号

江西天然气公司志：2007~2018

《江西天然气公司志》编纂组 编

责任编辑：徐明德

特约编辑：陈 艳

书籍设计：同异文化传媒

出 版：江西人民出版社

发 行：各地新华书店

地 址：江西省南昌市三经路47号附1号

编辑部电话：0791-86898965

发行部电话：0791-86898801

邮 编：330006

网 址：www.jxpph.com

E-mail：gjzx999@126.com

2020年11月第1版 2020年11月第1次印刷

开 本：889毫米×1194毫米 1/16

印 张：35

字 数：550千字

ISBN 978-7-210-10356-1

赣版权登字—01—2020—433

定 价：169.00元

承 印 厂：长沙超峰印刷有限公司

序　言

时光荏苒，岁月如梭。江西天然气自2007年成立以来至今已走过十二个春秋。自成立以来，在江西省投资集团有限公司的正确领导下，江西天然气人用行动践行“保一湖清水，护一片蓝天”的企业使命，用行动履行“做负责任的人，干负责任的事”的企业司训，用行动诠释“为社会创造和谐，为企业创造效益，为员工创造事业”的企业价值观；自成立以来，江西天然气人同心同德、艰苦创业、顽强拼搏，实现了企业从无到有、从小到大、从弱到强的跨越式发展，结束了江西无管输天然气的历史；自成立以来，江西天然气坚持上中下游产业一体化战略，产业覆盖上游油气资源勘探开发、中游省级天然气管网建设运营、下游终端市场天然气推广利用等天然气全产业链，积极进军天然气分布式能源、配售电、碳排放权交易等智慧能源、环保、绿色发展领域。

“治天下者以史为鉴，治郡国者以志为鉴”。编纂《江西天然气公司志》，客观记录江西天然气事业艰苦创业的发展历程，正是为了发挥志书“存史、资政、育人、交流”的作用。本志采用志书体例，按篇、章、节、目结构编写。卷首设序言、凡例、综述及大事记，主体部分包括概况、工程、运营、安全、管理、党群、荣誉共计7篇29章85节，卷尾附录公司简介。

本志全文逾40万字，按照横排竖写、述而不论、详近略远、突出特点的原则，以及“广征、核准、精编、严审”的工作方法，全面、客观、准确地记述江西天然气板块各家公司成立以来的经营发展状况，做到政治观点正确，史料翔实完整、体例科学合理、文字简明精要，具有一定的存史价值和应用价值。

有道是，盛世修志，志载盛世。我们相信，《江西天然气公司志》的编纂出版，不仅为企业保留了较为翔实的历史资料，也为江西天然气人保留了一笔内容丰富的精神财富，同时为长期以来关心、支持、帮助江西天然气事业的各界朋友提供加深了解的宝贵资料，更是为推动江西天然气事业健康持续发展发挥积极的作用，有效促进江西天然气企业文化建设。

何明辉

2019 年 3 月 8 日

凡　例

一、本志以马克思列宁主义、毛泽东思想、邓小平理论、“三个代表”重要思想、科学发展观和习近平新时代中国特色社会主义思想为指导，坚持尊重历史、突出重点、注重亮点、彰显特色的原则，旨在多角度、多层次、多方位地反映江西天然气艰辛的创业经历、发展历程和经营业绩。记事详近略远、详事略人、详主略次，是一部江西天然气人团结拼搏、奋发图强的创业史和发展史。

二、本志记述时限：上限起于 2007 年 8 月 1 日，下限止于 2018 年 12 月 31 日，个别事项延伸至 2019 年。

三、本志所述江西天然气是指江西省天然气集团有限公司及其投资设立的从事天然气管网建设运营、油气资源勘探开发、终端燃气销售、车（船）加气、调峰储气设施建设运营、天然气分布式能源等天然气相关业务及配售电、碳排放权交易等其他业务的企业。

四、本志记述范围：仅限于江西省天然气集团有限公司和所属二、三级投资企业。

五、本志结构：分为“综述、大事记、专志、附录”四大部分。专志又包括“概况、工程、运营、安全、管理、党群、荣誉”七篇。

六、本志体例：横排门类、纵论历史，以述为主、详近略远，各专志设篇、章、节、目，文、图、表、录诸体并用。

七、本志文体：使用语体文、记述体，重在记述、叙而不论。使用文字以新闻出版署和国家语言文字委员会于 1992 年 7 月 7 日发布的《出版物汉字使用管理规定》为准。

八、本志荣誉篇分为集体荣誉、个人荣誉，按时间先后记录集体和员工获得的荣誉，不就单个人物设立传记或者简介。

九、历史纪年：一律采用公元纪年。

十、数字用法：以《中华人民共和国国家标准出版物数字用法》（GB/T15835-2011）为准。

十一、计量单位：以由全国人大通过的《中华人民共和国计量法》（2015 年修订）为准。

十二、叙述方式：采用第三人称。人物称谓，直书其名。历史上的典章、地名、机构、职务等，以所记事物当时的名称为准，记载单位名称除标用现名外，第一次出现时用全称，以后出现用简称。主要简称包括：中国石油天然气集团有限公司简称为“中国石油集团”；中国石油天然气股份有限公司简称为“中国石油股份”；中国石油化工集团公司简称为“中国石化集团”；中国石油化工股份有限公司简称为“中国石化股份”；中国石油化工股份有限公司天然气分公司简称为“中国石化股份天然气分公司”；江西省投资集团有限公司简称为“省投资集团”；江西省天然气集团有限公司简称为“天然气集团”；江西省天然气管道有限公司简称为“天然气管道”；江西省天然气投资有限公司简称为“天然气投资”；江西省投资燃气有限公司简称为“投资燃气”；江西天然气能源投资有限公司简称为“能源投资”；江西省页岩气投资有限公司简称为“页岩气公司”；江西省天然气集团有限公司管道分公司简称为“管道分公司”。

十三、本志资料以档案资料为主，采用的数据来源于历年统计报表以及相关部室提供的资料，广征博采并考证核实有关文件，力求客观准确，翔实可靠。

目　录

第二篇 工 程

第三篇　运　　营

第四篇　安　全

第五篇 管 理

第六篇 党 群

第七篇　荣　誉

综　述

江西省天然气集团有限公司〔原江西省天然气（赣投气通）控股有限公司，于2019年3月变更公司名称〕是江西省投资集团有限公司贯彻落实江西省人民政府关于加快打造一流投融资平台、进一步延伸并做大做强江西省天然气产业链条的指示精神，于2011年10月注册成立的国有独资公司，现有注册资本8.68亿元人民币，总部设在江西省南昌市。作为江西省对接国家天然气长输管道的唯一投资主体，天然气集团按照“统一主体、统一网络、统一调配、统一价格”的“四统一”原则和“全省一张网”的模式，负责投资、建设、运营和管理省级天然气管网，业务覆盖省级天然气管网建设运营、页岩气勘探开发、CNG加气母站建设运营、省级LNG储备调峰项目、城市燃气开发、工业园区供气、CNG汽车加气、LNG车船利用、管道防腐和管道设备安装、天然气分布式能源、配售电、碳排放权交易等智慧能源、环保、绿色发展领域。

一

2010年以前，江西是中部地区唯一没有使用上管输天然气的省份。为了让全省居民和企业尽早用上价格均等、清洁高效的管输天然气，江西省委、省政府高瞻远瞩，立足省情，确定了“四统一”原则及“全省一张网”模式建设省级天然气管网，为江西天然气产业有序发展奠定了坚实基础。

2007年8月，经江西省人民政府授权，江西省发改委与中国石油化工集团公司正式签署《关于合作开发江西省天然气市场的框架协议》，同意共同组建江西省天然气管道有限公司（原江西省天然气有限公司，于2019年3月变更公司名称）。2007年10月，经江西省人民政府授权，投资集团与中国石油化工股份有限公司正式签署《关于组建江西省天然气有限公司合作经营合同》，合作开发江西省天然气市场。2007年12月，省投资集团与中国石化股份合资成立了天然气管道，负责省天然气管网一期工程投资、建设、运营、管理。

2008年2月，省投资集团和江西省投资房地产开发有限责任公司共同出资组建江西省投资燃气有限公司，同月，投资燃气正式注册成立，负责城市燃气、省级LNG储备调峰、工业园区直供、CNG/LNG 汽车加气、燃气设备安装、管道防腐等投资、建设、运营和管理。2010 年 1 月 10 日，江西省投资房地产开发有限责任公司与省投资集团签订股权转让协议，江西省投资房地产开发有限责任公司同意将 20% 的投资燃气股权转让给省投资集团，省投资集团持有投资燃气 100% 股权。2010 年 12 月，省投资集团、中国石化天然气有限责任公司关于投资燃气增资扩股签约仪式在南昌举行。省投资集团以投资燃气经评估备案后的全部净资产作为出资，出资额占合资公司注册资本金的 54%；中国石化天然气有限责任公司以现金出资，出资额占合资公司注册资本的 46%。

2010 年 4 月，省投资集团和南昌中油兴能有限责任公司共同出资组建江西省天然气投资有限公司。2010 年 8 月，省投资集团与中石油昆仑天然气利用有限公司在北京签订《江西省天然气投资有限公司合资合同》，决定对天然气投资进行增资扩股，吸收中石油昆仑天然气利用有限公司为合资公司股东，共同投资开发江西省天然气市场。同月，天然气投资临时股东会在南昌召开，同意南昌中油兴能有限责任公司退出在天然气投资的股权，由省投资集团收购南昌中油兴能有限责任公司持有天然气投资的 5% 股权。江西省人民政府同意中石油昆仑天然气利用有限公司作为投资主体与省投资集团组建天然气投资，注册资本金为 4 亿元人民币，双方各持 50% 股权。天然气投资作为承接西气东输入赣天然气的唯一主体，负责投资、建设、运营和管理江西省天然气省级管网工程（二期工程），并可参与该管网域内所在城市的天然气相关业务。2012 年 12 月，中石油昆仑天然气利用有限公司与中国石油股份在北京签订《股权转让合同》，同意将中石油昆仑天然气利用有限公司持有的天然气投资 50% 股权转让给中国石油股份。天然气投资以电话通讯的方式召开股东会，会议同意中石油昆仑天然气利用有限公司所持有的天然气投资 50% 股权按照评估价格转让给中国石油股份，同意省投资集团所持有的天然气投资 50% 股权转让给天然气集团。

2011 年 5 月，省投资集团研究决定，成立天然气集团，负责管理省投资集团天然气业务。2011 年 10 月，天然气集团在南昌注册成立。

2013 年 3 月，天然气集团独资成立江西省页岩气投资有限公司，负责油气资源勘查、开发、投资、建设、运营及管理等工作。

2013 年 4 月，天然气集团独资成立江西天然气能源投资有限公司，负责城市燃气、工业园区直供、CNG/LNG 汽车加气、燃气设备安装、管道防腐等投资、建设、运营和管理，重点围绕江西省天然气管网二期工程覆盖区域拓展燃气业务。

2016年4月，省投资集团下发《关于江西省天然气（赣投气通）控股有限公司〈组建省天然气控股有限公司管道分公司〉的批复》（赣投战管字〔2016〕11号），同意组建江西省天然气集团有限公司管道分公司。2016年5月，管道分公司注册成立，负责省天然气管网二期工程管道建设。

2017年11月，天然气集团独资成立江西省绿汇生态环保科技有限公司，负责环保科技领域内的技术开发、服务，温室气体减排、碳抵消等项目提供咨询、设计、管理服务，合同能源管理等工作。

截至2018年底，天然气集团投资成立了天然气管道、天然气投资、投资燃气、能源投资、页岩气公司、江西省绿汇生态环保科技有限公司、江西安鑫置业有限公司7家二级企业和新余市燃气有限公司、九江市天然气有限公司、江西省鄱阳湖液化天然气有限公司、高安市天然气有限公司等38家三级控参股企业，并与中国石油集团、中国石化集团、华润燃气集团有限公司、港华燃气有限公司、新奥能源控股有限公司、深圳市燃气集团股份有限公司等国内知名企业建立了良好的合作关系。

二

江西天然气成立以来，在江西省委、省政府的正确领导和亲切关怀下，认真贯彻落实江西省委、省政府提出的“建设天然气入赣工程，加快我省利用天然气工作”重要战略部署，积极策应江西打造美丽中国“江西样板”，主动服务国家生态文明试验区建设等发展战略，按照“进军上游，稳固中游，拓展下游”的“上中下游一体化”战略，全力推进管网建设、天然气推广利用、油气资源勘探等工作。

推进管网建设　夯实发展基础

2009年1月9日，省天然气管网一期工程九江至南昌段在永修县燕坊镇正式打火开焊，江西中高压长输天然气管道建设开始从“零”公里起步。江西天然气人在保证安全质量的前提下，全力推进省级管网建设，攻克鄱阳湖定向钻穿越、雁列山隧道群穿越、赣江定向钻穿越、京九铁路穿越等控制性工程，2010年6月，总长180.39km、设4座输气场站和9座线路截断分输阀室的九江－南昌段管线投产，彻底结束了江西无管输天然气历史。2010 年 12 月，省天然气管网二期工程首个项目——萍乡接收站开工。2011 年 10 月，省天然气管网二期工程赣州接收站、赣州末站及其联络线点火通气，这是省天然气管网二期工程自建设以来首段投产的管线，是江西省首次正式承接西气东输二线入赣天然气，江西实现了西气东输、川气东送“双气源”供应。2014 年 8 月，从景德镇和余江同时出发的两路天然气气流在余干输气站汇合并顺利点火，省天然气管网一期工程余江至景德镇段管线贯通，标志着环鄱阳湖天然气管网通气试投产成功，这将大幅提升江西天然气供应保障能力。截至 2018 年底，省级天然气管网已建成管道 1787km（一期管网 1123km、二期管网 664km），输气站 43 座、CNG 加气母站 8 座，完成投资约 70.6 亿元，省天然气管网形成了环鄱阳湖主管网以及沿国家长输管道向周边延伸的支管网架构；包括 11 个设区市中心城区在内的 58 个县（市、区）已使用管输天然气，并在多地实现一、二期管网互联互通、“双气源”供应。为保障全省用气高峰期和紧急情况下的天然气供应，在湖口金砂湾工业园长江沿岸投资建设了鄱阳湖 LNG 调峰储备项目，项目设计储备规模为 6 万 m^3LNG 天然气，第一个 2 万 m^3LNG 储罐于 2016 年底建成投产，可参与全省用气调峰。

加快推广利用　提升用气总量

自 2010 年 6 月江西省天然气管网九江－南昌段投产以来，省天然气管网供气量大幅增长，2010–2018 年累计供应管输天然气 86.95 亿 m^3，近三年年均增长率达到 23.32%。其中，2018 年供应管输天然气 20.91 亿 m^3。为加快推进江西天然气上中下游产业一体化发展进程，天然气集团围绕省天然气管网一、二期工程覆盖地区，不断拓展城市燃气、工业园区供气和汽车加气等业务渠道。本着战略合作、互利共赢的原则，通过与地方人民政府和各类所有制企业开展合作，投资燃气投资设立终端企业 25 家，能源投资成立终端企业 17 家子（分）公司。目前，工业用气方面，已向江西和美陶瓷有限公司、巨石集团九江有限公司、江西赛维 LDK 太阳能多晶硅有限公司、江西铜业股份有限公司贵溪冶炼厂等 60 余家各类工业园区的大中型工业企业供应天然气。车船用气方面，在长江江西段、“五河一湖”等内河、湖泊积极发展以 LNG 为燃料的运输、作业船舶。鄱阳湖水域水运应用 LNG 项目正式获批交通部第二批水运行业 LNG 应用试点示范项目，自主试点改造的两艘 1000/2000 吨位的 LNG—柴油混合动力船成功在鄱阳湖试运行。天然气分布式能源方面，在重点工业园区、重点企业，机场、火车站、数据中心等大型综合设施，大力发展天然气分布式能源项目，实现热电联产、多能互补、应急调峰等功能。同时，大力推进天然气发电及售电业务。居民用气方面，积极培育城镇天然气利用市场，加快推进城镇居民、公共服务等领域燃煤、燃油的天然气替代。

实施资源勘探　提升保障能力

2013 年全国第二轮页岩气勘查工作的全面启动，省内开展了修武盆地页岩气勘查项目及赣北其他地区非常规油气资源调查评价工作。为助推江西天然气事业发展，天然气集团于 2012 年 10 月 25 日参加了国土资源部组织的全国第二轮页岩气修武区块探矿权招标。2013 年 1 月 18 日，经国土资源部审查合格，天然气集团取得页岩气勘查项目江西修武盆地区块探矿权，并独资成立了页岩气公司，专门负责油气勘查、开发、投资、建设、运营及管理等专业性工作。江西修武盆地页岩气区块探矿权的取得和页岩气公司的成立标志着江西天然气向上、中、下游产业一体化的战略目标迈出了关键性的一步。2013 年 5 月，修武盆地页岩气勘查工作全面启动，江页 1 井于 2014 年 10 月开钻，2015 年 1 月完井，实际完钻井深 2730m，完钻层位震旦系皮园村组。江页 2 井于 2015 年 12 月开钻，2016 年 4 月完井，实际完钻井深 3192m，完钻层位震旦系皮园村组。江页 1 井与江页 2 井分别开展了测井、录井、固井、取心及分析测试等相关工程项目。为深化对修武区块有机质成熟度过高与页岩气保存条件认识，页岩气公司对工区外围下寒武统目的层开展了野外调查，并有针对性地进行采样、测试 42 件次。同时赴相邻区块，采样测试 18 件次。通过调研对比，查明了寒武系成熟度过高的原因。为客观评价勘查工作部署实施及完成情况，启动了由中科院朱日祥等三名院士牵头负责《江西修武盆地页岩气勘查综合评价》项目，为修武盆地页岩气区块探矿权届满考核及下步工作部署提供了科学依据。2018 年 10 月 19 日，自然资源部对页岩气探矿权期进行届满考核，修武页岩气区块免于考核处罚。在结合工区勘查实践认识与院士意见基础上，对保留区块内保存条件相对较好的区域进行矿权延续。为早日实现江西油气突破，页岩气公司立足修武盆地积极探索省内油气勘探工作，自 2015 年开始对南鄱阳盆地进行油气资源调查工作，完成了资料收集整理、野外地质调查、岩样测试分析等实物工作，并对以往在南鄱阳盆地开展过油气勘探的单位进行了调研，进一步明确了勘探潜力，完成了南鄱阳盆地地质综合评价工作，明确了东区为勘探有利区。先后多次向省政府、省自然资源厅递交准予对南鄱阳盆地东区开展调查评价的申请，2018 年 10 月 29 日自然资源厅 16 次厅长办公会审议通过该项目议题，2018 年 12 月 18 日，以朱日祥院士、贾承造院士为首的专家组审议通过该项目设计，按照南鄱阳盆地油气调查工作部署，2019 年启动了二维地震勘探项目，完成了地震资料野外采集施工，开展了地震资料处理解释分析工作，并部署筹备第一口钻探井相关工作。

为拓宽公司发展路径，页岩气公司针对丰城煤层气区块开展了资料收集、野外地质调查等工作，并多次赴中联煤层气有限责任公司沟通交流，明确了勘探开发潜力，最终促成丰城煤层气区块勘探开发利用合作协议的签订，为丰城煤层气勘探开发奠定了坚实基础。

三

天然气集团通过注重安全生产管理，建立安全生产管理长效机制，确保安全运行，稳定供气；通过苦练内功、严打基础，增强板块内部协同效应，提高企业管理水平；通过加强党的建设，丰富企业文化内涵，不断增强企业凝聚力和向心力。

狠抓安全生产　确保平稳运行

江西天然气上下始终将安全生产放在发展的首要位置，全面贯彻“安全第一、预防为主、综合治理、持续改进”的安全管理方针，始终坚持“杀鸡用牛刀、小题要大作、矫枉要过正”的安全管理理念，牢固树立“隐患就是事故”的安全意识。全面推进各企业“安全标准化建设”，制定安全生产标准化建设实施方案和评分细则，持续强化 QHSE 管理，抓好安全技能培训和三级安全培训教育工作，确保特种作业人员 100% 持证上岗。截至 2018 年 12 月 31 日，省天然气管网连续安全稳定运行 3115 天，实现了安全生产无一般以上输供气生产责任事故、无一般以上工程建设责任事故、无一般以上火灾责任事故、无一般交通主要责任事故、无大面积停气责任事故、杜绝死亡和环境污染事故的“五无一杜绝”和零伤害、零损失、零污染、零事故的“四个零”目标。

对内——加强安全文化建设，开展安全技能比武、安全知识竞赛、安全演讲比赛、合理化建议、应急演练等安全活动，形成“人人管安全、安全为人人”的安全生产文化。对外——积极对广大民众宣传天然气使用及管道保护安全知识，并加强与人民政府部门、企业协调治理天然气管道占压、安全间距不足、第三方破坏等问题。同时以天然气集团安委会为组织领导，突出安全重点，常态化开展专项安全生产检查。认真贯彻落实上级各类安全生产文件和会议精神，不定期开展员工持证上岗、合规经营、工程建设、招投标等方面基础资料检查；常态化开展企业经营管理综合督查，全面掌握安全生产动态。大力创新安全管理思路，提高安全生产监察部门及人员的地位和待遇，全面实行安全生产“一票否决”制。

强化企业管理　激发发展活力

不断强化标准化建设，编制了企业内部控制体系规范，开展了对标学习、引进了管理咨询，围绕公司战略、财务、投资、工程、物资、安全、生产、人力、行政、信息、党建、监审 12 个管理专项，理顺管理关系，明晰管理职权，简化管理流程；启动了江西天然气共享经营管理信息平台建设，初步实现了江西天然气信息安全共享、互联互通；坚持德才兼备、注重实绩、群众公认的选人用人导向，实施了公开竞聘和民主推荐相结合的干部选聘机制，激发了干部谋划企业科学发展的生机与活力，按照“管宏观、管政策、管协调、管服务”的人才管理思路，每年有计划引进吸收人才，为企业后续发展注入新生力量；围绕公司战略发展目标，注重公司财务治理工作，通过不断的探索和实践，实行母子公司范围内的会计基础工作标准化、规范化，加强财务管理规章制度建设，逐步形成一套比较完善的财务风险管理体系。建立了预算执行和经营亏损预警机制，通过融资租赁、债券融资、委托贷款、专项债券等方式融资，搭建了多渠道的融资服务平台。

加强党的建设　稳固红色根基

始终将党建工作贯穿于企业经营和发展的各个方面，深入贯彻落实习近平新时代中国特色社会主义思想和党的十九大精神，特别是全国国有企业党的建设工作会议精神，按照全面从严治党的各项工作部署要求，坚持“融合党建”导向，突出“分层分类推进、强化基层基础”重点，严格执行新形势下加强和规范党内政治生活、加强党内监督要求，切实做到思想建党和制度治党紧密结合，统筹推进和突出重点相互统一。

天然气集团不断夯实党建工作基础，本着“围绕发展抓党建，抓好党建促发展”的原则，着力打造特色党建品牌，扎实开展“三融三促”，把党建工作融入工程建设，促进工程质量不断提升；把党建工作融入安全保障，促进省级管网平稳运行；把党建工作融入市场推广，促进销气总量再创新高；组织开展“诵读红色家书，牢记初心使命”等主题党日活动，逐步加强基层党组织建设，针对部分基层企业、站队党员人数偏少，不满足建立党支部条件的现状，建立了区域或联合党支部；积极探索混合所有制企业党建工作，在江西港华燃气有限公司等参股企业设立了党支部，充分发挥党组织的政治核心作用、党支部的战斗堡垒作用。按照“抓源头、重预防、建机制、强教育”的工作思路，坚持把纪律和规矩挺在前面，把握运用监督执纪“四种形态”重点是第一种形态的运用，严格落实党风廉洁建设责任制，加强纪检队伍建设，大力构建“制度建设、宣传教育、监督检查”并重的惩防体系，积极推进企业廉洁文化建设，为江西天然气持续健康发展提供积极的监督保障作用。

坚持以人为本　构建和谐企业

积极帮助员工成长成才，为员工营造良好的学习、工作环境。在员工职业生涯发展规划上，搭建了行政、专业技术和技能三条员工晋升通道，并提出了员工职业发展通道建设“专业技术、技能人员评聘分开”的基本原则，将员工所获取的任职资格与工作实际表现结合起来，对人才进行再评估、职位聘任和薪酬激励，以充分挖掘、激励和保留企业专业骨干人才。外部培训方面，组织外部拓展、心理辅导、国学讲堂等综合知识类培训，提高员工业务知识水平。内部培训方面，建立资源共享的培训平台，开发板块内训师团队，定期开展员工培训取证和各种专业培训。在新员工培养上，开展“师徒结对”活动，一对一结对帮扶新员工，促进新员工快速成长。创建“学习型、安全型、技能型、和谐型”四型班组，建造实训基地，员工创新工作室，培养一批工匠型人才。各级工会组织大力推进企业人文关怀，切实为困难职工排忧解难，对职工本人或直系亲属患重大疾病导致家庭困难、工作在一线的困难职工进行困难补助。时刻把职工的冷暖放在心上，牢记群众利益无小事，坚持做好服务基层、服务职工群众。做好生日、结婚、病丧慰问等人文关怀，每年春节前夕慰问天然气集团困难职工，定期在酷暑高温节气到基层单位开展“走基层、送清凉”活动，积极开展“爱心活动”，实施“平安工程”精神，把企业的关心送到员工心中。积极开展文体活动，丰富员工的业余文化生活。

丰富企业文化　增强企业凝聚力

通过挖掘、整理、提炼，初步构建了江西天然气企业文化体系。形成了以“做负责任的人，干负责任的事”为理念的责任文化，教育引导广大员工树立“工作就是责任”“责任胜于能力”“责任激发潜能”“责任成就卓越”的理念，营造浓厚的干事创业氛围，通过以“岗位学雷锋、行业树新风”为主题，广泛开展“以老带新”“爱心捐助”“义务献血”等活动，大力弘扬和践行雷锋精神，推动了学雷锋活动长期化、常态化、机制化；以“小题要大作，杀鸡用牛刀，矫枉要过正”的安全管理理念，强化安全文化建设，鼓励安全文化创新，完善安全文化建设制度，广泛开展员工喜闻乐见的安全教育活动，营造浓厚的安全文化氛围；以“四个乐园”“五小工程”建设为载体的家文化，积极开展文体活动，通过迎接新员工联欢会、开展主题演讲比赛、歌咏比赛、劳动竞赛、拓展训练、登山比赛、相亲交友等活动，为员工打造良好的学习、生活、工作环境。针对青年员工比例较大的特点，天然气集团各级团组织把关爱团员青年成长成才、调动团员青年服务天然气集团发展的积极性作为重点工作，加强团员青年思想教育工作，成立学雷锋青年志愿者服务队，组织开展志愿者服务、文明单位创建等活动，激发了天然气集团广大团员青年立足岗位做奉献的工作热情。

经过十二年的发展，天然气集团及所属企业先后获得“江西省优秀企业”“江西省文明单位”“江西省五一劳动奖状”“江西省属企业先进基层党组织”等荣誉称号，天然气集团成功入围“中国能源集团500强”“江西百强企业”“双百行动”企业。

履行社会责任　展现国企担当

积极履行国有企业政治责任、经济效益和社会效益。经济效益方面，省天然气管网为江西经济社会发展提供了坚实的能源保障，为降低工业企业用气成本，多次联合终端燃气企业采取措施降低供气价格。供气以来，以其他工业用户价格和人民政府限价为基准计算，为江西大型工业企业节约成本约5.34亿元，仅2018年就为工业企业降低成本9800多万元。社会效益方面，天然气发展为江西生态文明试验区建设、打造美丽中国“江西样板”提供了有力支撑。截至2018年底，省天然气管网累计供应管输天然气86.95亿 m^3，累计减少标煤使用约1087万吨，减排二氧化碳约3858万吨、二氧化硫约43万吨、氮氧化物约11万吨。通过天然气的不断推广使用，促进了江西空气、水质、生态、人居环境的改善，提高了人民群众生活质量。

“保一湖清水，护一片蓝天”，天然气集团正在紧紧围绕江西省委、省政府提出的“十三五”期间天然气发展“两个目标”和“三方面重点工作”以及省政府办公厅印发《江西省省级天然气管网建设三年攻坚行动计划（2018-2020年）》通知要求，推进天然气管网建设，到2020年，省级天然气管道建成总里程超过 2500km，实现“气化江西、县县通气”，构建江西“三纵、四横、五环”的管网构架，形成衔接上下游，沟通东西、贯穿南北、多处闭环的管网体系。推进天然气推广利用，重点推进锅炉“煤改气”工作，加快工业领域天然气用能替代，积极培育城镇天然气利用市场，推进车、船天然气燃料置换，大力延伸天然气产业链，开拓分布式能源等新的用气领域，提升全省天然气利用总量；抓好天然气安全供应，狠抓安全生产工作，确保管网安全平稳运行。统筹考虑省内省外两种资源、管道和 LNG 两种方式，提升气源保障能力。以国家油气体制改革为契机，实施“走出去”战略，积极参与国际 LNG 贸易，获取国内外优质 LNG 资源，抓好油气资源勘探，确保全省天然气安全平稳供应。

新起点，新征程，新未来，天然气集团将在省投资集团的正确领导下，以更加饱满的热情、更加务实的作风、更加有力的举措，齐心协力，攻坚克难，不忘初心，砥砺奋进，深入推进“上中下游一体化战略”，为建设我省清洁能源现代企业而努力奋斗，为建设富裕美丽幸福现代化江西做出应有贡献！

大事记

2007年

8月

24日　经江西省人民政府授权，江西省发改委与中国石化集团正式签署《关于合作开发江西省天然气市场的框架协议》，同意共同组建天然气管道，负责江西省天然气管网的投资、建设、运营和管理。

10月

8日　在江西省国有企业与驻京大型企业对接座谈会期间，中国石化集团党组成员、中国石化股份高级副总裁章建华在北京接见省投资集团副总经理、天然气管道董事长何国群，表示将大力支持和推动江西天然气市场发展。中国石化股份天然气分公司总经理高爱华等参加接见。

29日　经江西省人民政府授权，省投资集团与中国石化股份正式签署《关于组建江西省天然气有限公司合作经营合同》，合作开发江西省天然气市场，负责省天然气管网投资、建设、运营和管理。

11月

12日　天然气管道第一届董事会在南昌召开，会议选举省投资集团推荐的何国群担任董事长、中国石化股份推荐的高爱华担任副董事长。

天然气管道第一届监事会第一次会议在南昌召开，会议选举中国石化股份推荐的刘建忠担任监事会主席。

13日　中国石化股份天然气分公司发函推荐郑跃辉为天然气管道副总经理人选，推荐孙中义为财务总监人选。

20日　省投资集团发函推荐叶金万任副总经理。

12月

3日　天然气管道在南昌市注册成立，注册资本5亿元人民币，法定代表人为何国群。

11日　天然气管道第一届董事会第二次会议在北京中国石化股份天然气分公司会议室召开。会议决定聘任郑跃辉、叶金万任副总经理，孙中义任财务总监。同时决定聘任詹辉为总法律顾问。

2008年

2月

3日　投资燃气召开股东会，省投资集团和江西省投资房地产开发有限责任公司共同出资组建投资燃气，并审议通过了《公司章程》。

18日　投资燃气在江西省工商行政管理局正式登记成立。

19日　中国石化集团党组成员、中国石化股份高级副总裁王志刚在北京接见省投资集团副总经理、天然气管道董事长何国群，对川气东送江西支线建设和天然气管道提出四点希望和要求。中国石化股份油田事业部主任李阳、中国石化股份天然气分公司总经理高爱华等参加会见。

20日　省投资集团直属机关党委发文，同意成立天然气管道支部。

21日　省投资集团和新余市人民政府签订《投资合作框架协议书》，合作开发新余市城市管道燃气。

28日　投资燃气注册成立，注册资本金2亿。

4月

8日　江西省发改委发文正式下达2009年第一批省重点建设项目名单。经江西省委副书记、江西省人民政府省长吴新雄批示，省天然气管网一期工程被列入其中。

6月

4日　省天然气管网一期工程可研报告评估会在南昌召开，江西省发改委主要领导，省投资集团副总经理、天然气管道董事长何国群，中国石化股份天然气分公司副总经理茹军等出席会议。

27日　中国石化股份天然气分公司总经理高爱华到天然气管道检查指导工作。省投资集团副总经理、天然气管道董事长何国群出席座谈会。

7月

30日　省投资集团工会委员会发文，同意成立天然气管道工会委员会。

8月

15日　《江西省天然气管网一期工程可行性研究》编制完成。

9月

19日　江西省发改委发文，核准省天然气管网一期工程。

10月

19日　省天然气管网工程开工仪式在南昌和景德镇同时举行，江西省委主要领导出席仪式并下达开工令，江西省委副书记、省长吴新雄，中国石化集团党组成员、中国石化股份高级副总裁王志刚出席仪式并讲话；江西省领导尚勇、陈达恒、刘上洋、舒晓琴、余欣荣、弘强、魏小琴、孙刚、熊盛文、洪礼和、郑小燕、张忠厚、曾页九、陈伯春、胡幼桃等出席仪式，江西省委常委、常务副省长凌成兴主持开工仪式。

11月

26日　省天然气管网一期工程建设征地拆迁动员会在南昌召开，江西省委常委、常务副省长凌成兴委托江西省人民政府副秘书长朱希作重要讲话，省重点工程办公室主任刘明义，省投资集团副总经理、天然气管道董事长何国群等出席会议。会上，江西省人民政府办公厅下发了《江西省人民政府办公厅关于印发江西省天然气管网一期工程征地拆迁补偿及规费缴交标准的通知》。

12月

12日　投资燃气与新余市建设局签订《新余市城市燃气项目合作协议书》，双方在新余市煤气公司基础上合作组建成立新余燃气有限公司，经营新余市城市燃气及相配套业务等。

22日　投资燃气所属新余燃气有限公司在新余市工商行政管理局登记注册，并取得新余市建设局授予的城市管道燃气及加气站、供气站特许经营行政许可。

投资燃气所属新余燃气有限公司在新余市煤气公司基础上改制、重组成立。

2009年

1月

9日　省天然气管网一期工程管道打火开焊仪式在九江市永修县燕坊镇举行，省投资集团副总经理、天然气管道董事长何国群出席仪式。

2月

18日　投资燃气取得九江市域内工业园区的管道天然气项目特许经营权。

26 日　景德镇市人民政府副市长黄康明到省天然气管网一期工程景德镇分输站建设工地现场办公，就工地建设用水、用电等事宜进行现场调度。省投资集团副总经理、天然气管道董事长何国群等参加现场办公会。

3 月

6 日　江西省委副书记、省长吴新雄在北京拜会中国石化集团总经理，江西省委常委、常务副省长凌成兴随同拜会，江西省人民政府副秘书长朱希，中国石化集团发展计划部主任雷典武，中国石化股份天然气分公司总经理高爱华，江西省发改委副主任熊毅，省投资集团副总经理、天然气管道董事长何国群，省投资集团总经理助理陈翔等参加会谈。

17 日　省天然气管网一期工程瑞昌 – 九江 – 景德镇段及 CNG 加气母站可研报告评估会在景德镇召开，景德镇市人民政府副市长黄康明，省投资集团副总经理、天然气管道董事长何国群，江西省工程咨询中心主任熊国华等出席会议。

23 日　江西省委常委、常务副省长凌成兴到九江市永修县视察省天然气管网一期工程建设情况。江西省人民政府副秘书长朱希，省投资集团党委书记罗筱玉，九江市委副书记、市长曾庆红，江西省发改委副主任叶柏青，江西省重点工程办公室主任刘明义，九江市委常委、常务副市长殷美根，省投资集团副总经理、天然气管道董事长何国群等陪同检查。

4 月

9 日　省投资集团发函推荐黄强为天然气管道总经理人选，推荐詹辉为副总经理人选。

13 日　投资燃气与九江市投资有限责任公司签订《九江市管道天然气项目合作协议书》，双方合作组建成立九江市天然气管道公司，经营九江市域内工业园区的管道天然气项目和九江市域内汽车加气站项目等。

16 日　天然气管道第一届董事会第五次会议以通讯方式召开。会议决定聘任黄强为天然气管道总经理，詹辉为副总经理。

24 日　投资燃气召开 2009 年第一次董事会，会议决定自 2009 年 4 月 15 日起聘任孙秋平为投资燃气总经理。

5 月

8 日　中国石化股份天然气分公司发函推荐许罡为天然气管道副总经理人选。

投资燃气所属新余燃气有限公司挂牌成立，新余市人民政府有关领导及省投资集团有关领导出席揭牌仪式。

10日　投资燃气所属新余燃气有限公司获得新余市发改委关于新余市燃气管网改扩建工程建设项目立项批复。

18日　中国石化股份天然气分公司副总经理谢丹到天然气管道调研，省投资集团副总经理、天然气管道董事长何国群出席座谈。

天然气管道第一届董事会第六次会议以通讯方式召开。会议决定聘任许罡为天然气管道副总经理。

27日　投资燃气所属九江市天然气有限公司在九江市工商行政管理局正式注册登记。注册资本金2000万元，投资燃气控股60%、九江市投资公司持股40%。

投资燃气与高安市人民政府签署《合作开发江西省建筑陶瓷产业基地管道天然气框架协议》。

6月

18日　投资燃气与高安市国有资产营运责任公司签订《江西省建筑陶瓷基地管道天然气项目合作协议书》，双方合资成立高安市天然气有限公司，经营江西省建筑陶瓷产业基地的管道天然气项目。

7月

24日　中国石化股份天然气分公司总经理高爱华、副总经理茹军到江西调研。省投资集团副总经理、天然气管道董事长何国群，中国石化股份天然气分公司副总工程师刘成林出席座谈。

31日　投资燃气丰城市川气利用项目工程由丰城市发改委批复同意开工建设。

8月

3日　投资燃气所属高安市天然气有限公司在高安市工商行政管理局正式注册登记。注册资本金2000万元，投资燃气控股70%，高安市人民政府持股30%。

19日　省天然气管网一期工程九江－景德镇段管道打火开焊仪式在景德镇市昌江区举行。景德镇市委常委郭安，市人民政府副市长黄康明，省投资集团副总经理、天然气管道董事长何国群，天然气管道总经理黄强出席仪式。

9月

16日　丰城市人民政府批复同意投资燃气丰城市川气利用工程项目开工建设。

投资燃气高安市天然气有限公司与高安市建设局签订《管道天然气特许经营协议》，取得省建陶基地的特许经营权。

18 日　投资燃气所属九江市天然气有限公司在九江市出口加工区门站举行开工庆典。

19 日　天然气管道和投资燃气联合召开江西省天然气管网一期工程“百日大会战”动员会。省投资集团副总经理、天然气管道董事长何国群作了动员讲话。

21 日　江西省人民政府发函同意省投资集团作为江西省唯一主体，承接西气东输二线、川气东送入赣天然气，按照“统一主体、统一网络、统一调配、统一价格”的原则负责省级天然气管网的投资、建设、运营和管理，负责做好与上下游企业对接和签订天然气销售协议等工作。

省投资集团党委书记罗筱玉就江西天然气调控中心建设用地进行调研，省投资集团副总经理、天然气管道董事长何国群，省投资集团总经理助理陈翔，天然气管道总经理黄强陪同调研。

10 月

10 日　省投资集团党委发文同意成立天然气管道党委，何国群兼任书记，黄强、孙秋平、叶金万任副书记。

21 日　省天然气管网一期工程九江－景德镇段控制性工程之一——鄱阳湖定向钻穿越工程（全长约 1604.2m）顺利完工。这是省天然气管网工程穿越长度最长、施工难度最大、技术要求最高的穿越工程之一。

30 日　投资燃气所属高安市天然气管道公司举行江西省建筑陶瓷产业基地天然气门站开工奠基仪式，省投资集团副总经理、投资燃气董事长何国群，高安市委书记皮德艳，高安市委副书记、代市长杨玉平，高安市委常委傅仁保，投资燃气总经理孙秋平，武汉市燃气热力设计研究院副院长李俊等领导出席开工典礼。

11 月

9 日　省投资集团党委书记罗筱玉深入省天然气管网一期工程九江市和景德镇市境内建设工地调研。省投资集团副总经理、天然气管道董事长、党委书记何国群，天然气管道总经理、党委副书记黄强等陪同调研。

11 日　江西省人大常委会副主任胡振鹏、朱秉发，秘书长程水凤率部分省人大常委会组成人员、江西省人大代表到省天然气管网一期工程九江分输站视察。省投资集团党委书记罗筱玉，九江市委副书记、市长曾庆红，九江市人大常委会主任张远秀，江西省发改委副主任陈一星，省重点工程办公室主任王前虎，省投资集团副总经理、天然气管道董事长、党委书记何国群，天然气管道总经理、党委副书记黄强陪同检查。

16日　投资燃气股东会在公司会议室召开，会议同意由省投资集团对投资燃气拨付第三批资本金，金额为6000万元。

17日　首届世界低碳与生态经济暨技术博览会在南昌隆重开幕，天然气管道接受博览会主办方的盛情邀请，成为参加本次博览会并设置展厅的唯一的省级天然气公司。

12月

6日　江西省人民政府与中国石化集团在北京签署战略合作协议。江西省委、省政府主要领导、中国石化集团公司总经理等领导出席签字仪式，江西省委常委、常务副省长凌成兴主持签字仪式。根据协议，中国石化集团将加快川气东送江西支线的建设进度，力争2010年2月竣工并实现供气，2012年安排供应江西20亿m^3天然气。

省天然气管网一期工程南昌－丰城、高安－新余段管道打火开焊仪式在高安市举行。天然气管道总经理、党委副书记黄强出席仪式。

8日　天然气管道管道分公司、经销分公司注册成立。

投资燃气参股江西港华天然气有限公司注册成立，注册资本金2590万元，投资燃气持股44%，香港中华煤气（江西）有限公司持股56%。负责丰城市天然气项目的建设和运营。

9日　省投资集团党委书记罗筱玉到天然气管道就省投资集团天然气板块发展进行全面调研。省投资集团副总经理、天然气管道董事长、党委书记何国群，省投资集团总经理助理陈翔出席调研座谈会。

省投资集团党委发文，同意叶金万、张云福、谌伟模、姚天真、郭洪林5人任天然气管道纪委委员，叶金万任纪委书记。

投资燃气所属新余安装分公司成立。

21日　省天然气管网一期工程九江－南昌段管线实现全线贯通，这是江西省第一条建成贯通的省天然气管网管道。

共青团省投资集团委员会发文，同意成立共青团天然气管道委员会。

23日　省天然气管网一期工程九江－景德镇段控制性工程之一——雁列山隧道群（总长约1895.25米）实现全线贯通。

24日　景德镇市人大常委会主任马博维率部分江西省人大代表到省天然气管网一期工程景

德镇分输站考察。天然气管道总经理、党委副书记黄强陪同考察。

25日 省投资集团党委副书记关键、总工程师胡格今到省天然气管网一期工程九江施工现场调研。天然气管道总经理、党委副书记黄强陪同调研。

2010年

1月

10日 江西省发改委发文核准省天然气管网一期工程瑞昌－九江－景德镇段。

11日 投资燃气所属九江市天然气有限公司在南昌签订《九江市昌甬天然气有限公司合同》，并制定公司章程。江西昌鄞投资有限公司持股60%，九江市天然气有限公司持股40%。

12日 投资燃气与德兴市人民政府签订《管道天然气供应项目框架协议》，双方就德兴市行政区域内对开发经营管道天然气供应项目事宜达成合作协议。

18日 经天然气管道董事会研究、省投资集团和中国石化股份同意，天然气管道注册资本增至7.63亿元人民币。

20日 江西省重点工程办公室主任王前虎到省天然气管网一期工程南昌分输站和高安市境内管道焊接现场调研。天然气管道总经理、党委副书记黄强陪同调研。

30日 投资燃气与江西昌鄞投资有限公司签订《关于组建抚州市抚北天然气有限公司之合资经营合同》，并制定公司章程。

2月

5日 投资燃气与临川区人民政府签订《江西抚北工业园区管道天然气项目投资协议书》，双方就江西抚北工业园区域内开发经营管道天然气项目事宜达成协议。

8日 投资燃气所属抚州市抚北天然气有限公司注册成立。注册资本金800万元，投资燃气控股60%，江西昌鄞投资有限公司持股40%。

19日 投资燃气召开股东会，同意成立投资燃气设计分公司。

21日 投资燃气所属抚州市抚北天然气有限公司取得抚州市临川区人民政府《关于抚州市抚北天然气有限公司在抚北工业园区建设有关事项的抄告》，同意其作为江西抚北工业园区及江西添光化工有限公司天然气供应的唯一主体，负责在江西抚北工业园区独家投资、建设、运营和管理天然气项目。

22日 江西省发改委下发《关于同意江西省天然气管网二期工程开展前期研究工作的复函》（赣发改能源函〔2010〕42号），同意省投资集团按照江西省委、省政府关于“建设天然气入赣，加快江西省利用天然气”的重要能源战略决策，按照国家《天然气利用政策》的要求，结合吉安、赣州、上饶、宜春、萍乡等设区市的实际情况，先行做好省天然气管网二期工程前期研究工作。

3月

3日 江西省发改委发文，核定天然气管道天然气价格。

8日 投资燃气所属抚州市抚北天然气有限公司与抚州市临川区建设局签订《管道天然气特许经营协议》，取得在江西抚北工业园区域内及江西添光化工等企业范围内，独家开发、建设、经营管道天然气项目。

10日 投资燃气召开股东会，会议同意江西省投资房地产开发有限责任公司退出投资燃气股权，由省投资集团以800万元的价格协议收购江西省投资房地产开发有限责任公司持有的20%股权。并同意投资燃气与江西省发改委（或其指定单位）合作，参与投资建设江西星子县温泉度假旅游开发项目。

13日 江投房产与省投资集团签订股权转让协议。江投房产同意将20%的投资燃气股权以800万元的价格转让给省投资集团，省投资集团持有投资燃气100%股权。

19日 江西省能源局局长郑沐春到天然气管道调研。省投资集团副总经理、天然气管道董事长、党委书记何国群出席座谈会。

23日 江西省发改委发文，核定川气东送天然气省内城市门站价格。

省投资集团法务总监姚晓明到天然气管道调研。天然气管道总经理、党委副书记黄强参加座谈会。

30日 江西省发改委下发《关于下达2010年第一批省重点建设项目名单的通知》（赣发改重点字〔2010〕459号），江西省天然气管网二期工程列入其中。

4月

8日 省投资集团与香港中华煤气有限公司在南昌举行《战略合作框架协议》签约仪式，双方同意在江西港华项目成功合作基础之上，再深层次展开合作；同意在江西省合作探讨CNG/LNG物流项目；同意在江西省内、外进行城市燃气项目合作；同意在经营管理、生产技术、安全环保及员工培训等方面进行全方位合作；预计开展合作项目15个；同意对极具潜在开发价值的项目进行可行性探讨。

九江市昌甬天然气有限公司股东江西昌鄞投资有限公司将60%股权全部转让给港华燃气投资有限公司。

27日　省投资集团和南昌中油兴能有限责任公司在南昌召开股东会，同意共同组建天然气投资，其中省投资集团认缴1.9亿元（占股95%），南昌中油兴能有限责任公司认缴0.1亿元（占股5%）。首期出资5，000万元，省投资集团缴付4750万元，南昌中油兴能有限责任公司缴付250万元。会议同意成立董事会，并选举何国群、刘昌辉、樊卫凤、叶金万为公司董事。会议同意成立监事会，选举肖放芝、程建军为公司监事，职工监事暂缺。会议审议通过了公司《章程》及股东合作协议。

天然气投资一届一次董事会在南昌召开。会议选举何国群担任公司董事长，聘任何国群兼任公司总经理。

天然气投资第一次监事会在南昌召开。会议选举肖放之担任公司监事会主席。

29日　省投资集团纪委书记罗积志到省天然气管网一期工程南昌分输站和高安市境内锦江定向钻穿越工地调研。天然气管道总经理、党委副书记黄强陪同调研。

5月

1日　中国石化股份天然气分公司总经理高爱华到九江市、景德镇市检查省天然气管网一期工程建设情况。省投资集团副总经理、天然气管道董事长、党委书记何国群，天然气管道总经理、党委副书记黄强陪同检查。

27日　投资燃气与余干县人民政府、港华燃气投资有限公司签订《管道天然气供应项目战略合作框架协议》，余干县人民政府同意投资燃气、港华燃气投资有限公司合资组建新公司，合作开发经营余干县管道天然气供应项目。

6月

15日　省天然气管网一期工程九江－沙河段管线顺利实现通气试投产，彻底结束了江西没有管输天然气的历史。

16日　省天然气管网一期工程九江－南昌段管线顺利实现通气试投产。中国石化股份天然气分公司总经理高爱华，江西省能源局局长郑沐春，省投资集团副总经理、天然气管道董事长、党委书记何国群出席试点火仪式。

22日　省天然气管网一期工程开始向九江市和巨石集团九江有限公司供应管输天然气。

投资燃气与江西铜业集团公司签订《管道天然气供应项目直供框架协议》，双方同意在江西铜业集团公司贵溪本部及所属位于九江市湖口县的江西铜业铅锌金属有限公司管道天然气直供项目进行合作。

投资燃气所属九江市天然气管道公司向九江市出口加工区巨石集团供应管输天然气，开创了江西首个工业用户使用管输天然气的历史。

23日　省天然气管网一期工程开始向省会南昌市供应管输天然气。

25日　江西省发改委副主任熊毅到省天然气管网一期工程九江分输站检查防汛和天然气安全供应情况。天然气管道总经理、党委副书记黄强等陪同检查。

7月

2日　投资燃气与湖口县人民政府签订《湖口县金砂湾工业园建设LNG储运项目框架协议》，同意在湖口县金砂湾工业园选址建设LNG项目。

11日　江西省发改委副主任吴晓军到省天然气管网一期工程沙河分输站检查天然气安全供应情况。省投资集团副总经理、天然气管道董事长、党委书记何国群，天然气管道总经理、党委副书记黄强陪同检查。

19日　江西省能源局发文，同意天然气管道在全省范围内开展省级天然气管网运营业务，负责投资建设省天然气管网一期工程，承接中国石化川气东送工程入赣天然气。

江西省能源局下发《关于江西省天然气投资有限公司运营省级天然气管网的批复》（赣能综字〔2010〕49号），同意天然气投资在全省范围内开展省级天然气管网运营业务，负责投资建设省天然气管网二期工程，并承接西二线管输入赣天然气。

30日　投资燃气所属九江市天然气有限公司与港华燃气投资有限公司签订《关于合资经营九江港华燃气有限公司之中外合资经营企业合同》。九江市昌甬天然气有限公司更名为九江港华燃气有限公司。

8月

7日　天然气管道以通讯表决方式召开董事会，聘任程晓龙为公司董事会秘书。

10日　江西省发改委与中国石油股份总工程师黄维和就合资建设江西省天然气管网事宜签署合作备忘录。

省投资集团与中石油昆仑天然气利用有限公司在北京签订《江西省天然气投资有限公司合资合同》，决定对天然气投资进行增资扩股，吸收中石油昆仑天然气利用有限公司为合资公司股东，共同投资开发江西省天然气市场。

经省投资集团党委批复，同意成立天然气投资党组织。

13 日　省天然气管网一期工程九江－景德镇段管线顺利实现通气试投产，省投资集团副总经理、天然气管道董事长、党委书记何国群，天然气管道总经理、党委副书记黄强出席试点火仪式。

14 日　投资燃气所属抚州市抚北天然气有限公司召开股东会，会议同意股东江西昌鄱投资公司 40% 的股权转让给绵阳港华燃气有限公司。

18 日　投资燃气股东双方出具决议同意引进中国石化天然气有限责任公司对投资燃气进行增资扩股。省投资集团以投资燃气经评估备案后的全部净资产作为出资，出资额占合资公司注册资本金的 54%；中国石化天然气有限责任公司以现金出资，出资额占合资公司注册资本的 46%。

天然气投资临时股东会在南昌召开，同意南昌中油兴能有限责任公司退出在天然气投资的股权，由省投资集团收购南昌中油兴能有限责任公司持有天然气投资的 5% 股权。

天然气投资一届二次董事会在南昌召开。会议选举何国群担任董事长；解聘何国群总经理职务，不再担任法定代表人。

天然气投资一届三次董事会在南昌召开。会议决定聘任周凤川为总经理。

天然气投资一届二次监事会在南昌召开。会议同意肖放之不再担任监事会主席职务，选举杨怡担任监事会主席。

西气东输二线江西省管网建设协调会在南昌召开。会议就江西省天然气二期管网规划、合资公司组建、城市支线建设以及下游市场开拓等事项进行了沟通，确立了 2010 年年底江西西部 5 个城市与西二线同步对接通气。

23 日　天然气投资第三次股东会在南昌召开。会议同意吸收中石油昆仑天然气利用有限公司为公司新股东，同意公司注册资本由人民币 2 亿元增加到人民币 4 亿元，同意何国群不再担任公司法定代表人。同意修改公司章程。同意委派何国群、王斌、陈正惠、樊卫凤、叶金万、周凤川为公司董事，刘昌辉不再担任公司董事。同意委派杨怡、肖放之、程建军为公司监事。

25 日　江西省人民政府同意中石油昆仑天然气利用有限公司作为中国石油集团投资主体与

省投资集团组建天然气投资，注册资本金为4亿元人民币，双方各持50%股权。天然气投资作为承接西气东输入赣天然气的唯一主体，负责投资、建设、运营和管理中国石油集团与江西省合作的江西省天然气省级管网工程（二期工程），并可参与该管网域内所在城市的天然气相关业务。

26日　省天然气管网一期工程南昌－丰城、高安－新余段管线实现全线贯通。

30日　天然气投资完成工商注册变更，注册资本金增至4亿元人民币。省投资集团持股50%，中石油昆仑天然气利用有限公司持股50%。

31日　天然气投资一届四次董事会在上海市浦东新区召开。会议确定了公司发展思路和2010年工作计划。会议决定聘任周凤川为天然气投资总经理，聘任叶金万为常务副总经理，聘任刘铸为财务总监，副总经理由省投资集团推荐后确定，公开招聘安全总监一名。公司列正处级，设立总经理办公室、财务资产部、规划计划部、工程技术部、安全环保部等5个职能部门。

9月

27日　省投资集团副总经理、天然气管道董事长、党委书记何国群在南昌会见山西省发改委副主任王晓胜一行。

11月

2日　投资燃气与四川仁智油田技术服务股份有限公司签订《余干县天然气有限公司合资经营合同》。

5日　省天然气管网一期工程燕坊阀室－永修分输站段顺利实现通气试投产，永修县成为江西省第一个受益管输天然气的县级城市。

10日　投资燃气与德兴市国有资产经营有限责任公司、上饶市铁路投资有限责任公司就合资经营德兴市天然气有限公司在南昌签约《合资经营企业合同》，三方发挥各自优势，按照江西省天然气规划，负责德兴市行政区域内的管道天然气项目的投资、建设、运营和管理；天然气的采购、输配和销售;燃气设施、设备的销售、安装、维修服务等，向经营区域内用户提供安全、稳定、优质、清洁的天然气。

22日　投资燃气与湖口县人民政府在九江宾馆举行《投资LNG储备及调峰工厂项目协议书》签约仪式，同意投资燃气在湖口县金砂湾工业园投资建设LNG储备及调峰工厂。

25日　江西天然气备用调控中心在南昌分输站投入使用，正式实现省天然气管网一期工程投运管线集中调度运行和监视控制。

26 日　投资燃气所属江西天然气管道设备安装工程有限公司成立。

29 日　江西省工程咨询中心在南昌主持召开了《江西省天然气二期工程建设规划》评估会。江西省国土厅、江西省水利厅、江西省环保厅、江西省安监局、江西省重点办、江西省地震局，以及 9 个设区市及有关县（市、区）发改委、规划局、建设局、城建局等 120 余人参加了会议，会议原则通过了天然气管网二期工程建设规划。

30 日　天然气投资与中国石油西气东输管道（销售）分公司共同组建江西省天然气管网二期工程建设项目部。项目部的成立标志着省天然气管网二期工程建设工作正式启动。

12 月

16 日　天然气管道以通讯表决方式召开了董事会，会议决定解聘孙中义天然气管道财务总监职务，聘任薛宏彬为天然气管道财务总监。

17 日　省天然气管网一期工程南昌 – 新余段管线顺利实现通气试投产。

18 日　投资燃气所属高安市天然气有限公司分别对新澳腰线、新瑞腰线、弘兴源艺术陶瓷和瑞兴铝业四家陶瓷企业通气，结束了高安没有管输天然气的历史。

19 日　省天然气管网一期工程高安 – 丰城段管线顺利实现通气试投产。

22 日　省投资集团、中国石化天然气有限责任公司关于投资燃气增资扩股签约仪式在南昌举行。完成增资后，投资燃气注册资本为 37 亿元人民币，其中省投资集团持有 54% 股权，中国石化天然气有限责任公司持有 46% 股权。

江西省天然气管网二期工程建设征地拆迁动员会在南昌举行，江西省委常委、常务副省长凌成兴出席会议。会议下发了《江西省人民政府关于印发江西省天然气管网二期工程征地拆迁补偿及规费缴交标准的通知》。

24 日　省投资集团副总经理、天然气管道董事长、党委书记何国群被江西省人民政府授予“江西省劳动模范”荣誉称号。

投资燃气所属余干县天然气有限公司取得余干县人民政府《关于余干县天然气有限公司特许经营权的批复》，同意在余干县辖区内从事城市管道燃气及加气站、供气站特许经营。

25 日　江西省发展和改革工作会议暨“十二五”规划座谈会在南昌市隆重召开，省投资集团副总经理、天然气管道董事长、党委书记何国群在大会上作典型发言，天然气管道总经理、党委副书记黄强等参加会议。

28日　投资燃气三级参股九江市昌甬天然气有限公司正式更名为九江港华燃气有限公司。

29日　投资燃气所属余干县天然气有限公司注册成立。注册资本2000万元，投资燃气控股60%，四川仁智油田技术服务股份有限公司持股40%。

江西省天然气管网二期工程（萍乡接收站）开工仪式在萍乡举行。这是江西省天然气管网二期工程开工的首个项目。

29日　九江港华燃气有限公司股东港华燃气投资有限公司变更为绵阳港华燃气有限公司。

2011年

1月

8日　江西省国土资源厅组织召开项目用地协调会，部署省天然气管网二期工程项目用地及土地利用总体规划调整及用地报批工作。江西省国土资源厅总规划师张圣泽出席会议。

12日　投资燃气所属德兴市天然气有限公司正式注册成立。

16日　投资燃气所属抚州市抚北天然气有限公司LNG气化站顺利点火通气并向江西添光化工公司供气。

20日　投资燃气所属德兴市天然气有限公司获德兴市人民政府批复，取得德兴市行政区域内的天然气特许经营权。

2月

25日　中国石油集团党组成员、副总经理喻宝才莅临天然气投资检查指导。省投资集团副总经理、天然气投资董事长何国群，总经理周凤川、常务副总经理叶金万等陪同，并先后就江西省天然气管网二期工程规划、建设、施工进展情况作了介绍。

3月

2日　江西省国资委监事会到投资燃气检查监事会工作。

7日　江西省发改委下发《关于核准江西省天然气管网二期工程萍乡、宜春、新余、樟树段项目的批复》（赣发改能源字〔2011〕646号）。

8日　投资燃气所属新余燃气有限公司向江西赛维LDK太阳能多晶硅有限公司供气。

江西省人民政府与中国石油集团在北京签署《战略合作协议》，明确油气管道建设、天然气供应、成品油销售网络建设等合作事宜，推动双方优势互补、互利互赢、共同发展。

省投资集团代表与中石油昆仑天然气利用有限公司代表在北京签署了《合作备忘录》，把CNG母站、LNG的建设及大工业用户直供纳入省天然气管网二期工程范围，并有序开发天然气终端市场。

14日　天然气投资在南昌召开江西省天然气管网二期工程萍乡段、宜春段、赣州段、吉安段初步设计审查会。

19日　天然气管道所属景德镇CNG加气母站成功试投产，成为江西省第一座建成并试投产的CNG加气母站，再次填补了江西的一项空白。

4月

1日　天然气投资在井冈山召开第四次股东会暨一届五次董事会。会议审议并通过了2010年度工作报告、2011年工程建设计划。

16日　天然气投资出台《江西省天然气管网二期工程建设项目部突发事件应急预案》。

18日，经九江市发改委批复同意，投资燃气三级参股九江市昌甬天然气有限公司正式更名为九江港华燃气有限公司。

20日　经省投资集团党委批准，投资燃气党总支成立。

29日　江西省能源局、西气东输、天然气投资在南昌召开西气东输二线江西省用户座谈会。

5月

11日　投资燃气与万年县人民政府举行战略合作签约仪式，双方签订《管道天然气供应项目战略合作框架协议书》，同意投资燃气在万年县组建新公司，经营万年县管道天然气供应项目。

13日　省天然气管网一期工程丰城–鹰潭段控制性工程——赣江定向钻穿越工程管线回拖成功，以水平穿越岩石层长度1670米打破中国石化穿越岩石层长度纪录（原纪录为1310米）。该穿越施工水平长度1896.34米，是省天然气管网一期工程穿越长度最长、穿越地质条件最复杂、穿越工艺技术最先进的穿越工程。

20日　经省投资集团总经理办公会研究决定，成立天然气集团。

23日　江西省人民政府下发了《关于印发省政府与中国石油集团战略合作协议的通知》（赣府厅字〔2011〕86号），进一步加快江西省能源产业发展，全力推进鄱阳湖生态经济区建设。

25日　投资燃气在上饶召开股东会暨二届一次董事会，推选何国群为公司董事长、吴灿奇为副董事长，聘任孙秋平为总经理。

31日　经省投资集团党委批复，同意成立天然气集团党委，下设天然气管道党总支、天然气投资党总支、投资燃气党总支。同时撤销天然气管道党委。

6月

3日　经省投资集团党委研究，推荐何国群兼任天然气集团总经理；胡素平、姚辉为天然气集团副总经理。

省投资集团推荐康小松任天然气投资副总经理。

8日　天然气管道召开中层以上干部会议，省投资集团党委副书记罗积志代表省投资集团党委宣布人事调整的文件，建议解聘叶金万天然气管道副总经理职务，省投资集团另有任用；任命詹辉为天然气管道党总支书记；推荐谌伟模为天然气管道副总经理；任命姚勇为天然气管道工会主席。省投资集团副总经理、天然气集团总经理、天然气管道董事长何国群主持会议。

13日　天然气管道股东会决定高爱华不再担任天然气管道副董事长、董事职务，选举茹军担任天然气管道董事、副董事长。

中国石油北京油气调控中心主任马志祥、副总工程师吴世勤、办公室主任丁文海莅临天然气投资检查指导。省投资集团副总经理、天然气集团总经理、天然气投资董事长何国群，总经理周凤川、常务副总经理叶金万等陪同。

15日　天然气管道以通讯表决方式召开了董事会，会议决定聘任谌伟模为天然气管道副总经理。

22日　天然气投资与中国石油天然气管道局在河北省廊坊市廊坊国际饭店签订《关于江西省天然气管线建设项目合作框架协议》。

28日　江西省“十一五”重点工程建设总结表彰大会在南昌市隆重召开，天然气管道被江西省人民政府授予“江西省‘十一五’重点工程建设先进单位”荣誉称号,省投资集团副总经理、天然气集团总经理、天然气管道董事长何国群代表天然气管道登上主席台领奖。

29日　省天然气管网一期工程田南－上高支线开工仪式在上高县举行，这是江西省开工建设的第一条支线工程。天然气管道总经理黄强出席仪式。

7月

5日　江西省人民政府在新余市召开全省加快天然气管网建设暨利用工作会议，推进全省天然气行业快速健康发展。江西省委常委、常务副省长凌成兴出席会议并作重要讲话，省投资集团副总经理、天然气集团总经理、天然气管道董事长、投资燃气董事长何国群在会上通报省天然气管网工程建设、运营情况，天然气管道总经理黄强参加会议。

11 日　经省投资集团党委批复同意，共青团天然气有限委员会更名为共青团天然气集团委员会。

15 日　天然气管道以通讯表决方式召开了董事会，会议决定聘任张云福为天然气管道副总经理。

17 日　天然气管道新余 CNG 加气母站成功试投产。

19 日　中国石化股份天然气分公司总经理助理兼人力资源部主任陈惠文到天然气管道宣布人事调整的文件，建议解聘郑跃辉天然气管道副总经理职务，中国石化股份天然气分公司另有任用；推荐张云福为天然气管道副总经理。

24 日　上饶市政府召开上饶市加快天然气管网建设暨利用工作会议。上饶市委常委、常务副市长陈平出席会议。

27 日　西气东输副总经理褚永杰视察天然气投资工程建设情况。天然气投资总经理周凤川、常务副总经理叶金万等陪同。

8 月

9 日　投资燃气所属江西省鄱阳湖液化天然气有限公司注册成立。

16 日　投资燃气江西省液化天然气储备及利用工程项目在湖口县举行开工仪式，江西省政协副主席、九江市委书记钟利贵出席开工奠基仪式并宣布项目开工，九江市委副书记、市长曾庆红，省投资集团副总经理、投资燃气董事长何国群、投资燃气总经理孙秋平等出席仪式。

22 日　江西省发改委下发《关于核准江西省天然气管网二期工程吉安接收站、吉安末站及其联络线项目的批复》（赣发改能源字〔2011〕1839 号）；《关于核准江西省天然气管网二期工程上饶接收站和鹰潭接收站及其至城市门站联络线项目的批复》（赣发改能源字〔2011〕1840 号）；《关于核准江西省天然气管网二期工程赣州接收站、赣州末站及其联络线项目的批复》（赣发改能源字〔2011〕1842 号）。

23 日　江西省发改委下发《关于核准江西省天然气管网二期工程安义接收站及至万埠管线项目的批复》（赣发改能源字〔2011〕1846 号）。

29 日　省天然气管网一期工程丰城 – 抚州段管线顺利实现通气试投产。省投资集团副总经理、天然气集团总经理、天然气管道董事长何国群，天然气管道总经理黄强在省天然气管网一期工程抚北分输站现场见证试点火。

30日　投资燃气所属抚州市抚北天然气有限公司开始向江西添光化工公司供应管输天然气。至此，抚州公司共销售LNG 273.82万标准立方。

31日　投资燃气参股万年县天然气有限公司正式挂牌成立。

9月

16日　江西省委第一巡视组组长樊耀、副组长董赣波带队到天然气管道巡视工作并听取工作汇报。江西省委第一巡视组正厅级巡视专员江学功，副厅级巡视专员陈玉麟，省投资集团副总经理、天然气集团总经理、天然气管道董事长何国群，省投资集团纪委书记陈翔等出席工作汇报会。

19日　投资燃气所属德兴市天然气有限公司获得江西省发改委《关于核准德兴市天然气管网工程项目的批复》，标志着德兴市天然气管网工程项目建设正式启动建设。

省天然气管网二期工程赣州接收站、赣州分输站及其联络线试投产成功。10月1日向赣州深燃供气。这是省天然气管网二期工程自建设以来首段投产的管线，也是西气东输二线东段工程自2011年6月30日投产以来第一个率先对接投产的省级管线。

20日　江西省委第一巡视组组长樊耀带队到省天然气管网一期工程九江、沙河分输站巡视工作，江西省委第一巡视组正厅级巡视专员江学功随同巡视，省投资集团副总经理刘钢，天然气管道总经理黄强，党总支书记詹辉陪同巡视。

25日　天然气管道南昌CNG加气母站成功试投产。

29日　省天然气管网二期工程安义接收站（收购场站）试投产成功。9月30日向安义中油供气。

10月

25日　天然气集团召开董事会同意聘任何国群同志为天然气集团总经理。

26日　经省投资集团研究决定，委派何国群、张惠良、胡素平为天然气集团董事。

投资燃气与北京润发投资集团有限公司在南昌签订了战略合作框架协议和合作备忘录，双方原则同意湖口、都昌、彭泽三个城市燃气的项目由北京润发投资集团有限公司或旗下子公司控股或相对控股，股比双方另行协商确定。

27 日　天然气集团在江西省工商行政管理局注册成立，注册资金 5000 万元。

江西省能源局副局长兼能源综合处处长涂迎九一行到投资燃气检查指导。

11 月

3 日、10 日　省天然气管网二期工程可研评估会分别在北京西藏大厦、北京亚奥国际酒店召开。会议原则通过《江西省天然气管网二期工程可研报告》。

12 日　天然气管道股东会暨第一届董事会第二十次会议在南昌市召开，公司股东方代表中国石化股份天然气分公司总经理高爱华，董事会成员何国群、茹军、胡格今、方浩、黄强出席了会议。公司监事及高级管理人员列席了会议，会议由董事长何国群主持，会议审议并通过了《公司 2011 年度及 2012 年上半年工作报告》等九项议程，会议决定聘任蔡升鑫为公司董事会秘书，解聘程晓龙公司董事会秘书职务。

21 日　天然气投资第一次党员代表大会在南昌召开，投资集团副总经理、天然气集团党委书记、天然气投资董事长何国群出席会议并讲话。会议选举叶金万、周凤川、邹德宏、刘铸、康小松等 5 名同志为第一届党总支委员。其中，叶金万当选为党总支书记，周凤川当选为党总支副书记。

23 日　天然气投资决定对省天然气管网二期工程部分工程实行 EPC 建设模式，并在江西省招投标信息网和南昌市公共资源信息网上发布招标公告。

30 日　西气东输副总经理陈正惠、工程建设项目部经理赵钟明、赣湘管理处处长任魁莅临天然气投资检查指导。省投资集团副总经理、天然气集团总经理、天然气投资董事长何国群、天然气投资总经理周凤川、党总支书记叶金万等陪同。

12 月

1 日　天然气投资以通讯表决的形式召开第一届董事会第七次会议，同意对 2011 年预算进行增补。

14 日　在江西省南昌市公共资源交易中心开标，中国石油天然气管道局中标。

23 日　天然气管道获得省投资集团第一届企业文化案例交流会一等奖。

26 日　投资燃气党总支第一次代表大会在所属新余燃气有限公司召开，省投资集团副总经理、天然气集团总经理、投资燃气董事长何国群莅临大会并作重要讲话。

28 日—29 日　天然气投资联合西气东输和中石油昆仑天然气利用有限公司工程管理人员，

对吉安、萍乡、宜春段工程进行投产前安全检查，吉安、萍乡、宜春段工程已基本具备投产条件。

30日　经省投资集团党委会研究同意胡素平任天然气集团党委副书记。

2012年

1月

3日　投资燃气与都昌县人民政府在南昌举行天然气利用项目合作签约仪式，签订《天然气项目投资协议书》。同意投资燃气在符合国家产业政策和都昌县总体规划及产业规划、符合国家环保要求的管道天然气及汽车加气站和航运船舶加气项目在都昌县境区内落户，授权30年内的特许经营都昌县境内的管道天然气、工业园区管道天然气及其管网设施的规划、设计、建设、安装、维修、销售、抢修及汽车加气和航运船舶加气等天然气业务。

9日　江西省国资委副巡视员陈雪山、省投资集团党委副书记罗积志、副总经理刘钢一行到天然气管道走访慰问。江西省国资委考核分配处处长周舒，省投资集团总经理助理、党委办公室主任胡若兰、工会办公室副主任付伟，天然气管道党总支书记詹辉陪同走访慰问。

12日　经天然气集团第一次董事会研究，聘任纪向亚为天然气集团安全总监。

13日　省投资集团党委副书记罗积志深入投资燃气所属新余燃气有限公司和扶贫点姚圩镇刘家村委，走访慰问一线困难职工和贫困村民，省投资集团工会主席郭小莉、副总经理张惠良随同走访，投资燃气总经理孙秋平陪同。

30日　省投资集团副总经理、天然气集团总经理、投资燃气董事长何国群到投资燃气所属高安公司走访。

2月

20日　投资燃气以通讯表决方式召开董事会，同意与华润燃气投资（中国）有限公司合作开展贵溪、万年、景德镇三个项目投资。

25日　天然气投资以传签的方式召开第五次股东会。会议同意推荐康小松为副总经理，推荐高杨为安全总监，推荐李站波为总经理助理兼建设项目部副经理。

28日　省投资集团工会批复同意成立天然气集团工会委员会。

投资燃气与华润燃气投资（中国）有限公司就万年县燃气项目、贵溪江铜项目、景德镇CNG加气子站项目及压缩天然气业务、天然气长输管线支线建设及其他能源领域的合作在南昌举行签约仪式。

3 月

1 日　江西省能源局《关于同意湖口液化天然气（LNG）储配项目开展前期工作的复函》（赣能综函〔2012〕29 号），同意投资燃气所属江西省鄱阳湖液化天然气有限公司开展项目前期工作。

2 日　由中国石化股份天然气分公司组织的第二届职工乒乓球比赛在北京国家奥林匹克体育中心隆重举行，天然气管道参赛选手最终获得了男子单打第一名、双打第二名、团体第二名，女子单打第三名、双打第三名、团体第三名的好成绩。

5 日　投资燃气所属九江市天然气有限公司荣获九江经济技术开发区党委、人民政府“2011 年度工业企业发展进步奖”。

12 日 –14 日　中国石油集团第一巡视组组长张国旗、副组长魏银广到天然气投资检查指导。天然气投资总经理周凤川、党总支书记叶金万等陪同。

15 日　天然气管道共青城输气站成功试投产。

16 日　经天然气集团党委批准，天然气集团机关党支部成立。

经天然气集团党委批准，同意成立天然气投资工会委员会。

4 月

2 日　投资燃气以通讯表决方式召开董事会，同意湖口 LNG 项目、LNG 车船利用项目、长运 LNG 项目、鄱阳工业园项目、都昌城市燃气项目、3PE 防腐管道项目的投资。

5 日　投资燃气、新奥能源控股有限公司、江西长运股份有限公司就江西长运 LNG 车用项目合作事宜在投资燃气会议室进行了洽谈。三方一致同意共同投资 LNG 车用项目，新奥能源控股有限公司占 40%，投资燃气占 30%，江西长运股份有限公司占 30%。

6 日　经省投资集团党委研究决定，推荐周继来为天然气集团副总经理、法务总监。

天然气管道召开省天然气管网一期工程 2012 年工程建设推进会。

10 日　根据省投资集团党委、天然气集团党委的推荐意见和天然气管道董事会决议，天然气管道决定聘任李永彪为天然气管道总经理助理。

12 日　天然气投资吉安接收站投产，4 月 17 日向吉安华润燃气有限公司供气。

15 日　天然气投资宜春接收站投产，4 月 18 日向宜春深燃天然气有限公司供气。

16 日　经省投资集团研究，建议解聘姚辉天然气集团副总经理职务。

18 日 投资燃气与鄱阳县人民政府在南昌举行天然气利用项目合作签约仪式，双方签订《合作开发经营鄱阳县管道天然气供应项目框架协议》，共同在鄱阳县组建合资公司，经营鄱阳县除建成区以外的行政区域范围内管道天然气供应项目。

19 日 省投资集团副总经理唐先卿一行到天然气管道南昌站检查指导工作。省投资集团计划经营部主任王俐、副主任陈雪萍，天然气管道总经理黄强陪同。

5 月

5 日 由省投资集团主办、天然气集团党委承办的“缘定江西天然气，共筑幸福大家庭”江西天然气首届青年员工集体婚礼在南昌前湖迎宾馆举行。

江西省国土资源厅党组成员、副厅长张圣泽莅临九江市湖口县考察投资燃气湖口 LNG 调峰、储配项目工程用地情况。九江市国土局局长齐美龙，湖口县委副书记、县长李小平，县委常委、副县长李金梅，投资燃气相关人员陪同考察。

6 日—7 日 江西省发改委党组成员、江西省能源局局长郑沐春、副局长涂迎九等到天然气投资宜春接收站、吉安分输站检查指导。省投资集团副总经理、天然气集团总经理、天然气投资董事长何国群，天然气投资总经理周凤川、党总支书记叶金万等陪同。

7 日 江西省能源局副局长涂迎九一行到投资燃气所属新余燃气有限公司天然气场站视察指导工作。投资燃气相关人员陪同。

9 日 省投资集团纪委书记陈翔、纪委副书记黎倩一行到投资燃气所属江西省鄱阳湖液化天然气有限公司检查指导工作，投资燃气相关人员陪同。

11 日 省天然气管网九江－景德镇段阴极保护系统成功投运，各项参数指标均达到规范要求，管道处于阴极保护状态中。

中石油昆仑天然气利用有限公司致函省投资集团，将与省投资集团合作的江西管网公司（天然气投资）由中石油昆仑天然气利用有限公司交给西气东输管理。

12 日 投资燃气、新奥燃气发展有限公司、河南绿能控股集团有限公司三方签订《江西省鄱阳湖液化天然气有限公司增资扩股协议》，本次增资完成后，注册资本金增加至 1.5 亿元人民币，其中投资燃气持有 51 股权，新奥燃气持有 39%，河南绿能持有 10%。

14 日 投资燃气所属江西天然气贵溪有限公司注册成立。

17 日 江西省国土资源厅下发《关于湖口液化天然气（LNG）储配项目的用地预审意见》（赣

国土资核〔2012〕623 号），通过液化天然气储配项目选址湖口县流泗镇长江村的用地预审。

江西省天然气安全工作会在新余召开，省投资集团副总经理、天然气集团总经理、投资燃气董事长何国群出席会议。

18 日　投资燃气湖口 LNG 储配项目初步设计评审会南昌召开。

24 日　安徽省天然气开发有限公司总经理贾化斌一行到天然气管道考察工作。天然气管道总经理黄强，党总支书记詹辉，安徽省天然气开发有限公司书记、副总经理刘大斌，副总经理费勤云等参加考察。

25 日　省投资集团下发《关于江西省天然气集团有限公司组织架构设置方案的批复》，决定天然气集团设置党委办公室、总经理办公室、人力资源部、计划财务部、审计工作部、投资管理部、安全监察部、计量仪表检测中心、后勤管理中心等 9 个部门。

29 日　投资燃气所属江西天然气鄱阳有限公司注册成立。

30 日　西气东输总经理黄泽俊莅临天然气投资检查指导。双方重点就省天然气管网二期工程项目优化、人力资源管理、生产运行管理、股权变更、项目资金筹措等问题进行了沟通。省投资集团副总经理、天然气集团总经理、天然气投资董事长何国群，天然气投资总经理周凤川、党总支书记叶金万等陪同。

6 月

7 日　经江西省国资委批复同意，省投资集团将持有的投资燃气 54% 的股权转让给天然气集团。

14 日　中国石化股份天然气分公司副总经理谢丹一行莅临江西调研工作，并与天然气管道、投资燃气经营班子成员座谈。省投资集团副总经理、天然气集团总经理、天然气管道董事长何国群出席座谈会。

18 日　中国石化新疆煤质天然气外输管道工程（新粤浙管道）赣浙闽支线前期对接会在南昌召开。江西省能源局、中国石化股份天然气分公司、天然气管道、华东管道设计院、中原油田设计院等单位参加会议。

20 日　投资燃气以通讯表决方式召开董事会，会议同意与新余市公用事业投资有限公司共同出资经营江西天然气清洁能源有限公司。

26 日　投资燃气参股万年县天然气有限公司注册成立。注册资本金 1000 万元。投资燃气持股 49%，南通华润天然气管网（香港）有限公司持股 51%。

29 日　投资燃气所属江西天然气管道防腐有限公司注册成立。

7 月

3 日　河南投资集团有限公司副总经理张治松一行到天然气管道考察工作。省投资集团副总经理、天然气集团总经理、天然气管道董事长何国群，天然气管道总经理黄强，党总支书记詹辉出席座谈会。

5 日　中国石化股份天然气分公司华北天然气销售营业部孟亚东经理一行莅临天然气管道考察工作。天然气管道相关人员陪同。

九江市人大常委会主任、彭湖板块开发建设协调小组组长华金国，九江市人大常委会副主任吕斌，秘书长张延芳等一行莅临投资燃气所属江西省鄱阳湖液化天然气有限公司调研重点项目推进情况，湖口县长李小平等领导陪同调研。

投资燃气与新余市公用事业投资公司签约，共同组建江西天然气（新余）清洁能源投资有限公司。

6 日　省天然气管网二期工程用户对接会在南昌召开。会议旨在进一步加快江西天然气推广使用，全面推进省天然气管网二期工程沿线用户对接和市场开发工作，尽快提升西二线天然气利用总量。省发改委党组成员、省能源局局长郑沐春，省投资集团副总经理、天然气集团总经理、天然气投资董事长何国群，西气东输赣湘管理处处长任魁及江西省天然气管网二期工程沿线 7 个设区市、18 个县（市、区）发改委、能源局、燃气企业的有关负责人共 70 余人参加了会议。

10 日　投资燃气以通讯表决的方式召开董事会。会议同意与江西安泰燃气有限公司合资经营黎川县行政区域内的天然气项目。

12 日　省投资集团党委副书记罗积志，省投资集团副总经理、天然气集团总经理、天然气管道董事长何国群，到天然气管道南昌站走访慰问困难党员。天然气管道相关人员陪同。

17 日　江西天然气工作汇报会在新余举行。中国石化天然气分公司总经理高爱华、中国石化天然气分公司原党委书记李铁军一行到投资燃气所属新余燃气有限公司调研，实地查看了天然气场站，出席了江西天然气工作汇报会并作重要讲话，省投资集团副总经理、天然气公司、投资燃气董事长何国群陪同调研并主持工作汇报会。

17 日 –19 日　中国石化股份天然气分公司总经理高爱华一行到江西调研。中国石化股份天然气分公司原党委书记李铁军，副总工程师、规划计划部主任方浩随同调研，省投资集团副总经理、天然气集团总经理、天然气管道董事长何国群陪同调研并主持工作汇报会，中国石化股份天然气分公司市场营销部副主任汪鑫陪同调研并参加汇报会。

20 日　天然气集团与国家开发银行江西省分行签署《开发性金融合作协议》，合作融资总量为 50 亿元。

23 日　天然气投资组织召开了赣州、上饶、吉安 CNG 加气母站项目可行性研究报告内审会。会议原则通过《赣州、上饶、吉安 CNG 加气母站项目可行性研究报告》。

25 日　天然气集团与赣州市公交总公司、赣州市基础建设投资公司签订赣州加气站项目投资意向协议。三家公司合作液化天然气生产调峰储存的建设与经营。

8 月

2 日　投资燃气参股江西天然气都昌有限公司注册成立。

18 日　天然气管道所属九江压缩天然气加气母站成功试投产，成为江西省第四座建成并试投产的压缩天然气加气母站。

21 日 –24 日　天然气管道组织施工单位、监理单位及设计单位开展了抚州 – 鹰潭段、上高支线和奉新支线的“三查四定”工作。

22 日　天然气投资萍乡接收站投产，9 月 25 日向萍乡燃气供气。

29 日　省天然气管网一期工程自 2010 年 6 月 22 日开始供气以来，实现连续安全平稳供气 800 天，已累计向江西省供应天然气 5.55 亿 m^3，实现了零事故目标。

31 日　投资燃气万年县天然气有限公司举行揭牌暨管道燃气特许经营权授权仪式，江西省人民政府副秘书长叶磊以及市、县相关领导共同为万年县天然气有限公司揭牌，万年县委书记郑高清向万年县天然气公司授予特许经营权，双方代表签署了《万年县管道燃气特许经营合同》。

9 月

1 日　天然气集团与遂川县人民政府签订天然气利用合作协议。协议约定建设西气东输二线遂川阀室至本工程门站线路及门站建设，并向城区、工业园东区用户供气。

4 日 –5 日　江西省安委办副主任、江西省安监局副局长龙卿吉率领省安全生产督导调研组深入到天然气管道基层单位开展安全生产调研工作。省投资集团安全生产部副主任罗志清，天然气管道总经理黄强，天然气集团安全总监纪向亚等陪同检查。

24 日　经股东研究决定，省投资集团以非货币出资的方式对天然气集团增加注册资本 36776.6 万元，天然气集团的注册资本金由 30000 万元增加到 66776.6 万元。

投资燃气所属江西天然气新余清洁能源有限公司注册成立。

25 日　投资燃气所属高安市天然气有限公司党支部被江西省国资委评为省属企业创先争优活动先进基层党组织。

10 月

8 日　为共同拓展南昌县地区汽车加气站市场，天然气集团与南昌县城市建设投资发展有限公司在南昌签订《南昌县天然气加气站项目合作框架协议》。

11 日 -14 日　中国石化股份天然气分公司川气东送销售营业部经理周冠杰、副经理朱臣昌一行到江西考察调研。省投资集团副总经理、天然气集团总经理、天然气管道董事长何国群主持座谈会，天然气管道总经理黄强出席座谈会。

15 日　经省投资集团党委研究决定，胡素平兼任天然气集团工会主席。

17 日　省天然气管网一期工程今冬明春暨 2013 年天然气供气计划对接会在景德镇瑶里召开。省投资集团副总经理、天然气集团总经理、天然气管道董事长何国群，天然气管道总经理黄强以及来自全省各地 27 家燃气企业相关负责人参加了会议。

22 日　投资燃气参股江西新奥车用燃气有限公司注册成立。

31 日　江西省发改委下发《关于核准湖口液化天然气（LNG）储配项目的批复》，投资燃气所属江西省鄱阳湖液化天然气有限公司根据文件办理城乡规划、土地使用、安全生产等相关手续。

11 月

13 日　天然气集团与遂川县人民政府、山东胜利股份有限公司在遂川县签订《日处理 100 万方液化天然气项目投资协议书》。投资建设运营日处理 100 万方液化天然气生产调峰储存项目。

13 日 -14 日　由中国石化股份天然气分公司主办，天然气管道和投资燃气承办的天然气市场开发研讨会在新余召开。

20 日　天然气集团与南昌县城市建设投资发展有限公司在南昌县就合作建设 CNG 加气子站项目签订合作协议书。双方共同出资组建一个具有独立法人资格有限责任公司为公交车、出租车、短途客车及社会车辆加注天然气。

天然气集团与庐山西海风景名胜区管委会在南昌签订天然气利用合作框架协议。

30 日　鄱阳工业园区管委会党工委副书记、总工程师王遐明组织在芦田工业园区管委会会议室召开鄱阳工业园区芦田“天然气利用工程项目规划评审会。

12 月

5 日　天然气集团成功中标江西修武盆地页岩气区块探矿权。

10 日　中国石化股份天然气分公司党委书记、副总经理党力强，副总经理茹军，总经理助理、人力资源部主任陈惠文到天然气管道宣布人事调整的文件，建议解聘许罡天然气管道副总经理职务，建议解聘薛宏彬天然气管道财务总监职务，建议解聘张云福天然气管道副总经理职务，中国石化股份天然气分公司另有任用；推荐程宜强、刘廷刚为天然气管道副总经理，推荐王忠武为天然气管道财务总监。

11 日　天然气管道第一届董事会第二十一次会议以通讯表决方式召开，会议决定聘任王忠武为天然气管道财务总监，聘任刘廷刚为天然气管道副总经理。

17 日　天然气投资召开领导班子民主生活会，省投资集团纪委书记陈翔、副书记黎倩等到会指导。

20 日　中石油昆仑天然气利用有限公司与中国石油股份在北京签订《股权转让合同》，同意将中石油昆仑天然气利用有限公司持有的天然气投资 50% 股权转让给中国石油股份。

24 日　天然气投资以电话通讯的方式召开股东会。会议同意中石油昆仑天然气利用有限公司所持有的天然气投资 50% 股权按照评估价格转让给中国石油股份，同意省投资集团所持有的天然气投资 50% 股权转让给天然气集团。

28 日　江西天然气遂川有限公司正式挂牌成立。

29 日　省天然气管网一期工程上高支线顺利实现通气试投产。

31 日　天然气集团《修武盆地页岩气勘查开发与利用项目》取得江西省发改委补助资金 480 万元

2013 年

1 月

6 日　经省投资集团人力资源部同意，天然气集团增设生产管理部，并将原“审计工作部”更名为“监察审计部”。

10 日　西气东输党委书记秦刚到天然气投资赣州末站检查指导。天然气投资相关人员陪同。

16 日　投资燃气江西南昌昌南迎宾 LNG 撬装站作为南昌首座 LNG 加气站正式完工。

18 日　天然气集团取得修武盆地页岩气矿产资源勘查许可证。

29 日　天然气集团与金蝶软件（中国）有限公司南昌分公司签订 OA 协同办公自动化系统项目合同，正式启动实施信息化建设。

2 月

1 日　经省投资集团研究，同意成立江西省页岩气投资有限公司筹建办公室。

省投资集团批复成立江西省页岩气有限公司筹建办公室。

3 日　天然气投资以通讯表决的形式召开 2013 年第 1 次董事会。会议同意向昆仑银行进行项目贷款。

16 日　经省投资集团研究，同意成立江西天然气能源投资有限公司筹建办公室。

18 日　经省投资集团党委研究决定，任命孙秋平为天然气集团党委副书记；免去胡素平的天然气集团党委副书记、工会主席职务。

经省投资集团研究，建议解聘胡素平的天然气集团副总经理职务。

经省投资集团研究，推荐孙秋平为能源投资筹建办公室主任。

经省投资集团研究，推荐谌伟模为江西省页岩气投资有限公司筹建办公室副主任（主持工作）。

省投资集团推荐詹辉为天然气管道总经理，胡素平为天然气管道副总经理；建议解聘黄强的天然气管道总经理职务。

省投资集团党委任命胡素平为天然气管道党总支书记，詹辉为副书记；免去詹辉的党总支书记职务。

省投资集团对投资燃气主要经营班子成员进行调整，推荐黄强同志为公司总经理、党总支副书记，任命李永兰同志为党总支书记、副总经理。

19 日　天然气管道第一届董事会第二十二次会议以通讯表决方式召开。会议同意聘任詹辉为天然气管道总经理，胡素平副总经理，解聘黄强的天然气管道总经理职务，解聘詹辉、谌伟模天然气管道副总经理职务。

22 日　江西省发改委发文核准省天然气管网一期工程抚州 – 南城 – 黎川支线项目。

25 日　天然气投资芦溪分输站投产，2 月 26 日向萍乡港华供气。

27 日　天然气投资以电话通讯方式召开 2013 年第一次股东会。会议同意由黄泽俊担任天然气投资副董事长、执行董事、法定代表人。

3 月

1 日　天然气投资公司以通讯表决的方式召开一届九次董事会。会议审议并通过了 2013 年财务预算。

12 日　天然气集团独资成立页岩气公司，注册资本金 1000 万元整，负责页岩气项目的勘查、开发、投资、建设、运营及管理等工作。

20 日　为全力对接江西修武盆地页岩气勘查项目，九江市修水县成立了页岩气勘查开发项目推进工作领导小组，组长由修水县县长孙朝辉担任。

21 日　经省投资集团党委研究，决定任命易安涛为天然气集团工会主席。

经省投资集团研究，推荐姚天真、沈章为能源投资筹建办公室副主任。

经省投资集团研究，同意天然气集团董事会聘任程晓龙为天然气集团总经理助理。

经省投资集团研究，推荐李永彪为天然气管道副总经理。

22 日　天然气管道第一届董事会第二十三次会议以通讯表决方式召开，会议决定聘任李永彪为天然气管道副总经理。

26 日　经省投资集团党委研究，决定任命赵江勇为天然气集团党委委员、纪委书记。

29 日　经天然气集团办公会研究同意成立天然气集团昌南压缩天然气分公司，主要向南昌市周边用气需求及 CNG 汽车加气站服务。

省投资集团总经理助理、党委办公室主任胡若兰带队省投资集团党建考核组对投资燃气检查考核 2012 年度党建等有关工作开展考核。

4 月

1 日　省投资集团副总经理、天然气集团总经理、投资燃气董事长何国群，中国石化天然气分公司副总工程师吴灿奇，新奥能源副总裁兼新奥能源贸易事业部总经理尹学信等领导一行到投资燃气江西天然气鄱阳公司调研船舶“油改气”项目。

投资燃气参股江西景德镇天然气有限公司注册成立。

10 日　投资燃气所属江西天然气鄱阳有限公司第一艘 LNG– 柴油双燃料混合动力示范船“上饶昌盛 818 号”试航成功，开启了鄱阳湖航运节能减排新篇章。

11 日　天然气集团成功获得中国银行间市场交易商协会授权批准，顺利发行首批 1.5 亿元人民币中期票据。

能源投资在南昌召开一届一次董事会，会议选举何国群担任董事长，聘任孙秋平为总经理。

12 日　投资燃气所属抚州市抚北天然气有限公司承办召开江西抚北工业园区天然气推广利用会，推动了抚北工业园园区天然气市场开拓，加快了天然气的推广使用。

省投资集团、天然气集团有关领导及特邀专家对投资燃气所属新余燃气有限公司安全生产标准化达标进行验收。

天然气投资在南昌召开 2013 年第二次股东会。会议选举何国群、黄泽俊、王斌、陈正惠、孙秋平、周凤川、叶金万为公司董事，何国群担任董事长，黄泽俊担任副董事长；选举李汉斌、董娟、江汉军为公司监事，李汉斌担任监事会主席。

天然气投资在南昌召开 2013 年第三次董事会。会议同意聘任周凤川为公司总经理，任命叶金万为党总支书记，聘任叶金万为常务副总经理，聘任邹德宏、康小松为副总经理，聘任栾福臣为财务总监，同意聘任李卫明为董事会秘书。机关共设置总经理办公室、规划计划部、财务资产部、人力资源部、质量安全环保部、生产运行部、管道保护部、工程管理部、物资装备部等 9 个职能部室，成立党总支、工会、团总支等组织。

天然气投资在南昌召开 2013 年第一次监事会。会议审议并通过了公司 2012 年监事会工作报告。

19 日　天然气集团独资成立了江西天然气能源投资有限公司。能源投资是覆盖省天然气管网二期工程范围的省级燃气供应公司。

23 日　投资燃气出资成立江西天然气庐山西海有限公司全资子公司。

28 日　经省投资集团研究，推荐孙秋平为能源投资总经理，推荐姚天真、沈章为副总经理；建议解聘孙秋平能源投资筹建办公室主任职务，姚天真、沈章筹建办公室副主任职务。

30 日　天然气集团和中国石化股份以通讯表决的方式召开天然气管道股东会会议。会议决定免去胡格今、黄强天然气管道董事职务，增选詹辉、胡素平为董事，新一届董事会由何国群、茹军、方浩、詹辉、胡素平组成，何国群为董事长，茹军为副董事长；免去樊卫凤、叶金万天然气管道监事职务，增选孙秋平、江汉军为天然气管道监事，新一届监事会由刘建忠、孙秋平、江汉军组成，刘建忠为监事会主席。

5月

2日　经省投资集团党委研究决定，同意何国群、孙秋平、黄强、叶金万、詹辉、胡素平、李永兰、谌伟模、周继来、赵江勇、易安涛等11位同志为天然气集团党委委员。何国群任党委书记、孙秋平同志任党委副书记。

5日　天然气管道以通讯表决方式召开董事会，会议同意聘任温宏达为天然气管道董事会秘书，解聘蔡升鑫担任的天然气管道董事会秘书职务。

6日　经省投资集团研究，推荐何国群为页岩气公司总经理（兼），推荐谌伟模为页岩气公司副总经理。

13日　省投资集团下发《关于委派董、监事的函》，决定胡素平不再担任天然气集团董事，委派陈云为天然气集团董事；委派李中兴为天然气集团新增监事。

天然气管道以通讯表决方式召开董事会，会议同意聘任温宏达为天然气管道总经理助理。

19日　江西省修武盆地页岩气勘查项目在修水县新湾乡举行开工仪式。省投资集团副总经理、天然气集团党委书记、总经理何国群出席仪式。

30日　江西省发改委发文核准省天然气管网一期工程上高－宜丰支线项目。

6月

2日　投资燃气所属江西天然气新余清洁能源有限公司仙女湖大道CNG加气站实现竣工通气，并投入试运营。

3日　经省投资集团人力资源部同意，天然气集团增设信息中心，人员编制4人；同意增加团委，人员编制2人（其中1人为天然气集团中层管理人员），增加工会办公室，人员编制3人，团委与党委办公室合署办公，工会办公室与后勤管理中心合署办公；同意将原“监察审计部”更名为“纪检监察室”，原“生产管理部”更名为“企业管理部”；同意天然气集团撤销原计量仪表检测中心及其原人员编制3人。

5日　中国石油天然气管道局管道投产运行公司党委书记任东江到天然气投资赣州末站检查调研。天然气投资相关人员陪同。

6日　投资燃气仙女湖大道CNG加气站可研评审会在公司会议室召开。

9日　投资燃气所属新余燃气有限公司获评江西省委、省政府“第十三届文明单位”荣誉称号。

能源投资临时董事会在南昌召开，会议同意组建吉安华润清洁能源有限公司、江西天然气赣州新能源有限公司、江西天然气莲花有限公司。

14日　江西修武盆地页岩气勘查项目部在九江市修水县正式挂牌，标志着项目部正式投入运转。

20日　经省投资集团研究，决定推荐姚天真为天然气集团副总经理；建议解聘周继来的天然气集团副总经理、法务总监职务。

经省投资集团研究，推荐周继来为能源投资副总经理，建议解聘姚天真能源投资副总经理职务。

24日　能源投资所属江西天然气赣州清洁能源有限公司在南昌召开第一次股东会暨董事会。

27日　省投资集团副总经理、天然气集团党委书记、总经理、投资燃气董事长何国群一行到投资燃气所属江西天然气新余清洁能源有限公司检查指导工作，投资燃气相关人员陪同。

能源投资与赣州市公共交通总公司、赣州市基本建设投资公司共同出资设立江西天然气赣州清洁能源有限公司在赣州市正式注册成立，其中能源投资所占股比为51%，赣州市公共交通总公司所占股比为25%，赣州市基本建设投资公司所占股比为24%。

30日　能源投资与江西天然气昌南有限公司控股方天然气集团签订《股权转让协议》，同意以协议转让的方式受让其持有的昌南公司60%股权，转让价格以天然气集团原始出资额600万元人民币确定。

能源投资与江西遂川天然气有限公司控股股东天然气集团签订《股权转让协议》，同意以协议转让的方式受让其持有的江西遂川天然气有限公司40%股权，转让价格以天然气集团原始出资额400万元人民币确定。

7月

7日　省天然气管网一期工程奉新支线顺利实现通气试投产。

9日　经省投资集团推荐董娟为天然气集团总会计师。

能源投资与吉安华润燃气有限公司就在吉安市设立合资公司、经营汽车加气业务事宜签订《关于设立吉安清洁能源有限公司的合资合同》。

经省投资集团研究，推荐钟艳为能源投资副总经理。

经省投资集团研究，推荐刘伟伟为页岩气公司总工程师。

10日—11日　西气东输总经理黄泽俊到天然气投资萍乡、芦溪、宜春分输站进行了检查指导，并进行了座谈。天然气投资总经理周凤川等陪同。

12 日　能源投资所属吉安华润清洁能源有限公司组织召开一届一次董事会。

13 日　德兴枫树岭山体定向钻主管线成功穿越，开创了德兴市天然气管线在山体存在裂隙的复杂地质条件下定向钻穿越成功的新纪录。

17 日　能源投资与吉安华润燃气有限公司共同出资设立吉安华润清洁能源有限公司在吉安市注册成立，其中能源投资所占股比为 49%，吉安华润燃气有限公司所占股比为 51%。

19 日　天然气集团在南昌召开党的群众路线教育实践活动动员大会。省投资集团党委副书记罗积志出席会议并代表省投资集团督导组作重要发言，省投资集团副总经理、天然气集团党委书记、总经理、天然气管道董事长何国群作动员报告。

25 日　投资燃气所属江西天然气抚州清洁能源有限公司在抚州市注册成立。

能源投资临时董事会在南昌召开，会议同意组建江西天然气井冈山华润有限公司，成立樟树清洁能源分公司、上饶清洁能源分公司。

8 月

13 日　能源投资与井冈山市人民政府、吉安华润燃气有限公司就在井冈山市行政区域范围内开展天然气利用项目合作事宜签订《井冈山市天然气利用项目框架合作协议书》。

14 日　能源投资与萍乡港华燃气有限公司就在萍乡市莲花县行政规划区域范围内开展天然气项目业务合作事宜签订《天然气项目合作框架协议书》。

30 日　省天然气管网一期工程抚州 – 余江段顺利实现通气试投产。

9 月

4 日　能源投资与万安县人民政府就在万安县行政规划区域范围内开展天然气项目业务合作签订《天然气利用项目合作框架协议书》。

能源投资与万安县能源投资有限公司就双方成立合资公司投资建设和运营万安县天然气项目事宜签订了《天然气项目合作协议书》。

10 日　能源投资建立工程设计单位供应商库。通过公开招标方式，确定武汉市热力规划设计院有限公司、杭州市城乡建设设计院有限公司、中交煤气热力研究设计院有限公司为公司第一批工程设计供应商库入围单位。

能源投资发文成立安全生产委员会、消防安全管理委员会、HSE 管理委员会、重大事故应急救援指挥部等安全组织机构。

11 日　投资燃气所属新余燃气有限公司、江西天然气新余清洁能源有限公司管理咨询项目启动会在新余召开，标志着延伸至投资燃气所属企业的管理咨询项目正式启动。

17 日—18 日　省投资集团副总经理、投资燃气党的群众路线教育挂点领导张惠良深入投资燃气所属江西天然气鄱阳有限公司、九江市天然气有限公司调研走访，投资燃气总经理黄强陪同调研。

29 日　能源投资与萍乡港华燃气有限公司共同出资设立江西天然气莲花有限公司在莲花县注册成立，其中能源投资所占股比为 51%，萍乡港华燃气有限公司所占股比为 49%。

10 月

8 日　能源投资所属江西天然气井冈山有限公司在南昌召开一届一次股东会暨董事会。

9 日　省天然气管网二期工程客户对接会在南昌召开。江西省能源局副局长涂迎九、西气东输赣湘管理处处长任魁以及相关设区市、县、区发改委，城市天然气管网运营公司负责人与会。会议通报了省天然气管网二期工程用气签约情况和工程建设情况，并就天然气城市管网运营公司气量计划进行了协商。

天然气投资鹰潭分输站投产，10 月 12 日向鹰潭华润供气。

12 日　能源投资与三清山风景区管理委员会就在三清山风景区行政规划区域范围内开展天然气项目以及油气合建站业务合作事宜签订《天然气项目合作框架协议》。

12 日　江西省国土资源厅地质勘查处副处长黄越赴江西修武盆地页岩气区块二维地震勘探施工现场考察调研。

13 日　天然气投资上饶分输站投产，10 月 14 日向上饶大通供气，2015 年 8 月 6 日向上饶仁恒供气。

15 日　能源投资与吉安华润燃气有限公司就共同开发井冈山市燃气市场事宜签订《关于成立江西天然气井冈山有限公司相关事项的协议书》。

16 日　天然气集团安全总监纪向亚等一行前往能源投资所属江西遂川天然气有限公司检查工作。

17 日　投资燃气所属德兴市天然气有限公司天然气管网一期工程顺利通气试投产。

18 日　德兴市委副书记、市长谢冠森，德兴市委常委、副市长胡红英，投资燃气总经理黄强等，出席所属德兴市天然气有限公司首批管道天然气居民用户点火仪式。

21 日　能源投资临时董事会在南昌召开，会议决定成立三清山分公司，组建江西天然气万安有限公司。

22 日　井冈山市人民政府与能源投资所属江西天然气井冈山有限公司签订《井冈山市管道燃气特许经营协议》，授权有效期限 30 年。

23 日　天然气投资樟树分输站投产，11 月 14 日向樟树荣辉供气。

能源投资与吉安华润燃气有限公司共同出资设立的江西天然气井冈山有限公司在井冈山市注册成立，其中能源投资所占股比为 50%，吉安华润燃气有限公司所占股比为 50%。

修水县委常委、副县长邵九思一行赴修武盆地页岩气二维地震勘探项目检查指导工作。页岩气公司相关人员陪同。

27 日　中国石油西气东输管道（销售）分公司副总经理王小平到天然气投资检查调研。并听取了工程建设、财务工作、生产运行、管道保护等方面情况的汇报。天然气投资总经理周凤川等陪同。

28 日　中国石油西气东输管道（销售）分公司副总经理褚永杰及其相关部门负责人邱春斌、李波、丛山到天然气投资检查调研。天然气投资总经理周凤川、党总支书记叶金万等陪同。

11 月

3 日　投资燃气"赣上饶货 1385 轮"LNG 燃料动力船舶改造试点方案专家初审会在南昌召开，标志着投资燃气第二艘两千吨级的运沙船油改气项目进入实质性阶段。

5 日　天然气集团党委批复成立能源投资党总支。

6 日　天然气集团组织撰写的《天然气产业链垂直一体化战略实施》报告，获得第十五届江西省企业管理现代化创新成果一等奖。

7 日　能源投资所属三清山分公司在上饶市注册成立。

8 日　天然气投资召开领导班子民主生活会，省投资集团党委副书记、党的群众路线教育实践活动督导组组长罗积志、成员张帆到会指导。

17 日　能源投资所属江西天然气井冈山有限公司金都花园小区燃气项目开工建设。

18 日　能源投资所属江西天然气万安有限公司在南昌召开一届一次股东会暨董事会、监事会。

20 日　天然气集团"党的群众路线教育实践活动"领导班子专题民主生活会在南昌召开。

12月

3日　能源投资所属江西天然气莲花有限公司在九江市共青城市召开一届一次股东会暨董事会。

5日　江西省能源局郑沐春局长一行赴天然气集团就江西省天然气供应等相关事宜进行座谈。省投资集团副总经理、天然气集团党委书记、总经理何国群参加座谈。

10日　天然气投资以通讯表决的方式召开2013年第四次董事会，会议就吉安、赣州、上饶CNG加气母站项目一期工程项目融资事宜进行了研究，同意向昆仑银行股份有限公司总行营业部申请项目贷款。

12日　能源投资与万安县能源投资开发有限公司共同出资设立了江西天然气万安有限公司在万安县注册成立，其中能源投资所占股比为70%，万安县能源投资开发有限公司所占股比为30%。

能源投资所属江西天然气万安有限公司取得了万安县人民政府授予的《万安县管道天然气特许经营权授权书》，授权有限期限30年。

能源投资所属江西天然气昌南有限公司取得南昌县新村加气站项目路条。

13日　投资燃气所属新余安装分公司撤销。

天然气集团党委批复成立能源投资工会。

20日　省投资集团副总经理、天然气集团党委书记、总经理、投资燃气董事长何国群代表投资燃气所属江西天然气贵溪有限公司与江铜集团高层领导召开座谈会。

2014年

1月

6日　省投资集团党委副书记罗积志一行深入走访慰问投资燃气所属新余燃气有限公司、江西天然气新余清洁能源有限公司和扶贫点姚圩镇刘家村委，省投资集团副总经理、投资燃气董事长何国群，省投资集团总经理助理李天晓、胡若兰等参加走访慰问。投资燃气总经理、党总支书记黄强等陪同。

16日　投资燃气所属江西天然气贵溪有限公司与江西铜业股份有限公司正式签署了《天然气销售合同》。

由能源投资主办、能源投资所属江西天然气井冈山有限公司承办的消防应急演练活动在井冈山市金都花园 LNG 瓶组站举行。

17 日　能源投资所属江西天然气井冈山有限公司井冈山天然气利用项目通气点火。井冈山管理局局长、井冈山市市长陈敏等井冈山四套班子领导和省投资集团副总经理、天然气集团党委书记、总经理、能源投资董事长何国群，能源投资总经理孙秋平等出席仪式。

2 月

9 日　天然气投资隆重举办了"十佳员工"颁奖典礼，对十名优秀员工进行了表彰。省投资集团总经理助理、总经理办公室主任李天晓，总经理助理、党委办公室主任胡若兰，天然气集团有关领导以及天然气投资班子成员出席颁奖典礼。

17 日　能源投资所属江西天然气万安有限公司与万安县国土资源局在万安县签订《国有建设用地使用出让合同》，取得工业园区门站用地。

24 日　省投资集团副总经理唐先卿等一行，在能源投资总经理孙秋平等陪同下前往能源投资所属江西天然气井冈山有限公司调研。

27 日　页岩气公司《非常规天然气试验井钻探及潜力评价项目》获得江西省能源局新能源发展专项资金 1600 万元。

3 月

2 日　天然气投资以通讯会议方式召开 2014 年第一次股东会。会议同意免去黄泽俊副董事长、董事、法定代表人职务，由凌霄担任副董事长、董事、法定代表人职务。

12 日　九江市修水县常务副县长袁观云一行赴页岩气公司调研，着重了解了公司勘探进展和工作部署情况。

16 日　省天然气管网一期工程永修输气站通气试投产。

24 日　投资燃气所属江西天然气鄱阳有限公司门站及辅助区土建工程项目在鄱阳芦田工业园区举行奠基仪式。

25 日　投资燃气所属江西天然气鄱阳有限公司第二艘 2000 吨级 LNG 双燃料动力船舶——"赣上饶货 1385 轮"系统改造完成调试，并成功下水试航。

27 日 –28 日　江西修武盆地页岩气区块二维地震勘探成果验收及井位论证会在江西南昌召开。会议邀请了中国工程院院士彭苏萍等 14 位知名非常规油气专家。省投资集团副总经理，天燃气集团党委书记、总经理何国群主持会议。

4月

1日　投资燃气参股江西景德镇天然气有限公司在景德镇市工商行政管理局正式登记成立。

3日　交通部水科院船舶运输技术研究中心主任纪永波、副总工程师李清等一行，到投资燃气所属江西天然气鄱阳有限公司实地调研考察江西天然气船舶“油改气”项目。

10日　经省投资集团研究，推荐周继来为天然气集团副总经理，建议解聘姚天真天然气集团副总经理职务。

省投资集团党委任命聂长文同志为投资燃气党总支书记。

经省投资集团研究，傅新生、赵江勇为能源投资副总经理，建议解聘周继来副总经理职务。

11日　能源投资与九江国发天然气有限公司就合作投资建设和运营管理九江县辖区内的加气站事宜签订《合作协议》。

能源投资与江西国发天然气开发有限公司就合作投资建设和运营管理瑞昌市辖区内的加气站事宜签订了《合作协议书》。

18日　页岩气公司副总经理谌伟模赴京出席中国石油大学（北京）地质地球物理综合研究中心（LIGG）第六届技术年会。

21日　页岩气公司总工程师刘伟伟赴重庆参加全国页岩气勘查开发推进会。

22日　天然气管道在南昌举办道德讲堂启动仪式暨首期讲堂开讲活动，邀请第39届南丁格尔奖、第四届全国道德模范助人为乐提名奖获得者，现年86岁的章金媛老阿姨作首期老师授课，省投资集团总经理助理、党委办公室主任胡若兰出席道德讲堂启动仪式并致词，天然气管道党总支书记胡素平主持。

23日　天然气管道在南昌举行“莲清读书会”启动仪式，省投资集团总经理助理、党委办公室主任胡若兰出席启动仪式，启动仪式由党总支书记胡素平主持。

能源投资所属江西遂川天然气有限公司启动遂川县天然气利用项目建设工作。

29日　经省投资集团研究，推荐姚天真为页岩气公司副总经理。

29日–30日　页岩气公司副总经理谌伟模、总工程师刘伟伟赴武汉参加由中国地质学会石油地质专业委员会主办的《中国非常规油气勘探开发理论与实践》学术研讨会。

5 月

4 日　天然气集团团委荣获江西省国资委 2013 年度“五四红旗团委”荣誉称号。

第十五届江西省企业管理创新成果颁奖大会在南昌举行，天然气管道选送的课题《以降本增效为目的的天然气场站能耗管理》荣获三等奖。

5 日　投资燃气所属江西天然气鄱阳有限公司被省企业联合会、江西省国资委、江西省工信委和江西省企联企业管理现代化委员会联合授予江西省企业管理创新二等奖。

6 日　天然气投资新余分输站投产。

能源投资一届二次董事会在南昌召开。

9 日　天然气集团和中国石化股份以通讯表决的方式召开天然气管道股东会会议，会议同意周继来任公司监事，免去江汉军公司监事职务。

12 日 –13 日　页岩气公司副总经理谌伟模受邀参加了国土资源部油气资源战略研究中心在北京组织召开的“中国非常规油气可持续发展论坛”。

13 日　天然气管道顺利完成九江职大应急改线不停输带压封堵施工作业，有效解决了九江职业大学与一期管网管道安全间距不足问题。

16 日　天然气管道股东会暨二届八次董事会在江西南昌召开。出席会议的董事以逐项表决方式一致通过了《公司 2013 年度工作报告》等九项议题。

19 日　河北省发改委经济运行调节局朱建德处长一行到天然气管道调研。

20 日　能源投资临时董事会在南昌召开，会议同意组建江西天然气友融能源投资有限公司。

28 日　省天然气管网一期工程景德镇施工现场，余江 – 景德镇段管道顺利焊接完成。

6 月

4 日　江西省国土厅组织召开修武盆地页岩气区块开发工作座谈会。省投资集团副总经理、天然气集团党委书记、总经理何国群参加会议。

江西省发改委组织召开全省页岩气勘探工作推进会。省投资集团副总经理、天然气集团党委书记、总经理何国群参会。

7 日　省天然气一二期管网在新余顺利实现对接投产。

天然气投资通过天然气管道向新余燃气供气。

9 日　江西省国资委副巡视员张爱国等一行前往投资燃气所属新余燃气有限公司调研安全生

产工作并慰问一线员工。天然气集团安全总监纪向亚，投资燃气总经理黄强，副总经理高胜伟等有关人员随同。

能源投资临时董事会在南昌召开，会议同意设立上饶分公司、江西天然气宜春有限公司。

10日　投资燃气所属控参股企业江西港华天然气有限公司、江西计华能源公司、九江市天然气有限公司、高安市天然气有限公司抚州市抚北天然气有限公司和天然气管道签订《天然气调峰保供协议》。

16日　能源投资所属江西天然气井冈山有限公司取得井冈山市城市管道天然气项目路条。

19日　省投资集团推荐程晓龙为天然气集团副总经理。

25日　天然气集团以通讯表决的方式召开董事会，会议同意聘任程晓龙为天然气集团副总经理。

27日　天然气管道在南昌召开阀室气电分离改造项目专家评审会。

28日　天然气管道九江站联合维检修中心开展了九江站站内管线泄漏应急演练，江西省能源局副局长涂迎九、能源综合处调研员王绍勇，天然气集团副总经理周继来、安全总监纪向亚等莅临现场观摩指导。

7月

2日至3日　天然气管道顺利通过省投资集团安全生产标准化达标企业复核审查。

3日　天然气投资在南昌召开2014年第二次股东会。会议同意周继来担任公司监事，江汉军不再担任公司监事。

天然气投资在南昌召开2014年第一次董事会。会议审议并通过了经营工作报告、2013年财务决算及2014年预算安排、2014年投资计划、关于收购安义中油昌北门站和管道资产的议案、工程优化后剩余物资处理的议案、加快开展井冈山支线项目前期工作的议案、开展增资股权可研工作的议案，同意增设企管法规与监审部。

天然气投资在南昌召开2014年第一次监事会。会议审议并通过了2013年监事会工作报告。

9日　能源投资所属江西天然气莲花有限公司与莲花县人民政府在莲花县签订《管道燃气特许经营权协议》，授权有效期限30年。

17日　天然气管道以通讯表决方式召开董事会，会议同意聘任袁献忠为天然气管道副总经理，解聘刘廷刚担任的天然气管道副总经理职务。

21 日　能源投资与永新县人民政府、吉安华润燃气有限公司就在永新县行政辖区范围内开展管道天然气利用项目合作事宜签订《永新县天然气利用项目合作协议书》和《永新县管道天然气项目补充协议书》。

8 月

1 日　能源投资所属上饶分公司在上饶县注册成立。

6 日　省天然气管网一期工程抚州－南城－黎川支线顺利完成全线焊接。

7 日　江西省财政厅经建处处长刘伍根一行莅临页岩气公司调研修武盆地页岩气勘查进展情况。省投资集团副总经理，天然气集团党委书记、总经理何国群出席调研会并讲话，页岩气公司相关人员陪同。

12 日　经省投资集团党委研究决定，同意何国群、孙秋平、黄强、叶金万、詹辉、胡素平、聂长文等七名同志为天然气集团党委委员。何国群任党委书记、孙秋平兼任党委副书记、胡素平兼任纪委书记。

13 日　能源投资与江西友融资产管理有限公司就在南昌市共同投资建立“江西天然气友融 LNG 加气站”项目合资公司事宜签订《合作协议》。

13—14 日　省投资集团安全生产部到天然气投资吉安接收站、赣州末站检查调研。

15 日　省天然气管网一期工程余江－景德镇段通气试投产暨环鄱阳湖管网全面贯通。

18 日　能源投资与江西兰叶新型材料科技有限公司签订《车辆供气协议》,合同有效期 3 年。

21 日　天然气集团与江西省地矿局所属的赣中南地质矿产勘查研究院（江西省页岩气调查开发研究院）就江西修武盆地页岩气勘探开发签订合作协议。

22 日　投资燃气庐山西海风景名胜区液化天然气（LNG）临时销售价格听证会在永修县柘林镇召开。

28 日　江西省国土厅地质勘查处处长龚健一行莅临页岩气公司调研修武区块页岩气勘查进展。省投资集团副总经理、天然气集团党委书记、总经理何国群参加调研会，页岩气公司相关人员陪同。

31 日　能源投资昌北经开区兰叶加气站试运投产。

9 月

1-3 日　省投资集团副总经理、党委副书记罗积志，总经理助理、党委办公室主任胡若兰等一行，在能源投资总经理、党总支书记孙秋平陪同下，到能源投资本部及所属江西天然气井冈山有限公司、江西天然气万安有限公司调研指导工作。

9日　能源投资获得兰叶LNG加气站项目路条。

能源投资临时董事会在南昌召开，会议同意组建江西天然气永新有限公司、江西天然气瑞昌有限公司、江西天然气九江有限公司。

18日　能源投资与吉安华润燃气有限公司、永新县城市建设投资开发有限公司共同出资设立的江西天然气永新有限公司在永新县注册成立，其中能源投资所占股比为43%，吉安华润燃气有限公司所占股比为42%，永新县城市建设投资开发有限公司所占股比为15%。

19日　经省投资集团总经理办公会研究同意天然气集团设立新余配送分公司，从事全省CNG、LNG运输，LNG移动加注以及天然气销售业务。

22日　能源投资所属江西天然气井冈山有限公司取得井冈山茨坪汽车加气站项目路条。

23日　天然气投资大城分输站投产。

天然气投资高安分输站投产，9月29日向高安泰达供气。

24日　中国科学院院士贾承造莅临页岩气公司指导工作。江西省国土厅副厅长项尝培，省投资集团副总经理，天然气集团党委书记、总经理何国群参加交流会，页岩气公司相关人员陪同。

25日　天然气投资九江分输站投产，9月26日向九江深燃供气。

28日　能源投资所属江西天然气万安有限公司启动万安县河西临时瓶组站项目及中压管网建设工作。

30日　能源投资所属樟树清洁能源分公司取得了樟树市园里大道LNG汽车加气站项目路条。

10月

16日　江西省国资委党委书记陈永华，江西省财政厅副厅长王斌，江西省国土资源厅副厅长项尝培，省投资集团副总经理、天然气集团党委书记、总经理何国群，江西省煤田地质局党委书记黄登龙，江西省地矿局副局长余忠珍，九江市国土资源局局长张俊，江西省修水县委副书记、县长张林，江西省能源局副局长李接福，江西省科技厅处长李长路在修水县参加江页1井开钻仪式。省天然气管网一期工程青云－万年支线开工。

31日　能源投资所属江西天然气井冈山有限公司收到井冈山市发改委《关于核准江西天然气井冈山有限公司井冈山陶瓷工业园天然气利用工程项目的批复》，同意建设井冈山陶瓷工业园天然气利用工程项目。

天然气管道所属管道分公司被江西省国家税务局和江西省地方税务局联合评定为“2012-2013年度纳税信用等级A级纳税人”。

11月

4日　能源投资所属江西遂川天然气有限公司一届二次股东会暨董事会、吉安华润清洁能源有限公司一届二次股东会暨董事会、江西天然气井冈山有限公司一届二次股东会暨董事会、江西天然气永新有限公司一届一次股东会暨董事会在井冈山召开。

7日　能源投资所属江西天然气昌南有限公司一届二次股东会暨董事会、江西天然气赣州清洁能源有限公司一届二次股东会暨董事会、江西天然气万安有限公司一届二次股东会暨董事会在南昌召开。

10日　山东鲁信实业集团有限公司总经理吕爱国一行来访天然气集团并开展座谈交流。

11日　能源投资所属江西天然气井冈山有限公司成功中标坐落于井冈山市新城区面积2010㎡（约3亩）的井冈山市新城区天然气服务中心建设用地。

17日　河南豫矿地质勘查投资有限公司党委书记张木辰赴页岩气公司进行业务交流，页岩气公司相关人员陪同。

18日　能源投资临时董事会在南昌召开，会议决定组建江西大鼎实业有限公司、并设立樟树分公司、瑞金分公司。

24日　能源投资临时董事会在南昌召开，会议同意变更公司经营范围以及公司《章程》。

国土资源部页岩气勘查开采专项督察组到修水县就江西修武盆地页岩气区块勘查工作进展情况进行督察。省投资集团副总经理、天然气集团党委书记、总经理何国群参会。

28日　投资燃气与江西港华天然气有限公司签署《天然气加气站项目合作框架协议》，在丰城市行政规划区域范围内开展车用天然气加气站项目业务合作。

天然气投资九江改扩建站投产，12月1日向江西国发供气，2016年5月12日向九江国发供气。

12月

1日　能源投资全资子公司江西天然气宜春有限公司在宜春市注册成立。

4日　能源投资所属江西天然气井冈山有限公司取得坐落于井冈山市新城区嘉利硅业南侧面积17685.72m^2（约26.5亩）的井冈山市新城区气站建设用地土地证。

5日　能源投资与江西大颂实业有限公司就双方合作投资、建设、运营、管理上饶市三清山西大道118号江西大颂实业有限公司厂区天然气加气站项目事宜签订《加气站项目合作协议书》。

8日　能源投资所属江西天然气瑞昌有限公司一届一次董事会、能源投资所属江西天然气九江有限公司一届一次董事会在南昌召开。

9日　在井冈山市人民政府的主导下，能源投资所属江西天然气井冈山有限公司与井冈山市星源天然气有限公司就收购和经营星源天然气公司事宜在井冈山市人民政府三楼会议室进行了第一次谈判。

10日–11日　华中能源监管局江西业务办调研组莅临投资燃气和所属九江市天然气有限公司调研"迎峰度冬"准备工作情况，投资燃气总经理黄强陪同。

13日　能源投资所属江西天然气永新有限公司启动了永新县天然气利用项目的建设工作。

17日–18日　港华燃气领导李景权一行莅临投资燃气所属抚州市抚北天然气有限公司指导工作，天然气集团副总经理纪向亚陪同。

18日　江西省法制办、江西省能源局联合调研组莅临天然气管道开展《江西省石油天然气管道保护办法》立法工作调研，并征求意见建议。

19日　能源投资与江西国发天然气开发有限公司共同出资设立的江西天然气瑞昌有限公司在瑞昌市注册成立，其中能源投资所占控股比为51%，江西国发天然气开发有限公司所占控股比为49%。

24日　能源投资所属江西天然气宜春有限公司同宜阳市宜阳新区管理委员会、宜春市发改委就宜阳新区建设CNG复合型母站项目签订《宜春市宜阳新区天然气利用项目投资合作协议书》。

26日　在江西省能源局、省投资集团及天然气集团的大力支持和帮助下，天然气管道联合新余泰达长林管道技术有限公司、新余燃气有限公司、江西港华天然气有限公司在新余站开展了天然气管线泄漏突发事故应急演练，有效地提高了在应对天然气管线泄漏突发事故中的应急处置能力。

能源投资与九江国发天然气有限公司共同出资设立的江西天然气九江有限公司正式注册成立，其中能源投资所占股比为51%，九江国发天然气有限公司所占股比为49%。

能源投资所属樟树清洁能源分公司在樟树市注册成立。

29日　省投资集团党委下发关于授予"最美江投人"等荣誉称号的决定，天然气管道巡线二队队长黄明敏荣获省投资集团“最美江投人”荣誉称号，天然气投资萍乡分输站站长布健峰荣获省投资集团“最美江投人”荣誉称号。

31 日　投资燃气联合新奥燃气发展公司，受让江西长运股份有限公司所持江西新奥车用燃气有限公司 30% 股权，其中投资燃气受让 19% 股权。受让后，投资燃气占江西新奥车用燃气有限公司 49% 股权。

12 月，页岩气公司获得江西省财政厅 1000 万元页岩气勘查开发奖励资金和 740 万元页岩气调查评价资金。

2015 年

1 月

7 日　省投资集团党委副书记罗积志，省投资集团副总经理，天然气集团党委书记、总经理何国群赴江页 1 井走访慰问困难职工。

9 日　省天然气管网一期工程余江 – 鹰潭段管线顺利实现通气试投产。省投资集团副总经理陈云出席试投产点火仪式。

15 日　天然气管道召开 2014 年度党员领导干部民主生活会，主题为“严格党内生活、严守党的纪律、深化作风建设”，省投资集团副总经理、天然气集团党委书记、总经理、天然气管道董事长何国群，省投资集团总经理助理、总经理办公室主任李天晓，省投资集团总经理助理、党委办公室主任胡若兰到会指导。

能源投资所属瑞金分公司在瑞金市注册成立。

16 日　能源投资与江西大颂实业有限公司共同出资设立的江西天然气大鼎业有限公司在上饶市注册成立，其中能源投资控股占比 51%，江西大颂实业有限公司所占股比为 49%。

30 日　能源投资所属江西天然气宜春有限公司取得宜春压缩天然气（CNG）加气母站项目路条。

2 月

3 日　页岩气公司总工程师刘伟伟赴京参加由国土资源部地质勘查司主办的第二轮页岩气中标勘查区块督查情况通气会。

6 日　能源投资所属江西天然气永新有限公司与永新县人民政府签订《永新县管道天然气特

许经营协议》，授权有效期限 30 年。

10 日　能源投资所属江西天然气万安有限公司承建的万安县天然气利用工程通气点火。

15 日　江西省国资委党委书记陈永华在省投资集团党委副书记罗积志，省投资集团副总经理、天然气集团党委书记、总经理、天然气管道董事长何国群，省投资集团总经理助理、党委办公室主任胡若兰及江西省国资委企业领导人员管理处处长胡劲松的陪同下，到天然气管道南昌站走访慰问。天然气管道总经理詹辉、党总支书记胡素平参与陪同。

3 月

6 日　天然气集团在江西行政学院公务员培训中心分两期举办了天然气板块中基层干部培训班。

7 日　江西省国土厅党组书记、厅长刘定明，省厅党组成员、总规划师侯克常赴江页 1 井工区调研指导工作。省投资集团副总经理、天然气集团党委书记、总经理何国群陪同。

17 日　天然气投资在南昌召开 2015 年第一次股东会。会议同意胡彬担任公司职工监事，周继来不再担任公司监事，通过了关于变更天然气投资经营范围的议案。

19 日　天然气投资以通讯会的形式召开 2015 年第二次股东会。会议审议通过了公司 2015 年投资计划。

天然气投资在南昌召开 2015 年第一次董事会。省投资集团副总经理、天然气集团党委书记、总经理、天然气投资董事长何国群主持会议，董事凌霄、周凤川、叶金万，监事李汉斌、董娟、胡彬出席会议，未出席董事分别授权委托代表出席会议。会议同意聘任丁铁成担任财务总监，解聘栾福臣财务总监职务。

天然气投资在南昌召开 2015 年第一次监事会。会议审议并通过了 2014 年监事会工作报告。

能源投资在南昌举办了 LNG 撬装加气设备技术交流会。

25 日　能源投资所属江西天然气永新有限公司仰山安居小区 LNG 瓶组供气站开工建设。

4 月

1 日　湖南华晟能源投资发展有限公司总经理李俊峰、总地质师肖明国一行赴页岩气公司交流，页岩气公司相关人员陪同。

8 日　江西省能源局副局长涂迎九等一行前往能源投资所属江西天然气井冈山有限公司、江西天然气永新有限公司调研，能源投资总经理、党总支书记孙秋平陪同。

22 日　能源投资临时董事会在南昌召开，会议决定设立鹰潭润燃清洁能源有限公司。

24 日　天然气管道在景德镇组织开展了防汛应急演练。

24 日 –25 日　江西修武盆地页岩气区块第二轮井位论证会在江西南昌召开。会议邀请了中国科学院院士金之钧、中国地调局油气中心页岩气室主任包书景等 12 位知名非常规油气专家。省投资集团副总经理、天然气集团党委书记、总经理何国群主持会议。

27 日　能源投资所属江西天然气赣州清洁能源有限公司一届三次股东会暨董事会、江西天然气莲花有限公司一届二次股东会暨董事会在南昌召开。

28 日　能源投资所属江西遂川天然气有限公司一届三次股东会暨董事会、江西天然气井冈山有限公司一届三次股东会暨董事会、江西天然气永新有限公司一届二次董事会、吉安华润清洁能源有限公司一届三次股东会暨董事会在南昌召开。

29 日　能源投资所属江西天然气昌南有限公司一届三次股东会暨董事会，江西天然气万安有限公司一届三次股东会暨董事会，江西天然气瑞昌有限公司一届二次股东会暨董事会，江西天然气九江有限公司一届一次股东会暨董事会、一届二次股东会暨董事会，江西天然气大鼎实业有限公司第一届第一次董事会在南昌召开。

30 日　天然气管道团总支荣获江西省“五四红旗团总支”荣誉称号。

能源投资与鹰潭华润燃气有限公司就在鹰潭市设立合资公司，经营汽车加气业务事宜签订《关于设立鹰潭润燃清洁能源有限公司的合资合同》。

5 月

5 日　省投资集团安全生产部主任蒋斌、副主任马益波莅临江页 1 井钻井现场检查安全管理工作并就安全生产标准化建设工作进行指导。

9 日　天然气集团与华润燃气投资（中国）有限公司在香港签订《江西省天然气利用项目合作框架协议》。共同投资开发江西省内天然气管输市场和终端市场。

13 日　投资燃气所属高安市天然气有限公司与高安市建山镇人民政府签订天然气利用项目投资协议。

天然气投资以通讯会的形式召开 2015 年第二次董事会。会议同意将原财务资产部更名为计划与财务资产部，原规划计划部更名为规划与市场开发部。

15 日　能源投资所属上饶分公司取得上饶经开区三清山西大道 CNG 汽车加气站项目路条。

18 日　根据新余市人民政府八届第 91 次常务会议纪要、新余市国有资产监督管理委员会（余国资函〔2015〕13 号）文件，决定将新余市住房和城乡建设委员会监管的新余市煤气公司所持有的投资燃气所属新余燃气有限公司 20% 的股权，无偿划转给新余市国有资产经营有限责任公司。

能源投资与鹰潭华润燃气有限公司共同出资设立的鹰潭润燃清洁能源有限公司在鹰潭市注册成立，其中能源投资所占股比为 49%，鹰潭华润燃气有限公司所占股比为 51%。

能源投资所属江西天然气莲花有限公司收到莲花县人民政府《关于授权江西天然气莲花有限公司签订西气东输三线天然气供气合同的函》。

19 日　天然气集团变更经营范围,增加“压缩天然气（CNG）和液化天然气（LNG）的建设、管理、经营及销售（仅限分支机构持证经营）”。

22 日　能源投资所属江西天然气永新有限公司永新县天然气项目规划及可研协调会在南昌召开。

江西省国资委副主任、党委委员李晓刚，江西省出资监管企业监事会主席龚建平到江页 1 井工区调研江西修武盆地页岩气区块勘查工作进展情况。省投资集团纪委书记陈翔、副书记黎倩，修水县委副书记罗时荣，县委常委、常务副县长范志斌陪同。

26 日　江西省国资委纪委综合处处长刘国洋一行莅临天然气集团，对执行中央八项规定精神、反对“四风”情况开展专项检查，天然气集团相关人员陪同。

能源投资与江西友融资产管理有限公司共同出资设立的江西天然气鑫源有限公司在安义县注册成立，其中能源投资所占股比为 60%，江西友融资产管理有限公司所占股比为 40%。

6 月

18 日　省投资集团安全生产部就安全生产相关工作到投资燃气所属新余燃气有限公司调研，投资燃气党总支书记聂长文陪同。

24 日　天然气集团党委批复成立共青团能源投资总支部。

能源投资所属江西天然气万安有限公司联合万安县消防大队在万安县工业园区临时瓶组站开展了燃气泄漏应急抢险演练活动。

25 日　天然气集团完成《江西天然气“十三五”发展规划大纲》编制工作。

投资燃气所属江西天然气鄱阳有限公司获得江西省能源局同意，将鄱阳县洪迈大道汽车加气站建设性质调整为液化天然气（LNG）汽车加气站与压缩天然气（L-CNG）汽车加气站合建项目。

26 日　天然气管道在南昌举办了“新常态、新时代”主题演讲比赛。省投资集团党委委员、副总经理唐先卿，省投资集团财务副总监、财务管理部主任肖放芝，省投资集团党委办公室副主任、信访办主任李国庆应邀担任比赛评委。

投资燃气报送的关于《国有控股企业的全面经营计划与预算》论文，获得第十六届江西省企业管理现代化创新成果三等奖。

27 日　能源投资所属三清山分公司与江西省三清山风景名胜区管理委员会签订《三清山风景区管道燃气特许经营协议》，特许经营有效期限 30 年。

7 月

1 日—2 日　省投资集团党委副书记罗积志，总经理助理、总经理办公室主任李天晓，总经理助理、党委办公室主任胡若兰走访慰问了天然气管道九江站、沙河站、上高站及巡线三队、四队的 5 名困难党员，天然气管道总经理詹辉，党总支书记胡素平陪同走访慰问。

省投资集团党委副书记罗积志，总经理助理、总经理办公室主任李天晓，总经理助理、党委办公室主任胡若兰到天然气投资机关走访慰问困难党员。

2 日　省投资集团副总经理、党委委员刘刚等一行到能源投资指导“三严三实”专题教育活动。

14 日　湖南湘投天然气投资有限公司总经理助理王群等一行来能源投资参观考察。能源投资相关人员陪同。

17 日　天然气投资萍乡扩建站投产，并向江西中石油昆仑燃气有限公司供气。

21 日　江西省文明办主任张天清到天然气投资九江分输站检查指导。省投资集团党委副书记罗积志、总经理助理胡若兰、工会办副主任黄朝臣以及天然气投资党总支书记叶金万陪同。

22 日　江西省委第六巡视组到投资燃气所属九江市天然气有限公司开展巡视工作，省投资集团纪委副书记、监察审计部主任黎倩，投资燃气总经理黄强陪同。

30 日　投资燃气所属新余燃气有限公司召开董事会，同意将新余市住建委监管的新余市煤气公司所持有的公司 20% 国有股权无偿划转给新余市国有资产经营有限责任公司。

8 月

3 日　天然气投资以通讯会的方式召开 2015 年第三次股东会。会议选举刘玉华担任公司董事，周风川不再担任公司董事。

天然气投资以通讯会的方式召开2015年第三次董事会。会议同意聘任刘玉华为总经理，任命刘玉华为党总支副书记，解聘周凤川总经理职务，免去周凤川党总支副书记职务。

4日　广西投资集团有限公司总裁助理、广西广投天然气管网有限公司董事长、总经理杨冬野一行莅临天然气管道考察工作。省投资集团副总经理、天然气集团党委书记、总经理、天然气管道董事长何国群，天然气管道总经理詹辉、党总支书记胡素平出席座谈会。

6日　省投资集团副总经理、天然气集团党委书记、总经理、投资燃气董事长何国群一行到投资燃气所属德兴市天然气有限公司调研指导工作，投燃气总经理黄强陪同调研。

10日　能源投资所属江西天然气莲花有限公司取得坐落莲花县工业园11459.1㎡（约17亩）土地的国有土地使用权证。

18日　能源投资所属江西天然气永新有限公司永新县二机厂保障房燃气管道工程开工建设。

上饶市委常委、三清山风景名胜区管委会书记陈晓平等一行来能源投资，与省投资集团副总经理、天然气集团党委书记、总经理、能源投资董事长何国群，能源投资总经理、党总支书记孙秋平等交流三清山天然气项目推进工作。

20日　江西省国资委副巡视员张爱国到天然气投资上饶分输站检查指导安全生产工作，江西省国资委综合处处长邓晓乐，天然气集团安全总监纪向亚陪同。

能源投资所属江西天然气莲花有限公司举行了民用天然气项目开工仪式。

能源投资所属三清山分公司取得三清山天然气城市管网工程路条。

21日　新余市副市长、市公安局局长黄文辉率领市应急办、市公安局、市消防支队等有关部门负责人，深入投资燃气所属新余燃气有限公司下村门站督导检查燃气消防安全工作。

25日　经天然气集团总经理办公会研究通过，将原职能合并于企业管理部的投资管理部分设，编制为5人；将原职能合并于综合办公室的党委办公室分设，编制为4人。

江西省住建厅副厅长李道鹏一行到投资燃气所属新余燃气有限公司检查指导工作。

9月

2日　天然气投资通过天然气管道向九江华电供气，并单独向新余燃气供气。

6日　能源投资临时董事会在南昌召开，会议审议通过《关于江西天然气能源投资有限公司董事会授权书的议案》。

7日　江西省能源局综合处调研员王绍勇一行到投资燃气所属江西省鄱阳湖液化天然气有限

公司进行了安全生产专项检查，九江市能源局局长胡华、天然气集团安全总监纪向亚陪同。

18 日　德兴市首批天然气 / 电混合动力公交正式投放公交线路运行，德兴成为江西首个使用新能源公交的县级城市，由投资燃气所属德兴市天然气有限公司负责其天然气燃料供应。

能源投资所属江西天然气永新有限公司举行永新县天然气利用项目首期仰山安居小区通气仪式。

28 日　省投资集团安全生产部先后深入投资燃气所属德兴市天然气有限公司、余干县天然气有限公司，就安全生产工作及“三严三实”活动开展情况进行了走访调研，投资燃气总经理黄强陪同调研。

10 月

7 日　省天然气管网一期工程青云—万年支线成功实现通气试投产。

9 日　省投资集团党委副书记罗积志，省投资集团副总经理、天然气集团党委书记、总经理、天然气管道董事长何国群，省投资集团总经理助理、总经理办公室主任李天晓，省投资集团总经理助理、党委办公室主任胡若兰一行到天然气管道督导检查江西省委巡视组反馈意见整改落实情况。

12 日　天然气集团与港华燃气投资有限公司在南昌签订《天然气利用项目合作框架协议》。双方同意在天然气利用领域方面进行全面合作及员工培训等方面进行全方位合作。

13 日　天然气管道与港华燃气在南昌签署战略合作协议。

14 日　天然气集团与中国石化天然气有限责任公司、中国运载火箭技术研究院北京航天发射技术研究所签订《关于共同推动 LNG 产业化发展合作框架协议》。

20 日　投资燃气所属江西天然气贵溪有限公司顺利完成了天然气置换工作。

21 日　中国清洁发展机制基金审核理事会一行在国家发改委气候司副司长李高带领下，莅临江西天然气指导工作。

能源投资所属江西天然气鑫源投资有限公司取得安义县白沙村 LNG 汽车加气站项目路条。

23 日　江西省能源局副局长涂迎九一行莅临江西天然气召开“十三五”规划征求意见座谈会。

能源投资所属江西天然气永新有限公司取得永新县住房和城乡建设局批准的永新县天然气服务中心建设项目选址意见书，用地面积 3100 ㎡（约 4.65 亩）。

25 日　天然气投资以传签方式召开 2016 年第一次股东会。会议同意免去凌霄的副董事长、董事、法定代表人职务，由王宁担任公司副董事长、董事（执行董事）、法定代表人。

26日 新余市委副书记、市长董晓健来到投资燃气所属新余燃气有限公司开展“解放思想找差距、优化环境抓发展”为主题的大宣讲活动。

能源投资临时董事会在南昌召开，会议同意增加注册资本金，修改公司章程注册资本金情况。

29日 能源投资所属江西天然气莲花有限公司天然气工程建设项目社会稳定风险评估报告，在莲花县重大事项社会稳定风险评估工作领导小组办公室备案。

11月

1日 能源投资兰叶加气站撬装设备投入运营使用。

3日 樟树市委书记刘安安在樟树组织召开能源投资樟树LNG汽车加气站项目用地协调会。樟树市发改委、商务局、规划院、国土局等部门负责人，能源投资党总支书记、总经理孙秋平参加会议。

4日 能源投资所属三清山分公司、江西志建投资有限公司同上饶市国土资源局签订了《国有建设用地使用权出让合同》，宗地坐落于三清山枫林旅游综合服务区，总面积14239m^2（约21.36亩），用于三清山加气站建设。

6日 天然气集团在南昌与江西省铜业集团签订《天然气利用合作框架协议》。双方同意在工业染料，车、船用气，应急储备项目，分布式能源项目进行全面合作。

19日 天然气投资铅山分输站投产，11月19日向铅山深燃供气。

21日 天然气投资分宜分输站投产，11月23日向分宜顺民供气。

23日 能源投资注册资本金从5000万元变更至8600万元。

30日 天然气投资南康分输站投产。

省投资集团研究决定，同意谌伟模的辞职申请，并建议解聘其页岩气公司副总经理的职务。

省投资集团研究决定，推荐程晓龙为页岩气公司副总经理。

12月

4日 省投资集团党委副书记罗积志一行深入投资燃气所属德兴市天然气有限公司进行走访调研，投资燃气总经理黄强、省投资集团团委书记张帆陪同。

9日 江页2井在修水县四都镇噪口村正式开钻。设计井深3225米，钻井周期预计72天。

2日 省投资集团人力资源部下发《关于江西省天然气集团有限公司增设计划经营部的批复》

（人力部人字〔2015〕114 号），同意天然气集团成立计划经营部、对应增加编制 5 人，负责天然气板块经营计划、成本预算、经营分析、财务预算和经营业绩考核等的归口管理。

27 日　天然气集团与中国石油天然气股份有限公司在南昌正式签订南昌东 CNG 加气母站《天然气购销协议》。南昌东 CNG 加气母站承接中石油西气东输二线气源，售气方为中国石油天然气股份有限公司。

2016 年

1 月

6 日　省投资集团安全生产部到投资燃气所属新余燃气有限公司、江西天然气新余清洁能源公司开展安全生产检查，投资燃气总经理黄强、副总经理吴东荣陪同。

8 日　省投资集团副总经理、党委副书记刘钢等一行到能源投资指导“三严三实”专题民主生活会。

页岩气公司召开“三严三实”专题教育民主生活会。省投资集团副总经理、天然气集团党委书记、总经理何国群参加会议。

9 日　省投资集团安全生产部主任罗志清、副主任马益波等一行，到能源投资万安公司检查安全生产工作。

省投资集团纪委书记陈翔，纪委副书记、监察审计部主任黎倩等一行，前往能源投资所属江西天然气井冈山有限公司、江西天然气永新有限公司和江西天然气莲花有限公司调研指导工作，能源投资总经理、党总支书记孙秋平陪同。

14 日　省投资集团党委副书记罗积志，省投资集团副总经理、天然气集团党委书记、总经理何国群赴江页 2 井走访慰问困难职工，页岩气公司相关人员陪同。

能源投资成功申请中信银行担保贷款 8000 万元。

22 日　天然气管道荣获江西省第十四届全省职工职业道德建设标兵单位。

天然气投资召开领导班子“三严三实”专题民主生活会，省投资集团副总经理张惠良、投资开发部副主任王志刚到会指导。

26 日　省投资集团纪委副书记、监察审计部主任黎倩莅临页岩气公司就 2015 年度党风廉洁建设工作情况进行检查考核。

27日　省投资集团安全生产部主任罗志清、副主任李根东莅临页岩气公司江页2井钻井现场检查安全管理工作并就安全生产标准化建设工作进行指导，页岩气公司相关人员陪同。

27–29日　国土资源部油气资源战略研究中心副主任吴裕根携考核组成员赴页岩气公司，就江西修武盆地页岩气区块勘查有效期届满工作量投入情况进行考核。江西省国土厅副厅长侯克常，省投资集团副总经理、天然气集团党委书记、总经理何国群参加考核工作会。

2月

2日　省投资集团副总经理、天然气集团党委书记、总经理、天然气投资董事长何国群到天然气投资九江分输站走访慰问困难职工。天然气投资党总支书记叶金万陪同。

5日　省投资集团党委副书记罗积志到天然气投资高安分输站走访慰问困难职工，省投资集团副总经理、天然气集团党委书记、总经理、天然气投资董事长何国群，省投资集团总经理助理、总经理办公室主任李天晓，省投资集团总经理助理、党委办公室主任胡若兰，天然气投资党总支书记叶金万陪同。

新余市委书记刘捷一行莅临投资燃气所属新余燃气有限公司，就春节前燃气安全生产工作进行考察和指导并慰问了新余燃气基层一线员工，相关人员陪同。

15日　华润燃气集团江西大区执行总经理、南昌市燃气集团有限公司总经理王洪星，财务副总监谌波赴江页2井现场进行走访交流，页岩气公司相关人员陪同。

18日　港华集团执行副总裁纪伟毅、港华燃气集团高级副总裁、皖赣区域总经理陈圣勇一行到投资燃气所属江西省鄱阳湖液化天然气有限公司参观考察，投资燃气总经理黄强陪同考察。

22日　江西省国资委监事会主席谢敏带领监事会四办一行五人到投资燃气检查督导。省投资集团副总经理、天然气集团党委书记、总经理、投资燃气董事长何国群，江西省国资委外派监事会正处级专职监事陈申祥，省投资集团纪委副书记、监察审计部主任黎倩等随同参加。

23日　省投资集团副总经理唐先卿到天然气集团、页岩气公司就2015年度财务预算编制等工作进行调研指导，页岩气公司相关人员陪同。

24日　江西省国资委监事会、省投资集团内部审计检查组一行到天然气集团，就2015年度经营情况进行监督检查指导，天然气集团相关人员陪同。

25日　上饶市发改委发文同意将上饶市经开区三清山西大道天然气汽车加气站项目实施主体，由能源投资所属上饶分公司变更为能源投资所属江西天然气大鼎实业有限公司。能源投资所属上饶分公司曾于 2015 年 5 月 15 日取得上饶市经开区三清山西大道 CNG 汽车加气站项目。

29 日　投资燃气所属新余燃气有限公司被新余市人民政府办公室评为新余市 2015 年度应急管理先进单位。

3 月

2 日　天然气集团管道工程建设项目部成立大会在南昌召开。省投资集团副总经理、天然气集团党委书记、总经理何国群出席会议并为项目部揭牌，并宣布叶金万兼任管道工程建设项目部主任、天然气集团总工程师王泽厚兼任管道工程建设项目部副主任。

省投资集团总经理助理、党委办公室主任胡若兰到天然气投资铅山分输站检查指导。省投资集团工会办主任付伟、副主任黄朝臣、综治办副主任刘欢迎，天然气投资党总支书记叶金万陪同。

10 日　省投资集团总经理助理、党委办公室主任胡若兰一行前往投资燃气所属新余燃气有限公司考察劳动模范，投资燃气党总支书记聂长文陪同。

12 日　投资燃气所属江西天然气鄱阳有限公司芦田门站顺利完成通气投产并向首个工业用户供气。

15 日　省投资集团副总经理唐先卿就 2016 年度财务预算编制等工作到投资燃气进行专题调研、指导。

17 日　江西省工程咨询中心受江西省能源局委托在京西宾馆组织召开了省天然气管网工程井冈山支线、井开区支线项目申请报告评估会，会议通过了井冈山支线、井开区支线项目审查，并出具了专家组意见，为项目立项核准提供依据。

24 日　江西省国土厅副厅长侯克常一行到江页 2 井工区指导调研。省投资集团副总经理、天然气集团党委书记、总经理何国群陪同。

28 日　能源投资所属三清山分公司获得三清山加气站建设用地批准书。

29 日　天然气集团被江西省企业联合会评为江西省优秀企业，省投资集团副总经理、天然气集团党委书记、总经理何国群被江西省企业家协会评为江西省优秀厂长（经理）。

省投资集团总经理助理、党委办公室主任胡若兰赴投资燃气所属德兴市天然气有限公司考察陈东参选省投资集团劳模一事，投资燃气总经理黄强、党总支书记聂长文陪同。

投资燃气与国家交通部水运科学研究院签订技术咨询合作协议，委托编制《江西水运行业应用LNG发展研究报告》，有效开展江西水运发展和江西水路LNG物流系统分析和研究，制定环鄱阳湖船舶应用LNG实施方案。

30日 吉安市能源办主任王六安在万安县发改委主任刘瑞南的陪同下，到能源投资所属江西天然气万安有限公司指导工作。

31日 南昌县委宣传部副部长、文明办主任吴颖到天然气投资机关指导精神文明创建工作，党总支书记叶金万陪同。

4月

1日 投资燃气与中国船级社武汉规范研究所、中国运载火箭技术研究院第十五研究所在北京签订合作协议，共同启动江西内河水域内船用LNG应用研究、实施。

能源投资总经理、党总支书记孙秋平等一行拜访了樟树市市委副书记、市长胡江萍，市委副书记余华峰等领导，就江西樟树天然气利用项目进行了洽谈。

12日 江西省委副书记、省长鹿心社和俄罗斯彼尔姆边疆区州长巴萨尔金分别代表双方在南昌签署了建立友好省区关系意向书，省投资集团副总经理、天然气集团党委书记、总经理何国群作为江西企业家代表在南昌参加彼尔姆边疆区经贸推介会。

江西修武盆地构造演化与页岩生排烃关系研究项目设计评审会在南昌召开，页岩气公司承担的项目设计顺利通过江西省国土厅组织的专家组评审，评审会由江西省国土厅地勘处处长龚健主持。

省投资集团副总经理、天然气集团党委书记、总经理、投资燃气董事长何国群，投资燃气总经理黄强参加江西省发改委组织的彼尔姆边疆区经贸对接活动。

13日 江西省地矿局原总工程师杨明桂赴页岩气公司就江西修武盆地页岩气区块构造开展专题技术交流。

14日 江西省气象局副局长汪金福协省通信局、省住建厅、省能源局、省水利厅等一行到投资燃气所属江西天然气贵溪有限公司柏里站检查指导防汛工作，投资燃气相关人员陪同。

15日 江西省住建厅下发《关于新建省天然气管网工程井冈山支线、井开区支线工程规划选址意见的批复》(赣建规〔2016〕19号)，原则同意江西省天然气管网工程井冈山支线、井开区支线项目工程选址。

17日 省投资集团副总经理、天然气集团党委书记、总经理何国群在南昌向中国石化集团董事长、党组书记王玉普作专题工作汇报。

22 日　江西省能源局下发《江西省能源局关于核准江西省天然气管网工程井冈山支线、井开区支线项目批复》（赣能油气字〔2016〕40 号），同意天然气集团投资建设江西省天然气管网工程井冈山支线、井开区支线项目。

25 日　天然气集团副总经理、页岩气公司副总经理程晓龙，页岩气公司总工程师刘伟伟赴京参加由国土资源部组织的全国页岩气招标出让区块三年勘查期到期考核通报会。

26 日　天然气投资被授予“江西省第十四届文明单位”荣誉称号。

天然气管道被授予“江西省第十四届文明单位”荣誉称号。

投资燃气新余燃气有限公司被授予“江西省第十四届文明单位”荣誉称号。

省投资集团信访办公室主任、党委办公室副主任李国庆，社会治安综合治理办公室副主任刘欢迎莅临页岩气公司就 2015 年度党建、综治工作情况进行检查考核。

26 日 –27 日　湖北省天然气发展有限公司党委副书记方海峰、副总经理赵正洪一行到天然气管道考察交流工作。天然气管道总经理詹辉出席座谈会。

27 日　在江西庆祝“五一”国际劳动节暨全省五一劳动奖表彰大会上，投资燃气所属新余燃气有限公司管网改造办荣获江西省总工会授予的省级“工人先锋号”荣誉称号。

能源投资所属江西遂川天然气有限公司二届一次董事会、吉安华润清洁能源有限公司一届四次董事会、江西天然气永新有限公司一届三次董事会、江西天然气井冈山有限公司一届四次董事会在景德镇召开。

中国油气控股有限公司副总裁张国良、博士闫宝珍赴页岩气公司进行交流。

省投资集团下发《关于江西省天然气（赣投气通）控股有限公司〈组建省天然气控股有限公司管道分公司〉的批复》（赣投战管字〔2016〕11 号），同意组建江西省天然气（赣投气通）控股有限公司管道分公司。公司注册地设在南昌，与管道工程建设项目部合署办公。

29 日　九江市发改委下发了《关于九江三宝路 LNG 加气站项目核准的批复》（九发改能源字〔2016〕180 号），同意投资燃气所属九江市天然气有限公司建设三宝路 LNG 加气站项目。

30 日，投资燃气所属新余燃气有限公司“供销差综合治理项目”荣获第十七届江西省企业管理现代化创新成果三等奖。

5月

4日　省投资集团、天然气管道组织部分青年员工开展了“高举旗帜跟党走　立足管道安全行”管道安全巡查活动，29名青年员工参加活动。

5日　省投资集团副总经理、党委副书记刘钢，纪委书记陈翔，总经理助理、党委办公室主任胡若兰一行到投资燃气、能源投资，对领导班子进行2015年度考核。

6日　投资燃气所属江西天然气鄱阳有限公司首个“电改气”用户江西哈迪威实业有限公司通气点火。

能源投资所属三清山分公司取得三清山风景区枫林LNG汽车加气站项目路条。

10日　省投资集团安全生产部到天然气投资上饶分输站及上饶CNG加气母站检查指导工作，天然气投资党总支书记叶金万陪同。

省投资集团安全生产部到天然气投资场站检查安全生产管理工作。

11日　江西省能源局正式核准了省天然气管网一期工程芦田–鄱阳支线（芦田段）项目。

江西省能源局正式核准了省天然气管网一期工程虎圩–东乡支线项目。

天然气集团副总经理、页岩气公司副总经理程晓龙，页岩气公司总工程师刘伟伟、副总经理姚天真赴江西省煤田地质勘察研究院开展交流。省煤田地勘院党委书记毛绍胜、副总经理黄祖波参加会议。

11日–13日　投资燃气联合交通部水科院、中国船级社（CCS）武汉规范所及江西省港航管理局组成专题调研组，共同开展了江西水运应用LNG项目第一次集中专题调研。

16日　广西广投天然气管网有限公司常务副总经理丁秀江一行到天然气管道考察交流工作。天然气管道总经理詹辉、党总支书记胡素平出席座谈会。

17日　江西省地质工程（集团）公司总经理谢德湘赴页岩气公司就修武盆地页岩气区块勘查进展情况进行交流。

18日　能源投资所属江西天然气万安有限公司一届四次董事会在南昌召开。

20日　江西省能源局正式核准了省天然气管网一期工程湖口–金砂湾–彭泽支线（湖口–金砂湾段）项目。

23日　天然气投资以通讯方式召开2016年第二次董事会。会议就申报江西天然气油气基础设施及产能建设专项建设基金事宜进行了研究，同意向中国农业发展银行南昌市西湖支行申报专项基金融资。

25 日　投资燃气所属江西天然气贵溪有限公司贵溪冶炼厂天然气替代改造项目一期工程结束，共完成了 7km 主管网天然气置换、11 个车间 49 台用气设备的天然气投产工作，实现了所有用气设备设施从置换到投产的圆满过渡。

江西省天然气管网工程井冈山支线、井开区支线项目勘察设计招标工作完成。中国石油集团工程设计有限责任公司中标。

26 日　贵溪冶炼厂一车间 4、5 号回转窑通气投产，投资燃气江铜贵冶一期天然气改造工程全面结束。

投资燃气领导陪同交通部、江西省港航局专家调研组开展水运行业 LNG 第二批试点示范项目调研。

27 日　交通运输部水运局吴琼处长率交通运输部水科院专家组成的调研组到投资燃气所属江西省鄱阳湖液化天然气有限公司实地核查湖口液化天然气（LNG）接卸及加注码头项目。

30 日　省投资集团党委研究决定，任命余群生同志为页岩气公司党总支副书记兼工会主席。

6 月

3 日　赣州高速和顺实业有限责任公司高云辉董事长、总工程师王满生等一行来能源投资考察交流。

由江西省地质学会专家杨荣椿、刘文民、龙梅三人组成的评审组莅临页岩气公司就气体乙级勘查资质的申报事宜开展审查。

7 日　高安市委常委、常务副市长傅仁保就降成本优环境专程到投资燃气所属高安市天然气有限公司调研。相关人员陪同。

21 日　投资燃气所属江西天然气抚州清洁能源公司在南昌召开西津大道 CNG 标准站方案评审会，投资燃气相关领导、股东双方专家组参与评审。经评审，拟将方案修改为 CNG 标准站 / LNG 合建站，目前正推动设计院开展方案编制工作。

21 — 22 日　江西省天然气管网工程井冈山支线、井开区支线项目初步设计评审会在南昌召开。会上通过了井冈山支线、井开区支线项目初步设计。

22 日　新余市委常委、副市长周杰到投资燃气所属新余燃气有限公司走访，深入调研企业帮扶需求，代表市委、市人民政府给企业送去关怀。新余市住建委主任张晓明陪同走访。

23日　中国石油天然气管道局局长赵玉建一行6人到管道分公司进行交流。省投资集团副总经理、天然气集团党委书记、总经理何国群，管道工程建设项目部（管道分公司）主任叶金万、天然气集团总工程师王泽厚等参加座谈交流。双方就加快合作进程，在管网规划、建设等方面开展合作达成初步共识。

27日　经省投资集团党委研究，决定任命赵雪海为天然气集团纪委书记；免去胡素平天然气集团纪委书记职务。

经省投资集团研究，决定推荐钟艳任天然气集团副总经理。

建议解聘钟艳能源投资副总经理职务。

天然气管道党总支荣获省属企业2014–2015年度“先进基层党组织”称号。

29日　江西省国资委副主任郑高清，企业改革发展处处长陈飞一行到投资燃气所属九江市天然气有限公司走访慰问困难党员。省投资集团副总经理、天然气集团党委书记、总经理投资燃气董事长何国群，省投资集团总经理助理、党委办公室主任胡若兰，投资燃气总经理黄强等陪同走访慰问。

30日　江西省国资委党委委员、副主任郑高清，省国资委改革处处长陈飞一行，在省投资集团副总经理、天然气集团党委书记、总经理、天然气管道董事长何国群，省投资集团总经理助理、党委办公主任胡若兰陪同下，深入天然气管道景德镇站调研慰问。天然气管道党总支书记胡素平陪同。

根据天然气集团统一部署，能源投资对投资燃气所属新余燃气有限公司开展了交叉安全检查，投资燃气对能源投资所属江西天然气昌南有限公司兰叶加气站进行了交叉安全检查。

7月

1日　天然气集团党委在南昌组织开展“践行‘两学一做’·提升党员修养”主题教育活动。

天然气集团在南昌组织开展2016年全面“营改增”政策培训。

4日　江西省国资委副主任郑高清到天然气集团所属企业走访慰问，天然气集团相关人员陪同。

5日　页岩气公司成功获得江西省国土厅颁发的气体矿产勘查乙级资质。

6日　能源投资所属江西天然气井冈山有限公司井冈山茨坪白银湖LNG汽车加气站破土动工。

9 日　天然气集团党委书记、总经理何国群到南城县险情点检查指导抗洪抢险工作，并看望慰问一线员工。

省投资集团副总经理、天然气集团党委书记、总经理、天然气管道董事长何国群到省天然气管网一期工程南城县洪门镇险情点检查指导抗洪抢险工作，并对奋战在一线的干部员工进行慰问，天然气管道总经理詹辉等陪同慰问。

13 日　南昌市文明办副主任李学聪、宣教中心主任徐浩霖，南昌县委宣传部副部长、文明办主任吴颖到天然气投资检查指导精神文明创建工作，天然气投资党总支书记叶金万陪同。

管道分公司决定成立 4 个项目部，启动抚州、赣州、吉安、南昌、萍乡、宜春等地省天然气管网二期工程剩余 1100km 管道建设的前期工作。

20 日　受中国石化湖北恩施断上游管道断裂事件影响，天然气集团立即启动天然气供应应急措施。

22 日　页岩气公司获得江西省安全质量监督局 50 万元安全隐患资金。

25 日　管道工程建设项目部（管道分公司）主任叶金万一行赴吉安市人民政府，参加省天然气管网工程吉安境内项目前期工作推进会。吉安市委常委、副市长余阳春，市人民政府副秘书长卢愉，市发改委主任彭学凯，市城乡规划建设局、市国土资源局、市能源办主要负责人，各县（市、区）分管及发改、规划、国土部门负责人参加此次会议。

经省投资集团党委研究决定，同意增补赵雪海为党委委员，天然气集团党委委员由何国群、孙秋平、黄强、叶金万、詹辉、胡素平、聂长文、赵雪海等八名同志组成。

26 日　管道工程建设项目部（管道分公司）主任叶金万一行赴赣州市人民政府，参加省天然气管网工程赣州境内项目前期工作推进会。赣州市发改委党组书记、主任黄明哲，市物价局副调研员何发迅，各县（市、区）发改委负责人等参加会议。

26 日 –28 日　江西省国资委外派监事会主席谢敏一行在省投资集团纪委书记陈翔、投资燃气总经理黄强、党总支书记聂长文的陪同下，先后赴投资燃气所属余干县天然气有限公司、德兴市天然气有限公司、江西天然气鄱阳有限公司、江西省鄱阳湖液化天然气有限公司、九江市天然气有限公司等基层企业走访调研。

28 日　天然气集团下发《关于叶金万等同志职务聘免的通知》（赣气控股字〔2016〕88 号），聘任叶金万任管道分公司总经理、钟艳任副总经理、王泽厚为总工程师。

7月20日至8月20日　管道分公司委托中国石油天然气管道工程有限公司编制西二线上海支干线3 #阀室—进贤、西二线湘潭支线7#阀室—湘东、吉安—吉水等省天然气管网二期工程剩余21个项目共1100余管线的可研报告。

7月，投资燃气与交通部首批LNG内河运输批准单位浙江华祥联合开展LNG内河运输试点工作，初定开展LNG内河散装首航运输。与中国船级社、中化国际开展LNG罐箱运输试验，以通过水陆联运方式，实现LNG资源快速分拨。

8月

2日　投资燃气所属鄱阳湖LNG储配项目的2万立方LNG储罐露点吹扫工作正式开始，标志着鄱阳湖LNG储配项目正式进入调试阶段。

4日　页岩气公司获得江西省国土厅《江西修武盆地构造演化与页岩生排烃关系研究》项目资金320万元。

13日　江西省国土厅地勘处副处长易志东带领工作核查组到页岩气公司就江西修武盆地页岩气区块勘查项目进展和江页2井实物工作量及资金投入情况进行核查，页岩气公司相关人员陪同。

17日　页岩气公司组织召开“两学一做”学习教育推进会。省投资集团副总经理、党委委员、赣能股份公司总经理张惠良到会指导。

19日　天然气管道召开了“两学一做”学习教育推进会。省投资集团副总经理、天然气集团党委书记、总经理、天然气管道董事长何国群出席会议并讲话。会议由公司总经理詹辉主持。

能源投资与金卓科技有限公司签订《正版软件采购合同》。

23日　江西省国资委主任、党委书记陈德勤一行五人来到天然气管道督导检查“两学一做”学习教育开展情况。江西省国资委副主任沙甲先、省国资委党群工作处处长李少华参加督导检查；省投资集团总经理助理、党委办公室主任胡若兰参加会议。会议由省投资集团党委副书记刘钢主持。会上，省投资集团副总经理、天然气集团党委书记、总经理、天然气管道董事长何国群介绍了省天然气板块整体情况。督检组对该公司党建工作台账以及“两学一做”学习教育动员部署、计划安排、学习教育开展等情况进行了认真的检查。

30日　投资燃气总经理黄强应邀参加中国船级社武汉规范研究所召开的天然气动力船、加注趸船、内河散装液化船规范 / 法规评审会。

管道分公司完成所有项目安全预评价，并确定批复文件。

31 日　天然气投资在南昌召开第二次党员代表大会。省投资集团党委委员、总法律顾问姚晓明，法律事务部主任彭曦宏到会指导。会议选举产生了天然气投资第二届党总支委员，叶金万当选为党总支书记，刘玉华当选为党总支副书记，康小松、邹德宏、丁铁成、胡彬为党总支委员。

8 月，江西省国资委印发了《关于表彰 2011–2015 全省国资系统法治宣传教育先进集体和先进个人的决定》，文件对全省国资系统"六五"普法先进集体和先进个人进行了表彰。页岩气公司被授予"2011–2015 全省国资系统法制宣传教育先进集体"；企业管理部员工刘扬被授予全省国资系统"六五"普法先进个人荣誉称号。

9 月

1 日　管道分公司完成所有线路、场站、阀室选址论证工作及项目立项工作。

2 日　能源投资所属江西遂川天然气有限公司位于遂川县泉江镇云岗村的瓶组站用地开工建设。

5 日　九江市能源局发文同意瑞昌市瑞码大道天然气（CNG）汽车加气站项目实施主体，由江西国发天然气开发有限公司变更为能源投资所属江西天然气瑞昌有限公司。江西国发天然气开发有限公司曾于 2014 年 7 月 15 日取得瑞昌市瑞码大道国发（CNG）汽车加气站项目路条。

7 日　投资燃气与重庆龙源动力签订战略合作协议。省投资集团副总经理、天然气集团党委书记、总经理、投资燃气董事长何国群出席签约仪式。投资燃气总经理黄强、重庆龙源动力设备有限公司总经理帅刚分别代表双方在协议上签字。

8 日　陕西省天然气股份有限公司财务总监聂喜宗一行到天然气管道考察交流工作。

能源投资所属江西天然气宜春有限公司取得天然气加气母站土地的国有建设用地使用权，宗地位于宜春市明月北路延伸段北侧地段，面积 9959 ㎡（约 15 亩）。

9 日　天然气投资召开第二次团员代表大会，选举了第二届团总支委员共 7 人，其中张莹当选为团总支书记。

12 日　就船舶 LNG 利用、九江巨石天然气价格和鄱阳湖 LNG 项目码头岸线审批、码头水工护岸建设等问题，九江市人民政府市长林彬杨在市人民政府九楼第二会议室与省投资集团副总经理、天然气集团党委书记、总经理、投资燃气董事长何国群举行会谈。投资燃气总经理黄强、天然气管道总经理詹辉、九江市人民政府常务副市长熊永强、市人民政府秘书长吴照友、湖口县鲍成庚、濂溪区徐翔、市发改委喻子水、市港口局廖强、市国土局淦作乾、市交通运输局江彪、市水利局叶树国、市能源局胡华、九江海事局王良勇及市港航局负责同志参加了会谈。

17日　能源投资2016年第一次董事会在南昌召开。

19日　经省投资集团研究，推荐温宏达同志为天然气集团副总经理。

20日　投资燃气所属德兴市天然气有限公司与江西大茅山集团有限责任公司正式签订《危旧房改造基础设施配套工程天然气项目建设合同》，标志着德兴公司开发花桥镇天然气项目取得重要突破。

江西省天然气管网工程井冈山支线项目在井冈山市新城镇举行开工仪式。省投资集团副总经理、天然气集团党委书记、总经理何国群，省投资集团党委委员张惠良，江西省能源局副局长涂迎九等出席开工仪式。

24日　天然气投资昌南分输站投产，25日向南昌燃气和南昌CNG母站供气。

天然气集团与中化国际物流在上海签订战略合作框架协议。省投资集团副总经理、天然气集团党委书记、总经理、投资燃气董事长何国群，中化国际（控股）股份有限公司副总裁、中化国际物流总经理刘红生等出席签约仪式。投资燃气总经理黄强、中化国际物流副总经理宋为分别代表双方在合作协议上签字。双方均致力于加强合作伙伴关系，共同开展LNG罐箱运输试点和推广应用合作，共同在鄱阳湖LNG项目场地内开展静态等效实验项目。

能源投资所属江西天然气大鼎实业有限公司经开区三清山西大道天然气加气站开工建设。

29日　管道分公司总经理叶金万一行赴永新县人民政府参加江西省天然气管网工程建设永新县征地拆迁动员会，会议由县人民政府周建忠副县长主持。专题研究和部署永新县境内省天然气管网工程建设征地拆迁工作。

10月

8日　南昌燃气投资集团市场总监章伟强到页岩气公司就天然气分布式能源项目进行沟通。

9日　中国石化股份天然气分公司副总经理吴灿奇、纪委书记李栋华一行赴天然气集团调研指导。

经天然气集团研究，决定聘任温宏达为天然气集团管道分公司副总经理。

14日　受九江市人民政府委托，九江市发改委主任喻子水在投资燃气鄱阳湖LNG公司会议室主持召开“九江市人民政府与天然气集团会谈精神落实现场会”。湖口县委书记李小平，县委常委、常务副县长史文，县委常委、工业园区党委书记柯景坤，九江市能源局胡华，市港航局汤国栋，市水利局杨忠满，市地方海事局段火金，市采砂局吴成祥，市港口局王凌云，九江海事局黄颖哲，投资燃气总经理黄强参加会议。

18 日　管道分公司叶金万总经理一行赴井冈山市人民政府参加江西省天然气管网工程建设井冈山市征地拆迁动员会，会议由市人民政府李群飞副市长主持。专题研究和部署井冈山市境内省天然气管网工程建设征地拆迁工作。

19 日　省天然气管网一期工程安全隐患治理（安义工业园区厂房与管道安全间距不足）项目整改完成。

20 日　省投资集团副总经理、天然气集团党委书记、总经理何国群到管道分公司宣布人事任命和工作分工安排及讲话。

21 日　交通运输部发布水运行业应用 LNG 第二批试点示范项目名单，投资燃气申报并承担实施的鄱阳湖水域水运应用 LNG 项目名列其中。

22 日　能源投资瑞昌公司储气井施工队开始进场施工，监理单位同时进场监督作业。

26 日　南昌市人力资源和社会保障局到能源投资复核失业保险稳岗补贴申报材料。

28 日　投资燃气与浙江华祥就 LNG 内河运输事宜签订合作协议，浙江华祥作为交通部首批 LNG 内河运输批准单位，双方共同开展 LNG 内河散装首航至湖口运输及后续合作事宜，这将是开创国内 LNG 内河运输的历史性事件。

30 日　投资燃气所属鄱阳湖 LNG 项目正式投产运行，并参与全省天然气调峰。

31 日　天然气管道党总支第二次党员大会在南昌召开，大会选举产生了新一届公司党总支委员，公司 109 名党员参加会议，省投资集团副总经理、天然气集团党委书记、总经理、天然气管道董事长何国群出席会议并讲话。

天然气管道第二次职工代表大会在南昌召开，大会选举产生了新一届工会委员，天然气管道 97 名职工代表参加会议，省投资集团副总经理、天然气集团党委书记、总经理、天然气管道董事长何国群出席会议。

投资燃气党总支第二次党员代表大会在南昌召开，会议选举产生了投资燃气第二届党总支。党代会结束后，投资燃气新一届总支举行了第一次全体会议，选举产生了投资燃气第二届委员会书记、副书记。

11 月

3 日　中国石化股份天然气分公司党委副书记陈惠文一行莅临天然气管道指导工作。天然气管道相关人员陪同。

经省投资集团党委备案同意王辛酉为天然气集团总经理助理。

4 日　投资燃气和交通运输部水运科学研究院在江西南昌联合组织召开了《江西水运行业应用 LNG 发展研究》项目中期成果评审会，来自行业管理部门、科研机关、设计单位、能源企业等单位专家学者组成评审专家组进行评审。

7 日　江西省能源局下发关于核准江西省天然气管网工程靖安支线等项目的批复，包含项目核准内容，项目金额，建设内容等方面，此次项目核准，标志着江西省天然气管网二期工程管网 1600 余 km 项目前期工作已全部完成。

8 日　南昌市文明办协调处处长王浩波到天然气投资检查指导“文明生态村”帮扶帮建工作。天然气投资相关人员陪同。

12 日　永新县住房和城乡建设局组织召开了能源投资所属江西天然气永新有限公司永新县天然气管网工程安全预评价专项评审会。

15 日　樟树市常委、市纪委书记吴党国，发改委主任杨慧，副主任徐学辉等一行到南昌与省投资集团副总经理、天然气集团党委书记、总经理、能源投资董事长何国群，能源投资总经理、党总支书记孙秋平洽谈樟树市天然气项目投资事宜。

17 日　投资燃气所属江西天然气抚州清洁能源有限公司组织召开关于西津大道合建站项目专家评审会议。

18 日　江西天然气板块六家企业同时荣获“南昌市第十六届文明单位”荣誉称号。

天然气管道顺利完成九江市濂溪区姑塘镇滨湖新城改线动火连头施工作业，滨湖新城改线项目基本完成。

投资燃气申报的鄱阳湖水域水运应用 LNG 项目成功列入交通运输部水运行业应用液化天然气（LNG）第二批试点示范项目。

投资燃气组织所属 13 家企业相关领导对新余燃气公司下村门站标准化建设成果进行参观交流。同日下午，在新余开展天然气泄漏着火突发事故应急演练，投资燃气及所属新余燃气有限公司、所属高安市天然气有限公司和新余市当地公安、消防、120 急救中心等多家单位共同参与应急演练。江西省安检局二处处长刘武、江西省国资委综合处调研员刘仕英以及省投资集团安全生产部、天然气集团、新余市相关单位负责人到现场观摩指导。

22 日　天然气投资以传签方式召开 2016 年第三次董事会，同意聘请大信会计事务所江西公所为 2016 年度会计报表审计单位。

23 日　省投资集团副总经理、天然气集团党委书记、总经理、投资燃气董事长何国群到投资燃气所属江西省鄱阳湖液化天然气有限公司调研、指导。九江市人民政府副市长彭敏一起参加调研。九江市港口管理局局长廖强，湖口县委副书记、县长鲍成庚，县委副书记张南，投资燃气总经理黄强随同调研。

管道分公司组织召开江西省天然气管网工程智能管控一体化系统项目方案评审会，特邀参会单位有中国石油大学、中国石油北京调控中心、中油瑞飞信息技术有限责任公司、西安煤航信息产业有限公司、天然气管道、CPE 西南设计院、中油龙慧自动化工程有限公司。

28 日　吉安市能源办主任王六安在万安县人民政府相关人员的陪同下，到能源投资所属江西天然气万安有限公司指导工作。能源投资相关人员陪同。

永新县城建局安全生产检查小组至能源投资所属江西天然气永新有限公司仰山 LNG 瓶组站检查安全生产工作。

30 日　为保证鄱阳湖水域水运应用 LNG 项目的科学实施，投资燃气联合交通运输部水运科学研究院在南昌组织召开了《鄱阳湖水域水运应用 LNG 项目实施方案研究》专家咨询会，邀请交通运输部水运局、江西省交通厅、江西省港航局、江苏省地方海事局、CCS 武汉规范所、CCS 武汉分社的专家和代表到会指导。

12 月

2 日　能源投资所属江西天然气瑞昌有限公司瑞昌市湓城区 LNG/CNG 合建站储气井工程的高压地下储气井装置主体完工。

3 日—4 日　江西省能源局局长郑沐春，副局长涂迎九、刘静，调研员王绍勇到天然气投资宜春、萍乡、新余分输站安全检查。天然气投资党总支书记叶金万陪同。

8 日　能源投资党总支书记、总经理孙秋平一行到樟树市人民政府，与樟树市委副书记、市长董晓明会面，就江西天然气樟树项目进行了洽谈。

9日 中国清洁发展机制基金管理中心副主任王宁一行到天然气管道南昌站调研，江西省财政厅副巡视员钟心平，省投资集团副总经理、天然气集团党委书记、总经理、天然气管道董事长何国群，天然气管道总经理詹辉、党总支书记胡素平陪同调研。

省投资集团安全生产检查组成员，安全生产部副主任马益波，天然气集团安全总监纪向亚、安全监察部主任杨文国等一行，前往能源投资所属江西天然气永新有限公司检查安全生产工作，能源投资党总支书记、总经理孙秋平陪同。

14日 天然气集团组织开展了江西天然气板块三级企业经营管理综合督查。

15日 天然气管道顺利完成东昌高速改线动火连头施工作业，东昌高速改线项目基本完成。

20日 江西省能源局副局长涂迎九一行到赣州分输站进行安全检查。

投资燃气与中化国际、CCS武汉规范所共同在鄱阳湖LNG项目正式开展LNG罐式集装箱水陆联运试验。

江西省能源局副局长涂迎九带队，联合江西省发改委（能源局）、江西省质监局、江西省安监局以及当地市、区发改委、公安、消防部门对天然气投资赣州分输站及其线路进行检查，天然气投资相关人员陪同。

23日 页岩气公司组织召开江页2井钻完井工程验收会。会议邀请了中国石化江汉油田分公司教授级高工周贤海等五位行业知名专家。

24日 江西省国土厅地勘处副处长易志东带领油气督察组对修武盆地页岩气区块2016年度勘查工作进行督察，重点核实了实物工作量的投入执行情况，页岩气公司相关人员陪同。

27日 天然气管道顺利通过2016年江西省级文明单位复查。

29日 页岩气公司获得江西省国土厅核拨的江页2井钻完井工程奖励资金1160万元。

2017年

1月

16日 江西省国有资产监督管理委员会党委委员、副主任郑高清走访慰问能源投资、页岩气公司困难党员。省投资集团副总经理、党委副书记刘钢，省投资集团副总经理、天然气集团党委书记、总经理何国群，江西省国资委企业改革改组处处长陈飞，省投资集团总经理助理、党委办公室主任胡若兰等陪同走访。

17 日 省投资集团党委委员、副总经理唐先卿到能源投资指导领导班子召开“两学一做”学习教育专题民主生活会。能源投资总支部书记、总经理孙秋平主持会议，省投资集团计划经营部主任王俐、能源投资党员领导班子成员出席会议。

18 日 天然气集团组织召开党委会扩大会议，举行了 2017 年度党风廉洁建设责任书签订仪式。省投资集团副总经理、天然气集团党委书记、总经理何国群分别同天然气板块省级公司党政主要负责人、各分公司主要负责人签订了责任书。

23 日 新余市副市长徐文泊到投资燃气所属新余燃气有限公司场站调研，南昌市住房和城乡建设委员会副主任黄文友、投资燃气相关领导陪同调研。

2 月

5 日 中共上饶市委书记马承祖，上饶市委副书记、市长颜赣辉率全市经济社会发展和党的建设情况巡查组，全面检验三清山一年来经济社会发展和党的建设成果。在三清山风景区党政班子成员，以及能源投资所属三清山分公司负责人的陪同下，检查了三清山分公司三清山福利中心燃气空调项目情况。

8 日 井冈山支线控制性工程禾水河大开挖穿越工程开工建设。

14 日 省投资集团副总经理唐先卿一行到投资燃气所属德兴市天然气有限公司调研。投资燃气总经理黄强陪同调研。

15 日 省投资集团副总经理唐先卿一行到天然气管道开展预算调研，听取了 2016 年预算执行情况及 2017 年预算工作汇报。天然气管道在家领导及相关部门负责人参加调研座谈会。

16 日 天然气集团完成董事会、监事会换届工作，第二届董事会成员为何国群、张惠良、李天晓、程晓龙，监事会成员为宋敬衖。

27 日 省投资集团副总经理唐先卿一行到天然气集团、页岩气公司就 2017 年度财务预算编制等工作进行调研指导。天然气集团副总经理、页岩气公司副总经理程晓龙参加调研座谈会。

3 月

3 日 江西省能源局副局长涂迎九一行前往天然气投资昌南分输站进行安全生产检查，江西省能源局油气处处长朱爱群、南昌市发改委党组成员、第三产业办公室主任陈瑛、天然气集团安全总监纪向亚、天然气投资安全总监胡彬等陪同。

6 日 江西省国有资产监督管理委员会外派监事会主席谢敏一行到天然气管道检查指导工

作，并召开座谈会，省投资集团副总经理、天然气集团党委书记、总经理何国群出席会议，天然气管道在家经营班子成员参加会议。

15日　投资燃气所属江西天然气贵溪有限公司与鹰潭（贵溪）铜产业循环经济基地签订全面合作协议，就贵溪公司享有划定区域范围内的管道燃气业务独家经营权利达成了协议。

16日　能源投资所属江西遂川天然气有限公司LNG瓶组站到茶博园管道敷设定向钻工程开工建设。

江西省国土资源厅在南昌组织召开江西省2017年页岩气调查评价项目立项论证会。页岩气公司《赣西北地区早古生代页岩气生储条件研究》项目顺利通过立项审查。

17日　天然气集团《江西修武盆地构造演化与页岩生排烃关系研究》项目顺利通过省国土资源厅专家组的评审验收。

20日　天然气管道在南昌召开股东会议，会议一致同意增选樊继贤、张志刚为公司董事，免去茹军、方浩公司董事职务，第三届董事会由何国群、樊继贤、张志刚、詹辉、胡素平组成，何国群为董事长，樊继贤为副董事长。

天然气集团分别取得由江西省版权局颁发的“江西天然气”图形和文字作品登记证书。

22日　天然气集团与港华能源投资（深圳）有限公司签订《分布式能源利用项目战略合作协议》，双方共同推进江西省内以天然气分布式能源为代表的综合能源利用项目投资、建设、运营和管理。

4月

6日　江西电力交易中心在网站上公布了取得第三批售电资质的20家公司，其中，天然气集团取得无限量售电资质。

7日　江西省能源局油气处处长朱爱群到投资燃气所属江西省天然气鄱阳湖液化天然气管道调研，投资燃气相关领导陪同调研。

8日　在江西省国土资源厅组织召开的江西省2017年页岩气调查评价项目设计评审会上，页岩气公司《赣西北地区早古生代页岩气生储条件研究》项目设计顺利通过专家组评审。

11日　奉新县县长李国兴一行五人到天然气集团洽谈天然气分布式能源项目及售电业务合作。省投资集团副总经理、天然气集团党委书记、总经理何国群，天然气集团副总经理、岩气投资副总经理程晓龙出席会议。

13 日　国家能源局油储中心副主任毕湘薇一行，到天然气管道所属南昌站开展管道保护工作调研，江西省能源局副局长涂迎九、江西省能源局油气处、南昌市发改委以及公司领导陪同调研。

18 日　上饶市广丰区区长郑华森一行到天然气集团洽谈“互联网 +”智慧能源项目合作。省投资集团副总经理、天然气集团党委书记、总经理何国群参加会议。

21 日　省投资集团副总经理、天然气集团党委书记、总经理何国群与农业银行江西省分行副行长胡继华共同签署了《战略合作协议》，进一步加深双方合作关系，为省级管网的建设提供资金保障。

22 日　天然气集团与广丰区人民政府签订《互联网 + 智慧能源战略合作协议书》，双方就天然气分输站建设项目、智慧能源项目、配售电一体化项目及现代农业示范区和秀美乡村能源项目等进行全面合作。

26 日　江西省能源局油气处处长朱爱群带领检查组一行到天然气投资所属赣州分输站进行安全检查，天然气投资安全总监胡彬陪同。

27 日　江西省能源局检查组到天然气投资所属上饶分输站、天然气管道所属鹰潭输气站、抚州输气站开展油气长输管道保护检查。检查组由江西省能源局副局长涂迎九带队，江西省发改委（能源局）、江西省公安厅、天然气集团以及当地市、区发改委相关人员参与检查。

5 月

3 日　中国石油西气东输管道公司总经理李文东一行到南昌调研，在天然气集团参加座谈会。省投资集团副总经理、天然气集团党委书记、总经理何国群出席座谈会。

投资燃气所属九江市天然气有限公司 LNG 加气站项目正式开工建设。

7 日　江西天然气新余配送有限公司注册成立，注册资本金 1500 万元，法定代表人周继来，新余配送分公司所持有资产转让至江西天然气新余配送有限公司，主要从事天然气运输及贸易业务。

8 日　省投资集团副总经理、天然气集团党委书记、总经理何国群在南昌与深圳燃气集团公司董事长李真一行就投资合作进行了座谈交流。

10 日　江西省天然气管网工程井冈山支线 1 标段线路工程于上午 10 点在永新县境内正式打火开焊，永新县政府副县长周建忠，管道分公司总工程师王泽厚，永新县、安福县发改委代表，管道分公司吉安项目部及各参建单位参加仪式。

16日　页岩气公司《江西修武区块页岩气形成富集条件和勘查进展研究》项目顺利通过了中国地质调查局油气资源调查中心2016年外协项目的结题验收。

16日　萍乡市市委常委、市政府常务副市长陈云一行到天然气集团洽谈交流。省投资集团副总经理、天然气集团党委书记、总经理何国群出席座谈交流会。

17日–18日　江西省发改委副巡视员成华，副巡视员、商价处处长李金平一行前往天然气管道所属南昌站、九江站进行调研，省投资集团副总经理、天然气集团党委书记、总经理何国群，天然气管道总经理詹辉、党总支书记胡素平等陪同调研。

19日　江西省发改委应对气候变化处处长沈丰、主任科员唐正，江西省碳排放权交易中心总裁刘超、常务副总裁易忠翔一行到天然气集团交流低碳环保领域业务。省投资集团副总经理、天然气集团党委书记、总经理何国群，天然气集团副总经理、页岩气公司副总经理程晓龙参加会议。

江西天然气标准化体系建设启动会召开，省投资集团副总经理、天然气集团党委书记、总经理何国群出席会议并讲话。北京和君咨询公司项目组专家,天然气集团及各二级企业在昌高管、机关部室负责人等在主会场参加会议，昌外企业通过视频会议系统参加会议。

23日　江西省委常委、常务副省长毛伟明主持召开了全省加快天然气发展暨省天然气管网建设工作推进小组第一次会议，审议了《关于进一步加快天然气发展的若干意见》，协调解决了一系列事关我省天然气发展的重大问题。省投资集团副总经理、天然气集团党委书记、总经理何国群参加会议，并作了关于我省天然气管网建设及利用工作情况的汇报。

25日　天然气集团召开党政联席会议，迅速传达全省加快天然气发展暨省天然气管网建设工作推进小组第一次会议精神，研究部署江西天然气板块下一步贯彻落实举措。省投资集团副总经理、天然气集团党委书记、总经理何国群主持会议并作工作部署，天然气集团经营班子成员、各二级企业党政负责人参加会议。

新奥燃气能源贸易事业部总经理杨钧、财务总监郑凤来到天然气集团洽谈交流。省投资集团副总经理、天然气集团党委书记、总经理何国群，投资燃气总经理黄强等参加座谈交流。

6月

1日　天然气集团与广丰区人民政府、港华能源投资（深圳）有限公司，在香港签订《“互

联网 +”智慧能源项目合作协议书》，三方同意在广丰区行政区域内共同成立投资公司以多种方式投资、建设、运营和管理“互联网 +”智慧能源项目。

2 日　新奥能源集团有限公司总裁助理、华中区域市场与销售中心总经理王文峰一行到天然气集团洽谈交流。省投资集团副总经理、天然气集团党委书记、总经理何国群出席会议。

8 日　在第十六届赣港经贸会上，天然气集团与港华能源投资有限公司、广丰区政府签订了“互联网 +”智慧能源项目合同，投资额 0.29 亿美元。

9 日　天然气集团与江西省碳排放权交易中心签订《战略合作框架协议》，双方围绕碳排放权交易市场平台建设、能力建设、碳金融、CCER 开发及碳资产管理等方面开展合作。

12 日　天然气集团副总经理、页岩气公司副总经理程晓龙一行参加了“乐安县 VCS 林业碳汇项目第一期减排量自愿购买签约仪式暨江西省生态文明建设金融创新研讨会”。会上，天然气集团与江西省碳排放权交易中心签订了战略合作协议。

13 日　江西省天然气管网工程井冈山支线、井开区支线第 5 标段钢管防腐加工完毕后贴上了二维码标签。

14 日　中化国际物流总经理许俊峰一行到天然气集团洽谈交流，省投资集团副总经理、天然气集团党委书记、总经理何国群出席了座谈交流会。

20 日　新开发银行项目融资局局长吴少华一行到天然气管道所属南昌分输站调研，省投资集团副总经理、天然气集团党委书记、总经理何国群，江西省财政厅有关领导及天然气管道有关领导陪同。

28 日　天然气集团与上饶市铜钹山国家森林公司管委会签订《低碳发展框架协议》，双方就铜钹山区域内自愿减排项目开发运行等方面展开积极探索。

30 日　天然气集团向毛伟明常务副省长、吴晓军副省长呈报了《关于贯彻落实全省加快天然气发展暨省天然气管网建设工作推进小组第一次会议精神的专报》。7 月 3 日，毛伟明常务副省长批示“很好。乘势而上，抓好落实，为江西经济社会发展再立新功”。7 月 5 日，吴晓军副省长批示“好！下步五个方面工作重点明确而响亮，请按照领导小组第一次会议精神抓实抓好”。

7 月

1 日　省投资集团副总经理、天然气集团党委书记、总经理何国群分别到江西省高技术投资公司、天然气集团本部、页岩气公司等三家单位进行“学党建会议精神　聚改革发展新动能”

专题调研。

4日　天然气集团与中关村国标节能低碳技术研究院、青岛积成电子股份有限公司、江西省景燃能源科技有限公司签订《战略合作框架协议》，四方在智慧能源综合服务平台研究与建设、微能源网技术支撑体系研究与示范项目建设、能源政策研究等方面开展长期合作。

天然气集团与中关村国标节能低碳技术研究院、青岛积成电子股份有限公司、江西省景燃能源科技有限公司共同签订了战略合作框架协议。

5日　广西能源局副局长李新勤一行到天然气管道考察交流，并召开座谈会，省投资集团副总经理、天然气集团党委书记、总经理何国群，江西省能源局副局长涂迎九出席座谈会，江西省能源局油气处处长朱爱群、调研员王绍勇等参加会议。

10日　江西省天然气管网工程井冈山支线泸水河定向钻穿越工程于上午10点58分施工开钻。

11日　天然气集团与江西省科学院能源研究所签订了战略合作框架协议，在低碳项目合作、人才交流、能力建设等方面达成了共识。

12日　天然气投资与吉安市人民政府、吉安华润燃气有限公司签订合作框架协议，明确给予吉安地区工业企业用户管输价格优惠。

江西省能源局副局长涂迎九、油气处处长朱爱群一行赴天然气管道庐山市峰德保障房、秀峰假日酒店管道隐患点开展汛期督查工作，天然气管道总经理詹辉及相关部门陪同检查。

13日　天然气集团党委召开基层党组织建设专题汇报会。省投资集团副总经理、天然气集团党委书记、总经理何国群主持会议并讲话，天然气板块各二级企业党政负责人参加会议。

天然气集团与赣中南地质矿产勘查研究院签订了解约协议。

14日　江西省天然气管网工程井开区支线5标段正式打火开焊。

18日　省投资集团党委副书记刘钢，总经理助理、党委办公室主任胡若兰一行深入天然气管道所属南昌管理处、梅林站调研和慰问，天然气管道总经理詹辉、党总支书记胡素平等陪同。刘钢副书记在调研中指出党建工作要与生产经营工作深度融合。

19日　天然气管道完成庐山市秀峰搬迁安置点与管道安全距离不足隐患治理工作。

省投资集团党委委员、副总经理唐先卿到天然气投资所属昌南分输站开展“学党建会议精神·聚改革发展新动能”为主题的学习调研，省投资集团计划经营部主任王俐、财务管理部主任李龙根、天然气投资党总支书记叶金万等陪同。

省投资集团党委委员张惠良到投资燃气所属新余燃气有限公司、江西天然气新余清洁能源有限公司进行学习调研。省投资集团投资开发部主任王志刚、投资燃气总经理黄强、党总支书记聂长文陪同调研。

21 日　页岩气公司成立董事会，设何国群、李天晓、程晓龙三名董事，其中何国群为董事长。

24 日　投资燃气所属江西天然气鄱阳有限公司举行鄱阳县工业项目集中开（竣）工仪式。

28 日　交通运输部规划研究院内河室简艳春主任一行到投资燃气进行现场调研。江西省能源局及江西省港航管理局基建处相关人员陪同。

31 日　天然气集团《萍乐坳陷带东区油气地质综合评价》项目完成招标，北京天地谱石油科技发展有限公司以综合得分第一中标。

8 月

1 日　天然气集团与江西省科学院能源研究所签订《战略合作框架协议》，双方就低碳人员建设、碳核查人才交流等方面展开合作交流。

宜春市发改委副主任廖小中、新奥泛能网络科技股份有限公司华东区域总裁朱磊一行到访天然气集团，就宜春市内泛能项目合作开展交流。省投资集团副总经理、天然气集团党委书记、总经理何国群，天然气集团副总经理、页岩气公司副总经理程晓龙出席会议。

14–15 日　江西省国资委考核分配处处长陈飞一行到江西天然气调研，省投资集团副总经理唐先卿，省投资集团副总经理、天然气集团党委书记、总经理何国群陪同。陈飞一行深入天然气管道景德镇输气站，现场查看了场站生产运行和安全生产等工作情况，并开展座谈。

17 日　天然气管道取得江西省能源局关于江西省一期管网蔡岭－都昌支线项目的核准批复。

17–18 日　中共江西省天然气集团有限公司第一次代表大会在南昌召开。省投资集团党委副书记刘钢，总经理助理李天晓、胡若兰，天然气板块各级党组织 108 名代表参加会议。

23 日　江西省能源局油气处处长朱爱群带队、江西省质监局、江西省消防总队、江西省治安总队联合检查组对天然气管道萍乡分输站长输管道开展了安全生产检查。

24 日　江西省能源局油气处处长朱爱群带队、江西省质监局、江西省消防总队、江西省治安总队联合检查组对天然气投资所属宜春分输站开展了安全生产检查。

25 日　能源投资所属江西天然气大鼎实业有限公司上饶经开区三清山西大道天然气汽车加气站项目开工建设。

9月

5日　江西省安监局副局长张贤义一行到天然气集团进行安全生产工作检查，省投资集团副总经理、天然气集团党委书记、总经理何国群参加检查汇报会。江西省能源局油气处处长朱爱群、江西省安监局安全监管二处处长刘武等陪同检查。

14日　省投资集团党委会讨论通过赵雪海同志任天然气集团纪委书记，郭洪林同志任纪委副书记，李卫明、杨景、余略、陈登、赵雪海、钟良、郭洪林、郭海锋、曾彩梅（按姓氏笔画排序）九位同志为天然气集团纪律检查委员会委员。

15日　天然气集团与资溪县发改委签订了《低碳示范县资溪服务合同》。

20日　中国石化天然气分公司总经理高爱华前往景德镇站调研，省投资集团副总经理、天然气集团党委书记、总经理、天然气管道董事长何国群、天然气管道总经理詹辉、天然气管道党总支书记胡素平等陪同。

20–22日　江西省发改委牵头联合省公安厅治安总队、省安监局、省质监局及油气行业专家组成的检查组前往天然气投资所属赣州、吉安、上饶等场站开展油气长输管道保护检查。此次检查分两组进行，江西省能源局油气处处长朱爱群、调研员王绍勇分别带队进行检查，天然气集团安全总监刘兆明、天然气投资安全总监胡彬参与检查。各设区市发改委、能源局负责人员参加本地检查。

22日　江西省天然气赣州市“县县通”工程开工仪式在赣州市大余县召开，赣州市发改委主任黄明泽、赣州市重点办主任李兵，大余县及其有关单位领导；管道分公司总经理、党支部书记叶金万；管道沿线赣州市各县（市、区）发改委领导；管道参建单位代表出席了此次开工仪式。

27日　省投资集团党委委员、副总经理唐先卿一行到天然气投资走访慰问生活困难党员，省投资集团计划经营部主任王俐、天然气投资党总支书记叶金万陪同。

浙江天然气公司副总经理郑跃辉一行到天然气管道考察交流，围绕管道保护等工作进行了交流，党总支书记胡素平、副总经理张国良以及相关部门参加座谈。

10月

10日　萍乡市委常委、常务副市长陈云一行到天然气投资所属萍乡分输站进行十九大期间安全生产工作检查。萍乡市政府副秘书长李洪、市能源局专职副局长罗若等陪同。

12 日　江西省安监局人事处处长王洪标一行赴投资燃气所属江西天然气鄱阳有限公司开展特种作业人员持证上岗督查工作。鄱阳县安监局局长张鹏、副局长毕红斌等陪同督查。

13 日　天然气集团受邀参加新余市中央企业省属企业投资新余合作洽谈会。会上，天然气集团与新余高新区签订了《综合能源利用项目投资合作意向书》。

17 日　上饶市发改委副主任董永平一行到投资燃气所属德兴市天然气有限公司调研德兴市天然气利用工程推进情况。德兴市委常委、常务副市长陈武军，德兴市发改委主任李学英等相关单位负责人陪同调研。

20 日　江西省国有资产监督管理委员会副主任郑德才一行前往天然气管道所属南昌输气站开展安全生产督查工作，省投资集团安全生产部主任罗志清，天然气管道总经理詹辉、党总支书记胡素平等陪同检查。

24 日　江西省能源局油气处处长朱爱群带领安全检查组一行前往天然气管道所属抚州输气站检查工作，并查看省一期管网黎川支线金溪县石门乡东京村管道高落差隐患施工现场，安全副总监张继亮等陪同检查。

25 日　江西省能源局副局长涂迎九带领安全检查组一行前往天然气管道所属高安输气站检查工作，天然气管道总经理詹辉陪同检查。

26 日　天然气集团根据国家实行网络安全等级保护的评测要求，完成编写公司安全等级保护方案及下一代防火墙的安装。

11 月

9 日　江西省国有资产监督管理委员会党委委员、副主任李晓刚一行赴投资燃气所属高安市天然气有限公司检查调研。省投资集团党委副书记刘钢，投资燃气党总支书记聂长文陪同。

10 日　天然气集团独资成立江西省绿汇生态环保科技有限公司，注册资本金人民币 500 万元整。

14 日　江西省出资监管企业监事会主席谢敏、江西省国资委外派监事会第四办事处处长毛江斌等一行到能源投资所属江西天然气永新有限公司检查工作，省投资集团纪委副书记、监察审计部主任黎倩，能源投资总经理、党总支书记孙秋平陪同考察。

16 日　投资燃气所属新余袁河工业平台天然气直供项目顺利完工，该工业园区内首家工业企业——西南铜业通气点火。

30 日　江西省国资委党委委员、副主任郑德才一行到天然气集团调研指导。省投资集团副总经理、天然气集团党委书记、总经理何国群，省投资集团总经理助理、总经理办公室主任李天晓出席汇报会。

12 月

1 日　天然气集团对板块内会计核算制度进行了统一，编制了《会计核算手册》。

2 日　天然气集团及所属天然气管道、天然气投资、投资燃气、页岩气公司、能源投资等六家企业通过南昌市文明单位复评，继续保留“南昌市文明单位”荣誉称号。其中天然气管道、天然气投资保留“江西省文明单位”荣誉称号。

4 日　江西省绿汇生态环保科技有限公司分别与三清山风景名胜区管理委员会经济发展局、铜钹山国家森林公园管理委员会签订了《低碳旅游示范景区咨询服务合同》。

8 日　江西省绿汇生态环保科技有限公司与北京环境交易所签署战略合作协议。

12 日　江西省绿汇生态环保科技有限公司承担的资溪县申报低碳示范县项目已成功获批。

18 日　江西省能源局下发《江西省能源局关于核准江西省天然气管网工程于都支线、兴国支线项目的批复》（赣能油气字〔2017〕191 号），同意天然气集团投资建设江西省天然气管网工程于都支线、兴国支线项目。

21 日　天然气集团召开天然气供应应急保障工作会，专题研究部署江西天然气迎峰度冬保供工作。省投资集团副总经理、天然气集团党委书记、总经理何国群主持会议并对保供工作进行部署，天然气板块各企业相关负责人参加会议。

22 日　天然气集团向江西省人民政府应急办报送了《关于启动省天然气管网一期工程天然气 III 级调峰压减预案的报告》，刘奇省长作出重要批示“一方面尽力争取保供应，另一方面统筹调度，确保安全，加强协调，避免出现连锁反应”。天然气集团接到批示后，召开了迎峰度冬保供工作领导小组会议，学习、贯彻和落实《批示》精神。

25 日　江西省国土资源厅储量处处长张家菁带领油气督察组对修武盆地页岩气区块 2017 年度勘查工作进行督察，重点核实了实物工作量的投入执行情况及取得的勘查成果。天然气集团副总经理、页岩气公司副总经理程晓龙参会。

28 日　江西省能源局下发《江西省能源局关于核准江西省天然气管网工程广丰支线、玉山支线项目的批复》（赣能油气字〔2017〕197 号），同意天然气集团投资建设江西省天然气管网工程广丰支线、玉山支线项目。

28日　能源投资所属江西天然气井冈山有限公司与井冈山市星源天然气有限公司在井冈山市签署了《井冈山星源天然气资产收购协议书》。

能源投资所属江西天然气井冈山有限公司与井冈山市城乡建设局签订《井冈山市管道燃气特许经营协议》，井冈山市城乡建设局授予井冈山公司特许经营权有效期限为30年。

2018年

1月

8日　在宜春市大数据产业运营有限公司暨华为云数据中心上线运行揭牌仪式上，能源投资所属天然气宜春有限公司与宜阳新区签订宜春市大数据产业园天然气使用30年特许经营权。

11日　中石油南方销售公司南昌办事处处长陈殿礼一行到投资燃气所属江西省鄱阳湖液化天然气有限公司考察交流，投资燃气总经理黄强陪同考察。

17日　皖赣大区港华燃气一行到投资燃气所属江西省鄱阳湖液化天然气有限公司考察交流，投资燃气相关领导陪同考察。

18日　江西省发改委价检局副局长宗泳涛到投资燃气所属新余燃气有限公司调研天然气冬季保供价格情况，新余市发改委副主任祝剑如、投资燃气相关领导陪同调研。

25日　江西省能源局副局长涂迎九一行前往天然气管道所属南昌管理处检查指导工作，听取了管理处关于近期安全生产工作的汇报，天然气管道相关领导陪同考察。

2月

5日　江西省国资委监事会主席谢敏一行到页岩气公司就2013年~2017年度经营情况进行监督检查指导，省投资集团副总经理、天然气集团党委书记、总经理何国群，页岩气公司班子成员陪同检查。

江西省发改委副主任熊毅一行到天然气集团调研指导，省投资集团副总经理、天然气集团党委书记、总经理何国群参加座谈交流。

26日　天然气集团直属机关党总支成立，所属机关第一党支部、机关第二党支部、生产党支部3个党支部先后成立。

27日　富昌石油公司与中石化江西公司成品油业务合作举行签约仪式。省投资集团党委副书记刘钢、富昌石油公司领导班子成员和中石化江西公司总经理毛陆军、副总经理邹恩庭出席了签约仪式。

3月

5日　上饶市副市长俞健、江西省发改委产业处处长谌兵等省、市安全生产检查组一行到投资燃气所属江西省天然气鄱阳有限公司进行“两会”期间安全生产情况督导检查,鄱阳县副县长、工业园区党工委书记李丹，鄱阳县安监局长张鹏等人陪同检查。

14日　江西省环保厅大气环境保护处主任付明一行到投资燃气所属江西省天然气鄱阳有限公司调研指导煤改气工作，投资燃气相关领导陪同考察。

22日　佛山市南海区人民政府有关部门、佛山市南海景隆投资控股有限公司温碧峰一行到投资燃气所属江西省鄱阳湖液化天然气有限公司参观考察，投资燃气总经理黄强、江西省鄱阳湖液化天然气有限公司高管及相关人员参加座谈交流会，双方就LNG储配站、LNG码头项目的前期工作及评审等手续以及岸线和泊位布局等方面进行沟通交流。

23日　湖口县安监局、环保局、质监局、建设局、气象局、消防大队和工业园管委会等七个部门组成检查组投资燃气所属江西省鄱阳湖液化天然气有限公司检查指导，投资燃气相关领导陪同考察。

4月

9日　国家能源局法制和体制改革司副司长丁志敏一行到天然气集团开展石油天然气体制改革调研，江西省能源局副局长涂迎九，省投资集团副总经理、天然气集团党委书记、总经理何国群等参加座谈交流。随后丁志敏一行前往天然气管道所属南昌管理处检查指导工作，江西省能源局油气处处长朱爱群、天然气管道总经理詹辉等陪同检查。

25日　江西省能源局检查组涂迎九一行前往天然气管道所属新余站开展五一前和汛期油气长输管道保护检查工作，天然气管道总经理詹辉陪同检查。

27日　江西省能源局副局长涂迎九一行联合省公安厅治安总队、江西省安全生产科学技术研究中心、省投资集团、萍乡市县级发改委及各油气企业到天然气投资所属萍乡分输站及其所辖管线开展油气长输管道保护大检查工作，江西省能源局副局长涂迎九参与检查，天然气投资相关领导陪同检查。

5 月

3 日　天然气集团根据 4 月 28 日新修订的公司章程“董事长为法定代表人”变更为“总经理为法定代表人”进行公司登记变更，法定代表人变更为何国群。

4 日　江西省国土厅地勘处副处长易志东赴自然资源部地质勘查司，与自然资源部地质勘查司副司长王军就南鄱阳盆地油气勘探项目立项事宜进行沟通和交流，页岩气公司总工程师刘伟伟陪同前往。

9 日　天然气投资党总支书记叶金万陪同省发改委副调研员饶淑琴至广西天然气管网公司调研省网价格机制改革事宜。

23–24 日　江西省财政厅债务金融处副处长李德忠、天然气集团总会计师董娟一行赴上海金砖大厦与新开发银行融资局局长吴少华及多位专家进行会谈，双方就确定项目实施内容、落实国内配套资金，制定项目前期绩效目标以及明确合理的采购计划等方面进行了沟通。

28 日　新开发银行在上海召开第三届理事会年会，江西省能源局副局长涂迎九，江西省财政厅债务金融处处长邓忠，省投资集团党委书记、董事长揭小健，省投资集团副总经理、天然气集团党委书记、总经理何国群，天然气集团总会计师董娟等受邀参加年会。

6 月

12 日　江西省天然气管网工程井冈山支线项目干线主体工程实现全线贯通。

21 日　江西省发改委副主任熊毅一行 4 人到管道分公司所属井冈山支线调研指导，管道分公司总经理叶金万参加调研。

21 日　江西省国资委党委委员、副主任郑德才带领第六调研组一行到天然气管道所属南昌管理处，围绕贯彻落实党的十九大精神、推动企业高质量发展进行调研，省投资集团副总经理、天然气集团党委书记、董事长、总经理何国群，天然气管道总经理詹辉等陪同调研。

26 日　天然气集团与中海石油气电集团有限责任公司签订战略合作框架协议，就天然气基础设施、终端利用、物流运输等项目开发合作方面达成协议。

28 日　新开发银行社会环境专家肖建良到投资燃气所属新余燃气有限公司就江西天然气城镇燃气企业运营管理情况开展调研、指导，天然气集团副总经理董娟陪同调研。

29 日　经省投资集团研究决定，任命李天晓同志为天然气集团党委副书记；解聘何国群的天然气集团总经理职务；推荐李天晓为天然气集团总经理。

7 月

4 日　天然气集团召开领导人员任职宣布大会，省投资集团党委副书记刘钢，省投资集团副总经理、天然气集团党委书记、董事长何国群，省投资集团纪委书记陈翔，省投资集团总经理助理李天晓、人力资源部主任樊卫凤一行到会宣布任职决定，任命李天晓同志为天然气集团党委副书记；推荐李天晓同志为天然气集团总经理；推荐李天晓同志为天然气管道、天然气投资、投资燃气、能源投资的董事、董事长，页岩气公司执行董事。

9 日　中联煤层气有限责任公司党委书记、董事长、总经理俞进一行到天然气管道所属南昌管理处就推动天然气发展等问题进行考察调研，省投资集团总经理助理、天然气集团总经理李天晓，天然气管道总经理詹辉等参加调研。

10 日　天然气集团与中联煤层气有限责任公司签订战略合作框架协议，就共同开展煤层气等油气资源勘探开发合作方面达成协议。

12 日　安徽省徽商集团有限公司党委委员、副总经理余保山一行到天然气集团调研，省投资集团副总经理、天然气集团党委书记、董事长何国群与余保山进行了洽谈交流，省投资集团总经理助理、天然气集团总经理李天晓参加座谈。

18 日　天然气集团在银行间市场发行短期融资券 6 亿元，发行利率 4.7%，较市场指导利率下浮 0.2%。

金砖国家新开发银行贷款江西省天然气管网工程建设项目考察团赴投资燃气所属江西省鄱阳湖液化天然气有限公司考察调研，天然气集团副总经理董娟及相关人员陪同考察。

九江市能源局局长胡华、鹰潭市发改委党组成员、鹰潭市能源局专职副局长欧阳爱兰、鹰潭市能源局专职副局长汤振炎一行到投资燃气所属江西省鄱阳湖液化天然气有限公司就储备项目建设交流座谈，鹰潭市能源局煤电油气科科长舒浪，九江市能源局科长彭如宝，湖口县发改委主任周晓庆、投资燃气相关领导陪同考察。

26 日　金砖国家新开发银行贷款江西省天然气管网工程建设项目评估启动会在南昌召开，新开发银行项目融资局局长吴少华，财政部清洁委贷基金管理中心项目投资部主任李湘昀，江西省财政厅副巡视员钟心平，江西省发改委党组成员、能源局局长郑沐春，副局长涂迎九，省投资集团党委书记、董事长揭小健，省投资集团副总经理、天然气集团党委书记、董事长何国群等出席会议，江西省财政厅债务金融处处长邓忠主持会议。

8月

3日　国务院国有企业改革领导小组办公室发布了《国企改革“双百行动”工作方案》和“双百企业”名单，“双百行动”是国务院国有企业改革领导小组办公室组织牵头选取百家中央企业子企业和百家地方国有骨干企业，在2018–2020年期间实施国企改革的活动，天然气集团作为省内7家企业之一，入选“双百企业”名单。

14日　中海石油气电集团贸易公司总经理兼党委书记张荣旺一行到天然气集团交流洽谈。江西省能源局副局长涂迎九、石油天然气处处长朱爱群，省投资集团副总经理、天然气集团党委书记、董事长何国群，省投资集团总经理助理、天然气集团总经理、党委副书记李天晓参加洽谈交流会。

22日　投资燃气所属九江市天然气有限公司被江西省税务局评为“2017年纳税信用A级纳税人”。

22日　江西铜业集团有限公司德兴铜矿社区、银山社区生活供气项目合作签约仪式分别在德兴铜矿和投资燃气所属德兴市天然气有限公司举行，投资燃气副总经理张华、江铜集团德兴铜矿副矿长汪中伟，银山矿业副总经理兼社区主任何献武，投资燃气所属德兴市天然气有限公司负责人王安华等参加签约仪式。

9月

3日　国家发改委运行局副局长刘明带领国家产供储销体系建设专项督查组一行到投资燃气所属江西省鄱阳湖液化天然气有限公司实地督查，江西省能源局、九江市能源局、湖口县发改委等相关领导陪同检查。

3–4日　国家发改委运行局副局长刘明带领国家产供储销体系建设专项督查组一行到天然气管道所属南昌管理处检查指导工作，江西省能源局副局长涂迎九、江西省能源局油气处处长朱爱群，省投资集团总经理助理、天然气集团总经理李天晓，天然气管道总经理詹辉以及省住建厅、南昌市发改委等相关人员陪同检查。

5日–6日　江西省能源局副局长涂迎九，省投资集团总经理助理、天然气集团党委副书记、总经理李天晓一行到中国石化天然气分公司、中海石油气电集团公司、中联煤层气公司洽谈交流天然气产供储销体系建设和有关合作事宜。

10月

16日　财政部国合司副司长张政伟一行来赣就新开发银行在江西省内开展的两个贷款项目进行调研，并到天然气管道所属南昌管理处检查指导工作，省投资集团副总经理、天然气集团党委书记、董事长何国群，省投资集团总经理助理、天然气集团总经理李天晓，天然气管道总经理詹辉等陪同检查。

17日　上饶市发改委副主任董永平一行来投资燃气所属德兴市天然气有限公司调研德兴市天然气利用工程推进情况，德兴市委常委、常务副市长陈武军，德兴市发改委主任李学英等相关单位负责人，投资燃气相关领导陪同调研。

26日　投资燃气所属高安市天然气有限公司与江西省建筑陶瓷产业基地委员会、高安市水务有限公司、安高电信有限公司、高安广电有限公司、高安联通有限公司、高安移动有限公司、和惠配售电有限公司7家单位共同签订建陶基地基础设施保护联防协议，就持续推进“三共一互”、深化信息共享、打造管网安全共筑局面达成协议。

11月

2日　根据天然气集团股东会决议进行公司登记变更，法定代表人由何国群变更为李天晓；董事会成员变更为何国群、李天晓、彭曦宏、董娟、程晓龙；监事会成员变更为宋敬衔、程国辉。

26日　江西省天然气管网工程井冈山支线在井冈山市古城镇门站举行通气投产试运行仪式，中石油天然气销售南方分公司总经理陈正惠、总会计师靳光辉，井冈山管理局局长、井冈山市委副书记、市长焦学军，省投资集团副总经理、天然气集团党委书记、董事长何国群，省投资集团总经理助理、天然气集团总经理李天晓，江西省能源局副局长涂迎九，吉安市能源办主任王六安，井冈山市发改委副主任刘军，能源投资总经理、党总支书记孙秋平等出席仪式。

18日　天然气集团组织召开江西省南鄱阳盆地东区页岩油气资源调查评价项目设计审查暨研讨会，省投资集团党委书记、董事长揭小健主持会议，省投资集团副总经理、天然气集团党委书记、董事长何国群介绍省天然气发展整体情况，朱日祥院士、贾承造院士、多位业内知名专家和江西省内相关厅局单位出席会议。

12月

25日　投资燃气党建课题“推行‘三共一互’机制构建企业党建新格局”获得中共江西省委组织部颁发的首届全省党务技能大赛团体一等奖；天然气管道党建课题“两融入一突出做好

国企党员发展工作”获得全省党务技能大赛团体三等奖。

2019 年

3 月

8 日　经省投资集团研究决定，何国群不再兼任天然气集团董事、董事长；委派李天晓任天然气集团董事长，刘伟伟任天然气集团董事；解聘李天晓的天然气集团总经理职务，推荐刘伟伟为天然气集团总经理。

26 日　经天然气集团股东会审议通过，公司名称由“江西省天然气（赣投气通）控股有限公司”变更为“江西省天然气集团有限公司”。

第一篇

概　况

概　况

江西天然气始终坚持“进军上游、稳固中游、拓展下游”一体化战略，立足江西，放眼全国，用责任和担当诠释江西天然气人“保一湖清水，护一片蓝天”的企业使命，紧紧围绕“以规范化管理为保障，以资源获取为基础，以市场需求为导向，以一体化战略为抓手，全力打造升级版江西天然气”的发展战略，认真研判国家产业政策，紧紧抓住市场机遇，大力推进重点工作，科学谋划、精心组织、凝心聚力、攻坚克难、注重实效，稳步推进工程建设、生产运营、安全管理、企业管理、市场开发、党建文化等各方面工作。

第一章　公司建制

天然气集团严格按照现代企业制度要求，本着精简高效的原则设置天然气集团管理组织机构，不断提高管理效率，保证天然气集团业务顺利推进，促进天然气集团快速健康发展。

第一节　天然气集团

一、领导班子

天然气集团成立于 2011 年 10 月，初建时领导班子成员为：省投资集团副总经理何国群兼任党委书记、总经理，副总经理孙秋平、黄强、叶金万、胡素平、姚辉。

2018 年 6 月，天然气集团领导成员为：省投资集团副总经理何国群兼任党委书记、董事长，省投资集团总经理助理李天晓兼任总经理，党委副书记兼副总经理孙秋平、副总经理叶金万、副总经理周继来、纪委书记赵雪海、副总经理董娟、副总经理程晓龙、副总经理温宏达、安全总监刘兆明、总经理助理王辛酉。

2019 年 3 月，天然气集团领导成员为：省投资集团总经理助理李天晓兼任董事长，总经理刘伟伟，党委副书记兼副总经理孙秋平、副总经理叶金万、副总经理兼工会主席周继来、纪委书记赵雪海、副总经理温宏达、安全总监刘兆明、总经理助理王辛酉。

2019 年 9 月，天然气集团领导成员为：省投资集团总经理助理李天晓兼任董事长，总经理刘伟伟，副总经理兼工会主席周继来、纪委书记赵雪海、副总经理温宏达、财务总监郭玉文、安全总监刘兆明。

二、内设机构

2012 年 5 月 25 日，省投资集团下发《关于江西省天然气控股有限公司组织架构设置方案的批复》，决定天然气集团设置党委办公室、总经理办公室、人力资源部、计划财务部、审计工作部、投资管理部、安全监察部、计量仪表检测中心、后勤管理中心等 9 个部门。人员编制 40 人（不含高管层），其中党委办公室人员编制 4 人、总经理办公室人员编制 4 人、人力资源部人员编制 3 人、计划财务部人员编制 3 人、审计工作部人员编制 3 人、投资管理部人员编制 3 人、安全监

江西天然气组织架构图

- 江西省投资集团有限公司
  - 江西省天然气集团有限公司
    - 江西省天然气管道有限公司
      - 九江分输站
      - 南昌分输站
      - 景德镇分输站
      - 湖口分输站
      - 新余分输站
      - 抚州分输站
      - 鹰潭分输站
      - 余江分输站
      - 高安分输站
      - 丰城分输站
      - 庐山分输站
      - 余干分输站
      - 共青城分输站
      - 上高分输站
      - 梅林分输站
      - 南昌CNG加气母站
      - 九江CNG加气母站
      - 景德镇CNG加气母站
      - 新余CNG加气母站
      - ....
    - 江西省投资燃气有限公司
      - 新余市燃气有限公司
      - 九江市天然气有限公司
      - 高安市天然气有限公司
      - 德兴市天然气有限公司
      - 余干县天然气有限公司
      - 江西天然气鄱阳湖有限公司
      - 抚州市抚北天然气有限公司
      - 江西天然气贵溪有限公司
      - 江西省鄱阳湖液化天然气有限公司
      - 江西天然气新余清洁能源有限公司
      - 江西天然气抚州清洁能源有限公司
      - 江西天然气管道设备安装工程有限公司
      - 江西景德镇天然气有限公司
      - 江西港华天然气有限公司
      - 江西天然气都昌有限公司
      - ....
    - 江西省天然气投资有限公司
      - 赣州末站
      - 宜春接收站
      - 萍乡接收站
      - 吉安分输站
      - 安义接收站
      - 芦溪末站
      - 上饶分站
      - 新余接收站
      - 大城分输站
      - 高安分输站
      - 南康分输站
      - 上犹分输站
      - 九江分输站
      - ....
    - 江西天然气能源投资有限公司
      - 江西天然气昌南有限公司
      - 江西天然气井冈山有限公司
      - 江西天然气莲花有限公司
      - 江西天然气万安有限公司
      - 江西遂川天然气有限公司
      - 江西天然气赣州清洁能源有限公司
      - 江西天然气吉安华润清洁能源有限公司
      - 江西天然气能源投资有限公司三清山分公司
      - 江西天然气永新有限公司
      - 江西天然气宜春有限公司
      - 江西天然气九江有限公司
      - 江西天然气瑞昌有限公司
      - ....
    - 江西省页岩气投资有限公司
    - 江西省天然气集团有限公司管道分公司
      - 吉安分输站
      - 永新分输站
      - 泰和分输站
      - 湘东分输站
      - 大余分输站
      - ....

察部人员编制 4 人、计量仪表检测中心人员编制 3 人、后勤管理中心人员编制 13 人。

2013 年 1 月 6 日，经省投资集团人力资源部同意，天然气集团增设生产管理部等 2 个部门，并将原“审计工作部”更名为“监察审计部”。生产管理部人员编制 5 人，计划财务部增加人员编制 4 人，投资管理部增加人员编制 2 人，共计新增人员编制 15 人，人员总编制 55 人（不含高管层）。

2013 年 6 月 3 日，经省投资集团人力资源部同意，天然气集团增设信息中心，人员编制 4 人；同意增加团委人员编制 2 人（其中 1 人为天然气集团中层管理人员），增设工会办公室，人员编制 3 人，团委与党委办公室合署办公，工会办公室与后勤管理中心合署办公；同意将原“监察审计部”更名为“纪检监察室”，原“生产管理部”更名为“企业管理部”；同意天然气集团撤销原计量仪表检测中心及其原人员编制 3 人。天然气集团实际新增人员编制 6 人，人员总编制 61 人（不含高管层）。

2015 年 8 月 25 日，经天然气集团总经理办公会研究通过，将原职能合并于企业管理部的投资管理部分设，编制为 5 人；将原职能合并于综合办公室的党委办公室分设，编制为 4 人。

2015 年 12 月 25 日，省投资集团人力资源部下发《关于江西省天然气控股有限公司增设计划经营部的批复》（人力部人字〔2015〕114 号），同意天然气集团成立计划经营部、对应增加编制 5 人，负责天然气板块经营计划、成本预算、经营分析、财务预算和经营业绩考核等的归口管理。

为使计划财务部与计划经营部在部室名称和职能上有所区分，经 2015 年 12 月 28 日总经理办公会研究通过，将原计划财务部更名为财务管理部，部室职能随之调整。

2018 年 4 月 27 日，经天然气集团研究决定，天然气集团党委办公室与工会办公室、团委、综治办公室合并更名为党群工作部。部门职责为：天然气板块党委综合工作、直属机关党总支工作、党的组织建设、党的宣传、共青团组织建设、团员队伍建设与管理、团员思想政治工作及宣传工作、社会治安综合治理、工会组织建设、企业民主政治建设，职工教育活动、文化体育活动、劳动关系协调、统战工作等。

2018 年 4 月 28 日，经省投资集团研究，同意天然气集团成立“新开发银行江西天然气管网工程建设项目管理办公室”。主要职责为：在项目准备和实施期间开展项目日常管理工作；根据项目建设进度，负责新开发银行贷款项目的推进工作；负责与政府机构和开发银行协调、汇报沟通及相关资料报送工作。人员编制 6 人。

2018年7月3日，为规范天然气集团机构设置和编制管理，按照省投资集团党委“提质增效、精简机构”要求，经天然气集团党委会研究决定，财务管理部与计划经营部合并，更名为计划财务部。部门职责为：负责财务管理、会计核算管理、投融资管理、资金管理、天然气板块计划管理、预算管理、经营分析、财务预算和经营业绩考核等归口管理；安全监察部更名为质量安全监察部。部门职责为：指导二级企业完善安全管理机构和QHSE管理体系，组织阶段性、季节性安全督查及工程质量督查，对重大隐患和事故的调查、分析和处理等归口管理。天然气集团本部现设总经理办公室、党群工作部、人力资源部、计划财务部、质量安全监察部、纪检监察室、科技与信息部、企业管理部、投资管理部、新开发银行项目办等10个职能部室和管道分公司、昌南压缩天然气分公司、安鑫置业公司3家分公司。

三、部门职责

党群工作部的职责：负责党的路线、方针、政策的宣传贯彻工作；执行天然气集团党委的决议、决策，负责拟订党内各项管理规定并检查落实，及贯彻执行“三重一大”决策制度；负责党委相关会务组织工作及综合文秘工作；负责党支部建设工作、党员管理工作、组织发展工作、干部考核工作；负责天然气集团文明创建工作，开展经常性的文明单位创建活动；负责天然气集团综治维稳工作，制定社会治安综合治理工作办法并组织实施及信访工作；开展共青团员的思想教育，及时了解团员的思想动态，针对团员思想状况，研究教育内容、方法和途径，适时开展多种形式的教育活动；加强对本部室工作人员的廉洁教育，做好日常检查工作，负责做好部门安全生产工作。

总经理办公室的职责：协助领导处理日常行政事务，协调各部门工作关系，理顺工作流程；负责监督检查各项政策、制度、决议与决定的执行落实情况；负责总经理办公会、周例会、其他会议及天然气集团大型会议的组织、安排与记录；负责天然气集团行政公文的拟定，统一登记、呈批天然气集团及所属企业的上行公文，负责统一下发；传达省投资集团所有下行公文，负责接收所有外部文件、报告、信函，并上报或分发；负责汇总天然气集团年度综合性文件，起草公司总结、计划、报告和其他综合性文稿，并对其他部门起草的文件进行规范性审核；负责编写公司的大事记或年鉴；负责天然气集团档案（财务档案、人事档案除外）的分类、登记、保存、密级确定、查阅管理、销毁、利用及编研工作；负责建立公司的保密管理体系，对各部门的保密工作进行督促指导；负责天然气集团与省投资集团、各投资企业及其他外部单位的联络；

负责天然气集团对外资料报送及信息发布工作；负责组织天然气集团的重大活动，做好天然气集团的重要接待工作；负责协助处理突发事件；负责安排落实各项后勤事务。

人力资源部的职责：负责根据天然气集团战略规划，制定天然气集团人力资源管理规划和工作计划；建立健全人力资源管理流程和制度，并组织实施；制定年度人力资源配置计划与工资总额预算方案;组织制定天然气集团人力资源“三定”方案,审核各投资企业人力资源“三定”方案；审核天然气集团各部门及各投资企业人力资源“三定”调整方案建议或申请；负责制定天然气集团人力资源开发计划和专业人才储备方案，指导各投资企业人力资源开发工作；负责组织天然气集团人才招聘活动；协助各投资企业开展招聘活动；确保天然气集团用人安全；建立健全天然气集团员工培训管理体系；制定天然气集团年度培训计划并统筹实施；负责公司本部新员工培训工作的计划与实施；建立天然气集团员工轮岗方案并组织实施；建立天然气集团绩效管理制度，组织天然气集团本部员工开展绩效考核工作，对考核结果进行反馈、分析与存档；建立天然气集团薪酬管理制度；制定并实施与绩效考核相应的薪酬激励方案；负责公司本部、外派人员工资标准的核定；负责天然气集团本部、外派人员薪酬的发放；指导各投资企业薪酬管理并监督其实施；做好员工的晋升管理及职业发展规划工作，保障干部提拔流程的合规性；配合党委办公室做好干部推荐、选择、考核、任免、调配等相关工作；做好行政人事工作；负责公司本部员工及外派人员的入职、离职等手续的办理；负责五险一金、福利，人事档案管理等人力资源管理的相关事务性工作。

计划财务部职责：建立与完善财务管理制度和流程；建立科学、合理的财务管理体系；履行会计核算和监督职能；参与重大筹资与投资、资金运用与分配等重要财务工作；确保资金安全；协调工商、税务、银行与其他机构的关系。负责组织江西天然气板块各投资企业的经营计划编制工作，并追踪和分析经营计划执行情况，负责监督、协调、指导各投资企业执行经营计划，负责组织测算江西天然气板块天然气气价，负责组织江西天然气板块各投资企业制定年度预算，汇总、平衡并编制江西天然气板块整体年度预算，并监督预算执行，对各投资企业的预算管理和成本定额管理进行指导、监督和控制，对相关指标执行情况进行分析和动态监控，负责审核各投资企业上报的各项业务计划及统计分析材料，综合统计各投资企业月度、季度生产经营情况，并向有关部门报送统计报表，开展对各投资企业的预算指标、经济指标、成本定额指标的全面并账考核工作，负责与省投资集团对口协调天然气板块整体年度经营考核目标，并与各投资企业做好沟通协调工作，负责公司年度经营考核目标完成情况的对外申报，参与经营合同的签订、考核和结算工作。

质量安全监察部职责：贯彻执行国家、地方有关安全和质量的法律、法规和省投资集团规章、制度，在安全生产委员会的领导下负责安全和质量监督管理工作，负责省安监局、省能源局、省公安厅、省投资集团等安全管理部门的工作对接，做好安全生产工作的上传下达，负责督促各下属单位完善安全管理机构和QHSE管理体系，监督管理各下属单位安全和质量相关知识的宣传和培训，负责督促各下属单位安全管理部门和机关部室开展安全管理工作，定期召开安全管理会议，加强安全文化建设，组织安全大检查，督促相关部门对查出的隐患制订整改或防范措施，并督查其落实情况，负责质量、环境与职业健康安全监督管理，协调制订或修订公司的质量、环境与职业健康等技术规程，负责监督检查各下属单位的工程建设质量；对质量、环境与职业健康安全管理的记录和资料等进行检查，分析统计后及时向公司安委会领导报告，负责组织安全事故和工程质量事故的调查与处理，参与工伤鉴定工作，并建议改善措施以防止类似事故再次发生。对各类事故进行汇总、统计和上报，并建立健全事故档案，编制成事故案例汇编，负责督促各下属单位建立好安全生产应急体系，并对应急演练开展情况进行监督检查，负责监督检查各下属单位“动火、动土、受限空间、登高、临时用电”等特种作业许可证签发和执行情况，参与新建、改建、扩建、大修项目及技术措施工程的设计审查、竣工验收、试车投运工作，使其符合安全技术要求，监督检查各下属单位安全装置和设施的管理、维护、保养和检定工作，监督检查各下属单位对员工和特种作业人员安全培训和考核情况，负责下属二级企业安全生产工作的考核和评比，负责安全生产信息的收集、汇总、整理和上报。

纪检监察室职责：依照党章赋予的职责，维护党纪，监督检查天然气集团及各投资企业党组织和党员干部遵守党纪，贯彻执行党和国家的各项方针、政策、法规的情况。结合上级规定，制定本企业纪检监察工作制度，做出维护党纪、政纪的决定。负责牵头组织开展检查天然气集团及各投资企业落实党风廉洁建设责任制工作，并对落实情况进行督促检查；组织开展党风廉洁宣传教育和反腐败工作；严格执纪办案，检查和处理党组织和企业管理的党员干部违反党纪党规的案件；牵头组织开展天然气集团及各投资企业的效能监察项目化工作，对效能监察项目实施全程进行指导、监督和推动；负责受理群众检举、控告来信来访工作，查处违法违纪案件，参与查处天然气集团及投资企业重大事件或事故的调查、考核、研究、决定、落实、监督；开展常规审计、经济责任审计、内部控制制度审计、基本建设工程和技改、修理工程审计、工会经费审计；对各投资企业的纪检监察工作提供指导服务。

科技与信息部职责：负责江西天然气信息化项目规划、建设，负责江西天然气信息化项目的推广、实施与维护工作；负责天然气集团办公网络的维护工作，负责天然气集团办公软件的统筹和部署工作；负责协助各投资企业办公网络的维护工作，负责协助各投资企业办公软件的统筹和部署工作；负责江西天然气信息化项目安全性建设，保障信息化系统数据备份、网络数据备份及信息系统安全的管理，确保信息化系统平台安全、可靠、稳定正常运行的管理；负责公司科技创新管理工作，拟定板块科研发展规划并组织实施；负责公司各类科技信息收集、汇总、发布与宣传工作；编写公司科技信息统计报表；负责组织公司级及以上科技项目（含国家级、省部级、市级、各类基金）的申报、立项、计划实施、经费管理、项目结题及鉴定工作；负责各种科技成果的认定、登记、统计、汇编、归档工作；负责公司各类专利申报、形成及使用管理工作；负责公司科技信息类无形资产管理工作和保密工作；负责公司对外科技服务工作；负责公司科技信息培训和学术交流管理工作。

企业管理部职责：负责天然气集团战略管理，组织编制企业发展战略规划、跟进战略实施情况等工作；负责天然气集团制度管理，组织开展天然气集团的制度建设、制度宣贯、制度流程信息化等工作；负责天然气集团“三会”管理，组织开展“三会”议题整理提交、会册材料汇总审核及资料存档备案等工作；负责天然气集团合同管理，参与重大合同谈判、起草工作，开展律师意见征求、合同审核、备案管理等工作；负责天然气集团法律事务管理，为天然气集团经营活动提供法律参考意见、法律调查等服务，控制企业法律风险；负责天然气集团招投标管理，组织召开招标领导小组会议，协调招标代理机构开展开标、评标、定标及完成资料存档备案工作；负责天然气集团投资管理，组织开展投资项目前期调研工作，跟进投资项目进展情况并按时报送投资项目信息；负责天然气集团股权管理、改制重组、不良资产项目管理、国有产权事务等管理工作。

投资管理部职责：负责制定投资规划相关管理制度；负责进行新业务发展、新项目开发、对外投资等重大战略措施的规划和评审；负责公司新投资项目市场调研、咨询、评估、论证、组建等前期工作；研究起草公司新投资项目的前期调研报告与有关方案；负责组织相关职能部门对投资方案进行评估，并报公司决策层审批；开展新投资项目前期管理工作，参与组织实施项目的筹备、项目竣工结算和验收等工作；负责建设项目工程的设计管理、投资进度控制、概预算控制、造价控制和后评价工作；负责向国家和省市相关行政管理部门申报建设项目的相关协调工作；根据权限，负责对板块内企业的投资行为进行管理。

新开行项目办职责：在项目准备和实施期间开展项目日常管理工作；根据项目建设进度，负责新开发银行贷款项目的推进工作；负责与政府机构和开发银行协调、汇报沟通及相关资料报送工作；负责项目的财务管理、资金管理、预算管理等工作；负责项目工程管理，工程进度、工程质量管理等工作；负责项目的社会环境管理与监控、文件管理等工作；负责项目的物资采购、招投标管理等工作；负责项目的综合行政事务管理、文秘、翻译、合同管理等工作。

管道分公司职责：遵照省投资集团和天然气集团的部署与要求，管道分公司主要负责承担江西省天然气管网二期工程的建设任务，并致力天然气项目的投资、建设、运营及管理；天然气加气站的投资与管理；新能源项目的投资、开发及利用；天然气工程的建设、安装、施工和维修；燃气管道的采购、防腐、销售等。

昌南压缩天然气分公司职责：严格遵守天然气集团的各项管理制度，服从管理，认真行使上级公司给予的管理权力，杜绝一切越权事件的发生，执行其工作指令，一切管理行为向天然气集团负责。落实安全生产责任制，组织分公司安全生产经营活动。整合资源，做好市场工作，维护好客户关系，积极开发下游市场。完成分公司范围内工程项目的整个过程的跟踪把控，做好工程项目手续报批，安全施工，费用控制，项目验收等工作。严格执行公司财务制度，确保公司财产安全，明确分公司生产目标和任务，做好生产数据统计，保存好原始记录，完成好上下游对接。做好分公司人员管理、后勤保障及宣传工作，确保分公司母站平稳有序运行。

第二节　二级企业

一、天然气管道

（一）领导班子

天然气管道成立于2007年12月，天然气管道初建时领导班子成员为：董事长何国群，副董事长高爱华，副总经理郑跃辉、叶金万。

2013年3月，天然气管道领导班子成员为：总经理詹辉、党总支书记胡素平、副总经理程宜强、财务总监王忠武、工会主席姚勇、副总经理刘廷刚、安全总监刘兆明、总经理助理李永彪。

2018 年底，天然气管道领导班子成员为：董事长李天晓，副董事长樊继贤，总经理詹辉，党总支书记胡素平，财务总监赵庆军，副总经理申金林、张国良，工会主席姚勇，副总经理李永彪，总经理助理刘远，安全总监张继亮。

2019 年 6 月，天然气管道领导班子成员为：董事长李天晓，副董事长樊继贤，总经理詹辉，党总支书记陈东，财务总监赵庆军，副总经理申金林、张国良，工会主席姚勇，副总经理李永彪，安全总监张继亮。

（二）内设机构

2016 年底，天然气管道设总经理办公室、党群工作部（纪检监察室）、人力资源部、企业管理部、财务资产部、营销发展部、生产运行部（调控中心）、工程管理部、投资控制部、物资装备部、安全环保部、管道保护部、科技与信息部、后勤服务中心等 14 个职能部门，南昌、九江、抚州、景德镇 4 个管理处。

（三）业务范围

主要经营范围包括江西省天然气管网一期工程主管网和支线的规划、投资、建设及管理；天然气的购买、输送和销售；天然气管网运营、市场调研及咨询服务；江西省内建设、管理、经营压缩天然气（CNG）、液化天然气（LNG）、天然气汽车加气站、煤层气及其他能源项目。

（四）所属企业

2018 年底，天然气管道下有运营、销售 2 个专业分公司，南昌、九江、景德镇、新余 4 个压缩天然气（CNG）分公司。

二、天然气投资

（一）领导班子

天然气投资成立于 2010 年 8 月 30 日，初建时领导班子成员为：董事长何国群，总经理周凤川，常务副总经理叶金万，财务总监刘铸。

2013 年 4 月，天然气投资领导班子成员为：董事长何国群，副董事长黄泽俊，总经理周凤川，常务副总经理叶金万，副总经理邹德宏、康小松，财务总监栾福臣。

2015 年 8 月，天然气投资领导班子成员为：董事长何国群，副董事长凌霄，总经理刘玉华，常务副总经理叶金万，副总经理邹德宏、康小松，财务总监丁铁成。

2017 年 7 月，天然气投资领导班子成员为：董事长何国群，副董事长王宁，总经理刘玉华，常务副总经理叶金万，副总经理邹德宏、康小松，财务总监俞强。

2018 年 3 月，天然气投资领导班子成员为：董事长何国群，副董事长王宁，总经理彭建伟，常务副总经理叶金万，副总经理康小松、林永，财务总监王建。

2018 年 10 月，天然气投资领导班子成员为:董事长李天晓，副董事长靳光辉，总经理周毅，常务副总经理叶金万，副总经理康小松、林永，财务总监王建。

截至 2018 年 12 月 31 日，天然气投资领导班子成员为：董事长李天晓，副董事长靳光辉，总经理周毅，常务副总经理、党总支书记叶金万，副总经理康小松、林永，财务总监王建，安全总监胡彬。

（二）内设机构

天然气投资机关本部设有 11 个部门，分别为：总经理办公室、党群工作部、规划与市场开发部、计划与财务资产部、人力资源部、质量安全环保部、生产运行部（调控中心）、管道保护部、工程管理部、物资装备部、企管法规与审计部。

（三）业务范围

以西气东输二线、三线在江西省境内分输站为起点，建设至各设区市中心城市、县（市、区）中心城市及工业园区的长输高压管网。同时，根据《江西省压缩天然气（CNG）加气站总体规划》，在赣州、上饶、吉安规划建设三个 CNG 加气母站，为管道暂未通达的地区及周边车用天然气市场提供有效的资源保障。

（四）所属企业

下有 3 家所属企业，分别为：江西省天然气投资有限公司吉安压缩天然气分公司、江西省天然气投资有限公司赣州压缩天然气分公司、江西省天然气投资有限公司上饶压缩天然气分公司。

三、投资燃气

（一）领导班子

投资燃气成立于 2008 年 2 月，公司初建时领导班子成员为：董事长何国群，总经理杨建钢，副总经理黄朋权，财务总监李岑。

2011 年 2 月，投资燃气高管层面补充中国石化股份委派推荐人员，投资燃气领导班子成员为：董事长何国群，总经理孙秋平，副总经理申洪亮、胡素平、黄朋权，财务总监王建斌。

2013 年 3 月，投资燃气领导班子成员为：董事长何国群，总经理（党总支副书记）黄强，党总支书记（副总经理）李永兰，副总经理黄朋权，副总经理高胜伟，副总经理陈民岗，副总经理（工会主席）赵雪海，财务总监秦守兵，总经济师熊骏飞。

2018 年 7 月，投资燃气领导班子成员为：董事长李天晓，总经理孙秋平，党总支书记（副总经理）聂长文，副总经理罗波、吴东荣、张华，总经济师熊骏飞，财务总监彭勇，党总支委员（新余燃气总经理）陈春生，总经理助理钟辉安。

2018 年底，投资燃气领导班子成员为：董事长李天晓，总经理孙秋平，党总支书记（副总经理）聂长文，副总经理罗波、吴东荣、张华，总经济师熊骏飞，财务总监彭勇，党总支委员（新余燃气总经理）陈春生，总经理助理钟辉安。

（二）内设机构

2018 年底，投资燃气本部组织机构：总经理办公室（后勤管理部）、党群工作部、人力资源部、财务资产部、监察审计部、企业管理部、投资发展部（市场营销部）、安全监察部、工程管理部、信息管理中心。

（三）业务范围

按照天然气集团“进军上游、稳固中游、拓展下游，实现天然气产业链一体化”的发展战略，致力在终端市场上发力、攻坚，并通过与港华、华润、新奥等大型燃气企业或与省内各地方人民政府合作，涉及城市燃气、工业直供、省级 LNG 储备调峰、汽车加气、船舶加注、管道安装和管道防腐等天然气终端领域。

（四）所属企业

2016 年底，投资燃气下有全资子公司和控股、参股公司共计 24 家。

全资子公司 2 家：江西天然气管道设备安装工程有限公司、江西天然气庐山西海有限公司。

控股公司 12 家：新余燃气有限公司、九江市天然气有限公司、高安市天然气有限公司、抚州市抚北天然气公司、余干县天然气公司、德兴市天然气公司、江西天然气贵溪有限公司、江西省鄱阳湖液化天然气公司、江西天然气鄱阳有限公司、江西天然气新余清洁能源有限公司、江西天然气抚州清洁能源有限公司、江西天然气管道防腐有限公司（相对控股）；

参股公司 6 家：江西港华天然气公司、万年县天然气公司、江西天然气都昌有限公司、江西景德镇天然气公司、江西新奥车用燃气有限公司、江西天然气黎川有限公司。

三级控股企业 1 家：湖口天然气公司。

三级参股企业2家：九江港华天然气公司、九江天计流量检测中心有限公司。

四级参股企业1家：九江深港燃气有限公司。

四、能源投资

（一）领导班子

能源投资成立于2013年4月19日，初建时领导班子成员为：董事长何国群，总经理孙秋平，副总经理姚天真、沈章。

2018年底，能源投资领导班子成员为：董事长李天晓，总经理孙秋平，副总经理傅新生、赵江勇、沈章。

（二）内设机构

2018年底，能源投资本部组织机构：总经理办公室、党群工作部、投资管理部、计划财务部、人力资源部、安全监察部、企业管理部、工程管理部、监察审计室、信息管理中心等。

（三）业务范围

遵照省投资集团和天然气集团的部署与要求，能源投资致力开拓省级LNG储备调峰、城市燃气、工业园区直供、CNG/LNG汽车加气、燃气设备安装、管道防腐等多个业务领域，并重点围绕江西省天然气管网二期工程覆盖区域大力拓展城镇燃气和加气站业务。

（四）所属企业

2018年底，能源投资下有12家所属控股公司：江西天然气昌南有限公司、江西遂川天然气公司、江西天然气赣州清洁能源有限公司、江西天然气莲花有限公司、江西天然气井冈山有限公司、江西天然气万安有限公司、江西天然气永新有限公司、江西天然气宜春有限公司、江西天然气瑞昌有限公司、江西天然气九江有限公司、江西天然气大鼎实业有限公司、江西天然气鑫源投资有限公司。3家分公司：江西天然气能源投资有限公司三清山分公司、江西天然气能源投资有限公司樟树清洁能源分公司、江西天然气能源投资有限公司瑞金分公司。2家参股企业：吉安华润清洁能源有限公司、鹰潭润燃清洁能源有限公司。

五、页岩气公司

（一）领导班子

页岩气公司成立于2013年3月，初建时领导班子成员为：总经理何国群、副总经理谌伟模、总工程师刘伟伟。

2018 年底，页岩气公司领导班子成员为：党总支书记、总经理刘伟伟、党总支副书记兼工会主席余群生、副总经理姚天真。

2019 年 4 月，页岩气公司领导班子成员为：总经理刘伟伟、党总支书记王杨、副总经理兼工会主席余群生、副总经理姚天真。

（二）内设机构

2018 年底，本部组织机构：总经理办公室、党群工作部、地质研究部、工程技术部、财务资产部、安全环保部、企业管理部。

（三）业务范围

页岩气项目的投资、建设、运营及管理；压缩天然气和液化天然气的投资、开发及利用；天然气加气站的投资与管理；新能源项目的投资、开发及利用；页岩气工程的建设、安装、施工及维修；天然气管道的采购、防腐及销售；页岩气项目相关设备的生产与销售；成套设备的租赁；信息咨询服务；页岩气的其他相关业务。

六、管道分公司

（一）领导班子

管道分公司成立于 2016 年 5 月 20 日，管道分公司初建时领导班子成员为：总经理叶金万，副总经理钟艳、温宏达，总工程师王泽厚。

2018 年底，管道分公司领导班子成员为：总经理（党总支副书记）叶金万，党总支书记（副总经理）胡素平，副总经理钟艳，副总经理（工会主席）温宏达，安全总监张安泽。

（二）内设机构

2018 年底，管道分公司本部组织机构：总经理办公室（与党群工作部合署办公）、人力资源部、企管法规部、规划与市场部、计划与财务部、质量安全环保部、生产运行部、管道保护部、工程技术部、科技与信息部、后勤服务中心。

（三）业务范围

天然气项目的投资、建设、运营及管理；天然气加气站的投资与管理；新能源项目的投资、开发及利用；天然气工程的建设、安装、施工及维修；燃气管道的采购、防腐及销售；燃气设备的生产、销售及配套服务；成套设备的租赁；信息咨询服务；贸易代理服务；天然气的其他相关业务，天然气运输业务及相关服务。

第二章　公司治理结构

第一节　天然气集团

天然气集团按照《中华人民共和国公司法》(以下简称《公司法》) 的规定和省投资集团的监管要求，建立了规范的公司治理制衡和运行机制，股东、董事会、监事会和管理层独立运作、有效制衡、相互合作、协调运转，建立了合理的激励、约束机制，科学、高效地决策、执行和监督公司日常经营管理体系。

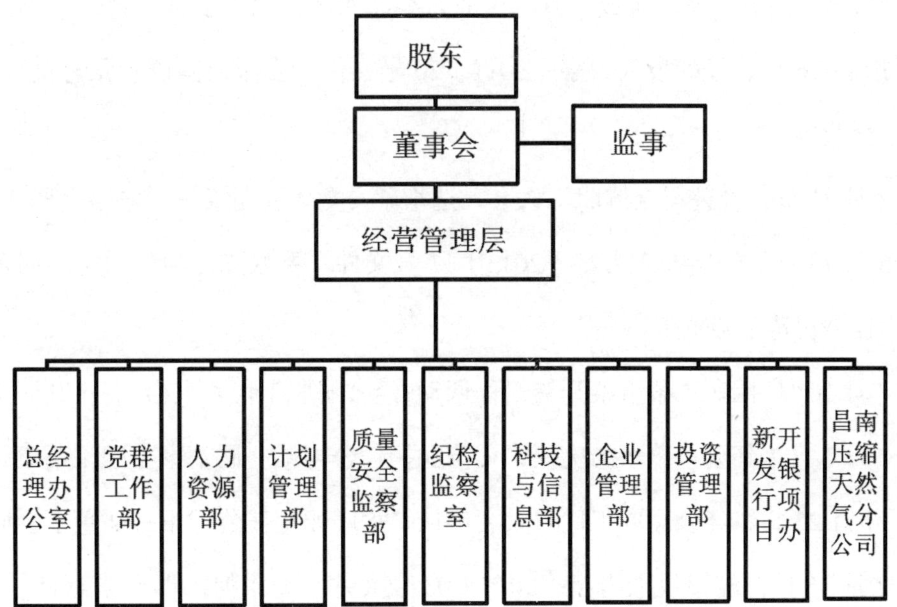

一、股东

天然气集团自成立以来均为一人有限责任公司，股东为省投资集团，持股比例 100%，不设股东会。

由股东依法行使下列职权：

(一) 决定公司的经营方针和投资计划；

(二) 委派或者更换非由职工代表担任的董事、监事，决定有关董事、监事的报酬事项；

（三）审议批准董事会的报告；

（四）审议批准监事的报告；

（五）审议批准公司年度财务预算方案、决算方案；

（六）审议批准公司年度利润分配方案和弥补亏损方案；

（七）对公司增加或者减少注册资本作出决议；

（八）对发行公司债券作出决议；

（九）对公司合并、分立、解散、清算或者变更公司形式作出决议；

（十）修改公司章程；

（十一）审议批准董事会议事规则。

二、董事会

公司设董事会，由五名董事组成，其中由股东委派四名，职工董事一名。

2011 年 10 月 26 日，经赣投人力字〔2011〕20 号文件，委派何国群、张惠良、胡素平为公司第一届董事会董事。

2012 年 8 月 21 日，经公司全体职工大会，选举蔡升鑫为公司第一届董事会职工董事。

2013 年 5 月 13 日，经赣投人力字〔2013〕11 号文件，委派陈云为公司第一届董事会董事，胡素平不再担任公司董事会董事。

2013 年 7 月 20 日，因职工董事蔡升鑫工作调动，经公司职工代表大会，免去其职工董事职务。

2013 年 8 月 7 日，经公司董事会决议，程晓龙担任公司第一届董事会职工董事。

2014 年 11 月 25 日，经公司职工代表大会确认，程晓龙担任公司第一届董事会职工董事。

2017 年 2 月 16 日，经赣投人力字〔2017〕03 号文件，委派何国群、张惠良、李天晓为公司第二届董事会董事。

2017 年 3 月 14 日，经公司职工代表大会，选举程晓龙担任公司第二届董事会职工董事。

2018 年 6 月 12 日，经赣投字〔2018〕39 号文件，委派何国群为公司第二届董事会董事、董事长。

2018 年 6 月 29 日，经赣投字〔2018〕64 号文件，委派彭曦宏、董娟为第二届董事会董事，张惠良不再担任董事。

董事会对股东负责，行使下列职权：

（一）向股东报告工作；

（二）执行股东的决议或者决定；

（三）决定公司的经营计划和投资方案；

（四）制订公司的年度财务预算方案、决算方案；

（五）制订公司的利润分配方案和弥补亏损方案；

（六）制订公司增加或者减少注册资本以及发行公司债券的方案；

（七）制订公司合并、分立、解散或者变更公司形式的方案；

（八）决定公司内部管理机构的设置；

（九）决定聘任或者解聘公司总经理及其报酬事项，并根据总经理的提名，决定聘任或者解聘公司副经理、财务负责人及其报酬事项；

（十）制订公司的基本管理制度；

（十一）决定聘请或更换会计师事务所；

（十二）审议批准总经理拟定的公司职工的工资、福利、奖惩制度；

（十三）听取公司高级管理人员的工作汇报并检查公司高级管理人员的工作。

（十四）制定董事会议事规则；

（十五）审议批准总经理办公会议事规则。

三、监事

天然气集团设监事两名，由股东单位委派或者变更，不设监事会。

2013 年 5 月 13 日，经赣投人力字〔2013〕11 号文件，委派李中兴为公司新增监事。

2017 年 2 月 16 日，经赣投人力字〔2017〕03 号文件，委派宋敬衔为天然气集团第二届监事会监事。

2018 年 6 月 29 日，经赣投字〔2018〕64 号文件，委派程国辉为天然气集团第二届监事会监事，目前监事成员为：宋敬衔、程国辉。

监事行使下列职权：

（一）检查公司财务；

（二）对董事、高级管理人员执行公司职务的行为进行监督，对违反法律、行政法规、公司章程或者股东会决议或决定的董事、高级管理人员提出罢免的建议；

（三）当董事、高级管理人员的行为损害公司的利益时，要求董事、高级管理人员予以纠正；

（四）向股东会提出议案；

（五）列席董事会会议；

（六）国家法律、行政法规、公司章程规定或股东授予的其他职权。

四、管理层

2011 年 6 月 3 日，经省投资集团研究，推荐何国群兼任天然气集团总经理，推荐黄强、孙秋平、叶金万兼任副总经理；推荐胡素平、姚辉为天然气集团副总经理。

2012 年 4 月 6 日，省投资集团推荐周继来为天然气集团副总经理、法务总监。

2012 年 4 月 16 日，经省投资集团研究，建议解聘姚辉天然气集团副总经理职务。

2013 年 2 月 18 日，经省投资集团党委研究，任命孙秋平为天然气集团党委副书记；免去胡素平的天然气集团党委副书记、工会主席职务。建议解聘胡素平的天然气集团副总经理职务。2013 年 3 月 19 日，经省投资集团党委研究，决定任命赵江勇为天然气集团党委委员、纪委书记。

2013 年 3 月 21 日，经省投资集团党委研究，决定任命易安涛为天然气集团工会主席。

2013 年 5 月 14 日，根据省投资集团党委《关于程晓龙、温宏达任职备案的批复》和天然气集团《关于推荐程晓龙同志任职的函》，决定聘任程晓龙为天然气集团总经理助理。

2013 年 6 月 20 日，经省投资集团研究，决定推荐姚天真为天然气集团副总经理；建议解聘周继来的天然气集团副总经理、法务总监职务。

2013 年 7 月 9 日，经省投资集团推荐，推荐董娟为天然气集团总会计师。

2014 年 4 月 10 日，经省投资集团研究，推荐周继来为天然气集团副总经理；建议解聘姚天真的天然气集团副总经理职务。

2014 年 6 月 19 日，经省投资集团研究，同意聘任程晓龙同志任天然气集团副总经理。

2016 年 6 月 23 日，经省投资集团党委研究，决定任命赵雪海为天然气集团纪委书记。免去胡素平天然气集团纪委书记职务。

2016 年 6 月 23 日，经省投资集团党委研究，推荐钟艳任天然气集团副总经理。

2016 年 9 月 19 日，经省投资集团党委研究，推荐温宏达为天然气集团副总经理。

2017 年 10 月 24 日，经天然气集团研究决定，聘任天然气集团昌南压缩天然气分公司负责人，免去何国群的天然气集团昌南压缩天然气分公司负责人职务。

2018 年 1 月 3 日，经天然气集团党委会研究决定，聘用刘兆明为天然气集团安全总监。

2018 年 6 月 4 日，经省投资集团党委会研究决定，聘任董娟为天然气集团副总经理，解聘其天然气集团总会计师职务。

2018 年 6 月 29 日，经省投资集团研究，解聘何国群的天然气集团总经理职务；推荐李天晓为天然气集团总经理。

2018 年 9 月 10 日，经省投资集团研究，任命周继来同志为天然气集团工会主席（兼任）；免去易安涛同志的天然气集团工会主席职务。

第二节 二级企业

一、天然气管道

1.股东会

天然气管道原股东为省投资集团（股比为 54%）中国石化股份（股比为 46%）,2012 年 2 月，省投资集团将持有的天然气管道股权全部变更到天然气集团，股比为天然气集团 54%、中国石化股份 46%。

股东会是合资公司的权力机构,依照《中华人民共和国公司法》和《公司章程》行使相关职权。

2.董事会

2007 年 11 月 12 日，经双方股东单位推荐，胡格今为董事、高爱华为副董事长、何国群为董事长。董事长为公司法定代表人。

2011 年 6 月，经股东会同意，聘任茹军为公司董事、副董事长，高爱华不再担任公司董事、副董事长。

2013 年 4 月 30 日，免去胡格今、黄强董事职务，增选詹辉、胡素平为公司董事，新一届董事会由何国群、茹军、方浩、詹辉、胡素平组成。

2017 年 2 月 10 日，经中国石油化工股份有限公司天然气分公司推荐，聘任樊继贤、张志刚为公司董事，张志刚、茹军不再担任公司董事。

2018 年 7 月 10 日，经天然气集团推荐，聘任李天晓为公司董事、董事长，何国群不再担任公司董事、董事长。

董事会现由 5 名董事组成，董事长李天晓，副董事长樊继贤，董事张志刚、詹辉、胡素平。

董事会向股东会负责，依照《中华人民共和国公司法》和《公司章程》行使相关职权。

2019 年 2 月 2 日，经股东会同意，公司法定代表人由董事长担任改为总经理担任。

总经理为合资公司的法定代表人，依照《公司章程》行使相关职权。

3. 监事会

2007 年 11 月 12 日，经双方股东单位推荐，聘任樊卫凤为公司监事、刘建忠为监事会主席。

2013 年 4 月 30 日，免去樊卫凤、叶金万监事职务，增选孙秋平、江汉军为公司监事，新一届监事会由刘建忠、孙秋平、江汉军组成，刘建忠为监事会主席。

2014 年 5 月 9 日，经天然气集团推荐，聘任周继来为监事，免去江汉军监事职务。

2017 年 1 月 9 日，经股东会同意，同意对公司章程增加党建工作的内容，并进行相应修正。

2017 年 2 月 10 日，经中国石油化工股份有限公司天然气分公司推荐，李栋华担任公司监事、监事会主席，解聘刘建忠监事、监事会主席。

监事会现设 3 名监事，监事会主席李栋华，监事孙秋平、周继来。

监事会依法行使相关职权。

二、天然气投资

天然气投资治理结构有股东会、董事会、监事会。

1. 股东会

股东会由中国石油和天然气集团 2 家单位组成。

股东会是公司的权力机构，依照《中华人民共和国公司法》和《公司章程》行使相关职权。

2. 董事会 2010 年 4 月 27 日，省投资集团和中油兴能召开股东会，会议同意成立董事会，并选举何国群、刘源涌、刘昌辉、樊卫凤、叶金万 5 位同志为公司董事。

2010 年 8 月 23 日，召开第三次股东会，同意委派何国群、王斌、陈正惠、樊卫凤、叶金万、周凤川为公司董事，刘昌辉、刘源涌不再担任公司董事。

2013 年 2 月 27 日，召开 2013 年第一次股东会，会议同意由黄泽俊先生担任天然气投资副董事长、执行董事、法定代表人。

2013 年 4 月 12 日，召开 2013 年第二次股东会，会议选举何国群、黄泽俊、王斌、陈正惠、孙秋平、周凤川、叶金万为公司董事，何国群担任董事长，黄泽俊担任副董事长。

2014 年 3 月 2 日，召开 2014 年第一次股东会，会议同意免去黄泽俊副董事长、董事、法定代表人职务，由凌霄先生担任副董事长、董事、法定代表人职务。

2015 年 8 月 3 日，召开 2015 年第三次股东会，会议选举刘玉华担任公司董事，周凤川不再担任公司董事。

2016 年 10 月 25 日，召开 2016 年第一次股东会，会议同意免去凌霄的副董事长、董事、法定代表人职务，由王宁担任公司副董事长、董事（执行董事）、法定代表人。

2018 年 7 月 3 日，召开 2018 年第一次股东会，天然气集团委派何国群、叶金万、胡素平担任天然气投资董事，中国石油股份委派靳光辉、柴伟、孙振祥、彭建伟担任天然气投资董事。经股东会研究决定天然气投资新一届董事会成员为：何国群、靳光辉、柴伟、孙振祥、胡素平、叶金万、彭建伟。

2018 年 7 月 23 日，召开 2018 年第二次股东会，同意免去何国群担任天然气投资董事、董事长职务；选举由天然气集团委派的李天晓担任天然气投资董事、董事长职务。

2019 年 4 月 19 日，召开 2019 年第一次股东会，选举周毅任天然气投资董事，彭建伟同志不再任天然气投资董事职务。

董事会现由 7 名成员组成，分别是：李天晓、靳光辉、柴伟、孙振祥、胡素平、叶金万、彭建伟。

董事会对股东会负责，是股东会的执行机构，依照《中华人民共和国公司法》和《公司章程》行使相关职权。

3. 监事会

2014 年 4 月 27 日，股东会同意成立监事会，选举肖放之、程建军同志为公司监事，职工监事暂缺。

2010 年 8 月 23 日，召开第三次股东会，同意委派杨怡、肖放之、程建军为公司监事。

2013 年 4 月 12 日，召开 2013 年第二次股东会，会议选举李汉斌、董娟、江汉军为公司监事，李汉斌担任监事会主席。

2014 年 7 月 3 日，召开 2014 年第二次股东会，同意周继来担任公司监事，江汉军不再担任公司监事。

2015 年 3 月 17 日，召开 2015 年第一次股东会，会议同意由公司工程管理部主任胡彬担任公司职工监事，周继来不再担任公司监事。

2017 年 4 月 18 日，召开 2017 年第一次股东会，会议免去李汉彬的监事职务，由史玉海担任公司监事。

2018 年 7 月 3 日，召开 2018 年第一次股东会，天然气集团委派董娟担任天然气投资监事，中国石油股份委派胥有东担任天然气投资监事，由职工代表大会选举胡彬为职工监事；经股东会研究决定天然气投资新一届监事会成员为：胥有东、董娟、胡彬。

2019 年 4 月 19 日，通过职工代表大会选举邓勇平担任职工监事，胡彬不再担任职工监事。

监事会由 3 名监事组成，分别是：胥有东、董娟、胡彬。胥有东为监事会主席。

监事会是天然气投资的监督机构，依法行使相关职权。

三、投资燃气

投资燃气成立于 2008 年 2 月 25 日，治理结构有股东会、董事会、监事会。

1. 股东会：

投资燃气原股东为省投资集团（80% 股权）和江西省投资房地产开发有限责任公司（20% 股权）。2010 年 3 月，省投资集团以 800 万元的价格协议收购江西省投资房地产开发有限责任公司持有的 20% 股权。2010 年 12 月公司进行增资扩股，公司股东为省投资集团（股比为 54%）和中国石化天然气有限公司（46%），2012 年 6 月，省投资集团将持有的投资燃气股权全部变更到天然气集团，股比为天然气集团 54%、中国石化天然气有限公司 46%。

投资燃气股东会由天然气集团和中国石化天然气有限公司组成。

股东会是公司的权力机构，依照《中华人民共和国公司法》和《公司章程》行使相关职权。

2. 董事会

2008 年 2 月 15 日，经股东会决议并省投资集团《关于推荐董、监事人选的函》（赣投人力字〔2008〕06 号），公司同意成立董事会，并选举何国群、万小春、杨建钢为董事。

2009 年 4 月 24 日，经股东会决议，选举孙秋平担任公司董事，杨建钢不再担任公司董事。

2013 年 5 月 4 日，经股东会决议并中石化《关于更换江西省投资燃气有限公司董事的函》，同意黄强、高胜伟、李永兰担任公司董事，孙秋平、申洪亮不再担任董事职务。

2013 年 9 月 25 日，经股东会决议并天然气集团《关于调整董事人选的函》，同意程晓龙担任公司董事，李永兰不再担任董事职务。

2013 年 10 月 22 日，经股东会决议并天然气集团《关于推荐江西省投资燃气有限公司董事、监事的函》（赣气控股函〔2013〕13 号），及中石化《关于更换江西省投资燃气有限公司董事的函》

（天然气有限函〔2013〕2号），同意免去上届董事会所有成员，同意何国群、吴灿奇、黄强、高胜伟、程晓龙为新一届董事会成员。

2014年11月7日，经股东会决议并中石化《关于更换江西省投资燃气有限公司董事的函》（天然气有限函〔2014〕20号），同意张华担任公司董事，高胜伟不再担任董事职务。

2017年5月9日，经股东会决议并天然气集团《关于推荐董、监事的函》（赣气控股函〔2017〕6号），及中石化《关于推荐江西省投资燃气有限公司董事会及监事会成员的函》（天然气有限函〔2017〕8号），同意何国群、吴灿奇、黄强、张华、程晓龙为第三届董事会董事。

2018年5月28日，经股东会决议并天然气集团《关于调整董事、监事的函》（赣气控股函〔2018〕12号），同意孙秋平为公司董事人选，黄强不再担任董事职务。

2018年7月16日，经股东会决议并天然气集团《关于题名董事长的函》（赣气控股函〔2018〕21号），同意李天晓担任公司董事，何国群不再担任公司董事职务。

董事会现由5名董事组成，董事长李天晓，副董事长吴灿奇，董事孙秋平、张华、程晓龙。总经理为公司法定代表人。

董事会向股东会负责，依照《中华人民共和国公司法》和《公司章程》行使相关职权。

3. 监事会

2008年2月15日，经股东会决议，公司同意选举余科明、黄朋权担任公司监事。

2013年5月4日，经股东会决议，同意孙秋平、黄朋权担任公司监事，樊卫凤不再担任监事职务。

2013年10月22日，经股东会决议并天然气集团《关于推荐江西省投资燃气有限公司董事、监事的函》（赣气控股函〔2013〕13号），同意免去上届监事会所有成员，同意孟涛、孙秋平、黄朋权为新一届监事会成员。

2013年10月23日，经监事会决议，一致选举孟涛为公司监事会主席。

2014年6月10日，经股东会决议并天然气集团《关于调整监事人选的函》（赣气控股函〔2014〕27号），同意聂长文担任公司监事，黄朋权不再担任监事职务。

2017年5月9日，经股东会、监事会决议并天然气集团《关于推荐董、监事的函》（赣气控股函〔2017〕6号），及中石化《关于推荐江西省投资燃气有限公司董事会及监事会成员的函》（天然气有限函〔2017〕8号），孟涛、孙秋平、聂长文为第三届监事会监事，孟涛为第三届监事会主席。

2018 年 5 月 28 日，经股东会决议并天然气集团《关于调整董事、监事的函》（赣气控股函〔2018〕12 号），同意胡素平、赵雪海为公司监事人选，孙秋平、聂长文不再担任监事职务。

监事会现由 3 名监事组成，监事会主席孟涛，监事胡素平、赵雪海。

监事会依法行使相关职权。

四、能源投资

2013 年 4 月 19 日，能源投资在南昌注册成立。按照《公司法》和《江西天然气能源投资有限公司章程》规定，公司实行董事会领导下的总经理负责制，公司是企业法人，公司的组织形式是一人有限责任公司。

1. 股东会

能源投资由天然气集团独资注册成立，不设股东会，由出资人依照《中华人民共和国公司法》和《公司章程》行使相关职权。

2. 董事会

董事会对出资人负责，是出资人的执行机构。根据能源投资章程规定，董事会成员为 3 人，由出资人委派，董事一届任期三年，任期届满可连选连任。

2013 年 4 月 11 日，根据一届一次股东会决议，委派何国群为董事长，孙秋平、周继来为公司董事。

2017 年 4 月 1 日，根据赣气控股函〔2017〕10 号文件，委派何国群为董事长，孙秋平、周继来为公司董事。

2018 年 7 月 10 日，根据赣气控股函〔2018〕22 号文件，委派李天晓为公司董事、董事长，何国群不再担任董事、董事长。

董事会，依照《中华人民共和国公司法》和《公司章程》行使相关职权。

3. 监事会

2013 年 4 月 11 日，根据一届一次股东会决议，委派董娟为公司监事。

2017 年 4 月 1 日，根据赣气控股函〔2017〕10 号文件，委派董娟为公司监事。

五、页岩气公司

根据页岩气公司《章程》约定，页岩气公司为一人有限责任公司，股东为天然气集团。

2013 年 3 月 7 日，经页岩气公司股东决定，选举何国群同志担任公司执行董事；孙秋平同志担任公司监事。

2017 年 7 月 21 日，经赣气控股函〔2017〕20 号文件，成立页岩气公司董事会，委派何国群、李天晓、程晓龙为董事，其中何国群为董事长。

2017 年 9 月 21 日，经赣气控股函〔2017〕31 号文件，委派周继来位页岩气公司第二届监事。

2018 年 9 月 17 日，经赣气控股函〔2018〕37 号文件，将页岩气公司董事会调整为设立执行董事，委派李天晓为执行董事。

2019 年 4 月 30 日，经赣气集团函〔2019〕7 号文件，委派刘伟伟为页岩气公司执行董事。

页岩气公司未设监事会，设监事一名，依法行使相关职权。

第三章 公司产权结构

第一节 天然气集团

一、产权演变

2011 年 10 月 27 日，天然气集团在江西省工商行政管理局注册成立，注册资金 5000 万元。

2012 年 6 月 1 日，省投资集团向天然气集团缴纳货币出资 1.5 亿元。

2012 年 6 月 4 日，省投资集团向天然气集团缴纳货币出资 1 亿元。

2012 年 6 月 7 日，经江西省国资委批复同意，省投资集团将持有的投资燃气 54% 的股权转让给天然气集团。

2012 年 9 月 24 日，经股东研究决定，省投资集团以非货币出资的方式对天然气集团增加注册资本 36776.6 万元，天然气集团的注册资本金由 30000 万元增加到 66776.6 万元。

2012 年 12 月 20 日，经股东研究决定，省投资集团以非货币出资的方式对天然气集团增加注册资本 20000 万元，天然气集团的注册资本金由 66776.6 万元增加到 86776.6 万元。

二、投融资

2012 年 7 月 20 日，天然气集团与国家开发银行江西省分行签署《开发性金融合作协议》，合作融资总量为 50 亿元。

2013 年 3 月 12 日，天然气集团独资成立页岩气公司，负责页岩气项目的勘查、开发、投资、建设、运营及管理等工作，注册资本金 1000 万元整。

2013 年 4 月 11 日，天然气集团成功获得中国银行间市场交易商协会授权批准，顺利发行首批 1.5 亿元人民币中期票据。

2013 年 4 月 19 日，天然气集团独资成立了能源投资。

2013 年 4 月 16 日，天然气集团成立天然气集团南昌压缩天然气分公司。

2014 年 10 月 8 日，天然气集团成立天然气集团新余配送分公司。

2014 年 12 月 8 日，天然气集团成立江西安鑫置业有限公司，注册资本金 6000 万元。

2016 年 5 月 20 日，天然气集团成立天然气集团管道分公司。

2016 年 7 月 21 日，天然气集团在中国银行间市场交易商协会成功注册 6 亿元短期融资券。2016 年 10 月 12 日，顺利发行首批短期融资券人民币 2 亿元；2018 年 7 月 18 日成功发行第二批短期融资券人民币 6 亿元。

2017 年 4 月 21 日，天然气集团与农业银行江西省分行签署《战略合作协议》，提供天然气集团 40.6 亿元项目贷款授信，并提供结算业务、投行业务、个人金融产品等服务。

2017 年 5 月 7 日，天然气集团成立江西天然气新余配送有限公司，注册资本金 1500 万元（2018 年 5 月 4 日，江西天然气新余配送有限公司所有股权转让至江西省鄱阳湖液化天然气有限公司）。

2017 年 11 月 10 日，成立江西省绿汇生态环保科技有限公司，注册资本金 10000 万元。

第二节　二级企业

一、天然气管道

2007 年 12 月，省投资集团与中国石化集团共同出资组建天然气管道，注册资本为人民币 5 亿元，其中：省投资集团占股 54%，中国石化股份占股 46%。

2009 年 2 月 19 日，天然气管道注册资本金增至人民币 7.63 亿元。

2012 年 2 月，省投资集团将持有的天然气管道股权全部变更至天然气集团，股比为天然气集团 54%、中国石化集团 46%。

二、天然气投资

2010 年 4 月 27 日，省投资集团与南昌中油兴能有限责任公司共同组建天然气投资，注册资本为人民币 2 亿元，其中省投资集团占股 95%，南昌中油兴能有限责任公司占股 5%。

2010 年 8 月 18 日，省投资集团收购南昌中油兴能有限责任公司持有的天然气投资的 5% 股权。

2010 年 8 月 23 日，中石油昆仑天然气利用有限公司对天然气投资增资人民币 2 亿元，天然气投资注册资本金增至人民币 4 亿元，省投资集团与中石油昆仑天然气利用有限公司双方各占股 50% 股。

2012 年 12 月 24 日，省投资集团将所持有的天然气投资 50% 股权转让至天然气集团，中石油昆仑天然气利用有限公司将所持有的天然气投资 50% 股权转让至中国石油股份。截至 2018 年底，天然气投资资产总额 1 035 472 025.00 元。

三、投资燃气

（一）产权演变

2008 年 2 月 3 日，省投资集团与江西省投资房地产开发有限责任公司共同出资组建江投资燃气，注册资本金人民币 2 亿元整，其中：省投资集团占股 80%，江西省投资房地产开发有限责任公司占股 20%。2010 年 3 月 10 日，省投资集团收购江西省投资房地产开发有限责任公司持有的投资燃气 20% 股权。

2010 年 12 月 19 日，省投资集团以增资扩股方式引进中国石化集团作为战略投资者，投资燃气注册资本金增加至人民币 3.7 亿元，其中省投资集团占股 54%、中国石化集团占股 46%。

2012 年 2 月 21 日，省投资集团出让所持的投资燃气 54% 股权至天然气集团。

截至 2018 年底，投资燃气总资产为 4.23 亿元，合并报表资产总额 9.92 亿元，投资燃气实现了健康快速发展。

（二）投融资

2008 年 12 月，与新余市建设局签订新余市城市燃气项目合作协议书，在新余市煤气公司基础上就合作组建成立新余燃气有限公司，投资燃气占股 80%，新余市国有资产经营有限公司占股 20%。

2009 年 4 月，与九江市投资有限责任公司签订九江市管道天然气项目合作协议书，成立九江市天然气有限公司，投资燃气占股 60%，九江市投资有限责任公司占股 40%。

2009 年 6 月，与高安市国有资产营运有限责任公司签订高安市江西省建筑陶瓷基地管道天然气项目合作协议书，成立高安市天然气有限公司，投资燃气占股 70%，高安市国有资产营运有限责任公司占股 30%。

2009 年 12 月，与香港中华煤气（江西）有限公司签订江西港华天然气有限公司合资协议，成立江西港华天然气有限公司，投资燃气占股 44%，香港中华煤气（江西）有限公司占股 56%。

2010 年 2 月，与绵阳港华燃气有限公司签订抚州市抚北天然气有限公司合资协议，成立抚州市抚北天然气有限公司，投资燃气占股 60%，绵阳港华燃气有限公司 40%。

2010 年 11 月，与德兴市国有资产经营有限责任公司、上饶市铁路投资有限责任公司签订德兴市天然气有限公司合资协议，成立德兴市天然气有限公司，2015 年 6 月股东变更后，投资燃气占股 80%，德兴市国有资产经营有限责任公司占股 10%，上饶市国有资产经营集团有限公司

10%。

2010年11月,与四川仁智油田技术服务股份有限公司签订余干县天然气有限公司合资协议,投资燃气占股60%,四川仁智油田技术服务股份有限公司占股40%;2017年5月,股东变更,投资燃气占股60%,浙江仁智股份有限公司占股40%。

2010年12月,成立江西天然气管道设备安装工程有限公司,投资燃气占股100%。

2012年2月,与华润燃气投资(中国)有限公司签订万年县天然气有限公司合资协议,投资燃气占股49%,华润燃气投资(中国)有限公司占股51%。

2012年2月,与贵溪华润燃气有限公司签订江西天然气贵溪有限公司合资协议,投资燃气占股51%,贵溪华润燃气有限公司占股49%。

2012年2月,与华润燃气投资(中国)有限公司签订江西景德镇天然气有限公司合资协议,投资燃气占股49%,华润燃气投资(中国)有限公司占股51%。

2012年4月,与鄱阳县湖城能源投资有限公司签订江西天然气鄱阳有限公司合资协议,投资燃气占股55%,鄱阳县湖城能源投资有限公司占股45%。

2012年4月,与新奥燃气发展有限公司、河南绿能控股集团有限公司签订江西省鄱阳湖液化天然气有限公司增资扩股协议,投资燃气占股51%,新奥燃气发展有限公司39%,绿能高科集团有限公司10%;2017年2月,与绿能高科集团有限公司签订产权交易合同,收购所持10%股权;2017年4月,与新奥燃气发展有限公司签订产权交易合同,收购所持5%股权;变更后,投资燃气占股66%,新奥燃气发展有限公司占股34%。

2012年5月,与北京松晖管道有限公司签订江西天然气管道防腐有限公司合资协议,投资燃气占股46%,北京松晖管道有限公司占股45%,赵宏宇占股9%;2017年3月13日,股东变更,投资燃气占股46%,北京松晖国际贸易有限公司占股45%,赵宏宇占股9%;2019年1月,股东变更,投资燃气占股46%,北京松晖管道有限公司占股54%。

2012年6月,与新奥燃气发展有限公司、江西长运股份有限公司签订江西新奥车用燃气有限公司合资协议,投资燃气占股30%,新奥燃气发展有限公司40%,江西长运股份有限公司30%;2015年3月,股东变更,投资燃气占股49%,新奥燃气发展有限公司占股51%。

2012年5月,与润发燃气集团有限公司、九江市投资有限责任公司签订江西天然气都昌有限公司合资协议,投资燃气占股30%,润发燃气集团有限公司占股40%,九江市投资有限责任公司占股30%。

2012年7月，与新余市公用事业投资有限公司签订江西天然气新余清洁能源有限公司合资协议，投资燃气占股51%，新余市公用事业投资有限公司占股49%；

2013年4月，成立江西天然气庐山西海有限公司，投资燃气占股100%。

2013年6月，与抚州华润燃气有限公司签订江西天然气抚州清洁能源有限公司合资协议，投资燃气占股51%，抚州华润燃气有限公司占股49%。

2013年9月，与江西安泰燃气有限公司签订江西天然气黎川有限公司合资协议，投资燃气占股45%，江西安泰燃气有限公司占股55%，2017年11月，股东变更，投资燃气占股45%，南昌深冉燃气设备有限公司占股55%。

四、能源投资

（一）产权演变

2012年12月4日，天然气集团与南昌县城市建设投资发展有限公司共同出资设立江西天然气昌南有限公司在南昌县注册成立，其中天然气集团占股60%，南昌县城市建设投资发展有限公司占股40%。

2013年3月20日，天然气集团与吉安华润燃气有限公司、江西省景燃能源科技有限公司共同出资设立江西遂川天然气有限公司，其中天然气集团占股40%，吉安华润燃气有限公司、江西省景燃能源科技有限公司各占股30%。

2013年4月19日，天然气集团独资成立了能源投资，能源投资是覆盖省天然气管网二期工程范围的省级燃气供应公司，注册资本金人民币5000万元。

2013年6月30日，能源投资与江西天然气昌南有限公司控股方天然气集团签订《股权转让协议》,同意以协议转让的方式受让天然气集团持有的江西天然气昌南有限公司60%股权。同日，能源投资与江西遂川天然气有限公司控股方天然气集团签订《股权转让协议》，同意以协议转让的方式受让天然气集团持有的江西遂川天然气有限公司40%股权。

2015年10月26日，能源投资注册资本金增至人民币8600万元。

截至2018年底，能源投资总资产为25531.85万元，实现了健康较快发展。

（二）投融资

2013年6月27日，能源投资与赣州市公共交通总公司、赣州市基本建设投资公司合作，共同出资设立江西天然气赣州清洁能源有限公司，股权比例为 51%：25%：24%。

2013 年 7 月 17 日，能源投资与吉安华润燃气有限公司合作，共同出资设立吉安华润清洁能源有限公司，股权比例为 49%：51%。

2013 年 9 月 29 日，能源投资与萍乡港华燃气有限公司合作，共同出资设立江西天然气莲花有限公司，股权比例为 51%：49%。

2013 年 10 月 23 日，能源投资与吉安华润燃气有限公司合作，共同出资设立江西天然气井冈山有限公司，股权比例为 50%：50%。

2013 年 12 月 12 日，能源投资与万安县能源投资开发有限公司合作，共同出资设立江西天然气万安有限公司，股权比例为 70%：30%。

2014 年 9 月 18 日，能源投资与吉安华润燃气有限公司、永新县城市建设投资开发有限公司合作，共同出资设立江西天然气永新有限公司，股权比例为 43%：42%：15%。

2014 年 12 月 19 日，能源投资与江西国发天然气开发有限公司合作，共同出资设立江西天然气瑞昌有限公司，股权比例为 51%：49%。

2014 年 12 月 26 日，能源投资与九江国发天然气有限公司合作，共同出资设立江西天然气九江有限公司，股权比例为 51%：49%。

2015 年 1 月 16 日，能源投资与江西大颂实业有限公司合作，共同出资设立江西天然气大鼎实业有限公司，股权比例为 51%：49%。

2015 年 5 月 26 日，能源投资与江西友融资产管理有限公司合作，共同出资设立江西天然气鑫源投资有限公司，股权比例为 60%：40%。

2015 年 5 月 18 日，能源投资与鹰潭华润燃气有限公司合作，共同出资设立鹰潭润燃清洁能源有限公司，股权比例为 49%：51%。

五、页岩气公司

2013 年 3 月 12 日，天然气集团独资成立页岩气公司，注册资本金 1000 万元整，负责页岩气项目的勘查、开发、投资、建设、运营及管理等工作。

2019 年 1 月 24 日，页岩气公司注册资本金增至 25000 万元。

第四章　战略规划

第一节　天然气集团

一、战略定位

江西天然气成立之后，为推进天然气产业链的立体式发展，确立了“进军上游，稳固中游，拓展下游”的一体化发展战略。

在上游，完成了江页2井钻完井工程，钻遇目的层页岩含气性明显；成功申报气体矿产勘查乙级资质。

在中游，成立了建设天然气管道一、二期工程的管道公司，负责江西天然气管道工程的建设。截至2018年底，管网建设总里程为1787km，完成投资约70.6亿元，投产总里程为1301km，剩余管网建设正在全力推进。

在下游，终端市场份额不断增长，业务涵盖了居民用气、工业直供、公服用气和车船加气等领域。天然气推广利用也在不断延伸，积极推进了LNG项目布局建设及研究推广；鄱阳湖水域水运应用LNG项目正式获批交通部第二批水运行业LNG应用试点示范项目；大力开展LNG罐箱包装运输合作；积极开展LNG船用、加注设备和矿山机械“油改气”研制。

同时拓展多元化发展路径，开展天然气分布式能源项目调研。重点推动智慧能源、配售电一体化、现代农业示范区和秀美乡村能源项目。全力进军售电领域。

未来将举全板块之力，科学调度、严格管控、确保安全，努力把江西天然气打造成具有一定影响力的清洁能源服务运营商，为美丽中国江西样板建设作出更大贡献。

二、江西天然气“十二五”规划

（一）规划制定背景

节能减排、环境保护已成为全球能源消费的大趋势，在这样的能源趋势下，天然气作为清洁能源越来越受重视，在“十二五”期间得到国家及江西省人民政府的大力支持。

江西天然气行业发展现状。“无油、无气、少煤，可利用水资源少”是江西省能源结构的基本特点；能源结构性矛盾突出，成为制约能源工业进一步发展的关键因素；江西省目前的天然气气源主要为中国石油西气东输二线和中国石化川气东送；江西省省级天然气管网分为一期和二期工程，除了管道不宜达到的22个县外，将覆盖整个江西省。截至2011年底，主干道可基本完工，为江西省天然气的快速发展打好“硬件基础”；“十二五”，江西省随着地方支线的建设完工，管网体系的建立，都将迎来天然气消费量的成倍增长。

从消费结构来看，江西省天然气从一开始就以城市燃气和工业燃料为主，未来随着天然气使用量的不断扩大，江西省天然气需求仍将会是以城市燃气和工业燃料为主，天然气发电和天然气化工为辅。

从城市燃气消费看，到2015年，城市燃气的主要消费地区是九江、新余、南昌、赣州、鹰潭、宜春消费量大，应为城市燃气项目重点开发的市场；从CNG加气消费看，到2015年，汽车加气的主要消费地区是南昌、九江、景德镇、赣州、宜春、萍乡、新余消费量大，应为汽车加气项目重点开发的市场；从天然气工业燃料消费看，江西工业类大企业主要集中在南昌、九江、景德镇、宜春等地，以汽车、陶瓷、电瓷、铜业、医药、冶炼、化纤、化工为主，约60家，是省投资集团天然气板块应重点考虑的客户。县级市和工业园区是下游燃气企业进入的重点；从江西省各级人民政府批准的工业园区数量来看，赣州、吉安、九江、南昌、上饶数量较多，城市燃气特许经营权市场较大。我国省级管网公司在不断扩大原有省管网建设的同时，将产业链向下游延伸，涉足城市燃气、LNG、CNG加气、发电等领域，不断扩大下游市场。

（二）规划主要内容

天然气板块“十二五”战略规划将围绕“立足江西，统一主体，做大做强”的战略原则展开。立足江西，统一主体是实现其社会责任的必然举措，做大做强是实现其经济效益的必然选择。通过立足江西、产业延伸，产业链垂直一体化，成立天然气板块公司、统一主体，资本运营四项关键举措，采取资本运营和产业运营协同发展模式，实现省投资集团天然气板块的社会责任和经济效益，成为中下游垂直一体化、产业延伸型的省级一流天然气能源运营商。

1. 天然气板块愿景：中下游垂直一体化、产业延伸型的省级一流天然气能源运营商。

2. 天然气板块使命：保障安全供气，促进经济发展，改善生态环境，造福千家万户。

3. “十二五”战略综述：在十二五期间，江西天然气板块以“立足江西，统一主体，做大做强”为原则，把省级管网、精品用户（工业和优质民用）、动力加气类（汽车船舶等）业务作为“三驾马车”拉动企业成长，运用产业链垂直一体化、区域扩张、战略联盟、兼并收购、降成本提效益、聚焦等六大公司战略举措，坚持产业运营和资本运营协同发展，通过立足江西、夯实中游、做大下游；区域扩张、产业链纵深发展；模式优化、探索天然气产业新兴领域三阶段发展过程，将江西天然气板块逐步建设成为中下游垂直一体化、产业延伸型的省级一流天然气能源运营商。

三、江西天然气“十三五”规划

（一）规划制定背景

1. 国内及省内环境分析

（1）2020 年，天然气在一次能源消费中占比达 10%。

（2）天然气替代水煤气燃料、天然气替代城市管道煤气。

（3）积极引导国内页岩气勘探开发及相关产业发展，鼓励多种投资主体进入上中下游业务。

（4）提供专项资金投入、建立页岩气勘探开发机制、落实产业鼓励政策。

（5）依据相关规定，我省将有序推进燃煤、燃油等锅炉“煤改气”“油改气”等项目，大力推广公共服务车辆、物流车辆以及私家车“油改气”项目，重点发展工业生产天然气利用项目，鼓励发展天然气分布式能源等高效利用项目。

（6）《江西省石油天然气管道建设和保护办法》的颁布对加强我省管道保护，有效整治管道安全隐患，确保管道运输安全和能源安全起到积极作用。

（7）国际油价经过 2014 年下半年以来的急速下跌后，有望长期保持低位运行，预计“十三五”期间将保持在 90 美元 / 桶以下的价格。

（8）宏观经济下行对天然气消费的驱动力减弱，房地产市场低迷致使我省建筑陶瓷产业陷入发展困境，工业用气大幅降低。

（二）规划主要内容

1. 战略定位：立足江西、放眼全国、综合发展。

2. 核心竞争力：企业文化、资源整合。

3. 业务组合：推进管网建设，夯实发展基础；大力发展工业、民用和动力加气类产业；重点开发新能源勘探项目；择机投资天然气分布式能源和发电类业务。

四、年度重点规划与重点工作

（一）2011 年度重点工作

总体思路

围绕公司“十二五”发展目标，找准各项工作切入点，供好气，建好网，服好务，增收节支，全面提升省网实力、经营实力和管理实力，在支持鄱阳湖生态经济区建设、服务江西又好又快发展中把公司做强做优，加快建设“国内一流省网公司”。

（二）2012 年度重点工作

总体思路

始终坚持以稳固中游、拓展下游、探索上游为战略，坚持文化引领、党建先行、管理保障，全力建设人民政府放心、群众满意、社会尊重的江西天然气。

（三）2013 年度重点工作

总体思路

全面贯彻党的十八大精神，认真落实省投资集团 2013 年工作部署，强化安全、保证发展，推进项目、开拓市场，加速整合、优化融资，夯实基础、注重效能，塑造文化、构建和谐，加快建设国内一流天然气产业一体化投资运营平台。

（四）2014 年度重点工作

总体思路

坚持“以规范化管理为保障，以资源获取为基础，以市场需求为导向，以一体化推进为抓手，全力打造升级版江西天然气”的发展战略。

（五）2015 年度重点工作

总体思路

深入贯彻党的十八大及十八届三中、四中全会精神，按照省投资集团统一部署，以拓市场，提效益，保安全为重点，把坚定的理想信念作为前提，把开拓进取的精神作为基础，把一体化推进作为途径，把求实创新的意识作为导向，全面提升企业发展质量和效益，开创江西天然气发展新局面。2015 年是“十二五”收官之年，江西天然气的发展机遇和挑战并存。

（六）2016 年度重点工作

总体思路

全面贯彻党的十八大和十八届三中、四中、五中全会精神，深入贯彻习近平总书记系列重要讲话精神，主动适应经济发展新常态，坚持“进军上游、稳固中游、拓展下游”一体化战略；立足江西，放眼全国；探索实施多元化、跨区域、产业延伸发展道路；着力加快市场开发，着力提升管理水平，着力强化安全保障，着力拓展融资渠道，实现高质量、有效益、可持续发展。

（七）2017 年度重点工作

总体思路

全面贯彻党的十九大及习近平总书记系列重要讲话精神，深入贯彻落实全省加快天然气发展暨全省天然气管网建设工作推进小组第一次会议精神，坚持上中下游产业一体化战略，着力强化安全保障，着力推进管网建设，着力加快市场开发，着力提升管理水平，加快推动高质量、有效益、可持续化发展。

（八）2018 年度重点工作

总体思路

坚持以习近平新时代中国特色社会主义思想为指导，深入贯彻党的十九大精神，咬定“气化江西、县县通气”目标，坚持上中下游一体化发展，深入实施“十三五”发展规划，以“双百行动”为契机，解放思想、创新变革，全力推进省天然气管网建设、天然气推广利用和天然气安全供应等工作。

五、战略合作

（一）与地方人民政府合作

2011 年 7 月 25 日，天然气集团与赣州市公交总公司、赣州市基础建设投资公司签订赣州加气站项目投资意向协议。

2011 年 9 月 1 日，天然气集团与遂川县人民政府签订天然气利用合作协议。

2011 年 11 月 13 日，天然气集团与遂川县人民政府、山东胜利股份有限公司在遂川县签订《日处理 100 万方液化天然气项目投资协议书》。

2011 年 11 月 20 日，天然气集团与庐山西海风景名胜区管委会在南昌签订天然气利用合作框架协议。

2017 年 6 月，天然气集团与江西省碳排放权交易中心签订《战略合作框架协议》。

2017 年 6 月 28 日，天然气集团与上饶市铜钹山国家森林公司管委会签订《低碳发展框架协议》。

（二）与重点企业合作

2011 年 10 月 8 日，为共同拓展南昌县地区汽车加气站市场，天然气集团与南昌县城市建设投资发展有限公司在南昌签订《南昌县天然气加气站项目合作框架协议》。

2011 年 11 月 20 日，天然气集团与南昌县城市建设投资发展有限公司在南昌县就合作建设

CNG 加气子站项目签订合作协议书。

2013 年 1 月 29 日，天然气集团与金蝶软件（中国）有限公司南昌分公司签订 OA 协同办公自动化系统项目合同，正式开始实施信息化建设。

2015 年 5 月 27 日，天然气集团与华润燃气投资（中国）有限公司在香港签订《江西省天然气利用项目合作框架协议》。

2015 年 10 月 13 日，江西天然气与港华燃气在南昌签署战略合作协议。

2015 年 10 月 14 日，天然气集团与中国石化、中国运载火箭技术研究院北京航天发射技术研究所签订《关于共同推动 LNG 产业化发展合作框架协议》。

2015 年 11 月 6 日，天然气集团在南昌与江西省铜业集团签订《天然气利用合作框架协议》。

2016 年 9 月 26 日，天然气集团与中化国际物流在上海签订战略合作协议。

2017 年 7 月，天然气集团与中关村国标节能低碳技术研究院、青岛积成电子股份有限公司、江西省景燃能源科技有限公司签订《战略合作框架协议》。

2018 年 6 月 26 日，天然气集团与中海石油气电集团有限责任公司签订战略合作框架协议。

2018 年 7 月 10 日，天然气集团与中联煤层气有限责任公司签订战略合作框架协议。

（三）与其他单位合作

2011 年 7 月 20 日，天然气集团与国家开发银行江西省分行签署《开发性金融合作协议》，合作融资总量为 50 亿元。

2017 年 4 月 21 日，天然气集团与农业银行江西省分行签署《战略合作协议》，提供天然气集团 40.6 亿元项目贷款授信，并提供结算业务、投行业务、个人金融产品等。

2017 年 8 月，天然气集团与江西省科学院能源研究所签订《战略合作框架协议》。

六、双百行动

2018 年 8 月 3 日，国务院国有企业改革领导小组办公室发布了《国企改革“双百行动”工作方案》和“双百企业”名单，天然气集团作为省内仅有的 7 家企业之一，入选行动名单。

2018 年 9 月 27 日，取得省投资集团关于《关于报送省天然气“双百行动”综合改革实施方案的请示》的批复，同时向国务院国有企业改革领导小组办公室报送了省天然气“双百行动”综合改革实施方案。主要聚焦“五突破，一加强”目标任务，制定了 6 大方面 26 项措施，涉及有效落实法人治理机制、推进股权多元化和混合所有制改革、试点职业经理人、完善市场化运营机制、进一步加强党的领导和建设以及其他相关措施。

2018 年 11 月 9 日，天然气集团在南昌召开“双百行动”暨解放思想大讨论动员部署会，动员广大干部职工，解放思想、凝聚改革共识，进一步深化改革，落实“双百行动”各项目标。

2018 年 12 月 31 日，按照“双百行动”综合改革实施方案要求，完成严格重大问题责任追究、开展创新奖励工作、不断推进党的领导与公司治理有机统一、切实落实“两个责任”等具体措施，深化混合所有制、三项制度改革也在有序推进中。

2019 年 3 月 15 日，《江西天然气能源投资有限公司股权多元化改革的工作方案》党委会前置研究通过，2019 年 4 月 28 日取得省投资集团关于《关于江西天然气能源投资有限公司股权多元化改革的请示》的批复，目前正在开展“清、审、评”工作。

第二节 二级企业

一、战略定位

（一）天然气管道

天然气管道是江西省委、省政府为建设天然气入赣工程，加快江西利用天然气工作，授权从事省天然气管网一期工程投资、建设、运营和管理以及天然气输送与购销的企业，是江西省承接上游中国石化川气东送气源的省级天然气管网公司。

公司按照省政府确定的“统一主体、统一网络、统一调配、统一价格”原则和“全省一张网”模式，围绕鄱阳湖规划建设省天然气管网一期工程，涉及南昌、九江、景德镇、鹰潭、抚州、宜春、上饶、新余等 8 个设区市。

（二）天然气投资

按照省委、省政府“四统一”原则和“全省一张网”模式，投资、建设、运营和管理江西省级天然气管网二期工程，做好与上下游天然气企业的对接、协调工作，打造国内一流省级天然气管网公司。

（三）投资燃气

以燃气运营和服务为核心，围绕清洁能源产业链上下延伸，打造“成为值得信赖和尊重的综合性清洁能源服务供应商”。

投资燃气秉持着“做负责任的人，干负责任的事”的企业司训，主动承担“保一湖清水、护一片蓝天”的企业使命，我们追求的是企业提质增效与环境持续改善的双赢之路。天然气作为介于传统化石能源和可再生能源间的低碳清洁能源，在降低碳排放方面有着举足轻重的作用，是解决气候变化的重要手段，我们的业务遍及城市燃气、工业直供、汽车加气、船舶加注、管道安装和管道防腐等天然气终端领域，可谓“综合性清洁能源服务供应商”。

投资燃气倡导以客户为本、以员工为本的人本理念。树立“客户为根、服务为本”的服务意识，以客户需求为导向，以客户满意为准绳，构建良好的客企关系，将天然气送进千家万户。希望通过我们的努力，将优质的清洁能源和增值服务提供给广大用户，将清洁能源的使用范围拓展到更多的领域，为发展低碳经济、促进节能减排作出应有的贡献，获取全社会的“信赖和尊重”。

（四）能源投资

利用企业地缘优势以及省投资集团、天然气板块公司的管理和人才优势，努力建设成我省知名燃气企业。通过广泛的战略合作，在稳步提升省内市场份额的同时，进军省外市场，力争打造成“建设具有一定影响力的清洁能源服务运营商”。

（五）页岩气公司

坚持以油气勘探为主，坚定信心，完善机制，升级管理，开拓创新，实现公司多元化经营。

二、发展规划

（一）天然气管道

天然气管道秉着“诚信、高效、务实、廉洁”的经营理念，始终坚持“以人为本，任人唯贤”的用人原则，大力弘扬敢为人先、艰苦创业的奋斗精神，努力追求“为员工创造价值，为企业创造效益，为社会创造和谐”的发展目标，肩负“保一湖清水，护一片蓝天”的使命，大力发展天然气产业，不断提高全省天然气的覆盖面和气化率，为切实保护好江西的青山绿水，为广大用户提供清洁高效的能源保障，为江西经济社会可持续发展作出积极贡献。

天然气管道在服务地方经济中迅速发展壮大，管网建设快速推进，截至2018年底，已完成管网建设1123km，“十三五”期间计划建设621km管线，建成后管网覆盖省一期管网所有的县（市、区），企业管控逐步规范，气量销售高速增长，计划2020年达到30亿m^3输气量，为江西经济社会发展作出应有的贡献。

（二）天然气投资

天然气投资负责江西省天然气管网二期工程的投资、建设、运营和管理，主要承接西气东输二线、三线入赣天然气，以西气东输二线、三线在江西省境内分输站为起点，建设至各设区市中心城市、县（市、区）中心城市及工业园区的长输高压管网，工程覆盖南昌、九江、宜春、新余、萍乡、吉安、赣州、上饶、鹰潭、抚州等设区市。同时，根据《江西省压缩天然气（CNG）加气站总体规划》，在赣州、上饶、吉安规划建设三个CNG加气母站，为管道暂未通达的地区及周边车用天然气市场提供有效的资源保障。计划建设吉安维修队，在为管道附件和设施提供维护和保养的同时满足生产运行阶段中巡线、检测、抢修的基本要求。

（三）投资燃气

坚持“立足江西，适度扩张；精耕细作，纵深发展”的总体发展战略，抓住国家经济新常态、节能减排和优化能源结构的历史机遇，坚持省投资集团燃气板块相互支持、共同发展，进行业务创新和管理创新，建立适应市场经济要求的经营机制，形成集团化发展的管控模式。以燃气全产业链为发展方向，以持续提升能力和效益为目标，以产业经营和资本运营为手段，做精、做强、做大主营业务，实现跨越式增长。以改革促发展，优化资源配置，整合业务，持续改进管理，培育和提升核心竞争力，提高公司在燃气领域的控制力、贡献力和影响力，确保公司在“十三五”期间又好又快地发展。

在质量目标上，杜绝重大质量事故，减少一般事故，单位工程优良率≥85%，分部分项工程一次验收合格率95%以上，客户满意率100%。在安全目标上，完成“五无一杜绝”和“四个零”目标，实现一级隐患整改率达到100%、管道违章占压整改率达到100%、入户安检率2年达到100%、特种作业人员持证上岗率达到100%、设备检维修计划完成率达到100%。在市场目标上，到2020年，拓展5家县级以上行政区域特许经营权；累计发展居民用户27.5万户，开发工商业用户1000户；建设24个CNG、LNG加气站，基本建成环鄱阳湖加气网络；天然气年销量达到3.61亿方。在经济目标上，至2020年，企业总资产达到12.47亿元，年销售收入达到7.7亿元，利润达到2400万元。在基础管理目标上，一是逐步引入升级OA办公自动化、SCADA系统、GIS地理信息系统、联网收费系统、客户服务中心系统等系统管理软件，实现办公自动化、网络化。二是加快人力资源管理改革，努力抓好人才开发和员工培训，重点培养和造就一批勇于开拓、乐于奉献、与江西天然气文化良好匹配的人才队伍，建立机制灵活、高效运行、员工个人能力与企业成长良性互动的人力资源管理体制。三是以创建学习型企业为基本点，努力推动公司文化建设，提高公司凝聚力。

通过抢占市场，规模做大；纵深发展，产业延伸；优化模式，可持续发展，不断做大做强。

（四）能源投资

到“十三五”末，实现城市燃气项目平稳运行，完成高速公路沿线及城市燃气门站附近加气站的布点，实现公司整体盈利。储备一批优质CNG和LNG加气站项目。从长远来看，通过引进战略投资者对公司进行再造升级，立足本省，进军外省，逐步扩大业内影响力，最终建成为具有一定影响力的清洁能源服务运营商。

（五）页岩气公司

紧紧围绕“突破能源制约瓶颈，改变江西能源结构”战略目标，坚决贯彻“把握一次机遇，围绕一个项目，建立一套体系，培养一批人才，发展一方经济”的战略方针，科学有序推进修武盆地页岩气勘查，重点聚焦南鄱阳盆地致密油气和丰城煤层气勘探，积极探索，为实现我省油气资源勘探战略目标不懈努力。

三、战略合作

（一）天然气管道

2007年8月，江西省发改委代表江西省人民政府与中国石化集团公司签署了《关于合作开发江西省天然气市场的框架协议》。

2007年12月，省投资集团代表江西省人民政府与中国石化组建了天然气管道，负责投资、建设、运营和管理省天然气管网一期工程。

（二）投资燃气

1.与地方人民政府合作

2008年12月与新余市建设局签订新余市城市燃气项目合作协议书。

2009年4月与九江市投资有限责任公司签订九江市管道天然气项目合作协议书。

2009年6月与高安市国有资产营运有限责任公司签订高安市江西省建筑陶瓷基地管道天然气项目合作协议书。

2010年11月与德兴市国有资产经营有限责任公司、上饶市铁路投资有限责任公司签订德兴市天然气公司合资协议。

2012年4月与鄱阳县湖城能源投资有限公司签订江西天然气鄱阳有限公司合资协议。

2012年7月与新余市公用事业投资有限公司签订江西天然气新余清洁能源有限公司合资协议。

2. 与重点企业合作

2012 年 2 月与华润燃气投资（中国）有限公司签订万年县天然气公司合资协议。

2012 年 2 月与贵溪华润燃气有限公司签订江西天然气贵溪有限公司合资协议。

2012 年 2 月与华润燃气投资（中国）有限公司签订江西景德镇天然气公司合资协议。

2013 年 6 月与抚州华润燃气有限公司签订江西天然气抚州清洁能源有限公司合资协议。

2009 年 12 月与香港中华煤气（江西）有限公司签订江西港华天然气公司合资协议。

2010 年 2 月与绵阳港华燃气有限公司签订抚州市抚北天然气公司合资协议。

2012 年 4 月与新奥燃气发展有限公司、河南绿能控股集团有限公司签订江西省鄱阳湖液化天然气公司增资扩股协议。

2012 年 6 月与新奥燃气发展有限公司、江西长运股份有限公司签订江西新奥车用燃气有限公司合资协议。

3. 与其他单位合作

2010 年 11 月与四川仁智油田技术服务股份有限公司签订余干县天然气公司合资协议。

2012 年 5 月与北京松晖管道有限公司签订江西天然气管道防腐有限公司合资协议。

2012 年 5 月与润发燃气集团有限公司、九江市投资有限责任公司签订江西天然气都昌有限公司合资协议。

2013 年 9 月与江西安泰燃气有限公司签订江西天然气黎川有限公司合资协议。

（三）能源投资

1. 与地方人民政府合作

2013 年 8 月，能源投资与井冈山市人民政府、吉安华润燃气有限公司就在井冈山行政区域范围内开展天然气利用项目合作事宜签订《井冈山市天然气利用项目框架合作协议书》。

2013 年 9 月，能源投资与万安县人民政府就在万安县行政规划区域范围内开展天然气项目业务合作事宜签订《天然气利用项目合作框架协议书》。

2013 年 10 月，能源投资与三清山风景区管理委员会就在三清山风景区行政规划区域范围内开展天然气项目以及油气合建站业务合作事宜签订《天然气项目合作框架协议》。

2014 年 7 月，能源投资与永新县人民政府、吉安华润燃气有限公司就在永新县行政区域范围内开展管道天然气利用项目合作事宜签订《永新县管道天然气利用项目合作协议书》和《永新县管道天然气项目补充协议书》。

2014年12月，江西天然气宜春有限公司与宜阳市宜阳新区管理委员会、宜春市发改委就在宜春宜阳新区建设CNG复合型母战项目签订《宜春市宜阳新区天然气利用项目投资合作协议书》。

2.与重点企业合作

2013年7月，能源投资与吉安华润燃气有限公司就在吉安市设立合资公司、经营汽车加气业务事宜签订《关于设立吉安清洁能源有限公司的合资合同》。

2013年8月，能源投资公司与萍乡港华燃气有限公司就在萍乡市莲花县行政规划区域范围内开展天然气项目业务合作事宜签订《天然气项目合作框架协议书》。

2013年9月，能源投资与万安县能源投资有限公司就双方成立合资公司投资建设和运营万安县天然气项目事宜签订了《天然气项目合作协议书》。

2013年10月，能源投资与吉安华润燃气有限公司就共同开发井冈山市燃气市场事宜签订《关于成立江西天然气井冈山有限公司相关事项的协议书》。

2015年4月，能源投资与鹰潭华润燃气有限公司就共同开鹰潭市区域内天然气加气站项目事宜签订《关于设立鹰潭润燃清洁能源有限公司的合资合同》。

3.与其他单位合作

2014年4月，能源投资与九江国发天然气公司就合作投资建设和运营管理九江县辖区内的加气站事宜签订《合作协议》。

2014年4月，能源投资与江西国发天然气开发有限公司就合作投资建设和运营管理瑞昌市辖区内的加气站事宜签订了《合作协议书》。

2014年8月，能源投资与江西友融资产管理有限公司就双方协商在南昌市共同投资建立“江西天然气友融LNG加气站”项目合资公司事宜签订《合作协议》。

2014年12月，能源投资与江西大颂实业有限公司就双方合作投资、建设、运营、管理上饶市三清山西大道118号江西大颂实业有限公司厂区天然气加气站项目事宜签订《加气站项目合作协议书》。

（四）页岩气公司

与重点企业战略合作

2018年7月10日与中海油中联煤层气有限公司开展丰城煤层气项目合作。

第五章　企业文化

企业文化是企业的血脉，是职工的精神家园，代表着企业的软实力。天然气集团党委始终坚持经济建设与文化建设“两手抓，两手都要硬”，大力实施文化铸魂战略，积极履行“保一湖清水、护一片蓝天”的企业使命，积极践行“做负责任的人，干负责任的事”的司训，勇于承担企业社会责任，着力提升单位文明程度和职工队伍整体素质，企业文件建设和精神文明建设取得丰硕成果，为促进企业跨越发展提供了强大的精神动力和坚实的思想保证。

第一节　企业核心价值体系

一、核心价值观

为了打造公司品牌，塑造企业形象，天然气集团以社会主义核心价值观为指导，结合公司的具体实际，通过广泛发动群众、多次深入调研、专题会议讨论，确定了江西天然气“为社会创造和谐，为企业创造效益，为员工创造事业”的企业核心价值观。

“为社会创造和谐”科学阐明了江西天然气的企业应履行的社会责任。企业是社会的重要组成部分，是社会的细胞。企业的发展离不开社会，一个企业要在社会上立足，实现长远发展，不仅要重视企业自身内在的发展，更要注重企业的社会效益。一个对社会有价值的企业，才有其存在的价值和必要。江西天然气的存在和发展，就是要为百姓带来实惠，为社会创造和谐，促进经济社会的可持续发展。

“为企业创造效益”科学阐述了江西天然气员工的职责担当。员工是企业实现效益和发展的重要资源和内生动力，企业的发展离不开员工的创新和努力。江西天然气员工自投身天然气事业之后，其重要职责就是为企业创造效益，为企业实现利润最大化，只有全力为企业创造效益，才能有自身在企业发展的空间。员工为企业创造的效益，不仅是经济效益，还包含社会效益。员工只有不断地为企业创造出效益，企业才能持续发展，员工自身也才能实现其价值。

“为员工创造事业”科学阐明了企业与员工相互依存、相互促进的关系。员工要为企业创造效益，企业也应为员工的发展和职业规划搭建平台，以此实现两者的和谐互动。一个企业在发展过程中，只有不断地为员工创造平台，为员工个人事业的发展创造空间，员工才能全身心投入到企业的发展和建设过程中去，把工作当成事业。也只有这样，员工和企业才能成为一个整体，形成发展的合力，相互成长，共同进步。

二、企业使命

与“为社会创造和谐，为企业创造效益，为员工创造事业”企业核心价值观相对应的是江西天然气的企业使命——“保一湖清水，护一片蓝天”。要履行好企业的使命，保护好江西的绿色青山，企业助力建设“美丽中国”江西样板和富裕美丽幸福现代化江西是江西天然气的使命。江西天然气的发展使命不仅是要加快江西天然气的推广利用，使安全、高效、清洁的天然气实现全省覆盖，同时更要为江西的绿水青山和绿色发展作出贡献，以达到改善环境和节能减排的目的。

三、企业精神

天然气集团自成立之日起，就重视对企业精神的挖掘和提炼。结合江西天然气发展实际，公司确立了“诚信、高效、务实、廉洁，发扬艰苦创业精神”的企业精神。

“诚信”，即诚实信用，主要是针对道德而言。企业要在复杂的市场竞争环境中获得成功，获取他人的尊重和信任，“诚信”是最重要和最宝贵的生存准则。实践证明，企业只有坚持讲诚信，诚信合作，诚信经营才能在激烈的市场竞争中永远立于不败之地。

“高效”，是基于团队而言的。高效团队是指工作效率相对于一般团队更高的团队，其特点为明确的目标，赋能授权。在企业团队建设实际运行过程中虽不是一件轻松的事情，但也不像大多数人认为那样——是一件非常困难的事情，常常感觉好像无从下手。通常可以借助一些常见的管理工具来简化团队建设工作。团队成员自我的深入认识，明确团队成员具有的优势和劣势、对工作的喜好、处理问题的解决方式、基本价值观差异等；通过这些分析，最后获得在团队成员之间形成共同的信念和一致的对团队目的的看法，以建立起团队运行的游戏规则。团队建设，形成企业发展的合力是企业实现高效运行的重要保证。因此，培养和形成高效的团队协作精神，我们的企业才能在发展中创造一个个奇迹。

“务实”，就是讲究实际、实事求是。它是企业发展的内在要求。江西天然气成立于 2007 年，当时的队伍只有 3 人，管网建设从一张白纸上“零”公里起步，面对这个困难局面，江西天然气人唯有求真务实，脚踏实地，一步一个脚印，才能让自己的事业取得突破。正是如此，江西天然气经过十年的务实发展，截至 2018 年底，已建成管网 1787km，产业实现了上中下游一体化。

“廉洁”，就是说我们做人要有清清白白的行为，光明磊落的态度，不损公肥私。廉洁的品质无论对做人还是做企业都同样重要。廉洁文化是企业文化的重要组成部分，在现代企业的可持续发展中起着重要的导向和保证作用。廉洁文化建设是新形势下企业党风廉洁建设不断深入的基础性工程，是深化廉洁文化建设，构建惩防体系的必然要求。通过组织、家庭、亲情等多方位的关心和监督，能够有效激励和督促党员领导干部知法守廉、奉公守法、自觉抵制不良风气的侵蚀，始终保持良好精神风貌，维护党的光辉形象，为企业的可持续发展保驾护航。

“发扬艰苦创业”是中华民族的传统精神。中华民族向来以特别能吃苦耐劳和勤俭持家、讲究节俭著称于世。艰苦奋斗也是我们党的一大优良传统。中国共产党人作为中华民族最优秀的儿女，合乎逻辑地继承了我们民族的优良传统。我们党为争取民族解放和独立的斗争史，就是一部艰苦奋斗的创业史。2010 年以前，江西是中部唯一没有用上管输天然气的省份，发展天然气事业，江西没有前人的经验可借鉴，没有基础，只有创业者埋头苦干，摸着石头过河。发扬艰苦创业的精神，是我们事业发展的内在要求。我们取得的成绩来之不易，必须时刻保持清醒头脑，摒弃享乐主义，继续发扬艰苦创业的精神，真抓实干，为实现江西天然气既定目标不懈努力。

四、企业司训

与江西天然气核心价值体系相对应的则是江西天然气的企业司训——“做负责任的人，干负责任的事”。要更好地履行社会责任，就要求江西天然气、江西天然气人必须首先要有责任意识，要做一个有责任的人，干的事也要负责任，不能毫无顾忌，毫无约束，要增强担当意识，切实对自己做的事、自己的行为负责。应该说，江西天然气的核心价值观与企业的司训两者是相互统一，相辅相成的整体。

企业使命：保一湖清水，护一片蓝天。

企业精神：诚信、高效、务实、廉洁，发扬艰苦创业精神。

企业价值观：为社会创造和谐，为企业创造效益，为员工创造事业。

企业人才观：用机制挑选人，用制度管住人，用学习培养人，用事业留住人。

工作原则：决策科学化，管理制度化，运营规范化，服务专业化。

工作风格：积极主动，雷厉风行。

员工道德品质：先做天然气人，后做天然气事，欲做好服务，先塑好人品。

第二节　四大核心文化

一直以来，天然气集团在省投资集团四个乐园和江西天然气“责任文化、安全文化、学习文化、廉洁文化”四大企业核心文化的引领下，全面加强企业文化建设，积极组织开展篮球赛、羽毛球赛、安全知识竞赛、书法舞蹈比赛等文体活动，倡导健康文明的生活方式。真切关心员工利益，有效展现对外形象，营造了健康文明、团结和谐的良好氛围。2016 年，江西天然气板块各二级企业同时荣获南昌市第十六届文明单位称号。

一、责任文化

责任是公司发展的根本使命，天然气集团围绕“做负责任的人，干负责任的事”这一核心文化，将责任文化细化到岗位上、体现在细节上。公司在助推江西经济发展的同时，切实履行应有的社会责任。组织开展了爱心慰问、扶贫日爱心捐款、五四青年节无偿献血、抗洪慰问等一系列活动，实现帮扶点困难户微心愿等活动，充分展现了国有企业员工的尽责与担当，进一步树立了良好的企业形象。

二、安全文化

天然气集团始终贯彻坚持“安全第一，预防为主”的安全生产方针，牢固树立“安全高于一切、安全重于一切”的安全管理理念，以江西天然气“杀鸡用牛刀、小题要大作、矫枉要过正”的安全管理态度，按照公司安全工作“十二要”的要求，紧紧围绕公司发展建设开展各项安全生产工作，营造出“人人讲安全、人人要安全”的安全文化氛围，通过不同形式的安全培训、安全活动、学习交流，如：安全培训每年不少于人均 24 课时、安全生产月活动、技术交流活动、消防日教育实践活动、安全建议建言活动、安全知识竞赛、劳动技能竞赛等，不仅使员工牢固树立了安全生产意识，也充分掌握了必备的安全知识和安全技能，从而更加主动自觉地遵守各项安全管理规章制度，深刻落实好各自的安全责任，确保了公司上下在安全的前提下，顺利地开展各项工作，促使安全生产管理体系不断完善和深化，安全文化氛围更加浓厚。

三、学习文化

天然气集团以建设“书香企业”为目标，重点开展“向书本学习”“向实践学习”“向群众学习”三大工程，每季度开展了读书分享会、道德讲堂、技术比武大赛、青工技能竞赛、“爱我祖国、放飞青春”诗歌朗诵、“道德文明我先行”的征文比赛，不定期组织员工参与内培外训，全力打造学习型企业，争当知识型职工。

四、廉洁文化

天然气集团始终将纪律挺在前面，制定了《关于落实党风廉洁建设党组织主体责任和纪检监督责任的实施办法》、签订了《党风廉洁责任书》，建立了公司全体干部廉洁档案。完善了合同审批流程，建立了合同管理台账，实时监督每个合同履行情况。设置了意见举报箱，公布纪检电话、邮箱，开设网络举报平台，每年定期发放合理化意见征集表，广泛、经常征取干部员工意见建议，全面畅通群众监督渠道，形成公司立体监督网。

第三节　“家文化”

一、天然气集团

“家文化”其基本元素主要包括：“互助”“创新”“坚持”“自我”，是家文化的主要元素。家文化无论是在外延还是内涵上，都应该是“爱的文化”。外延上，爱自己的公司、爱自己的团队、爱自己的客户是“家文化”的外在表现；内涵上，学习态度、执行能力、价值创造、效能评估是"家文化"的内核所在。

家文化是以和谐为基础的、以忠诚来维系的、具有凝聚力和竞争力的和合文化。家文化的内涵主要体现在“家和”上。“家和”是指家文化的和谐观,这是家文化追求的理想境界。“家和”是家文化的精髓，不仅是艺术化、外部化的审美追求，而且是伦理化、内部化的价值观念。“家和”以“和”文化为理论基础,追求员工之间和睦、互助、共进的氛围;“家和”既强调员工个性，又强调员工与企业之间和谐，从而使企业形成团结、凝聚、协调的整体。

在企业内部，“家和”需要领导者（家长）与员工（家庭成员）建立共同愿景，同时倾听员工声音，与员工沟通，处理好“小家、大家、万家和国家”的关系。

在企业外部，企业要与相关企业竞合。只有“家和”才能内和外顺，企业才能适应不断变化的内外部环境，提升企业经营业绩。合在家合，合在亲缘，合在心灵，合在品德，合在行动，合在文化。

五小工程是家文化的重要组成部分。五小工程即在基层单位推进建设“安静小书屋、健康小食堂、爱心小药箱、绿色小菜园、生动小活动室”。五小工程的建设，涵盖了员工生活、工作、学习等各个方面，体现的是公司的大关怀。目前，五小工程建设已经覆盖了公司所属各企业，五小工程建设日渐成熟、日趋完善。目前，天然气板块各企业的“家文化”各具特色，活动和形式不断创新，为广大员工营造了浓厚的“家”的氛围，激发了广大员工的凝聚力和创造力。

二、二级企业

1. 天然气管道

2010年起，天然气管道积极努力打造“家”的企业文化，加强基础设施建设，开展建安静小书屋、建健康小食堂、建爱心小药箱、建绿色小菜园、建生动小活动室“五小工程”创建活动，丰富了一线员工的生活，给员工提供了一个良好的工作、生活、学习平台。

2014年起，为进一步增强企业的凝聚力、向心力，天然气管道推进企业文化建设，提高员工对企业的认可度、忠诚度；增强员工工作的积极性，提高员工的工作激情；树立与企业发展相适应的员工道德品质，为企业创造效益，为社会经济发展做出贡献；充分发挥党员的先进性，增强基层党组织在天然气管网建设、运营中的战斗堡垒作用。

2. 天然气投资

企业发展是硬道理，文化建设是软实力。天然气投资自成立以来，始终坚持以“五小工程”建设即“小书屋、小食堂、小药箱、小菜园、小活动室”为主线，大力开展各类文体娱乐活动，切实解决员工衣、食、住、行等方面的突出问题，聚焦困难职工帮扶，积极丰富企业“家文化”内涵。

按照上述主线，天然气投资每年都会集中开展1~2次趣味运动会或青年联谊会，所有站队都配备了篮球、乒乓球、羽毛球、台球以及围棋、象棋、跳绳等文体娱乐设备设施。员工宿舍都是按照“三星级酒店”标准打造；并在站队内部配备了医疗急救箱，药品定期更新；建立了小食堂，聘请了当地厨师。同时，在场站周边预留了空地，供站队员工业余生活种植新鲜果蔬。不仅如此，2015年，公司还为全体员工在赣州分输站栽种了脐橙、脐橘等450余棵果树;2016年，专门利用赣州CNG母站旁空地饲养土鸡，并在中秋节日期间全部免费发给员工。2017年、2018年，赣州绿化地结的脐橙、柚子、脐橘三种果子按公司部门、站队进行分配，每个人都能吃到新鲜的水果。2018年，公司选送了“共圆中国梦”参加双方股东的活动，展现了天然气投资人的精神面貌。组织开展了“红色家书”诵读比赛、十九大精神全员测试。

另外，天然气投资每年都会为员工送上一张生日卡和一个生日蛋糕，对困难职工进行帮扶、资助，按照国家相关要求为员工报销探亲差旅费用。员工结婚、生子、伤病住院以及丧葬出殡等，公司也都会给予特殊关怀等。

3. 投资燃气

2011年7月起，公司上下全面启动开展“五小工程”创建活动。要求所属企业积极构建安静小书屋、健康小食堂、爱心小药箱、绿色小菜园和生动小活动室，进一步加强所属企业基础设施建设，为一线员工创造良好的工作、学习、生活环境并定期跟进开展情况。

2015年，在天然气集团“责任文化、安全文化、家文化、廉洁文化”四大核心文化的引领下，投资燃气提出“人本、责任、安全、廉洁”的企业核心价值观。

人本——公司倡导以客户为本、以员工为本的人本理念。以客户为本，就是要树立“客户为根、服务为本”的服务意识，以客户需求为导向，以客户满意为准绳，构建良好的客企关系，将天然气送进千家万户；以员工为本，就是尊重员工，让员工融入和感受投资燃气“家”的温暖，在这里工作、学习、成长和生活，共同维系家庭成长，共同构建美好家园。

责任——责任是一种能力、一种精神、更是一种品格。投资燃气人应自觉遵守“做负责任的人，干负责任的事”的企业司训，主动承担“保一湖清水、护一片蓝天”的企业使命，将“打造国内一流城市燃气运营商”的愿景和个人发展协调统一，与企业同呼吸、共命运，维护环境、造福子孙，形成对社会负责、对企业负责、对员工负责的责任文化。

安全——投资燃气人应将安全生产摆在重中之重的位置，必须做到安全责任到位、安全投入到位、安全培训到位、安全管理到位、应急救援到位；坚持安全生产管理工作标准化；坚持风险防范与危险源识别常态化；坚持安全隐患排查治理全覆盖、零容忍；坚持安全生产工作奖惩并举；建立科学的、有投资燃气特色的安全生产管理体系；牢固树立投资燃气人安全就是效益、安全就是信誉、安全就是竞争力的意识，将安全生产与企业发展紧密联系，有机统一。

廉洁——投资燃气人应自觉做到崇尚廉洁、远离腐败，使自己心存“清水”，头顶“蓝天”。崇尚廉洁，就是要积极培育廉荣贪耻、诚实守信的道德观念，时时做到自重、自省、自警、自律，清清白白做人，干干净净做事，不义之财不取，不义之利不沾，形成风清气正的廉洁文化。

为进一步推动公司“家文化”氛围，营造良好的生产和生活环境，培养纪律严明、训练有素的员工队伍，公司实施所属企业宿舍及食堂标准化管理，以德兴公司、高安公司、鄱阳公司、九江公司、抚州公司等5家所属企业作为试点开展，实现了物品摆放有序、宿舍卫生整洁。

自2015年起，投资燃气异地工作员工家属每年春节前夕都会收到一封诚挚的感谢信和暖心的小礼物。久而久之，“一封感谢信”不仅搭建了企业与员工的交流平台，更加深了企业与员工家属的感情，提升了公司凝聚力和向心力，构建了和谐的员工家庭氛围。

2017年2月8日，投资燃气发起“一封家书”活动倡议，呼吁所有普通员工和各级管理人员积极参与。活动结束，共计收到“家书”130余封，一颗颗火热赤诚之心反映了投资燃气员工满满的正能量，让员工与公司走得更近，成为彼此牵念的一家人。

2017年初，投资燃气本部率先实行了“一二三四”办公区域管理（一全，全体动员；二净，门窗玻璃干净、四周墙壁干净；三无，无灰尘、无杂物、无浪费；四定，桌椅摆放定点、文件摆放定量、设备摆放定位、物品管理定置），并在此基础上，编制《办公区域可视化管理指导细则》，用于指导各所属企业办公区域可视化标准建设。

4. 能源投资

能源投资积极落实“五小工程”，在基层单位推进建设小书屋、小食堂、小药箱、小菜园、小活动室，展现以人为本的企业理念，不断增强员工的归属感和责任感，携手共建和谐平安企业。

能源投资成立以来，始终坚持开展“家文化”建设。通过组织多项文体活动，丰富职工文化生活，有效增强职工集体荣誉感、归属感，构建了和谐的企业氛围；时刻把职工的冷暖放在心上，牢记群众利益无小事。依规做好职工节日福利工作，开展生日、结婚、病丧慰问、困难职工慰问等人文关怀，用实际行动去服务基层和职工群众，积极营造了家文化的良好企业氛围。

5. 页岩气公司

为进一步营造“家文化”的氛围，公司组积极织开展“小书屋、小食堂、小药箱、小菜园、小活动室”建设，每年组织“我们的节日”系列主题活动、单身青年交友联谊、健康知识讲座等活动，建立了员工健康个人档案，每年开展生日、生育送祝福，慰问困难员工等活动，激发员工爱“家”情怀，凝聚一心为企业发展共同奋斗。

第四节　精神文明建设

一、天然气集团

多年来，天然气集团在加快工程建设、强化内部管理、确保安全生产的同时，以创建文明单位为载体，深入开展群众性精神文明建设活动，形成了精神文明建设与企业中心工作相互促进、全面发展的良好局面。

（一）县级文明单位创建

2015 年 1 月，天然气集团党委提出全面加强物质文明、精神文明、政治文明建设，推动文明单位创建工作，并制定《精神文明建设实施方案》，下发《2015 年江西省天然气（赣投气通）控股有限公司精神文明建设工作要点》。随后，相继在天然气集团开展“缅怀革命先烈，弘扬爱国精神”系列活动，鼓励员工缅怀先辈，学习老一辈革命家精神；为营造积极健康的工作环境，提高员工的精神文化品味，全面调动员工强身健体的积极性。“三八”妇女节期间工会组织女职工跳棋比赛；“五一”节前，工会组织全体职工徒步行走比赛；组织了天然气集团及板块羽毛球比赛。天然气集团还大力开展诵读经典、爱国歌曲大家唱活动。2015 年天然气集团被南昌县人民政府评为文明单位。

（二）市级文明单位创建

2016 年，天然气集团启动市级文明单位创建工作。天然气集团党委提出要以大力培育和践行社会主义核心价值观、不断促进精神文明建设与公司经济建设和社会各项事业的融合与发展为目标，有力提升天然气集团形象和员工的文明素养，为天然气集团提供强大的精神动力，营造和谐的企业氛围。先后组织开展了“道德讲堂”活动，组织“志愿者服务”走进南昌县太阳村，给生活在那里的孩子送去了生活及学习用品，让他们感受到了亲人般的爱和温暖。走进南昌县敬老院，志愿者们为老人们送去了大米、食用油及牛奶等慰问品。大家与老人们聊聊天拉家常，给老人们带去了欢声笑语，真情送温暖、深入实际，解决选派帮扶的实际困难，走进社区，宣传树立“四德”新风，构建和谐社会；“我们的节日”在传统节日开展纪念庆祝活动，以培育和践行社会主义核心价值观，激发员工爱国热情和工作激情；开展“讲文明树新风”系列活动，通过文明交通活动、文明餐桌活动、文明旅游活动、文明祭祀活动，培育文明风尚，提高员工文明素养，传播正能量。2016 年，天然气板块各省级企业被南昌市委、南昌市人民政府评为市级文明单位。

2018 年，天然气集团调整了文明创建领导小组，制定了文明创建工作要点，组织开展了道德讲堂、“爱国主义教育”、学雷锋志愿服务、“我们的节日”主题活动。天然气板块 5 家省级企业被南昌市委、南昌市人民政府评为市级文明单位。

二、二级企业

1.天然气管道

2013年，天然气管道党总支提出以文明单位创建推动公司精神文明建设，以实际行动践行社会主义核心价值观,围绕“组织领导有力,创建工作扎实”“思想教育深入,道德风尚良好”“学习风气浓厚,文体卫生先进”“加强民主管理,严格遵纪守法”“内外环境优美,环保工作达标”“业务水平领先，实绩显著”六个方面开展工作。

以“六个坚持”为根本点，夯实创建基础。坚持帮扶共建。强化社会责任担当，积极开展文明生态村帮建和“精准扶贫”活动，做好扶贫济困、捐资助学、公益献血等工作。按照江西省文明委的要求积极开展文明生态帮建工作，扎实帮建南昌县黄马乡白城村，多次到该村实地调研，结合当地实际，根据江西省文明委要求，制定了详细的帮建方案，帮助该村提高科学、文化、教育水平，解决村庄建设规划等，重点帮助该村打造文化活动场所，该活动场所包括书报、图书阅览室、室内体育活动室、农村实用技术培训室等。室外建立思想教育、科普文化宣传栏。同时进一步完善白城村文明村配套设施，添置一批文体健身器材，不断赋予“文明帮建”新的内涵和活动。公司还开展精准扶贫活动，为革命老区瑞金市拨英乡的拨英小学捐赠人民币1.8万元，用于该学校改善教学条件。

坚持道德讲堂。每个季度至少举办一次道德讲堂活动，先后邀请龚全珍先进事迹报告团讲述全国道德模范龚全珍的感人事迹，邀请省直工委讲师团团长唐长瑛为公司员工讲述社会主义核心价值观，邀请39届南丁格尔奖获得者、第四届全国道德模范助人为乐提名奖获得者章金媛讲述她的志愿服务情结等。开展道德讲堂内部课堂，每季度推荐一名优秀职工讲述自己的先进事迹，先后有江西省委“为民服务十佳标兵”、江西省妇联“巾帼建功标兵”、江西省国资委“最美员工”、省投资集团“劳动模范”等走进公司道德讲堂讲述自己的生活、工作经历。公司道德讲堂充分利用“身边人讲身边事，身边人说自己事，身边事教身边人”的形式，积极引导培养全体员工良好的习惯，传承传统道德文化，不断提升道德素养，构建崇德向善的社会道德氛围。

坚持学雷锋志愿者服务队。天然气管道志愿者通过多种形式，积极开展各项公益活动。比如到湾里乌井水库开展以“清除白色污染、保护生态环境”为主题的公益环保活动，到南昌县蒋巷太阳村与那里的儿童们一起过六一节；到方志敏烈士墓开展祭扫活动等。天然气管道学雷锋青年志愿者服务队连续四年组织志愿者无偿献血，献血人数达到200多人次，献血量达3万多毫升。

坚持勤俭节约。设立文明餐桌，开展“光盘”行动，开展“我打包我自豪”活动，引导干部职工文明用餐、勤俭节约；把精神文明融入干部职工的日常生活，大力提倡节水、节电，上线 OA 系统实现无纸化办公，把节俭理念变成广大干部职工的自觉行动。

坚持网络文明宣传。在天然气管道网站上开设文明单位创建专栏，与中国文明网、江西文明网、南昌文明网等网站设有链接；设立公司网络文明宣传员并备案，组建了网络文明传播志愿者队伍，及时报送公司开展文明创建活动的信息；建立公司网络文明传播 QQ 群、微信群，不断创新载体和方式，大力传播弘扬社会文明新风尚，传递社会正能量。

坚持发布好人榜。每月发布一次好人榜，向广大干部职工展示日常工作生活中身边的好人好事，通过图文并茂的宣传方式，传递社会正能量，在公司营造“学习身边好人”的浓厚氛围，按照南昌文明办的要求及时在办公区域张贴南昌县好人榜，定期推送公司好人好事。开展抗洪抢险先进人物、事迹表彰活动，引导公司员工、广大党员在急难险重任务中发挥榜样和带头作用。

以“三个抓手”为着力点，扎实推进创建工作。抓“讲文明 · 树新风”活动。除在天然气管道会议室、走廊等公共场所外设置“讲文明树新风”温馨提示牌外，公司还组织志愿者服务队到路口、公园等地开展文明交通劝导，清明期间提倡文明祭扫，在五一、国庆等节假日期间倡导文明旅游。平时注重引导职工文明用语、礼貌待人，促进广大职工养成良好的道德素养和行为习惯。

抓“我们的节日”活动。公司认真部署落实“我们的节日”主题活动，每逢春节、元宵、清明、端午、中秋等传统节日，公司都会组织各种形式的主题活动庆祝传统节日。如开展“网上祭英烈”“粽爱端午”“重阳登高”等活动。2016 年联合江西省体育局在瑶湖水上中心举办庆祝建党 95 周年龙舟比赛活动，活动取得圆满成功。

抓“社会主义核心价值观”公益广告宣传。公司将社会主义核心价值观公益广告渗透到方方面面、点点滴滴，成为广大干部职工触手可及的精神食粮。

通过以上举措，把创建工作融入学习教育当中，把创建工作融入各种活动当中，把创建工作融入企业管理当中，把创建工作融入履行社会责任当中，把创建工作融入优美环境建设当中，把创建工作融入企业文化建设当中，使文明单位创建水平不断提升，员工素质整体提高。

2. 天然气投资

文明创建是全面提升单位综合管理实力和整体文明素质的有效途径。天然气投资自 2013 年开展文明创建以来，始终坚持以“五个一”为主线抓好文明创建工作，“五个一”即：每天在官方微信转载或发布一条文明信息，每个月至少开展一次志愿者服务活动、一次道德讲堂活动、一次身边好人发布工作，每个传统节日开展一次“我们的节日”主题活动。天然气投资 2013 年 –2018 年，帮扶共建单位为：南昌县正荣大湖之都社区；2016 年，帮扶共建单位为：南昌市红谷滩新区生米镇摄溪村。截至 2018 年底，天然气投资已连续三次获评南昌市、南昌县文明单位，复查通过“江西省第十四届文明单位”，并在南昌市文明委举办的 2016 年度文明单位创建培训会上作典型发言。

自开展文明创建工作以来，天然气投资相继创办了公司网站、微信公众号、《天然气投资之声》简报文明创建专栏，以及天然气投资文明传播、身边好人“投票”QQ 工作群，设置了道德讲堂室，配发了“文明餐桌牌”，出台了《“我推荐、我评议身边好人”活动实施方案》，成立了“正气”学雷锋志愿者服务队等。截至 2018 年底，公司已累计评选身边好人 59 人，发放文明餐桌牌 58 块，机关本部开展道德讲堂活动 51 期，开展志愿者服务活动 61 次，开展“我们的节日”10 余次，献血活动 4 次，内容涉及敬业奉献、诚实守信、助人为乐、见义勇为、孝老爱亲等多个主题，并曾先后为上饶县特殊教育学校、南昌县太阳村、南昌县蒋巷镇防汛队、南昌县正荣大湖之都社区、红谷滩生米镇摄溪村、公司困难同事捐赠文具书包、书籍课本、课桌课椅、食油大米、太阳能路灯等各类物资。

3. 投资燃气

（1）县级文明单位创建

2015 年，投资燃气启动创建精神文明单位工作，公司高度重视，将创建文明工作同党总支中心工作和生产经营工作同部署，同检查，制定《精神文明建设实施方案》有序推进创建工作。依托“讲文明树新风”“我们的节日”和重大纪念日，通过道德讲堂、文化体育等主题实践活动，组织开展了“最赞员工——我推选、我评议身边好人”等推荐评选活动，常态化开展青年员工联谊、广播体操、羽毛球竞赛等职工喜闻乐见的文体活动，营造了浓厚的文明创建氛围。多次开展了圆梦微心愿、无偿献血等志愿者活动，号召广大青工从身边小事做起，发扬雷锋精神，为社会贡献爱心和力量。并对南昌县莲塘镇王家社区、南昌县 2015 年度好人榜蔡建新形成长期结对帮扶，与蔡建新之孙张荣签订助学协议，自高中阶段到大学毕业，每年给予一定的助学金帮助其完成学业。2015年，投资燃气被南昌县人民政府评为文明单位。2018年，投资燃气领导班子高度重视文明单位的创建工作，成立了由一把手亲自挂帅的文明创建工作领导小组，切实加强党的领导，营造文明创建氛围。特色推进道德讲堂建设，稳步推进志愿服务活动，积极开展身边好人学习推荐，党建工作规定动作有声有色，2018年被评为文明单位。

（2）市级文明单位创建

2016年，投资燃气全面开展市级文明单位创建工作。投资燃气党总支提出加强文明创建工作是积极践行投资燃气“人本、责任、安全、廉洁”核心价值观的具体体现，也是提升投资燃气品牌影响的重大举措，对于推动投资燃气各项事业发展具有重要意义。

投资燃气以创建“文明单位”为载体，不断创新工作思路、工作内容与工作方法，不断加强职工思想政治工作和企业文化建设工作，使职工队伍从文化素质到道德修养，从党群工作到经营管理水平都有实质性的提高，企业精神文明建设迈出新步伐、走上新台阶，取得新成果。创建工作开展以来，投资燃气先后开展了防汛抗洪、捐资助学、社区卫生整治等志愿者活动，其中参与志愿者活动人员大部分为入党积极分子和党员干部职工，以实际行动诠释了党员身份。依托“气华读书会”“我们的节日”“道德讲堂”等平台，组织开展了感悟“活法”主题读书交流会、纪念“九一八”主题党日活动、端午诗歌朗诵、户外拓展等一系列活动，有效提升职工对投资燃气大家庭的认同感和归属感。2016年投资燃气获评“南昌市第十六届文明单位”。2018年，开展“书香伴我行”读书活动，丰富员工教育培训，夯实安全文化建设，被评为市级文明单位。

4. 能源投资

自成立以来，能源投资始终把文明创建工作作为推动企业科学发展、和谐发展的动力和保证，积极培育和践行社会主义核心价值观，引领精神文明建设不断深入，文明创建工作取得了一定成效。

（1）把创建工作融入学习教育。深入学习贯彻十八大、十九大精神和习近平新时代中国特色社会主义思想，围绕时政热点、公司工作重点、难点开展专题讨论和研讨。邀请专家就社会主义核心价值观、党史党章等内容进行专题辅导和讲座。组织党员赴井冈山、小平小道、上饶集中营、甘祖昌干部学院等地开展革命传统教育，不断增强党员党性修养。

（2）把创建工作融入各种活动，扎实开展“我们的节日”系列活动，举办首届环艾溪湖徒步行走比赛，首届员工趣味运动会，安全、法律、女职工健康、夏季养生保健等各类知识讲座，青年员工联谊会、“五四青年座谈会”等活动，积极参加省投资集团组织的“青歌赛”、篮球、羽毛球比赛等，弘扬中华传统文化，营造尊重传统节日、热爱传统节日、参与传统节日的浓厚氛围。增设宣传栏报道全国道德模范龚全珍、毛秉华先进事迹，并设立“身边好人榜”发布本单位的身边好人好事，让好人受激励，旁人受教育，呈现真情感，传递正能量。系列推出道德讲堂内部课堂，凝聚正能量，教育引导员工努力工作，奋发向上。

（3）把创建工作融入履行社会责任当中。能源投资坚定履行“保一湖清水、护一片蓝天”使命，秉承“做负责任的人，干负责任的事”的理念，风雨兼程激情创业，倾力发展清洁能源，切实保护好江西的青山绿水；公司积极开展济贫助困和青年志愿者公益活动，促进社会和谐，组织青年员工到莲塘镇敬老院看望孤寡老人，并向敬老院捐赠食用油、牛奶、洗漱用品等物资；到蒋巷镇太阳村与少年儿童开展互动活动，捐赠学习用品、衣服；组织开展无偿献血活动等，坚定履行企业社会责任。

（4）把创建工作融入企业文化建设当中，倡导“文化兴企、文化强企”理念，加强企业文化理念的宣贯，弘扬企业精神，用共同的企业文化价值观引领员工，构建积极向上的和谐企业文化氛围。联合医院、学校等单位举办单身青年员工联谊会，为员工筹办集体婚礼，人文关怀婚丧嫁娶员工，建立以“安静小书屋、健康小食堂、爱心小药箱、绿色小菜园、生动小活室”为内容的“五小工程”等，为员工提供一个良好的工作、生活、学习平台，丰富基层员工的业余生活，增强员工的归属感。2015 年，能源投资被南昌县人民政府评为文明单位。2016 年，能源投资获评“南昌市第十六届文明单位”。

5. 页岩气公司

（1）县级文明单位创建

页岩气公司自成立以来，高度重视精神文明创建工作，积极开展紧扣贴近员工，贴近生活的主题活动，以争创县市级文明单位工作为主线，深入持久地开展群众喜闻乐见、健康向上的系列群众性精神文明创建活动，着力在优化页岩气公司环境、提高员工文明素质、提升公司文明形象上下功夫，为江西页岩气勘探开发提供了精神动力和智力支持。2015 年，页岩气公司启动创建精神文明单位工作，制定了《精神文明工作要点》，陆续开展了读书分享会、技术比武大赛、青年志愿者活动等精神文明创建活动，组织了讲文明树新风、关爱空巢老人、关爱留守儿童志愿服务、阳光助学和爱心募捐等系列志愿服务。截至 2018 年底，页岩气公司连续两届被南昌县人民政府评为县级文明单位。

（2）市级文明单位创建

页岩气公司始终将页岩气勘查工作与精神文明建设同部署同落实，利用春节、重阳等传统节日，开展了形式多样的“我们的节日”，组织开展了“四德”宣讲活动、“内部课堂”20 次和“名家讲坛”1 次。累计开展扶贫帮扶、无偿献血等系列志愿服务 20 次，人均服务时长达 53 小时，并将“身边好人”评选与党员模范评议相结合，评选出身边好人 13 人，开展了“绿色低碳脚下行”环湖竞走、“情系梅岭峰、志愿环保行”登山等系列活动，慰问了道德模范、老红军等，组织了针对孤寡老人、贫困学子爱心募捐，累计筹得善款 12300 元。在丰富员工业余精神文化生活和强身健体的同时，积极倡导文明新风尚。截至 2018 年底，页岩气公司连续两届被南昌市委、南昌市人民政府评为市级文明单位。

第二篇

工　　程

工　　程

江西天然气始终坚持“统一主体、统一网络、统一调配、统一价格”原则和“全省一张网”的模式，科学谋划、精心组织、严格管控、依法合规，保质保量保安全地推进各项工程建设，努力将天然气工程建设成为安全工程、优质工程、廉洁工程、生态工程、福祉工程。截至2018年底，省级天然气管网已建成管道1787km，输气站43座、CNG加气母站8座，完成投资约70.6亿元，省天然气管网形成了环鄱阳湖主管网以及沿国家长输管道向周边延伸的支管网架构；包括11个设区市中心城区在内的58个县（市、区）已使用管输天然气，并在多地实现一、二期管网互联互通、“双气源”供应。

江西天然气在保证安全质量的前提下，全力推进省级管网建设，顺利完成鄱阳湖定向钻穿越、雁列山隧道群穿越、赣江定向钻穿越、京九铁路穿越等控制性工程，2010 年 6 月，九江—南昌段管线投产，彻底结束了江西无管输天然气历史。截至 2018 年底，省级天然气管网已建成管道 1787km（一期管网 1123km、二期管网 664km），输气站 43 座、CNG 加气母站 8 座，完成投资约 70.6 亿元，省天然气管网形成了环鄱阳湖主管网以及沿国家长输管道向周边延伸的支管网架构；包括 11 个设区市中心城区在内的 58 个县（市、区）已使用管输天然气，并在多地实现一、二期管网互联互通、“双气源”供应。城市终端工程包含城市配套管网工程、天然气储备调峰设施、汽车加气站工程，终端工程是江西天然气板块延伸产业链，做大用气量，加快天然气推广利用的重要抓手。储罐容积规模为 6 万 m^3 的鄱阳湖 LNG 调峰储备项目，第一个 2 万 m^3LNG 储罐于 2016 年 11 月建成投产，可参与全省用气调峰。目前气化返输能力达到 60 万方每天。

油气资源勘探开发工程是为打破江西油气资源自给瓶颈，缓解能源供给。为助推江西天然气事业发展，天然气集团在国土资源部第二轮页岩气探矿权招标中成功中标江西修武盆地页岩气区块探矿权，并独资成立了页岩气公司，专门负责油气勘查、开发、投资、建设、运营及管理等专业性工作。江西修武盆地页岩气区块探矿权的取得和页岩气公司的成立标志着江西天然气向上、中、下游产业一体化的战略目标迈出了关键性的一步。

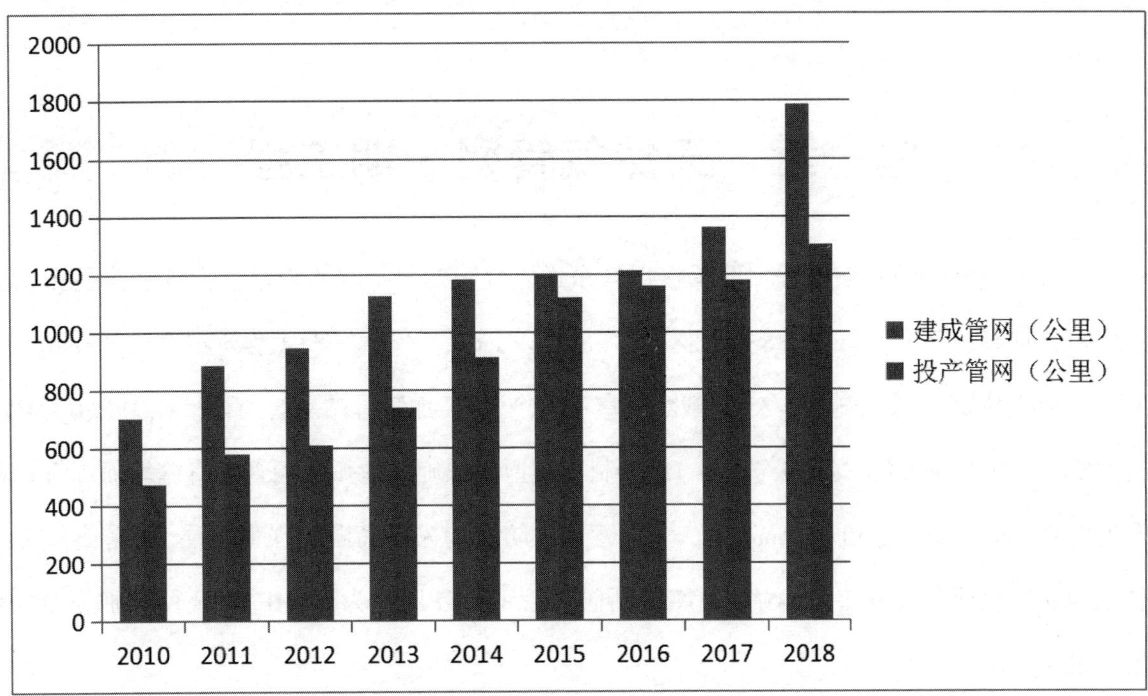

年份	建成管网（km）	投产管网（km）
2010	702	475
2011	885	580
2012	946	611
2013	1126	741
2014	1181	912
2015	1196	1118
2016	1211	1160
2017	1362	1179
2018	1787	1301

第一章　天然气管网一期工程

江西省天然气管网一期工程主要承接川气东送入赣天然气，覆盖南昌、九江、景德镇、鹰潭、抚州、宜春、上饶、新余等8个设区市、28个县（市、区）。一期工程干线全长800km，呈环形状。干线共设14座分输站，35座截断阀室和5个CNG加气母站。管道设计压力为6.3MPa，管径主要为D508，全线管材钢级选用L415，制管类型为螺旋缝埋弧焊钢管、直缝埋弧焊管，管壁厚度为7.1mm、8.0mm和10.0mm等。全线管道外防腐均采用高温加强型三层PE防腐。支线全长255km，目前共设9座分输站，8座截断阀，管道设计压力为6.3MPa，管径分别为D219、D323.9和D406.4。

江西省天然气管网一期工程由天然气集团所属天然气管道负责具体实施。

第一节　工程建设

一、立项与设计

（一）九江－南昌段

九江—南昌段线路总长180.39km，由九江输气站开始，到达位于新建县的新建输气站，管径为D508，并经由新建输气站至南昌输气站，向南昌市供气，管径为D406。九江—南昌段管线设4座输气场站（九江输气站、庐山输气站、新建输气站和南昌输气站）和9座线路截断分输阀室。穿越3处大型河流：博阳河、修河、潦河及两处铁路穿越和多处高速公路穿越。

（二）沙河－九江－景德镇段

沙河—九江—景德镇输气管线工程经九江输气站开始，到达景德镇输气站和沙河输气站，线路全长159.40km。本段管线设2座输气场站和9座线路截断分输阀室，水域大型穿越1次（鄱阳湖），中型穿越4次，小型穿越35次，山体隧道穿越工程5处（共计1895.25m）。

（三）昌丰－高新段

昌丰—高新段全长147.09km，由新建输气站开始，到达高安输气站，经由高安输气站到达新余输气站和梅林输气站。全线设三座输气场站（高安输气站、梅林输气站、新余输气站）和五座线路截断分输阀室。

（四）丰城－鹰潭段

丰城—鹰潭段全长180.76km，西起丰城赣江北，东至鹰潭分输站。全线共设输气场站4座（丰城输气站、抚州输气站、余江输气站、鹰潭输气站）和6座截断分输阀室。全线穿越高速公路1次，穿越公路17次，穿越铁路3次，定向钻穿越大中型河流6次，其中，赣江定向钻穿越长度1896.34m。

（五）余江－景德镇段

余江－景德镇段线路工程全长约139km，由余江输气站开始，到达余干输气站后再往景德镇输气站。全线设输气场站3座（余江输气站、余干输气站和景德镇输气站）和6座线路截断分输阀室；定向钻穿越河流4次、穿越铁路3次、穿越高速公路3次、穿越公路10余次。

（六）景德镇CNG加气母站

景德镇CNG加气母站距景德镇市约12km，与天然气管道景德镇输气站相邻，设计规模为$10\times10^4m^3/d$。占地约12.8亩，于2011年1月13日完成“三查四定”检查工作。

（七）南昌CNG加气母站

南昌CNG加气母站位于新建县西山镇320国道西侧，与天然气管道南昌输气站相邻，设计规模为$15\times10^4m^3/d$。占地约12亩。

（八）新余CNG加气母站

新余CNG加气母站位于新余市渝水区，与天然气管道新余输气站相邻，设计规模为$10\times10^4m^3/d$。占地约16亩。

（九）九江CNG加气母站

九江CNG加气母站位于九江市九湖公路与琴湖大道交叉口西北侧，与中国石化股份天然气分公司川气东送管道江西支线九江末站、江西省天然气管网九江首站毗邻。设计规模为$10\times10^4m^3/d$。占地约14.15亩。

（十）田南－上高支线

田南－上高支线全长29.39km，管道规格为D323.9×7.1 L360直缝电阻焊钢管，设计压力6.3MPa，线路途经高安县及上高县，由田南阀室接气。

（十一）抚州 – 南城 – 黎川支线

抚州 – 南城 – 黎川支线位于江西省抚州市境内，由临川站出发，经临川区太阳镇、七里岗乡进入金溪县琉璃乡，经浒湾镇、琅琚乡、石门乡进入南城徐家乡，经洪门镇到达位于天井源乡的南城站，由南城站出发经上塘镇进入黎川中田乡，最后到达黎川站。管道全长约 125.5km，管道规格为 D406.4 × 7.1 L415 直缝 / 螺旋缝埋弧焊钢管，设计压力 6.3MPa。

（十二）石鼻 – 奉新支线

石鼻 – 奉新支线位于安义县及奉新县境内，由石鼻阀室出发，终点为奉新站，管道全长 18.39km，采用 D219.1 × 6.3 L245 直缝电阻焊钢管，设计压力 6.3MPa。

（十三）青云 – 万年支线

青云 – 万年支线位于万年县境内，由青云清管站出发，终点为万年分输站，管道全长 11.8km，采用 D323.9 × 7.1 直缝电阻焊钢管，设计压力 6.3MPa。

（十四）上高 – 宜丰支线

上高 – 宜丰支线位于上高县和宜丰县境内，由上高站出发，终点为宜丰门站，管道全长 17.8km，采用 D323.9 × 7.1 直缝电阻焊钢管，设计压力 6.3MPa。

（十五）芦田 – 鄱阳支线

芦田 – 鄱阳支线位于鄱阳县境内，由芦田阀室出发，终点为鄱阳站，管道全长 7km，采用 D219.1 × 6.3 L245 直缝电阻焊钢管，设计压力 6.3MPa。

（十六）新余站一、二期对接工程

新余站一、二期对接工程位于新余站，承接西气东输二线、三线入赣天然气，以西气东输二线、三线在江西省境内分输站为起点，建设至各设区市中心城市、县（市、区）中心城市及工业园区的长输高压管网。

（十七）九江职大改线

九江职大改线项目位于九江市，改线全长 3.6km，采用 D508 × 10.0 L415 直缝埋弧焊钢管，设计压力 6.3MPa。

（十八）省天然气管网一期工程安全隐患治理（安义工业园区厂房与管道安全间距不足）

省天然气管网一期工程安全隐患治理（安义工业园区厂房与管道安全间距不足）项目是江西省重大安全隐患治理项目之一，主要目的为解决安义工业园区厂房与我方管道安全距离不足的问题。该段改线作业改线管道（约 5km）穿越在用天然气管道 5 处，其中穿越中国石油西气东输二线管道 1 处，穿越天然气投资管道 3 处，穿越原九昌线管道 1 处，同时穿越军用光缆 1 处，大开挖穿越 200m 水库 1 座，顶管穿越洪山大道 106m，以及 5 条规划道路。

（十九）九江滨湖新城改线项目

九江滨湖新城改线项目作为江西省重大安全隐患治理项目，施工地点位于九江滨湖新城安置房小区旁，周围施工环境复杂，新建管道与地下市政管道、线缆交叉多，地方关系协调难度大，管道施工面临重重困难挑战。

（二十）抚州 – 崇仁 – 宜黄支线

抚州 – 崇仁 – 宜黄支线位于江西省抚州境内，由桐源阀室出发，终点为宜黄分输站，管道全长约 74.8km，设计压力 6.3MPa。

（二十一）南城 – 资溪支线

南城 – 资溪支线位于江西省抚州境内，由南城分输站出发，终点为资溪分输站，管道全长约 67km，设计压力 6.3MPa。

（二十二）南城 – 南丰支线

南城 – 南丰支线位于江西省抚州境内，由南城分输站出发，终点为南丰分输站，管道全长约 37.7km，设计压力 6.3MPa。

（二十三）黄金埠 – 余干支线

黄金埠 – 余干支线位于江西省余干县境内，由余干输气站出发，终点为余干站，管道全长约 27km，设计压力 6.3MPa。

（二十四）蔡岭 – 都昌支线

蔡岭 – 都昌支线位于江西省都昌县境内，由蔡岭阀室出发，终点为都昌门站，管道全长约 34.4km，设计压力 6.3MPa。

（二十五）余江改线项目

余江工业园隐患治理（根据地方规划部门要求需对该段天然气管道进行迁改）项目管道改造起于余江站，出余江站沿园区大道向北敷设约 400m 穿越三纬路，继续沿园区大道向北敷设约 800m 后穿越五纬路和园区大道，然后折向东沿着五纬路敷设约 1160m 后到达改线终点与原管线碰口。改线全长约 2.403km。

（二十六）田南站综合楼项目

本工程为江西省天然气管网一期工程田南分输站项目，建设地点位于江西省高安市，主要包括总图、综合办公楼、辅助用房等建构筑物，其中综合办公楼建筑面积 1875.31m^2，框架结构，地上三层，局部四层，建筑高度 11.70m；辅助用房建筑面积 85.74m^2，砖混结构，地上一层，建筑高度 4.80m。

（二十七）乐平分输站

本工程为江西省天然气管网一期工程乐平分输站施工项目，建设地点为景德镇市。分输站设计规模 2.83×108Nm3/a，年生产 350 天，设计压力 6.3Mpa。

站内主要设备有发球筒 1 座、旋风分离器 2 座、过滤分离器 2 座、排污罐 1 座、放空立管 1 座、站内计量撬 5 座。主要建筑物有综合办公楼 1 座，框架结构，建筑面积为 1225.45m^2，地上两层局部三层。分输附属工程有辅助用房，设备基础，场地道路围墙，附属的照明、弱电、给排水、通风等。

二、施工与调试

（一）九江 – 南昌段

该段管线于 2009 年 1 月正式打火开焊。九昌段共分为 5 个标段（1–5 标），其中 1 标开工时间为 2008 年 12 月 17 日，2 标开工时间为 2009 年 4 月 6 日，3 标开工时间为 2009 年 4 月 15 日，4 标开工时间为 2009 年 4 月 7 日，5 标开工时间为 2009 年 4 月 16 日。

（二）沙河 – 九江 – 景德镇段

该段管线于 2009 年 8 月开始动工。工程共有 5 个标段（6–10 标）。其中 6 标开工时间为 2009 年 9 月 7 日，7 标开工时间为 2009 年 8 月 22 日，8 标开工时间为 2009 年 8 月 5 日，9 标开工时间 2009 年 8 月 28 日，10 标开工时间为 2009 年 8 月 19 日。

（三）昌丰 – 高新段

该段管线于 2009 年 12 月打火开焊。昌丰 – 高新段共分为 5 个标段（11–15 标），其中 11 标开工时间为 2009 年 12 月 12 日，12 标开工时间为 2009 年 12 月 9 日，13 标开工时间为 2009 年 12 月 8 日，14 标开工时间为 2010 年 2 月 25 日，15 标开工时间为 2009 年 11 月 30 日。

（四）丰城 – 鹰潭段

该段管线于 2010 年 3 月开工。丰城—鹰潭段共分为 6 个标段（16–21 标），其中 16 标开工时间为2010年3月26日，17标开工时间为2010年4月17日，18标开工时间为2010年4月1日，19标开工时间为2010年5月5日，20标开工时间为2010年5月2日，21标开工时间为2010年5月10日。

（五）余江－景德镇段

该段管线于2010年10月开工。余江－景德镇段共分为4个标段（22–25标），其中22标开工时间为2010年11月22日，23标开工时间为2010年11月20日，24标开工时间为2010年10月19日，25标开工时间为2010年10月25日。

（六）景德镇CNG加气母站

该项目于2010年10月12日全面开工建设，承建单位为成都华川石油天然气勘探开发总公司。

（七）南昌CNG加气母站

该项目于2010年10月18日全面开工建设，承建单位为中国化学工程第四建设公司。

（八）新余CNG加气母站

该项目于2010年10月8日全面开工建设，承建单位为广东省石油化工建设集团公司。

（九）九江CNG加气母站

该项目于2010年10月10日全面开工建设，承建单位为大庆建筑安装集团有限责任公司。

（十）田南－上高支线

该段管线于2011年6月29日开工。

（十一）抚州－南城－黎川支线

该段管线于2012年11月开工。工程共分为4个标段（黎川支线1标–4标），其中黎川支线1标开工时间为2012年11月20日，黎川支线2标开工时间为2012年10月1日，黎川支线3标开工时间为2012年11月30日，黎川支线4标开工时间为2013年11月26日。

（十二）石鼻－奉新支线

该段管线于2011年4月11日开工。

（十三）青云－万年支线

该段管线于2014年10月开工。

（十四）上高－宜丰支线

该段管线于2014年11月开工。

（十五）芦田－鄱阳支线

该段管线于 2012 年 8 月开工

（十六）新余站一、二期对接工程

该段管线于 2013 年 6 月开工。

（十七）九江职大改线

该段管线于 2013 年 11 月开工，2014 年 5 月 10 日 –5 月 13 日，九江职大改线项目成功完成双侧四封不停输封堵施工作业。

（十八）省天然气管网一期工程安全隐患治理（安义工业园区厂房与管道安全间距不足）

该段管线于 10 月 12 日完成新旧管道动火连头施工。

（十九）九江滨湖新城改线项目

该段管线于 11 月 18 日完成新旧管道动火连头施工。

（二十）乐平站

该项目于 2016 年 8 月 8 日开工。2018 年 11 月 7 日顺利投产。

（二十一）东乡支线

该项目于 2017 年 1 月 16 日开工。

（二十二）湖口－金砂湾支线

该项目 2017 年 3 月 6 日打火开焊，2017 年 12 月 12 日全线注氮封存 0.1Mpa，现场具备投产条件。

（二十三）景德镇调压站

该项目于 2017 年 6 月 6 日开工，截至 2018 年 12 月，主体工程已完成。

（二十四）庐山市秀峰安置点改线

该段管线于 2017 年 7 月 4 日完成新旧管道动火连头施工。

（二十五）庐山市峰德保障房改线

该段管线于 2017 年 9 月 22 日完成新旧管道动火连头施工。

（二十六）余江工业园改线

该项目于 2017 年 9 月 28 日开工，2018 年 4 月 10 日完成新旧管道动火连头施工。

（二十七）余干支线

该项目于2018年1月21日开工。

（二十八）金溪支线

该项目于2018年5月25日开工，截至2018年12月，线路主体工程已完成。

（二十九）田南站综合楼项目

该项目于2018年7月22日开工。

（三十）蔡岭－都昌支线

该项目于2018年9月10日开工。

（三十一）抚州－崇仁－宜黄支线

该项目于2018年10月17日开工。

（三十二）芳兰组团改线

该段管线于2018年11月10日完成新旧管道动火连头施工。

三、竣工与投产

（一）九江－南昌段

该工程1标竣工时间为2010年3月15日，2标竣工时间为2010年6月15日，3标竣工时间为2009年12月10日,4标竣工时间为2009年12月20日,5标竣工时间为2010年6月20日，该段管线于2010年6月16日顺利投产通气。

（二）沙河－九江－景德镇段

该工程6标竣工时间为2010年6月20日，7标竣工时间为2010年6月18日，8标竣工时间为2010年7月30日,9标竣工时间为2010年6月10日,10标竣工时间为2010年7月20日，该段管线于2010年8月13日顺利投产通气。

（三）昌丰－高新段

该工程11标竣工时间为2010年10月12日，12标竣工时间为2010年12月12日，13标竣工时间为2010年12月17日，14标竣工时间为2011年5月30日，15标竣工时间为2010年10月25日，该段管线于2010年12月17日顺利投产通气。

（四）丰城－鹰潭段

该工程16标竣工时间为2011年8月25日，17标竣工时间为2011年7月15日，18标竣工时间为 2011 年 8 月 29 日，19 标竣工时间为 2012 年 10 月 18 日，20 标竣工时间为 2013 年 12 月 1 日，21 标竣工时间为 2015 年 1 月 8 日，该段管线分为两段投产，其中 2012 年 8 月 29 日，丰城－抚州段顺利投产，2015 年 1 月 19 日，余江－鹰潭段顺利投产。

（五）余江－景德镇段

该工程 22 标竣工时间为 2014 年 8 月 6 日，23 标竣工时间为 2012 年 12 月 23 日，24 标竣工时间为 2012 年 12 月 25 日，25 标竣工时间为 2014 年 8 月 15 日。该段管线于 2014 年 8 月 15 日顺利投产运行，标志着环鄱阳湖管网通气试投产。

（六）景德镇 CNG 加气母站

景德镇 CNG 加气母站于 2011 年 3 月 18 日竣工，2011 年 3 月 19 日顺利投产。

（七）南昌 CNG 加气母站

南昌 CNG 加气母站于 2012 年 8 月 6 日竣工，2011 年 9 月 25 日顺利投产。

（八）新余 CNG 加气母站

新余 CNG 加气母站于 2011 年 7 月 15 日竣工，2011 年 7 月 17 日顺利投产。

（九）九江 CNG 加气母站

九江 CNG 加气母站于 2011 年 3 月 28 日竣工，2012 年 8 月 18 日顺利投产。

（十）田南－上高支线

该支线于 2012 年 9 月 30 日竣工，2012 年 12 月 29 日顺利投产。

（十一）抚州－南城－黎川支线

黎川支线 1 标竣工时间为 2015 年 10 月 1 日，2 标、3 标、4 标竣工时间为 2015 年 3 月 31 日，该段管线于 2015 年 3 月 31 日顺利投产。

（十二）石鼻－奉新支线

该支线于 2012 年 7 月 8 日竣工，2013 年 7 月 7 日顺利投产。

（十三）青云－万年支线

该支线于 2015 年 9 月 6 日竣工，2015 年 10 月 7 日顺利投产。

（十四）上高－宜丰支线

该支线于 2016 年 7 月 18 日竣工，2017 年 5 月 7 日顺利投产。

（十五）芦田 – 鄱阳支线

该支线于 2014 年 10 月 12 日竣工，2016 年 3 月 10 日顺利投产。

（十六）新余站一、二期对接工程

该工程于 2014 年 5 月 8 日顺利投产，标志江西省天然气管网一期工程正式跨入双气源时代。

（十七）九江职大改线

该工程于 2014 年 5 月 10 日 –5 月 13 日，九江职大改线项目成功完成双侧四封不停输封堵施工作业，九江职大改线项目顺利投产，为天然气管道处理重大应急事件积攒宝贵经验。

（十八）省天然气管网一期工程安全隐患治理（安义工业园区厂房与管道安全间距不足）

该工程于 10 月 12 日完成新旧管道动火连头施工，并于 10 月 19 日完成投产，顺利消除这一重大安全隐患。

（十九）九江滨湖新城改线项目

该工程于 11 月 18 日完成新旧管道动火连头，于 11 月 20 日完成新建管道投产，于 12 月 8 日完成旧管道注浆封堵施工，彻底消除此重大安全隐患。

（二十）庐山市秀峰安置点改线

该段管线于 2017 年 7 月 4 日完成新旧管道动火连头施工。

（二十一）东乡支线

该项目于 2017 年 7 月 20 日顺利投产。

（二十二）庐山市峰德保障房改线

该段管线于 2017 年 9 月 22 日完成新旧管道动火连头施工。

（二十三）余江工业园改线

该项目于 2018 年 4 月 10 日完成新旧管道动火连头施工。

（二十四）芳兰组团改线

该段管线于 2018 年 11 月 10 日完成新旧管道动火连头施工。

（二十五）乐平站

该项目于 2018 年 11 月 7 日顺利投产。

四、主要指标

截至 2018 年底，累计建成管网里程数 1122.53km，加气母站 4 座，场站数 22 座。

年累计建成管网里程数统计如下：

年份	累计建成管网里程数（km）
2009	100.0676
2010	488.5759
2011	580.0845
2012	820.9813
2013	851.1936
2014	927.1354
2015	999.1548
2016	1016.3048
2017	1047.805
2018	1122.53

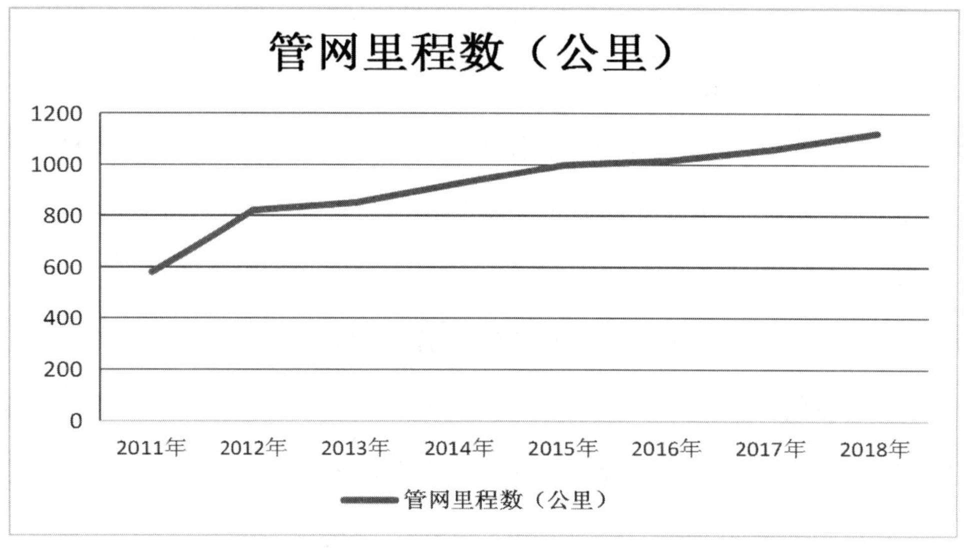

年累计投产场站数统计如下：

年份	累计投产场站数（座）
2010	9
2011	12
2012	15
2013	16
2014	17
2015	21
2016	22
2017	22
2018	23

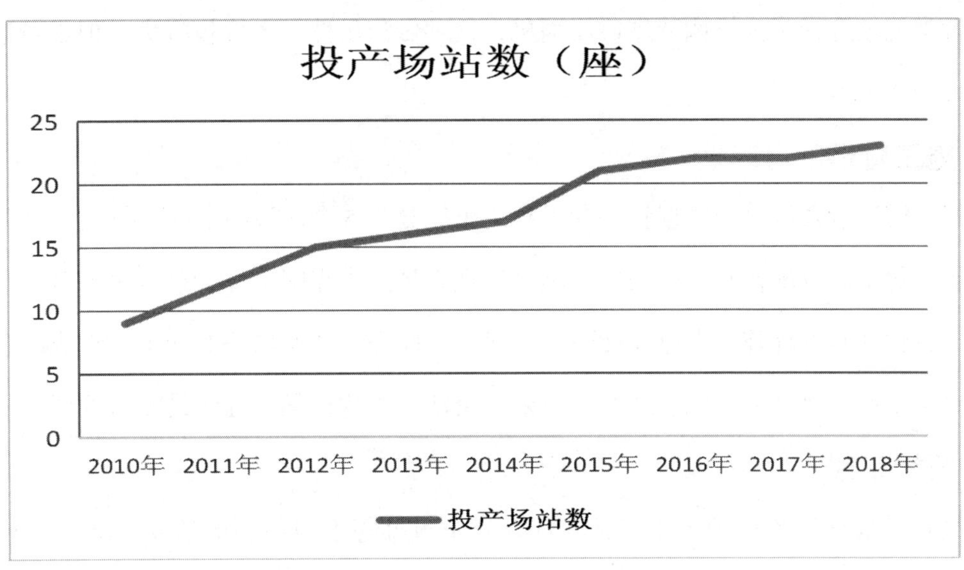

第二节　工程管理

一、机构与职责

天然气管道负责管网工程建设的主管部门为工程管理部，主要职责有：按照国家法律、法规、标准规范及公司规章制度进行施工管理；负责定期对各项目进行检查和考核，并形成检查意见，督促整改；按照公司的规章制度及行业规范对施工单位、监理单位及其他参建单位进行管理与考核；负责根据公司年度工程建设项目计划，做好各项目的统筹安排，保障各项目顺利推进；配合企业管理部完成工程类招投标工作；负责与省锅检院对接，完善工程建设项目压力管道、压力容器的报装及监督检验工作；负责提报工程物资需求计划，并做好工程物资现场管理工作；负责编制并上报工程项目进展动态的日报、周报、月报工作；负责工程建设的安全、质量及技术管理（含变更、签证）工作；负责与省水利厅对接，完善工程建设项目水土保持验收工作；负责工程资料、工程日志等审核及归档管理工作；负责制定工程项目年度、月度资金需求计划，做好各类工程款项支付工作；负责办理建设工程规划许可证、施工许可证等。本着“安全第一，预防为主”的指导方针，保质保量地严格把守工程建设安全，确保了全年工程建设“零事故”。

二、设计管理

充分发挥中国石化中原油田设计院、胜利油田设计院、江西瑞林设计院、陕西设计院等单位的优势和专长，既满足了设计上的专业需求，又便于结合当地地质气候条件及人文风俗等实际情况。在关键设备的选型上舍得投入，如在 CNG 加气母站核心设备选型定位时，天然气管道经过多次考察比较选择了整机撬装进口压缩机，这种做法虽然一次性投资大，但设备运行稳定，维护量和维护费用少。

三、施工管理

天然气管道以行政区界为依据将一期工程主干线分为 5 个区段共 25 个标段，以区段为单位成立项目部，每个标段配备专职协调员和施工管理人员。为克服工程管理技术人员不足的困难，分别与中国石化胜利设计院、中原设计院、天津大港监理公司派出的专业人员组成联合项目部，负责九江 – 景德镇、南昌 – 丰城、高安 – 新余、余江 – 景德镇的工程建设项目管理。

四、招标管理

天然气管道成立招投标领导小组，在江西省重点办等上级部门的监督指导下，规范程序，科学决策。除场站施工、管道施工安装及工程监理招标采用公开招标方式外，部分技术上有特殊要求的项目如：管材及管材防腐、阀门、阴保系统、自控系统、计量设备、压力仪表、管线检测等的采购项目，经江西省重点办批准采用了邀请招标的方式，在规范招标行为的同时缩短了招标周期，工程建设得以快速顺利推进。

五、项目协调

天然气管道在征地拆迁及地方关系协调方面，争取江西省人民政府的高位推动和依靠基层干部的支持并举，江西省人民政府专门召开了全省征地拆迁动员会，发布相关政策和标准。充分发挥基础干部群众的积极性，化解各类矛盾。

六、工程管理

由专业部门负责招投标管理、合同与付款管理、物资采购、物资管理、设计协调与技术管理、施工管理等各项工作，制订制度，规范程序，提高效率。

在工程建设过程中，天然气管道通过开展领导挂点重要控制性工程、难点节点工程、百日大会战等活动，成功攻克了鄱阳湖定向钻穿越、雁列山隧道穿越、赣江定向钻穿越、京九铁路穿越等一系列控制性工程和难点工程，为工程建设的快速推进提供了有力保障。其中赣江定向钻穿越工程打破常规，采取主管与光缆套管分孔回拖穿越方式，为丰城至抚州段管线贯通早日通气争取了时间，该工程采用双向对钻穿越岩石层长度达 1670 米，创中国石化新纪录。

第二章　天然气管网二期工程

江西省天然气管网二期工程主要是承接西气东输二线、三线入赣天然气，并以西气东输二线、三线在江西省境内分输站为起点，建设至各设区市中心城市、县（市、区）中心城市及工业园区的长输高压管网。截至2016年12月31日，二期工程完成建设（176.62+管分）km，管网已通达南昌、赣州、吉安、萍乡、新余、上饶、鹰潭、九江、宜春等9个设区市、24个县市区。

江西省天然气管网二期工程由天然气投资和管道分公司负责具体实施。

第一节　工程建设

一、天然气投资

（一）立项与设计

为加快江西省天然气管网二期工程建设，实现管网二期工程与西气东输二线在赣州、吉安、萍乡、宜春等地同步对接，完成为江西经济社会发展助力的目标任务，2010年2月22日，江西省发改委同意天然气投资开展江西省天然气管网二期工程前期研究工作。

2010年8月，天然气投资委托中煤科工集团重庆设计研究院有限公司负责省网二期工程的规划工作，2011年2月25日，在江西省能源局的主持下完成了规划审查，江西省发改委对规划进行了批复。

根据批复的规划，省网二期工程根据区域位置共划分成6个项目（南昌九江段、大城高安段、上饶鹰潭段、吉安段、赣州段、萍乡宜春新余樟树段），对应6本可研。中国石油天然气管道工程有限公司完成项目优化后的可研线路约为588km，站场38座，设计压力6.3MPa。

因天然气投资原股东中石油昆仑天然气利用有限公司重组，天然气投资部分股权转交西气东输管理。鉴于管理模式发生变化，2012年6月20日，按照西气东输组织召开的“江西管网二期工程方案优化汇报会”的要求，天然气投资组织设计单位对项目可研进行再次优化。方案优化后，省网二期工程共有输气站26个，维修队1个（鹰潭维修队），管线约332.7km。

同时，为做好承接西气东输三线管道天然气的工作，拓展CNG母站业务，天然气投资委托设计编制了于都兴国瑞金段项目设计文件以及吉安、赣州、上饶 3 座 CNG 加气母站的设计文件。

按照天然气投资工程建设计划，根据项目的特点，已规划设计的工程项目按照分期、分批原则实施核准、建设等工作。

1. 萍乡、宜春、新余、樟树段项目

萍乡、宜春、新余、樟树段项目的供气目标市场为萍乡市、芦溪县、宜春市、万载县、樟树市、新余市、分宜县，共需建设 7 座站场（含 2 座接收站，5 座末站），4 座截断阀室，1 座西气东输二线阀室改造，5 条支线，管线总长 82.5484km。

2010 年 10 月 29 日，天然气投资委托中国石油天然气管道工程有限公司上海分公司为江西省天然气管网二期工程对接西气东输二线项目的设计单位，负责省网二期工程萍乡、宜春、新余、樟树段项目的设计工作。可研文件在报送中国石油股份审批的同时，根据项目实施计划，该项目于 2011 年 3 月 7 日完成了项目核准（赣发改能源字〔2011〕646 号文）。

按照股东会相关要求，2013 年 3 月 19–21 日，西气东输组织完成了对萍乡宜春新余樟树段项目初步设计文件的预审工作。设计文件预审工作完成后，根据专家审查意见，天然气投资组织设计单位完成了初设文件的修改，并上报中国石油股份进行审查。2013 年 6 月 8 日，中国石油股份组织完成对萍乡宜春新余樟树段项目的审查工作，并于 2013 年 11 月 22 日完成对萍乡宜春新余樟树段项目的批复，批复的相关项目构成如下表：

区段	行政区域	站场	站场性质	管线	管径（mm）	长度（km）	阀室（座）
萍乡宜春新余樟树段	萍乡市	萍乡接收站	新建	——			
		芦溪末站	新建	萍乡接收站 – 芦溪末站	219.1	12.40	
	宜春市	宜春接收站	新建	——			
		万载末站	新建	宜春接收站 – 万载末站	219.1	32.123	2
		樟树末站	新建	西气东输二线樟树分输站 – 樟树末站	273	32.41	2
	新余市	新余末站	新建（合建）	西气东输二线新余分输站 – 新余末站	355.6	3.80	
		分宜分输站	新建	湘潭联络线 3# 阀室 – 分宜分输站	219.1	1.70	1（改造）

为实现江西省委、省政府及中国石油股份关于管网二期工程与西气东输二线同步对接投产的要求，根据已完成的项目初步设计文件阶段性成果，天然气投资于 2011 年 1 月迅速组织中国石油天然气管道工程有限公司上海分公司开展了萍乡接收站 – 芦溪末站、宜春接收站等项目的施工图设计工作，确保了施工图编制进度满足现场施工进度要求。为加快工程建设进度，天然气投资后续西气东输二线新余分输站 – 新余末站、湘潭联络线 3# 阀室 – 分宜分输站工程由中国

石油天然气管道局实施 EPC 项目总承包，并完成该部分项目的施工图设计工作。

2. 赣州段项目

赣州段项目的供气目标市场为赣州市、南康市、上犹县，共需建设 4 座站场（含 1 座接收站，3 座末站），1 座阀室（南康分输阀室），3 条支线，管线总长 39.14km。

2010 年 10 月 29 日，天然气投资委托中国石油天然气管道工程有限公司上海分公司为江西省天然气管网二期工程对接西气东输二线项目的设计单位，负责省网二期工程赣州段项目的设计工作。设计可研文件在报送中国石油审批的同时，根据项目实施计划，该项目进行分批核准。2011 年 8 月 22 日，完成了赣州接收站、赣州末站及其联络线项目的核准；2012 年 10 月 23 日，完成了南康、上犹支线项目的核准。

按照股东会相关要求，2013 年 3 月 19-21 日，西气东输完成了对赣州段项目初步设计文件的预审工作。设计文件预审工作完成后，根据专家审查意见，天然气投资组织设计单位完成了初设文件的修改，并上报中国石油股份进行审查。2013 年 6 月 8 日，中国石油股份组织完成对赣州段项目的审查工作，并于 2013 年 11 月 22 日完成对赣州段项目的批复，批复后相关项目构成如下表：

区段	行政区域	站场	站场性质	管线	管径（mm）	长度（km）	阀室（座）
赣州段	赣州市	赣州接收站	新建	——			
		赣州末站	新建	赣州接收站 - 赣州末站	273	8.20	
		南康末站	新建	赣州接收站 - 南康末站	273	16.35	1（南康分输阀室）
		上犹末站	新建	南康分输阀室 - 上犹末站	273	14.59	

为实现江西省委、省政府及中国石油股份关于管网二期工程与西气东输二线同步对接投产的要求，根据已完成的项目初步设计文件阶段性成果，天然气投资于 2011 年 1 月迅速组织中国石油天然气管道工程有限公司上海分公司开展了赣州接收站 - 赣州末站项目的施工图设计工作，确保了施工图编制进度满足现场施工进度要求。为加快工程建设进度，赣州接收站 - 南康末站、南康分输阀室 - 上犹末站工程由中国石油天然气管道局实施 EPC 项目总承包，并完成该部分项目的施工图设计工作。

3. 吉安段项目

吉安段项目的供气目标市场为吉安市、吉水县、遂川县，共需建设 4 座站场（含 1 座接收站，

3 座分输站），1 座阀室改造，3 条支线，管线总长 38.3km。

2010 年 10 月 29 日，天然气投资委托中国石油天然气管道工程有限公司上海分公司为江西省天然气管网二期工程对接西气东输二线项目的设计单位，负责省网二期工程吉安段项目的设计工作。设计可研文件在报送中国石油审批的同时，根据项目实施计划，该项目进行分批核准，2011 年 8 月 22 日，完成了吉安接收站、吉安末站项目的核准；2015 年 7 月 7 日，完成了遂川支线项目的核准。

按照天然气投资股东相关要求，2013 年 3 月 19–21 日，西气东输完成了对吉安段项目初步设计文件的预审工作。设计文件预审工作后，根据专家审查意见，天然气投资组织设计单位完成了初设文件的修改，并上报中国石油股份进行审查。2013 年 6 月 8 日，中国石油股份组织完成了对吉安段项目的审查工作，并于 2013 年 11 月 22 日完成对吉安段项目的批复，批复后相关项目构成如下表：

区段	行政区域	站场	站场性质	管线	管径（mm）	长度（km）	阀室（座）
吉安段	吉安市	吉安接收站	新建	——			
		吉安分输站	新建	吉安接收站 – 吉安分输站	273	14.4	
		吉水末站	新建	吉安分输站 – 吉水末站	219.1	16.50	
		遂川分输站	新建	西气东输二线 145# 阀室 ~ 遂川分输站	219.1	7.40	1（改造）

为实现江西省委、省政府及中国石油股份关于管网二期工程与西气东输二线同步对接投产的要求，根据已完成的项目初步设计文件阶段性成果，天然气投资于 2011 年 1 月迅速组织中国石油天然气管道工程有限公司上海分公司开展了吉安接收站 – 吉安末站项目的施工图设计工作，确保了施工图编制进度满足现场施工进度要求。

4. 上饶、鹰潭段

上饶、鹰潭段项目的供气目标市场为上饶市、横峰县、弋阳县、铅山县、玉山县、广丰县以及鹰潭市，共需建设 3 座站场，1 座截断阀室，2 座西气东输二线阀室改造，7 条输气支线，管道总长 79km。

2010 年 10 月 29 日，天然气投资委托中国石油天然气管道工程有限公司上海分公司为江西省天然气管网二期工程对接西气东输二线项目的设计单位，负责省网二期工程上饶、鹰潭段项目的设计工作。设计可研文件在报送中国石油股份审批的同时，根据项目实施计划，该项目进行分批核准。2011 年 8 月 22 日，完成了上饶接收站项目的核准；2013 年 10 月 28 日，完成了铅山、横峰、弋阳支线项目的核准；2014 年 4 月 19 日，完成了广丰、玉山支线项目的核准。

按照股东会相关要求，2013 年 3 月 19–21 日，西气东输完成了对上饶、鹰潭段项目初步设计文件的预审工作。设计文件预审工作后，根据专家审查意见，天然气投资组织设计单位完成了初设文件的修改，并上报中国石油股份进行审查。2013 年 6 月 8 日，中国石油股份组织完成了对上饶、鹰潭段项目的审查工作，并于 2013 年 11 月 22 日完成对上饶、鹰潭段项目的批复，批复后相关项目构成如下表：

区段	行政区域	站场	站场性质	管线	管径（mm）	长度（km）	阀室（座）
上饶鹰潭段	上饶市	上饶接收站	新建	——			
		广丰分输站	新建	上海支干线 14# 阀室－广丰分输站 广丰分输站－广丰门站 广丰分输站－玉山门站	219.1	22.90	1（改造）
		铅山分输站	新建	上海支干线 11# 阀室－铅山分输站 铅山分输站－铅山门站 铅山分输站－横峰门站 铅山分输站－弋阳门站	219.1 和 273	43.1	2（其中 1 座改造）
	鹰潭市	——	——	西气东输二线鹰潭分输站～鹰潭门站	273	13.0	
		鹰潭维修队	新建	——			

为实现省委、省政府及中国石油股份关于管网二期工程与西气东输二线同步对接投产的要求，根据已完成的项目初步设计文件阶段性成果，天然气投资于 2011 年 8 月组织中国石油天然气管道工程有限公司上海分公司开展了上饶接收站项目的施工图设计工作，并组织了施工图会审，确保施工图设计成果满足施工要求。为加快工程建设进度，西气东输二线鹰潭分输站－鹰潭门站、上海支干线 11# 阀室－铅山分输站、铅山分输站－铅山门站、铅山分输站－横峰门站、铅山分输站－弋阳门站工程由中国石油天然气管道局实施 EPC 项目总承包，并完成该部分项目的施工图设计工作。

5. 大城、高安段

大城、高安段的供气目标市场为高安市、大城镇，共需建设 2 座站场（含 1 座接收站，1 座末站），1 条输气管线，线路总长 10.476km。

2010 年 10 月 29 日，天然气投资委托中国石油天然气管道工程有限公司上海分公司为江西省天然气管网二期工程对接西气东输二线项目的设计单位，负责省网二期工程大城、高安段项目的设计工作。设计可研文件在报送中国石油审批的同时，根据项目实施计划，该项目于 2013 年 3 月 4 日完成项目核准工作。

按照股东会相关要求，2013 年 3 月 19–21 日，西气东输完成了对大城、高安段项目初步设计文件的预审工作。设计文件预审工作后，根据专家审查意见，天然气投资组织设计单位完成了初设文件的修改，并上报中国石油股份进行审查。2013 年 6 月 8 日，中国石油股份组织完成了对大城、高安段项目的审查工作，并于 2013 年 11 月 22 日完成对大城、高安段项目的批复，批复后相关项目构成如下表：

区段	行政区域	站场	站场性质	管线	管径（mm）	长度（km）	阀室（座）
大城高安段	高安市	大城接收站	新建	西气东输二线南昌分输站 – 大城接收站	273	1.143	–
		高安末站	新建	大城接收站 – 高安末站	273	9.333	–

为加快工程建设进度，大城、高安段工程由中国石油天然气管道局实施 EPC 项目总承包，并完成该部分项目的施工图设计工作。

6. 南昌、九江段

南昌九江段项目的供气市场目标为南昌市、九江市、瑞昌市、安义县，共需建设 5 座站场（含 1 座接收站，1 座分输站，3 座末站），3 座阀室（含 1 座普通阀室，1 座分输阀室，西气东输二线上海支干线 2# 阀室改造），4 条输气管线，管道总长 69.48km。

2010 年 10 月 29 日，天然气投资委托中国石油天然气管道工程有限公司上海分公司为江西省天然气管网二期工程对接西气东输二线项目的设计单位，负责省网二期工程南昌、九江段项目的设计工作。设计可研文件在报送中国石油集团审批的同时，根据项目实施计划，该项目进行分批核准。2011 年 8 月 23 日，完成了安义接收站项目的核准；2012 年 12 月 3 日，完成了九江支线、瑞昌支线项目的核准；2013 年 7 月 10 日，完成了昌东支线项目的核准。

按照股东会相关要求，2013 年 3 月 19–21 日，西气东输完成了对南昌九江段项目初步设计文件的预审工作。设计文件预审工作完成后，根据专家审查意见，天然气投资组织设计单位完成了初设文件的修改，并上报中国石油股份进行审查。2013 年 6 月 8 日，中国石油股份组织完成了对南昌九江段项目的审查工作，并于 2013 年 11 月 22 日完成对南昌九江段项目的批复，批复后相关项目构成如下表：

区段	行政区域	站场	站场性质	管线	管径（mm）	长度（km）	阀室（座）
南昌九江段	南昌市	安义接收站	新建	——			
		昌北末站	新建	安义接收站 – 昌北末站	355.6	40.04	2
		昌东分输站	新建	上海支干线 2# 阀室 – 昌东分输站	273	10.0	1（改造）
	九江市	九江末站	新建	西气东输二线九江分输站 – 九江末站	273	10.84	
		瑞昌末站	新建	西气东输二线九江分输站 – 瑞昌末站	273	8.60	

为实现省委、省政府及中国石油股份关于管网二期工程与西气东输二线同步对接投产的要求，根据已完成的项目初步设计文件阶段性成果，天然气投资于 2011 年 8 月开始先后组织中国石油天然气管道工程有限公司上海分公司开展了安义接收站、上海支干线 2# 阀室 – 昌东分输站项目的施工图设计工作。其中，由于昌北支线未能如期获取路由站址批复，安义接收站站场施工暂停，直至 2017 年该站重新列入建设计划并组织开工，2018 年 8 月 30 日项目完工验收。为加快工程建设进度，西气东输二线九江分输站 – 九江末站、西气东输二线九江分输站 – 瑞昌末站工程由中国石油天然气管道局实施 EPC 项目总承包，并完成该部分项目的施工图设计工作。

7. 于都、兴国、瑞金段

于都、兴国、瑞金段项目的供气目标市场为瑞金市、于都县、兴国县，共需建设 3 座站场，1 座阀室，2 条输气管线，管线总长 28.6km。

2013 年 3 月 28 日，天然气投资委托中国石油集团工程设计有限责任公司西南分公司为江西省天然气管网二期工程对接西气东输三线项目的设计单位，负责省网二期工程于都、兴国、瑞金段项目的设计工作。设计可研文件在报送中国石油股份审批的同时，根据项目实施计划，2014 年 10 月 3 日，完成了于都、兴国、瑞金段的核准。

按照股东会相关要求，2015 年 6 月 15–16 日，西气东输完成了对于都、兴国、瑞金段项目初步设计文件的预审工作。设计文件预审工作后，根据专家审查意见，天然气投资组织设计单位完成了初设文件的修改，并上报西气东输进行审批。2015 年 8 月 10 日，西气东输完成了对于都、兴国、瑞金段项目的审批工作，批复后相关项目构成如下表：

区段	行政区域	站场	站场性质	管线	管径（mm）	长度（km）	阀室（座）
于都、兴国、瑞金段	瑞金市	西气东输三线瑞金分输站改扩建	改扩建	西气东输三线瑞金分输站 – 瑞金阀室	168	0.2	1
	于都县	于都末站	新建	西气东输三线于都分输站 – 于都末站	273	26.7	–
	兴国县	兴国分输站	新建	西气东输三线瑞金分输站 – 瑞金阀室	168	1.9	–

为早日实现瑞金地区用上管输气，2016 年 10 月，工程管理部依据批复后的初设方案组织设计完成了西气东输三线瑞金分输站改扩建及瑞金阀室的施工图设计工作。

8. 吉安、赣州、上饶 3 座 CNG 母站项目

2012 年 2 月 21 日，天然气投资委托武汉市燃气热力规划设计院有限公司为吉安、赣州、上饶 3 座 CNG 母站项目的设计单位，负责母站的设计工作。2011 年 12 月 31 日，取得了吉安 CNG 母站的核准文件；2012 年 2 月 8 日，取得了上饶 CNG 母站的核准文件；2012 年 2 月 7 日，取得了赣州 CNG 母站的核准文件。

按照股东会相关要求，2013 年 3 月 19 日，西气东输完成了对吉安、赣州、上饶 3 座 CNG 母站项目初步设计文件的预审工作。设计文件预审工作后，根据专家审查意见，天然气投资组织设计单位完成了初设文件的修改，并上报西气东输进行审批。2014 年 4 月 2 日，西气东输完成了对吉安、赣州、上饶 3 座 CNG 母站项目的审批工作。

工程管理部依据批复后的初设方案组织武汉市燃气热力规划设计院有限公司完成了吉安、赣州、上饶 3 座 CNG 母站的施工图设计工作。

（二）施工与调试

由于江西省天然气管网二期工程所辖项目主要是依托西气东输二线、三线的分输站或阀室为起点建设输气支线，项目比较分散，无连续性且互不依托，根据工程特点以及目标市场的成熟度等情况，江西省天然气管网二期工程未按照批复的大段项目进行整体建设，采取了分期、分批建设的模式进行组织实施。天然气投资先后组织了第一批工程“七站三线”、第二批工程“上饶接收站及安义接收站”、第三批工程“管网二期工程 EPC 总承包项目”、第四批工程“吉安赣州上饶三座 CNG 母站工程”、第五批工程“昌东支线及瑞金分输站改扩建”等项目的建设工作。

按照建设程序要求，并经相关主管部门同意，天然气投资分别采取邀请招标、公开招标等方式进行了施工总承包商等服务单位以及物资的采购工作，并按年度工程建设目标计划组织开展项目的实施。

1. 萍乡、宜春、新余、樟树段项目

本段工程分两个批次组织实施，分别为：第一批工程“七站三线”所辖项目，包括萍乡接收站－芦溪末站工程、宜春接收站工程；EPC 总承包项目，包括西气东输二线湘潭支线 3# 阀室－分宜分输站工程、西气东输二线新余分输站－新余末站工程。

（1）萍乡接收站－芦溪末站工程、宜春接收站工程

本项目新建站场3座、线路1条，按照2011年1月31日重点办10号文回复意见，同意“七站三线及安义上饶站”开展邀请招标事宜。自2011年4月25日，天然气投资先后组织了萍乡接收站－芦溪末站施工、宜春接收站施工、萍乡接收站工程施工、仪表安装施工及SCADA系统施工、监理等服务邀请招标，萍乡－芦溪线路PD01-02、PD03-04定向钻公开招标：

1）确定中国石油天然气管道局为萍乡接收站－芦溪末站工程施工项目的施工承包商。天津大港油田集团工程建设有限责任公司为宜春接收站施工项目、萍乡线路PD01-02/PD03-04定向钻施工项目承包商。

2）确定廊坊开发区中油龙慧自动化工程有限公司为仪表安装施工及SCADA系统施工承包商。

3）确定辽河油田建设工程监理有限公司为萍乡接收站－芦溪末站工程项目的施工监理承包商；天津大港油田集团建设监理有限责任公司为宜春接收站监理单位。

4）确定四川乐金检验科技发展有限公司为无损检测承包商。

项目相关承包商完成招标采购后，天然气投资管道建设项目部工程技术部组织实施各单位工程的建设工作，自2011年4月25日至8月25日，萍乡接收站－芦溪末站线路工程、萍乡接收站工程、芦溪末站工程、宜春接收站工程相继开工建设，萍乡接收站工程的开工，标志着管网二期工程建设的序幕正式拉开。2011年12月21日，宜春接收站于完工；2012年11月15日，萍乡芦溪段项目完工。工程完工后，工程管理部随即组织各物资供应商技术人员、SCADA系统集成商以及施工单位对现场设备、系统进行了调试工作。调试工作分别对电动阀门、气液联动阀门、加热炉、调压撬、计量撬、污水处理装置等设备和消防、PLC、变配电等系统进行了单体调试，单体调试结束后又进行了站场设备、系统联合调试工作，在投产前充分测试测验了各相关设备、系统的功能完整性，为投产工作打下了坚实的基础。

（2）西气东输二线湘潭支线3#阀室－分宜分输站工程、西气东输二线新余分输站－新余末站工程。

本部分项目为EPC总承包工程的一部分，新建站场2座、西气东输二线湘潭支线3#阀室改扩建1座，线路2条，工程物资采办（含设备监造）、施工图设计、工程施工组织等均由EPC总承包商完成。本项目EPC总承包公开招标于2011年12月14日组织完成，总承包商为中国石

油天然气管道局。为满足项目管理工作，按照招投标管理办法相关要求，自 2011 年 12 月 10 日，天然气投资先后组织了监理及无损检测承包商的招标工作，确定北京兴油工程项目管理有限公司为江西省天然气管网二期工程 EPC 第二标段监理服务承包商；河北方圆工程检测有限公司为江西省天然气管网二期工程无损检测第二标段检测服务承包商。本部分工程项目的现场实施组织工作 EPC 项目部组织实施。2012 年 5 月 13 日至 2013 年 8 月 20 日，西气东输二线新余分输站 - 新余末站线路工程、新余末站工程、3# 阀室 - 分宜分输站线路工程、分宜分输站工程相继开工建设，2013 年 9 月新余末站及西气东输二线新余分输站 - 新余末站线路工程完工，2015 年 1 月，3# 阀室 - 分宜分输站线路工程、分宜分输站工程完工。工程完工后，EPC 项目部随即组织各物资供应商技术人员、SCADA 系统集成商以及施工单位对现场设备、系统进行了调试工作。调试工作分别对电动阀门、气液联动阀门、加热炉、调压撬、计量撬、污水处理装置等设备和消防、PLC、变配电等系统进行了单体调试，单体调试结束后又进行了站场设备、系统联合调试工作，并在投产前充分测试测验了各相关设备、系统的功能完整性。

2. 赣州段项目

本段工程分两个批次组织实施，分别为：第一批工程“七站三线”所辖项目，包括赣州接收站 - 赣州末站工程；EPC 总承包项目，包括赣州接收站 - 南康末站、南康分输阀室 - 上犹末站。

（1）赣州接收站 - 赣州末站工程

本项目新建站场 2 座、线路 1 条，按照 2011 年 1 月 31 日重点办 10 号文回复意见，同意“七站三线及安义上饶站”开展邀请招标事宜。自 2011 年 4 月 25 日，天然气投资先后组织了赣州接收站 - 赣州末站工程施工、仪表安装施工及 SCADA 系统、监理等服务邀请招标：

1）确定中国石油天然气管道局为本项目的施工承包商。

2）确定中油龙慧为仪表安装施工及 SCADA 系统施工承包商。

3）确定辽河监理为本项目的施工监理承包商。

4）确定河北方圆为无损检测承包商。

项目相关承包商完成招标采购后，天然气投资管道建设项目部工程技术部组织实施各单位工程的建设工作。2011 年 5 月 10 日，赣州接收站 - 赣州末站线路工程开工建设；2011 年 8 月 27 日赣州接收站 - 赣州末站线路及站场工程完工，成为管网二期工程第一个完工的项目，实现了与西气东输二线同步对接。工程完工后，工程管理部随即组织各物资供应商技术人员、

SCADA 系统集成商以及施工单位对现场设备、系统进行了调试工作。调试工作分别对电动阀门、气液联动阀门、调压撬、计量撬、污水处理装置等设备和消防、PLC、变配电等系统进行了单体调试，单体调试结束后又进行了站场设备、系统联合调试工作，并在投产前充分测试测验了各相关设备、系统的功能完整性。

（2）赣州接收站－南康末站、南康分输阀室－上犹末站

本部分项目为 EPC 总承包工程的一部分，新建站场 2 座、阀室 1 座、站场改扩建 1 座、线路 2 条，工程物资采办（含设备监造）、施工图设计、工程施工组织等均由 EPC 总承包商完成。本项目 EPC 总承包公开招标于 2011 年 12 月 14 日组织完成,总承包商为中国石油天然气管道局。2011 年 12 月 10 日，天然气投资先后组织了监理及无损检测承包商的招标工作，确定北京兴油为江西省天然气管网二期工程 EPC 第二标段监理服务承包商；河北方圆为江西省天然气管网二期工程无损检测第二标段检测服务承包商。

本部分工程项目的现场实施组织工作由 EPC 项目部组织实施。2012 年 3 月 16 日至 2013 年 3 月 5 日，赣州接收站－南康末站线路、南康末站、南康分输阀室－上犹末站线路、南康分输阀室、上犹末站相继开工建设，并于 2015 年 1 月 6 日前相继万完工。工程完工后，EPC 项目部随即组织各物资供应商技术人员、SCADA 系统集成商以及施工单位对现场设备、系统进行了调试工作。调试工作分别对电动阀门、气液联动阀门、调压撬、计量撬、污水处理装置等设备和消防、PLC、变配电等系统进行了单体调试，单体调试结束后又进行了站场设备、系统联合调试工作，并在投产前充分测试测验了各相关设备、系统的功能完整性。

3. 吉安段项目

本段已实施工程项目为吉安接收站－吉安末站工程,属于第一批工程“七站三线”的一部分，新建站场 2 座、线路 1 条。

（1）吉安接收站－吉安末站工程

按照 2011 年 1 月 31 日重点办 10 号文回复意见，同意“七站三线及安义上饶站”开展邀请招标事宜。自 2011 年 4 月 25 日，天然气投资先后组织了吉安接收站－吉安末站工程施工、仪表安装施工及 SCADA 系统、监理等服务邀请招标：

1）确定辽河石油勘探局油田建设工程二公司为本项目的施工承包商。

2）确定中油龙慧为仪表安装施工及 SCADA 系统施工承包商。

3）确定辽河监理为本项目的施工监理承包商。

4）确定河北方圆为无损检测承包商。

项目相关承包商完成招标采购后，天然气投资管道建设项目部工程技术部组织实施各单位工程的建设工作，2011 年 5 月 12 日，吉安接收站 - 吉安末站线路及站场工程开工建设。2011 年 11 月 20 日，吉安接收站 - 吉安末站线路工程完工，实现了与西气东输二线同步对接。

工程完工后，工程管理部随即组织各物资供应商技术人员、SCADA 系统集成商以及施工单位对现场设备、系统进行了调试工作。调试工作分别对电动阀门、气液联动阀门、计量撬、污水处理装置等设备和消防、PLC、变配电等系统进行了单体调试，单体调试结束后又进行了站场设备、系统联合调试工作，并在投产前充分测试测验了各相关设备、系统的功能完整性。

4. 上饶、鹰潭段

本段工程分两个批次组织实施，分别为：上饶接收站；EPC 总承包项目，包括西气东输二线鹰潭分输站 - 鹰潭门站、上海支干线 11# 阀室 - 铅山分输站、铅山分输站 - 铅山门站、铅山分输站 - 横峰门站、铅山分输站 - 弋阳门站工程。

（1）上饶接收站工程

按照 2011 年 1 月 31 日重点办 10 号文回复意见，同意“七站三线及安义上饶站”开展邀请招标事宜。自 2012 年 1 月，天然气投资先后组织完成了上饶接收站主体施工、仪表安装施工、SCADA 系统施工、工程监理的招标工作：

1）确定辽河石油勘探局油田建设工程一公司为上饶接收站项目的施工承包商。

2）确定中油龙慧为仪表安装施工及 SCADA 系统施工承包商。

3）确定中国石化石油工程设计有限公司为上饶接收站项目的施工监理承包商。

4）确定四川乐金为上饶接收站无损检测承包商。

项目相关承包商完成招标采购后，天然气投资管道建设项目部工程技术部组织实施各单位工程的建设工作，2012 年 5 月 2 日，上饶接收站工程正式开工建设，并于 2013 年 9 月 23 日完工。

工程完工后，工程管理部随即组织各物资供应商技术人员、SCADA 系统集成商以及施工单位对现场设备、系统进行了调试工作。调试工作分别对电动阀门、气液联动阀门、计量撬、污水处理装置等设备和消防、PLC、变配电等系统进行了单体调试，单体调试结束后又进行了站场设备、系统联合调试工作，并在投产前充分测试测验了各相关设备、系统的功能完整性。

（2）西气东输二线鹰潭分输站－鹰潭门站、上海支干线11#阀室－铅山分输站、铅山分输站－铅山门站、铅山分输站－横峰门站、铅山分输站－弋阳门站工程

本部分项目为EPC总承包工程的一部分，新建站场1座、线路5条、西气东输二线11#阀室改扩建1座，工程物资采办（含设备监造）、施工图设计、工程施工组织等均由EPC总承包商完成。本项目EPC总承包公开招标于2011年12月14日组织完成，总承包商为中国石油天然气管道局。

2011年12月10日，天然气投资先后组织了监理及无损检测承包商的招标工作，确定中国石化中原石油工程设计有限公司为江西省天然气管网二期工程EPC第一标段监理服务承包商；四川乐金为江西省天然气管网二期工程无损检测第三标段检测服务承包商。

本部分工程项目的现场实施组织工作由EPC项目部组织实施。2012年5月7日至2013年9月2日，西气东输二线鹰潭分输站－鹰潭门站线路、上海支干线11#阀室－铅山分输站线路、铅山分输站－铅山门站线路、铅山分输站－横峰门站线路、铅山分输站－弋阳门站线路、铅山分输站、西气东输二线上海支线11#阀室改造、管家山阀室工程相继开工建设，并于2015年1月前相继完工。

工程完工后，EPC项目部随即组织各物资供应商技术人员、SCADA系统集成商以及施工单位对现场设备、系统进行了调试工作。调试工作分别对电动阀门、气液联动阀门、加热炉、调压撬、计量撬、污水处理装置等设备和消防、PLC、变配电等系统进行了单体调试，单体调试结束后又进行了站场设备、系统联合调试工作，并在投产前充分测试测验了各相关设备、系统的功能完整性。

5. 大城、高安段

本段工程实施EPC项目总承包，工程内容包括西气东输二线南昌分输压气站－大城接收站－高安末站工程，新建2座站场、2条线路。

本部分项目为EPC总承包工程的一部分，工程物资采办（含设备监造）、施工图设计、工程施工组织等均由EPC总承包商完成。本项目EPC总承包公开招标于2011年12月14日组织完成，总承包商为中国石油天然气管道局。

2011年12月10日，天然气投资先后组织了监理及无损检测承包商的招标工作，确定北京兴油为江西省天然气管网二期工程EPC第二标段监理服务承包商；江西省方圣科技有限公司为

江西省天然气管网二期工程无损检测第一标段检测服务承包商。

本部分工程项目的现场实施组织工作由 EPC 项目部组织实施。2012 年 3 月 16 日至 2012 年 12 月 26 日，西气东输二线南昌分输压气站 – 大城接收站 – 高安末站线路、高安分输站、大城接收站相继开工建设，并于 2014 年 4 月 28 日前相继完工。

工程完工后，EPC 项目部随即组织各物资供应商技术人员、SCADA 系统集成商以及施工单位对现场设备、系统进行了调试工作。调试工作分别对电动阀门、气液联动阀门、调压撬、计量撬、污水处理装置等设备和消防、PLC、变配电等系统进行了单体调试，单体调试结束后又进行了站场设备、系统联合调试工作，并在投产前充分测试测验了各相关设备、系统的功能完整性。

6. 南昌、九江段

本段工程分三个批次组织实施，分别为：安义接收站工程；EPC 总承包项目，包括西气东输二线九江分输站 – 瑞昌门站、西气东输二线九江分输站 – 九江末站工程；昌东支线工程，包括西气东输二线上海支线 2# 阀室 – 昌东分输站工程。

（1）安义接收站工程

按照 2011 年 1 月 31 日重点办 10 号文回复意见，同意“七站三线及安义上饶站”开展邀请招标事宜。自 2012 年 1 月，天然气投资先后组织完成了安义接收站主体施工、仪表安装施工、SCADA 系统施工、工程监理的招标工作：

1）确定辽河二建为安义接收站项目的施工承包商。

2）确定中油龙慧为仪表安装施工及 SCADA 系统施工承包商。

3）确定中国石化石油工程设计有限公司为安义接收站项目的施工监理承包商。

4）确定江西方圣为安义接收站无损检测承包商。

项目相关承包商完成招标采购后，天然气投资管道建设项目部工程技术部组织实施各单位工程的建设工作，2012 年 4 月 3 日，安义接收站工程开工建设。

由于昌北支线线路路由未能按照计划日期取得批复，造成安义接收站建设方案存在调整的可能，安义接收站工程在完成场地平整及围墙等工程量后暂停施工，并于 2013 年 1 月 29 日完成中间验收，验收后根据律师意见及后续项目计划安排，分别与各已签订合同的承包商解除了承包合同。

2017 年 6 月 27 日，天然气投资在完成安义项目后续建设施工图纸等前期工作后，完成了安义项目续建工程的施工、监理、检测、仪表安装采购工作，确定大港油建为主体施工总承包商，中油龙慧为仪表安装施工承包商，北京兴油监理公司为监理服务商，江汉检测公司为无损检测服务商。该项目于2017年9月27日开工，并于2018年8月30日完工验收。

（2）西气东输二线九江分输站－瑞昌门站、西气东输二线九江分输站－九江末站工程

本部分项目为EPC总承包工程的一部分，新建线路2条、站场1座，工程物资采办（含设备监造）、施工图设计、工程施工组织等均由EPC总承包商完成。本项目EPC总承包公开招标于2011年12月14日组织完成，总承包商为中国石油天然气管道局。

2011年12月10日，天然气投资先后组织了监理及无损检测承包商的招标工作，确定中国石化石油工程设计有限公司为江西省天然气管网二期工程EPC第一标段监理服务承包商；江西方圣为江西省天然气管网二期工程无损检测第三标段检测服务承包商。

本部分工程项目的现场实施组织工作由EPC项目部组织实施，2012年12月18日至2013年3月3日，西气东输二线九江分输站－九江末站线路、九江末站、西气东输二线九江分输站－瑞昌门站线路工程相继开工建设，并于2014年4月28日前全部完工。

工程完工后，EPC项目部随即组织各物资供应商技术人员、SCADA系统集成商以及施工单位对现场设备、系统进行了调试工作。调试工作分别对电动阀门、气液联动阀门、加热炉、调压撬、计量撬、污水处理装置等设备和消防、PLC、变配电等系统进行了单体调试，单体调试结束后又进行了站场设备、系统联合调试工作，并在投产前充分测试测验了各相关设备、系统的功能完整性。

（3）西气东输二线上海支线2#阀室－昌东分输站工程

本项目由天然气投资工程管理部自行组织工程建设管理，新建站场1座、线路1条、西气东输二线2#阀室改扩建1座。

自2013年4月，天然气投资先后组织完成了西气东输二线上海支线2#阀室－昌东分输站主体施工、仪表安装施工、SCADA系统施工、工程监理的招标工作：

1）确定辽河二建为西气东输二线上海支线2#阀室－昌东分输站项目的施工承包商。

2）确定中油龙慧为仪表安装施工及SCADA系统施工承包商。

3）确定辽河监理为项目的施工监理承包商。

4）确定江西省锅炉压力容器检验检测研究院为无损检测承包商。

项目相关承包商完成招标采购后，天然气投资工程管理部组织实施各单位工程的建设组织工作，由于站场用地征补存在阻工等问题，自 2013 年 7 月 25 日至 2014 年 7 月 7 日，西气东输二线上海支线 2# 阀室 – 昌东分输站线路、昌东分输站、西气东输二线 2# 阀室改扩建工程相继开工建设，并于 2015 年 9 月 20 日相继完工。

工程完工后，工程管理部随即组织各物资供应商技术人员、SCADA 系统集成商以及施工单位对现场设备、系统进行了调试工作。调试工作分别对电动阀门、气液联动阀门、加热炉、计量撬、污水处理装置等设备和消防、PLC、变配电等系统进行了单体调试，单体调试结束后又进行了站场设备、系统联合调试工作，并在投产前充分测试测验了各相关设备、系统的功能完整性。

7. 于都、兴国、瑞金段

本段项目已实施的内容为西气东输三线瑞金分输站改扩建及瑞金阀室工程，改扩建站场 1 座、新建阀室 1 座。

根据项目特点及招投标相关管理办法，本工程施工、监理、检测等服务承包商采用竞争性谈判的方式组织实施采购。

1）确定天津大港为主体施工承包商。

2）确定北京兴油为监理服务承包商。

3）确定河北方圆为无损检测服务承包商。

2017 年 3 月 10 日，瑞金分输站改扩建工程开工建设，标志着管网二期工程对接西气东输三线的项目正式开始施工，该项目于 2017 年 9 月 30 日完工验收，目前已完成站场调试工作，待下游具备通气条件后实施投产工作。

8. 吉安、赣州、上饶 3 座 CNG 母站项目

吉安、赣州、上饶 3 座 CNG 母站项目为分别在吉安市、赣州市、上饶市各建设 1 座 CNG 加气母站。

2013 年 5 月，天然气投资组织完成吉安、赣州、上饶 CNG 母站主体施工、仪表安装施工、SCADA 系统施工招标。

1）确定辽河二建公司为吉安、上饶 CNG 母站主体施工承包商。

2）确定中国石油天然气管道局第二工程公司为赣州 CNG 母站主体施工承包商。

3）确定中油龙慧为 3 座母站的仪表安装施工及 SCADA 系统供应商。

4）确定辽河监理为母站监理承包商。

经过竞争性谈判确定河北方圆为吉安、赣州 CNG 母站无损检测承包商，四川乐金为上饶 CNG 母站无损检测承包商。2013 年 7 月 8 日至 2013 年 10 月 25 日，吉安母站、赣州母站、上饶母站工程相继开工建设，并于 2014 年 5 月前相继完工。

工程完工后，工程管理部随即组织各物资供应商技术人员、SCADA 系统集成商以及施工单位对现场设备、系统进行了调试工作。调试工作分别对电动阀门调压撬、污水处理装置等设备和消防、PLC、变配电等系统进行了单体调试，单体调试结束后又进行了站场设备、系统联合调试工作，并在投产前充分测试测验了各相关设备、系统的功能完整性。

（三）竣工与投产

根据《油气输送管道工程竣工验收规范》《江西省天然气投资有限公司建设工程项目管理办法》以及《江西省天然气投资有限公司建设工程竣工验收管理实施细则》等相关规定，天然气投资建设工程项目验收类型分为分部分项工程验收、中间验收、预验收、投产前检查、交工验收以及竣工验收。工程完工后组织预验收，工程完成试运投产后组织交工验收。截至 2018 年年底，已完工项目正在办理专项验收、结算等工作，暂不具备竣工验收条件，待项目专项验收、竣工决算等工作完成后，组织项目工程竣工验收。

各段项目单项工程完工通过预验收后，根据下游用户与西气东输签订天然气购气合同以及与天然气投资签订管输合同等情况，由天然气投资生产运行部编制试运投产方案，并组织项目的投产试运工作。

1. 萍乡、宜春、新余、樟树段项目

根据上下游投产计划情况，宜春接收站为省网二期工程第三个投产的项目，该站场于 2012 年 4 月 15 日投产，萍乡接收站项目于 2012 年 8 月 22 日投产，萍乡接收站 – 芦溪末站线路及芦溪末站于 2013 年 2 月 25 日投产，西气东输二线新余分输站 – 新余末站线路及新余末站工程于 2014 年 5 月 6 日投产，西气东输二线湘潭支线 3# 阀室 – 分宜分输站线路及分宜分输站工程于 2015 年 11 月投产，以上项目完成了 72 小时试运投产，投产试运合格，实现了向下游分输天然气的功能。

2. 赣州段项目

根据上下游投产计划情况，赣州接收站 – 赣州末站线路及站场工程项目于 2011 年 9 月 19

日试运投产，成为管网二期工程第一个投产试运的项目，标志着江西省天然气管网二期工程与西气东输二线实现了同步对接投产，西气东输二线天然气也通过该项目工程输向江西省赣州市用户。

赣州接收站－南康末站线路、南康分输阀室－上犹末站线路及站场工程项目于 2015 年 11 月完成 72 小时试运投产，投产试运合格，实现赣州市南康市及上犹县接通管道天然气。

3. 吉安段项目

根据上下游投产计划情况，吉安接收站－吉安末站线路及站场工程项目于 2012 年 4 月 12 日试运投产，成为省网二期工程第二个完成 72 小时投产试运的项目，也使吉安市接通并使用上管道天然气。

4. 上饶、鹰潭段

根据上下游投产计划情况，上饶接收站于 2013 年 10 月 13 日试运投产，西气东输二线鹰潭分输站－鹰潭门站线路工程于 2013 年 10 月 10 日投产；西气东输二线上海支线 11# 阀室－铅山分输站－铅山门站线路及站场工程于 2015 年 11 月 19 日投产；铅山分输站－横峰门站、铅山分输站－弋阳门站线路分别于 2016 年 5 月 27 日、6 月 29 日投产，以上项目经 72 小时试运行，验收合格。

5. 大城、高安段

根据上下游投产计划情况，项目于 2014 年 9 月 23 日投产，完成 72 小时试运，投产试运合格。

6. 南昌、九江段

西气东输二线九江分输站－九江末站、西气东输二线九江分输站－瑞昌门站、九江末站于 2014 年 9 月 25 日试运投产；西气东输二线上海支线 2# 阀室－昌东分输站线路及站场于 2016 年 9 月 23 日试运投产，试运正常，确保南昌、九江有“双气源”供应保障。

7. 于都、兴国、瑞金段

项目于 2017 年 9 月完工验收，截至 2018 年底，因下游深燃门站未建设完成，该项目暂不具备投产条件。

8. 吉安、赣州、上饶 3 座 CNG 母站项目

2016 年 3 月，三座母站完成工程交工验收，因下游市场及投产手续等原因，母站项目未能及时投产运行。经公司多方努力，已于 2018 年 10 月完成上饶母站的投产试运工作，目前正在

办理充装证等合规手续，合规手续办理完成后正式运行投产。

（四）主要指标

管网二期工程自2011年初开工建设，截至2018年底，共计完成建设分输站17座、接收站2座、分输阀室2座、普通阀室1座、CNG加气母站3座、西气东输站场改扩建8座、生产调度中心1座（临时）、输气管道176.62km（含安义收购的18km），相关项目情况见以下清单表。

江西省天然气管网二期工程项目建设完成情况

序号	项目名称	单位工程名称	实施情况	备注
1	萍乡、宜春、新余、樟树段	萍乡接收站	已验收，投产	
2		芦溪末站	已验收，投产	
3		萍乡接收站 - 芦溪末站线路	已验收，投产	
4		宜春接收站	已验收，投产	
5		新余末站	已验收，投产	
6		西气东输二线新余分输站 - 新余末站线路	已验收，投产	
7		分宜分输站	已验收，投产	
8		西气东输二线湘潭支线3#阀室 - 分宜分输站	已验收，投产	
9	大城高安段	大城接收站	已验收，投产	
10		高安末站	已验收，投产	
11		西气东输二线南昌分输站 - 大城接收站 - 高安末站线路	已验收，投产	
12	吉安段	吉安接收站	已验收，投产	
13		吉安分输站	已验收，投产	
14		吉安接收站 - 吉安分输站线路	已验收，投产	
15	赣州段	赣州接收站	已验收，投产	
16		赣州末站	已验收，投产	
17		赣州接收站 - 赣州末站线路	已验收，投产	
18		南康分输阀室	已验收，投产	
19		南康末站	已验收，投产	
20		上犹末站	已验收，投产	
21		南康分输阀室 - 上犹末站线路	已验收，投产	
22		上犹江定向钻	已验收，投产	
23		赣州接收站 - 南康末站线路	已验收，投产	
24	南昌九江段	九江末站	已验收，投产	
25		西气东输二线九江分输站 - 九江末站线路	已验收，投产	
26		西气东输二线九江分输站 - 瑞昌门站线路	已验收，投产	
27		安义接收站	已完工验收，待投产	
28		昌东分输站	已验收，投产	
29		2#阀室 - 昌东分输站线路	已验收，投产	
30		南昌生产调度中心	已验收，投产	
31	上饶鹰潭段	上饶接收站	已验收，投产	
32		西气东输二线鹰潭分输站 - 鹰潭门站线路	已验收，投产	
33		铅山分输站	已验收，投产	

续表：

江西省天然气管网二期工程项目建设完成情况				
序号	项目名称	单位工程名称	实施情况	备注
34		11# 阀室 – 铅山分输站线路	已验收，投产	
35		铅山分输站 – 弋阳门站线路	已验收，投产	
36		管家山分输阀室	已验收，投产	
37		铅山分输站 – 横峰门站线路	已验收，投产	
38		铅山分输站 – 铅山门站线路	已验收，投产	
39	CNG 母站	赣州 CNG 加气母站	已验收，待投产	
40		吉安 CNG 加气母站	已验收，待投产	
41		上饶 CNG 加气母站	已完成投产试运	
42	于都兴国瑞金段	西气东输三线瑞金分输站改扩建	待投产	
43		瑞金截断阀室	待投产	

二、管道分公司

（一）立项与设计

2016 年 3 月 1 日，天然气集团管道工程建设项目部（之后更名为江西省天然气（赣投气通）控股有限公司管道分公司）成立。管道分公司天然气管网建设主要以赣州、吉安、上饶、宜春和萍乡等设区市为中心，辐射周边县市区。届时，全省天然气管道总长将达到 5000km，构筑“覆盖全省、南北贯通、东西相连、多气源互补”的清洁能源大动脉。厚德载物，行稳致远。在新一轮的经济社会升级转型中，肩负着“保一湖清水、护一片蓝天”的历史重任，管道分公司将以科学发展观统领全局，扎实推进江西省委、省政府“建设天然气入赣工程，加快江西利用天然气工作”的重要战略部署，努力探索改革与发展的新道路。为推进江西产业结构升级和能源结构的优化，为广大用户提供清洁高效的能源保障，为江西经济社会又好又快发展作出积极贡献。工程技术部依据设计文件提交进度，协调设计院根据开工时间要求，分步骤、分阶段提供开工段设计资料，编制进场时间倒排计划表，逐项落实责任部门，确保开工前取得相关设计资料。

1. 井冈山支线、井开区支线

2016 年 4 月 22 日，经江西省能源局审查合格，管道分公司取得井冈山支线、井开区支线项目核准批复（赣能油气字〔2016〕40 号）。井冈山支线、井开区支线包括 4 条支线工程，分别为井冈山支线、安福支线、莲花支线、井开区支线。

（1）井冈山支线

起于西气东输二线吉安分输清管站，途经吉州区兴桥镇吉安首站、吉安县浬田镇的 1# 清管阀室、永新县高桥楼镇的永新分输站、井冈山市新城镇的井冈山末站，至井冈山市古城镇陶瓷工业城的下游城市燃气公司井冈山门站。共建 3 座站场（吉安首站、永新分输站、井冈山末站）、3 座监控阀室（2#、3#、4# 阀室）和 1 座清管站。目标市场为井冈山市、永新县。

井冈山支线中西气东输二线吉安分输清管站至吉安首站的管道长度约 1.8km，管径 DN300mm，设计压力为 10Mpa，吉安首站至井冈山门站的管道长度约 127.2km，管径 DN300mm，设计压力为 4Mpa。

（2）安福支线

起于井冈山段 1# 清管站，向北敷设至安福县平都镇的安福首站，共新建 1 座站场（安福首站）。目标市场为安福县。

安福支线长度约 21km，管径 DN300mm，设计压力为 4Mpa。

（3）莲花支线

起于井冈山支线永新分输站，沿西北方向敷设至莲花县莲花工业园的下游城市燃气公司莲花门站，共新建 2 座监控阀室（5#、6#）。目标市场为莲花县。莲花段管道长度约 54.5km，管径 DN150mm，设计压力为 4Mpa。

（4）井开区支线

起于西气东输三线 157# 阀室，途经泰和县沿溪镇的泰和首站后向北敷设，经泰和县、吉安县、井冈山经济技术开发区后，至井冈山经济技术开发区的井开区分输站。共新建 2 座站场（泰和首站、井开区分输站），1 座监控阀室（1# 阀室）。目标市场为泰和县、井冈山经济技术开发区。井开区支线中西气东输三线 157# 阀室至泰和首站管道长度约 0.3km，管径 DN200mm，设计压力为 10Mpa，泰和首站至井开区分输站的管道长度约 25.5km，管径 DN350mm，设计压力为 6.3Mpa。

2017 年 1 月提交井冈山支线 1 标 0 版施工图，2016 年 9 月提交井冈山支线 2 标 0 版施工图，2017 年 6 月提交莲花支线 0 版施工图，2017 年 6 月提交安福支线 0 版施工图，2017 年 6 月提交井开区支线 0 版施工图。现井冈山支线已建成投产运行。莲花支线、安福支线、井开区支线处于项目施工阶段。

2. 赣州南支线等项目

2016 年 11 月 07 日，经江西省能源局审查通过，管道分公司取得江西省天然气管网工程靖安支线等项目核准批复（赣能油气字〔2016〕107 号、〔2016〕108 号、〔2016〕109 号、〔2016〕

110 号）。

江西省天然气管网工程靖安等 3 条支线项目

（1）靖安支线

靖安支线起于江西省天然气管网二期工程安义接收站，途经安义县、奉新县，至靖安县下游城市燃气公司的靖安门站，共改扩建 1 座站场（安义分输站），1 座监控阀室。目标市场为靖安县。靖安支线管道长度约 31.2km，管径 DN250mm，设计压力 6.3Mpa。

（2）湘东支线

湘东支线起于西气东输二线湘潭支干线 7# 阀室，途经安源区，至湘东区湘东镇的湘东分输站，共新建 1 座站场（湘东分输站）、1 座监控阀室（1# 阀室）、1 座阀室改造。目标市场为湘东区。湘东支线管道长度约 9.8km，管径 DN200mm，设计压力 10Mpa。

2017 年 5 月初完成初步设计文件审查，2017 年 8 月提交湘东支线 0 版施工图，目前处于项目施工阶段。

（3）赣州南支线（大余 – 信丰段）

项目起于西气东输二线干线 149# 阀室，至大余县池江镇的大余分输清管站后，分两路：一路途经大余县、南康区，敷设至信丰县西牛镇的信丰分输站；另一路至大余县青龙镇的大余阀室，共新建 2 座站场（大余分输清管站、信丰分输站）、2 座监控阀室（1# 阀室、大余阀室）、1 座阀室改造。目标市场为大余县、信丰县。赣州南支线（大余 – 信丰段）中从西气东输二线干线至大余分输站管道长度约 0.2km，管径 DN450mm，设计压力 10Mpa；从大余分输清管站至信丰分输站管道长度约 39km，管径 DN450mm，设计压力 6.3Mpa；从大余分输站至大余门站管道长度约 18.5km，管径 DN200mm，设计压力 4.0Mpa。

2017 年 5 月初完成初步设计文件审查，2017 年 7 月提交大余 – 信丰段 0 版施工图，目前大余 – 信丰段处于项目施工阶段。

3. 江西省天然气管网工程樟树 – 新干 – 峡江段等 3 条支线项目

（1）樟树 – 新干 – 峡江段

项目起于西气东输二线樟树分输站，途经樟树市、渝水区、新干县，至峡江县水边镇的峡江末站，共新建 2 座站场（新干分输站、峡江末站）、3 座监控阀室（1#、2#、3# 阀室）、1 座场站改造（西气东输二线樟树分输站）。目标市场为新干县、峡江县。管道长度约 54km，管径

DN250mm，设计压力 6.3Mpa。

2017 年 8 月提交樟树 – 新干 – 峡江 0 版施工图，目前正处于项目施工阶段。

（2）遂川 – 万安段

项目起于江西省天然气管网工程遂川分输站，经遂川县，至万安县下游城市燃气公司的万安门站，共新建 1 座监控阀室（1# 阀室）、改扩建 2 座场站（遂川分输站、万安门站）。目标市场为万安县。管道长度约 20.5km，管径 DN200mm，设计压力 6.3 Mpa。

2018 年 11 月提交遂川 – 万安段 0 版施工图，目前正处于项目施工阶段。

（3）井开区 – 吉水 – 永丰 – 乐安 – 宜黄段

项目起于江西省天然气管网工程井开区分输站，途经井开区、吉安县、青原区、吉水县文峰镇的吉水分输站、永丰县工业园区的永丰分输站、乐安县敖溪镇的乐安分输站、崇仁县至宜黄县凤冈镇的宜黄阀室，共新建 3 座站场（吉水分输站、永丰分输站、乐安分输站）、9 座监控阀室（1#–9# 阀室）。目标市场为吉水县、永丰县、乐安县、宜黄县。管道长度约 175.5km，管径 DN350mm，设计压力 6.3Mpa。

2018 年 1 月提交井开区 – 吉水 – 永丰段 0 版施工图，目前处于项目施工阶段。

4. 江西省天然气管网工程于都 – 宁都 – 广昌 – 南丰段等 3 条支线项目

（1）于都 – 宁都 – 广昌 – 南丰段

项目起于西气东输三线于都分输站，途经于都县、宁都县梅江镇的宁都分输站、广昌县第三工业园区西北侧的广昌分输站，至南丰县市山镇的南丰阀室，共新建 2 座站场（宁都分输站、广昌分输站）、8 座监控阀室（1#–8# 阀室）。目标市场为宁都县、广昌县、南丰县。管道长度约 177.4km，管径 DN350mm，设计压力 6.3Mpa。

2018 年 5 月提交于都段 – 宁都段 0 版施工图，目前正处于项目施工阶段。

（2）宁都 – 石城段

项目起于于都 – 宁都 – 广昌 – 南丰段宁都分输站，经宁都县，至石城县琴江镇的石城阀室。共新建 3 座监控阀室。目标市场为石城县。管道长度约 54.7km，管径 DN250mm，设计压力 6.3Mpa。

2018 年 5 月提交宁都段 – 石城段 0 版施工图，目前正处于项目施工阶段。

（3）进贤段

项目起于西气东输二线上海支干线 4# 阀室，至进贤县张公镇的进贤分输站，共新建 1 座站场（进贤分输站）、改扩建 1 座阀室。目标市场为进贤县。管道长度约 2.6km，管径 DN200mm，设计压力 10Mpa。

2017 年 5 月初完成初步设计文件审查，目前正在进行施工图设计工作，2017 年 5 月底提交 A 版施工图。2017 年 8 月提交进贤段 0 版施工图，目前正处于项目施工阶段。

5. 江西省天然气管网工程赣州南（信丰－瑞金段）等 4 条支线项目

（1）赣州南支线（信丰－瑞金段）

项目起于赣州南支线信丰分输站，途经信丰县、龙南县里仁镇的龙南分输站、定南县历市镇的定南分输站、安远县欣山镇的安远分输站、会昌县文武坝镇的会昌分输站，至瑞金市的西气东输三线瑞金分输站，共新建 4 座场站、15 座监控阀室、改扩建 1 座场站（西气东输三线瑞金分输站）。目标市场为龙南县、定南县、安远县、会昌县。管道长度约 340.3km，管径 DN450mm，设计压力 6.3Mpa。

2017 年 5 月初完成赣州南支线（瑞金－会昌段）初步设计文件审查，目前正在进行施工图设计工作，2017 年 6 月初提交 A 版施工图。2017 年 8 月提交瑞金－会昌段 0 版施工图，2018 年 1 月提交信丰－龙南－定南段 0 版施工图。目前正处于项目施工阶段。

（2）赣州南支线（龙南－全南段）

起于赣州南支线龙南分输站，途经龙南县，至全南县下游城市燃气公司的全南门站，共新建 2 座监控阀室。目标市场为全南县。管道长度约 56.7km，管径 DN250mm，设计压力 4.0Mpa。

（3）赣州南支线（会昌－寻乌段）

项目起于赣州南支线会昌分输站，途经会昌县，至寻乌县下游城市燃气公司的寻乌门站，共新建 4 座监控阀室。目标市场为寻乌县。管道长度约 97.5km，管径 DN250mm，设计压力 4.0Mpa。

2018 年 10 月提交会昌－寻乌段 0 版施工图，目前正处于项目施工阶段。

（4）上犹－崇义段

起于江西省天然气管网上犹分输站，途经上犹县，至崇义县横水镇的崇义阀室，共新建 1 座清管阀室、3 座监控阀室、改扩建 1 座场站。目标市场为崇义县。管道长度约 45km，管径 DN250mm，设计压力 4.0Mpa。

6. 于都、兴国支线项目：于都支线项目起于于都县银坑县西气东输三线东段于都分输站、途径于都县银坑镇于都接收站，于都县仙下乡的于都阀室，至于都县岭背镇的于都清管阀室。

主要目标市场为于都县。兴国支线起于兴国县长冈乡的西气东输三线东段 6 号阀室，至兴国县长冈乡的兴国分输站。主要目标市场为兴国县。本项目主要建设 2 条输气管道，新建兴国分输站、于都接收站、于都清管阀室、于都阀室、管道总长度约 29.7km，其中于都支线管道总长度 27.8km，管径 DN250，设计压力 4MPa；兴国支线总长度约 1.9km，管径 DN150，设计压力 10MPa。

7. 广丰、玉山支线项目：广丰支线起于广丰区湖丰镇的西气东输二线上海支干线 14# 阀室，途径广丰区湖丰镇广丰分输站、壶桥镇，至广丰区下游城市燃气公司的广丰门站，目标市场为广丰区。玉山支线起于广丰区湖丰镇的广丰支线广丰分输站，途径玉山县文成镇、冰溪镇，至玉山县下游城市燃气公司的玉山门站，目标市场为玉山区。本项目主要建设 2 条输气管道，新建广丰分输站，管道总长度约 23.3km，其中广丰支线中西气东输二线上海支干线 14# 阀室 – 广丰分输站段管道长度约 1.3km，管径 DN200，设计压力 10MPa；广丰支线中广丰分输站 – 广丰门站长度约 10km，管径 DN200，设计压力 6.3MPa。

8. 遂川支线项目：遂川支线项目起于遂川县玫江乡的西气东输二线 145# 阀室，至遂川县碧洲镇的遂川分输站。目标市场为遂川县。本项目主要建设输气管道 1 条，新建遂川分输站。管道总度约 8km，管径 DN200，设计压力 10MPa。

（二）施工与调试

1. 井冈山支线、井开区支线

井冈山支线、井开区支线分别由井冈山支线、安福支线、莲花支线和井开区支线组成，共分为 5 个标段，其中井冈山支线分为 2 个标段，莲花支线、安福支线和井开区支线分别为 3 个标段。

2016 年 9 月确定了井冈山支线第 2 标段的承建单位为天津大港油田集团工程建设有限责任公司，监理单位为九江石化工程建设监理有限公司，检测单位为河北方圆工程检测有限公司。

2017 年 1 月确定了井冈山支线第 1 标段的承建单位为天津大港油田集团工程建设有限公司，监理单位为北京兴油工程项目管理有限公司，检测单位为四川派普承压与动载设备检测有限公司。

2017 年 1 月确定了井开区支线第 5 标段的承建单位为中国化学工程第四建设有限公司，监理单位为江西省赣建工程建设监理有限公司，检测单位为四川派普承压与动载设备检测有限公司。

（1）项目开工

2016 年 9 月 20 日，井冈山支线举行开工建设仪式。2016 年 11 月 10 日井冈山支线第 2 标段打火开焊，2017 年 5 月 10 日井冈山支线第 1 标段打火开焊，2017 年 7 月 14 日井开区支线打火开焊，2017 年 11 月 16 日安福支线打火开焊，2018 年 1 月 15 日莲花支线打火开焊。井冈山支线主干线起于江西省吉安市吉州区兴桥镇吉安首站，接气点来自西气东输二线吉安输气站 DN300 预留口，终点为井冈山合建站。项目建成后，可实现对井冈山市、安福县、永新县和莲花县、泰和县供气。

井冈山支线、井开区支线项目对于保护管道沿线地区的绿水青山、优化当地能源结构、缓解能源供需矛盾、助力江西绿色崛起有着重大意义。

（2）放线、扫线、布管工程

目前，已完成与井冈山支线、井开区支线沿线人民政府（吉安市吉州区、吉安县、安福县、永新县、泰和县、井冈山市）签订临时用地补偿协议，截至 2018 年 12 月 31 日，完成放线 215.02km，扫线 215.02km，布管 215.02km。

（3）管道焊接、下沟回填、地貌恢复

截至 2018 年 12 月 31 日，井冈山支线、井开区支线共完成焊接 205.48km，下沟回填累计 187.86km，地貌恢复累计 187.58km。

（4）RT、UT 检测

截至 2018 年 12 月 31 日，井冈山支线、井开区支线 RT 检测累计 21661 道，合格率 96.5%。UT 检测累计 1475 道，合格率 99.8%。

2. 赣州南支线等项目

目前赣州南支线（大余 – 信丰段）、（瑞金 – 会昌段）、进贤支线、湘东支线、樟树 – 新干段正在开展施工、监理、无损检测及钢管类物资的招标工作。

赣州南支线等项目分别由靖安支线、湘东支线、赣州南支线（大余 – 信丰段）3 条支线项目，靖安支线、湘东支线、西二线 149# 阀室 – 大余支线、大余 – 信丰支线 4 个标段组成。

2018 年 1 月确定了靖安支线勘察设计单位为中国石油管道局工程有限公司。

2017 年 8 月确定了湘东支线监理单位为天津大港油田集团建设监理有限责任公司，检测单位为重庆银河无损检测有限公司，2017 年 9 月确定了承建单位为中石化中原油建工程有限公司。

2017年8月确定了赣州南支线（大余－信丰段）检测单位为四川派普承压与动载设备检测有限公司，监理单位为南阳市油田工程建设监理有限责任公司，2017年9月确定了线路承建单位为中国化学工程第四建设有限公司，2017年12月确定了土建承建单位为新余市南英建筑工程有限公司。2017年12月确定了149#阀室－大余分输清管站－大余阀室土建承包单位为珠珊建设集团有限公司。

（1）项目开工

2018年3月8日湘东支线打火开焊。

2017年12月8日赣州南支线（大余分输站－信丰分输站）打火开焊。

2018年1月12日赣州南支线（149#阀室－大余阀室段）打火开焊。

（2）放线、扫线、布管工程

截至2018年12月31日，湘东支线、赣州南支线（大余－信丰段）共完成放线60.928km，扫线60.928km，布管60.928km。

（3）管道焊接、下沟回填、地貌恢复

截至2018年12月31日，湘东支线、赣州南支线（大余－信丰段）共完成焊接58.708km，下沟回填58.478km；地貌恢复累计29.95km。

（4）RT、UT检测

截至2018年12月31日，湘东支线、赣州南支线（大余－信丰段）RT检测累计5572道，合格率，96.72%，UT检测累计2554道，合格率98.4%。

3. 江西省天然气管网工程樟树－新干－峡江段等3条支线项目

樟树－新干－峡江段等3条支线项目分别由樟树－新干－峡江段、遂川－万安段、井开区－吉水－永丰－乐安－宜黄段3条支线项目，樟树－新干－峡江段、井开区－吉水－永丰－乐安－宜黄段、遂川－万安段3个标段组成。

2017年9月确定了樟树－新干段承建单位为中石化江汉油建工程有限公司，监理单位为天津大港油田集团建设监理有限责任公司，无损检测单位为山东中海检测工程有限公司。2018年4月确定了新干－峡江段承建单位为中国石油天然气管道第二工程有限公司，检测单位为河南安能检测技术有限公司，监理单位为北京华油鑫业工程技术有限公司。

2018年7月确定了遂川－万安段的承建单位为中国化学工程第十六建设有限公司，2018年

8 月确定了遂川 – 万安段的监理单位为濮阳中油工程管理有限公司，2018 年 9 月确定了遂川 – 万安段的检测单位为四川派普承压与动载设备检测有限公司。

2018 年 1 月确定了井开区 – 吉水 – 永丰段线路承建单位为中国石油天然气管道第二工程有限公司，土建承建单位为新余市渝北建筑工程有限公司，无损检测单位为四川派普承压与动载设备检测有限公司，监理单位为北京兴油工程项目管理有限公司。

（1）项目开工

2018 年 4 月 16 日樟树 – 新干段打火开焊。

2018 年 5 月 25 日井开区 – 吉水 – 永丰段打火开焊。

2018 年 7 月 17 日新干 – 峡江段打火开焊。

（2）放线、扫线、布管工程

截至 2018 年 12 月 31 日，樟树 – 新干 – 峡江段、遂川 – 万安段、井开区 – 吉水 – 永丰 – 乐安 – 宜黄段共完成放线 63.07km，扫线 63.07km，布管 53.76km。

（3）管道焊接、下沟回填、地貌恢复

截至 2018 年 12 月 31 日，樟树 – 新干 – 峡江段、遂川 – 万安段、井开区 – 吉水 – 永丰 – 乐安 – 宜黄段共完成焊接 59.632km，下沟回填 26.9km；地貌恢复累计 17.9km。

（4）RT、UT 检测

截至 2018 年 12 月 31 日，樟树 – 新干 – 峡江段、遂川 – 万安段、井开区 – 吉水 – 永丰 – 乐安 – 宜黄段 RT 检测累计 5249 道，合格率 98%，UT 检测累计 2300 道，合格率 98.5%。

4. 江西省天然气管网工程于都 – 宁都 – 广昌 – 南丰段等 3 条支线项目

于都 – 宁都 – 广昌 – 南丰段等 3 条支线项目分别由于都 – 宁都 – 广昌 – 南丰段、宁都 – 石城段、进贤段 3 条支线项目，于都 – 宁都支线、宁都 – 广昌支线、宁都 – 石城支线、进贤支线 4 个标段组成。

2018 年 1 月确定了于都段承建单位为中石化中原油建工程有限公司，宁都段承建单位为中石化江汉油建工程有限公司，石城段承建单位为中石化胜利油建工程有限公司。于都 – 宁都 – 石城段宁都分输站土建施工项目承建单位为江西泰如建设工程有限公司，检测单位分别为洛阳欣隆工程检测有限公司及四川派普承压与动载设备检测有限公司。施工监理单位为胜利油田恒伟工程管理有限公司。

2017 年 8 月确定了进贤支线监理单位为北京兴油工程项目管理有限公司，无损检测单位为重庆银河无损检测有限公司，2017 年 9 月确定了线路承建单位为中石化江汉油建工程有限公司，2017 年 12 月土建承建单位为江西城开建业工程有限公司。

（1）项目开工

2018 年 1 月 15 日进贤支线打火开焊。

2018 年 6 月 5 日于都分输站 –3# 阀室段打火开焊。

2018 年 6 月 5 日 3# 阀室 – 宁都分输站 – 石城支线 1# 阀室段打火开焊。

2018 年 6 月 5 日石城支线 1# 阀室 – 石城阀室段打火开焊。

（2）放线、扫线、布管工程

截至 2018 年 12 月 31 日，于都 – 宁都 – 广昌 – 南丰段、宁都 – 石城段、进贤段共完成放线 83.23km，扫线 83.23km，布管 78.14km。

（3）管道焊接、下沟回填、地貌恢复

截至 2018 年 12 月 31 日，于都 – 宁都 – 广昌 – 南丰段、宁都 – 石城段、进贤段共完成焊接 75.1km，下沟回填 25.815km；地貌恢复累计 8.69km。

（4）RT、UT 检测

截至 2018 年 12 月 31 日，于都 – 宁都 – 广昌 – 南丰段、宁都 – 石城段、进贤段 RT 检测累计 3954 道，合格率，98.9%，UT 检测累计 701 道，合格率 99.7%。

5. 江西省天然气管网工程赣州南（信丰 – 瑞金段）等 4 条支线项目

赣州南（信丰 – 瑞金段）等 4 条支线分别由赣州南支线（信丰 – 瑞金段）、赣州南支线（龙南 – 全南段）、赣州南支线（会昌 – 寻乌段）、上犹 – 崇义段 4 条支线项目、7 个标段组成。

2017 年 8 月确定了瑞金 – 会昌段监理单位为北京兴油工程项目管理有限公司，检测单位为深圳市太科检测有限公司，2017 年 9 月确定了承建单位为天津大港油田集团工程建设有限责任公司。

2017 年 12 月确定了信丰 – 龙南 – 定南段承建单位分别为中石化中原油建工程有限公司、中石化河南油建工程有限公司、中国石油天然气管道第二工程有限公司。无损检测单位为山东中海检测工程有限公司、四川派普承压与动载设备检测有限公司，施工监理单位为南阳市油田工程建设监理有限责任公司、南阳市油田工程建设监理有限责任公司。

2018 年 1 月确定了龙南－全南段勘察设计单位为中石化石油工程设计有限公司。

2017 年 10 月确定了会昌－寻乌段勘察设计单位为中国石油管道局工程有限公司，2018 年 7 月确定了承建单位分别为河北华北石油工程建设有限公司、中国化学工程第四建设有限公司。2018 年 8 月确定了监理单位分别为天津大港油田集团建设监理有限责任公司和北京兴油工程项目管理有限公司，2018 年 9 月确定了检测单位分别为深圳市太科检测有限公司、山东中海检测工程有限公司、天津滨海科迪检测有限公司。

（1）项目开工

2018 年 1 月 13 日赣州南支线（瑞金－会昌段）打火开焊。

2018 年 5 月 24 日赣州南支线（信丰分输站 –4# 阀室段）打火开焊。

2018 年 5 月 24 日赣州南支线（4# 阀室－龙南分输站段）打火开焊。

2018 年 5 月 24 日赣州南支线（龙南分输站－定南分输站段）打火开焊。

2018 年 12 月 12 日赣州南支线 12# 阀室－寻乌支线 1# 阀室段打火开焊。

2018 年 12 月 18 日寻乌支线 1# 阀室－寻乌门站段打火开焊。

（2）放线、扫线、布管工程

截至 2018 年 12 月 31 日，赣州南支线（信丰－瑞金段）、赣州南支线（龙南－全南段）、赣州南支线（会昌－寻乌段）、上犹－崇义段共完成放线 119.84km，扫线 119.84km，布管 103.22km。

（3）管道焊接、下沟回填、地貌恢复

截至 2018 年 12 月 31 日，赣州南支线（信丰－瑞金段）、赣州南支线（龙南－全南段）、赣州南支线（会昌－寻乌段）、上犹－崇义段共完成焊接 103.83km，下沟回填 50.527km；地貌恢复累计 0.14km。

（4）RT、UT 检测

截至 2018 年 12 月 31 日，赣州南支线（信丰－瑞金段）、赣州南支线（龙南－全南段）、赣州南支线（会昌－寻乌段）、上犹－崇义段 RT 检测累计 3992 道，合格率 97.9%，UT 检测累计 338 道，合格率 99.7%。

6. 于都、兴国支线项目

于都、兴国支线项目分别由于都、兴国 2 个标段组成。

2018年8月确定了于都、兴国支线承建单位为河北华北石油工程建设有限公司，监理单位为天津大港油田集团建设监理有限责任公司，检测单位为山东中海检测工程有限公司。

（1）项目开工

于都支线于2018年12月15日打火开焊。

兴国支线于2018年10月18日打火开焊。

（2）放线、扫线、焊接工程

截至2018年12月31日，于都、兴国支线放线累计3.852km，扫线累计3.852km，焊接累计3.3km。

7. 广丰、玉山支线项目

广丰、玉山支线项目分别由广丰支线、玉山支线2条支线组成。

2018年8月确定了广丰、玉山支线监理单位为天津大港油田集团建设监理有限责任公司，承建单位为中石化江汉油建工程有限公司，2018年9月确定了检测单位为深圳市太科检测有限公司。

（1）放线、线路交桩工程

截至2018年12月31日，广丰、玉山支线放线累计11.12km，线路交桩累计22.958km。

8. 遂川支线项目

2018年7月确定了遂川支线承建单位中国化学工程第十六建设有限公司，2018年8月确定了监理单位为胜利油田恒伟工程管理有限公司，2018年9月确定了检测单位为四川派普承压与动载设备检测有限公司，2018年10月确定了土建承建单位为江西省第七建筑工程有限公司。

（1）清点丈量、放线工程

截至2018年12月31日，遂川支线清点丈量累计1.466km，放线累计5.95km。

第二节 工程管理

一、天然气投资

（一）机构与职责

天然气投资工程建设主管部门为工程管理部，主要职能有：负责本项目的设计管理；负责本项目进度管理；负责本项目工程技术管理、工程计划与信息统计管理、工程调度管理、工程资料管理；负责本项目物资供应管理的审批工作；负责本项目监理管理、考核；协调设计、监理、施工、检测及人民政府监督等各参建方的工作关系；负责配合 EPC 工程的临时用地征用、临时用地附着物补偿工作；负责配合 EPC 完成公路、铁路、河道、航道通过手续办理及协调工作；负责完成工程项目外水、外电、有线电视信号、DDN、通信电话洽商接入工作；负责组织本项目工程招标评标、合同谈判工作；参与工程估算、概算审查，牵头进度款支付工作；牵头工程索赔工作；负责工程结算工作；配合财务部制订项目部月度资金使用计划。

（二）设计管理

为实现江西省天然气管网二期工程与西气东输二线同步对接投产的目标，充分利用中国石油管道设计、建设、运行的经验，2010 年 10 月 29 日，天然气投资委托中国石油天然气管道工程有限公司上海分公司为江西省天然气管网二期工程的设计单位，开展管网二期工程赣州段、吉安段、南昌九江段、大城高安段、上饶鹰潭段、萍乡新余宜春樟树段 6 大段项目的可研、初设及后续施工图的设计工作。

与此同时，天然气投资后续引入了中国石油集团工程设计有限公司西南分公司作为对接西气东输三线工程于都兴国瑞金段的设计单位，委托 CNG 母站设计经验丰富的武汉市燃气热力规划设计院有限公司作为吉安、赣州、上饶 3 座 CNG 母站的设计单位。

为做好设计管理工作，公司制定了《江西省天然气投资有限公司勘察设计管理实施细则》，并要求勘察设计各项工作的开展应遵循以下基本原则：

1. 遵守“环保优先、安全第一、以人为本、质量至上、经济适用”的设计理念，采用先进、成熟、适用的技术和工艺，积极推广应用国产设备和材料；

2. 在满足国家和行业相关设计标准和规范的基础上，积极应用天然气与管道分公司发布的油气储运项目设计规定成果，以及股东公司、公司相关设计规定，持续改进设计手段和方法，提高设计质量、设计水平和设计效率；

3. 采取有效措施提高管道系统的可靠性、安全性，确保按时、安全、连续地向用户供气；

4. 在符合国家和江西省总体规划的基础上，工程建设远近期结合，充分考虑上游气源和下游用户的因素，统筹考虑，合理布局，优化设计；

5. 重视管道沿线所经地区的生态环境保护，尊重管道沿线当地风俗习惯；

6. 在设计过程中充分考虑将来的生产运行和管理的要求；

7. 为保证设计的合理性、科学性和可实施性，要充分做到“五个结合”，即：内部结合、与合同的结合、与监理结合、与现场结合、与地方结合；

8. 进行细节设计，充分借鉴西气东输一线、二线等已建管道工程的经验和教训，消除和减少设计工作中的疏漏和不足，保证工程的设计质量，减少设计原因对以后管道运行的影响；

9. 设计工作，真正做到及时、到位、有力、主动、虚心，切实实行“首问责任制”，为工程建设顺利进行起到保驾护航的作用。

（三）施工管理

天然气投资自成立以来，由于期间公司双方股东变更、建设计划的调整、管理体制的变化，公司的部门职能机构及工程项目的管理模式也进行了几次相应的调整，以确保项目运行及工程管理满足管理需求。

1. “业主＋项目管理团队（PMT）＋设计＋监理＋承包商”的工程管理模式

鉴于公司成立之初工程管理人员及管理经验不足的情况，为了实现“与西气东输二线同步对接、同步通气”的目标，公司筛选了部分项目先期实施，并充分利用中国石油资源与经验，于 2010 年 11 月 30 日组建了江西省天然气管网二期工程建设项目部。西气东输派遣 10 名工程建设管理人员加入到项目部中，牵头组织项目的管理工作。建设项目部下辖工程技术部、投资控制部、QHSE 部、征地协调部等部门，物资采购委托西气东输采办处实施。

作为天然气投资的第一批建设的工程项目，“七站三线”工程及上饶安义站项目均在该模式下进行管理运行。该模式充分解决了项目建设初期工程建设人力管理资源等方面的短板，确保了项目的及时顺利推进，实现了省网二期工程与西气东输二线同步对接的目标。

2. “业主 +EPC+ 监理”的工程管理模式

2012 年 4 月，公司股东由中石油昆仑天然气利用有限公司调整为西气东输，项目管理模式随即发生变化，原西气东输派遣的项目管理团队人员作为股东管理人员参加公司管理及工程建设，建设项目部取消，公司建设项目管理由工程管理部、物资装备部、投资控制部、质量安全环保部、征地协调部等部门组织实施。因 2012、2013 年工程建设任务繁重，公司的工程管理力量不足，为按时完成各计划建设项目的交工投产任务、气化目标市场，公司部分工程实行 EPC 总承包，采取“业主＋监理 +EPC”模式进行管理，以统筹参建各方优势力量，保证管网建设快速顺利实施。

“业主 +EPC+ 监理”的管理模式，解决了 2012 年至 2013 年天然气投资工程任务繁重但工程管理力量不足的问题，由中国石油天然气管道局实施的 EPC 总承包，工程物资采办、施工图纸设计以及工程施工管理、征地协调均由 EPC 项目部组织实施，大大减少了业主的工程管理任务。EPC 总承包项目总计完成了新建站场及阀室 10 座、改扩建站场及阀室 3 座、输气管道 11 条的建设任务。

3.“业主 + 设计 + 监理 + 承包商”的工程管理模式

随着天然气投资管理运行模式的进一步确定，工程管理机构和管理人员日益完备成熟。由于后期建设项目较少，公司后续项目采用“业主 + 设计 + 监理 + 承包商”的管理模式。由工程管理部牵头，物资装备部、计划与财务资产部、质量安全环保部、规划与市场开发部、企管法规与审计部等部门共同参与组织工程项目的管理工作。

“业主 + 设计 + 监理 + 承包商”的管理模式，充分锻炼了公司自己的工程管理队伍，按照该种管理模式，吉安、赣州、上饶 3 座 CNG 母站，昌东支线工程均顺利完成建设验收。截至 2018 年底，西气东输三线瑞金分输站改扩建、安义接收站续建、西气东输二线昌北分输站及安义接收站扩能改造工程也已组织完成施工建设。

（四）招标管理

针对天然气投资招标管理工作，天然气投资成立招投标领导小组，制定了《江西省天然气投资有限公司招投标管理办法》，并在省重点办等上级部门的监督指导下，规范程序，科学决策。

天然气投资招标规模标准按《江西省工程建设项目招标规模标准规定》赣府发〔2004〕10 号分类执行，即勘察、设计、施工、监理、检测、采购等达到下列标准之一的，必须进行招标：

1. 施工单项合同估算价在 100 万元人民币以上的；

2. 勘察、设计、监理、无损检测等采购，单项合同估算价在 30 万元人民币以上，必须进行招标；

3. 单项合同估算低于以上标准，但项目总投资额在 1000 万元人民币以上的。

为加快工程建设，缩短建设前期准备工作时间，尽快实现与西气东输二线同步建成同步投产的目标任务，按照 2011 年 1 月 31 日重点办 10 号文回复意见，同意“七站三线及安义上饶站”开展邀请招标事宜。自 2011 年 4 月 25 日，公司先后组织完成了七站三线及安义上饶站主体施工、仪表安装施工、SCADA 系统施工、工程监理的招标工作，及时确定了工程建设的相关承包商，并组织进场施工。

（五）项目协调

天然气投资在征地拆迁及地方关系协调方面，争取省政府的高位推动和依靠基层乡镇村干部的支持并举，2010 年 12 月 22 日省政府专门召开了全省征地拆迁动员会，发布相关政策和标准，充分发挥基础干部群众的积极性，化解各类矛盾。

征地拆迁工作的模式共分两种：业主负责制和承建单位包干制。

1. 业主负责制

业主负责制是指业主负责项目临时用地征用，由业主相关人员完成临时用地及附着物拆迁补偿工作，按照合同约定的时间向承包商交付施工用地，适用于管线里程较短的建设项目。

2. 承建单位包干制

承建单位包干制是指业主将临时用地及附着物拆迁补偿工作包干委托给承建单位实施，适用于 EPC 项目或管线里程较长且工期要求较紧的建设项目。

工程站场、阀室等永久性用地征补工作由原规划计划部组织实施，并负责办理土地利用相关手续等工作。

工程临时用地在项目建设初期由征地协调部组织实施，天然气投资部门职能调整后由工程管理部负责组织。在征地协调过程中，临时用地征补模式由最初的业主负责调整为承包商负责，相关费用包干使用。临时用地征补包干模式极大提高了征地工作的灵活性及工作效率，为加快工程施工进度创造了良好条件。

据统计，截至 2018 年底，公司累计签订征补协议 130 余项。

（六）工程管理

工程管理包括设计管理、采办管理、施工管理、监理管理、投资控制管理、质量安全管理、进度管理等。为做好公司建设项目的管理工作，天然气投资先后制定了《江西省天然气投资有限公司建设工程项目管理办法》《江西省天然气投资有限公司招投标管理办法》等 8 个管理办法、13 个管理实施细则，以确保工程管理有序进行。主要做法有：

1. 不断更新完善管理制度，巩固管理工作基础

为加强工程建设项目管理，确保建设项目投资、质量、工期、安全环保的有效控制和投产后的平稳交接，先后修订了《建设工程项目管理办法》及《设计管理实施细则》等 13 项工程管理实施细则。开展了公司 QHSE 管理手册、程序文件的编制，将安全工作列入各部门和场站的

目标考核，完成了天然气投资专项应急预案和各站队现场应急预案编制等工作，形成了系统完整的规章制度体系。制度的建设和完善使工程建设管理工作的每个方面、每个环节做到有据可查，有章可循，切实解决了工作中缺位、越位、借位等问题。

2. 加强征地拆迁管理，确保为工程施工奠定良好基础

认真落实征地拆迁的各项政策。切实做到“四个到位”：一是政策宣传到位，严格履行规定程序，征地前及时组织征地公告；二是政策执行到位，严格按照征地拆迁补偿标准落实补偿；三是责任落实到位，下设现场代表，负责临时用地征地工作，负责联络线的土地丈量及地面附着物清点工作，建立层层落实的工作网络；四是资金监管到位，征地经依法批准后，依法规范实施，确保征地补偿费用及时足额支付到位，防止出现拖欠、截留、挪用。

3. 做好物资采办管理工作，确保物资供应满足现场施工安装需求

根据项目实施计划进度要求，工程管理部门及时提交物资需求计划，物资装备部根据需求时间办理物资采购工作，物资采购过程中要求厂家与设计单位签订技术协议，由设计单位逐项核实厂家的技术响应是否满足设计要求，确保了采购的质量。

4. 严抓设计管理，严格控制工程投资及设计文件的质量

严格按照《设计管理实施细则》和行业相关规章制度与要求实施设计的进度管理和质量管理，做好设计前的各项准备工作，抓好项目设计计划、专业间技术接口、设计校审、进度控制等重点环节的质量控制，要求设计紧密连接工程施工的每个环节，及时解决现场问题。

5. 加强投资管理工作职能，不断巩固工程投资控制

严格控制造价，严把进度款支付审查关，严格执行合同管理规定，使合同管理工作规范化，严格执行招标管理制度，合规依法执行采购工作，合理编制资金计划，积极推动工程结算工作。

6. 加强工程施工管理，落实好工程项目的进度、安全与质量控制

为确保工程安全施工，切实提高工程质量，根据工程建设目标计划编制总体施工进度计划表，将施工计划一步一步地展开，一项一项地分解，一件一件地落实。把抓落实摆上重要位置，对工程项目实施全过程实施质量控制。

（1）事前控制。严格审查施工队伍及人员的技术资质与条件是否符合要求；严格遵守执行施工图审查制度，对经过审查后的施工图的工程内容确保现场落实，相关变更须经业主审批；严格审核施工组织设计（方案），要求施工单位组织施工前技术交底，明确本项工程的设计要求、

技术标准、施工方法和注意事项等。

（2）事中控制。规范与参建单位收发文制度，建立定期报表制度，确保施工过程中信息畅通、准确；定期检查施工实际进度与质量情况，定期召开工程例会协调解决存在的问题。

（3）事后控制。严格已完工工程的预验收及交工验收工作，限期落实存在问题整改，为投产试运保驾护航。

二、管道分公司

（一）机构与职责

管道分公司工程建设主管部门为工程技术部，主要职责为：参与项目可研阶段的技术方案审查，负责组织具备相应资质的专业机构按照批复的可行性研究报告开展项目初步设计编制工作；负责组织项目安全设施设计、环境保护、职业卫生、消防和节能专篇编制工作；负责组织编制项目总体实施计划以及工程管理制度；负责建设项目勘察、设计、工程监理、检测、施工合同招标、签订以及管理工作；负责防洪评价专项评价报告的编制、申报工作，取得批复（备案）文件，并落实专项评价报告及其批复（备案）文件中提出的措施和建议；负责建设工程甲供物资采购管理工作；负责落实项目开工前各项准备工作，审批项目开工报告，负责组织施工图、设计变更、工程变更、工程量签证、工程进度款审查及设计技术交底；负责施工临时用地征用及补偿管理、“三穿”手续办理；负责项目实施阶段的各项工作，包括项目工期、进度、质量、安全的管理，工程信息的收集与处理等工作；负责对监理、设计、施工、检测等工程参建单位的管理，同时参与工程款支付审核工作；负责组织建设项目单位工程、隐蔽工程等中间验收、单项工程验收；负责组织编制投产保驾方案，并组织施工承包商进行投产保驾工作；负责组织竣工资料汇编、初步验收，负责组织项目投产前交接、预验收、交工验收，配合公司进行专项验收、转资、竣工验收、竣工决算等工作；负责勘察、测量、初步设计阶段文件材料，工程实施阶段文件材料及竣工资料的归档工作；负责水土保持监理工作；负责制定部门月度项目资金使用计划，并按照公司年度投资计划编制部门年度项目资金使用计划。

（二）管网规划总体思路

以实现“气化江西、县县通气”、2020年长输管道覆盖所有县（市、区）为总体目标，以满足各类用户用气需求为目标，以安全、平稳、可靠供气为前提，统筹规划、分步实施，稳步推进全省天然气管网干线、支线及配套站场设施建设。2017-2020年内完成全省管网建设，保障管网供气安全，省内管网覆盖全省 11 个设区市，将尽可能多的县市纳入管道供气范围。同时将各设区市管道实现互联互通，相互保障，充分依托国家天然气干线管道，实现全省统一的天然气管网。

1. 管网规划原则

1）安全、经济性：按照“气源就地、就近、高效分配”的原则，并考虑天然气供需平衡，多气源就近消费，互联互通，形成相互保障体系，保证全省天然气供应安全可靠。按照现有地形地貌确定管道路由，依托现有高速公路等交通便捷设施敷设管道，节约投资。

2）规划符合性、前瞻性：天然气管道应尽量避免穿越城市规划建设用地、风景名胜区的核心区等，避免对城市建设、风景名胜保护产生不利影响。

管网覆盖全省，与一期工程联络互通，基本建成与多气源相衔接的覆盖全省的一张网。考虑管廊及管径等资源紧张稀缺情况，管网规划需确保足够的弹性和前瞻性，一次规划，满足长期需求。

3）全城覆盖性：各地区经济发展不均衡造成用气承受能力差别，规划坚持需求与可能相结合、近期与远期相结合，尽可能实现“县县通气”，省管网要通达各县市以及主要大型工业用户及分布式能源基地。

4）适度超前性：省天然气管网工程是我省基础设施的重要组成部分，也是建设生态文明示范区，打造“江西样板”的重要民生基础设施。在汲取国内外天然气管道工程先进经验的基础上，坚持高起点规划，适度超前。同时根据实际条件进行合理分区，在充分利用现有天然气管道设施的基础上合理布置天然气站场和输气管线。合理分期，近远期结合。做到既有远期规划，又有近期建设计划，远近结合，更好地发挥天然气管道的环境效益、社会效益及经济效益。

2. 管网总体布置方案

充分利用中国石油西气东输二线、三线、中国石化新疆煤制气外输管道途经江西省的九江、南昌、樟树、吉安、赣州等下载点，规划“十三五”末，建设完成江西省天然气管网工程西二线 149# 阀室—大余分输站、大余分输站 - 大余门站、大余分输站 - 信丰分输站、樟树 - 新干 - 峡江、遂川 - 万安、井开区 - 吉水 - 永丰 - 乐安 - 宜黄、于都 - 宁都 - 广昌 - 南丰、进贤支线、赣州南支线（信丰 - 瑞金段）、井冈山支线、井开区支线、西二线上海支线 14# 阀室 - 广丰、广丰 - 玉山、兴国支线、于都支线、西二线 145# 阀室 - 遂川、湘东、靖安、上栗、万载等支线工程。

（三）设计管理

为实现江西省天然气管网工程与西气东输二线、三线同步对接投产通气目标，充分借鉴利用中石油、中石化等大型央企在管网设计、建设、运行的经验，2016年5月，确定中国石油集团工程设计有限公司西南分公司为江西省天然气管网工程井冈山支线、井开区支线的设计单位，开展井冈山支线、井开区支线初设及后续施工图的设计工作。2017年3月，确定中国石油工程设计有限公司西南分公司作为赣州南支线（瑞金－会昌段）、于都－宁都－石城段的设计单位。

2017年1月，确定中国石油管道局工程有限公司作为赣州南支线瑞金－会昌段、于都－宁都－石城段的设计单位。2017年3月,确定中国石油管道局工程有限公司作为赣州南支线(大余－信丰段、信丰－龙南－定南段）的设计单位。2017年10月，确定中国石油管道局工程有限公司作为赣州南支线（宁都－广昌段、永丰－乐安段、遂川－万安段）的设计单位。2018年1月，确定中国石油管道局工程有限公司作为于都支线、兴国支线勘察设计招标项目的设计单位。

2017年3月，确定中国石化工程设计有限公司作为井开区－吉水－永丰段、樟树－新干－峡江段、进贤支线、湘东支线的设计单位。2018年1月，确定中石化石油工程设计有限公司作为赣州南支线龙南－全南、上犹－崇义段的设计单位，2018年1月，确定中石化石油工程设计有限公司作为赣州南支线安远－定南、安义－靖安、遂川支线、广丰玉山支线的设计单位。

2017年10月，确定中国石油集团工程设计有限公司作为赣州南支线会昌－安远、会昌－寻乌段的设计单位。2018年1月，确定中国石油集团工程设计有限公司作为赣州南支线安远－定南、安义－靖安、遂川支线、广丰玉山支线的设计单位。

（四）项目管理

根据项目实际情况，为加强工程现场管理，采用了“工程技术部＋项目部＋标段”三级管理模式，层层把关，做好施工管理和质量监控。同时采取“老带新、传帮带”的形式，充分运用“1+1>2”团队模式，切实提高项目管控水平，从而推动企业的高效运作。2017年8月同期开工8条支线建设，2018年全年新开工20个标段，将探索采取“业主代表+PMC”进行项目群管理模式。

（五）招标管理

针对招标管理工作，成立招投标领导小组，在省重点办等上级部门的监督指导下，规范程序，科学决策。

通过完成的招标项目，确定了施工类、采购类及技术服务类等三大类的招标文件及合同模板，提高了招标效率和成功率；同时，招标项目种类多、时间紧，制定了详细紧凑的招标计划，按照时间计划节点要求，同步平行地开展多批次、多种类的项目招标工作，严格把控招标文件编制、重点办审核及控制价编制等时间，做到招标程序无缝衔接，确保招标工作按照公司整体安排部署时间要求开展。

（六）项目协调

项目协调公司采取征地外协外包制模式，充分调动施工承包商的积极性，便于其施工和外协的统一管理，不推诿，不脱节，极大提高了征地工作的灵活性及工作效率，为加快工程施工进度创造了良好条件。

（七）工程管理

工程管理包括工程物资管理、施工与外协管理、工程资金管理、工程资料管理和信息化管理等，主要从以下几方面做好工作：

1. 制度建设。编制出台了《工程变更与签证管理实施细则》《工程技术管理办法》等16项工程管理制度，并结合现场实际情况适时修订，确保工程管理有制度可依。

2. 建立工作流程标准化。编制《工程技术部工作流程汇编手册》，使岗位工作流程化、标准化；编制《施工管理手册（线路分册、场站分册）》给现场管理人员，使现场质量管理有据可依，简便快捷，标准统一。

3. 外协与施工高度配合。施工与协调工作密不可分，相互影响，结合之前办理林业、铁路公路穿越等手续，做到前瞻性和计划性，合力推进外协工作为施工工作奠定基础。

4. 工程物资管理与现场施工紧密配合。结合公司整体安排部署和施工现场进度情况，及时编制工程物资采购计划，按计划适时采购；同时，密切结合现场进度，及时订货、到货，确保工程物资与施工进度紧密结合，确保施工进度要求。

5. 严控工程变更 / 签证。对变更 / 签证时效性和权限提出明确要求，严格按照制度执行变更 / 签证权限，并对时效性严格把控，杜绝超出时效性的变更 / 签证单，为后期结算奠定了基础。

6. 工程资料管理工作至关重要。做好工程资料的分类管理，根据不同种类采取相应管理措施。做好工程资料的统计，分门别类建立台账，并及时更新，定期核对检查，确保不遗漏、不缺失。做好工程资料的督促指导和检查工作，项目部周检查和工程技术部月定期检查相结合，确保工程资料的及时性、有效性、完整性和真实性。做好工程资料及时归档工作。

7. 建立智能管控一体化平台。以建立江西天然气智能管控一体化平台为核心，基于可视化平台，全面、直观、形象地展示设计规划、施工进展、设备运行等情况，提高工程项目管理的效率和水平。实现生产经营管理的数字化、调度指挥的精细化、应急管理与风险监测的科学化管理。为管道建设者和运营者提供具有决策支撑能力的管理信息系统。

第三章　天然气终端市场工程

天然气终端市场工程分别由投资燃气和能源投资负责具体实施。

第一节　工程建设

一、投资燃气

公司自 2008 年 2 月成立至今，共有新余燃气管网改扩建工程、高安天然气利用工程、九江天然气利用工程、抚北天然气利用工程、余干天然气利用工程、德兴天然气利用工程、贵溪天然气利用工程、鄱阳天然气利用工程、湖口 LNG 公司储配项目、新余清洁能源 CNG/LNG 加气站工程、庐山西海天然气管道工程、抚州清洁能源 CNG/LNG 加气站工程等项目。各项目立项、设计、施工、竣工与投产情况如下：

（一）新余燃气管网改扩建工程建设项目

为适应城市建设发展，承载负荷城市燃气运行，新余燃气管网改扩建工程建设项目新建 DN100–DN400 管道约 250km，燃气输气体统按中压一级供气系统设计，中压输配系统从管径、管材、阀门、中低压调压设施设计、采购等按 0.4MPa 设计。改建 DN100–DN400 旧管网 80km，DN25–DN80 旧管网 300km，使得整个城市形成环状管网供气，提高管网运行压力和稳定性，规划建设 3 亿 m^3 年天然气储配站及门站。如下为管网改建及城市燃气工程的简要历程：

1.2010 年 1 月中旬，工程准备工作完成。

2.2010 年 3 月 –5 月，新余高新区高中压调压站、新余高压燃气管道和新余下村门站依次开工。

3.2010 年 12 月 15 日，完成下村门站至高新区分输站高压管线施工。

4.2010 年 12 月 19 日，完成下村门站至高新区分输站、高新区分输站至孔目江与龙潭洲路等高中压管置换通气；并与江西省天然气管网顺利对接，两场站成功投产。

5.2010 年 12 月 26 日，向第一个使用天然气的新余市人民医院住宅小区供气。

6.2011 年 7 月 4 日，新余市第一座煤气更换天然气调压站在城北茶山新城正式改造。

7.2011 年 8 月 12 日，启动天然气置换，第一个片区茶山新城 2534 户用户使用上天然气。

8.2011 年 12 月 18 日，历时 4 个月，完成城北 14 个片区置换任务，全市 6 万余用户使用上天然气。

9.2012 年 4 月 20 日，城南天然气置换工作正式启动。

10.2012 年 7 月 27 日，新余市最后一个天然气置换片区完成置换，新余市主城区全部告别焦炉煤气，用上天然气。

11.2014 年 2 月 28 日，公司成立燃气管网改造工作领导小组，启动城区老旧燃气管网改造工作。

（二）高安市天然气利用工程

高安市天然气有限公司在江西省建筑陶瓷产业基地建设天然气供气工程项目。占地 30 亩，新建一座天然气门站（天然气接收计量装置 3 套、中压调压装置 3 套）及相关配套设施，铺设天然气高压管道 5km、中压主管网 9.9km、中压支管 1.7km、调压柜、调压箱、工业专用计量柜、SCADA 系统及后方设施等，可供气 9 万 m^3。

2010 年 2 月 17 日，江西省建筑陶瓷产业基地天然气供应工程正式开工;2010 年 12 月 17 日，门站办公楼、宿舍楼、生产辅助用房（共 3700m^2）、工艺装置区等工程建设以及内部装修工程建设全面完工；2010 年 12 月 18 日，高压管道及门站通气、点火，管线正式投入运行。2011 年 12 月底整体完工，并投入使用。

（三）九江天然气利用工程

九江天然气利用工程位于九江出口加工区省天气然管网一期工程沙河分输站用地范围内。该工程规划年均日供气规模为 63.6 万 m^3；新建门站 1 座，加气子站 4 座，高压储气管网 6.8km，中压干管 186km，以及配套设施，站控系统、调度中心等。其中首期建设门站 1 座及配套管线、综合楼、生活辅助房等，建筑用地 2500m^2。

2010 年 6 月 22 日，公司开始向九江市出口加工区巨石集团供应管输天然气；2010 年 12 月 17 日，公司与江西铜业铅锌金属有限公司签订了门站土地使用协议；2011 年 8 月 11 日，湖口门站开工建设;2011 年 12 月 4 日，向江铜铅锌金属冶炼公司成功输送天然气;2017 年 5 月 29 日，开始建设三宝路 LNG 加气站项目。各项天然气开发利用工程加快了燃气工程对接工作。

（四）抚北天然气利用工程

抚北天然气利用工程包含门站、LNG 气化站、10KM 中压管线等配套工程，2010 年 8 月开工建设，2011 年 8 月 29 日正式投产通气，年供气能力达 1.3 亿方。

2011 年 1 月 16 日，LNG 气化站顺利建成并点火成功，开始向江西添光化工公司供气；2011 年 7 月 3 日，完成办公楼、辅助楼装修和门站附属工程建设，公司整体搬入门站办公和生活；2011 年 8 月 29 日，江西省级管网天然气进入抚州，举行点火仪式；随着点火成功，标志着抚州从此结束了没有管输天然气的历史；2014 年，公司取得抚北工业园区 LNG 汽车加气站项目路条。

（五）余干天然气利用工程

余干县天然气管网工程项目，门站位于余干县黄金埠工业园南部，用地约 30 亩。高中压调压站位于余干县城区东南，余黄公路起点东侧，用地面积约 1.5 亩。天然气次高压管道从门站至高中压调压站。天然气中压管道从门站、高中压调压站分别至黄金埠工业园区和余干县城区。其中，门站设计供气能力 12 万 m^3/d，新建站房及其他附属设施，建筑面积 1318m^2。供气管网中，新建天然气次高压管道 25km，设计压力 1.6MPa；新建天然气中压管道 13.48km，设计压力 0.4 MPa；并配套建设调度抢修中心。

项目实施中，严格执行环境保护、安全设施“三同时”制度。2011 年 9 月 4 日，黄金埠接收门站综合楼破土动工；2012 年 4 月 1 日，园区中压管道工程开工；2012 年 6 月中旬，门站综合楼完工；2013 年 1 月 5 日余干县城中压管道工程破土动工，施工单位为南昌市锅炉设备安装公司，设计单位为建设部沈阳煤气热力研究院，8 月 2 日县城中压管道安装工程完工，总共完成 10.5kmPE 管道（包括西六路、世纪大道、迎宾大道、德胜大道、永安路及昌万路），管道内吹扫试压全部合格；2013 年 4 月 12 日，LNG 气化站开始施工，设计单位为建设部沈阳煤气热力研究设计院；8 月 9 日，由宜春市天工建筑安装工程有限公司承建的 LNG 气化站土建工程，江西省创世纪实业有限公司承建的消防及道路工程，上海清泰液化天然气有限公司承建的工艺设备安装工程完工。期间，居民、工商业燃气工程在 2014 年初余干县城市管网通气，余干县第一批用户——迎宾花园用上天然气。2018 年 6 月，余干县乌泥食品产业园天然气管网工程启动建设。

（六）德兴天然气利用工程

德兴市天然气利用工程包含门站、液化天然气（LNG）气化站、管网等。门站和 LNG 气化站位于德兴市香屯工业园区，由储罐、空温式气化器、调压计量加臭装置、消防水池、消防泵房、站区管道、卸车台及 SCADA 监控系统等附属设施构成。门站工程于 2012 年 10 月 12 日启动建设。2013 年 10 月 17 日，公司管网一期工程投产。主城区滨河大道、银城南路、银山路、银香东路等主管网置换投产通气。2013年10月18日，公司首批民用户朱家坪小区点火通气。2014年6月18日，德兴市乐安河定向钻主管线穿越成功，为确保向江西金德铅业公司等首批工业用户供应管道天然气奠定了基础。2014年7月21日，成功为江西金德铅业公司第一台改造后的燃烧冶炼炉点火，开始向首家工业用户供应管道天然气。2016年9月20日，公司与江西大茅山集团有限责任公司正式签订《危旧房改造基础设施配套工程天然气项目建设合同》，标志着公司开发花桥镇天然气项目取得重要突破。2018年9月，大茅山垦殖场棚户区天然气管道配套建设市政中压燃气工程和德兴市经济开发区中压工程开始施工。

（七）贵溪天然气利用工程

贵溪江铜冶炼厂天然气利用工程建设项目，其起点在贵溪华润燃气门站，终点在贵溪市铜拆解园。该项目新征用地约20.22亩，铺设天然气管道总长15.5km，新建场站一座，在贵溪华润站内设置调压计量撬1座，在贵溪冶炼厂内设置计量撬1座。2013年6月，工程开工建设；2015年10月29日，工程成功点火投产。2018年，完成金属冶炼区燃气工程和调压柜控制室施工建设。

（八）鄱阳天然气利用工程

天然气门站位于江西鄱阳工业园区内，东方路与规划的Z10路交叉口东南角，用地38亩。门站设计能力586万m^3/d。新建综合办公、生产、辅助用房及相应配套设施。天然气次高压管道约4.6km，设计压力1.6MPa；设计建设中压管道约52.7km，设计压力0.4 MPa。2014年3月24日，组织项目奠基仪式，开工建设；综合楼、辅助用房等土建工程2015年1月15日竣工；2015年11月27日，与上游分输站管线碰接；2016年3月11日，开始试运营。2018年完成饶州监狱气化站项目的选址。

（九）新余清洁能源CNG/LNG加气站工程

该项目建设地点位于新余市仙女湖大道。2012年10月10日，根据新余市人民政府统一部署选址在仙女湖大道建设公司第一座加气站，完成红线规划、地勘、场地平整等事宜；并委托武汉设计院对仙女湖大道CNG加气站进行设计，2013年6月1日，CNG加气站竣工，场站设备调试完成，具备试运营条件。2013年6月2日，为第一辆CNG公交加气，开始试运营；2013年11月21日，LNG加气站工程开工；2014年9月24日，LNG加气站投产试运营。

(十) 湖口 LNG 储配项目

为贯彻江西省省委、省政府关于“建设天然气入赣工程、加快江西利用天然气工作”的重要能源战略决策，湖口液化（LNG）天然气储配项目立项建设。项目主要为江西省天然气管网提供储备、调峰气源，并满足项目周边省级天然气管网暂未覆盖的省内城、镇用气需求，以及统筹安排的省内车船用气需求。项目位于九江市湖口县金砂湾工业园内。项目主要配备 2 座两万 m^3 的液化天然气（LNG）常压储罐，目前建成一座；新建气化能力 30 万 m^3/d 的气化装置及相应配套工程。总用地面积约 602 亩。

项目初步设计评审会于 2012 年 5 月 18 日在江西省南昌市召开。2012 年 8 月 26 日，项目第二次初步设计评审会在河北省廊坊市召开。2012 年 11 月 23 日举行推进项目建设研讨会；项目与新地能源工程技术有限公司签订施工图设计合同；2013 年 11 月，公司成立湖口 LNG 储配项目项目部，2013 年 11 月 18 日，LNG 储罐基础正式开工；2015 年 9 月 3 日，储运工段工程举行开工仪式，2017 年 3 月 2 日，完成 LNG 储运工段工程竣工验收。2017 年 10 月 22 日，配套生活楼开工，2018 年 11 月竣工验收并投入使用。

(十一) 庐山西海天然气管道工程

庐山西海天然气管道工程位于庐山西海巿口旅游集镇中心，包含 1 座 LNG 瓶组站及相应配套设施，中压输气管道 9.14km，供气规模为 800Nm^3/h，该项目解决了庐山西海风景区能源储备，提高当地人民生活质量。2014 年 1 月 6 日，进行 LNG 瓶组站 LNG 气化调压加臭撬招标工作，4 月 24 日，采购的 LNG 气化调压加臭撬顺利到货，在现场完成设备吊装。2016 年 5 月 27 日，完成 A9 区燃气工程埋地管线铺设。2016 年 6 月，完成 LNG 瓶组站自控系统安装与调试。

(十二) 抚州清洁能源 CNG/LNG 加气站工程

1.2014 年 8 月 21 日，取得抚州发改委关于同意抚北工业园区 LNG 汽车加气站项目开展前期工作的“路条”《抚发改能源字〔2014〕47 号》文件。

2.2014 年 10 月 22 日，取得南丰县县政府关于同意昌厦公路 LNG/CNG 合建站项目开展前期工作的“路条”《丰发改发〔2014〕64 号》文件。

3.2015 年 6 月 25 日，取得江西省能源局关于崇仁县抚吉高速崇仁挂线 LNG 汽车加气站规划审查意见的复函《赣能综函〔2015〕56 号》文件。

4.2015 年 11 月 5 日，取得关于同意崇仁县抚吉高速崇仁挂线 LNG 汽车加气站项目开展前期工作的“路条”《崇发改字〔2015〕142号》文件。

5.2016年6月21日，在南昌召开西津大道CNG标准站方案评审会，股东双方专家组参与评审，根据评审意见对方案进行了修订。

6.2016年10月20日，协助抚州华润燃气有限公司办理并获取建设用地规划许可证，并逐步开展项目核准及建筑工程规划许可证相关证件办理工作。

7.2016年11月17日，在抚州召开了关于西津大道CNG/LNG合建站项目专家评审会议，设计院根据专家意见将项目申请报告进行修改。

8.2018年4月24日，西津大道CNG/LNG合建站项目正式开工建设。

（十三）截至2018年12月底，所属企业场站和管网统计见下表：

序号	单位名称	场站	备注
1	新余燃气公司	下村门站	城市门站：10个 LNG气化站：2个 LNG瓶组站：1个 CNG加气站：1个 LNG加气站：2个 LNG储配调峰站：1个 CNG/LNG合建站：1个
2		高新站	
3	九江公司	九江门站	
4		三宝路加气站	
5		湖口站	
6	高安公司	高安门站	
7	抚州公司	抚北门站	
8	德兴公司	LNG气化站	
9	余干公司	LNG气化站	
10		黄金埠门站	
11	鄱阳湖LNG	LNG储配调峰站	
12	贵溪公司	华润门站	
13		柏里站	
14	鄱阳公司	鄱阳门站	
15	新余清洁能源	CNG加气站	
16		LNG加气站	
17	庐山西海	LNG瓶组站	
18	抚州清洁能源	CNG/LNG合建站	

单位名称	管网长度（KM）			附属设施	
	高、次高压	中、低压	合计	阀门井	调压站/箱
新余燃气	7.5	369.85	377.4	248	550
九江公司	0	11.7	11.7	41	15
高安公司	4.885	38.08	42.97	88	36
抚州公司	0	11.14	11.14	33	22
德兴公司	0	45.53	45.53	205	72
余干公司	0	34.25	34.25	108	120
贵溪公司	15.52	5.49	21.01	31	4
鄱阳公司	0	19.09	19.09	49	47
庐山西海	0	15.18	15.18	6	4
合计	27.905	550.31	578.22	809	870

投资燃气自成立以来，始终坚持高标准严要求，尤其在工程建设领域，严把质量关和廉洁关，做负责任的人、干负责任的事，切实抓好工程建设。

二、能源投资

（一）城市管网及配套工程

1. 井冈山城市中压管网工程

2014 年 10 月，井冈山新城区金都花园至锦绣花园小区黄洋界大道市政管网工程开工，土方施工单位是井冈山市建筑工程有限公司，工艺施工单位山东军辉建设安装工程有限公司，调试单位是山东军辉建设安装工程有限公司。

2016 年 9 月，新城区锦绣花园小区至棚户区黄洋界大道市政管网工程施工，土方施工单位是井冈山市建筑工程有限公司，工艺施工单位江西天然气管道设备安装工程有限公司，调试单位是江西天然气管道设备安装工程有限公司。

2. 莲花县 LNG 储配站工程

2015 年 11 月 5 日，莲花县发改委批准同意开展“莲花县天然气利用工程”建设，项目建设内容包括：LNG 储配站及市政管网的建设、接收门站的建设。该工程由杭州城乡建设设计院股份有限公司负责设计。

3. 井冈山新城区城市中压主干管网工程

2016 年 4 月 8 日，经井冈山市发改委核发《关于核准井冈山市新城区城市天然气近期中压管网建设项目的通知》。项目施工路段途径新城区黄洋界大道（包括环内的兰花路、兰花路北、映山红路、八角楼路、茨坪路）、井冈山大道（包括环内的站前西路、站前东路、拿山路）、八面山大道、桐木岭大道等。管道全长 31km，输气压力 0.4Mpa。该工程由杭州市城乡建设设计院股份有限公司负责设计。

4. 龙市古城镇接收门站工程

2016 年 6 月 20 日，经井冈山市发改委立项《关于井冈山市龙市镇西气东输二线末站与接收门站合建站项目立项的批复》。项目总占地 10.5 亩，设计输气规模 20000Nm^3/d。该工程由杭州市城乡建设设计院股份有限公司负责设计。

5. 三清山风景名胜区天然气城市管网工程

2016 年 12 月 14 日，经上饶市发改委批准（饶发能源字〔2016〕116 号），同意建设三清山风景名胜区天然气城市管网工程，该项目建设 LNG 气化站一座，设计气化能力 2000Nm^3/h；新建中压管网 13.6km；建设 LNG 瓶组站 3 座，总投资约 2000 万元。该工程由杭州城乡建设设计院有限公司负责设计。

6. 永新县天然气利用工程

2016年12月27日，经永新县发改委批复同意建设永新县天然气利用工程，包括：合建站（接收门站及LNG气化站）1座，建设县城及工业园区85.9km燃气管网，建设天然气服务中心。该工程由中煤科工重庆设计院负责设计。

7. 其他工程

2015年2月1日，井冈山金都花园至锦绣花园小区黄洋界大道市政管网工程竣工，2015年2月6日试投产。

2015年8月15日，永新县仰山小区庭院管网工程竣工，2015年9月18日试投产。

2016年11月22日，永新县二机厂保障房小区庭院管网工程竣工，2017年1月试投产。

2016年12月15日，井冈山锦绣花园小区至棚户区黄洋界大道市政管网工程竣工，2016年12月22日试投产。

（二）加气站/输配站工程

1. 井冈山金都花园小区瓶组站工程

2013年12月31日，井冈山金都花园小区瓶组站竣工，2014年1月17日试投产。

2. 茨坪白银湖LNG汽车加气站工程

2015年6月30日，经井冈山市发改委核发《关于井冈山市茨坪LNG汽车加气站项目核准的批复》。该站按三级加气站规模建设，加气规模LNG日加气15000Nm^3/d。该工程由杭州市城乡建设设计院股份有限公司负责设计。

2016年7月6日，茨坪白银湖LNG汽车加气站工程开工建设，土方施工单位是井冈山市建筑工程有限公司，工艺施工单位成都华气厚普，调试单位是成都华气厚普。

3. 永新县LNG瓶组站工程

2015年6月27日，永新县LNG瓶组站工程竣工，2015年9月18日试投产。

4. 新城区LNG气化站工程

2015年8月10日，经井冈山市发改委核发《关于核准井冈山市城市管道天然气（中心城区）项目的批复》。该站位于新城区工业园A1区-3地块，总占地26.5亩。站内设计储存LNG 200m^3，气化能力6000Nm^3/h。该工程由杭州市城乡建设设计院股份有限公司负责设计。

5. 上饶经开区三清山西大道 CNG 加气子站工程

2016 年 3 月 31 日，经上饶市发改委批准（饶发改能源字〔2016〕23 号），同意建设上饶市三清山西大道 CNG 加气站，该站位于上饶市经开区三清山西大道，加气规模 20000m^3/d。该工程由华润（南京）市政设计有限公司负责设计。

6. 莲花县 LNG 瓶组站工程

2015 年 8 月 20 日，莲花县 LNG 瓶组站开工建设。施工单位土建部分是萍乡市联发建筑工程有限责任公司，工艺安装部分是天津安耐吉燃气技术有限公司，调试单位是天津安耐吉燃气技术有限公司。

2016 年 6 月 6 日，莲花县 LNG 瓶组站工程竣工，2016 年 7 月 10 日试投产。

7. 三清山风景名胜区枫林 LNG 加气站工程

2016 年 12 月 14 日，经上饶市发改委批准（饶发能源字〔2016〕117 号），同意建设三清山风景名胜枫林 LNG 加气站项目，该工程设计供气规模 20000m^3/d，总投资约 600 万元。该工程由杭州城乡建设设计院有限公司设计。

（三）主要指标

截至 2016 年底，公司共完成输气管网建设 39.5km，投产瓶组站 3 座，运营 LNG 加气站一座。

第二节　工程管理

一、投资燃气

（一）工程管理机构职责与工程管理制度

投资燃气各职能部门对工程建设项目具有指导、监督、服务的职责。投资燃气工程管理部是工程建设项目的业务归口管理部门。

投资燃气各职能部门工程建设管理职责：

1. 工程管理部

负责制定工程建设办法，策划和编制工程建设管理制度；负责工程承包商准入条件的确定，参与和指导工程承包商的选择、建立和评价；参与和指导工程相关专家库的建立；负责收集、整理、汇编工程技术标准、规范并推广使用；参与下属公司 A 类工程初步设计和重点工程概算审查。（注：重点工程是指对于总投资≥ 500 万元的 A 类工程或其他对公司市场开发或战略发展有至关重要的工程）；参与下属公司 A 类工程施工图设计审查，对下属公司提交的≥ 100 万元的 A 类工程预算进行审核或委托造价咨询公司审核并对其结果进行复核；对下属公司工程关键技术方案、项目招标初步方案等进行指导；负责审核下属公司根据权限需提交的工程资本性资金支出项目申请表（以下简称 CEA）；对下属公司工程建设项目计划进行备案和跟踪管理，牵头组织工程协调会等有关会议，协助下属公司解决工程建设中遇到的问题；负责检查和监督下属公司工程建设中的质量、安全、进度、造价和合同，定期或不定期抽查工程签证和变更，配合上级公司对工程项目质量、安全的阶段性检查；参与下属公司≥ 100 万元的 A 类工程竣工验收。（注：≥ 100 万元是指设备材料购置费与建筑安装工程费的合计≥ 100 万元，下同）；负责复核下属公司≥ 100 万元的 A 类工程结算并下达批复意见。

2. 投资发展部

负责指导下属公司 A 类工程的前期策划；负责牵头组织审查下属公司 A 类工程投资立项申请和可行性研究报告；参与下属公司 A 类工程初步设计和重点工程概算审查，并对重点工程概算复核；下达投资计划。

3. 安全监察部

参与下属公司 A 类工程初步设计、施工图设计审查，对关键设备选型、安全技术方案和措施进行审查；对下属公司工程建设项目的安全管理进行检查和监督；参与下属公司≥ 100 万元的 A 类工程竣工验收。

4. 财务资产部

参与审核下属公司根据权限需提交的工程 CEA；负责指导和督促下属公司竣工决算工作。

5. 企业管理部

负责工程供应商平台、专家库的建设和管理；对下属公司工程项目发包和招标初步方案等进行指导。

6. 总经理办公室

负责对所属企业工程建设资料的归档管理工作进行指导、检查；

负责投资燃气本部工程建设资料归档管理工作的检查、督导。

7. 监察审计部

负责或组织协调工程项目各阶段的监察和审计。

8. 所属企业工程建设管理职责

工程建设项目的实施和责任主体，负责编制工程建设项目总体部署方案；负责制定并落实工程建设项目的各项管理制度、实施细则、工程建设计划和预算、进度网络图等；负责工程建设项目的“质量、安全、进度、投资、环境保护”等五大控制目标的具体组织和实施。

工程管理制度自 2013 年 11 月陆续出台，截至目前共制定了 14 个工程管理制度，涵盖工程投资决策、勘察设计、招标合同、施工管理、试运投产、竣工验收与决算全过程，对设计单位、监理单位、施工单位等主要参建方均制定了专项管理办法并配套考核细则，对工程质量、安全、进度、成本等控制要素都有相应的管理要点，2015 年 12 月对其中 7 个制度进行了修订，2018 年对公司《工程建设管理办法》等十四个制度进行了修订,新制定《建设工程安全设施“三同时”监督管理办法》工程管理制度明细如下：

序号	制度名称	下发时间
1	工程建设管理办法（2018 年修订版）	2018 年 8 月 15 日
2	建设工程竣工验收管理办法（2018 年修订版）	2018 年 6 月 29 日
3	建设工程开工条件管理办法（2018 年修订版）	2018 年 6 月 15 日
4	建设工程汇报办法（2018 年修订版）	2018 年 6 月 12 日
5	建设工程总体部署编制办法（2018 年修订版）	2018 年 6 月 15 日
6	建设工程资本性支出管理办法（2018 年修订版）	2018 年 8 月 15 日
7	建设工程质量管理办法（2018 年修订版）	2018 年 6 月 15 日
8	建设工程设计变更和签证管理办法	2018 年 8 月 15 日
9	建设工程造价管理办法（2018 年修订版）	2018 年 8 月 15 日
10	建设工程施工安全管理台账	2014 年 10 月 17 日
11	建设工程技术管理办法	2018 年 6 月 15 日
12	建设工程监理管理办法	2018 年 6 月 15 日
13	建设工程施工单位管理办法	2018 年 6 月 15 日
14	建设工程设计管理办法	2018 年 6 月 15 日
15	建设工程安全设施“三同时”监督管理办法	2018 年 6 月 15 日

（二）工程管理提升

1. 工程管理培训

投资燃气通过多种方式开展工程管理人员的培训工作。

2013 年 9 月 6 日至 8 日，在投资燃气第二会议室组织了 50 余人参加工程建设项目管理培训；2014 年 1 月 11 日，组织 30 余人到贵溪公司召开工程建设现场交流会；2014 年 3 月 17 日，在投资燃气第二会议室组织了 30 余人召开五种城镇燃气户外立管材料比较的研讨会；2014 年 3 月

27 日，组织 35 人到宜丰港华公司进行工程技术交流；2014 年 5 月 19 日至 22 日，参加“NACE SINOCORR 2014 北京国际腐蚀技术大会及设备展览”；2014 年 6 月 20 日至 22 日，组织工程管理人员到杭州参加“城镇燃气工程施工管理与燃气工程竣工验收”培训；2014 年 10 月 31 日，组织 30 余人到江西天然气管道防腐公司实地学习；2014 年 11 月 21 日，在投资燃气第二会议室组织了 30 余人参加工程管理人员工作能力提升培训；2015 年 7 月 30 日至 31 日，在投资燃气第二会议室组织了 40 余人参加的 CAD、造价培训。2016 年 3 月 3 日至 4 日，组织工程管理人员 40 余人在新余开展了工程管理制度宣贯暨加气站工程建设技术培训，并到新余清洁能源仙女湖加气站现场进行了参观交流。2016 年 11 月 1 日，组织职能部门学习燃气工程技术基础知识，并以考促学进行了考试。2016 年 11 月 29 日，在投资燃气第二会议室组织了 30 余人参加的燃气工程管理与燃气工程施工知识培训。2017 年 5 月 27 日，在公司第二会议室组织了 QC 小组活动知识培训以及天然气造价知识培训；2018 年 4 月 25 日，在公司第一会议室组织了造价知识及软件应用培训。

2. 工程管理技术文件

工程管理技术文件自 2014 年 12 月陆续出台，截至目前共制定了 16 个文件，涵盖工程施工、工程造价、工程手续办理、燃气 SCADA 系统等方面。明细如下：

序号	制度名称	下发时间
1	工程推荐做法及管理图册	2014 年 12 月 15 日
2	定向钻施工指引	2015 年 2 月
3	汽车加气站（LNG、CNG）施工指引	2015 年 4 月
4	保障高压、次高压用钢管质量指引	2015 年 6 月
5	燃气工程建设手续办理指引	2015 年 6 月 12 日
6	燃气工程项目手续办理清单	2015 年 8 月 27 日
7	地上燃气设施施工指引	2015 年 9 月
8	地下燃气设施施工指引	2015 年 11 月
9	常规燃气工程造价学习手册	2015 年 12 月 18 日
10	小区和市政燃气工程竣工资料模板	2016 年 5 月 9 日
11	场站和市政燃气管道工程施工质量检查表	2016 年 5 月
12	燃气 SCADA 系统基础知识学习手册	2016 年 6 月
13	中低压燃气管道工程质量控制清单	2016 年 7 月
14	天然气工程快速报价清单	2016 年 9 月
15	天然气工程快速估价系统	2016 年 10 月
16	工程做法及管理图册	2016 年 11 月 14 日
17	工程建设指引	2017 年 8 月 24 日

3. 工程质量控制（QC）活动

为激发全体员工参与工程质量管理的积极性和创造性，投资燃气自2014年起组织开展QC活动，以生产经营和工程建设为活动重点，开展质量改进和创新工作，选择技术含量高、适用范围大、可以取得实效的QC课题。并分别于2015年3月3日、2015年12月25日、2016年11月30日在公司第二会议室举办了2014年、2015年、2016年QC活动成果发布会。

2014年QC活动成果发布会课题

序号	单位	课题	备注
1	新余燃气	提高管沟开挖效率	一等奖
2	九江公司	控制供销差率	二等奖
3	高安公司	提高管网安全运行保障能力	二等奖
4	新余清洁能源	CNG、LNG加气站气损控制	三等奖
5	鄱阳湖LNG	大容积LNG储罐焊接工艺质量控制	三等奖
6	贵溪公司	做好球阀维保降低球阀故障风险	三等奖
7	德兴公司	CNG供气运输保障措施	优秀奖
8	抚州清洁能源	提高项目开发进度	优秀奖
9	抚北公司	提高客户安全用气能力	优秀奖
10	新余清洁能源	LNG车用气市场开拓	
11	鄱阳公司	提升安全文明施工管理水平	
12	安装公司	全面提升工程安全质量	
13	庐山西海	降低第三方对管道的破坏率	

2015年QC活动成果发布会课题

序号	单位	课题	备注
1	高安公司	如何降低供销差率，提高经济效益	一等奖
2	鄱阳公司	降低燃气阀门井积水率	二等奖
3	贵溪公司	维护客户关系，巩固区域市场地位	二等奖
4	鄱阳湖LNG	混凝土施工质量控制	三等奖
5	都昌公司	如何提高大理石路面恢复质量，降低返工概率	三等奖
6	新余燃气	完善用户信息管理系统　提高报装工作效率	三等奖
7	抚北公司	提高员工阀门检维修工作能力	
8	九江公司	物资采购成本控制	
9	安装公司	居民户外安装样板工程	
10	庐山西海	提高场站安全隐患整改率	
11	德兴公司	定向钻工程管理	

2016 年 QC 活动成果发布会课题

序号	单位	课题	备注
1	抚北公司	解决调压设备喘振，保障生产平稳运行	一等奖
2	余干公司	通过信息化管理提升用户服务质量	二等奖
3	新余燃气	提高泄漏自查率	二等奖
4	德兴公司	降低供销差率	三等奖
5	九江公司	提高输配设备管理质量	三等奖
6	新余燃气	提升入户安检率	三等奖
7	九江公司	提高输配运行质量管理	
8	鄱阳湖 LNG	设备成品保护	
9	高安公司	降低用户调压计量柜（箱）运行故障率	
10	庐山西海公司	埋地管线回填土施工改进	
11	贵溪公司	保障不均衡大型工业用户平稳供气	
12	管道安装公司	服务提升活动	
13	新余清洁能源	CNG 机械子站压缩机能耗分析	
14	都昌公司	管道合理碰接，保障管道安全并有效提高能源使用	

2017 年 QC 活动发布会课题

序号	单位	课题	备注
1	高安公司	提高管网阴极保护电位合格率	一等奖
2	新余燃气	完善公服市场开发流程，提高市场开发效率	二等奖
3	九江公司	提高天然气门站出口温度	二等奖
4	余干公司	工程建设阶段提升管网本质安全	三等奖
5	新余清洁能源	提高 LNG 加气站服务质量	三等奖
6	鄱阳湖 LNG	储罐蒸发率分析	三等奖
7	抚北公司	天然气场站降噪措施应用	
8	贵溪公司	适应公司市场开发需求，改造场站调压技术功能	
9	德兴公司	工程项目流量计设计选型	
10	安装公司	“内强素质、外树形象”——施工员培训	
11	防腐公司	提高 3PE 防腐管质量，控制不良品率	

2018 年 QC 活动发布会课题

序号	单位	课题	备注
1	高安公司	提高燃气管道水平定向钻施工过程中示踪线完好率	一等奖
2	鄱阳湖 LNG	创新班组建设，提高工作效能	二等奖
3	余干公司	精细化现场施工管理提升管道质量安全	二等奖
4	管道防腐公司	合理控制 3PE 生产耗料	三等奖
5	抚北公司	燃气管网阀井设备新型防腐材料应用	三等奖
6	新余公司	提高城镇燃气管网改造效率	三等奖

续表：

序号	单位	课题	备注
7	贵溪公司	深入挖掘潜在用气点，逐步营造园区新环境	
8	抚北公司	燃气管网阀井设备新型防腐材料应用	
9	德兴公司	提高燃气加臭量准确率	
10	安装公司	镀锌排管的拐角处理	
11	新余清洁能源公司	提高 LNG 车用气瓶充装量，保证充满率	
12	都昌公司	提高波纹金属管销售，增强客户安全用气	

（三）安全、质量、进度等过程的管理

工程管理部自 2013 年 2 月 5 日成立以来，按照母子公司管理控制体系，履行部门在工程建设中的监督、指导、服务职责，通过下发通知与文件、工程检查、牵头评审会与竣工验收会、日周月报的跟踪与服务、结算审核与批复、建立工程供应商库等手段对工程安全、质量、进度、成本等进行管理。

为推进投资燃气工程管理工作的科学化、规范化、标准化发展，依据国家、行业等有关法律法规和标准，结合公司工程管理实际，2014 年编制了《工程推荐做法及管理图册》，涵盖场站、管网设施、调压设施、立管、户内管等施工内容，组织了两次专家评审，于 2014 年 12 月 1 日发布实施，2016 年，结合日常检查和实践经验对图册进行了认真总结和修订，修订后的《工程做法及管理图册》内容更加丰富并更贴公司实际，于 2016 年 12 月 1 日发布实施，图册对规范工程施工过程及统一施工标准起到了一定作用。随着公司业务持续发展，在建工程项目不断增加，为规范公司工程建设管理，提高工程管理工作效率，2018 年收集、汇总、更新、研究国家和各省市最新的工程法律法规及规范，及时进行了收集和传达，按照最新制度和相关法规规范，修订完善了公司《工程建设指引》，并印刷成册。

为加强公司工程项目的投资控制与管理，规范工程造价管理工作，2015 年编制了《常规燃气工程造价学习手册》，涵盖工程造价基本知识、常规燃气工程概算参考、综合单价参考、材料价格参考、有关造价文件等内容，组织了专家评审，并经公司办公会审议通过，于 2015 年 12 月 18 日发布，手册具有较强的实用性、指导性和操作性，为更好地做好工程造价服务工作，2016 年 3 月编制了《天然气工程快速估计清单》，涵盖管网工程造价参考、用户安装工程造价参考、场站工程造价参考、房屋建筑工程造价参考，于 2016 年 9 月发布，在《常规燃气工程造价学习手册》和《天然气工程快速估计清单》基础上，公司 2016 年 10 月开发了《天然气工程快速估

价系统》并在公司ECXCEL服务器上线，公司相关人员可登陆ECXCEL服务器进行工程快速估价，有利于提升非技术人员尤其是市场开发人员快速估价的能力。

为提升工程内部管理，2016年3月开展了工程5S（整理、整顿、清洁、清扫、素养）管理活动，编制了《工程5S管理内容和实施方案》，对工程管理进行系统性规范，从组织学习、宣传推广、自查、导入实施、检查和评比等基础性工作着手，形成流程化、标准化、考核化的管理意识。

1. 下发通知与文件

（1）加强工程建设监管，全力推进工程建设，2013年2月21日下发了《关于上报2013年工程建设项目基本情况及进度计划的通知》。

（2）为及时了解各项工程建设项目情况，加强对工程施工过程的督促监管，2013年5月29日下发了《关于上报2013年月度工程建设统计报表的通知》。

（3）2013年8月26日下发了《关于转发控股公司开展闲置工程物资清理工作的通知》，对工程物资清理、建立台账、完善制度等做了要求。

（4）为保证冬季施工的质量和安全，2013年11月20日下发了《关于做好建设工程冬季施工的通知》。

（5）为回顾总结2013年工程建设管理各项工作及存在的问题，安排部署2014年工程管理工作，并鉴于年底，督促各企业施工承包商及时支付农民工工资，2013年12月16日下发了《关于加强当前工程管理工作的通知》。

（6）为加强雷雨多发季节施工的质量和安全，2014年3月12日下发了《关于做好建设工程雨季施工的通知》。

（7）为规范分包行为，2014年6月19日下发了《关于进一步规范各企业建设工程承包商分包行为的通知》。

（8）为全面了解各单位工程竣工验收情况，及时办理工程结算，避免引起相关纠纷，2014年9月3日下发了《关于开展工程竣工验收及结算检查的通知》。

（9）2015年2月2日下发了《关于加强工程物资管理的通知》，对工程物资采购、进场验收、出入库、库存管理、驻场监造等做了要求。

（10）针对余干黄金埠门站工程、贵溪江铜冶炼厂天然气利用工程、江西鄱阳天然气利用工程等主体项目基本完成，即将投产运行，2015年7月17日下发了《关于做好“三查四定”的通知》，通知明确了“三查四定”方案和各专业主要检查内容。

（11）为进一步规范工程项目依规建设、合法运营，确保工程项目在建质量和运营安全，2015年8月27日下发了《关于严格履行工程项目建设、运营基本程序和进一步完善相关手续的通知》。

（12）针对江西天然气管道设备安装工程有限公司成功中标新钢棚户区改造燃气工程和新钢社区移交燃气管道工程，实现了承接外部公司业务的突破，2016年2月29日下发了《关于进一步加强项目施工管理的通知》。

（13）针对江西省鄱阳湖液化天然气有限公司在工程建设成本控制、流程执行方面存在一些不足，2016年6月15日下发了《关于进一步加强工程建设成本控制和提升流程执行力度的通知》，对设计变更、现场签证等方面管理做了要求。

（14）按照国务院发文要求清理规范工程建设领域各类保证金及为避免因保证金和工程结算款支付而引起相关纠纷，2016年9月2日下发了《关于清理规范工程各类保证金和及时组织工程竣工验收与结算工作的通知》。

（15）为进一步规范所属企业工程项目中示踪线的安装使用，防范可能存在的问题，2017年10月11日，下发了《关于对示踪线安装使用情况摸底调查的通知》。

（16）为认真贯彻落实上级单位关于开展工程建设领专项治理的通知的要求以及公司“八项规定自查自纠视频动员会”精神，动员各所属企业在工程项目招标、物资采购、工程建设规范方面进行全方位的自查，并于2018年6月21日形成自查报告。

2.工程检查

（1）2014年6月3日，工程管理部完成《质量检查表》编制，为工程质量检查提供依据。

（2）2014年7月7日~17日，工程管理部组织开展2014年上半年工程质量检查，对在建工程项目的工程管理、质量控制等情况进行了一次全面的排查摸底。

（3）2014年8月7日，工程管理部在南昌组织召开2014年上半年工程质量检查总结会、QC活动部署会，会议全面分析在建项目的质量情况，为后续工程建设树立今天的工程质量就是明天的运营安全的质量意识。

（4）2014年11月3日~19日，工程管理部与新余燃气公司组织人员轮岗交流，深入了解所属企业工程管理现状，帮助其理顺工程管理流程。

2013年工程检查12次，2014年工程检查21次，2015年工程检查18次，2016年工程检查16次，

2017年工程检查29余次，2018年工程检查30余次。

3. 牵头工程评审会与竣工验收会

（1）2013年3月13日，牵头组织德兴银香东路枫树岭段中压管道工程施工图设计方案评审会。

（2）2013年3月28日，牵头组织余干黄金埠门站综合楼及工业园区市政管网工程竣工验收。

（3）2013年4月28日，牵头组织高安中压管道二期工程初步设计评审会。

（4）2013年5月7日，牵头组织贵溪天然气利用工程办公楼设计方案评审专题会。

（5）2013年5月7日，牵头组织鄱阳天然气门站工艺和规划设计方案评审会。

（6）2013年5月28日，牵头组织新余清洁能源CNG加气站工程投产前方案论证会。

（7）2013年6月5日，牵头组织新余清洁能源仙女湖大道LNG加气站项目初步设计评审会。

（8）2013年7月22日，牵头组织庐山西海项目工艺流程及建筑效果评审会。

（9）2013年11月28日，牵头组织德兴乐安河次高压B级天然气管道定向钻穿越工程设计方案评审会。

（10）2014年4月25日，牵头组织德兴生产辅助用房工程竣工验收。

（11）2014年7月25日，牵头组织德兴香屯工业园区硫化工产业园中压管道工程和LNG气化站工程项目评审会。

（12）2014年8月1日，牵头组织湖口LNG储配项目综合楼土建及储罐基础工程竣工验收。

（13）2014年8月27日，牵头组织鄱阳发展大道中压燃气管道工程竣工验收。

（14）2014年9月15日，牵头组织德兴市银香东路（门站至北门段）中压燃气管道工程竣工验收。

（15）2014年9月16日，牵头组织余干县城中压管网工程和城西LNG气化站工程竣工验收。

（16）2015年2月12日，牵头组织新余清洁能源CNG/LNG加气站工程。

（17）2015年3月10日，牵头组织湖口LNG储配项目综合楼装修工程竣工验收。

（18）2016年3月17日，牵头组织贵溪天然气利用工程竣工验收。

（19）2016年6月1日，牵头组织九江加气站施工图评审。

（20）2016年11月9日，牵头组织鄱阳天然气利用工程竣工验收。

（21）2017年3月2日，牵头组织湖口LNG储配项目储运工段施工总承包工程竣工验收。

（22）2018年11月8日，参与新余公司景源路－拓展路－明德路天然气管道工程以及仙来西大道天然气管道工程竣工验收。

（23）2018 年 11 月 23 日，参与鄱阳湖 LNG 公司储配项目生活楼工程竣工验收。

（24）2018 年 12 月 11 日，参与余干公司乌泥食品产业园天然气管网工程竣工验收。

（25）2018 年 12 月 28 日，参与鄱阳湖 LNG 公司 BOG 供给系统及气化反输系统技术改造竣工验收。

4. 工程日报、周报、月报跟踪与服务。

自 2013 年 5 月起，对所属企业每月报送的工程月报进行汇总整理，进行分析和跟踪服务，编制了 2013 年 5 月起至今的每月工程月报，对于重点工程项目，要求提交工程日报、周报，通过日报、周报、月报的及时跟踪，确保工程按计划进度进行。

2014 年 5 月 15 日，工程管理部正式实施对口服务制度，主动了解所属企业需求，加快响应速度，提高服务质量。

5. 工程结算审核与批复

（1）对德兴公司门站围墙基础工程结算进行了审核，并于 2013 年 9 月 12 日下发了《关于德兴天然气门站围墙基础工程竣工结算审核的意见》。

（2）对余干公司黄金埠门站综合楼及附属工程结算进行了审核，并于 2014 年 3 月 5 日下发了《关于余干黄金埠门站综合楼及附属工程结算审核的意见》。

（3）对德兴公司生产辅助用房工程结算进行了审核，并于 2014 年 6 月 6 日下发了《关于德兴市生产辅助用房工程结算审核的意见》。

（4）对鄱阳湖 LNG 公司储配项目围墙等工程结算进行了审核，并于 2014 年 9 月 26 日下发了《关于湖口 LNG 储配项目围墙等工程结算审核的意见》。

（5）对余干公司黄金埠门站室外辅助等工程结算进行了审核，并于2014年12月4日下发了《关于余干黄金埠门站室外辅助工程、办公楼土方及围墙工程结算审核的批复》。

（6）对鄱阳公司发展大道中压燃气管道工程（z4–z9 段）结算进行了审核，并于 2015 年 1 月 21 日下发了《关于鄱阳工业园区发展大道中压燃气管道工程（z4–z9 段）结算审核的批复》。

（7）对德兴公司银香东路中压燃气管道工程结算进行了审核，并于2015年1月26日下发了《关于德兴市银香东路（门站至北门段）中压燃气管道工程结算审核的批复》。

（8）对德兴公司银香东路中压燃气管道路面修复工程结算进行了审核，并于 2015 年 1 月 26 日下发了《关于德兴市银香东路（门站至北门段）中压燃气管道路面修复工程结算审核的批复》。

（9）对余干公司中压PE管道工程结算进行了审核，并于2015年2月3日下发了《关于余干县天然气中压PE管道工程结算审核的批复》。

（10）对鄱阳湖LNG公司储罐基础工程结算进行了审核，并于2015年2月5日下发了《关于湖口LNG储配项目LNG储罐基础工程结算审核的批复》。

（11）对鄱阳湖LNG公司储配项目临时排水工程结算进行了审核，并于2015年2月6日下发了《关于湖口LNG储配项目临时排水工程结算审核的批复》。

（12）对鄱阳湖LNG公司储配项目综合楼工程结算进行了审核，并于2015年2月12日下发了《关于湖口LNG储配项目综合楼工程结算审核的批复》。

（13）对余干公司LNG气化站土建工程结算进行了审核，并于2015年4月14日下发了《关于余干公司LNG气化站土建工程结算审核的批复》。

（14）对德兴公司枫树岭山体定向穿越工程结算进行了审核，并于2015年6月26日下发了《关于德兴市银香东路枫树岭山体定向穿越工程结算审核的批复》。

（15）对高安公司中压管道二期工程结算进行了审核，并于2015年8月27日下发了《关于高安公司中压管道二期工程结算审核的批复》。

（16）对德兴公司门站综合办公楼、生活辅助楼土建等工程结算进行了审核，并于2015年12月2日下发了《关于德兴门站综合办公楼、生活辅助楼土建主体及室外道路等工程结算审核的批复》。

（17）对余干公司LNG气化站工艺安装工程结算进行了审核，并于2015年12月15日下发了《关于余干公司LNG气化站工艺安装工程结算审核的批复》。

（18）对新余清洁能源公司仙女湖大道CNG工程站房、罩棚、围墙道路、工艺设备安装等工程结算进行了审核，并于2015年12月22日下发了《关于新余清洁能源公司CNG工程结算审核的批复》。

（19）对余干公司县城中压管道安装工程和LNG气化站道路消防工程结算进行了审核，并于2016年2月4日下发了《关于余干县城中压管道安装工程和LNG气化站道路消防工程结算审核的批复》。

（20）对鄱阳湖LNG公司储配项目综合楼装修工程结算进行了审核，并于2016年4月20日下发了《关于湖口LNG储配项目综合楼装修工程结算审核的批复》。

（21）对德兴公司中压PE管道等工程结算进行了审核，并于2016年5月3日下发了《关于德兴中压 PE 管道、香屯工业园区 2# 路次高压燃气管道等安装工程结算审核的批复》。

（22）对新余清洁能源公司仙女湖大道 LNG 工程站房、罩棚、附属设施等工程结算进行了审核，并于 2016 年 7 月 26 日下发了《关于新余清洁能源公司仙女湖大道 LNG 工程结算审核的批复》。

（23）对贵溪公司调压站撬装基础及防雷接地工程结算进行了审核，并于 2016 年 9 月 14 日下发了《关于贵溪天然气调压站撬装基础及防雷接地工程结算审核的批复》。

（24）对德兴公司 LNG 气化站土建及围墙市政工程结算进行了审核，并于 2016 年 10 月 20 日下发了《关于德兴市 LNG 气化站土建及围墙市政工程结算审核的批复》。

（25）对新余公司劳动路立交桥铁路箱涵改造土建工程结算进行了审核，并于 2016 年 12 月 22 日下发了《关于新余市劳动路立交桥铁路箱涵改造土建工程结算审核的批复》。

（26）对德兴公司乐安河管道穿越工程结算进行了审核，并于 2016 年 12 月 26 日下发了《关于德兴市乐安河天然气管道穿越工程竣工结算审核的批复》。

（27）对鄱阳公司门站综合楼等工程结算进行了审核，并于 2016 年 12 月 29 日下发了《关于鄱阳门站综合楼及附属设施、消防通道、市政道路等工程结算审核的批复》。

（28）对德兴公司天然气门站室外一期绿化工程结算进行了审核，并于 2017 年 1 月 3 日下发了《关于德兴市天然气门站室外一期绿化工程结算审核的批复》。

（29）对余干公司门站工艺设备安装及土方工程结算进行了审核，并于 2017 年 1 月 24 日下发了《关于余干县天然气门站工艺设备安装及土方工程结算审核的批复》。

6. 工程供应商库建设

（1）2013 年 6 月 19 通过对所属企业工程建设承包商的摸底调查，汇总了勘察、设计、施工、监理、无损检测、设备材料供应等承包商，建立了承包商资源库。

（2）2014 年 11 月 3 日，编制完成工程造价咨询单位入围招标文件、框架协议、拟邀请单位名单并经总经理办公会审议通过，2015 年 2 月 6 日下发了《关于下发投资燃气工程造价咨询服务商名录的通知》。

（3）2016 年 4 月，编制完成工程设计单位入围招标文件、框架协议、拟邀请单位名单并经总经理办公会审议通过，2015 年 6 月 19 日下发了《关于下发江西省投资燃气有限公司设计单位服务商名录的通知》。

（4）2015 年 9 月，编制完成工程监理单位入围招标文件、框架协议、拟邀请单位名单并经总经理办公会审议通过，2015 年 12 月 15 日下发了《关于下发江西省投资燃气有限公司工程监理服务商名录的通知》。

（5）2015年9月，编制完成加气站主要设备供应商入围招标文件、框架协议、拟邀请单位名单并经总经理办公会审议通过，2015年12月15日下发了《关于下发江西省投资燃气有限公司加气站主要设备供应商名录的通知》。

（6）2016年4月9日下发了《关于下发江西省投资燃气有限公司第一批物资供应商名录的通知》。

（7）2016年6月，编制完成PE管件、铜球阀、燃气表、调压设备等供应商入围招标文件、框架协议、拟邀请单位名单并经总经理办公会审议通过，2016年12月28日下发了《关于印发江西省投资燃气有限公司供应商库补充入围名录的通知》。

（8）为了掌握近年各工程建设承包商的整体情况，以期资源共享，服务工程管理，2018年5月9日，下发了《关于对工程建设承包商摸底调查的通知》。

二、能源投资

（一）机构与职责

能源投资设立工程管理部，负责建立工程建设项目的设计、成本、工期、质量等方面的过程控制机制，并对所属企业工程建设管理提供技术服务与支持。

部门成员由主任、副主任、工程建设管理人员、工程造价管理人员和工程施工管理人员组成。

（二）建立供应商库

能源投资通过竞争性招标筛选出资质优、服务好、价格廉的设计单位、工艺管道施工单位、造价咨询单位，通过建立供应商库，为公司及所属控股企业提高设计品质，确保工程质量，杜绝工程腐败打下良好基础。

1.在库设计单位

（1）中煤科工集团重庆设计研究院有限公司；

（2）武汉市热力规划设计院有限公司；

（3）杭州市城乡建设设计院有限公司；

（4）华润（南京）市政设计有限公司。

（5）湖南瑞华市政工程设计有限公司。

2.在库工艺管道施工单位

（1）江西天然气管道设备安装工程有限公司；

（2）南昌市特种设备安装公司；

（3）江西省安装工程有限公司。

3. 在库造价咨询单位

（1）江西万隆中审工程咨询有限公司；

（2）江西明正建筑工程咨询事务所；

（3）濮阳中原建设工程咨询有限公司。

（三）过程控制

1. 项目立项阶段

项目建议书（本部审批）—可行性研究（本部审批）—初步设计（本部审批）—工程概算（本部审批）—投资审批（A.B 类工程 50 万以上公司本部审批,C 类工程 30 万以上公司本部审批）—下达投资计划。

2. 工程设计阶段

施工图设计及工程预算（项目公司委托有资质单位编制项目施工图设计和预算，公司本部根据投资审批权限审核预算）。

3. 工程施工阶段

技术交流和指导（对于 A 类工程，项目公司组织设计单位、能源投资工程管理部、安全运营部、企业管理部等部门、相关专家对工程项目中关键设备、计量仪器、工艺技术、安全环保措施、项目发包与招标初步方案等进行交流。）—CEA 申请、审批（项目公司提出 A、B、C 类工程 CEA 申请）—工程参建单位招标（按《能源投资公司招投标管理办法》执行）—工程施工管理（项目公司组织项目开工，开工前将工程开工报告、施工组织方案、项目计划报能源投资工程管理部（A 类工程审批、B、C 类工程备案），并及时提交工程项目进度报表，工程管理部、安全运营部定期或不定期进行抽查监督）— “三查四定”（项目公司组织勘察设计、施工和监理单位开展“三查四定”）—中间交工验收（项目公司组织勘察设计、施工和监理单位进行中间交接验收）

4. 工程验收阶段

投产前安全条件确认检查验收—所属企业组织试运投产—按规定申请专项验收（对于 A 类工程，能源投资工程管理部组织竣工验收，对于 B、C 类工程，所属企业组织竣工验收。能源投资相关管理部门参与 B 类工程竣工验收）。

第四章　页岩气勘探开发工程

能源是现代社会发展的动脉。作为一次性能源匮乏的省份，江西省“缺煤无油少气”，石油天然气全部依靠外购，其主力能源煤炭省内供应不足50%，能源供应形势严峻，经济发展长期受制于能源资源瓶颈。2007年，江西省利用“川气东送”与“西气东输二线”为契机，规划建设江西天然气管网工程，在一定程度上缓解了本省的能源供给。但随着能源需求不断扩大，省内天然气供需缺口也不断增加，加之受其他外部不可控因素的制约，省内气源瓶颈的隐忧并未能得到根本性的解决。

为助推江西天然气事业发展，天然气集团在国土资源部第二轮页岩气探矿权招标中成功中标江西修武盆地页岩气区块探矿权，并独资成立了页岩气公司，专门负责油气勘查、开发、投资、建设、运营及管理等专业性工作。江西修武盆地页岩气区块探矿权的取得和页岩气公司的成立标志着江西天然气向上、中、下游产业一体化的战略目标迈出了关键性的一步，对我省天然气发展具有里程碑的意义。

修武盆地页岩气勘查项目重点完成了全区页岩气专项地质调查、满覆盖276.57km二维地震勘探、江页1井与江页2井钻完井工程（总进尺5922m）及相关配套专题研究，测试分析累计达3430件次，获取了丰富的地质资料，落实了目的层页岩储层含气性，较好地完成了钻探地质任务，通过地质综合研究，已取得一系列勘探成果认识。

按照省投资集团对天然气板块上、中、下游产业一体化发展要求，立足于修武页岩气勘查，深化地质研究的同时，勇于创新，将工作领域延伸至南鄱阳盆地致密油气和丰城煤层气，通过对上游勘探工作的不懈努力，极大拓展了油气勘探战略空间。

第一节　工程建设

一、立项与设计

（一）修武盆地

目前，全国页岩气勘探开发取得突破性进展，“十二五”新增探明地质储量5441亿m^3，

2015 年产量达到 46 亿 m^3，焦石坝、长宁 – 威远和昭通区块已实现了商业化规模开发。江西省非常规天然气勘探起步较晚，随着 2013 年全国第二轮页岩气勘查工作的全面启动，省内开展了修武盆地页岩气勘查项目及赣北其它地区非常规油气资源调查评价工作。

天然气集团于 2012 年 10 月 25 日参加了国土资源部组织的全国第二轮页岩气修武区块探矿权招标。2013 年 1 月 18 日，经国土资源部审查合格，天然气集团取得页岩气勘查项目江西修武盆地区块探矿权。公司立足修武盆地积极探索省内油气勘探工作,进一步拓展勘探的范围和领域，积极部署实施对南鄱阳盆地油气资源调查和丰城煤层气综合评价工作，为早日实现江西油气突破，打下了坚实基础。

江西修武盆地页岩气区块位于江西省西北部，隶属九江市修水县和武宁县，勘查面积为 598.279km²，地理坐标：东经 114° 19′ 30″ ~114° 40′ 30″，北纬 29° 05′ 45″ ~29° 15′ 15″。工区地形较为复杂，东部以丘陵为主，西北部为低山，整体地势西北高、东部低。勘探层系为寒武系王音铺组 – 观音堂组和奥陶系新开岭组 – 志留系梨树窝组一段两套页岩储层。2013 年 5 月 19 日修武盆地页岩气勘查工作全面启动，目前已实施了地质调查、二维地震勘探，并部署钻探了两口预探井（江页 1 井、江页 2 井），获取了目标层系页岩气关键参数，地质综合研究工作正在稳步推进中。

（二）南鄱阳盆地

南鄱阳盆地位于江西省北部，南昌市、新建区、进贤县、余干县、鄱阳县、乐平市境内，面积约 5500km²。1958–2012 年，石油地质调查队、石油部华东局、地质部、华东石油物探大队、中国石油开发公司与美国能源开发公司（中国）有限公司（EDC 公司）及中国石油浙江油田分公司先后在南鄱阳盆地开展过油气勘探工作，二维地震野外采集测线 60 余条，满覆盖总长度约 1600km，电磁测深剖面约 20 条，累计钻探 40 余口井，多口井见到了油气显示。南鄱阳盆地作为省内油气勘探重点，一旦取得突破，将极大增强省内油气自主勘探开发储备实力，满足省内能源战略需求。

为此，页岩气公司成立项目组，专门开展南鄱阳盆地油气资源前景调查评价工作，完成了资料收集整理、野外地质调查、岩样测试分析等实物工作量，并对以往在南鄱阳盆地开展过油气勘探的单位进行了调研。在消化、吸收南鄱阳盆地已有地质资料的基础上，根据野外地质调查及调研信息，对南鄱阳盆地构造特征、地层层序、沉积储层及成藏条件等方面进行了系统分析，编制了《南鄱阳盆地油气资源调查评价报告》。完成了南鄱阳盆地地质综合评价工作，明确了东区为勘探有利区。立项申请在2018年10月29日的自然资源厅16次厅长办公会上审议通过，项目设计于2018年12月18日通过专家评审验收，2019年开展二维地震勘探、钻完井工程等相关工作。

1.资料收集与整理

项目组自成立以来，大量收集了南鄱阳盆地以往开展过的油气勘探工作资料及部分实物工作量，查阅相关文献、论文100余篇，先后赴江西省煤田地质局二二三地质队、乐平市国土局收集相关地质资料73份，编制剖面图、柱状图等各类图件15幅。

2.野外地质调查

2016年5月起，页岩气公司技术人员根据现有资料分析，结合南鄱阳盆地地层出露情况，先后赴乐平市、横峰县、丰城市对区内出露的二叠系上统乐平组、三叠系上统安源组进行实地踏勘，调查了乐平市枣林、中堡、下冲坞、岩口、华紫峰、涌山、沿沟、鸣山等8处；横峰县司铺村砖瓦厂、官塘村新村小组废弃采石厂、小宋村南部山坳、大山岗－毛家湾、横峰县63S铺前路边、青板乡薛家等6处；丰城市姜家、袁家、榨里、高新园区陶瓷厂、朱家村等5处，共19处剖面点出露地层岩性特征及地层展布情况进行了观察。

2016年6月至7月，根据观察点剖面地层出露情况，项目组对乐平市涌山煤矿剖面二叠系乐平组地层进行了实测，并对该剖面进行详细分层描述及系统采样。

2016年8月至12月，针对乐平组不同岩性地层系统采样26块（涌山煤矿剖面23块、下冲坞3块），完成干酪根类型、有机碳含量、镜质体反射率等岩石测试188项次。

2017年2月至3月，为提高公司员工整体地质专业素质，掌握现代沉积规律及原理，组织相关人员对鄱阳湖现代沉积的各种地质现象进行了野外地质考察。

2018年期间先后多次赴丰城、高安、上高、景德镇及乐平一带开展野外地质调查，选取了野外实测地质剖面4条，并对乐平组地层系统采样分析共计45项次。根据前期研究成果，对建议井位及乐探1井、鸣检1井进行了现场实地踏勘，落实了井位周边的地层出露、地形地貌、道路规模、用地、河流分布等情况。

（三）丰城煤层气

丰城煤层气完成了前期资料收集整理、野外调查、调研交流，明确了勘探潜力，促成了天然气集团与中联煤层气有限责任公司合作协议的签署，启动了《江西省煤层气资源潜力分析及选区评价》项目，目前按计划开展具体研究工作。

二、施工与调试

（一）修武盆地

1. 地质踏勘

2013 年 6 月至 8 月，页岩气公司组织专业化团队对修武区块进行地质踏勘、野外剖面实测及探槽绘制，实测地质剖面 15 条，长度 15.14km，观察剖面 3 条，长度 3.78km。

2. 控制测量

2013 年 8 月 3 日 –8 月 18 日，进行区块前期踏勘以及埋石工作。2014 年 2 月 24 日 –3 月 18 日，进行 GPS 控制网数据观测和处理。GPS 控制网项目主要工作内容是在测区范围内均匀埋设 25 个新建 GPS 控制点，并联测相应的国家三角点、水准点以及 GPS 网点，最终取得 25 个 GPS 控制点成果，提供 WGS84 向北京 54 坐标系转换参数，以及区块内高程拟合参数。

3. 二维地震

2013 年 8 月 27 日测量工序上线，9 月 11 日开始试验工作，至 9 月 17 日共完成 4 个试验点采集工作，并现场对试验因素进行分析并确定了激发因素。9 月 18 日钻井开始生产，10 月 1 日开始采集，历时 38 天，采集岩石样品进行矿物组分、有机地化、储层物性等项目测试合计 952 件次，编制成果图件 128 幅，综合分析了工区地层、沉积、构造、储层及成藏特征，于 2013 年 11 月 7 日圆满完成了全部野外采集任务，开始对有利区预测及资源潜力进行评价。

4. 处理解释

2013 年 11 月至 2014 年 3 月，为保证资料处理解释的客观和真实性，选取了两家专业技术单位对地震资料进行了“背靠背”处理解释，编制各类成果图件 161 幅，其构造解释成果相吻合，为勘探部署提供了较好的科学依据。同期，根据勘查任务要求，按照 GB/T 18314–2009 全球定位系统测量规范 E 级网对修武盆地需要新建的 25 个 GPS 控制网点进行布设。2014 年 3 月 19 日，完成了 25 个 E 级网点控制测量工作，测量成果符合相关规范及设计要求。从实际建设和数据处理过程中的主要技术要求来看，该控制网已经达到 D 等级以上，部分指标达到国家规范 C 级标准。

5. 井位论证

2014 年 3 月 27 日 –28 日，在南昌召开井位论证会。会议邀请了中国工程院院士彭苏萍、中国地调局油气中心页岩气室主任包书景等14位知名非常规油气专家，就探井的井位部署进行了论证。

6.钻井工程

江页1井于2014年9月26日搬迁，10月10日一开，2015年1月8日完钻，1月24日完井。从一开开钻至完井的施工周期106天2小时，钻井周期90天23小时，建井周期120天23小时，设计井深2790m，实际完钻井深2730m，完钻层位震旦系皮园村组。江页2井于2015年10月6日搬迁，12月2日一开，2016年4月2日完钻，4月28日完井。从一开开钻至完井的施工周期148天3小时，钻井周期122天3小时，建井周期204天19小时。设计井深3225m，实际完钻井深3192m，完钻层位震旦系皮园村组。江页1井与江页2井分别开展了测井、录井、固井、取心及分析测试等相关工程项目。

（二）南鄱阳盆地

南鄱阳盆地东区页岩油气资源调查评价项目按照自然资源厅批复及项目设计并结合专家意见，开展具体实物工作。按照南鄱阳盆地油气调查工作部署，2019年启动了二维地震勘探项目，完成了地震资料野外采集施工，开展了地震资料处理解释分析工作，并部署筹备了第一口钻探井相关工作。

（三）丰城煤层气

丰城煤层气完成了以往地震资料的处理解释工作，正在开展地质综合评价分析工作。

三、竣工与投产

（一）修武盆地

1.钻完井工程验收

2015年3月31日，公司邀请有关专家对江页1井钻完井工程进行评审验收，专家组综合评定意见如下:江西修武盆地页岩气区块江页1井钻完井工程按照设计及石油天然气行业标准要求，完成了钻探任务，取全取准了各项资料，同意通过验收，并给予优秀评价。

2016年12月23日，公司邀请有关专家对江页2井钻完井工程进行评审验收，专家综合评定意见如下：江西修武盆地页岩气区块江页2井钻完井工程按照《江页2井地质设计》《江页2井钻井工程设计》《江页2井钻井工程项目承包合同》的要求圆满完成了钻探任务，并且符合石油天然气行业标准要求，取全取准了各项资料，实验测试结果真实可靠，资料齐全、内容翔实，符合要求，同意江页2井工程资料通过验收，并给予优秀评价。

（二）南鄱阳盆地

南鄱阳盆地东区页岩油气资源调查评价项目按照项目设计并结合专家意见，全面开展具体实物工作，完成了地震资料野外采集施工，开展了地震资料处理解释分析工作，并部署了第一口钻探井，目前正在筹备钻完井相关工作。

（三）丰城煤层气

丰城煤层气完成了以往地震资料的处理解释工作，正在开展地质综合评价分析工作。

四、交流与调研

（一）修武盆地

2014年1月19日至21日，页岩气公司组织技术人员赴贵州岑巩区块就天星1井页岩气钻探现场考察学习，实地了解页岩气井钻探、录井与测井情况。

2014年2月12日至14日，重庆地质矿产研究院、斯伦贝谢公司、华油能源集团公司及深圳百勤石油服务公司等单位来页岩气公司就页岩气勘探的钻井设计、管理、地层综合评价分析等相关技术进行交流。

2014年4月21日，页岩气公司受邀赴重庆参加全国页岩气勘查开发推进会。

2014年4月29日至30日，页岩气公司赴武汉参加由中国地质学会石油地质专业委员会主办的《中国非常规油气勘探开发理论与实践》学术研讨会。

2014年5月12日，中国石油川庆钻探公司、川东钻探公司专家领导来页岩气公司就页岩气勘探开发相关技术进行探讨和交流。

2014年7月26日至27日，页岩气公司受邀参加了在成都理工大学召开页岩油气勘探开发暨第七次“油气藏地质及开发工程国家重点实验室”国际研讨会。

2014年9月16日，页岩气公司受湖南华晟能源投资发展有限公司邀请，赴长沙参加地质研究综合分析及储层压裂改造研讨会。

2014年10月23至24日，页岩气公司应邀赴北京参加由山东科瑞石油装备有限公司、加拿大卡尔加里大学共同承办的2014年中加非常规油气勘探开发峰会。

2015年1月29至30日，页岩气公司应邀参加了由中国地质调查局油气资源调查中心在重庆组织召开的“国内外页岩气勘查开发技术交流会”。

2015 年 7 月 26 日至 30 日，页岩气公司赴中国石化华东油气分公司勘探开发研究院、斯伦贝谢科技服务（北京）有限公司、重庆地质矿产研究院等三家单位开展页岩气勘探开发技术交流。

2015 年 10 月 9 日至 11 日，页岩气公司应邀参加了在陕西西安召开的中国地质学会 2015 年学术年会。

2016 年 7 月 –9 月，先后多次赴中石化华东分公司、斯伦贝谢科技服务（北京）有限公司、中国石油大学（北京）非常规天然气研究院就修武盆地页岩气勘查成果及有利区优选进行交流探讨。

2016 年 9 月，参加地调局组织的全国页岩气交流会。

2016 年 10 月，邀请中国石油大学（北京）孙赞东教授就修武盆地页岩气勘探地震反演相关问题进行了深入探讨交流。2016 年 10 月赴江西省地质矿产勘查研究院原高资办杨明桂处就修武盆地构造相关问题进行沟通交流。

2017 年 3 月，参加省国土资源厅组织的江西省 2017 年页岩气调查评价项目立项论证会议，并作了相关汇报。

2017 年 4 月，参加省国土厅组织的省 2017 年页岩气调查评价项目评审会，对《赣西北早古生代页岩气调查评价》项目设计进行了汇报。

2017 年 5 月，派员参加了国家能源局组织的第四次中美页岩气培训；派员参加了中国地质地调局外协项目结题验收会，并作了汇报。

2017 年 6 月，赴北京参加国土资源部第二轮页岩气招标出让探矿权到期处理会议。

2017 年 7 月，赴重庆地质矿产研究院及重庆矿产资源开发有限公司与相关专家及技术人员就修武盆地勘查现状、地质认识作了交流，并对后续工作部署进行了分析论证。

2017 年 8 月，页岩气公司赴北京，与中国科学院院士、中石化油气勘探开发研究院院长金之钧深入交流，详细介绍了修武盆地四年勘查工作投入及进展情况，并重点就成果认识与下一步工作考虑进行了探讨。

2017 年 11 月上旬，赴重庆参加中国地质调查局油气资源调查中心组织召开的页岩气勘查进展交流会并进行相关汇报。下旬派员参加国土资源部油气资源战略中心组织的油气矿业权登记审查培训及研讨会议。

2017 年 12 月，派员参加江西省国土资源厅举办的 2017 年度地质勘查成果通报及地勘行业基本情况统计编报培训。

2018 年 1 月 15 日 –17 日，页岩气公司赴北京参加全国页岩气勘查开发技术交流会。

2018 年 4 月 16 日，页岩气公司赴中国地质调查局南京地质调查中心参加下扬子地区页岩气地质交流会。

2018 年 6 月 20 日，页岩气公司赴滨江宾馆参加省商务厅组织的省政府与国投战略合作框架协议对接推进会。

2018 年 6 月 25 日，贵州省铜仁中能天然气有限公司副总经理龚大建、中国石油大学（华东）信息与控制工程学院副院长康忠健一行两人来公司参加油气勘查工作交流会。

2018 年 7 月 6 日，长江大学石油工程学院聂法健教授来公司就页岩气勘探开发相关业务进行指导交流。

2018 年 7 月 31 日，页岩气公司与江西省科学院重大项目局挂职干部、副院长刘杰进行交流。双方就如何引进利用中国科学院重大项目石油天然气开发领域的相关技术、如何引进中国科学院先导项目落地公司进行充分的交流和沟通。2018 年 8 月 1 日，页岩气公司参加由中国矿业联合会组织的“美国油气资源投资环境与机遇”交流会。

2018 年 10 月 19 日，页岩气公司参加自然资源部组织召开的第二轮页岩气探矿权期届满考核工作会。

2018 年 12 月 8 日，页岩气公司派员参加江西省地质学会 2018 年学术年会。

2018 年 12 月 8 日，页岩气公司派员参加江西省地质学会 2018 年学术年会。

2018 年 12 月 21 日，页岩气公司赴北京参加了国家能源局组织的页岩气“十三五”规划实施效果评估会。

（二）南鄱阳盆地

2015 年 6 月，页岩气公司组织中国石油浙江油田分公司、东方地球物理勘探公司和中国石化中原油田、成都理工大学、斯伦贝谢公司等开展过南鄱阳盆地油气勘探研究相关的单位对该区块油气资源潜力进行了研讨，明确指出南鄱阳盆地具有较好油气勘探潜力。

2016 年 6 月 16 日，页岩气公司相关人员赴中国石油川庆钻探物探公司交流，获取了南鄱阳盆地最新地震构造认识成果。

2017 年 7 月 21 日至 23 日，页岩气公司相关人员先后赴中国石油东方地球物理勘探公司、中国石油浙江油田分公司进行了交流讨论，进一步明确整个南鄱阳盆地具备较好油气勘探潜力，达到了下一步继续勘探的要求。

2017 年 8 月，页岩气公司赴浙江油田分公司就南鄱阳盆地油气勘探项目进行了交流探讨。

2017 年 9 月，页岩气公司赴川庆钻探工程有限公司就南鄱阳盆地二维地震测线资料进行沟通交流。

2017 年 9 月下旬，页岩气公司赴中国地质调查局南京地质调查中心就南鄱阳盆地最新成果认识及合作进行沟通交流。

2018 年 5 月 4 日，省国土厅地勘处副处长易志东，页岩气公司一行赴自然资源部地质勘查司就南鄱阳盆地油气勘探项目立项事宜进行了深入沟通和交流，希望进一步加快南鄱阳盆地油气勘探工作进程。

2018 年 6 月 27 日，页岩气公司赴中国石油大学（北京）、国投矿业投资有限公司开展技术交流。

2018 年 6 月 28 日，页岩气公司与中石化浙江油田分公司副总经理、总地质师梁兴、浙江油田高级技术顾问张介辉以及相关专业技术人员就南鄱阳盆地油气勘探部署及井位优选进行了交流论证。

2018 年 7 月 5 日，受公司邀请，国家创新千人专家、中国石油大学（北京）地质地球物理综合研究中心主任孙赞东教授来公司就南鄱阳盆地油气勘探工作及井位部署进行了指导交流。

2018 年 7 月 27 日，页岩气公司赴省国土资源厅参加南鄱阳盆地工作交流会。省国土资源厅副巡视员龚健、地勘处副处长易志东、中国地质调查局、南京地质调查局等相关人员参加会议。

2018 年 8 月 27 日，页岩气公司赴省国土资源厅，与厅副巡视员龚健、地质勘查处副处长易志东就南鄱阳盆地油气资源调查立项工作等事宜进行沟通交流。

2018 年 8 月 29 日，页岩气公司赴江西省地质工程（集团）公司就南鄱阳钻探工程开展技术交流。

2018 年 9 月 14 日，页岩气公司赴中国石油长庆油田勘探开发研究院就致密油前期评价及后期开发进行了交流学习。

2018 年 9 月 21 日，中国石化工程研究院廖东良专家到页岩气公司进行致密砂岩油气勘探技术交流。

2018 年 10 月 17–19 日，页岩气公司邀请原江西省国土资源厅地勘基金管理中心马振兴主任，对南鄱阳盆地油气资源调查评价项目拟定的 6 条野外剖面进行落实。

2018 年 11 月 22 日，为进一步落实南鄱阳盆地鸣检 1 井附近井位部署方案，页岩气公司前往乐平市新鸣矿业公司野外基地进行了现场踏勘和沟通交流，为公司南鄱阳井位的落实提供了参考依据。

2018 年 11 月 22 日至 23 日，页岩气公司与中国石油勘探开发研究院贾承造院士、中国科学院地质与地球物理研究所朱日祥院士，就南鄱阳盆地致密油勘探开发进行了交流探讨。

2018 年 11 月 29 日至 30 日，页岩气公司赴西安石油大学地球科学与工程学院，与赵靖舟院长为首的技术团队就南鄱阳盆地油气调查工作方案进行了交流。

2018 年 12 月 11 日至 13 日，页岩气公司赴北京组织中国地质调查局油气资源调查中心翟刚毅、张家强、金春爽、余谦，中海油研究总院徐强 5 名专家对《南鄱阳盆地东区页岩油气资源调查评价》项目设计进行了初审。

2018 年 12 月 18 日，页岩气公司组织召开了江西省南鄱阳盆地东区页岩油气资源调查评价项目设计审查暨研讨会。朱日祥院士、贾承造院士、多位业内知名专家和省内相关厅局单位应邀出席会议。

2018 年 12 月 20 日，页岩气公司赴中国石油化工股份有限公司江汉油田分公司概预算中心就《南鄱阳盆地东区油气资源调查评价》项目各分项工程概预算编制方面进行沟通交流。

2018 年 12 月 22 日 –23 日，页岩气公司前往西安石油大学参加“石油天然气地质学与油气勘探开发新进展专家论坛”。

（三）丰城煤层气

2017 年 2 月，页岩气公司与中联煤层气国家工程研究中心有限责任公司相关人员就丰城煤层气相关事宜进行了沟通交流。

2018 年 4 月 16–17，页岩气公司赴南京中石化华东油气分公司勘探开发研究院学习交流煤层气勘探开发技术理论及方法。

2018 年 4 月 26 日，中联煤层气公司教授级高工，中海油非常规油气分公司总经理助理，对外合作部、科技管理部主任傅小康到公司就丰城煤层气、天然气产业发展、国际贸易等项目合作事宜进行洽谈、交流，并初步达成战略合作意向。

2018 年 7 月 10 日，页岩气公司促成天然气集团与中联煤层气公司煤层气项目战略合作签约。

2018年8月2日，页岩气公司赴中联煤层气有限责任公司与中联煤副总经理刘宗昭、总经理助理兼对外合作部和科技管理部主任傅小康及相关部门人员就如何快速落实框架协议内容、取得实质性进展进行沟通交流。

2018年9月26–27日，页岩气公司赴中联煤层气有限责任公司就加快推进江西省煤层气合作进行了沟通交流，并就前期勘探工作开展所面临的问题及相应解决方案进行了深入探讨。

2018年10月18日，页岩气公司赴北京中联煤层气有限责任公司就合作事项作进一步沟通。

2018年12月5日，中联煤层气有限责任公司副总经理吴建光、研究院副院长顾娇杨等一行三人来页岩气公司开展“江西省丰城区块煤层气勘探现状及初步认识”技术交流。

2018年12月20日，中联煤层气公司对外合作部副总经理刘一楠一行来页岩气公司就丰城煤层气项目合作事宜进行交流。

第二节　工程管理

一、机构与职责

江西省页岩气投资有限公司工程技术部是管理、协调公司各项工程施工的专业技术部门，负责实施、协调、监督钻完井、井下作业和储层改造等工程的各项环节，并负责对各阶段工作成果进行验收。

二、安全管理

（一）制度建立

为规范工程施工过程中的行为，保证作业人员的健康及安全，结合公司实际，汇编了由安全管理组织机构、安全管理办法、作业安全管理、事故管理和安全应急管理五大部分组成的18项安全管理办法，编制了测井安全作业规范、测井原始资料质量要求技术规程、常规钻进安全技术规程、放射性测井辐射防护安全规程等22项操作规程及技术要求。

（二）人员培训

为了增强员工安全意识，提高员工自救、互救和应急处置能力，将安全贯穿到每位员工的生活当中，公司不定期开展井控、井喷、硫化氢防护知识培训等相关安全知识培训，并先后组织了相关安全管理人员资格证书取证培训，取得危化品经营单位安全管理人员证书18人次，非煤矿山生产经营单位安全管理人员资格证书23人次，硫化氢防护合格证、井控合格证和HSE

合格证各 30 人次。

（三）安全检查和隐患整改

江页 1 井，全程驻井监督检查，先后组织了 11 次安全隐患排查，查出并整改隐患 21 处，未发生任何安全生产事故。

江页 2 井，214 天全程驻井监督检查，先后组织了 16 次安全隐患排查，查出并整改隐患 40 处，汛期巡回检查记录 72 天，未发生任何安全生产事故。

三、质量管理

（一）质量管理制度

为规范工程施工过程中的行为，保证工程质量，结合公司实际，编制了 22 项操作规程及技术要求：固井质量评价方法、测井原始资料质量要求技术规程、常规钻进安全技术规程、放射性测井辐射防护安全规程、固井作业规范、监理人员管理办法、气井试气工艺流程、石油钻井队安全生产检查规定、套管柱施压规程、测井安全作业规范、危险化学试剂使用与管理规定、下套管作业规程、压裂工程质量技术监督及验收规范、压裂射孔、井壁取心民爆物品管理规定、页岩气钻井技术规程、钻井作业开工验收规程、直井井眼轨迹控制技术规范、钻井过程控制及质量管理办法、钻井井场安全规程、钻井井场油、水及供暖系统安全技术要求、钻井取心作业规程、钻前工程技术要求。

建立了以工程技术部和工程监理单位为主体，各施工单位质量检查部门参与的质量检查网络，从测量放线、土建施工、设备安装到竣工验收进行全过程的质量管理。建立了自检、互检、专检及交接检查相结合的质量检查程序，形成了专检成线、群检成网的各层次的质量保证体系。

（二）优选施工单位

江页 1 井、江页 2 井钻完井工程通过公开招标的方式，对投标单位的人员资质、工程报价、施工业绩等综合分析，优选出施工单位和监理单位。

江页 1 井钻前工程施工由中国石化中原工程有限公司钻井三公司承担，工程监理单位是江西中昌工程咨询监理有限公司，钻完井工程监督单位是中国石化江汉油田分公司。江页 2 井钻前工程施工由中国石化中原工程有限公司钻井三公司承担，工程监理单位是赣州市中韵工程咨询监理有限公司，钻完井工程监督单位是濮阳市隆胜石油技术服务有限公司。

同时，在工程施工过程中，结合工程特点，在主要控制性工程设立质量管理点，甲方驻井代表、工程监理或工程监督实行旁站检查，其他工程按专业设专人分片包干，严格把关，确保质量合格。工程进度款以完成实物工程量，质量为依据经考核后发放。

（三）质量效果

1. 井身质量

江页 1 井　全井井身质量符合设计要求。二开最大井斜位于井深 75m，井斜角 3.24°，三开最大井斜位于井深 2683.51m，井斜角 12.57°。二开井段井径扩大率 3.2%，三开井段井径扩大率 0.1%。井底水平位置 46.12m，闭合方位 201.65°，全井最大井斜 12.57°，全井最大全角变化率 4.13° /30m。

江页 2 井　江页 2 井靶心距 14.16m，二开井段井径扩大率 7.38%，三开井段井径扩大率 4.2%，全井井身质量符合设计要求。

江页 2 井井身质量综合评价

	井深（m）	水平位移（m）	全角变化率	井径扩大率
设计	0~1000	≤ 20	1.00° /30m	≤ 15%
	1000~ 造斜点	≤ 30	1.25° /30m	
	造斜点 ~ 井底		16.00° /100m	
实际	0~1000	12.91	1.006° /30m	
	1000~2550	42.67	3.553° /30m	7.38%
	2550~3192	163.66	4.918° /30m	4.2%

2. 取心质量

江页 1 井取心施工分 3 段，其中梨树窝组一段、新开岭组取心 1 次，杨柳岗组取心 1 次，观音堂、王音铺组取心 1 次，全井取心 20 筒，取心总进尺 259.45m，总心长 258.99m，平均收获率 99.82%，符合设计要求。

江页 2 井取心施工共取心 30 筒（试取心 7 筒），进尺 235.88m，心长 206.6m，取心收获率 87.59%。

3. 固井质量

江页 1 井先后开展了一开表层套管固井、二开技术套管固井、三开完井固井作业，经测声幅验证，三次固井施工水泥均返至地面，固井质量合格。

江页 2 井先后开展了一开表层套管固井、二开技术套管固井、三开完井固井作业，井口不窜气，无压力，经测声幅验证，三次固井施工质量均合格。

四、进度管理

根据工程施工组织设计的总体部署，每旬编制旬计划，每周编制周计划，对施工单位的班组，要求编制日计划。在总目标的规划组织管理下，实现“日保周、周保旬、旬保月”的工期目标，确保施工进度，结合实际，确保计划的严谨性和科学性，明确主攻方向，保竣工、创优质质量工程。工程进度款以完成实物工程量、质量为依据，经考核后发放。

（一）江页 1 井

2014 年 9 月 4 日，钻前工程开始施工，9 月 26 日达到钻井队搬家条件，开始迁入新井，钻前施工期间，因协助迁坟、天气等原因无法正常施工 12 天，实际正常施工时间 13 天，整个工期达到要求。

2014 年 10 月 10 日 5：00 开始一开，10 月 16 日 15：00 二开，11 月 23 日 21：00 三开，至 2015 年 1 月 8 日 21：00 钻至 2730m 完钻，钻井周期 90.96 天，2015 年 1 月 24 日 7：00 完井，建井周期 120.96 天，全井平均机械钻速 2.51m/h。

（二）江页 2 井

钻前工程于 2015 年 10 月 13 日开始施工，原定工期 30 天，因天气原因和高压电线杆移位导致工期延长，总工期 44 天，至 11 月 16 日达到搬家条件，开始迁入新井。

2015 年 12 月 2 日 0：16 开始一开，12 月 10 日 9：00 二开，2016 年 1 月 17 日 10：00 三开，至 2016 年 4 月 2 日 3：30 钻至 3171.00m，钻井周期 122.13 天。2016 年 4 月 18 日经甲方论证决定加深 21m 口袋下气层套管，于 4 月 22 日 7：00 加深口袋 21m 至井深 3192.00m。2016 年 4 月 28 日 03：00 完井，建井周期 204.79 天，全井平均机械钻速 2.70m/h。

五、投资控制

（一）控制原则

根据省投资集团和天然气集团的投资控制管理规划和办法，在保证工程安全、质量、工期、环境保护、技术创新目标的前提下，总投资控制在集团批准的初步设计总概算内，实现最佳投资效益和社会效益。

江页 1 井、江页 2 井钻完井工程项目通过聘请濮阳中原建设工程咨询有限公司为即建工程编制概算、预算、结算，并审核，编制工程造价计价依据及对工程造价进行监控和提供有关工程造价信息资料等，使建设工程投资控制更加专业、科学。

（二）控制措施

工程建设严格按照批准的建设规模、技术标准、设计概算组织，严格执行项目建设程序，抓好工程投资的过程控制。严格执行招投标制度，组织设计单位在初步设计批复原则及规模范围内，按照方案合理、投资经济的原则对施工图进行优化，严格控制变更设计及合同费用调整。

（三）控制效果

1. 江页 1 井

江页 1 井合同金额为人民币 24822734 元，其中钻前部分 280 万元，钻完井工程部分 22022734 元。

江页 1 井钻前工程送审金额 319.59 万元，审核金额 221.28 万元，核减金额 98.30 万元。江页 1 井钻完井工程通过核减实际工作量，结算金额为 23020605.10 元，核减金额 1802128.9 元。

2. 江页 2 井

江页 2 井合同金额 24990000 元，综合单价为 4455 元 / 米，其中钻前工程合同金额 2633990 元，钻完井部分 22356010 元。

六、征地拆迁

（一）江页 1 井征地拆迁

自 2014 年 8 月 25 日起，页岩气公司先后就江西修武盆地页岩气区块江页 1 井钻完井工程与相关部门签订补偿协议。截至 2014 年 9 月 20 日，江页 1 井征地拆迁工作圆满完成，未发生任何阻碍施工事件。

（二）江页 2 井征地拆迁

自 2015 年 10 月 11 日起，页岩气公司先后就江西修武盆地页岩气区块江页 2 井钻完井工程与相关部门签订补偿协议。截至 2015 年 11 月 9 日，江页 2 井征地拆迁工作圆满完成，未发生任何阻碍施工事件。

第三篇

运　营

第一章　天然气管网一期工程

第一节　机构与职责

第二节　生产运行管理制度

第三节　生产设备运行与管理

第四节　生产调度管理

第五节　技术改造工作

第二章　天然气管网二期工程

第一节　机构与职责

第二节　生产运行管理制度

第三节　生产设备运行与管理

第四节　生产调度管理

第五节　技术改造及创新工作

第六节　技能培训与考核工作

第三章　天然气终端市场

第一节　机构与职责

第二节　经营计划

第三节　市场开拓

第四节　用户服务

第五节　储备调峰

第六节　生产运行管理

第七节　主要指标

运　营

江西天然气始终坚持“进军上游、稳固中游、拓展下游”的上中下游一体化发展战略，通过对标省内外优秀企业的运营理念与方法，结合自身实际，建立了层次分明、定位合理、业务清晰、全面有效的生产运营体系。瞄准“建设我省清洁能源现代企业”的发展目标，江西天然气在十二年的发展历程中，取得了良好的经济效益与社会效益。

江西天然气板块运营业务涉及省级管网运行和城市终端运营两个方面，由天然气集团所属二级企业负责经营管理。省级管网的运行范围涉及管网设备维护、生产调度、生产工艺改造创新、应急保供等，是保障管网运行安全，确保下游供气平稳和终端市场稳健发展的重要环节。城市终端运营围绕省天然气管网一、二期工程覆盖地区，努力开发终端市场，积极拓展业务领域，不断延伸天然气利用产业链。目前，业务范围已覆盖城市燃气、工业直供、省级 LNG 储备调峰、汽车加气、船舶加注、燃气设备及管道安装和管道防腐安装、智慧能源项目等领域。通过 12 年的发展，江西天然气板块中、下游生产运营体系日趋规范和完善，中游管网基础地位不断巩固，终端产业链不断延伸，为江西天然气的长足发展提供了重要保障和支撑。

2010–2018 年累计供应管输天然气 86.95 亿 m^3（其中一期管网 63.69 亿，二期管网 23.26 亿），年均增长率达到 166%，累计减排二氧化碳 3765 万吨、二氧化硫 42 万吨，有效地抑制了大气污染，有效地改善了江西的生态环境，为实现江西“生态立省、绿色崛起”的目标做出了积极贡献。

随着终端市场的不断开拓，居民用户总数从 2012 年的 12 万户增长至 2018 年的 26 万户。

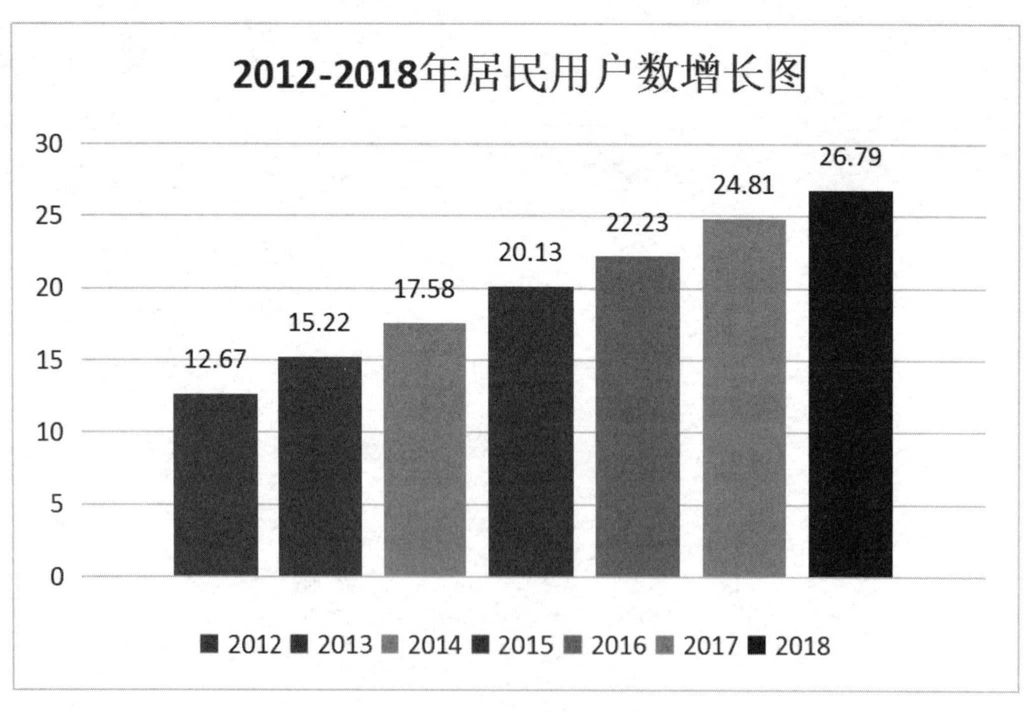

2010–2018 年省居民用户数增长图

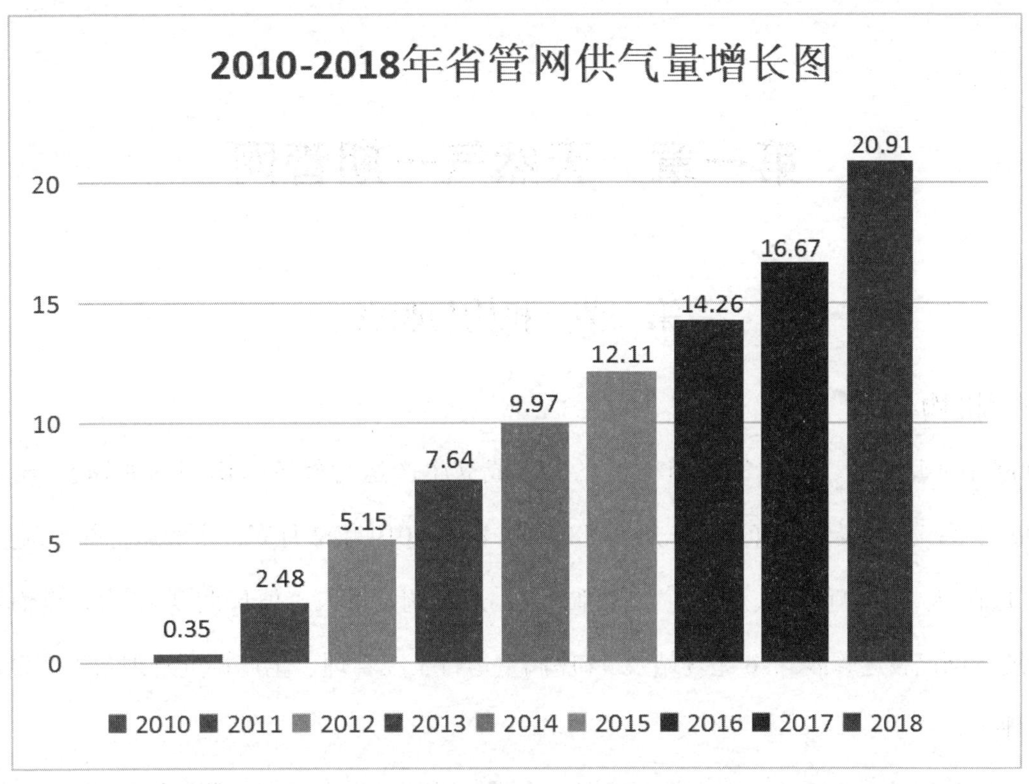

2010–2018 年省管网供气量增长图

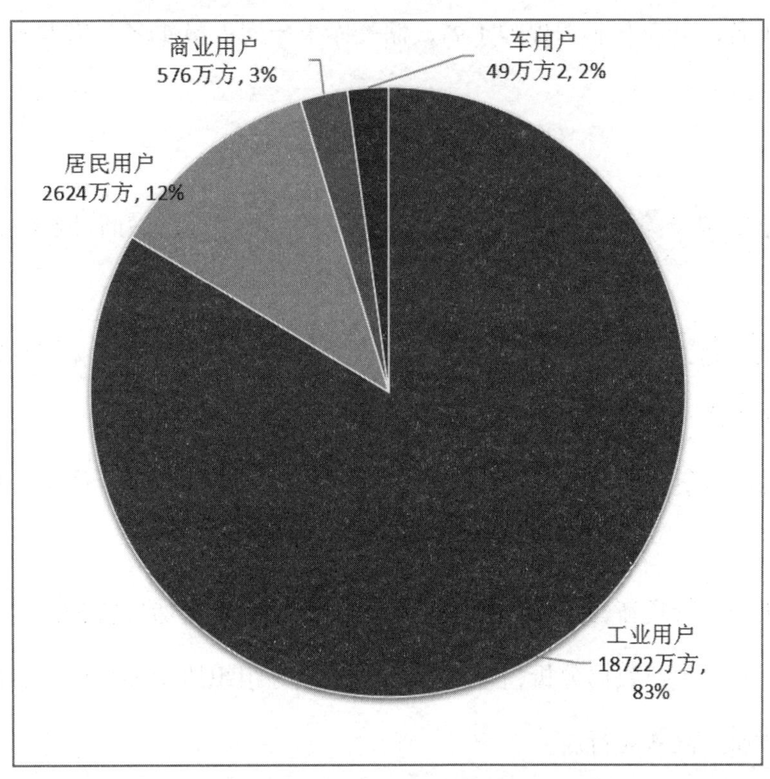

（截至 2018 年底板块用户结构）

第一章　天然气一期管网

第一节　机构与职责

一、机构

2009 年 9 月 9 日，天然气管道下发《关于成立生产运行部等六部门的通知》（赣天然气字〔2009〕33 号），天然气管道生产运行部成立。截至 2019 年 2 月底，生产运行部（调控中心）共有员工 19 人，其中负责人及专业工程师 5 人，运行调度 2 人，值班调度 12 人，全面负责天然气管道管网已投运管线、26 座场站及 44 座阀室运行工况管理、生产调度管理及生产设备运行维护管理。

部门目前配备副主任（主持工作）一名，全面负责部门日常工作及调度运行管理；副主任 1 名，同时兼有专业工程师岗位职责，负责调控中心、自控（通信）专业；工艺专业工程师 1 名，电气专业工程师 1 名，自控专业工程师 1 名，储气库事务岗人员 1 名（借调），综合事务岗人员 1 名。

二、职责

1. 全面贯彻落实国家关于安全生产的法律法规、标准规范，做好管网运行工作，营造和谐生产环境。

2. 按照天然气管道总体工作部署，统筹管理生产运行工作，严格执行天然气管道的各项生产计划，确保安全生产、平稳供气。

3. 建立健全天然气管道生产运行体系，合理调配公司各生产力量，使生产过程具有系统性、整体性和持续性。

4. 负责组织天然气管道新建、改建、扩建工程的投产试运和天然气输配系统的工艺改造工作，

5. 负责天然气管道生产数据分析，优化运行模式，做好组织协调和生产信息的上传下达工作，保障管网安全、优质、高效运行。

6. 负责天然气管道管网系统计划性维检修和事故状态下的抢修调度指挥与管理。

7. 组织召开生产例会，通报生产情况，处理生产问题，督促检查生产会议决定事项的落实执行情况。

8. 负责建立维护天然气管道计量检测体系，确保量值的统一和数据的准确，为公司的生产、经营和科研提供计量保证。

9. 负责天然气管道 SCADA 系统、阀室数据远传系统、工业电视监控系统、视频会议系统、通信系统的运行维护管理，

10. 负责天然气管道生产供配电系统的运行维护、修旧利废以及节能降耗管理。

11. 负责天然气管道天然气输配系统工艺设备的运行维护、技改创新以及标准化管理。

12. 负责组织新工艺、新技术、新材料、新设备在天然气管网生产运行中的推广应用。

13. 负责制定生产运行考核管理办法，并定期组织生产检查工作。

14. 完成领导交办的其他任务。

第二节　生产运行管理制度

一、管理制度

2018 年 1 月，为适应生产需要，印发了《江西省天然气有限公司场站管理制度汇编》，主要包括：

1. 进站须知：严禁未经许可人员入内；站内期间须听从安全人员的管理，遵守站内相关规章制度；外来人员进入生产区，必须接受安全教育，着静电防护服，关闭非防爆电子设备；站内严禁吸烟、严禁携带火种入内；未经许可，严禁动用站内设施、设备和工具。

2. 安全生产八项禁令：禁止在生产作业场所吸烟、使用明火和使用非防爆电子设备；禁止不穿戴劳动防护用品进入生产区域；禁止岗位值班人员脱岗、串岗、睡岗、酒后上岗或从事与岗位无关的事情；禁止无证人员从事特种岗位的操作；禁止无操作票、无监护人、无安全措施进行作业；禁止发生事故隐瞒不报或瞒报人员伤亡、经济损失数额；禁止违反设备操作规程进行设备操作；禁止无证驾驶、酒后行车、超速行车。

3.HSE 责任制：按照“管生产必须管安全”“谁主管、谁负责”“谁操作、谁负责”“谁签字、谁负责”“统一管理、分级负责”的原则，按单位分级对本单位 HSE 工作负责，天然气管道各级单位的行政正职或主持工作的行政副职是本单位 HSE 工作第一责任人，其他领导、职能部门

和员工，负责各自工作范围内的 HSE 工作。

4. 第三方施工管理规定：施工单位进入施工现场前必须办理入场手续，办理施工人员临时准入证，接受输气站进行的入场安全教育；施工人员进场施工，穿好劳保服装，佩戴安全帽和劳动保护用品，佩戴临时准入卡；工程开工前，业主或施工单位应当提前七日通知管理处。管理处接到通知后，24 小时内指派专门人员到达现场，并用仪器设备对管道的实际走向、位置、理深进行探测、人工开挖验证确认，现场做好标识、标示及现场交接工作。管理处要将每处第三方施工点作为重要巡检点进行巡检。属地巡线员每天一次巡检；专职巡线管理员每 2 日一次巡检，并做好巡检记录，发现问题及时报告和处理。

5.HSE 检查管理规定：外部检查：指政府监管部门依法组织的监督、检测等检查；省投资集团或天然气集团组织的综合性检查、结合安全生产情况开展的督查；内部检查：指天然气管道及各部室（中心）、各管理处根据生产情况开展计划性和临时性的自查活动。内部检查分为综合性检查、日常检查、专项检查和“三不”检查等形式。

6. 安全活动管理规定：强化安全教育，增强安全教育的实效性，提高站（队）安全活动的质量和水平，减少事故发生和职业危害，促进安全生产，每周一进行一次，每次活动不少于 1 小时，各基层单位要结合本单位安全生产实际和工作安排，实时调整站（队）安全活动的重点内容，并监督实施。

7. 安全生产管理规定：建立安全生产长效机制，防止和减少安全生产事故，切实保障员工在生产经营活动中的安全与健康；遵守国家有关安全生产法律法规，实施安全生产目标管理，健全各项安全生产规章制度，采用先进适用安全技术、装备，抓好安全生产培训教育，坚持安全生产检查，保证安全生产投入，加大事故隐患整改和重大危险源监控力度；建立并推行健康安全环境（HSE）管理体系，在基层单位（含管理处和维检修中心）组织实施 HSE 作业指导书、作业计划书、现场检查表（即“两书一表”），加强风险管理，有效减少和防止各类事故。

8. 场站运行值班管理办法：严格执行输气调度运行有关规定和各项规章制度，服从运行调度的统一指挥，确保安全、平稳、低耗输气；熟练掌握本站工艺流程，主要输气设备的性能及工艺要求；认真监视设备运行状态及参数变化，及时收集分析运行参数；按时对生产设备和工艺进行巡回检查，及时发现设备问题并处理，对于重大设备故障或设备隐患要及时上报调控中心；规定“五交”“五不接”内容，提出交接班具体要求。

9. 场站巡回检查办法：正常生产期间，场站值班人员每两小时对工艺区、配电间、机柜间、发电机房、通讯机房、阴保间等重点部位进行巡检，并填写巡检记录表；要求站长每天带领值班人员在交接班时进行一次全面检查，严格按照巡检表内容和巡检路线依次逐点进行巡检，巡检记录表上规定的所有点都必须巡检到位。如遇特殊情况应加密巡检次数，发现问题及时处理并上报，同时做好记录。

10. 生产信息汇报制度：生产信息汇报必须遵循实事求是、全面及时、专人负责、严肃认真；即时汇报须在事件发生的 1 小时内进行报告；定期汇报按生产信息日报、月报、季报的形式向天然气管道调控中心汇报生产信息；生产信息月报、季报内容应涵盖日报信息内容，所有汇报的生产信息要做到记录清楚、内容详细。

11. 生产数据分析管理办法：每天 24 时利用生产报表管理系统生成当日管网的平均压力综合输差和管存量，编制生产日报，分析管网运行情况；每小时通过 SCADA 系统监测各管段压力波动情况，若压力波动超过 10%，应对该管段的运行情况做出及时、准确的判断。根据每小时瞬时流量及累计流量，预测用户日指定气量的完成情况，如与计划量偏差较大（± 5%）应电话通知场站，上报生产运行部，并做好值班记录；当管网工艺调整或压力波动较大时，利用仿真软件模拟管网运行状态，绘制相应数据曲线、图表，为合理安排生产计划、确保管网安全平稳运行提供支持。

12. 工艺设备管理办法：工艺设备管理要贯彻依靠技术进步，促进生产发展和预防为主的指导思想，坚持使用和维修相结合、日常维护和计划检修相结合、技术管理与经济管理相结合的原则。各单位要积极采用先进的工艺设备管理方法和维护技术，采用以状态监测为基础的预知维护方法，对工艺设备实行全过程、全生命周期管理，从而不断提高设备管理水平和维护质量，确保工艺设备的使用效能；认真执行设备的“十二字作业”：即清洁、润滑、调整、紧固、防腐、密封。设备现场维护要求做到“三勤一定”即勤检查、勤擦扫、勤保养、定时准确记录。

13.SCADA 系统管理办法：SCADA 系统运行维护管理包括对实时及历史等服务器设备 PLC 及第三方数据采集设备、路由器及交换机等数据传输设备、防火墙及杀毒软件等安安全防护设备、上位机及数据库等软件等的整体性的运行状维护工作。天然气管道 SCADA 系统管理工作要在生产运行管理总体框架和基本原则的指导下进行，统一管理 SCADA 系统的规划、设计、建设、运行、维护、技术培训等工作。

14. 生产通信系统管理办法：生产通信系统运行维护管理包括光缆、光传输、语音交换、无线通信、生产数据网络设备等通信系统设备以及工业电视监视系统设备、视频监控系统设备、周界防范系统设备、通信测试仪器仪表等的运行状态维护工作。

15. 计量管理办法：贯彻执行国家有关计量的法律法规和各项方针政策；建立计量检测体系；积极采用先进的科学技术，完善计量检测手段，保证计量检测数据的准确可靠；开展计量技术研究，提高计量技术水平，为公司的生产、经营和科研提供计量保证。

16. 电气设备管理办法：气设备日常检查以外观检查、设备声音检查等普通检查为主；定期检测以每年度的春检以及秋检为主。春、秋检内容参考每年调控中心下发的年度春、秋检检查方案。同时生产运行部负责制定各场站电气预防性试验计划，结合规范和实际情况，在年度春、秋检期间对有需求的场站电气设备开展电气预防性试验。预防性试验严格执行行业标准《电力设备预防性试验规程》（DL/T596–2005）。

17. 投产试运管理办法：投产前条件检查确认具备投产条件后，由现场指挥组组织进行投产；投产领导小组到达投产现场，各专业组到达预定位置；由现场指挥组下达调度令，专业组开始按照投产方案进行操作；调控中心随时掌握投产进度，对照投产方案进行检测和测试，检查分析投产进度。发现投产进度与投产方案预定进度不符，应立即分析原因，查找是否存在事故隐患；施工单位应实行安装、投产试运、保运一贯负责制，实行 24 小时现场值班，工种、工具齐全，做到随叫随到、“跟踪”保运，投产试运 72 小时，经现场指挥组同意，方可撤离。

18. 维检修工作管理办法：建立科学的维检修工作管理体系，明确维检修工作界面，有效控制维检修工作中的风险，提高维检修工作效率，确保安全、高效地完成维检修工作任务，制度对工作界面划分、工作流程、作业管理、作业人员管理、物资管理等多方面内容作出了具体要求。

19. 调控中心岗位管理办法：明确调控中心岗位职责划分，安全、科学、有效地发挥生产指挥职能，将调控中心岗位划分为运行岗和调度岗，并对岗位职责和岗位工作内容进行详细描述。

20. 生产设备定期试验与轮换管理办法：“试验轮换制”严格执行操作票制度，每项工作必须填写作业票，在进行生产设备定期试验、轮换前，实施场站编制作业计划书、现场检查表，并对被试验和被轮换实施场站编制作业指导书、（在运行及备用）的设备进行检查，确保试验、轮换工作安全可靠进行，“试验轮换制”开始前，要认真开展危险点分析并采取预控措施，做好事故预想，确保操作安全，因各种原因未能执行“试验轮换制”的，要求各站尽快消除制约条件，在条件具备时要及时补做。

21. 气质管理办法：加强天然气气质的管理，保障生产和输配系统的长期稳定运行，达到最佳经营成本与效益，充分发挥环境效益，减少污染物的排放，确保管网系统内的天然气气质符合国家标准规范的具体要求。

22. 信息化管理办法：建立和逐步发展天然气管道的计算机信息化应用系统，形成公司计算机信息化网络系统，加强信息资源管理，从信息的采集传输、日常维护、信息平台建设、信息整合、信息共享各方面强化管理，不断提高信息资源的管理和使用水平，使天然气管道计算机信息化网络系统和信息资源成为支持天然气管道生产、经营、管理、决策科学化的重要辅助手段。

23. 科技项目管理办法：天然气管道科研项目设置必须坚持效益科技、重点突出、结构合理的原则；围绕天然气管道发展战略和生产经营目标，依托天然气管道优势技术领域组织科研项目，不断加强关系天然气管道长期发展的基础性、前瞻性课题的攻关力度；引入竞争机制，鼓励科技创新，加快科技成果转化为生产力。

24. 知识产权管理办法：天然气管道出资开发和职工职务劳动成果所形成的知识产权均归天然气管道所有，未经天然气管道授权或批准，不得对外许可或转让；天然气管道及各单位委托外单位或接受外单位委托做出或合作完成的智力成果，其知识产权属于天然气管道或按合同约定执行。

25. 消防安全管理规定：各基层单位应当结合天然气管道要害单位安全管理的规定，将发生火灾可能性较大以及一旦发生火灾可能造成人员重大伤亡或者财产重大损失的部位，确定为本单位的消防安全重点部位；各输气站负责输气站内火灾自动报警系统、消防灭火系统的日常检查、维护保养和定期检测工作；负责建立现有消防设施、设备的拆除、停用、临时停用的台账。

26. 管道阴极保护管理办法：对存在较严重杂散电流干扰的管段，当不能采用断电法测试阴极保护电位时，可试验利用极化探头法进行常规通电电位测试；管理处根据当月测量的管道沿线保护电位制作成电位曲线图，对线路保护状况进行分析，对存在的异常情况及时调查处理，无法自行处理的上报管道保护部；每年按月累计单点电位运行记录，并进行比较分析，对出现的异常状况及时处理。

27. 管道巡护管理办法：属地巡线员每日上午 8：00–12：00 期间携带智能巡检系统终端进行线路巡查，并及时向专职巡线管理员汇报当日所辖线段情况。巡查时必须确保终端设备正常开机工作，非巡查期间及时关闭，避免定制流量超额引发的停机无法巡查的问题。属地巡线员在巡线过程中发现第三方施工、违章占压、线路隐患等情况时，必须立即向巡线队汇报，汇报内容包括：具体地点、发现时间、现场情况、施工单位、工程业主。

28. 操作票管理制度：每张操作票只能填写单一作业；调控中心负责对正常工艺操作票的批准并监督执行；生产运行部、安全环保部负责特殊作业操作票的批准并监督执行；作业过程中应及时作好相关记录（操作开始时间、操作结束时间、操作结果等），并将作业结果交批准单位备案。

29. 维检修工作票制度：进行设备检修作业时填写《维检修工作票》《操作票》；事故抢修时可不填写维检修工作票；开工前应认真核对设备运行情况，确定维检修作业程序；站控人员根据工作票要求填写操作票，并开始操作；工作结束后，维检修负责人申请终结维检修工作票；工作票终结后，站控运行人员根据需要请示公司调度或主管领导进行流程恢复。

30. 临时用电管理规定：使用符合电气安全规程的用配电设备；配备有资质的电工才能进行用配电操作；使用防暴型的用配电设备；装设相应的开关、熔断器等保护装置，不得超负荷用电；在确认现场供电、用电安全措施符合安全用电要求后才能接线；站内电工有责任监督和检查临时供用电线路的工作情况，有权对违章行为进行制止；临时用电的地点不得随意变更。

31. 高处作业安全管理规定：施工单位现场安全负责人应对作业人员进行安全教育，戴好安全帽，系好安全帽带，遵守高处施工安全管理；高处作业要填写《高处作业票》，严格遵守相关操作规程。

32. 进入受限空间作业安全管理规定：办理《进入受限空间作业票》，未办理作业许可证者严禁进入受限空间作业；进入受限空间作业前，应针对作业内容，对受限空间进行危害识别，制定相应的作业程序及安全措施；不得在无监护人或规定作业时间以外作业。

33. 施工作业管理规定：与施工单位按《合同法》签订施工作业合同书；施工单位进入生产设施、装置施工现场检修和维修作业，应严格执行天然气管道各项管理制度。

34. 场站动火安全管理规定：在站场设备、容器、管道上动火应采取与生产系统隔绝的措施；现场隔离区内应做到无易燃物、无积水、无障碍物；现场设明显的标志，并设定范围；与动火施工无关的人员不准进入现场，非施工车辆应远离现场；应按动火方案规定的数量、地点及型号，配备消防车和消防器材；动火任务完成后，动火设备及时撤离现场，并留专人监护，彻底清理火种，以防后患。

35. 动土作业管理规定：动土作业施工单位应制定并落实好防护措施，挖出电缆、管道、及其它不明物时，应做好防护措施并及时报告主管部门；对作业过程进行检查，制止违章行为。

二、岗位职责

印发了场站相关岗位职责，主要包括：

1. 站长岗位职责：负责分输站及 CNG 加气母站的安全生产和日常管理；安排站内设备维护、维修和保养；负责组织站内应急事故处理；安排员工业务学习和培训，并定期进行考核；负责管道保护的宣传；根据生产情况，编写各种工作计划、总结等。

2. 输气工岗位职责：严格执行输气调度运行条例和各项规章制度；负责执行调控中心下达的切换工艺流程等调度指令；负责站场设备的维护、巡检，及时发现问题排除隐患；按要求向调度汇报生产运行动态；负责场站运行故障和异常情况的识别、处理和汇报等。

3. 线路巡线员岗位职责：负责所辖区管线（阀室）的巡检，发现问题及时处理；负责向辖区各级人民政府、相关单位、居民群众宣传《石油天然气管道保护条例》和天然气管道安全常识；负责对影响管线安全的施工现场进行检查，制止管道内非法占压、违章施工等事件；配合对管道定位和阴保检测等相关工作等。

4. 运行调度岗位职责：负责调控中心综合管理工作，按时编制、上报安全生产运行日报、周报、月报、年报和生产运行分析总结；组织日常输气运行管理工作，实施优化工艺运行管理，确保调控输气管道在安全经济状况下运行；负责事故抢险期间的数据核算工作，调配抢险力量，组织事故处理和抢险；贯彻和执行与输气生产有关的安全技术规范标准，实时监控输气管道运行，跟踪解决管道运行中存在的问题，确保安全生产；负责协调和衔接管道、场站计划检修和事故维（抢）修工作，以及与管道输送有关的重大安全技术改造和科学实验；负责向部门主任汇报重大输气安全事件。

5. 值班调度岗位职责：负责站场输气运行工艺的调整、流程切换、设备操作等调度指令的下达和指挥；负责 SCAD 监控画面，对全线压力、温度、流量等参数进行分析；负责场站工艺运行参数、设备运行、天然气接收数量、气质等资料整理分析；负责对站场非正常运行工况、管道突发事故进行识别、分析和处理。

三、管理办法

2010 年 2 月，下发了《江西省天然气有限公司计量管理办法》《生产调度管理办法》。

2013 年 4 月，印发《江西省天然气有限公司场站门禁管理暂行办法》《江西省天然气有限公司场站作息管理暂行办法》，进一步规范了场站外来人员管理，加强劳动纪律和工作秩序管理。

2014 年 3 月，印发《江西省天然气有限公司阀室检查制度》，规范站队对阀室检查效果，及时发现并处理故障隐患，并明确各站所辖阀室范围，废除了天然气管道建设初期制定了阀室检查保养安全管理相关制度。

2014 年 6 月，制定了《江西省天然气有限公司雷雨季节场站、阀室巡检管理办法》，明确了雷雨季节阀室巡回检查重点和检查要求。

2015 年 10 月，印发《江西省天然气有限公司设备定期试验与轮换管理办法》。明确工艺、电气、计量、自控通信等各类生产设备定期试验与轮换管理及考核要求，确保备用设备的正常使用和运行设备的“安稳长满优”要求。

2016 年 7 月，完善天然气管道投产试运管理要求，正式下发了《江西省天然气有限公司投产试运管理办法》。

编制完善了多项安全生产管理制度，主要包括：

1.《江西省天然气有限公司 ESD 系统管理规定》

2.《江西省天然气有限公司 SCADA 系统管理办法》

3.《江西省天然气有限公司大型机组管理办法》

4.《江西省天然气有限公司电气设备管理办法》

5.《江西省天然气有限公司调度例会管理办法》

6.《江西省天然气有限公司调度令管理办法（暂行）》

7.《江西省天然气有限公司调控中心岗位管理办法（暂行）》

8.《江西省天然气有限公司调控资料管理办法（暂行）》

9.《江西省天然气有限公司静密封点管理办法》

10.《江西省天然气有限公司气质管理办法》

11.《江西省天然气有限公司生产数据分析管理办法（暂行）》

12.《江西省天然气有限公司生产通信系统管理办法》

13.《江西省天然气有限公司生产信息汇报管理办法（试行）》

14.《江西省天然气有限公司维检修工作管理办法》

15.《江西省天然气有限公司专业设备技术档案管理办法》

第一次修订了天然气管道计量管理办法，下发《江西省天然气有限公司计量管理办法（修订）》。

第三节　生产设备运行与管理

一、设备春秋检查工作

每年春季2–3月份，秋季9–10月份统一组织对已投产各输气场站、阀室进行年度春检查工作。

春秋检查开始前制定专项的输气场站春秋检查方案，明确组织机构、明确检查类别、检查项目、检查内容、检查人员、检查方式、检查记录表格等，全面进行工艺、自控、通信、电气、计量、CNG加气母站和建设消防设施系统内各项全面检测维护工作，对春秋检查中发现的各类问题统计分类，对已解决项进行记录，对未解决项安排处理计划，明确整改方式、整改时间、整改责任人，春秋检查期间严格执行操作票及维检修票制度，同时严格按照“两书一表”要求进行作业。

春秋检查对站内、阀室所有远控设备进行远程操作，对ESD系统进行场站及中心级全面测试，为日常管理及应急处置提供保障。

二、设备维护保养工作

1.场站及阀室执行机构维护保养工作

作为天然气管道上关键的安全设备，Shafer气液联动执行机构主要安装在天然气管道天然气管线的站场进出站、越站、紧急放空、干线截断阀室等关键位置，用于操作阀门开关。气液联动执行机构可以实时监测管道压力及压降速率，当管道发生泄漏、爆炸等危险情况下，自动紧急切断阀门，起到保护管道的作用。每年进行维护保养工作，可以起到降低故障率，节约维修运行成本，及时处理故障隐患等的作用。

2.计量系统及器具维护工作

为加强天然气管道计量器具的状态监测与过程管理，充分发挥计量器具在天然气管道生产经营活动中的作用，及时评估计量系统的性能，节约运行维护的成本，利用专业诊断工具、诊断技术每月观察在用流量计的运行状态，发现其微小变化，掌握其变化趋势，逐步形成预知维护体系，确保计量系统始终安全、高效、精确地运行。

3. 电力系统维护工作

定期开展场站电气设备的维护工作，对各电气桩头、触点及其他连接部位进行检查，避免小隐患带来的大事故是电气系统运行维护中必不可少的内容。同时，有计划地开展各场站电气设备的预防性试验，可以掌握电气设备性能的变化情况，对设备的更换周期制定计划，还可以提前发现设备存在的隐患。

4. 通信系统维护工作

对场站光通信设备、数据通信设备、语音通信设备、视频监控设备、通信电源设备、会议电视设备、工业以太网设备等进行维护工作，确保设备运行平稳可靠，数据传输正常；

对线路光缆投运后现已出现的断点进行修复。定期检查光缆线路的质量情况，发现薄弱环节及时采取措施解决，组织好线路系统的预检预修、采取有效措施消除隐患，保持光缆线路及设备的完整、良好；

每月安排例行巡检，检查设备运行情况，配置信息，运行环境等，针对各站场通信机房及各专业设备状态进行维护、保养，记录设备信息，测试网络状态，排查故障隐患，处理遗留问题，结合具体问题现场培训，定期进行配置存档；每月安排检测线路光缆运行质量，排查故障隐患并形成检测报告；

进行主业务、临时业务、备用业务调整、网络数据调整及优化、对管网现有 VPN 平台进行网络结构及业务数据的优化及调整、新增配置场站计量专网业务链路、建立场站与调控中心的 IP 电话通讯平台并完成管理、录音等监控功能、对软交换服务器系统进行升级。

5.SCADA 系统维护工作

开展 SCADA 系统例行巡检及春秋检工作，通过专业队伍进行巡检维护，对系统运行情况进行全面梳理，对存在的问题及时处理，对远传信号及远控设备进行场站级及中心级全面测试，对 ESD 系统进行单体及联锁测试，确保站控系统正常平稳运行、ESD 紧急关断功能有效，增强场站运行保障。

6. 压缩机维护保养工作

按照压缩机手册的要求，根据压缩机累计运行时间，定期开展压缩机日常维护、月度维护、4000 小时维护、8000 小时维护、12000 小时维护、32000 小时维护及 48000 小时维护的定修工作；开展压缩机状态监测的点检工作，周期监测压缩机活塞杆跳动量，轴承（主轴承、连杆轴承、止推轴承）间隙、气缸内径及填料函温度等数据。

7. 发电机组入冬维护工作

每年入冬前对各场站发电机进行例行的维护保养工作，既是对燃气发电机组进行年度的例行保养工作，同时也可以针对冬季燃气发电机组由于气温较低启动较容易出现问题的情况作出预防措施，确保备用电源随时处于正常可用状态。

三、设备定期检定工作

1. 仪表检定工作

（1）加强计量仪表的强制检定，确保贸易交接仪表的合法性。

（2）加强在用计量器具的有效管理。

实现在统一管理的基础上，分层次、有重点地管好用好计量器具，确保量值的准确可靠，按照计量器具在天然气管道生产经营活动中的作用和国家对计量器具的管理、检定规程要求，计量器具的计量指标及其使用环境条件、使用频率等情况，从保证重点，兼顾普遍，区别管理，全面监督原则出发，将计量器具划分为 A、B、C 三个类别进行管理。

2. 天然气气质检测及色谱检定工作

为有效监控管网气质，确保天然气管道天然气贸易交接公平公正、合法有效，依据 JJG 1055–2009《在线气相色谱仪检定规程》，使用国家有证标准物质，定期（1 年 / 次）开展九江站在线色谱分析仪的校准工作；依据 GB/T 17283–2014《天然气水露点的测定　冷却镜面凝析湿度计法》等标准规范，定期（1 年 / 次）开展管网气质检测工作。（水露点、烃露点、气体组分及硫化氢）

3. 场站及阀室防雷检测工作

按照“中国气象局第 24 号令《防雷减灾管理办法》第四章第十九条：投入使用后的防雷装置实行定期检测制度。防雷装置应当每年检测一次，对爆炸和火灾危险环境场所的防雷装置应当每半年检测一次”的文件要求，天然气管道委托第三方专业机构对场站及阀室的防雷装置开展检测工作，检测时间一般在每年 5–6 月和 11–12 月。

4. 场站及阀室的防静电检测工作

江西省安监局《江西省危险化学品企业生产安全事故隐患排查分级表》中，第 2.2.2.6“危险场所防静电设施未定期检测”被列为二级安全隐患，要求各企业定期开展检测工作。天然气管道每年 11–12 月份委托第三方机构开展场站及阀室防静电装置的检测工作并将检测报告归档。

四、设备除锈防腐施工

根据各站管道及设备锈蚀的情况，及时进行管道及设备的除锈防腐，能够有效防止场站及阀室管道设备的锈蚀，保障管道设备安全运行，提升天然气管道整体形象。场站统一采用石英砂为原料的干喷除锈，可以有效抑制金属表体的返锈速度，保证漆膜优良的附着性。

五、场站冬防保温施工

根据 SY/T5922–2012《天然气管道运行规范》7.3.4 规定：应根据气温对管线、站场设备采取防冻措施。每年对场站调压设备阀体、调压前后的直管段进行冬防保温施工，能够有效消除设备及管道冰堵的风险，使生产设备、设施、管道安全过冬，保障冬季安全生产运行。

六、场站试投产工作

投产过程严格按照线路场站试压置换、投产前检查问题整改落实、投产方案编制评审充分演练、提前完成设备调试系统联调、投产现场统一指挥合理调度的步骤执行，确保了场站及管线的顺利试投产。

七、设备专业技术档案管理（建立病例式台账）

2013 年开始，为适应生产需要，在各场站逐步试行专业设备技术档案管理。各输气场站建立生产类设备（含工艺、计量、电气、自控和通信）专业技术档案，要求按照统一格式的病历式技术档案和设备维检修记录表来建档案、管设备。及时、准确、详细地记录每台设备自投运以来全部的维修、维护内容，进而从中找出故障出现的规律及解决同类故障的经验。主要包含设备技术参数、设备附属设施登记、设备操作记录、设备维检修记录、设备管理人员变更记录、设备移交记录、设备缺陷记录等内容，各单位按照统一固定格式进行分类建档，专人负责，每季度向主管部门备案。这一举措为规范天然气管道设备管理，确保技术档案及时性、准确性、完整性工作提供了重要依据，同时切实提高场站员工解决实际问题的技术能力，便于部门对日常维检修记录进行检查、指导完善并在场站间推广学习。

八、“两书一表”的实施

2013 年开始，在场站实行“两书一表”（作业指导书、作业计划书、现场检查表），要求各站进行各项作业操作前，编制“两书一表”，有效规范了作业流程，控制了作业风险。

九、标准化场站建设

2010年11月，随着九昌、九景线管道顺利投运，按照天然气管道优化管道运行管理要求，满足管道安全生产需要，第一次提出实行站场标准化建设，以达到科学化、精细化管理和安全平稳运行的目的，实现建设完成一流省级天然气管道的目标。天然气管道以庐山站（原姑塘站）为试点场站，分别从安全生产设施配备及建设、安全标识、应急预案及检查、人员配备、制度建设、后勤物资合理化配置、公共设施建设、场站绿化、未完工程等方面责任相关部门分别进行完善，实现庐山站标准化，为后期场站标准化建设提供模板。

2011年7月，九江站进行场站标准化建设。9月，新建站进行场站标准化建设。

2012年2月，高安站进行场站标准化建设。5月，梅林站进行场站标准化建设。8月，新余站进行场站标准化建设。

2015年2月，天然气管道编制《场站（阀室）标准化建设和管理手册（试行版）》，规范天然气管道所属场站、CNG母站和阀室的标准化建设和管理。生产运行部根据手册要求，对所有场站、阀室的生产设施进行标准化建设和完善。主要应用为设备运行编号、工艺区设备颜色、巡检线路、工艺区分区标识、进出站管线、壁厚测试点、接地装置编号、调压区高低压分界、站控室布置、发电机房布置、配电间布置、通讯机房布置等方面。

第四节　生产调度管理

江西省天然气调控中心成立于2010年5月，主调控中心设在南昌机关本部，备用调控中心设在南昌站。主要职能是对江西省天然气一期管网实施集中调度指挥、远程监控操作、维检修作业协调和管网运行优化。调控中心以计算机为核心的数据采集和监控系统为基础，由SCADA系统、RTU阀室监控系统、视频监控系统、生产管理系统和IP电话系统组成，可实现调控中心远程控制模式，并具有多重自动调节和安全保护功能。

2010年6月，为满足管道投产需要，在赣能培训中心办公楼成立临时调控中心，为管道投产试运行提供调度。11月24，南昌调控中心施工基本完成并具备办公条件，临时调控中心搬至南昌站备用调控中心办公。

2011年8月，为优化生产日报及相关生产数据的管理，自主开发完成《天然气管道生产系统》，并正式启用。

2013 年 7 月，调控中心正式使用 TGNET 管道仿真软件。主要应用为输气量分析、经济比较、效率分析、运行工况分析、风险评估、操作员培训等。自使用以来，调控中心定期分析管道输送能力和生产能力利用率，适时计算管道运行中天然气的流态，掌握各节点的流速、压力、输气效率等；当输气工况发生变化后，及时计算、分析管网压力变化情况，科学掌控管网运行状态；管道清管及内检测作业活动中，科学计算和编制清管管道沿线压力控制方案，及时调整运行工况和清管器运行速度，确保清管作业和内检测作业活动顺利开展；应急维抢修状态下，精确编制管网运行方案，计算应急抢险时间，保障供应重点用户，科学计算工况恢复等，为管网安全平稳运行提供了重要技术保障。

2014 年 11 月 10 日，为科学、高效地做好调度工作，界定调度职责、规范调度流程，确保系统安全平稳运行，生产运行部（调控中心）人员利用一年多时间编制了《江西天然气调度手册》。该手册分上下两册，共 11 章 720 页，收录了天然气管道输气管道概况以及气源和下游用户情况，天然气管输基础知识，绘制了各输气场站、CNG 母站及阀室的工艺流程图，涵盖了天然气流量计量与分析，自控通信网络系统，供配电系统、安全消防系统、阴极保护系统、PipelineStudio 仿真软件等辅助系统，也结合省管网特点建立了现有工况下数据模型。该手册是生产运行人员的行动指南和操作规范。

2015 年 9 月，为提高调度监控手段，优化调控操作界面，改善工作环境，重新装修调控中心办公室，增配 3 块 90 寸高清显示屏幕和操作台 1 个，并升级调控电脑配置。

第五节　技术改造工作

一、加气母站脱水装置技术改造

江西省天然气管网一期工程 CNG 加气母站的分子筛再生后吸附能力无法恢复，导致天然气脱水后的含水量超出国家标准，影响了设备的平稳运行和对下游用户的正常供气。2012 年，技术人员分析了脱水装置设计参数与工况参数之间存在的偏差，以及脱水装置工艺流程的缺陷。根据分析结果，将脱水装置的再生流程由双塔开式循环改造为单塔闭式减压循环。加气母站干燥器单塔吸附周期由改造前的 5h 增加至改造后的 136h，吸附能力显著提高，同时降低了再生成本。

二、普通阀室 RTU 功能改造

为提高阀室安全性和生产调度准确性，新增阀室数据采集点，细化对管道伴行光缆的分段监测，2013 年开始，生产运行部逐步对管网沿线普通阀室进行 RTU 功能改造，通过无线或光缆通信方式，采用太阳能或市电供电，实现了对阀室截断阀阀门状态、温度压力、可燃气体浓度、门禁报警等信号的采集及监控。与在用 SCADA 系统完美融合，并实现传统 RTU 阀室的全部功能。

2013 年成功试点改造无线 RTU 阀室 2 座：九昌线华林阀室、赤岗阀室，实现远程监控功能。

2014 年成功改造无线 RTU 阀室 5 座：九昌线云山阀室，九景线蔡岭阀室，昌丰高新线田南阀室，丰鹰线桐源阀室，余景线梓埠阀室，实现远程监控功能。

2015 年成功改造无线 RTU 阀室 2 座：黎川支线琅琚阀室、洪门阀室，实现远程监控功能。

2016 年成功改造无线 RTU 阀室 1 座：黎川支线石门阀室，实现远程监控功能。

2018 年已改造但未投运 RTU 阀室 13 座：田畈街阀室（光纤）、莲花阀室（无线）、白鹿阀室（无线）、宝塔阀室（光纤）、赤田阀室（无线）、人和阀室（无线）、白鹭阀室（无线）、油墩街阀室（无线）、中田阀室（无线）、祥符阀室（无线）、鱼山阀室（无线）、展坪阀室（光纤）、虎圩阀室（光纤）。

计划于 2019 年底将管网已投运的手动阀室全部改造为 RTU 阀室。

三、地温系统安装使用

为准确计算管存，综合治理输差，先后在南昌站、九江站、新余站等站安装地温计 10 台。

四、UPS 并机在线监测系统改造

2016 年 12 月，分别对南昌站、九江站、景德镇站、新余站、鹰潭站、抚州站、梅林站、永修站新增 1 套 UPS 电源，并与原 UPS 并机，实现 UPS 冗余功能，同时安装 UPS 电池组在线监测系统，用以监测 UPS 运行状况，测量单节电池电压、内阻、温度并远传至调控中心，大大增强了站控电源保障，为安全平稳供气提供保障。

五、芦田阀室 RTU 功能改造

芦田阀室是余景线干线截断阀室，同时负责向鄱阳支线供气，为露天布置，位置较低，工艺较多，为增强安全保障，2015 年 4 月开始，天然气管道启动对芦田阀室进行功能改造，已委托设计单位完成征地、土建、供电、工艺、仪控、通信气等相关专业设计，最终实现区域安防、数据远传远控、智能清管等功能。

六、展坪阀室 RTU 功能改造

展坪阀室是丰鹰线截断阀室，同时负责向抚州站供气，展坪阀室至抚州站光缆为 16 芯，光通信中继接入抚州站后，阀室上下游主管网光缆仅能实现 8 芯可用（主管网伴行光缆为 16 芯），存在瓶颈，同时考虑到抚州支线与东昌高速、京福高速均存在交叉，且位于抚北工业园。为增强管线安全，提高应急处置能力，2016 年 3 月开始，对展坪阀室进行改造，在实现光通信的基础上，通过 RTU 改造实现线路截断阀及分输阀门远程控制，实现远程自动泄放功能。

七、梅林站调压支路改造

根据梅林站下游用户的用气规划，现有调压设备的供气能力无法满足正常生产需要，经研究对两条计量调压支路进行改造。2015 年 8 月，通过增大管道通径和调压阀尺寸，大幅提升梅林站输气能力，通过改造施工，目前梅林站已实现高输气量下的两用一备功能。

八、鹰潭站计量调压支路改造

计量调压二支路流量覆盖区域较窄，无法适应天然气管道管网检修工况（如清管作业、换管作业）带来的压降影响，同时考虑鹰潭地区下游用户日用气量增加，供气瞬时流量将达到 12500Nm^3/h，目前工艺配置难以满足流量需求。2016 年 8 月进行改造，利用场站工艺预留分输工艺，增设计量调压第三支路，由 DN100 计量系统和 DN80 调压系统组成，既满足了鹰潭地区市场拓展的需求，同时适应天然气管道管网多种工况带来的流量变化。

九、永修站计量调压支路改造

计量调压 2 支路流量覆盖区域较窄，难以满足下游用户高峰时段用气需求，尤其在天然气管道管网检修工况下（如清管作业、换管作业），该支路工艺配置无法承担日常供气任务。2016 年8月进行改造，通过对计量调压二支路更换口径较大的调压设备，提高分输能力，匹配供气需求，为下游市场的稳定和发展提供了强有力的技术保障，同时减小了运行风险。

十、九江站过滤分离器改造

九江首站前期在用三台过滤分离器，按两用一备的运行情况计算，接气能力约为 10 亿标方 / 年，随着天然气管道整体销气量的不断提升，现有设备已无法满足日益增长的气量需求。2016 年 8 月进行改造，考虑设备和施工安全，尽量减小对下游用户供气的影响，通过增加过滤分离器的滤芯数量（由 6 根滤芯变为 12 根滤芯），扩大介质流通面积，从而达到增输的目的。在不停输的情况下，依次更换现有过滤分离器，改造完成后，单台输量可达到 10×108Nm^3/a。

十一、计量远程维护系统搭建

为加强天然气管道计量器具的状态监测与过程管理，公司提出建立计量系统远程维护系统，通过利用专业诊断工具、诊断技术观察流量计的运行状态，发现其微小变化，掌握其变化趋势，逐步形成预知维护体系，确保计量系统始终安全、高效、精确地运行。2016 年 8 月，先行对沙河站、庐山站、鹰潭站、高安站、新建站的计量系统开展远程维护，预计 2017 年底，天然气管道所有场站计量系统将统一纳入远程维护系统，实现实时监控。

十二、共青城站计量系统改造

共青城输气站为天然气管道与江西昌九港华燃气有限公司计量共管站，本身无生产运行任务，仅鉴于天然气贸易交接的考虑，增派 3 人负责共青城输气站计量交接与监督工作。为有效控制人力成本，提升工作效率，2016 年 8 月，对共青城站高压调压撬进行计量系统改造，并建立共青城站通信链路，实现了自主计量、无人值守、减员增效的目的。

十三、加气母站排污系统改造

南昌、九江、新余、景德镇 CNG 加气母站因前期设计施工，压缩机废油与干燥器废液集中汇入排污池，无法分类收集处理；排污系统无液位计量功能，无法实现生产废液的精确计量，且排污系统回收装置（排污池）无外运清理功能，主要靠人工完成，工作难度较大，安全系数较低。鉴于排污系统已无法满足安全环保以及生产运行的要求，2016 年 8 月，对排污系统进行了改造，实现了废物分离、精确计量、清理便捷的目的。

十四、加气母站压缩机控制系统改造

CNG 加气母站压缩机控制系统使用美国 Horner APG 公司研制开发的控制器（NX251 OCS 一体化控制器），控制界面为英文界面，缩略词、专业词汇较多，给场站员工设置压缩机生产参数，解读压缩机报警界面含义等造成一定困难，通过对 NX251 控制器升级为 RX371 控制器，汉化压缩机控制系统人机界面，增加控制器 GMS 通讯模块，第一时间将压缩机的故障代码以短信的方式发送至指定的用户端。2014 年 11 月，优先选择南昌 CNG 加气母站 1 号压缩机控制系统进行改造，达到预期效果。截至 2015 年 5 月，已完成 CNG 母站总共 9 台压缩机控制系统改造。

十五、黎川支线临川站工艺改造

临川站是江西省天然气管网一期工程抚州 – 南城 – 黎川支线的首站，设计压力为 6.3MPa，设计规模 4.0 亿方 / 年，常温输送。为满足当地用气需求，在临川站内新增计量调压工艺设备，

2017 年 7 月完成临川站新增用户抚州惠民工艺流程试运投产。

十六、上高输气站计量调压支路增输工艺改造

上高输气站为江西省天然气管网一期工程田南至上高支线的末站，位于上高县锦江镇石湖村，去下游顺民天然气门站设有计量调压支路 2 套，1 用 1 备。由于计量调压支路 2 在计量调压时，监控调压阀出现频繁喘振，难以确保持续平稳地向下游用户供气。因此 2017 年 5 月拆除去上高顺民天然气门站的原计量调压支路 2，新增一路计量调压支路，满足目前输量下的计量调压要求。新增计量调压支路，与原站去上高顺民天然气门站的计量调压 1 支路实现 1 用 1 备。新增计量调压由 DN80 计量系统（涡轮流量计，工况流量 20–400m^3/h）和 DN50 调压系统（设计流量 2600–18000Nm^3/h）组成。

十七、奉新输气站计量支路工艺改造

奉新输气站位于江西省宜春市奉新县工业园区内，由于计量调压 2 支路流量覆盖区域较窄，目前难以满足现阶段下游用户高峰时段用气需求（4700–6000Nm^3/h），尤其在天然气管道管网检修工况下（如清管作业、换管传业），该支路工艺配置更是无法承担日常供气任务，通过技术改造改善奉新输气站的分输能力所配供气满求，为下游市场的稳定和发展提供了强有力的技术保障的同时减小了运行风险，确保了工艺设备“安稳长满优”运行。2017 年 12 月，在奉新输气站内计量 2 支路上进行改造，更换 DN50 涡轮流量计（量程 10–100m^3/h）为 DN80 涡轮流量计（量程 13–250m^3/h）的工艺设计。

十八、梅林输气站增设旋风分离器工艺改造

梅林输气站在正常运行过程中，由于管道内气体杂质较多导致站内卧式过滤分离器分离效果下降，滤芯更换周期和寿命缩短，并导致下游调压出现堵塞等故障。为解决这些问题，本次改造新增多管干式除尘器，提高站场过滤效率、增加滤芯使用寿命，同时解决调压器堵塞的问题，保障供气平稳，降低设备故障率，确保工艺设备“安稳长满优”运行。2017 年 12 月完成改造内容如下：①新增两套多管干式除尘器；②增加流量计支路 π 形管；③更换站内部分管道支撑；④对站场防雷接地系统进行改造。

十九、南昌站分输升压改造

南昌分输站建设于 2010 年，具有接收上游站场分输站来气、给南昌市计量分输，清管器接收的功能，来气在站内进行过滤分离后计量调压，然后供给南昌天然气公司管网。为满足南昌

站下游用户的市场需求，提升供气压力，2018 年 11 月将调压出站区域工艺设备的设计压力由 2.5MPa 提升至 4.0MPa。

二十、九江至沙河支线降压改造

九江至沙河支线全场 22.1Km，管材为 L415，管材规格为 D508 × 7.1mm，全线设置阀室 1 座，输气站 1 座，设计压力 6.3MPa，沙河输气规模为 $2 \times 108m^3/a$。为确保输气管道设备在管网多工况情况下平稳运行、安全生产，同时匹配下游市场需求，2018 年 11 月完成对九沙线站场进行改造。在九江站增设沙河支线计量调压撬，把沙河支线运行压力由 4.5~5.0MPa 降为 1.5~1.6MPa；提升沙河工艺系统的稳定性和可靠性，优化安全仪表系统，增加下游用户可用管存，沙河站场运行模式由 24 小时值守转换为调控集中监控模式，增加九江站至沙河站收、发球筒（智能清管器，同时具备收发功能），以便进行管道清管和内检测工作；沙河站新建收球系统，设计压力 6.3MPa。沙河站降压后，天然气不经站内调压，走越站旁通直接可以给下游用户供气。

二十一、变更公司生产运行管理模式，推行“夜间待岗”“少人值守”及“无人值守”运行模式

为优化生产组织设计，解放基层劳动力，提升工作效能，积极推动一专多能人才队伍建设，确保分输站运行更安全、更高效、更经济，改变现有运行管理模式，2018 年 10 月实施部分场站的“夜间待岗”和“无人值守”管理模式，引入第三方专业的风险评估分析手段和专业化审查方法，对天然气管道相关管理部门、试点场站进行调研，以充分了解天然气管道试点场站管理现状和变更管理模式后生产运行风险是否得到了全面识别与控制。2018 年内已实施夜间待岗场站 10 座，分别为庐山站、沙河站、南昌站、高安站、新余站、丰城站、上高站、奉新站、临川站、黎川站；少人值守场站 2 座，为余江站、沙河站；无人值守场站 1 座，为新建站。

二十二、高安站新增用户工艺改造

2019 年 2 月高安分输站完成沥青搅拌站天然气利用项目提供运行压力为 2.5MPa 的天然气接口施工投产作业，在天然气接口处增设两路调压设备（1 备 1 用），将运行压力降至 0.4MPa，采用安全切断阀 + 监控调压阀 + 工作调压阀方式。

二十三、高余线清管工艺改造

高余线全长 174.456km，管径为 DN500，全线设 4 个场站（高安站、梅林站，丰城站、余江站）及 6 个阀室（拖船阀室、杜市阀室、桐源阀室、展坪阀室、黄铁阀室，虎圩阀室），设计介质流

向为高安站至余江站，高安站设发球工艺一套，余江站设收球工艺一套。

为提前做好高余线清管作业的前期工艺准备工作，结合近远期天然气管道管网运行工况，在确保沿线场站安全生产、平稳运行的前提下，2019 年 2 月对高余线收发球筒进行工艺改造，增加设备排污及平衡管路，实现双向收发功能。

第二章 天然气管网二期工程

第一节 机构与职责

一、机构

（一）天然气投资

天然气投资为保障生产运营，设立生产运行部1个，调控中心1个，维修队1个，CNG母站3个，2座阀室，24座输气站（含上游改扩建站）：赣州分输站、安义分输站、吉安分输站、宜春分输站、萍乡分输站、芦溪分输站、上饶分输站、新余分输站、大城分输站、高安分输站、九江分输站、铅山分输站、分宜分输站、南康分输站、上犹分输站、昌南分输站、赣州接收站、吉安接收站、樟树改扩建站、九江改扩建站、萍乡改扩建站、上饶改扩建站、赣州改扩建站、吉安改扩建站、南康分输阀室、管家山阀室。

生产运行部目前配备主任1名，副主任1名，专业工程师5名，综合管理1名，站队后勤管理1名。调控中心配备主任1名，副主任1名，值班调度5人。维修队配备队长1名，副队长1名，专业工程师及维修工13名。各场站配站长1名，副站长1名，安全员1名（兼），输气工3–5人，每站配线路管理员1–4人。

（二）管道分公司

2017年12月1日，管道分公司下发《关于成立党群工作部等5个机关职能部室的通知》（赣气管道人〔2017〕19号），管道分公司生产运行部成立。2018年11月，井冈山支线顺利完成投产，截至目前已有西二线吉安改扩建站、吉安站、永新分输站、井冈山合建站四座场站和五座阀室投入生产试运行，其中吉安站与永新分输站为有人值守场站。

生产运行部目前配备主任1名，专业工程师4名。各场站配备站长1名，副站长（兼安全员）1名，输气工（巡线员）6–8人。

二、职责

（一）天然气投资

组织好输气场站、CNG 场站、管道的安全平稳运行和应急响应及处置工作，做好运行调度、场站、运行人员等相关管理工作。

1. 按照天然气投资总体部署，统一管理各输气场站、CNG 场站、调控中心的日常生产工作，严格执行天然气投资年度目标、月度计划、日指令等生产计划，保障管网运行安全，下游供气平稳。

2. 严格执行国家、行业及上级 HSE 管理的法律、法规、标准，做好生产运行安全管理工作。

3. 建立天然气投资生产运行体系，建立和完善操作规程和生产管理制度，建立专业设备台账，定期组织对场站专业技术指标进行考核，确保场站操作、维护管理全面受控。

4. 以调控中心为生产调度执行机构，优化运行模式，做好管网生产运行工作的组织协调和生产信息的上传下达。

5. 完成天然气投资新投场站、管道的试运投产工作，具体负责输气场站、管道、CNG 加气母站的投产运行。

6. 制定天然气投资计量检测体系和计量管理办法，严格管理计量器具的使用、购置、检定、维修，计量业务培训和计量交接管理，确保量值统一，数据准确。

7. 做好天然气投资 SCADA 系统、工业电视监控系统、通信系统、站内阴保系统等的运行维护和管理，制定日常维检修计划，提高系统应用管理水平，确保管网运行实时受控。

8. 制定电气系统管理制度、操作规程、维护保养规程，做好电气设备的维、检修及能耗管理工作。

9. 做好各场站、阀室的生产工艺设备管理，协调解决现场工艺问题，做好日常维护保养管理工作，确保生产工艺设备的完好率等。

（二）管道分公司

1. 认真执行和全面贯彻落实公司关于安全、健康、环境以及天然气长输管道管理的各项法律、法规、标准，做好生产运行管理工作，营造和谐生产运营环境。

2. 按照公司总体工作部署，统一管理各输气站场、调控中心的日常生产工作，严格执行公司的年目标、月计划、日指令等生产计划，保障管网运行安全，下游供气平稳。

3. 建立公司生产运行体系，完善生产管理制度和站场操作规程，建立专业设备台账，定期组织对站场各专业技术指标进行考核，确保站场操作、维护管理全面受控。

4. 以调控中心为生产调度执行机构，严格执行生产调度管理办法，做好生产运行分析，优化运行模式，做好全线生产运行工作的组织协调和生产信息的上传下达。

5. 负责组织输气站场、阀室的生产准备及投产运行工作。

6. 建立公司技术管理体系，制定技术管理制度，完善公司标准规范，确保各系统实行专业化管理。

7. 制定公司计量检测体系和计量管理办法，严格管理计量器具的使用、购置、检定、维修，计量业务培训和计量交接管理，确保量值统一，数据准确。

8. 负责公司 SCADA 系统、工业电视监控系统、通信系统的运行维护和管理，制定日常维检修计划，提高系统应用管理水平，确保管网运行受控。

9. 负责公司各站场、阀室配电工程施工建设，制定公司电气设备操作规范，加强日常维检修工作确保电气设施使用安全、正常。

10. 负责各站场、阀室的生产工艺管理，处理生产中跑、冒、滴、漏现象，协调解决现场工艺问题，确保生产工艺正常。

11. 合理控制管网各项工艺参数，做好应急状态下天然气供应方案的编制并指导场站按照供应方案进行供气操作。夏季做好防洪防汛，防雷击工作，冬季做好冬防保温，确保管网正常生产运行。

12. 生产过程中，做好应急事件的指挥和处置工作，确保管网平稳运行。应急抢险作业时，协助维抢修队伍做好应急抢险工作。

13. 做好公司生产运行科技进步申报工作，组织新工艺、新技术、新材料、新设备在公司运营管理中的推广应用，提高科技发展和创新水平。

14. 完成领导交办的其他任务。

第二节　生产运行管理制度

一、天然气投资

2012 年 4 月 25 日，印发了《江西省天然气投资有限公司场站管理制度汇编》，主要涵盖 QHSE 管理、生产管理制度、管道保护管理制度等 3 大类共计 100 余项管理制度，包括外来人员进站管理、安全生产禁令、输气场站安全管理、干部值班、岗位练兵、车辆管理、压力容器管理、设备管理等。

2013 年 12 月，印发《江西省天然气投资有限公司排班休假管理暂行办法》，运行人员可选择“上 20 休 10、上 40 休 20”等休假方式，进一步规范了场站排班休假管理，加强工作秩序引导。

2014 年 12 月，印发《场站标准化建设和管理手册》，进行外在形象建设，达到“整洁、规范、明亮”的效果，并从岗位人员管理、设备管理、操作维护管理、基础资料管理、HSE 管理、员工日常行为规范管理等方面做到制度化、规范化、标准化，体现积极向上的企业面貌。

2015 年 3 月，印发《江西省天然气投资有限公司生产运行人员动态管理办法》，以提高工作效率、优化人员配置为目的，逐步建立和完善员工动态管理机制。

2016 年 11 月，印发《江西省天然气投资有限公司生产运行检查考核制度》《江西省天然气投资有限公司天然气计量管理办法》《江西省天然气投资有限公司计量异议管理实施细则》《江西省天然气投资有限公司场站阀室门禁管理规定》《江西省天然气投资有限公司生产运行会议管理规定》《江西省天然气投资有限公司作业许可管理办法》。

2016 年 12 月，修订印发《江西省天然气投资有限公司电气设备管理办法》《江西省天然气投资有限公司能源管理办法》《江西省天然气投资有限公司通信系统管理办法》《江西省天然气投资有限公司 SCADA 系统管理办法》。

2017 年 5 月，修订印发《江西省天然气投资有限公司作业许可管理办法》，对作业许可管理范围类别、作业票填写及审批流程、作业方案编制及审批流程进行了规范、细化、完善，确保作业安全。

2017 年 12 月，印发《江西省天然气投资有限公司挂牌上锁和能量隔离管理办法》《江西省天然气投资有限公司场站标准化建设达标验收管理办法》；修订印发《江西省天然气投资有限公司工艺机械设备运行管理办法》。

2018 年 8 月，印发《江西省天然气投资有限公司站队环境卫生管理办法》《江西省天然气投资有限公司生产信息管理规定》。

2018 年 11 月，印发《江西省天然气投资有限公司 SCADA（集中监视）系统报警管理办法》《江西省天然气投资有限公司备品备件定额管理办法》。

二、管道分公司

2018年2月，印发《江西省天然气（赣投气通）控股有限公司管道分公司生产运行管理办法（试行）》，规划和梳理了生产运行管理工作。

2018年3月，印发《江西省天然气（赣投气通）控股有限公司管道分公司天然气计量管理办法（试行）》，规范了天然气计量管理工作，保证输气生产安全平稳、降低能源消耗和提高经济效益。

2018年3月，印发《江西省天然气（赣投气通）控股有限公司管道分公司工艺设备管理办法（试行）》，规定了公司的工艺设备运行管理内容、设备操作维护保养及基础资料管理。

2018年3月，印发《江西省天然气（赣投气通）控股有限公司管道分公司SCADA系统管理办法（试行）》，提高自动化控制设备及系统的管理水平。

2018年3月，印发《江西省天然气（赣投气通）控股有限公司管道分公司电气设备管理办法（试行）》，提高电气设备运行维护管理水平。

2018年6月，印发《江西省天然气（赣投气通）控股有限公司管道分公司输气场站管理制度汇编（试行）》，主要涵盖安全管理类、生产运行类、设备管理类、现场管理类、综合管理类五大类共计40余项管理制度，包括外来人员进站管理制度、输气站巡回检查制度、设备维护保养制度、宿舍管理制度等。

2018年6月，印发《江西省天然气（赣投气通）控股有限公司管道分公司调控中心管理办法（试行）》，规范调度运行管理工作。

2018年6月，印发《江西省天然气（赣投气通）控股有限公司管道分公司作业许可管理办法（试行）》，规范现场生产作业，加强危险作业控制，保障作业安全。

第三节　生产设备运行与管理

一、天然气投资

（一）生产问题管理

2011年开始，为加强生产问题管理，各场站建立生产问题统计整改动态表，目前已经建立了一套有效管理生产问题的机制。一是对安全隐患进行分级管理。对于影响场站输气的重点问题实时报告，及时制定处理措施，对未能及时处理的问题认真分析存在风险，制定有针对性的保证安全平稳运行的防范技术措施。二是建立生产问题整改动态监督制度。对新出现的、已解决的问题每日跟踪，填报问题描述、采取的整改措施、整改进度、需要协调解决的问题进行过程掌控，保障问题整改不缺项、不漏项，项项有人抓，项项有人管。

（二）设备专业技术档案管理

2012年开始，为适应生产需要，在各场站逐步试行专业设备技术档案管理。各输气场站建立生产类设备（含工艺、计量、电气、自控和通信）专业技术档案，主要包含设备技术参数、设备附属设施登记、设备操作记录、设备维检修记录、设备管理人员变更记录、设备移交记录、设备缺陷记录等内容，各单位按照统一固定格式进行分类建档，专人负责，每季度向主管部门备案。这一举措为规范天然气投资设备管理，确保技术档案及时性、准确性、完整性工作提供了重要依据。

（三）设备维检修管理

2013年以来，建立了一套完善的场站、维修队、生产运行部三级负责的维修机制，各级单位职责分工明确，组织维修队、场站开展好每日、每周例行检修和每月例行巡检、春秋检和维护保养工作，处理突发故障的维修。

（四）故障库和技术分析报告管理

1. 建立设备故障库管理机制。目前已经对2011年–2018年的设备故障库统计表进行汇总，2015年至今分月对设备故障进行统计和上报。

2. 注重技术的总结积累提升维修能力。每年组织编制技术问题分析报告。从2011年至2016年形成了《输气站生产技术问题分析报告汇编（第一期）》《输气站生产技术问题分析报告汇编（第二期）》和《输气站生产技术问题分析报告汇编（第三期）》《输气站生产技术问题分析报告汇编（第四期）》，不断积累设备故障的处理经验，提升维护维修能力。

3. 每月定期组织编制《专业技术月报》。从2014年1月份开始，要求专业技术人员编制《专业技术月报》，按月对技术工作进行总结。

（五）标准化场站建设

天然气投资紧紧围绕“以规范化管理为保障，以资源获取为基础，以市场需求为导向，以一体化推进为抓手，全力打造升级版江西天然气”的工作目标，本着“一切工作为安全、一切行为保安全”的宗旨，坚持把场站管理标准化建设作为安全生产中心工作和紧迫任务，确立了

“以标准化促进管理升级，以管理升级确保安全生产，以安全生产推进标准提升”的递进式安全工作思路，建立了场站“一体四化一基础”的标准化管理模式。所谓“一体四化一基础”，“一体”即一个总体的管理目标，主要指起统领性作用的控制管理制度、岗位说明书，用以明确所在管理的人、物、事及其管理所要达到的目标和人所有的职责与权限；“四化”即环境形象美观化、工作内容的程序化、生产作业的规范化、行为举止的素质化；“一基础”即思想文化活动建设作为一切工作的基础。

2012年，天然气投资以吉安分输站为试点单位，从场站制度管理、目视化管理、行为管理、思想文化管理等方面入手，开展场站标准化达标建设探索工作。2014年12月，天然气投资出台《场站标准化建设和管理手册》，对场站制度管理标准化、场站目视化管理标准化、场站行为管理标准化、场站思想文化管理标准化等四方面内容进行了科学总结，形成了具有“江西天然气”特色的场站标准化管理体系。

场站管理标准化实施的意义总体表现为：1.有利于保持工作的连续性和提高新员工上手速度；2.有利于保存工作技巧和储备专业技术；3.为绩效考核提供了基准和依据；4.作为管理的基础，有利于下一步的改善提高；5.是防止问题发生及变异最小化的方法；6.作为目标及训练的依据和目的；7.为实现最高效的自主管理模式，提供了保障；8.有利于体现天然气投资的整体形象。

天然气投资《场站标准化建设和管理手册》出台后，各生产单位都对照《手册》要求，全面开展了标准化“外在形象”及“内涵”建设。2015年4月，吉安分输站率先通过天然气投资场站标准化建设达标验收；2015年12月，大城、高安、新余、宜春、萍乡、芦溪、九江、上饶、赣州等分输站通过场站标准化建设达标验收。为全面推进场站标准化管理工作，加强和规范场站的标准化建设达标验收管理工作，2017年组织编制《江西省天然气投资有限公司场站标准化建设达标验收管理办法》，达标验收实行统一监督、分级管理、分步实施、突出重点、均衡发展的原则。

（六）推行集中巡检运行模式

2016年7月，下发了《夜间停输场站试行夜间待班运行方式管理方案》〔赣气投字（2016）46号〕，新余站、上饶站、九江站、大城站、高安站、南康站、分宜站、铅山站等8座夜间停输场站已于2016年7月–8月陆续试行了夜间待班运行方式，夜间待班运行方式中参照西气东输集中巡检模式对全线输气场站实施了“集中巡检”模式。试行以来，有效提高了输气场站劳动生产率，降低了值班劳动强度，优化了运行值班方式。

2017 年 6 月，下发了《江西省天然气投资有限公司生产运行集中监视工作方案（试行）》（赣气投字（2017）46 号），2017 年组织完成吉安接收站及吉安分输站集中监视改造。2018 年完成 14 座场站的集中监视改造。

二、管道分公司

（一）支线投产工作

围绕着井冈山支线试运投产工作，一是精心编制了投产方案并通过专家评审会评审；二是组织协调井冈山支线全线氮气置换工作，对全线作业流程进行调度指挥，完成天然气置换投产前的最后一步工序；三是组织开展井冈山支线试运投产过程演练，投产各操作组按照投产方案模拟演练投产全过程，对试运投产的操作步骤进行了提前熟悉；四是精心组织和安排，统筹协调井冈山支线投产各项具体工作，组建临时调控中心统一调度井冈山支线天然气置换升压全过程，2018 年 11 月 26 日，井冈山合建站点火仪式顺利进行，圆满完成了井冈山支线投产工作任务。

（二）设备专业技术档案管理

2018 年 12 月，为适应生产需要，规范设备管理，生产运行部在各场站实行专业设备技术档案管理。各场站建立各专业设备（含工艺、自控、通信、计量和电气）技术档案（病例式台账），主要包含设备技术参数、设备附属设施登记、设备操作记录、设备维检修记录、设备管理人员变更记录、设备移交记录、设备缺陷记录等内容，各场站按照统一格式进行分类建档，专人负责，及时、准确、详细地记录了每台设备自投运以来的全部操作、维护内容，从而有利于找出故障出现的规律及获取解决同类问题的经验。同时这一举措也便于部门对场站日常维检修的检查、指导。

（三）场站标准化建设

为提前谋划场站标准化建设，2017 年 12 月，管道分公司成立基层站队标准化建设领导小组，统筹负责标准化建设工作。公司以实现场站“标准化操作”“标准化现场”和“标准化管理”为目标，通过梳理大量现场调研和自身工作实践，确定了场站视觉形象标准化设计方案，包括企业文化类、宣传制度类、生产类、安全警示类等 110 项。

管道分公司以吉安站和永新分输站为试点，从视觉形象、基础管理、设备设施、岗位作业、员工之家五个方面入手，开展场站标准化建设探索工作，并取得较好的成效。2018 年 11 月，按照场站视觉形象标准化设计方案，公司完成了吉安站和永新分输站视觉形象标准化建设，各项标示标牌美观、醒目，凸显了公司企业文化和安全氛围。下一步，公司将出台《基层场站标准化管理手册》，对以上五个方面内容进行科学总结，形成场站标准化管理体系。同时逐步建立完整的场站标准化达标验收管理机制，按照考核达标的方式对各投产场站标准化工作的开展情况进行科学评价，推动公司标准化建设取得实效。

（四）隐患整改与技术分析报告管理

井冈山支线投产以来，生产运行部严格执行隐患整改和清零工作，定期开展现场遗留问题与隐患检查，跟踪消除现场安全管理薄弱环节和安全隐患，对发现的问题隐患实行闭环管理，将隐患消灭在萌芽状态。落实特殊时期和季节性安全生产工作，针对特殊时期安全生产情况编制专项运行方案，贯彻落实方案要求。

同时，2018 年 12 月起，每月定期组织编制技术分析报告，包括事件处理过程、事件原因及分析、建议与改进措施、涉及的备品备件等内容，通过对故障处理的分析、总结和记录，不断提升员工实际操作和故障处理能力。

（五）场站冬防保温施工

根据 SY/T5922-2012《天然气管道运行规范》7.3.4 规定，应根据气温对管线、站场设备采取防冻措施。2018 年入冬以来，公司对吉安站调压撬引压管进行冬防保温施工，保障电加热器运行稳定，同时定期对设备进行排污作业，严密监控压力、温度等运行参数，从而严格控制了设备及管道冰堵风险，保障场站冬季安全生产平稳运行。

第四节 生产调度管理

一、天然气投资

天然气投资调控中心设在南昌机关本部，成立于 2011 年 8 月，是基于以计算机为核心的数据采集和监控系统，由 SCADA 系统、生产管理系统、视频监控系统、视频会议系统、协同通讯系统、消防系统组成，具备远程控制以及多重自动调节和安全保护功能，主要职能是对江西省天然气二期管网实施集中调度指挥、远程监控操作、维检修作业协调和管网运行优化。

2013 年 1 月，天然气投资调控中心人员自主开发完成“天然气管道生产系统”，对生产日报及相关生产数据的管理进行了优化，实现了运行数据共享、同步监控，保障了数据安全、上下一致。

2014 年 11 月，天然气投资生产运行部（调控中心）编制了《调控中心标准化手册》，收录了天然气投资输气管道概况以及气源和下游用户情况、天然气管输基础知识，绘制了各输气场站、CNG 母站及阀室的工艺流程图，涵盖了天然气流量计量与分析、自控通信网络系统、供配电系统、安全消防系统、阴极保护系统等辅助系统，并结合省管网特点建立了现有工况下数据模型。该手册已成为天然气投资生产运行人员的行动指南和操作规范。

2016 年 11 月，工业电视集中监控系统上线，各场站工业电视监控画面上传至南昌调控中心，实现了调控中心对生产作业行为、日常巡检工作的集中监控，更好地保证安全生产运行。

2016 年 12 月，视频会议系统开始投用，实现了机关与站队、站队与站队之间的远程会议、远程培训、异地沟通等功能，同时利用数字化会议视音频码流录制、存储及在线点播功能，会议缺席人员可随时掌握会议内容。

2016 年 10 月，在上饶、新余、大城、高安、九江、铅山、分宜、南康等 8 个分输站推行“夜间停输场站待班模式”试点，并于 2016 年 12 月底前完成了所有场站的待班室改造。

2017 年 6 月，下发了《江西省天然气投资有限公司生产运行集中监视工作方案（试行）》〔赣气投字（2017）46 号〕，2017 年组织完成吉安接收站及吉安分输站集中监视改造。

2018 年 8 月，完成所属 15 座场站的集中监视系统改造和测试工作，为实施集中监视管理模式提供了物质条件。

二、管道分公司

2018 年 11 月井冈山支线投产以来，生产运行部在吉安站设立临时调控中心，主要职能是对井冈山支线全线实施集中调度指挥、远程监控及管网运行优化。

下一步，管道分公司将建立由 SCADA 系统、生产管理系统、视频监控系统、视频会议系统、通讯系统等组成的调控中心，具备远程控制以及多重自动调节和安全保护功能。同时将组织编制《管道分公司调度手册》，规范调控中心日常管理及运行，为生产运行人员提供行动指南和操作规范。

第五节 技术改造及创新工作

一、Shafer 执行机构电控单元改造

根据油气管道工程气液联动执行机构技术规格书要求，用于进出站紧急关断和站内紧急放空气液联动阀的执行机构，应配套提供 3 个（开启、关闭、ESD）电磁阀。不需要配套提供电子

控制单元和太阳能供电系统，由站控制系统直接供电和控制。而天然气投资有人值守场站共有21台气液联动执行机构有电子控制单元，且该电子控制单元存在电气共存的安全隐患，为了消除安全隐患，减少场站的漏气点，我们在保证气液联动执行机构功能完整性前提下对该电子控制单元进行了拆除，减少了场站漏气点，消除了电气共存和误动作带来的安全隐患。

二、罗托克电动头电池盖的优化

随着运行时间的增长，部分场站的罗托克电动头电池失效，2015年，在场站更换电池时发现电池盖无法打开。经过分析，发现由于原装的电池盖是塑料材质，随着时间的增加，加上风吹日晒，电池盖老化严重，导致在打开的过程中，电池盖损坏，无法取出。为了消除这一缺陷，我们寻找了相关的加工单位，对电池盖进行了测量，制作出了同样规格的不锈钢电池盖，通过现场测试，不锈钢电池盖既可以起到密封作用，又可以保证不会老化，用不锈钢电池盖代替塑料电池盖，消除了因老化造成电池盖无法打开这一设计缺陷。

三、备件国产化

由于天然气投资使用的调压器为进口产品，备件价格比较昂贵，且供货周期长，而调压器内的O型圈为易损件。为了减少运行成本，保证维修的及时性，2014年6月，天然气投资对原装O型圈的材质进行了检验，并委托国内O型圈专业制作商制作了相同规格O型圈6个，经过半年的使用，质量符合要求。据测算，购买6个原装的O型圈需要2880元，而制作同样的O型圈只需要120元,在保证备件质量安全可靠的前提下,大大减少了企业的运行成本,且供货周期短,能够达到及时维修故障的要求。

四、萍乡、宜春分输站计量支路改造

投产初期，萍乡、宜春分输站下游用户用气量较小且无储气能力，其场站2个支路DN150流量计均无法满足需求。为确保计量的准确性，本着节约成本的原则，2013年4月天然气投资对其进行改造，由原来第2支路的DN150流量计改造为DN80流量计，既满足了下游市场拓展的需求，又维护了上下游双方利益。

五、仪表损坏报废设备再利用

1.委托专业公司测试维修

天然气投资场站自2011年陆续投产以来，流量计电气元件损坏不在少数，新设备部件价格昂贵，大致都在1–10万左右，损坏的设备直接报废，存在浪费，经多方咨询，将已损坏的吉安站流量计算机的 input 信号输入板、赣州站流量计信号采集放大板、吉安站的埃尔斯特流量计的 spu 板通过委托专业公司测试维修，维修后设备正常。据测算，这 3 块新的电路板价值合计为 23 万，而维修费用为 1.7 万元，节约 21.3 万元。

2. 将可使用的零部件改为备件

天然气投资的废旧仪表管阀件较多，最常见的有以下几种情况：1. 二阀组和五阀组螺纹处滑丝；2. 阀组与活接头、压力表咬死；3. 阀组的针型阀关闭不严及滑丝。天然气投资通过将废旧的二阀组、五阀组的螺纹进行重新攻丝，对二阀组、五阀组进行重新解体，分解成针型阀及其他各部件，将有用的针型阀充当备件，用其去维修针型阀损坏的阀组。大约减少了 10 套新二阀组和 1 套五阀组备件的采购，节约了运行成本。

六、箱变 EXG300 网关数据上传功能改造

2015 年，对天然气投资 EPC 场站项目传统网关输出、单独组态的通讯方式进行改造，在保留原有的网关通讯方式不变的基础上，增加一条 RS-485 通讯线路，将原来以太网的上传方式变为了 RS-485 通讯方式，有效降低了故障率，提升了数据的稳定性和实时性。

2016 年，对昌南分输站试点箱变数据上传改造，将原来以太网的上传方式变为了 RS-485 通讯方式，无需增加新的设备，只需要将原来的网线取其中两芯作为通信线，不需要增加额外的费用，就完成设备改造，改造效果使用良好。同时，计划于 2017 年完成对赣州、吉安、宜春、萍乡、芦溪、上饶等六个场站的通讯方式改造，以更好满足现场需求。

七、恒电位仪数据上传功能改造

为了快速、无遗漏地获取设备的报警信息，做到快速应急响应，对天然气投资目前已投用的所有无数据上传功能的恒电位仪进行数据改造。

2016 年以昌南分输站为试点，完成昌南分输站恒电位仪通讯模块进行改造（采取 RS-485 通信方式）。顺利将恒电位仪数据上传上位机，达到实时监控的效果。

2017 年自主完成吉安分输站、赣州分输站的恒电位仪数据上传改造。

2018 年以集中监视功能改造为契机完成大城、高安、九江、铅山、分宜、南康、上犹等 7 个场站恒电位数据上传功能改造。

八、激光对射周界报警系统研究

自 2011 年 10 月天然气投资各场站陆续投产以来，激光对射周界报警系统设备故障频发。

其中，以接收筒内硅光电池故障频率最高。厂家维修方法是更换新的硅光电池（购买一块新电池需要2500左右）。硅光电池的故障频繁、费用高给系统安全平稳运行带来极大挑战。根据场站已损坏的硅光电池技术参数，2014年5月通过网购光敏接收器，制作适用于场站激光对射系统使用的硅光电池，将购买的光敏接收器与废旧硅光电池背板进行焊接，形成新的硅光电池，减少了备件采购时间，加快了维修进程，大大减少了维修费用。硅光电池的自主维修极大程度上保证了激光对射周界报警系统的平稳运行，为场站安全提供了保障。

九、天然气管道生产系统的自主研发

随着江西省天然气管网二期工程中越来越多的场站投产运行，生产数据量的快速增长、业务管理的日益复杂，建设一个高效可行、切合管网实际的生产管理系统符合天然气投资的长远利益发展的战略需要。为了提高运行效率，提升生产运行水平管理，结合江西管网二期工程建设投产实际，以生产运行管理需求为出发点，以天然气行业规范、天然气投资管理制度为设计依据，从2012年3月至2013年1月，天然气投资生产运行人员自主研发一套管道生产管理系统。系统的投入应用，为目前的生产运行工作带来了实际的便利，也对天然气投资提高生产运行分析能力、推进生产信息准确化、生产作业流程化、生产管理规范化、办公无纸自动化起到积极的作用。

十、计量系统与上位机通讯方式的改造

计量设备作为天然气投资贸易结算的主要工具，该系统的管理尤其重要，为确保计量系统时刻处理监测状态，故将流量计的数据采集到上位机SCADA系统中，为计量系统的完好性提供保障。天然气投资所属赣州分输站上位机SCADA系统中瞬时流量经常出现断点、不连续现象，导致值班人员经常性地出现误判断，经常性去现场查看，经排查该计量系统与上位机通讯采用了以太网口通讯，方式为：以太网口通过五类线网线接出的TCP/IP–交换机–上位机。

为了有效解决上述问题并增强场站值班的准确性，天然气投资对该项目进行自主改造，将计量系统采用上位机通讯方式RS485通讯，方式为：RS485通讯端口接出的485信号–网关–交换机–上位机。

十一、进口转国产，精细维修，进一步降低运行成本

（一）由进口设备转向国产化设备

针对厨房、锅炉房内已损坏可燃气体报警器，在对国有品牌与进口品牌的技术性能进行逐

项比对的基础上，天然气投资逐步采用国产深圳特安、上海翼捷品牌替代进口梅思安、霍尼韦尔品牌，在萍乡、南康分输站进行试点。目前，数据采集准确、报警灵敏、使用效果良好，价格由原来的 1.5 万 / 台减少为 0.7 万 / 台，大大降低了运行成本。

（二）减少备件的储备定额

为确保生产故障的快速解决，以往天然气投资均储备一定额度的备品备件，以保证生产所需。今年，天然气投资开拓管理思路，经多次商议，与中核维思仪器仪表有限公司签订设备代维和备件代储合同，一方面确保了设备维修的及时性，同时减少了以往 15 万元储备备件的采购，也避免了储备备件在储备过程中的可能损坏，大大减少了资金占用。

（三）精细维修，进一步降低运行成本

1. 充分发挥维修队专业技术人员力量，实现部分设备自主精细维修。通过对报废组件的有效组合，自主维修二阀组 20 套、可燃气体报警器 4 台。

2. 经多方面寻找，确定了一家专业电路板维修公司进行专业精细维修。将损坏的 5 台变送器委托专业公司维修，维修后设备运行正常，这 5 块新的电路板价值合计为 5 万，而精细维修费用仅为 0.16 万元，节约 4.84 万元，大大节约了运行成本。

十二、流量机柜风扇温控开关改造

天然气投资大多数场站的流量机柜散热风扇的运行方式是门禁控制，只要机柜门关闭风扇会一直运行，且机柜间有空调使一直处于工作状态，确保合适的温度及湿度。流量机柜设备密度较小，所以给风扇添加温控开关控制非常有必要，符合天然气投资的节能及节约成本的政策。2017–2018 年天然气投资共有 21 个流量机柜进行改造，安装上温控开关，每年节约电量约 8000 度，节约电费约 8000 元。

十三、自主完成了上位机用户权限的划分

2017 年以吉安分输站为试点，利用现有软件和技术，以零成本完成了对上位机改造工作，实现了对场站上位机用户权限划分和直接对模拟量参数报警值进行设定并制定了相应管理办法。

十四、完成了周界报警对光的改造

周界报警系统采用的光源是不可见的 808nm 红外光，一直以来，对光方式采用的是厂家提供的寻光器对光。寻光器将感应到的红外光以声音的形式展现给操作人员，通过声音大小来判断红外光的强度。基于此，寻光器对光方式对操作人员的经验和责任心要求比较高，通过声音

大小进行搜寻，准确性低。2017 年通过开启照相机红外功能后，维护人员在非强烈日光下通过取景器即可看到红外光束投射的光斑，通过调整发射端激光头发射角度，可使光束中心精确地对准接收端中心，极大地提高了对光的精确度。

十五、壁挂式火灾报警控制器的采集方式改造

针对壁挂式火灾报警控制器无法在上位机显示报警区域的问题，经过与厂家交换意见，我们改变了壁挂式火灾报警控制器的采集方式，以硬点直接输出改为 485 信号输出，通过第三方数据采集地址，完成报警区域在上位机上的显示。目前已完成全部场站的改造，改造后的报警信息可直接显示报警具体位置，及时了解报警信息。

十六、南康阀室门禁系统的改造

在阀室门口、工艺间门口安装一个门磁感应装置，通过对阀室远传 RSU 或站控 RTU 设备进行软件调试，将采集到的门禁开关数字信号实时上传到南昌调控中心和南康站站控机。启用远程监视门禁安防系统后，不但南康站值班人员通过 SCADA 系统站控机界面可以实时看到所辖阀室门禁开关状态，还可以在 SCADA 系统站控界面事件记录中可查询当天各阀室门禁的开关时间和时长，这个数据对阀室的巡检工作和其他人员进出阀室的情况起到了有效的监管作用。

十七、连续五年（2014–2018 年）荣获江西省企业管理现代化创新成果

第六节　技能培训与考核工作

一、天然气投资

（一）技能培训管理机制

一是坚持每月安全生产视频会议之前，把学习一次安全生产事故案例列为固定议程，由各场站轮流主讲，要求各场站建立安全事故案例学习库，在学习借鉴事故教训的过程中，不断巩固和强化员工的安全意识。二是每月开展一次为期 1–2 天的视频技术交流，交流的内容紧密结合当前形势和学习的重点，涵盖了生产运行过程中各专业的基础知识、设备的结构原理、故障处理案例等，有效地提升了员工的技术素质。

（二）年度运行人员技术考核工作

2013 年开始，每年组织开展一次年度运行人员技术考核。截至 2018 年底，已经连续开展了 6 次。通过技术考核。员工技能水平跃上新台阶，内部培养站长从无到有，内部培养站长和专业

工程师数量都有了大幅度的增长。通过几年的不懈努力，培养了一批思想成熟、技术过硬的技术骨干，他们热爱本职工作、责任心强、学习积极性高，安全意识、安全技能、操作技能、发现问题处理故障等综合素质得到了显著提升，已在安全生产中发挥着主导作用。

自实施“技术培训与技能考核相结合”的激励机制以来，员工人人奋发向上，形成了前有引力、后有推力、自身有动力的学习工作氛围，建立了“培训－使用－考核－奖惩”的全套机制，形成“目标激励为先导、竞争激励为核心、利益激励为后盾”的人才培养机制。员工技术素质的提高，促进了群众性技术改造工作的开展，带动了企业技术人员在创新、创效上下功夫，从而推动各项先进技术在生产中的广泛应用，科技创新成果层出不穷，特别是企业组织自主开发了一套“天然气管道生产系统”，获得“2013 年度省投资集团技改创新成果三等奖”。通过该系统的开发，培养了大批技术骨干，该系统开始于 2012 年 3 月，经过项目调研和项目立项，于 2013 年 1 月起进入项目阶段性应用阶段，项目所开发系统的功能及性能在实际应用中经过验证并不断改进，目前系统基本能满足现阶段公司生产运行管理的需求。

随着“培训＋考核”这一激励机制在企业的深入推广，促进了员工观念由“要我学”向“我要学”的转变，充分调动了员工的积极性和主动性，达到了以生产促进学习、以学习推进生产的目的，实现了学习效果与完成生产任务的“双赢”。

二、管道分公司

一是开展了投产保运服务单位的招标工作，经过层层考核与选拔，一批经验丰富的保运人员充实到了我们的队伍中。二是制定了按批次分步实施的培训计划，通过外部培训、内部培训、供应商培训、全员安全培训等多种多样的形式，不断提高员工理论水平和实操技能。三是建立“师带徒”“一带一”模式，老员工、保运人员分别与场站新员工签订师徒协议，建立一对一培训机制，明确培训要求和考核目标。

在前期培训的基础上开展了场站运行人员专业技能考核，2018 年 12 月组织了场站全员业务技能考核，2019 年 1 月组织了新员工转正考核。下一步将建立定期考核机制，促进员工由“要我学”向“我要学”转变，以考促学，不断提高全员的综合素质与业务水平，保障管道分公司长期安全稳定发展。

第三章　天然气终端市场

为加快推进江西天然气上中下游产业一体化发展进程，围绕省天然气管网一、二期工程覆盖地区，天然气集团所属投资燃气和能源投资，不断拓展城市燃气、工业园区供气和汽车加气等业务渠道，业务范围涉及城市燃气、工业直供、省级LNG储备调峰、汽车加气、船舶加注、燃气设备及管道安装和管道防腐安装等领域。本着战略合作、互利共赢的原则，与地方人民政府和各类所有制企业开展广泛合作。

第一节　机构与职责

一、投资燃气

（一）机构

投资燃气成立安全生产管理部门，对各所属企业生产运行情况进行服务指导。2018年12月，安全生产部更名为安全监察部。

（二）职责

1. 负责指导下属公司建立安全生产管理制度体系；负责落实下属公司安全生产责任制；安全生产管理制度执行监督，安全生产台帐归口管理。

2. 建立燃气场站关键设备、重要管网安全运行指南标准；指导下属公司制定本单位的安全生产标准；下属公司生产设备安全运行管理工作指导；检查督促下属单位安全生产三级教育；检查督促特种作业人员持证上岗；负责组织安全生产例会、安全检查，建立安全生产风险评级档案；负责督促安全隐患的整改工作；负责对下属公司应急抢险能力评估，并指导其提升应急抢险能力。

3. 负责安全生产专项费用的提取，使用、审批的相关监督工作。

4. 指导下属公司生产和计量设备管理制度的建设与实施；参与下属公司重要生产计量设备技术改造方案的评审。

5. 分析和收集各下属公司生产数据报表；对下属公司控制供销差提供技术指导。

6. 协助下属公司对新技术、新材料、新工艺、新设备进行信息跟踪与研发应用；组织下属公司安全管理与生产人员的技能培训。

7. 组织职工职业安全体检，建立、健全职工健康安全档案。

二、能源投资

（一）机构

2013 年 6 月，能源投资成立生产运行部，主要负责能源投资生产运行管理，监督、指导所属企业日常生产活动；2015 年 2 月，生产运行部更名为安全运营部；2018 年 11 月，安全运营部更名为安全监察部。

（二）职责

生产运行部的主要职责：负责能源投资生产市场营销、客户管理、安全生产、环境保护及所属企业生产经营数据的收集、汇总、分析等工作。

第二节　经营计划

一、投资燃气

2010 年，是管网工程建设的攻坚之年，是深化企业管理的重要之年，也是决胜下游市场的关键之年。投资燃气在省投资集团和董事会的正确领导下，紧紧围绕江西省委、省政府建设鄱阳湖生态经济区的战略部署，牢牢按照省投资集团经营目标和天然气板块 2010 年工作会议上确定的“五保持五突破”的总体要求，抓好投资开发，努力扩大市场份额；抓好企业管理，确保企业稳健运行；抓好工程建设，做好通气准备工作；抓好安全生产，确保安全稳定供气；抓好队伍建设，增强企业发展后劲；抓好党建监察综治，创造和谐稳定环境；抓好文化建设，推动企业科学发展；抓好战略规划，明确企业发展方向。

2011 年，是投资燃气强基固本、做大总量、发展提速的关键之年。总体要求是：全面贯彻党的十七大、十七届五中全会和江西“两会”、全国“两会”精神，以邓小平理论和“三个代表”重要思想为指导，深入贯彻落实科学发展观，以科学发展为主题，以加快转变发展方式为主线，不断提高公司的发展质量和效益，实现市场份额大、资产规模大、社会贡献大与竞争能力强、盈利能力强、可持续发展能力强的“三大三强”有机统一，确保公司在“十二五”期间实现“省内一流燃气运营商”的目标。2011 年主要预计目标是：完成燃气销售 1 亿 m^3；余干、江铜、德兴、湖口全面完成工程建设任务；确保所属公司安全生产达标和公司整体盈利。

2012年，投资燃气以党的十七届六中全会精神为指导，围绕公司“十二五”发展目标，坚定走科学发展之路，创造性地开展各项工作，全面深化和推进经营管理、安全生产、项目开发和队伍建设等四大工作，持续提升投资燃气的综合实力、竞争能力和抗风险能力，实现市场占有率高、资产规模增长快、社会效益贡献大与竞争优势突出、盈利能力突出、可持续发展能力突出的有机统一，保持投资燃气各项事业又好又快发展，助力“做大做强江西天然气”，以优异成绩迎接党的十八大胜利召开。2012年主要目标：确保投资燃气安全生产形势总体平稳，生产经营安全得到有效保障；预计实现全年营业收入3.72亿元，力争完成管输天然气销售1.26亿方，全面完成新余城市居民用户置换；推进LNG市场开发，确保实现余干、德兴、贵溪江铜等项目与省管网对接通气，加速推进万年、都昌、贵溪、景德镇CNG、鄱阳、江西长运及管道防腐等项目；全面推进党风廉洁建设和“领导班子好、工作机制好、发展业绩好、群众反映好”的“五好工程”建设，全面实现综合治理和党建工作责任目标，确保员工队伍和谐稳定。

2013年，是全面贯彻落实十八大精神的关键之年，也是投资燃气实现各项工作目标关键时刻。我们的目标是：要确保投资燃气安全生产形势总体平稳，生产经营安全得到有效保障；实现营业收入5.36亿元、利润200万元，力争完成管输天然气销售1.84亿方（控股企业）；快速推进LNG市场开发，确保实现余干、德兴、贵溪江铜等项目与省管网对接通气，加速推进贵溪、鄱阳、新余CNG、万年、都昌、景德镇CNG、新奥车用燃气以及车船用LNG等项目；继续全面推进党风廉洁建设和“领导班子好、党员队伍好、工作机制好、发展业绩好、群众反映好”的“五好工程”建设，全面实现综合治理和党建工作责任目标，确保员工队伍和谐稳定。

2014年，是投资燃气全面经营计划和预算管理模式全面落地运行的第一年，更是各项事业实现发展升级的关键之年。工作主题是“管理服务年”，总体思路是以安全生产为前提，落实全面经营计划和预算管理模式等管理咨询成果，提升管理服务水平，在巩固城市燃气和工业直供用户市场的基础上，大力拓展车船用气市场，力争进军省外市场，深入推进发展升级，为打造国内一流城市燃气运营商而不断奋斗。

2015年，根据“全力打造升级版江西天然气”这一战略定位，2015年投资燃气围绕“市场拓展年”主题，加强本部对国家宏观经济和行业政策的应对能力建设，以安全生产为前提，重点拓展车船用市场，加快推进LNG加注站的布点申报，推动管理咨询成果落地并为其他企业提供可复制的管理体系，全力加快建设“国内一流的城市燃气运营商”。

2016年，全年的发展和工作主题是“服务提升”，总体经营思路是，建立健全安全生产管理体系，确保安全生产；完善投资管理及市场营销机制，加大市场开拓力度，提高市场占有率；巩固管理咨询成果，搭建经营管理服务平台，不断提升管理服务能力和客户服务水平，提高投资燃气整体竞争力，加快实现成为“值得信赖和尊重的综合性清洁能源服务供应商”。核心经营目标是，力争实现销气量在2亿立方以上，实现营业收入5.71亿元，利润总额达到省投资集团下达的预算目标值。力争新增民用户1.57万户，工商业用户85家，力争推动8座以上车用加气站项目的实施。

2017年，投资燃气以领会贯彻习近平新时代中国特色社会主义思想为总指引，全力落实全省加快天然气发展暨天然气管网建设工作推进小组会议精神，积极适应经济发展新常态，紧紧围绕“精细管理、创新发展”主题，砥砺奋进、担当作为，经营管理各项工作持续向好。总体工作思路是：以安全生产为前提，通过明晰流程、责任管控，推进精细化管理，助推企业创新发展，重点以国家交通运输部第二批水运行业应用LNG试点示范项目为依托，加快推进LNG链产业发展,并适时启动分布式能源项目和点供项目。核心经营目标是:力争实现销气量2.73亿方，营业收入7.13亿元，利润总额510.24万元。安全生产确保“五无一杜绝”，工程建设、经营管理等严格控制在省投资集团和天然气集团的目标范围内。

2018年，是投资燃气全面贯彻落实党的十九大精神的第一年。投资燃气将在省投资集团、天然气集团的坚强领导下，持续全面贯彻落实党的十九大精神及全省加快天然气发展暨省天然气管网建设工作推进小组会议精神,全力推进投资燃气有质量、有效益的发展。核心经营目标是:力争全年实现控股企业销气量3.6亿方，营业收入9.76亿元，利润总额2，500万元。力争新增民用户1.8万户，公服及商业用户140户，工业用户37户。安全生产确保“五无一杜绝”，工程建设、经营管理等严格控制在省投资集团和天然气集团的目标范围内。

二、能源投资

2014年，按照“十二五”规划，能源投资充分依托中国石油入赣管网主干线，科学调研区域内天然气利用市场，重点加快推进南昌、吉安、宜春、赣州、九江、上饶、鹰潭、萍乡等地城市燃气和加气（注）站项目，又快又好地扩大公司业务经营规模。其中昌南公司南昌市经济开发区兰叶加气站项目、井冈山新城区LNG气化站在2014年顺利投产。

2015年，能源投资持续跟踪已有项目的进展，加快落实新项目的签约，积极致力潜在项目的获取，通过大力拓展省天然气二期管网工程覆盖范围内民用、车用天然气市场，实现公司的市场份额和影响力“双升”。2015年，万安县、永新县LNG气化站顺利投产。

2016年，能源投资继续加强内联外引，稳步提升市场份额。进一步加强与各级地方人民政府的沟通协调，积极引进各类所有制企业参与项目的合资合作，充分发挥各方的资金、技术和资源优势，实现合作共赢。坚持因地制宜的市场开发思路，努力细分拓展市场，培育新的利润增长点。重点加快推进萍乡市区域、昌九走廊区域等地加气站项目的开发工作，同时加快推动宜春、瑞金GNG加气母站和樟树、上饶、瑞昌加气站等项目落地实施，跟进宁都县、九江庐山区、赣州江钨项目的业务洽谈与合作，推动公司市场份额持续提升。2016年，莲花县LNG气化站顺利投产。

第三节　市场开拓

一、投资燃气

天然气城镇燃气终端市场竞争激烈，在我省县级以上特许经营权基本被各大燃气公司瓜分情况下，投资燃气积极与地方人民政府及成熟燃气企业合作，以市场为导向，服务促发展，积极开拓终端用气市场。认真履行“保一湖清水、护一片蓝天”的企业使命，积极致力于为工业企业提供“安全、洁净、高效”的天然气替代煤、油等传统燃料，发展了包括江西铜业集团、新余赛维LDK、巨石集团、和美陶瓷等大型企业。截至2018年末，所属控参股企业累计发展居民用户数26万余户；公服、商业用户1000余户；工业用户171户；汽车加气站4座。

（一）居民

以城镇燃气业务为主的有：新余燃气、余干公司、德兴公司、庐山西海、万年公司、都昌公司、黎川公司等7家。

新余燃气：属投资燃气控股企业。成立于1983年，前身为新余市煤气公司。2008年2月，新余市人民政府与省投资集团签订了投资框架协议，对新余市煤气公司进行资产重组。同年12月注册成立新余燃气有限公司，注册资金4000万元。公司由投资燃气控股80%，新余市国有资产经营有限责任公司持股20%。新余燃气主要从事燃气管网设施和工程的投资、建设、运营和管理等业务，致力于发展城镇燃气事业。截至2018年底，建成管网里程377.4km，工业用户53户，商业用户806户，居民用户23.7万户，实现销气量3.45亿方。

余干公司：属投资燃气控股企业。成立于2010年12月，设立目的是响应江西省人民政府建设环鄱阳湖经济圈的号召，为余干县的工业企业和城市居民生活提供天然气气源。余干公司主营业务为管道天然气销售，经营范围为余干县行政辖区，目前主要是黄金埠工业园区和余干县城。余干公司已取得了余干县人民政府授予的特许经营权。目前已建设天然气接收门站一座、LNG气化站一座，城市天然燃气管道34.25km。截至2018年底，建成管网里程20.83km，工业用户12户；商业用户102户，居民用户1.66万户，实现销气量1000万方。

德兴公司：属投资燃气控股企业。成立于2011年1月，系由投资燃气、德兴市国有资产经营有限责任公司、上饶市国有资产经营集团有限公司共同出资的国有控股有限责任公司。经营范围为德兴市行政区域的管道天然气项目的投资、建设、运营和管理;天然气的采购、输配和销售;燃气设施、设备的销售、安装、维修服务等。德兴市天然气供气总站设在香屯生态工业园区银香大道旁，通过银香大道天然气中压管道输送至德兴市城区，2013年10月市区居民用户开始使用管道天然气。截至2018年底，建成管网里程45.53km，工业用户8户，商业用户54户，居民用户1.28万户，实现销气量2289万方。

庐山西海：属投资燃气全资子公司。2013年1月取得燃气经营权，庐山西海成立于2013年4月28日，注册资本金510万元，目前庐山西海人员4人。庐山西海主要经营范围包括燃气工程建设、设计、安装及施工；城市燃气管道、配套设施运行管理及天然气销售；液化天然气及压缩天然气加气站建设、管理及销售；厨房设备、燃气具的销售、安装、维修；建筑材料、装饰材料、五金交电、日用百货的批发、零售；信息咨询服务（以上项目国家有专项规定的凭许可证、资质证、批准文件经营）。至2018年底，建成管网里程15.18km，居民用户276户。

（二）工业

以工业园区直供为主的有:九江公司、高安公司、抚北公司、贵溪公司、鄱阳公司、湖口天然气、江西港华、九江港华等8家。

九江公司：属投资燃气控股企业。成立于2009年5月，9月开工建设，工程历时9个月，于2010年6月22日实现通气，向省内第一家工业企业——九江巨石集团直供天然气，日用气量约9.5万方，为巨石集团每年节约3000万元左右的燃料成本，为顺利打开园区直供市场起到了很好的示范作用。截至2018年底，建成管网里程11.7km，工业用户11户，商业用户10户，实现销气量 3.39 亿方。

高安公司：属投资燃气控股企业。于 2009 年 8 月注册成立，位于江西省建筑陶瓷产业基地内，是一家专业推广管道天然气的企业，是该区域内唯一一家专业提供管道天然气的企业。高安公司于 2010 年 12 月 18 日正式开始向用户输送天然气，结束了高安市没有管道天然气的历史。公司以“西气东输”“川气东送”国家能源战略为气源保障，为用户不断提供安全、高效、环保的管道天然气。截至 2018 年底，建成管网里程 42.97km，工业用户 41 户，商业用户 10 户，实现销气量 1.81 亿方。

抚北公司：属投资燃气控股企业。成立于 2010 年 2 月 8 日，经营范围是在抚州市临川区抚北工业园区的管道天然气项目的投资、建设、运营和管理，是该园区域内企业天然气供应的唯一主体。于 2010 年 8 月开工建设，投资 2400 多万元先后完成了门站、LNG 气化站、10KM 中压管线等配套工程建设，2011 年 8 月 29 日正式投产通气，从而结束了抚州市没有管输天然气的历史，日供气能力达 36 万方。截至 2018 年底，建成管网里程 11.14km，工业用户 12 户，商业用户 4 户，实现销气量 1.27 亿方。

贵溪公司：属投资燃气控股企业。与贵溪华润燃气有限公司于 2012 年 5 月共同出资注册成立，主要经营燃气销售、天然气管道投资、运营管理，直供江西铜业集团公司及鹰潭（贵溪）铜产业循环经济基地。目前已建成的贵溪江铜冶炼厂天然气利用工程全长 15.5km，整体投资约 8000 万元，由高压管线和次高压管线组成。工程起点贵溪门站（贵溪华润门站内），途径江铜冶炼厂，终点鹰潭（贵溪）铜产业循环经济基地，已于 2015 年 10 月顺利投产运营。

公司秉承“保一湖清水，护一片蓝天”的企业使命，积极开发工业油改气和贵溪江铜冶炼厂重油改造市场，已与鹰潭（贵溪）铜产业循环经济基地签订了全面合作协议。截至 2018 年底，建成管网里程 21.01km，工业用户 10 户，实现销气 1.29 亿方。

鄱阳公司：属投资燃气控股企业。成立于 2012 年 5 月，主要从事鄱阳县城除县城规划区以外的行政区域范围内（含芦田工业园区和鄱阳湖国家湿地公园）的管道天然气项目；液化天然气（LNG）、压缩天然气（CNG）车用加气项目的投资、建设、运营和管理。截至 2018 年底，建成管网里程 19.09km，工业用户 24 户，商业用户 20 户，居民用户 81 户，实现销气量 1113 万方。

湖口天然气公司：属投资燃气三级企业。湖口天然气有限公司是九江市天然气有限公司与润发燃气集团有限公司合资成立的从事湖口天然气管网投资、建设、运营和管理以及天然气输送与购销的企业。

（三）车用加气

以车用业务为主的有：新余清洁能源、抚州清洁能源、景德镇、新奥车用等 4 家。

新余清洁能源公司：属投资燃气控股企业。与新余市公用事业投资公司合作。主要负责新余市 CNG、LNG 等车船用气市场的开发。截至 2018 年底，建成 CNG 加气站 1 座，LNG 加气站 1 座，实现销气量 2329 万方。

抚州清洁能源公司：属投资燃气控股企业。具体负责抚州及周边地区的天然气汽车加气站、船舶“油改气”等项目的投资、建设和经营，在天然气专业技术、气源指标、资金实力等方面具有独特的优势。

（四）LNG 产业价值链探索及拓展

1. 建设 LNG 中转基地和湖口 LNG 码头，侧重船用及调峰储配业务。2011 年 8 月，江西省鄱阳湖液化天然气（LNG）调峰储备项目的省属国有天然气专业化企业，主要承担全省天然气应急调峰保障任务，着力延伸和打造 LNG 产业链。截至 2018 年底，实现销气量 2.34 亿方。

2. 研究编制全省水上 LNG 利用发展报告。为进一步加快公司产业链延伸，建立 LNG 产业发展系统性的战略研究成果，为投资燃气在水运行业 LNG 业务发展提供决策依据。委托交通部水运科学院编制江西水运行业应用 LMG 发展研究报告，并邀请行业主管部门和业内专家专题评审，2018 年 5 月完成了终稿评审，此项报告为全省推进水运行业 LNG 应用奠定了基础。

3.2016 年 10 月 21 日，投资燃气申报的水运行业应用液化天然气第二批试点示范项目被成功列为试点；10 月 30 日，鄱阳湖 LNG 转运基地一期工程顺利投产；2017 年 1 月 18 日，一个白色 40 尺 LNG 集装罐顺利送达上海松江的一家天然气用户，正式宣告了我国第一次使用罐箱进口 LNG 商业化运作成功。一系列工作的推进，不仅突破了传统大型 LNG 接收站的瓶颈限制，真正实现了 LNG“门到门”定制化服务，在气源地和终端客户之间搭建一条专属的“虚拟管道”，为今后分布在各地的天然气终端客户提供“一罐到底”的能源物流解决方案，更为实现通过小型 LNG 运输船和 LNG 罐式集装箱运输至鄱阳湖 LNG 储备调峰站，并再通过 LNG 加注船、LNG 槽车或 LNG 罐车分销至水上 / 陆上 LNG 加注站、LNG 气化站，最终向 LNG 动力船、陆上交通工具、民用和工商业等终端用户提供服务的全产业价值链形成奠定了坚实的基础，在 LNG 行业发展方面具有标志性的意义。

4. 拓宽资源获取途径。罐箱运输方面：2016 年，投资燃气积极推进与中化物流的合作事宜，就 LNG 罐箱的多级分拨中心及虚拟网络推进、水上 LNG 加注船项目、燃气分布式能源及乡镇燃气项目、LNG 罐箱国际贸易等内容，多次赴北京、上海、宁波等地与相关业务单位进行洽谈。目前，在鄱阳湖 LNG 公司完成罐箱陆运等效试验，并取得较好效果，通过水陆罐箱联运方式，为广大客户打通了除管道、船运外，通过罐箱将 LNG 进口中国、进入江西的“第三条路”。散装运输方面：2016 年 10 月，公司与浙江华祥公司就 LNG 内河运输事宜达成一致意见并签订战略合作协议，为鄱阳湖 LNG 公司码头建成之后大批量倒运 LNG 奠定基础。

5. 攻坚技术利用难题。一方面，投资燃气联合中国船级社（CCS）武汉规范、长江船舶设计院专家对工程船 LNG 利用技术方案进行专题论证，基本解决 LNG 供应系统设计问题；另一方面，与重庆龙源动力设备公司签订战略合作协议，共同对鄱阳湖区域工程船及江铜的矿山机械的康明斯发动机进行“油改气”，为解决工程船发动机改造的技术难题开展了积极探索。

（五）安装服务

以天然气增值业务为主的有：安装公司、管道防腐公司、九江天计流量监测中心等 3 家。

安装公司：属投资燃气控股企业。前身为新余安装分公司，成立于 2010 年 12 月。具有市政公用工程施工总承包二级和建筑装修装饰专业承包三级资质。主要负责城市中低压管道的安装、居民及庭院的管道安装和天然气场站的附属工程等业务。截至 2016 年底，户内安装 17147 户。

管道防腐公司：于 2012 年 6 月 29 日成立，坐落于江西省高安市建筑陶瓷产业基地，专业从事 FBE、2PE、3PE 管道防腐、管件防腐、场站防腐、保温、阴极保护检测与防腐技术咨询服务的一家现代化防腐企业。已取得防腐保温工程专业承包贰级资质及安全生产许可证和特种设备制造许可证，并通过了 ISO 9001：2008 质量管理体系认证，ISO 14001：2004 环境管理体系认证，GB/T 28001-2011 职业健康安全管理体系认证

九江天计流量监测中心：属投资燃气三级企业。成立于 2014 年 3 月 19 日，由九江市天然气有限公司、九江深燃天然气有限公司、九江市计量所三方共同出资设立。九江天计流量监测中心经营范围：气体流量检测咨询服务。

二、能源投资

（一）居民

能源投资通过与国内成熟燃气企业、地方人民政府合作，先后成立了永新公司、莲花公司、

井冈山公司、万安公司、三清山分公司以及接收协议转让遂川公司等 6 家城市燃气终端公司。

井冈山公司：为开发井冈山市城区天然气利用项目，2013 年 8 月 13 日，能源投资与井冈山市人民政府、吉安华润燃气有限公司在井冈山市签订了《井冈山市天然气利用项目框架合作协议书》，并于 10 月 23 日在井冈山市注册成立了井冈山公司，其中能源投资所占股比 50%，吉安华润燃气有限公司所占股比 50%。

莲花公司：为开发萍乡市莲花县行政规划区域范围内开展天然气项目业务，2013 年 8 月 14 日，能源投资与萍乡港华燃气有限公司在南昌市签订了《天然气项目合作框架协议书》，并于 9 月 29 日在莲花县注册成立了莲花公司，其中能源投资所占股比 51%，萍乡港华燃气有限公司所占股比 49%。

万安公司：2013 年 9 月 4 日，能源投资与万安县人民政府在万安县签订了《天然气利用项目合作框架协议书》，与万安县能源投资有限公司就双方成立合资公司投资建设和运营万安县天然气项目事宜签订了《天然气项目合作协议书》。并于 12 月 12 日，在万安县注册成立了万安公司，其中能源投资所占股比 70%，万安县能源投资开发有限公司所占股比 30%。

三清山分公司：2013 年 10 月 12 日，能源投资与三清山风景区管理委员会在三清山签订《天然气项目合作框架协议》，该项目将为能够更好地控制景区土环境污染、促进景区的节能减排，优化能源产业结构提供了保障，公司于 11 月 7 日设立了三清山分公司。

永新公司：2014 年 7 月 21 日，能源投资与永新县人民政府、吉安华润燃气有限公司共同签订《永新县管道天然气利用项目合作协议书》，共同开发永新县区域内管道天然气利用项目。并于 9 月 18 日，在永新县注册成立了永新公司，其中能源投资所占股比为 43%，吉安华润燃气有限公司所占股比为 42%，永新县城市建设投资开发有限公司所占股比为 15%。

（二）工业

抓住工业用户是实现城镇燃气销量重大突破的关键，能源投资在所属企业区域内进行了大排查，获得了大量的一手资料。2017 年，所属井冈山公司率先实现工业用户“零”的突破。截至 2018 年底，企业开发工业用户 14 家。

（三）公服、商业

截至 2018 年底，企业开发了公服和商业用户 21 家，主要是企事业单位食堂和餐饮店。

（四）LNG 推广应用与加气子站

到目前为止，能源投资共取得加气站路条 17 张，其中母站路条 1 张。在取得路条后，各家加气站公司就项目用地正在与当地人民政府及相关部门沟通，力争天然气加气站项目早日建成投产。具体情况如下：

2013 年 6 月 27 日，能源投资与赣州市公共交通总公司、赣州市基本建设投资公司共同出资在赣州市设立赣州公司，其中能源投资所占股比 51%，赣州市公共交通总公司所占股比 25%，赣州市基本建设投资公司所占股比 24%。

2013 年 7 月 9 日，能源投资与吉安华润燃气有限公司在南昌市签订了《关于设立吉安清洁能源有限公司的合资合同》，共同开发吉安市城区天然气加气站项目。并于 7 月 17 日，在吉安市注册成立吉安华润清洁能源有限公司，其中能源投资所占股比 49%，吉安华润燃气有限公司所占股比 51%。

2014 年 4 月 11 日，能源投资与江西国发天然气开发有限公司、九江国发天然气有限公司分别签订了《加气站项目合作协议书》，共同开发瑞昌市、九江县天然气加气站项目。并于 12 月 19 日，在瑞昌市设立了瑞昌公司，其中能源投资所占股比为 51%，江西国发天然气开发有限公司所占股比为 49%；12 月 26 日，在九江县注册成立九江公司，其中能源投资所占股比为 51%，九江国发天然气有限公司所占股比为 49%。

为了提高清洁能源利用率，有效控制工程车辆对大气的污染，2014 年 7 月，能源投资与江西友融资产管理有限公司签订《合作协议》，双方协商在南昌市共同投资建立“江西天然气友融 LNG 加气站”项目合资公司。于 8 月 13 日，能源投资与友融资产正式签订了《三一重工 LNG 工程车辆加气站项目合作协议书》，并于 2015 年 5 月 26 日在安义县注册成立鑫源公司，其中能源投资所占股比 60%，江西友融资产管理有限公司所占股比 40%。

2014 年 12 月，能源投资与江西大颂实业有限公司签订《加气站项目合作协议书》，共同合作开发上饶市区域内的天然气加气站项目。2015 年 1 月 16 日，双方在上饶市注册成立大鼎公司，其中能源投资所占股比 51%，江西大颂实业有限公司所占股比 49%。

2015 年 4 月 30 日，能源投资与鹰潭华润燃气有限公司签订《关于设立鹰潭润燃清洁能源有限公司的合资合同》，共同开发鹰潭市区域内天然气加气站项目，并于 5 月 18 日，在鹰潭市注册成立鹰潭润燃公司，其中鹰潭华润燃气有限公司所占股比 51%，能源投资所占股比 49%。

第四节　用户服务

一、投资燃气

（一）调查满意度

调查客户满意度，收集客户服务方面存在的问题和建议，针对问题和建议有针对性地切实完善自身服务，同时做好用户的回访工作。

（二）与客户互动

积极参加人民政府组织的防灾减灾日、综治宣传日等各种活动，为客户宣传燃气安全知识，为客户就燃气安装、使用及设施维护等方面进行答疑解惑。

积极组织开展帮扶、学雷锋、环保公益等各种活动，宣传燃气安全知识教育、燃气维修等。

组织客户座谈会，了解客户心声，协助协调解决客户存在的问题。

与工业客户组织篮球赛、联谊会等各种活动，增强双方关系维护。

（三）价格优惠

针对用户资金紧的问题，秉着薄利多销的基本理念，调整安装费收取方式，改变气款结算方式，积极争取上游气源价格优惠。

（四）提供支持服务

为客户主动上门提供天然气业务培训指导，讲解天然气安全运营专业知识，交流燃气改造相关施工改造技术经验。

积极做好用户对接工程，加快工程建设，提前给客户做好接驳管网与气源。

积极参加客户煤改气项目评审接会、项目推进调研会，参与用户项目的投产、调试。

积极联系协调同类企业实地参观学习同类项目的成功改造案例，有力地促进了双方友好合作，互利共赢。

联合商家，免费为来站车辆提供自助洗车服务。

（五）做好安全保障

开展节前安全检查，重点检查了宿舍安全用电、门站运行、自用气设施、中压管线、用户设施等，并对春节期间正常生产或停产的用户进行了逐一走访，宣传安全用气知识，落实安全措施，保障用户安全用气。

（六）提供气源保障

全力自建 LNG 储气站，积极与上游沟通促成上游气源分配力度。

二、能源投资

为更好地为客户提供优质服务，井冈山公司、永新公司、遂川公司、莲花公司投资设立了客户服务大厅。大厅明亮、整洁，环境清新，划分为交费区、休息区、咨询台、燃气具展示区，置备了饮水机、打气筒、老花眼镜、针线包等便民物品，使用户能够获得一个温馨、舒适的服务体验。同时，各公司还定期组织员工进社区开展集中上门服务，服务内容有报装、交费、安检、维修、咨询等内容。

第五节　储备调峰

一、投资燃气

（一）鄱阳湖 LNG 储配调峰项目

2015 年 9 月，按照交通运输部水运局要求，投资燃气积极申报交通运输部第二批水运行业应用 LNG 试点示范项目；

2015 年 12 月，参加国家交通部水科院在北京召开的第二批水运行业应用液化天然气示范区答辩会；

2015 年 1 月，专程赴国家交通部水运局、海事局及水科院对接汇报试点示范项目的总体思路和实施计划，并取得支持；

2015 年 5 月，国家交通部水运局、海事局及水科院对第二批试点示范项目专家组来赣实地调研。

2016 年 4 月，委托交通运输部水科院开展江西水运行业应用 LNG 发展研究，以进一步加快我省水运行业 LNG 利用步伐，形成水运 LNG 产业发展系统性的战略研究成果，同时也为申报并落实国家交通部第二批水运行业 LNG 应用试点示范项目奠定基础，研究主要江西水运发展分析、江西水路 LNG 物流系统研究、环鄱阳湖船舶应用 LNG 实施方案三个方向开展。

2016 年 10 月 21 日，鄱阳湖水域水运应用 LNG 项目正式获批交通部第二批水运行业 LNG 应用试点示范项目，加速助推鄱阳湖流域水上液化天然气应用推广。

为保障供气安全，积极应对迎峰度冬时的供气紧张，2016 年 10 月 30 日，鄱阳湖 LNG 储配调峰项目投产，正式参与全省天然气储配调峰。鄱阳湖 LNG 项目为江西省人民政府重大调度项目和重点工程项目，项目位于九江市湖口县金砂湾工业园，占地面积约 602 亩，占据鄱阳湖与长江交汇处 1.4km 岸线。项目设计 LNG 储备规模为 6 万立方。项目建成后将成为沿江 LNG 接收站、中部地区 LNG 集散地、上海石油天然气交易中心交割库，具备水上散装 LNG 接卸、LNG 罐箱接卸、LNG 加注、LNG 气化反输及陆上 LNG 接卸等，可覆盖江西、湖北、安徽、湖南等省份。

该项目已被列入《长江中游城市群发展规划》，明确“建设加快建设天然气储备设施建设，重点建设九江湖口、孝感云（梦）应（城）等储气库。”江西省《昌九一体化发展规划（2013-2020 年）》也明确“建设湖口液化天然气（LNG）储配项目，切实增强天然气应急保障和调峰能力。”目前第一个 2 万立方储罐已经建成并储液，并启动 LNG 接卸及加注码头建设工作。

（二）丰城 LNG 调峰储气站项目

在省能源局的大力支持、天然气集团的高位推动下，试点建设了丰城 LNG 调峰储气站项目，天然气管道、江西港华天然气有限公司、九江市天然气有限公司、高安市天然气有限公司和抚州市抚北天然气有限公司等 6 家企业于 2014 年 6 月 10 日在南昌签订了天然气调峰保供协议，组建了首个省级天然气调峰保供联盟，可有效缓解“未来迎峰度冬”期间天然气供应紧张问题。

二、能源投资

目前正积极建设井冈山 LNG 区域储备调峰中心，选址在龙市镇，储存规模 400 立方（150 立方储罐 2 个，100 立方储罐 1 个）。中心建成后，将为井冈山市及周边莲花县、永新县等的管网储备调峰提供保障。

第六节　生产运行管理

一、管理制度

2015 年 10 月，为适应生产需要，投资燃气印发了《所属企业站队管理制度、操作规程和专项应急预案范本汇编》，包括 18 项安全管理制度、104 项操作规程和 50 项专项应急预案，要求各企业对照范本编制适应本公司生产实际的制度和规程。主要内容如下：

1. 场站入站须知：场站严禁未经许可人员入内。外来人员及车辆进站期间必须接受安全教育，听从安全人员的管理，遵守站内相关规章制度。未经许可，严禁动用站内任何设施、设备和工具。

2. 场站值班管理规定：明确场站值班人员管理要求和管理内容，规范值班人员职责和行为。

3. 场站交接班管理规定：规范交接班程序和内容，交接班时，交接双方应根据岗位划分的点和线，进行对应的逐点、逐项交接，必须做到“七交”“五不接”。

4. 场站巡回检查管理规定：明确巡回检查内容和要求，确保值班人员准确及时掌握生产情况。

5. 场站岗位练兵管理规定：以生产岗位为课堂，坚持干什么、学什么、缺什么、补什么的原则，进行基本功训练。

6. 安全生产教育培训规定：熟悉有关安全生产规章制度和安全操作规程，具备必要的安全生产知识，掌握本岗位的安全操作技能，增强预防事故、控制职业危害和应急处理能力，未经安全生产培训合格的从业人员，不得上岗作业。

7. 场站外来人员及车辆管理规定：所有外来人员及车辆必须接受门卫检查，做好进站人员及车辆登记，确认车辆未携带危险物品后方可进入。外来人员未经允许不得进入生产区和机房、库房、配电间等一些与业务不相关的区域。外来车辆必须按规定把车辆停在指定停放地点。

8. 场站安全管理规定：场站必须设置醒目的安全警示牌。在岗人员按规定穿戴劳动保护用品，严格遵守各项安全操作规程。参观或施工的人员，进站前由安全员（值班人员）进行安全教育，收缴火种，统一保管。一般情况，机动车辆不得进站，因生产需要经批准进入站内的机动车辆，必须佩戴合格的防火帽，按指定的线路行驶，按指定位置停放。

9. 场站消防管理规定：各场站消防器材设施应设专人负责，并按照“三定一好，一不准”（三定：定点设置、定人、定期检查挂牌负责制；挂牌上应注明购买日期、检修日期、有效期、保管使用人、配置场所；一好：保持完整好用；一不准：不准移作他用）要求，做好消防器材管理。

10. 场站设备管理规定：生产操作人员要严格执行本规定，不得违章作业。工艺设备维护保养实行专人、专区负责制，做到台台设备、个个阀门、块块仪表都有人负责。操作人员要精心维护，正确使用设备。对设备要做到“四懂”“三会”。按操作规程操作设备，各项操作参数应符合设备要求，做到“四不超”。

11. 场站用电管理规定：场站负责其管辖范围所有电气设备、设施的日常管理与维护。电气设备线路和设备应符合国家防爆防火规定。电气设备的金属外壳都必须接地或接零，并定期测量电位。在电气设备上作业，要先停电再操作，如不能停电，严格按带电作业规定操作。

12. 管网及设施巡查管理规定：巡检人要根据不同天气和气候，针对不同部位加强巡检，以便及时发现隐患，及时解决。巡回检查时携带必要检测仪器和维修工具。巡回检查中应做到一看、二摸、三听、四闻、五测，发现疑点仔细观察分析，发现问题要及时汇报、及时排除。

13. 场站操作票管理制度：由场站站长负责操作票的管理工作。生产设备的检修、校验以及维护保养，需签署站内操作票。站内的动火、动土、高空作业、受限空间、临时用电等操作需签署相应的特种作业审批表报生产、安全部门审批通过后方可操作。

14. 场站生产用工器具及应急物资管理规定：生产用工器具及应急物资管理按照安全管理规定、库房管理规定及突发事件应急预案要求的种类、数量进行配备，并确保应急物资和工器具处于良好备用状态。生产用工器具及应急物资必须由专人监管。应对本场站的生产用工器具，应急物资进行登记，并建立相关档案。

15. 场站配电房安全管理规定：非工作人员未经允许，不得进入配电间。配电内不准堆放易燃易爆物品，配电间进出口确保通畅。保证配电间良好的通风，避免室温过高影响电气设备正常运行。

16. 场站发电机房管理规定：操作人员必须严格按照《发电机操作规程》管理、使用、维护保养，确保设备的完整性、可靠性，随时处于良好状态。操作人员必须保持发电机组的配套装置和设施的完整性、可靠性，不得随意搬动、改变或挪作他用。发电机房内严禁吸烟，严禁携带易燃、易爆物品及其他危险品进入发电机房。

17. 场站库房管理规定：货架上的物品按要求进行分类摆放、贴标签、正确标明种类。物资在堆放合理的前提下，必须做到查点方便、成行成列、排列整齐、美观大方。入库时，对不同类别、不同型号品牌的物资应当分类存放，并加以标明。对危险物品的存放应实行专库管理，严格执行出库手续。

18. 场站安全生产奖惩办法：明确处罚和奖励标准。阐述防火、防爆十大禁令和人身安全十大禁令内容。

二、操作规程和专项应急预案

按照业务类型，对各类型场站操作规程进行归纳整理，分为通用类、城市门站类、管网和入户操作、CNG 加气站、CNG 储备站、LNG 加气站、LNG 气化站、管道设备安装等 8 类共 104 项。同时，根据工艺特点编制对应专项应急预案和现场处置方案。

三、管理办法

2013 年 12 月，投资燃气印发《安全生产组织领导和安全生产责任制》《安全检查管理规定》

《安全生产会议管理规定》和《安全生产台帐管理规定》。编制了多项安全生产管理办法，并根据工作实际适时进行文件修订。主要内容如下：

1. 安全标志管理规范；

2. “三级”安全教育管理规定；

3. 总经理月度安全生产检查管理办法；

4. 安全隐患治理管理办法；

5. 劳动防护用品管理办法；

6. 安全生产管理办法；

7. 生产设备设施管理办法；

8. 生产设备设施维护保养管理办法；

9. 安全生产费用提取和使用管理办法；

10. 事故报告和调查处理办法（修订版）；

11. 计量管理办法；

12. 生产运行管理办法；

13. 试运投产管理办法；

14. 重大危险源管理办法；

15. 安全帽管理办法；

16. 管道巡检管理办法；

17. 重点要害部位安全管理办法；

18. 特种作业安全管理办法；

19. 安全生产考核办法。

四、维保实施

投资燃气各所属企业每年年底制定次年设备维护保养计划，并将计划分解到每月实施。设备维护保养内容包括场站定期防腐；仪器仪表、安全设施的定期校验；阀门、切断阀、阴极保护系统的定期测试以及易损件的更换等内容。设备的定期维护保养，确保了设备良好运行，减少了物品的不安全状态，保障了安全生产。

投资燃气 2017 年建成设备管理系统，基本实现设备台账和台账记录电子化录入。公司安全监察部每月对各所属企业设备维保情况进行统计分析，季度安委会上通报计划完成情况，督促各企业按时完成设备维保工作，不定期举行技术交流会，分析研讨生产运行热点难点问题。

第七节　主要指标

一、投资燃气

年份 公司名称	2018 年			
	居民用户数	商业用户数	工业用户数	销气量（万方）
新余燃气	108483	556	47	30603.81
九江公司（含湖口天然气）	–	10	6	28705.87
高安公司	–	10	34	15802.03
抚州抚北公司	–	4	11	11222.71
余干公司	16587	102	12	998.86
德兴公司	12781	54	8	2288.61
贵溪公司	–	–	10	12933.12
鄱阳湖 LNG 公司	–	–	–	23401.33
鄱阳公司	81	20	24	1113.08
新余清洁能源公司	–	–	–	2329.14
抚州清洁能源公司	–	–	–	–
管道防腐公司	–	–	–	–
江西港华	–	3	29	104514.15
万年公司	10813	137	10	322.82
都昌公司	11226	27	10	139.39
景德镇公司	–	–	–	727.2
新奥车用	–	–	–	3272.42
黎川公司	11773	53	44	10179.25
九江港华	967	7	4	1708.46
九江天计	–	–	–	–
合计	172711	980	239	250262.25

二、能源投资

目前，能源投资先后取得遂川、万安、井冈山、永新、三清山、莲花等 6 个区域内的城市燃气特许经营权。井冈山、万安两个项目已核准，遂川、永新、莲花、三清山已在准备项目核准材料。

为了提升我省天然气利用率，所属万安公司、莲花公司、遂川公司、三清山分公司在省级管网暂未通达时，采用 LNG 瓶组站培育市场。井冈山公司、永新公司 2018 年已通管输气。详见城市燃气用户发展统计表。

城市燃气用户发展统计表　单位（户）

年份 公司名称	2018 年				
	居民用户数	商业用户数	工业用户数	销气量（万方）	投产时间
井冈山公司	5300	15	12	1488.8	2014-1-17
昌南公司	–	–	–	68.8	2014-7-21
永新公司	3015	–	1	62.6	2015-9-16
莲花公司	462	4	–	4.4	2016-7-12
遂川公司	2045	2	1	3.4	2017-11-3
合计	10822	21	14	1628	–

第四篇

安　　全

安　　全

安全是企业发展的基石。江西天然气全面贯彻“安全第一、预防为主、综合治理”的安全管理方针，始终坚持“杀鸡用牛刀、小题要大作、矫枉要过正”的安全管理理念，牢固树立“隐患就是事故”的安全意识，全面推进安全生产标准化建设，持续强化 QHSE 管理，严格落实“党政同责、一岗双责、失职追责”的安全监管体制，健全安全生产标准化、隐患治理监督安全管理体系，加大安全生产投入，建立安全科学支撑体系。截至 2018 年 12 月 31 日，天然气管网连续安全稳定运行 3115 天，实现了安全生产“五无一杜绝”和“四个零”目标。

第一章　机构与职责

天然气集团始终把安全放在生产经营的首要位置，为了加强安全生产管理，实现“安全第一、预防为主、综合治理”的方针，天然气集团及所属各企业，根据《中华人民共和国安全生产法》等相关法律法规要求，建立健全了安全管理组织机构，明确了各级机构的职责，形成了天然气集团、二级公司、地区公司（或站队）级的三级安全管理模式与体系。

第一节　安全管理机构与职责

一、三级安全管理主要机构

江西天然气三级安全管理机构分为：集团层面安全管理组织机构是安全生产委员会，各二级公司安全管理组织机构安全生产委员会，站队级（输气站、巡线队、维抢修中心、工程项目管理部等）安全管理组织机构是安全生产领导小组。板块和各投资企业级安全生产委员会设置对应安委会办公室，负责日常安全生产事务处理。

天然气集团在 2012 年 3 月开始设置安全生产委员会，由天然气集团主要负责人任主任，各二级公司主要负责人、天然气集团工会主席、安全总监任副主任，负责整个江西天然气的安全生产工作。安委会办公室设在天然气集团质量安全监察部，由质量安全监察部主任任办公室主任，质量安全监察部副主任任办公室副主任，主要负责 5 家二级公司、1 家管道分公司和 1 家 CNG 加气母站的安全管理，监督、指导、协助各级企业质量安全环保管理部门做好企业机关和基层生产单位的安全生产管理工作。

天然气管道在 2010 年 3 月开始成立安全生产委员会。

天然气投资在 2011 年开始成立安全生产委员会。

投资燃气在 2011 年 6 月开始成立安全生产委员会。

能源投资在 2013 年 6 月开始成立安全生产委员会。

页岩气公司在 2013 年 8 月开始成立安全生产委员会。

管道分公司在 2016 年 12 月开始成立了安全生产委员会。

各二级企业所属的三级公司和输供气站场也对应地建立了安全管理领导小组，制定了安全职责范围，实现了江西天然气系统安全生产三级管理机制，真正做到“决策层、管理层、操作层”层层有安全生产管理组织，各组织有安全生产职责，真正实现一职一责、一室（部）一责、一岗一责，确保每一个岗位，每一位员工，每一个管理级均处于安全受控状态。

二、安全生产委员会职责

1. 贯彻执行国家、地方有关的法律、法规和省投资集团规章制度，把安全生产工作纳入公司管理的重要日程，建立健全各级安全管理机构；

2. 组织制订安全生产管理办法和规定，并督促检查安全生产年度工作计划的落实情况；

3. 督促公司各部门在完成本职工作的同时，承担业务职责范围内的安全生产目标管理工作，建立健全“党政同责、一岗双责、齐抓共管”的安全生产责任体系；

4. 督促各级安全生产管理机构编制修订安全生产管理制度、办法和职责，并检查实施和执行情况；

5. 审定安全生产检查制度，组织安全生产检查，依据安全生产检查的结果，对安全生产管理作出相应的评价；

6. 审核安全生产管理体系、管理方案和重大突发事件应急救援预案；

7. 负责对安全生产管理工作进行年度考核评比，总结安全生产先进经验，积极推广安全生产科研成果、先进技术及现代安全生产管理方法；

8. 审定并批准安全生产技术规程和重大的安全生产技术措施，协调解决安全生产技术措施改造经费；

9. 组织对质量、危险源和环境影响因素识别及评价工作，组织制定重大危险源的管理和监控方案；

10. 总结本年度和规划下年度质量安全生产管理工作。

第二节　规章制度与部门职责

一、安全规章制度

为了加强安全管理，实现安全生产“五无一杜绝”和“四个零”目标，天然气集团根据《中华人民共和国安全生产法》等相关法律法规，结合公司实际编制了《安全生产管理办法》《安全监督管理办法》《消防安全管理办法》《总体应急预案》《特种作业管理规定》《各部室安全管理职责》等20多项安全管理规章制度，规范了《安委会会议记录》《安全检查记录》《隐患整改记录》《工作汇报记录》《文件收发记录》等10多项安全管理记录，并从记录的封皮、版本、格式、字体、记录内容等统一标准。各二级企业也根据天然气集团的要求和各自实际情况，制定了“安全生产管理规章制度”“各岗位安全职责”“各专业管理办法”“设备和工艺操作规程”“应急总预案”“应急专项预案”“HSE作业指导书”以及各种“记录图表”等，规范和统一了整个天然气板块安全管理的基础工作，使安全管理基础工作走向规范化。

二、部门安全职责

为确保安全管理的顺利推进，天然气集团明确了各部门安全职责。

（一）质量安全监察部

1. 贯彻执行国家、地方有关安全和质量的法律法规和省投资集团及天然气集团规章制度，在安全生产委员会的领导下负责安全和质量监督管理工作；

2. 负责省应急管理厅、省能源局、省公安厅、省投资集团等上级部门和单位的安全管理工作对接，做好安全生产工作的上传下达；

3. 负责督促各二级企业完善安全管理机构和QHSE管理体系，监督管理各下属单位安全和质量相关知识的宣传和培训；

4. 负责督促各二级企业安全管理部门和机关部室开展安全管理工作，定期召开安全管理会议，加强安全文化建设；

5. 组织安全大检查，督促各二级企业对查出的隐患制订整改或防范措施，并督查其落实情况；

6. 负责质量、环境与职业健康安全监督管理，协调制订或修订公司的质量、环境与职业健康等技术规程；

7. 负责监督检查各二级企业的工程建设质量；对质量、环境与职业健康安全管理的记录和资料等进行检查，分析统计后及时向公司安委会领导报告；

8. 负责组织相关安全事故和工程质量事故的调查与处理，参与工伤鉴定工作，并建议改善措施以防止类似事故再次发生。对各类事故进行汇总、统计和上报，并建立健全事故档案，编制成事故案例汇编；

9. 负责督促各二级企业建立好安全生产应急体系，并对应急演练开展情况进行监督检查；

10. 负责监督检查各二级企业“动火、动土、受限空间、登高、临时用电、盲板抽堵”等特种作业许可证签发和执行情况；

11. 参与各二级企业新建、改建、扩建、大修项目及技术措施工程的设计审查、竣工验收、试车投运工作，使其符合安全技术要求；

12. 监督检查各二级企业安全装置和设施的管理、维护、保养和检定工作；

13. 监督检查各二级企业对员工和特种作业人员安全培训和考核情况；

14. 负责各二级企业安全生产工作的考核和评比；

15. 负责安全生产信息的收集、汇总、整理和上报；

16. 完成领导交办的其他工作。

（二）总经理办公室

1. 贯彻执行国家、地方有关的法律法规和省投资集团、天然气集团规章制度，做好本部门安全生产管理工作；

2. 负责对各部门起草的安全文件材料，进行校对、打印和下发；

3. 组织做好各项涉密的保密工作，按照有关要求严格管好各种密件；

4. 会同有关部门参与安全生产检查，协助安全生产检查的宣传报道工作；

5. 负责机关办公区安全管理工作，建立健全机关办公区安全管理制度，落实本部门各岗位安全职责；

6. 定期对办公区的消防设施、水暖管道、配电室、用电线路等进行安全检查，及时消除安全隐患；

7. 负责公司防火、防盗、防触电等安全工作；

8. 负责审核临时用工和属地特种作业用工的从业资格，并与其签订安全协议，明确各自的责任和义务；

9. 接受机关所在地政府安全生产、消防部门的监督和指导；

10. 贯彻执行交通安全法律法规和规章制度，对驾驶人员和车辆管理安全负责；

11. 负责驾驶人员的安全教育培训，做好驾驶资格和车辆年审，定期检查车辆安全；

12. 负责车辆定期维修保养，确保行车安全；

13. 负责开展安全驾驶技能竞技活动及安全检查、总结、评比等工作；

14. 协助交通管理部门处理车辆交通事故；

15. 负责安全生产事故的舆情监控。

（三）党群工作部

1. 贯彻执行国家、地方有关的法律法规和省投资集团、天然气集团规章制度，对忽视安全生产和违反劳动保护的现象及时提出批评和建议，督促并配合有关部门及时纠正和改进；

2. 负责建立天然气集团安全生产思想政治保障体系，并坚持督促实施；

3. 配合相关部门组织职工遵纪守法教育，总结推广安全生产先进经验；

4. 将安全文化作为企业文化的一部分，培植、弘扬安全文化；

5. 督促企业完善安全生产条件，依法维护职工合法权益，防止环境污染，预防职业危害；

6. 监督劳动保护用品的使用，对有碍安全生产、危害职工安全健康的行为有权抵制纠正；

7. 督促落实安全生产宣传教育工作，支持企业安全生产奖励，对违反安全生产的给予批评并提出处罚建议；

8. 组织开展安全知识竞赛、劳动技能比赛、安全演讲、技术交流、安全生产合理化建议活动；

9. 参加生产安全事故的调查处理。

（四）人力资源部

1. 贯彻执行国家、地方有关的法律法规和省投资集团、天然气集团相关制度，负责按规定配备安全管理人员；

2. 在招聘、引进人才时，做好人员外调工作和入职体检，确保公司用人安全；

3. 选拔任用管理干部时，将安全业绩纳入考核内容；

4. 对新入职员工进行入职培训和安全生产教育，一线生产岗位和安全管理岗位需持证上岗；

5. 负责注册安全工程师考试和继续教育管理；

6. 负责落实职工的工伤保险；

7. 参与安全事故处理，落实对相关责任人的责任追究；

8. 加强对本部室工作人员的廉洁教育，做好日常检查工作。

（五）计划财务部

1. 根据安全生产需要，编制公司年度安全投资计划，并按规定下达安全资金指标；

2. 负责按国家《企业安全生产费用提取和使用管理办法》在营业收入中提取安全生产资金，

监督专款专用，定期核算；

3. 负责按照会计科目对实际发生的安全生产费用进行统计，并按规定上报；

4. 负责落实安全生产和劳保用品费用的开支，确保安全生产经费；

5. 负责检查各投资企业安全改造和安全技术措施投资计划，并检查投资的执行情况；

6. 会同有关部门参与公司组织的年度、专业和专项安全检查，随时掌握安全生产动态。

（六）纪检监察室

1. 贯彻执行国家、地方有关的法律、法规和省投资集团、天然气集团规章制度，把安全生产列入纪检工作计划；

2. 负责审计监察由于安全生产管理不善造成的重大经济损失；

3. 审查安全生产费用是否足额投入，对安全生产措施和安全奖等费用的使用情况进行监察；

4. 负责安全生产职业道德监察；

5. 会同有关部门参与公司安全生产检查和重大事故的调查处理。

（七）科技与信息部

1. 遵守国家有关法律、法规，严格执行国家安全保密制度，在公司领导的指导下，负责信息及计算机等安全工作；

2. 负责组织制定和审查计算机安全和环保方面的各项规程和管理制度；

3. 定期组织对本部门工作人员的安全知识培训，增强人员的安全保护意识；

4. 组织检查本部门责任区内的安全规章制度执行情况，及时消除安全隐患；

5. 负责计算机及相关设备的安全和环保检查。

6. 负责在局域网内部安装防病毒软件，建立防火墙系统和上网行为管理系统等安全系统。

（八）企业管理部

1. 负责本部门责任区内的安全规章制度执行，及时消除安全隐患；

2. 负责公司合同等相关存档资料的防火、防潮、防盗等安全管理工作；

3. 会同有关部门参与安全生产规章制度的建立和制定，并定期发布安全生产法律法规清单；

4. 开展安全生产法制宣传及日常法律咨询工作，参加安全生产法律事务活动；

5. 负责安全生产过程及事故处理的法律援助，监督指导项目组建、施工、生产经营等行为符合法律法规，在法律法规范围内维护企业利益的最大化；

5. 在策划公司的中长期发展战略时，将安全生产工作摆在重要位置，纳入重点策划内容。

（九）投资管理部

1. 负责本部门责任区内的安全规章制度执行，及时消除安全隐患；

2. 负责公司合同等相关存档资料的防火、防潮、防盗等安全管理工作；

3. 会同有关部门参与安全生产规章制度的建立和制定，在对外投资（合资、合作）等项目时，将安全作为重要因素进行考虑，做到投资项目的安全性。

（十）新开发银行项目办

1. 负责本部门责任区内的安全规章制度执行，及时消除安全隐患；

2. 负责公司合同等相关存档资料的防火、防潮、防盗等安全管理工作；

3. 会同有关部门参与安全生产规章制度的建立和制定；

4. 负责项目贷款申请时安全生产资料的收集整理。

（十一）车队安全

1. 贯彻执行交通安全法律法规和规章制度，对驾驶人员和车辆管理安全负责；

2. 负责驾驶人员的安全教育培训，做好驾驶资格和车辆年审，定期检查车辆安全；

3. 负责车辆定期维修保养，确保行车安全；

4. 负责开展安全驾驶技能竞技活动及安全检查、总结、评比等工作；

5. 协助交通管理部门处理车辆交通事故。

第二章　安全生产标准化建设

标准化建设是安全生产的重要基石。天然气集团紧紧围绕“五无一杜绝”和“四个零”的目标，按照国家关于安全生产的政策法规，以 QHSE 管理体系为主体内容，坚持不懈地抓好安全生产标准化建设，为天然气板块安全生产的科学、可持续推进奠定坚实的基础。

第一节　QHSE 管理体系

一、QHSE 管理体系

QHSE 管理体系是质量（Quality）、健康（Health）、安全（Safety）和环境（Environment）管理体系的简称，QHSE 管理体系是将组织实施质量、健康、安全与环境管理的组织机构、职责、做法、程序、过程和资源等要素有机构成的整体，这些要素通过先进、科学、系统的运行模式有机地融合在一起，相互关联、相互作用，形成动态管理体系。

天然气集团引进 QHSE 管理先进理念与技术，结合公司具体实际开展安全生产标准化建设，建立健全覆盖整个天然气板块的 QHSE 管理体系。通过安全生产标准化建设，不断夯实安全基础管理，全面提升安全生产管理水平。2018 年，天然气集团发布了 1 个 QSHE 管理手册、18 个 QSHE 控制程序文件，组织开展了 QSHE 管理体系内审，制定了安全生产分级考核办法、个人劳动保护用品管理办法等制度，启动了岗位练兵系统的组建。

天然气管道 2010 年，组织开展了 HSE 安全意识和体系构建培训；2011 年，初步构建完成了 HSE 管理体系，编制完成了 HSE 程序文件、设备操作规程和 6 个场站的 HSE 作业指导书，并通过了专家审查。2012 年，发布并实施了 HSE 管理体系文件，其中包括《HSE 管理手册》《HSE 程序文件》《HSE 作业指导书》；2013 年，发布并实施了《江西省天然气有限公司 CNG 加气母站用户管理办法》；2014 年，发布并实施了《江西省天然气有限公司安全生产责任制》等 31 项安全管理制度，组织开展 HSE 管理体系内审员取证培训；2015 年，组织开展 HAZOP 培训；2017 年 3 月，组织开展质量管理体系培训；2018 年 1 月，组织开展 HSE 管理体系内审员取证培训 50 余人次；8 月，编制并发布《安全承诺管理规定》；10 月，组织开展 HSE 管理体系文件梳理与修订，根据公司组织机构变更及 HSE 管理体系运行情况，组织重新修订了 HSE 管理体系文件，涉及 HSE 管理手册 1 册、程序文件 23 项、作业指导书 27 本，并新增管理处维检修中心作业指导书和巡线队作业指导书。

天然气投资 2011 年 1 月，发布实施了《HSE 管理规定》，逐步构建了天然气投资 QHSE 管理体系；2012 年，印发了《安全生产管理制度汇编》，将 80 多项安全生产管理制度、设备操作规程、工艺流程操作规程收录其中并正式实施；2014 年 12 月，编印了《场站标准化建设和管理手册》；2015~2016 年，编制了天然气投资 QHSE 管理体系文件，包括 QHSE 管理手册、质量管理手册、31 项程序文件，并完成了内部审查；2016 年完成了天然气投资总体应急预案的编制和 10 个专项预案的内部评审；2017 年，对场站标准化建设和管理手册进行修订，修订完善了《安全检查与隐患排查管理办法》等 13 项管理制度；2018 年，修订完善了 QHSE 管理手册、质量管理手册和程序文件以及《安全生产考核管理细则》等 6 项安全生产制度。

投资燃气累计下发了 23 项投资燃气级的安全生产管理制度，综合应急预案和《所属企业站队安全管理制度、操作规程和专项应急预案》（含有 18 场站安全管理制度、104 项操作规程和 50 余项专项应急预案）。为进一步加强投资燃气 HSE 管理，推行标准化建设，2015 年编制了《HSE 程序文件》和《HSE 管理手册》，2016 年编制了并下发了《场站标准化建设指导手册》，2017 年编制了《管网运行标准化建设指导手册》；2018 年，完成了企业安全文化建设、教育培训中心建设方案评审，形成了维抢修基地建设思路，5 家基层单位通过安全生产三级达标。

能源投资 2018 年，在已投产的 3 家基层单位中试行全生产标准化达标工作，拟定了《创建实施方案》和《达标推进计划表》，安全达标工作有序推进。

页岩气公司 2018 年，制定了《安全生产管理考核办法》《安全生产会议管理办法》，编制完成了 1 项综合应急预案、12 项专项应急预案和 8 项现场处置方案并备案，分类建立了 14 项安全资料台账。

管道分公司 2018 年，制定了 QHSE 体系建设方案，分阶段、分步骤地有序推进 QHSE 管理体系建设工作，并严格执行开工前的 QHSE 审查制度。

二、QHSE 管理程序

1. 定期对 QHSE 管理体系运行中出现的问题进行研究和决策；

2. 负责 QHSE 风险识别，结合工作实际对重大危险因素进行评价和控制；

3. 督促对所属站场的生活废水排放、废气排放、噪音排放等方面进行检测，应符合环保要求；

4. 督促定期对 QHSE 执行情况进行综合检查，总结推广先进经验；

5. 督促完善 QHSE 文件（体系、控制、程序、两书一表）和管理方案的审核工作；

6. 审定 QHSE 年度总结报告、年度计划和考核目标；

7. 负责组织 QHSE 管理体系宣传工作。

三、安全生产方针与目标

1. 方针

安全生产管理方针："安全第一、预防为主、综合治理"。

2. 目标

安全生产目标："五无一杜绝"和"四个零"："无一般以上生产责任事故、无一般以上工程建设责任事故、无一般以上火灾责任事故、无一般交通主要责任事故、无大面积停气（停工、停供、停输）责任事故、杜绝死亡和环境污染事故"和"零伤害、零损失、零污染、零事故"。

四、标准化建设资料

为了推进 QHSE 管理的深入持续发展，促进安全生产标准化建设，天然气集团依据《中华人民共和国标准化法》《石油行业安全生产标准化导则》等有关法律法规和标准，结合公司具体实际，编制了《安全生产企业标准》，做到了生产有程序、操作有规范、检查有标准、过程有记录。

第二节　安全生产管理办法

一、天然气集团

为了加强天然气集团的安全生产工作，建立安全生产长效机制，防止和减少安全生产事故，切实保障员工在生产经营活动中的安全与健康，天然气集团安委会制定了系列安全管理办法。

安全管理办法通过安全生产责任制、安全检查、安全教育培训、事故管理、隐患处理等多个方面，认真规范了江西天然气安全生产秩序。具体包括如下管理办法：

安全生产管理办法、安全检查管理办法、消防安全管理办法、安全生产隐患排查治理制度、安全风险分级管控制度、危险作业管理办法、重大危险源管理办法、事故管理办法、职业健康管理规定、承包商安全管理规定、进入生产区管理办法、安全生产分级考核办法、个人劳动防护用品管理办法、安全生产教育和培训制度、安全生产费用提取和使用管理规定共 15 项安全管理办法。

二、二级企业

1. 天然气管道

为加强安全生产，结合天然气管道安全生产工作实际情况，截至 2018 年，天然气管道先后修订印发了《HSE 责任制》《安全生产管理规定》《消防安全管理规定》及《特种设备安全管理规定》等 22 项安全生产管理制度。

2. 天然气投资

2012 年 4 月，制定了《安全生产管理制度汇编》，包含 QHSE 管理、生产管理制度、管道保护管理制度等共计 3 大类、100 余项管理办法；2014 年 5 月对其进行修订完善。

3. 投资燃气

2017 年，投资燃气对照《企业安全生产标准化基本规范》，将安全生产管理体系所涵盖的关键项目修订为十大管理体系。十大管理体系分别为组织机构和职责体系、目标体系、安全文化体系、制度体系、教育培训体系、安全风险管控及隐患排查治理体系、应急管理体系、事故管理体系、现场管理体系和持续改进。其中现场管理体系包括工程管理、场站管理、管网运行、客户管理、交通与消防等内容。

根据体系建设要求，公司先后制定了《安全检查管理规定》《安全生产会议管理规定》《生产设备设施管理办法》等 23 项安全生产管理制度，各所属企业根据投资燃气制度要求进行内化，制度的完善并有效执行是确保安全生产管理体系运行的良好基础。

4. 能源投资

为全面贯彻落实国家安全生产的方针政策，进一步理顺安全管理关系，落实安全生产主体责任，规范安全管理行为，防止和减少生产安全事故，保障员工的生命安全，能源投资出台了《综合安全管理制度》，其中包括《安全管理定期例行工作制度》《安全设施和费用管理制度》《重大危险源管理制度》《隐患排查和治理制度》《安全奖惩制度》《应急调查报告处理制度》等共 15 项安全管理制度。

5. 页岩气公司

页岩气公司结合具体工作实际，编制印发了《安全管理制度汇编》，内容分为安全管理组织机构、安全管理办法、作业安全管理、事故管理和安全应急管理五大部分，包含 18 项安全管理办法。

6. 管道分公司

管道分公司于 2017 年 7 月发布了《安全生产管理办法》《安全生产责任制度》等 33 项安全

管理制度。

第三节 安全生产操作流程

一、天然气集团

为贯彻落实“安全第一、预防为主、综合治理”的安全生产方针，使员工做到操作规范、标准，天然气集团根据实际情况，制定了相关的安全生产操作规程。

安全生产操作规程主要包括：

1. 阀门操作规程（CAMERON 球阀、gov 球阀、耐莱斯球阀、成高球阀、自贡球阀、旋塞阀、阀套式排污阀、节流截止放空阀、紧急切断阀、调压阀等）；

2. 安全阀操作规程（先导式、弹簧式）；

3. 场站设备操作规程（过滤分离器、旋风分离器、电动执行机构（ROTORK）、气液联动执行机构、加热炉、加臭机、燃气中央空调等）；

4. 自控设备操作规程（能威流量计算机、特立流量计算机、恒电位仪、消防控制系统、SCADA 站控系统、PLC 自控系统）；

5. 电器设备操作规程（柴油、汽油发电机、高低压控制柜、UPS 不间断电源）；

6. 流量计操作规程（Daniel 超声波流量计、埃尔斯特超声波流量计、SICK 超声波流量计、德闻涡轮流量计、燃气皮膜表）；

7. 仪表操作规程（压力表、压力变送器、双金属温度计、温度变送器）；

8. 检测仪器操作规程（氧含量检测仪、泵吸式可燃气体检测仪、M40 四合一气体检测仪、测厚仪、PL—DP200 便携式露点仪、雷迪、GPS）；

9. 消防、应急器材操作规程（消防栓、消防泵、二氧化碳灭火器、干粉灭火器、车推式灭火器、正压式空气呼吸器、空气填充泵）；

10. 场站、加气站操作规程（干燥器、加气柱、压缩机、调压撬、干燥器、站场安全启停运、放空安全技术、设备排污及污水装车安全技术、清管安全技术）。

二、二级企业

1. 天然气管道

2012 年 7 月，为使生产操作更加安全规范，天然气管道发布了输气站作业指导书，内容涵盖岗位职责、危害分析及风险控制、单体设备操作指导、切换流程作业指导、巡回检查作业指导、SCADA 系统作业指导、通信系统作业指导、供电系统作业指导、消防系统作业指导、应急预案作业指导和入站安全教育等 15 项大类 8 项小类的操作流程指导文件。2014 年 11 月，为科学、高效地做好调度工作，界定调度职责、规范调度流程，确保系统安全平稳运行，天然气管道组织相关部门编制了《江西省天然气调度手册》。该手册分上下两册，共 11 章 720 页，收录了天然气管道输气管道概况以及气源和下游用户情况，天然气管输基础知识，绘制了各输气场站、CNG 母站及阀室的工艺流程图，涵盖了天然气流量计量与分析，自控通信网络系统，供配电系统、安全消防系统、阴极保护系统、PipelineStudio 仿真软件等辅助系统，也结合省管网特点建立了现有工况下数据模型。该手册是生产运行人员的行动指南和操作规范。

2. 天然气投资

2012 年 4 月，天然气投资制定了设备操作维护保养安全生产操作规程，并在实际生产运行过程中不断对其进行了修订，内容涵盖工艺、仪表、自动化、电气等各个专业，涉及阀门、电动执行机构、过滤分离器、加热炉、温度及压力变送器、流量计算机、取样器、恒电位仪、工业电视、激光对射、SCADA 系统、箱式变电站、燃气发电机、供水系统以及站场启动、停运、防控、排污、清管等各项具体实际操作规程。

3. 投资燃气

2015 年，投资燃气编制了《所属企业站队安全管理制度、操作规程和专项应急预案范本汇编》，旨在为所属企业站队安全管理、设备操作和应急抢险提供指导作用。《范本汇编》中站队管理制度 18 项、操作规程 104 项，专项应急预案 50 项。操作规程共分为八大类，包括通用类操作规程类、城市门站、管网和入户、CNG 加气站、CNG 储配站、LNG 加气站、LNG 气化站和管道设备安装。

4. 能源投资

2016 年能源投资根据安全生产标准化建设要求，对安全生产操作规程进行了细化和修改。其中，通用类操作规程修订 11 项、门站操作规程修订 19 项、管线和用户操作规程修订 9 项、LNG、CNG 加气站修订 22 项、LNG 气化站修订 10 项、管道设施安装操作规程 18 项。

5. 页岩气公司

为规范工程施工过程中的行为，保证作业人员的健康及安全，结合公司实际，编制了 22 项操作规程及技术要求：测井安全作业规范、测井原始资料质量要求技术规程、常规钻进安全技术规程、放射性测井辐射防护安全规程、固井质量评价方法、固井作业规范、监理人员管理办法、气井试气工艺流程、石油钻井队安全生产检查规定、套管柱施压规程、危险化学试剂使用与管理规定、下套管作业规程、压裂工程质量技术监督及验收规范、压裂射孔、井壁取心民爆物品管理规定、页岩气钻井技术规程、钻井作业开工验收规程、直井井眼轨迹控制技术规范、钻井过程控制及质量管理办法、钻井井场安全规程、钻井井场油、水及供暖系统安全技术要求、钻井取心作业规程、钻前工程技术要求。

6. 管道分公司

管道分公司于2018年8月制定了场站设备操作规程。内容涵盖工艺、计量、自控通信、电气等各个专业，涉及球阀、截止阀、气液联动执行机构电动执行机构、供水系统、过滤分离器、加热器、温度变送器、压力变送器、流量计算机、调压撬、UPS、收发球筒、恒电位仪、工业电视、SCADA系统、柴油发电机等各项具体实际操作规程。

第四节 安全生产应急预案

一、天然气集团

为了加强江西天然气处理突发事件的综合处置能力，完善应急机制，及时控制和消除事故的危害，达到以人为本、快速反应、企地联动、常备不懈，最大限度地减少事故造成的人员伤亡、财产损失的目的，天然气集团参照《生产经营单位生产安全事故应急预案编制导则》《国家安全生产事故灾难应急预案》《中华人民共和国突发事件应对法》等法律法规，并按照省投资集团的有关要求，结合江西天然气的实际情况，制定了《江西省天然气（赣投气通）控股有限公司综合应急预案》，通过明确应急救援组织机构和职责、分析江西天然气危险源、建立预防和预警机制等多个方面确保了江西天然气的应急处置能力。

二、二级企业

为加强应对突发事故的综合处置能力，规范应急管理工作，达到“以人为本、快速反应、企地联动、常备不懈，最大限度地保护人员安全、天然气集团财产安全”的目的，天然气集团还督促所属二级公司根据实际情况，编制各类专项应急预案和现场处置方案。

1. 天然气管道

为提高天然气管道预防和处置突发事件的能力，完善应急机制，天然气管道不断完善应急体系建设，按照《生产经营单位生产安全事故应急预案编制导则》等相关法律法规要求，2012

年天然气管道编制了综合应急预案和专项应急预案，2013 年在综合预案和专项预案的基础上组织编制了现场处置方案，此后每年根据天然气管道生产实际进行修订，保证事故处理及时、快速、切实有效。2017 年 4 月，天然气管道组织召开应急预案专家评审会，根据专家意见将综合预案和专项预案进行汇编，并及时报送江西省、市、县三级人民政府部门备案。

2. 天然气投资

为了加强公司处理突发事故的综合处置能力，规范应急管理工作，达到以人为本、快速反应、企地联动、常备不懈，最大限度地保护人员安全，努力保护财产安全的目的，2012 年 4 月，天然气投资印发了《江西省天然气投资有限公司应急预案》汇编，并组织开展了应急预案专业评审，在省、市、县分别进行了应急预案的报备。2016 年 12 月完成了天然气投资总体应急预案及专项预案的内部评审，2017 年 3 月组织外部专家评审，结合专家意见进行了修订完善，并于 4 月下发，同时在省能源局、安监局等安全生产监管单位进行备案。

同时，天然气投资成立了重大事故应急救援指挥部，由天然气投资领导、各部门负责人和站（队）负责人组成，负责天然气投资发生突发事故、事件的总体决策与指挥。天然气投资重大事故应急救援指挥部下设协调联络组、现场控制组、抢险抢修组、后勤保障组、安全监察组五个现场应急专业组，分别由天然气投资机关各专业人员、站（队）有关人员组成，负责现场具体的抢险工作。

应急管理分为天然气投资总部以及站队现场控制两个层面。应急处理事故分为：工业生产类事故，例如：天然气泄漏事故、天然气火灾爆炸事故、天然气供应事故等；自然灾害类事故，例如：管道悬空、漂浮事故、突发地质灾害、洪汛灾害、破坏性地震等；建设施工类常见灾害事故，例如：坍塌、淹溺、灼伤、高处坠落、机械伤害、触电、车辆伤害等；其他类事故，例如：公共卫生事故、群体性事故、恐怖袭击事故等。

3. 投资燃气

为加强投资燃气应急与事故管理体系建设，提高抢险抢修能力，并在投资燃气范围内实现资源共享，2015 年投资燃气启动了抢险抢修互助体系建设，建立了四个抢险抢修区域，包括新余片区、九江片区、抚州片区和上饶片区；编制了《江西省投资燃气有限公司综合应急预案》和《所属企业站队安全管理制度、操作规程和专项应急预案范本汇编》，综合应急预案和专项应急预案是指导投资燃气各所属企业开展应急救援的纲领性文件和技术文件；规范了抢修人员和物资的配备标准，并与外部管道保驾单位签订了保驾协议。

编制了《江西省投资燃气有限公司综合应急预案》，此外《范本汇编》中针对具体事故制定了50项专项应急预案，专项应急预案共分为六大类，包括通用专项应急预案、天然气门站专项应急预案、管网专项应急预案、加气站和供气站专项应急预案、用户专项应急预案和施工专项应急预案。

4. 能源投资

为了加强江西天然气处理突发事件的综合处置能力，及时控制和消除事故的危害，达到以人为本、快速反应、企地联动、常备不懈，最大限度地减少事故造成的人员伤亡、财产损失的目的，参照《生产经营单位生产安全事故应急预案编制导则》《国家安全生产事故灾难应急预案》《中华人民共和国突发事件应对法》等法律法规，并按照省投资集团和天然气集团的有关要求，能源投资制定了《江西天然气能源投资有限公司综合应急预案》，此外各所属控股企业针对具体事故制定了51项专项应急预案。

2018年，能源投资重新修订、完善了综合应急预案，并于5月份完成内部评审，于7月份完成了应急预案的政府备案工作。另外，公司还完善了事故分级管理制度和事故信息报送制度，增补了6个批次的应急救援物资，续签了4个外部救援协议。

5. 页岩气公司

为加强页岩气公司处理突发事故的综合处置能力，规范应急管理工作，达到“以人为本、快速反应、企地联动、常备不懈，最大限度地保护人员安全、页岩气公司财产安全”的目的，按照省投资集团和天然气集团的安全工作部署，结合实际工作情况，共编制公司综合预案一项、专项预案12项和现场处置方案8项以及风险评估报告、应急资源调查报告，并于2018年6月通过省应急中心备案。

6. 管道分公司

为强化公司针对突发事件的预防和应急处置能力，完善应急管理体系，管道分公司严格按照《生产经营单位生产安全事故应急预案编制导则》等相关法律法规要求，于2018年8月编制了综合应急预案和专项应急预案，并组织进行了公司内部评审；于2018年12月完善了吉安站、永新站现场处置方案。

第三章　教育培训与宣传

天然气集团围绕帮助广大员工增强安全生产意识，提升安全生产技能，以国家、行业有关安全生产的政策法规为主要内容，通过组织开展各项主题活动和不同形式办法，不断加强对广大员工的安全生产培训与宣传。

第一节　员工安全培训

一、天然气集团

为了提高江西天然气职工的安全生产素质，天然气集团每年开展多种形式的培训教育活动。

2013 年 5 月 6 日至 11 日天然气集团联合江西省安监局宣教中心、曙光手足外科医院等单位，共同开展了安全取证培训工作，此次培训分别从安全生产法律法规知识讲解、自我安全防范措施等多方面进行开展，通过现场互动参与，进一步强化了员工的安全责任意识和自我防范意识。最终通过专业考试，49 人获得了危险化学品资格证书；103 人获得了非煤矿山资格证书，保证了江西天然气系统各单位安全管理负责人和安全管理人员都持证上岗。

2013 年 6 月 25 日天然气集团邀请中国石油管道局维抢修分公司进行了管道不停输带压封堵技术培训，各单位分管安全工作领导、安全部门、管道保护部门等共 80 余人参加了培训，通过生动的课件讲解、形象的视频演示和现场互动交流，各学员对管道不停输带压封堵技术有了深入的了解，特别是对不停输带压封堵作业过程中应注意的监护、监督内容和特种作业管理等有了进一步认识，对场站和管线施工管理有很好的借鉴作用和指导意义。

2014 年 5 月，天然气集团在新余燃气组织“管道检测技术交流会”，共计 60 余人参加了此次交流活动。通过管道检测服务单位的介绍和讲解，为江西天然气开展管道普查工作奠定了技术理论基础。

2014 年 12 月，天然气集团邀请了江西省安监局安全生产法专家进行了新安全生产法的宣贯教育。

2015 年，天然气集团积极开展新“安全生产法”培训和学习，同时组织各投资企业安全管

及站队班组现场教育等。天然气投资所有员工在入职前，都必须集中在培训教育机构接受为期20天左右的入职前脱产教育，且必须通过输气工操作证、电工特种作业操作证、HSE管理证等职业资格证书考试方能结业；新员工在入职培训结业后、分配至各基层站队工作前，将再次接受由机关各部门成员组织开展的关于公司制度、工作流程、安全形势及文件等方面的学习宣贯，并通过考核；分配至各生产站队后，各站队长将利用一个月左右的时间，结合其岗位性质、专业特点，开展现场工艺设备、工艺流程、操作规范以及应急处置的学习培训等，考核合格后方准予上岗。

在安全责任教育方面，重点加强对员工各种安全规章制度、工艺规程、安全操作规程和岗位安全职责的教育，着力提高员工的行为安全能力。同时，加强对员工安全考核，科学落实安全培训计划，通过外出培训、邀请厂家培训、开展应急演练等方式，进一步提升员工安全履职能力，使员工自觉遵守安全规章制度成为一种习惯、一项本能，不违章作业，并且要随时制止他人违章作业；积极参加安全生产的各种活动，主动提出改进的意见；爱护和正确使用设施设备、工具及个人防护用品。

在安全意识教育方面，天然气投资每季度召开一次安全生产委员会，每周召开视频安全生产例会，站队每周开展一次安全生产活动，组织一次技术培训，并由安全生产管理部门定期推送安全生产事故案例，使员工时刻保持安全警觉，深刻从血的教训中悟出安全真谛，把安全贯穿于自身的日常工作和生活之中。同时，加强正面引导，大力开展年度安全生产先进人物评比，积极促进“要我安全”向“我要安全”“我能安全”的思想认识转变。

在安全法律法规教育方面，组织新员工学习《中华人民共和国劳动法》《中华人民共和国道路交通安全法》《中华人民共和国消防法》《中华人民共和国安全生产法》《江西省石油天然气管道建设和保护办法》等。通过安全生产法律、法规的学习，使员工知道自己在安全生产过程中法律所赋予的权利和义务以及因违章而发生事故所必须承担的法律责任，懂得任何“违章指挥”“违章作业”“违反劳动纪律”“强令冒险作业”等行为都是违法行为，从而提高员工在作业过程中的法律意识，充分认识到“安全”生产的重要性和必要性。

3. 投资燃气

为加强投资燃气安全生产人员素质，锻炼队伍，投资燃气要求每年开展教育培训活动不得少于36学时。投资燃气安全生产教育培训内容丰富，形式多样，主要有安全生产取证培训、“三级”安全教育培训、安全生产学习日、专业技能培训、外出培训等。

安全生产取证培训方面。投资燃气严格按照国家、行业的相关要求，对安全生产管理岗位、操作岗位人员实行岗前取证培训工作，确保100%持证上岗。

“三级”安全教育培训方面。投资燃气建立了学岗和上岗审批流程，对新进、转岗、复岗等员工必须开展“三级”安全教育培训，经考试合格后方可进入学岗状态跟班学习。在取得相应证件，具备该岗位知识和操作能力时才允许正式上岗。

安全生产学习日方面。投资燃气规定每月第二个星期三为安全生产学习日，要求全员参与，培训内容主要为安全生产基础知识，旨在提高全员安全意识，倡导安全生产人人有责。

专业技能培训方面。为提高安全生产一线员工专业技能，安全生产相关部门内部制定专业培训计划，包括工艺操作、设备结构原理、管道抢修等。2016年4月，公司组织一批管道抢修人员赴湖北武汉参加带压密封取证培训。此外，通过开展技能比武和演练，进一步丰富了员工实战经验。

外出培训方面。为进一步提高骨干员工能力，2013–2016年期间，投资燃气组织了一批骨干员工赴港华、华润等企业学习。

4. 能源投资

2013–2016年，能源投资及各所属控股企业、分公司采用视频案例、公司报刊、图片展览、网页宣传、现场授课等多种形式，加强安全宣传教育，搞好安全教育培训。主要做法是：

一是每年结合实际制定安全教育培训管理实施细则，明确安全教育培训对象、培训内容、培训方式及培训效果评价程序，包括建立《企业职工安全培训教育档案》，每月不低于4小时的安全教育学习。做到安全人人有培训，人人有记录。

二是组织企业主要负责人、安全管理人员参加危险化学品安全管理资格培训，培训内容包括国家安全生产法律法规和方针政策；安全生产管理基本知识、安全生产技术、安全生产专业知识；重大危险源管理、重大事故防范、应急管理和救援组织以及事故调查处理的有关规定；职业危害及其预防措施；国内外先进的安全生产管理经验；典型事故和应急救援案例分析；安全生产的新知识、新技术等。力求通过系统的安全生产知识和安全法规教育提高员工对安全生产的认识，增强安全生产意识，规范安全生产行为。

三是组织新员工参加三级安全教育，三级安全教育分别是指公司级、部门级、班组级，教育时长不得少于72学时。培训重点是本岗位工作及作业环境范围内的安全风险辨识、评级和控制措施；典型事故案例；岗位安全职责、操作技能及强制标准；自救互救、急救方法、疏散和现场紧急情况的处理；安全设施、个人防护用品的使用和维护。

四是每年组织各所属企业分别开展一次应急演练，主要对场站天然气泄漏、场站天然气泄漏引发火灾、爆炸事故、场站管道冰堵、下沉、场站超压等进行预案演练。通过实战演练，提高了单位人员等对应急处置预案的熟悉程度，增强了企业员工在应急状态下的自纠、互救的能力。

五是每年进行以现场消防常识、消防器材使用、火场逃生等为主要内容的消防业务培训，以进一步提高相关岗位人员的消防能力，促进安全生产。

5. 页岩气公司

采取多种形式推进安全教育培训。页岩气公司分别于2014年1月、2016年1月和2018年11月组织安全职业技能学习和持证上岗安全培训（2014–2018年，共组织参加了HSE管理、硫化氢防护技术、井控取证培训3次，危险化学品安全管理人员取证培训2次、复训1次，非煤矿山安全管理人员取证培训1次）。公司不仅参加外部安全培训，还积极组织内部安全学习演练。反恐自救、野外救护、中毒救援、硫化氢防护与处理，每年累计人均培训课时均达到116小时。使员工的安全生产意识和安全操作技能大幅提高。

页岩气公司采取安全知识竞赛、内部课堂等多种培训方式，组织全体员工集中学习了新修订的《中华人民共和国安全生产法》《道路交通安全法》《消防安全法》等安全法律法规知识，累计90课时。安全生产月组织开展了主题为“我安全，我快乐”安全知识趣味答题活动。通过开展多样化培训，全面更新了员工安全知识储备，增强了广大员工的安全法律意识和风险防范意识，在省投资集团组织的安全知识竞赛中勇夺天然气板块的第一名，在天然气集团组织的安全知识竞赛中分获二、三等奖的好成绩，确保了页岩气公司安全生产稳定运行。

6. 管道分公司

管道分公司始终坚持将提升全体员工的安全意识作为安全教育培训工作的重点，强化安全教育培训工作的常态化、制度化管理。

安全生产取证方面。管道分公司严格按照国家、行业相关法律法规的要求，严格落实安全生产管理岗位、特种设备作业人员等上岗取证培训工作，确保100%持证上岗。

三级安全教育方面。管道分公司严格按照三级安全教育培训管理相关制度，对新进、转岗、复岗员工开展三级安全教育培训，并建立一人一档的三级安全教育培训卡，强化对三级安全教育的跟踪管理。

日常教育培训方面。坚持基层站队、项目部每周开展1次安全培训，公司每月组织1次事故案例培训。旨在提高全员安全意识，营造良好的安全氛围。

专业技能培训。为提高一线员工的理论知识和专业技能，公司通过邀请外部专家或组织外派培训等形式，开展了针对施工现场安全管理、场站设备结构原理、管道维抢修等方面的专业技能培训。

第二节　安全生产宣传

一、天然气集团

天然气集团每年围绕“安全生产月”主题，开展形式多样、内容丰富的宣传教育活动，对安全生产知识进行宣传，如开展安全事故警示教育、宣传《江西省石油天然气管道保护办法》、印发《安全生产应知应会》手册、宣传居民用气安全等，动员和组织广大天然气员工积极参与到活动中，营造出了人人关注安全的良好氛围，推动了安全生产各项责任和措施的落实，进一步提高了全公司的安全意识。

为了充分发挥企业安全文化建设在企业管理中的作用，坚持在实践中提升安全生产理念，天然气集团质量安全监察部编制双月刊《安全简报》，每年共6期，及时报道安全生产工作动态，普及安全生产常识，为员工提供了一个知识交流和资源共享的平台。

同时，天然气集团安委会自2014年起还开展安全合理化建议活动，集思广益，其中2014年收集125条建议，2015年收集109条，2016年收集86条，2017年收集64条，2018年收集120条。

二、二级企业

在首先做好本级安全生产宣传工作的同时，天然气集团还组织指导所属二级企业认真搞好安全生产宣传工作，为安全生产营造良好的氛围、培养良好的环境。

1. 天然气管道

内部宣传：以“安全生产月”为契机，在场站周边及管线醒目位置悬挂“安全生产月”活动主题和相关宣传标语等内容的横幅，营造“安全生产月”活动氛围，同时组织各站队开展技术比武、事故案例分析和选择贴近工作实际的法律法规等进行宣讲和培训，全面提高了场站员工的安全意识，保证了安全生产宣传的针对性和实效性。

外部宣传：为增强管道沿线人民群众管道保护意识，打造企地共管管道保护良好氛围，不定期开展管道保护宣传工作，向管道沿线人民群众宣传管道保护知识，利用日常与地方能源主管部门、乡镇走访时机，向各级人民政府发放宣传材料，举办定点集市宣传活动，向管道沿线群众发放宣传品，并将管道保护宣传标语印制成条幅，在管道沿线人员密集区、施工高发区、线路重点部位及隐患点拉设。同时制作宣传展架在沿线乡镇人口密集区进行展架展览，热心接受村民的咨询，并耐心为其讲解，切实将“天然气安全靠大家”的安全意识深入到每一位村民中，号召大家共同维护天然气管道安全，共同加入到维护安全、保障安全、关注安全的和谐生产氛围中来。

2. 天然气投资

每年年初，天然气投资召开安全生产工作会，对过去一年安全生产工作进行总结，对本年度安全生产工作进行部署，并以印发通知的形式及时通知到各生产单位；每年“安全生产月”，大力开展场站运行以及管道保护等方面的安全生产宣传活动，重点通过搭建安全讲台、上门宣传服务、张贴宣传海报、发放宣传纪念品等形式对管道沿线及场站周边群众开展实地天然气安全知识宣传；日常工作中，利用公司 OA 协同办公系统、网站、微信公众号、QQ 工作群、走廊橱窗等宣传平台，及时对安全生产工作中的好经验、好做法进行发布，组织学习。另外，公司“正气”志愿者服务队也会结合自身行业特性，每年开展 1–2 次志愿者宣传服务。

3. 投资燃气

投资燃气每年以“安全生产月”为契机，通过开展知识竞赛、技能比武、安全文化论坛、摆展板宣传等多种形式强化公司员工安全意识、加强对外管道保护和安全用气宣传，提高公众形象。通过安全生产宣传和管道保护宣传，在全社会范围内普及燃气安全知识和管道保护意识，提升公司社会影响力。

2015 年，投资燃气组织开展了“我为管线找隐患”和到港华对标学习活动等。2016 年开始，投资燃气公司每年组织开展安全员能力测试活动，各所属企业积极参加当地宣传咨询活动，并采用安全文化论坛、空气呼吸器技能比武、岗位练兵等形式开展安全活动，强化安全生产宣传力度。

4. 能源投资

能源投资每年通过丰富多彩的宣传教育活动，进一步促进公司安全生产状况的持续稳定向好，营造了“学安全、讲安全”的安全生产氛围。截至2018年12月31日，宣教活动统计如下：举办安全知识竞赛4次、参加上级公司知识竞赛和劳动竞赛16次、举办法律法规宣讲活动6次、社区安全宣传活动37次、内部报刊发表和网页发表文章194篇。

5. 页岩气公司

在每年6月组织开展安全生产月活动，充分利用条幅、展板、OA系统、QQ群等多种宣传方式，提高员工的安全生产意识，同时发放《江西天然气安全管理合理化建议表》，发动公司全体员工结合本职工作，积极参与，集思广益，提出有价值的安全建议。

6. 管道分公司

管道分公司通过开展“安全月”“质量月”“消防月”“安全生产法宣传周”等主题宣传活动以及组织开展安全知识竞赛、赴警示教育基地的参观学习、每月开展案例宣讲等活动，加强安全宣传教育，提升全员安全意识。

第三节　安全生产知识竞赛

一、天然气集团

为了增强广大员工的安全生产意识，提高自我保护能力，推进公司安全文化建设，预防安全生产事故的发生，天然气集团安全生产委员会联合工会委员会自2013年起每年定期举办安全生产知识竞赛。

天然气集团质量安全监察部根据安全生产法、消防法、石油天然气保护法等法律、法规并结合公司实际情况，编制、修订了安全知识竞赛题库共计1200余题，竞赛通过个人必答、团队共答、抢答、挑战、风险等多种形式的题型，根据选手回答正确与否，最终计算得分决出最终排名。

天然气集团自2015年起每年定期开展劳动技能竞赛，以提高员工的实际操作水平。

2015年天然气集团举办了以《切换气液过滤分离器操作》为比赛内容的劳动竞赛，共有8只参赛队伍参加了比赛。通过劳动竞赛，强化了员工对气液过滤分离器操作熟悉程度。

2016年天然气集团在页岩气公司江页二井驻地开展了以《正压式空气呼吸器穿戴》为主题的劳动竞赛，共15位参赛选手参加了比赛。通过竞赛促进了硫化氢防控紧急状况下的应急处置能力。

2016年9月，天然气集团安委会联合天然气集团工会在上饶举办了省投资集团天然气板块劳动技能竞赛，以《调压撬压力设定》为比赛内容，共有10支参赛队伍参加了比赛。通过劳动竞赛，强化了员工对调压撬操作熟悉程度，保障了江西天然气安全平稳运行。

2017年天然气集团在九江输气站开展了消防水灭火劳动竞赛，来自天然气板块各企业的24名选手参赛，通过竞赛强化了员工对消防水灭火操作熟悉程度。

2018年天然气集团在鄱阳湖LNG公司开展了穿戴空气呼吸器辨识气体劳动竞赛，来自天然气板块各企业的14名选手参赛，通过竞赛强化了员工对应急情况下穿戴空气呼吸器辨识气体的能力。

二、二级企业

不仅仅天然气集团经常性组织安全生产知识竞赛，安全生产知识竞赛也在所属二级企业常态化开展。

1. 天然气管道

2010年1月29日，天然气管道组织开展第一届安全知识竞赛；2011年10月25日，天然气管道组织开展第二届安全知识竞赛；2012年12月7日，天然气管道组织开展第三届安全知识竞赛；2013年8月8日，天然气管道组织开展第四届安全知识竞赛和“我要安全”演讲比赛；2014年7月17日，天然气管道举办了第五届安全知识竞赛活动；2015年12月24日，天然气管道组织开展了空呼穿戴技能竞赛；2017年至2018年天然气管道积极参加上级单位组织的安全知识竞赛、劳动技能竞赛、安全演讲比赛等各类比赛，均取得良好成绩。

2. 天然气投资

为全面在公司范围内营造“人人学安全，人人讲安全”的良好安全文化氛围，切实提高广大员工安全防范意识和技能水平，确保安全生产工作稳定、有序进行，2013年7月12日、2014年8月28日，天然气投资先后围绕“强化安全基础，推动安全发展”举办了两届安全生产知识竞赛，内容涉及国家安全法律、法规，安全管理规章制度以及天然气安全知识等内容，通过个人必答、团队必答、团队抢答、风险挑战、加时赛等环节，进一步提升员工安全生产认识，并对安全知识竞赛中表现突出的员工予以表彰。同时，天然气投资每年都会组织员工参加省投资集团、天然气集团开展的安全知识竞赛，并取得了良好的成绩。

3. 投资燃气

积极参与上级单位组织的安全知识竞赛活动，2014 年，获得省投资集团三等奖和天然气集团一等奖；2016 年，获得天然气集团二等奖；2017 年，获得天然气集团三等奖；2018 年，获得天然气集团二等奖。2013 年至今，投资燃气安全生产部联合工会组织，每年定期举办安全生产知识竞赛，提升员工安全素养，保障公司安全稳定。此外，投资燃气每年组织开展劳动技能竞赛，如空气呼吸器、场站调压、PE 管焊接等项目，旨在提高员工实际操作能力。

4. 能源投资

为增强广大员工的安全生产意识和自我保护能力，能源投资从 2015 年起举办了 4 届不同主题的安全知识竞赛活动。竞赛内容涵盖生产安全、职业健康和行业的法律法规等方面，活动得到了上级公司及广大干部、职工的支持，通过类似活动增进了能源投资全员对安全生产知识的了解，也在能源投资上下营造了“学安全、讲安全”的安全生产氛围。

5. 页岩气公司

为增强广大员工的安全生产意识和自我保护能力，页岩气公司分别在 2014–2018 年共举办了 5 届不同主题的安全知识竞赛活动。竞赛内容涵盖安全生产法、消防法、页岩气勘探、天然气应知应会知识及标准化建设等内容，全方位考查了页岩气公司员工的安全生产知识，普及了安全生产知识，推进了安全文化建设，提高了全员安全生产意识，营造出良好的安全文化氛围。

6. 管道分公司

管道分公司自成立以来每年积极参与省投资集团、天然气集团组织的劳动技能竞赛、安全知识竞赛等活动，并取得优异成绩。同时在公司内部，为营造良好的安全文化氛围，于 2017 年 11 月 24 日组织公司安全知识竞赛，并对竞赛获奖队伍进行表彰。

第四节 安全生产技术交流

一、天然气集团

为推动江西天然气技术改进和管理创新，提高江西天然气员工技术水平，强化安全生产意识，天然气集团组织开展了多种形式的技术交流活动。

2014 年 5 月 23 日，天然气集团在新余燃气公司组织“管道检测技术交流会”，共计 60 余人参加了此次交流活动。通过管道检测服务单位的介绍和讲解，为江西天然气开展管道普查工作奠定了技术理论基础。

天然气集团自2015年每年举办安全生产技术交流活动，交流内容涵盖场站标准化建设、新技术应用、故障分析解决、节能降耗控制等多个方面。各参赛队员将技术交流材料做成PPT文稿，并现场对自己写的技术交流内容向评委组进行讲解，讲解完后评委进行提问并根据《技术交流评分标准》对参赛队员的交流材料和表现进行现场打分，最终决出排名。

二、二级企业

天然气集团所属二级企业除积极参与天然气集团组织开展的安全生产技术交流之外，还结合自身多渠道、多形式开展安全生产技术交流。

1. 天然气管道

2010年10月30日–31日，邀请四川石油管理局龚树鸣教授对公司人员进行阴极保护技术培训;2012年4月,邀请北京科技大学专家对管网九江–南昌段管道交流干扰情况进行专项检测，并对发现的问题进行整改，首次对交流干扰严重段管道采取排流防护措施；11月，邀请西南石油大学专家就天然气管线弹性沉管技术进行技术交流。

2. 天然气投资

开展安全生产技术交流活动是提升员工安全素质、提高安全生产管理水平的重要途径。天然气投资公司自成立以来，结合生产实际，不断对安全生产技术交流工作进行完善，先后出台了一系列安全生产技术交流管理办法和要求，站队每周组织一次技术交流会、生产部门每月开展一次电话视频技术交流会、与同行业兄弟单位开展技术交流已成为公司技术交流活动的一种常态。

2015年至2018年，天然气投资连续四年开展了党支部、站队长论坛及技术交流活动，并受到了上级单位以及广大员工的一致好评。论坛交流会上，各基层党支部书记、站队长、技术骨干紧扣工作实际畅所欲言，坦诚交流，内容涉及党群建设、站队管理、工程建设、生产运行、标准化建设等各个方面。同时，公司每年都会对论坛交流会上的发言材料进行汇总，评比打分，并印发《党支部书记、站队长论坛及技术交流会优秀论文集》,赠阅至中国石油西气东输管道（销售）分公司、省投资集团、天然气集团等单位，配发至机关各部门以及各基层生产单位。

3. 投资燃气

为加强投资燃气安全生产管理和技术创新，近年来，投资燃气以技术交流为抓手，加强企业内外部交流学习，解决当前存在的安全生产问题，优化生产工艺。

内部技术交流方面。投资燃气 2014–2018 年连续举办五届 QC 活动，每年至少开展两次安全生产技术交流会，并于 2017 年启动了精细化管理项目研究工作。同时，公司积极参与上级单位组织的技术交流活动，获得了省投资集团 2015、2016 年科技进步成果一等奖、天然气集团 2015 年技术交流二等奖和三等奖、2016 年技术交流一等奖和三等奖等诸多好成绩。

外部技术交流方面。为加强与企业外部同行业单位的交流学习，2013 年，公司邀请港华专家到新余燃气公司开展供销差治理技术交流活动；2014 年，赴杭州燃气开展 GIS 系统技术交流，邀请港华燃气专家到抚州公司开展安全评审。

4. 能源投资

能源投资高度重视技术交流活动。一是每年定期征集关于安全生产方面的创新或研发成果，并以技术论文或经验方案等形式进行比选，择优推荐到省投资集团、天然气集团参加技术交流活动。二是举办技术交流会，邀请行业知名设备厂家普及新技术、新材料和新设备。三是要求所属企业定期开展员工上讲台交流岗位心得的活动。

5. 页岩气公司

2015 年，获得江西天然气技术交流个人一等奖和三等奖。2016 年，获得江西天然气第一届劳动技能竞赛优胜奖和省投资集团（天然气板块）劳动竞赛团体三等奖。

6. 管道分公司

管道分公司高度重视并积极参与天然气板块技术交流活动，于 2017 年技术交流活动中获得二等奖、三等奖；于 2018 年技术交流活动中获得一等奖。

第四章　监督检查

江西天然气始终将日常监督检查作为安全隐患治理的重要抓手，建立健全监督检查常态机制，严格落实监督检查考核，对监督检查过程中发现的问题及时制定整改方案，并限期整改，坚决将隐患消除在萌芽状态。同时，还建立了日常管道保护机制，在管道巡护、第三方施工、管道保护宣传等方面下足功夫，确保管网运行安全。

第一节　天然气集团

天然气集团的专职安全管理机构为质量安全监察部，主要负责 6 家省级公司、1 家管道分公司和 1 家 CNG 加气母站的质量安全管理，监督、指导、协助各二级企业安全环保管理部门做好企业机关和基层生产单位的安全生产管理工作，特别是认真抓好安全生产隐患排查。

一、安全生产隐患排查

江西天然气安全检查分为常规安全检查（包括季度、月度、周检查、日检查）、节假日、“三防”检查、专项和专业检查等，通过安全检查做到隐患排查无死角，全方位落实安全生产。

二、常规安全生产检查

为加强安全生产管理，提升安全意识，及时发现安全隐患，各公司定期对场站、阀室、线路等进行安全生产检查。主要内容包含：

1. 站场安全泄放系统、放空和排污系统检查

（1）安全阀安装是否正确。

（2）安全阀的资料是否齐全（铭牌、质量证明文件、安装号、校验记录及报告）。

（3）安全阀外部调节机构的铅封是否完好。

（4）有无影响安全阀正常功能的因素。

（5）必须设置截断阀的情况时，其安全阀进口前和出口后的截断阀铅封是否完好并且处于正常开启位置。

（6）安全阀有无泄漏。

（7）安全阀外表有无腐蚀情况。

（8）为波纹管设置的泄出孔应当敞开和清洁。

（9）提升装置（扳手）动作有效，并且处于适当位置。

（10）安全阀外部相关附件完整无损并且正常。

2. 站场消防设备设施检查

（1）消防电源、备用电源工作状态。

（2）发电机启动装置外观及工作状态、发电机燃料储量、储油间环境。

（3）消防配电箱、UPS、发电机房环境。

（4）消防设备末端配电箱切换装置工作状态。

（5）火灾探测器、手动报警按钮、信号输入模块、输出模块外观及运行状态。

（6）火灾报警控制器、火灾报警装置运行状况。

（7）消防器材配置状况等。

3. 站场电气检查

（1）各种资料是否齐全。

（2）高、低压侧横担水平、卡接牢固、紧固螺栓齐全、各金具无锈蚀。

（3）冷却器风机运转正常，实现自动启停，风机与变压器温控系统实现联锁，风机接地完好无损。

（4）变压器运行时状态正常，输出三相电压和电流差值符合要求。

（5）混凝土电杆基础无损坏、无下沉或上拔，周围无杂草和蔓藤类植物附生，杆体无危及安全的鸟巢等杂物。

（6）线路避雷器接地引下线有无丢失、无断股、无损伤等。

4. 线路阀室检查

（1）阀室围墙墙体应无沉降、开裂。

（2）阀池内部应无渗漏，无积水。两端管道进口封堵完善。

（3）保护接地电阻值应在正常范围。

（4）阀室内阀门、仪表完好，无内漏、外漏现象；温度计、压力表应选用符合量程的；阀门开关灵活，气液联动阀液压油油位符合要求，执行机构操作手柄灵活操控、执行机构的机械转动灵活、储气钢瓶完好、安全阀状态正常；电路连接正确，接线箱内应放置干燥剂。

（5）放空立管不倾斜；接地扁体符合要求；阻火器应按照铭牌朝上方向安装；支墩平整；放空立管应设置有检测孔。

5. 站场设备、管道线路维抢修物资检查

（1）仪表、指示器等工作灵敏准确，定期校检。

（2）零部件、随机工具、附件齐全，能满足生产和维护的需要。

（3）使用记录齐全，填写及时准确；技术档案、随机资料齐全。

（4）材料、防腐管、阀门应按产品说明书的要求妥善保管等。

6. 站场和线路阴极（局部牺牲阳极）保护检查

（1）电源设备输出电流、输出电压、控制电位。

（2）金属设施检查片对地自然电位。

（3）阳极地床的接地电阻。

（4）站外金属设施对地电位。

（5）进、出站管道上绝缘装置的绝缘性能等。

7. 在建工程现场安全检查

（1）施工单位资质齐全，施工人员培训到位。

（2）施工现场道路应设置安全警示标志，路面应平整坚实，且不得堆放器材和物资，需阻断时应办理核准手续并设置明显标识。

（3）存在特种作业时，应按规定提前办理作业票，并严格按照要求施工。

（4）作业区、办公区、生活区应有安全适度的照明并配置适量的消防器材。

（5）临时变压器应装设在离地不低于0.5m的台基上，并设置高度不低于1.7m的围墙或栅栏，围墙或栅栏的入口门应加锁，并在醒目位置悬挂“止步、高压危险”的警告牌。

（6）钢结构安装节点连接螺栓必须紧固，焊接连接部位必须牢固。

每次检查前根据各项法规、标准制定各专业检查内容，对检查出的问题进行分析，及时组织相关部门及时整改、排除安全隐患，统计如下表所示：

年份	隐患数量	整改率
2012	832	95%
2013	1051	96%
2014	568	100%
2015	448	92%
2016	235	95%
2017	72	97%
2018	312	98%

三、节假日和特殊时期安全检查

为确保“春节”“国庆”“两会”等节假日和特殊时期天然气系统输供气安全稳定、营造祥和的氛围，天然气集团做到提前安排，及时部署，以“节假日安全检查通知”的形式下达检查要求和检查内容。各二企业领导都非常重视节假日和特殊时期的安全生产管理工作，亲自到现场进行检查，并组织相关人员及时对站场工艺系统、站控和调控系统、消防设备设施、电气设备、管道线路、阀室和在建工程现场等进行安全隐患排查和整改，确保输供气生产安全平稳运行。

四、特殊季节“三防”检查

针对不同季节和生产特点，天然气集团进行了防洪防汛、防高温酷暑、冬防保温专项检查，确保管道在雨季、高温、严寒恶劣天气下不发生安全事故，保障运行安全。

五、落实上级安全指示

天然气集团认真落实江西省能源局、应急管理厅、省投资集团等上级机关和部门下达的各项加强安全管理的文件和通知，对公司所属各站场、管道等进行安全检查，确保在各个时期管道安全平稳运行，及时把检查结果上报给相关部门。

第二节　二级企业

天然气集团所属二级企业将落实好安全生产责任，抓好常规安全生产检查作为企业安全管理工作的重中之重。

一、天然气管道

2011 年 1 月，完成高安 – 新余段北宅阀室抢险作业，省天然气管网首次采用不停输带压封堵技术完成抢险工作。9 月，完成沪昆高铁与高安 – 新余线新余市渝水区下村镇段管道迁改施工，完成省天然气管网首次管线迁改施工。

2013年11月23日–28日，为深刻吸取11.22青岛输油管道爆炸事故的经验教训，公司组织开展了全面的安全生产隐患大排查工作。

2015年5月26日–6月3日，天然气管道组织开展了江西省天然气管网一期工程防汛检查工作。8月13日–8月18日，为深刻吸取8.12天津港瑞海国际物流有限公司危险品仓库发生特别重大火灾爆炸事故的经验教训，天然气管道组织开展了全面的安全生产隐患大排查工作。

2016年7月21日–2016年7月25日，为深刻吸取中国石化川气东送7.20湖北恩施段天然气管道因泥石流发生的断裂爆炸事故的经验教训，天然气管道组织开展了全面的安全生产隐患大排查工作。9月，完成了江西省天然气管网一期工程线路场站地质灾害隐患的风险评价工作。10月，完成了江西省天然气管网一期工程九景线雁列山隧道结构检测及安全稳定性校核评估工作。11月25日至11月28日，为深刻吸取丰电11.24事故的经验教训，公司组织开展了全面的安全生产隐患大排查工作。

2017年3月13日–3月24日，天然气管道领导班子成员到挂点基层单位开展防汛检查。

2018年4月10日–14日进行余江工业园隐患治理项目新旧管道动火连头作业，完成管道改迁；4月1日–4月7日进行九昌一标段艾城同安村管道更换施工动火作业；完成九昌线共青城市甘露镇前山村挖煤点高落差隐患、都昌县鸣山乡七里村委见盟舍小组民房占压九景线管道隐患、湖口县双钟镇胜利村围墙占压九景线管道隐患整改工作，已办理核销手续。

2018年7月23日，为深刻吸取青岛市“11.22”中石化东黄输油管道泄漏事故的经验教训，组织开展了安全生产隐患大排查工作，要求各单位进一步吸取事故教训，举一反三，杜绝类似事故的发生。

二、天然气投资

各站队每日在站队长的带领下开展一次白班集中巡检，夜班前重点巡查；质量安全环保部、生产运行部、管道保护部每季度开展一次安全大检查；每年组织开展春、秋检，开展危害因素环境因素排查辨识排查、防雷防静电专项检查、防汛专项检查、夏季消防安全专项检查、易燃易爆和危化品专项检查等。

三、投资燃气

投资燃气建立了“横向到边、纵向到底”的安全检查网络。投资燃气安全检查形式包括季度检查、节假日和特殊时期检查以及不定期检查。各所属公司安全检查包括小时巡检、日检查、周检查、总经理月度检查、季度检查、节假日和特殊时期检查等。对于检查中发现的隐患要求登记建档，并按照“三定”原则，即定整改人、整改时间和整改措施，及时消除隐患，从安全检查到隐患消除形成闭环管理，保障了生产安全。

四、能源投资

2013–2016 年，能源投资每年定期组织安全大检查，检查主要分季度大检查、月度检查、周自查、日巡查、节假日和特殊时期的专项检查等。季节性检查由能源投资公司组织，并按照春、夏、秋、冬四季特点有针对性进行检查；月度检查由天然气集团制定安全检查表、能源投资转发、所属企业组织人员自查并上报检查结果。各所属企业每年都组织定期检查和不定期检查。定期检查分为：每日现场巡检，检查由安全管理人员及操作人员组成；每周综合自查，由单位主要负责人带队组织；定期检查和不定期检查主要内容是查设备、查管理、查思想、查制度、查隐患，并对检查出的问题进行闭环管理。

能源投资安全隐患排查情况统计：2015 年，一般隐患 86 次，较大隐患 33 次，重大隐患无；2016 年，一般隐患 139 次，较大隐患 52 次，重大隐患无；2017 年，一般隐患 227 次，较大隐患 19 次，重大隐患无。2018 年，一般隐患 267 次，较大隐患 21 次，重大隐患无。

五、页岩气公司

为有效对页岩气公司日常安全及在建工程安全进行监督管理，页岩气公司每月定期开展车辆、消防等安全例行检查，井场、放喷池、污水池等安全专项检查及节前、防汛、钻后治理专项检查，并对检查出的问题进行销项处理。

2014 年，开展节假日及专项安全检查 10 次；2015 年，开展节假日及专项安全检查 10 次，车辆安全检查 12 次；2016 年，开展节假日及专项安全检查共 12 次，车辆安全检查 12 次。2014–2016 年在建工程。江页 1 井，全程驻井监督检查，先后组织了 11 次安全隐患排查，查出并整改隐患 21 处，至工程结束未发生任何安全事故。江页 2 井，214 天全程驻井监督检查，先后组织了 16 次安全隐患排查，查出并整改隐患 40 处，汛期巡回检查记录 72 天，至工程结束未发生任何安全事故。其他安全检查：开展野外作业岗前检查 5 次，天然气板块交叉安全检查 3 次。2017 年，全年累计安全检查 32 次，其中钻后现场安全检查 5 次，办公区域安全检查 11 次，防汛、消防专项安全检查 4 次，车辆安全检查 12 次，野外作业岗前检查 3 次，安全值班 111 天。2018 年，开展“安全月大检查”“秋季安全大检查”等专项检查 6 次，车辆安全检查 12 次，办公区域安全检查 7 次，节假日、“两会”期间进行日巡查 37 次，野外作业岗前检查 9 次，安全值班 62 天。

六、管道分公司

为有效防范和坚决遏制各类安全事故的发生，保障工程建设项目的质量和安全，自开工建设以来，管道分公司始终坚持按照“严格事前审批，加强事中监管”的原则，严格执行开工前的 QHSE 审查制度，做好安全技术交底工作，坚持定期检查、专项检查和日常安全检查相结合，强化现场管理监督检查。2016 年，组织安全生产相关部门开展安全检查 3 次，排查隐患 13 处，下发整改通知单 3 份；2017 年，组织开展工程项目安全检查 9 次，配合上级单位检查 7 次，排查隐患 65 处，下发整改通知单 12 份。2018 年组织开展工程项目安全检查 10 次，配合上级单位检查 7 次，共排查隐患 141 处，下发整改通知单 36 份，下发处罚通知单 3 份。

第五章 管道保护

管道保护是天然气集团所属二级企业的一项重要职责，相关企业高度重视、认真落实，扎实抓好此项工作。

第一节 天然气管道

一、管道巡护

（一）巡线管理制度

2013 年 12 月 27 日，为进一步深化管道保护体系建设，全面实现天然气管道管道巡护到位率 100% 的工作目标，确保公司管道长期安全、平稳、高效运行，依据《中华人民共和国石油天然气管道保护法》，结合公司实际情况，制订印发了《江西省天然气有限公司管道巡护管理办法》。

2016 年 5 月 17 日，为加强管道巡护管理，对《江西省天然气有限公司管道巡护管理办法》进行了换版编制并印发。明确了机构职责、管道巡护管理的基本原则、管道巡护和日常管理、检查与考核等内容。

最新的《管道巡护管理办法》明确指出，公司管道巡护工作实行公司、巡线队、属地巡线员三级管理体制。公司下设管道保护部，全面负责公司管道保护管理工作；巡线队具体负责辖区内的管道及附属设施的巡护工作，巡线队可就近招聘属地巡线员对线路及附属设施开展巡护及看守工作。

巡护管理实行属地巡线员每日巡护，巡线队每日对属地巡线员工作进行监督检查，实时查看巡检轨迹及巡检率，公司每日将出勤率进行汇总，纳入季度检查考核范围。

阀室、隧道、穿跨越、人口密集区、施工困难地段、地质灾害频发区、采空区、发生第三方施工地段，已经发现事故隐患还未及时处理的部位是重点监控部位，巡线队应对所辖区域进行风险分析和调查摸底，建立重点部位明细台帐，实行分片承包、专人管理、责任到人的方式，对重点监控部位进行重点检查、加密巡查。

属地巡线员的巡护里程一般5km，以徒步巡线为主。每日对所承包的线路徒步巡查一次。巡线队对所辖区段每季度至少完成一次全程徒步巡线，对重点监控部位每周至少检查一次。天然气管道每季度开展一次全面检查。

（二）GPS巡线管理系统

2009年天然气管道建设管道的同时开始筹划引入GPS巡线管理系统。2010年6月九江－沙河段、九江－南昌段管线试投产成功，GPS巡线管理系统同步上线，为江西天然气管网的巡护注入了科技含量，提高了巡护质量和效率。

与此同时，天然气管道展开了非全日制用工巡线，聘请非全日制农民巡线工，探索"三级"巡线管理模式，公司下设管道保护部，全面负责天然气管道保护管理工作；巡线队具体负责辖区内的管道及附属设施的巡护工作，巡线队可就近招聘属地巡线员对线路及附属设施开展巡护及看守工作。以此实现巡线管理无盲区，巡线覆盖率达到100%，确保管道的安全平稳运行。

截至2016年底，非全日制巡线工总数达到了203人。

二、第三方施工管理

（一）第三方施工管理体系

2013年12月27日，天然气管道下发了《江西省天然气有限公司第三方施工管理规定》。管道保护部是第三方施工管理的主管部门。负责依法制定公司第三方施工管理制度、办法；指导巡线队做好第三方施工管理；负责项目的审批并对审批后的第三方施工项目进行监督、检查、考核；工程管理部负责第三方施工项目管道保护设计及方案的技术支持工作。安全环保部负责第三方施工管道保护设计及施工方案中安全环保措施内容的审查。巡线队负责本辖区内所有第三方施工项目的前期处置、地方关系协调、安全保护协议签订、发放《施工作业许可证》、现场监护、竣工验收、资料归档、报表上报等全部日常工作。

（二）第三方施工情况

2010年共发生第三方施工42处。

2011年共发生第三方施工47处。

2012年共发生第三方施工61处。

2013年共发生第三方施工64处。

2014年共发生第三方施工43处。

2015–2016 年共发生第三方施工 40 处。

三、管道保护宣传

2011 年 10 月，在《石油天然气管道保护法》颁布实施一周年以及天然气管道管网投产第二年之际，开展了一次大型的管道保护宣传活动。在管道沿线租用农用车及摩托车，并在车身和乡镇集市处布置管道保护宣传展板。同时，利用节假日、庆典等大型活动期间，向管道沿线群众播报管道保护法知识，提高管道沿线群众关于管道保护的法律意识。此外还编制了《管道天然气安全手册》，组织农民巡线工学习，印制管道保护宣传挂历、扑克、环保袋、纸杯等宣传品，向管道沿线干部群众发放，全面宣传管道保护法。

2012 年，组织巡线队，采用花车流动宣传及集市定点等多种宣传形式，在管道沿线进行管道保护宣传 40 余次，共计发放管道保护宣传单 10000 余份、发放管道保护宣传袋 4000 余个、管道保护宣传扑克牌 3800 余副，有效地向管道沿线群众播报管道保护法知识，提高管道沿线群众管道保护的法律意识，打造企地共管天然气管道的良好局面。

2014 年，向管道沿线人民群众发放管道保护宣传品，今年共计发送管道保护宣传手册 4000 份，发放管道保护宣传年画 4500 余份，发放管道保护宣传袋 3200 余个，沿线张贴管道保护宣传横幅 320 余副。并通过埋设线路警示牌，加大管道保护宣传，有效地向管道沿线群众传播了管道保护知识，提高管道沿线群众管道保护的法律意识，打造企地共管天然气管道的良好氛围。

2015 年，开展定点集市宣传 8 次，发放管道保护宣传袋 1500 余个，发放管道保护宣传扇子 8000 把，发放管道保护宣传雨伞 1000 余把，制作宣传展板 30 块，宣传肩带 50 条，墙体宣传布 2 块，宣传条幅 3950 米。

2016 年，《江西省石油天然气管道建设和保护办法》（以下简称《办法》）自 2016 年 3 月 1 日颁布实施后，为使用好这个规范武器，增强管道沿线人民群众管道保护意识，打造企地共管管道保护良好氛围，公司围绕《办法》通过创新管道保护宣传模式，不定期开展管道保护宣传工作，向管道沿线人民群众宣传管道保护知识。共计印制了《办法》文本 2000 册、宣传笔记本 1000 本、环保宣传袋 10000 个、鼠标垫 1500 个、宣传单 20000 页、宣传手册 5000 份、宣传扇子 10000 个等含《办法》条款的宣传材料、印制了管道保护宣传雨伞 2800 把、管道保护宣传塑料袋 22 万个。

四、管道阴极保护

1.2010 年 10 月 16 日，九江－沙河段管道阴极保护系统投运。

2.2011 年 3 月 1 日，九江－南昌段管道阴极保护系统投运。

3.2012 年 5 月 5 日，九江－景德镇段管道阴极保护系统投运。

4.2012 年 5 月 6 日至 5 月 10 日，南昌－丰城、高安－新余段管道阴极保护系统投运。

5.2012 年 12 月 13 日，上高支线段管道阴极保护系统投运。

6.2013 年 3 月 27 日，丰城－鹰潭段管道阴极保护系统投运。

7.2013 年 6 月 18 日，奉新支线段管道阴极保护系统投运。

8.2014 年 4 月 8 日至 4 月 10 日，余江－景德镇段管道阴极保护系统投运。

9.2015 年 3 月 18 日，抚州－南城－黎川支线段管道阴极保护系统投运。

10.2016 年 11 月 15 日，宜丰支线段管道阴极保护系统投运。

11.2010 年 10 月 30 日至 31 日，管道保护部聘请四川石油管理局资深阴极保护专家龚树鸣教授到公司进行为期两天的阴极保护技能培训。

12.2010 年 11 月特聘北京科技大学腐蚀与防护专家对濂溪大道高压输电线并行段管道杂散电流干扰情况进行专项检测。

13.2011 年 3 月 5 日，邀请四川德源石油天然气工程公司技术人员，就粘弹体防腐材料及管道排流器技术进行现场交流，了解 STOPAQ 粘弹体防腐材料及交流排流器的性能、应用范围、防腐施工工艺流程。

14.2012 年 2 月 26 日，邀请北京科技大学路民旭教授，在公司会议室组织召开管道完整性知识培训讲座。

15.2012 年 4 月，特聘请北京科技大学阴保专家对九江至南昌、九江至景德镇段管道进行杂散电流干扰检测，对数据进行对比、分析，从中选择 7 处干扰最大段管道进行 24 小时监测，最终确定对 3 处杂散电流干扰较严重段管道进行防护。

16.2012 年 4 月，阴极保护系统保驾单位廊坊天奥智胜服务技术有限公司技术人员正式入驻场站，开始对管线、场站、阀室阴极保护情况进行全面检测、评估，同时对专职巡线员定期、不定期进行阴极保护技术培训。

17.2013 年 7 月，对九江至南昌段管道全面开展管道防腐层检测、修复工作。

18.2014年2月25日邀请国内资深阴保专家王梦城高级工程师到各巡线队、输气站开展阴保技能培训。

19.2014年6月，处理丰城站、景德镇站阴保间阳极电缆和阴极电缆故障断点问题。

20.2014年8月，针对余江站、丰城站、高安站阳极地床接地电阻数值较大问题进行有效整改。

21.2014年12月委托安徽省防腐工程总公司对已运行管道杂散电流干扰问题进行专项检测，并从中选取10处进行有效防护。

22.2015年10月委托江西天然气管道防腐有限公司对17处管道杂散电流干扰问题严重段进行有效防护。

23.2015年11月开展公司管网管道电位测试桩的加密埋深工作，确保每公里管道安设1支测试桩。

24.2016年1月，组织音频检测单位对已运行段管道防腐层及埋深进行专项检测，并进行现场标识、记录。

25.2016年12月委托江西天然气管道防腐有限公司对已运行段37处管道存在杂散电流干扰问题进行专项检测，从中选取19处管道杂散电流干扰问题严重段进行有效防护。

五、隐患排查治理

（一）违章占压治理

随着江西省经济的飞速发展，天然气管道原本在规划范围内的管道，出现被一些厂矿企业、学校、小区等圈占或直接按压的现象，对管道的运行带来威胁。自2010年公司管线试投产以后，公司采取了各种强有力的手段治理占压。

2010年共发现并处理违章占压28处。

2011年共发现并处理违章占压22处。

2012年共发现并处理违章占压35处。

2013年共发现并处理违章占压41处。

2014年共发现并处理违章占压30处。

2015年共发现并处理违章占压18处。

2016年共发现并处理违章占压19处。

（二）安全隐患治理

积极推进管网沿线油气管道安全隐患治理工作。

按照《国务院安全生产委员会关于深入开展油气输送管道隐患整治攻坚战的通知》（安委〔2014〕7号）、《江西省安全生产委员会关于深入开展油气输送管道隐患整治攻坚战的通知》（赣安〔2014〕28号）及江西省油气输送管道安全隐患整改工作领导小组2015年6月16日下发的《全省油气输送管道安全隐患整改推进工作调度会纪要》要求，重点加强油气输送管道安全隐患治理工作。

第二节　天然气投资

一、巡线管理

天然气投资运营管道178.9km，实施三级管控巡检，即“管道保护部+场站+属地巡线工”一级对一级负责的责任体系。场站配置专职巡线管理员，全天监控管道线路整体安全情况，并由属地巡线工按规定线路路由实施巡检，配置GPS定位系统，实现部门可视化监控，确保全年线路巡检无盲点，无死角。

二、第三方施工管理

攻坚克难，严控管理、监护影响管道安全的第三方施工行为。实施“及时发现、及时制止、安全监护”原则，严格按照施工前期对施工人员进行管道保护宣传、劝说、施工中期进行全程严密监控、工程后期设备检测确认的方式，将第三方施工控制在安全范围内，实现监护率100%。部门改善经验交流方式。由原来的“点对点”沟通，改为“点对面”沟通。部门每月开展一次管道保护工作经验视频交流会，每月由一个站队将本站处理第三方施工所得经验及事故案例分享给其他站队，提高知识、经验传播的覆盖面，加强对第三方施工的预判能力。同时，通过收集各站历年来对第三方施工始末的材料整理及归总，总结出一套可供场站参考的处理方案，保障在第一时间将风险降低在安全值内。

企地共管，与属地能源主管部门建立无障碍沟通机制。积极主动地到各地能源主管部门与其建立联系，加大建立地方人员台账，实施第三方施工主动汇报制度。

编制第三方施工处理程序，科学、规范化实施第三方施工管理。坚持第三方施工建档，安全告知书签署发放，实时监控等规章制度，切实增加第三方施工安全可控性。

三、管道保护宣传

坚决贯彻上级单位依法治企指示精神，在创新《中华人民共和国石油天然气管道保护法》的宣贯上落到实处，加大对《管道保护法》等相关法律法规的宣传力度，改变固有模式，变传统为“一对一”，从“地毯式宣传”变“一对一宣传”，采取走进村民家中进行普法，提高意识，深刻理解，使宣传工作更入人心，增强群众“管道安全，我也安全”的意识，营造了管道安全运行的社会环境。

四、管道阴极保护

实施定期监测、集中评估模式，实现管道阴极保护率100%，严控最低保护参数-850MV标准，每月分析杂散电流形势，定期对全管线的管道防腐层进行检测及修复，更换失效阳极包，排除隐患风险。目前，运营管道本体及外防腐层良好。

五、隐患排查治理

严格梳理、严格布防178.9km管线重点穿越，高密度施工区。一是以安全事故加强警醒，推进安全工作会议常态化，有记录，有议题，有落实，有总结的闭环安全管理；二是针对特殊管道危险点，采取“蹲点式”监护，“指定人”落实；坚定不移打造防汛工作升级版，面对近年严峻的防汛形势，提前做好高陡边坡治理工作，消除陡坡沉降裸管现象。科学强化防汛演练，落实人员具体职责，企地互动，团结协作，真正意义实现“推演逼近现实”效果。

六、管道平安度汛

防汛是保障管道安全运行的重点工作。一是强化领导，着眼发现，立足治理，每年公司分批次开展对萍乡、南康、上犹、铅山等各条线路进行全程徒步，针对查出的隐患，全部予以消除；二是完善配备，保障紧急时刻的物资需求。梳理汇总防汛物资项目30多项；实施发电机可移动处理等具有针对性措施；三是实事求是开展防汛演练。

每年开展防汛演练10余次，从模拟土方塌方、水保受损以及管道裸管漏管现象，到管道断裂受损、实时岗位落实人员快速响应、联合作战等，全面提高了管道保护人员的安全意识、反应速度，让他们掌握紧急处理事情的方式方法；四是企地共管，与防汛指挥部建立无障碍沟通机制。面对严峻的防汛工作，主动地与各地防汛抗旱指挥部建立联系，建立地方人员台账11份，与当地挖机、砂石、运输车辆建立联系。

七、管道创新管理

一是新增管道应急无人机巡查。受地理区域因素及自然灾害的影响，许多埋设于险要地段的管道，由于受环境险要、交通不便、管道出现自然地质灾害以及其他事故人员无法及时赶赴现场等诸多不利因素影响，制约了抢险时间，给管道定期巡检带来困难，未能及时发现安全隐患。通过无人机高空、远距离、快速、自行作业的能力，帮助获取管线周边的信息，查看管道是否遭到破坏，通过对获取的影像进行处理，能快速定位到管道位置，以及通过视频拍摄技术为管道保护工作提供支持。

二是新增管道信息二维码提升信息获取时效性。现代社会发展快速，信息管理呈现趋势化，面对复杂多变且不知管道基础参数的野蛮第三方施工，提出了“信息管道”理念，作为管道安全管理的重要举措。以“二维码”标牌固定于加密桩上，内容显示公司简介、管道埋深、防腐类别等具体数据，从而达到宣传公司和科学管理第三方施工的目的。

三是建立微信“群管理”。为控制管道上方及附近出现第三方施工破坏管道事件，提高有效信息，建立了联合西气东输、中石化、下游燃气公司、管道沿线主要村民、村长、附近挖机师傅的微信信息分享群。

八、高后果区管理

定期进行高后果区识别、评估，及时实施风险减缓措施，更新高后果区的管道设施分布、交通、人文、地理、社会环境等资料，定期进行高后果区应急演练，持续与管道沿线各级政府及防汛指挥部门建立有效沟通关系。2018 年，科学评定存在高后果区 16 处。

据统计，2014 年，天然气投资处理管道违章占压 10 处，监护第三方施工 19 处，整改防腐层露点 3 处；2015 年，处理违章占压 18 处，完成油气管道安全隐患专项整治 9 项，监护第三方施工 40 处；2016 年，处理违章占压 15 处，监护第三方施工 39 处，整改防腐层露点 7 处，开展高陡山坡汛期治理 10 处。2017 年，处理违章占压 9 处，监护第三方施工 49 处，整改防腐层 72 处；2018 年，处理违章占压 4 处，监护第三方施工 76 处，修复完成 9 处管道外防腐层，集中整治铅山水保 9 处隐患问题。

第三节 投资燃气

一、巡检管理

（一）巡检人员

1. 巡检人员符合《管道巡检管理办法》的要求，具备相应的素质，并持有压力管道巡检维护工证和管道保护工证。

2. 巡检人员应穿全套劳动防护用品。

3. 巡线员工作期间必须佩戴巡检工作牌，巡检工作牌内容包括“江西天然气”LOGO、公司名称、巡线员姓名等信息，字体为微软雅黑、铭牌底色为淡蓝色，字体为白色。巡检工作牌固定于工作服左胸口处。

（二）巡检内容

管道巡检类型分为每日巡检、月度巡检、季度巡检和年度巡检，不同巡检类型参与人员、巡检内容、方式都有所区别，具体详见下表。

管道巡检内容

类别	组织者/部门	范围	内容	方式	工具
每日巡检	巡线员	主管网	检查违章占压、第三方施工、管道附属设施；检查穿跨越河流、桥梁、铁路、山体；抽查管道是否有泄露；抽查密闭空间	不限，但每月徒步巡线不得少于1次，对于工业用户不得少于3次，对于重要用户徒步巡检次数应加密	可燃气体检测仪、警示带、尺、笔记薄、管网图、宣传单等
		庭院管	检查违章占压、第三方施工、管道附属设施	不限	
月度巡检	巡线员	阀门井	检查是否泄漏；井盖完好性、能否正常打开；检查井内是否有淤泥和积水；检查阀门是否腐蚀、能否正常启闭、放散口是否封堵	不限	可燃气体检测仪、警示带、阀门钩、笔记薄
季度巡检	巡线员	庭院管	泄漏情况、第三方破坏和违章占压等	不限	可燃气体检测仪、警示带
年度巡检	责任部门	密闭空间排查	管道周边3m范围内的密闭空间的类型、与管道的距离、天然气浓度等内容进行排查	不限	可燃气体检测仪、警示带、尺、笔记薄、管网图
		泄漏全面排查	每年至少一次用可燃气体检测设备沿线对管道泄漏情况进行地毯式检测。	不限	可燃气体检测仪、警示带、尺、笔记薄、管网图

（三）巡检流程

管道巡检流程按照以下要求执行：

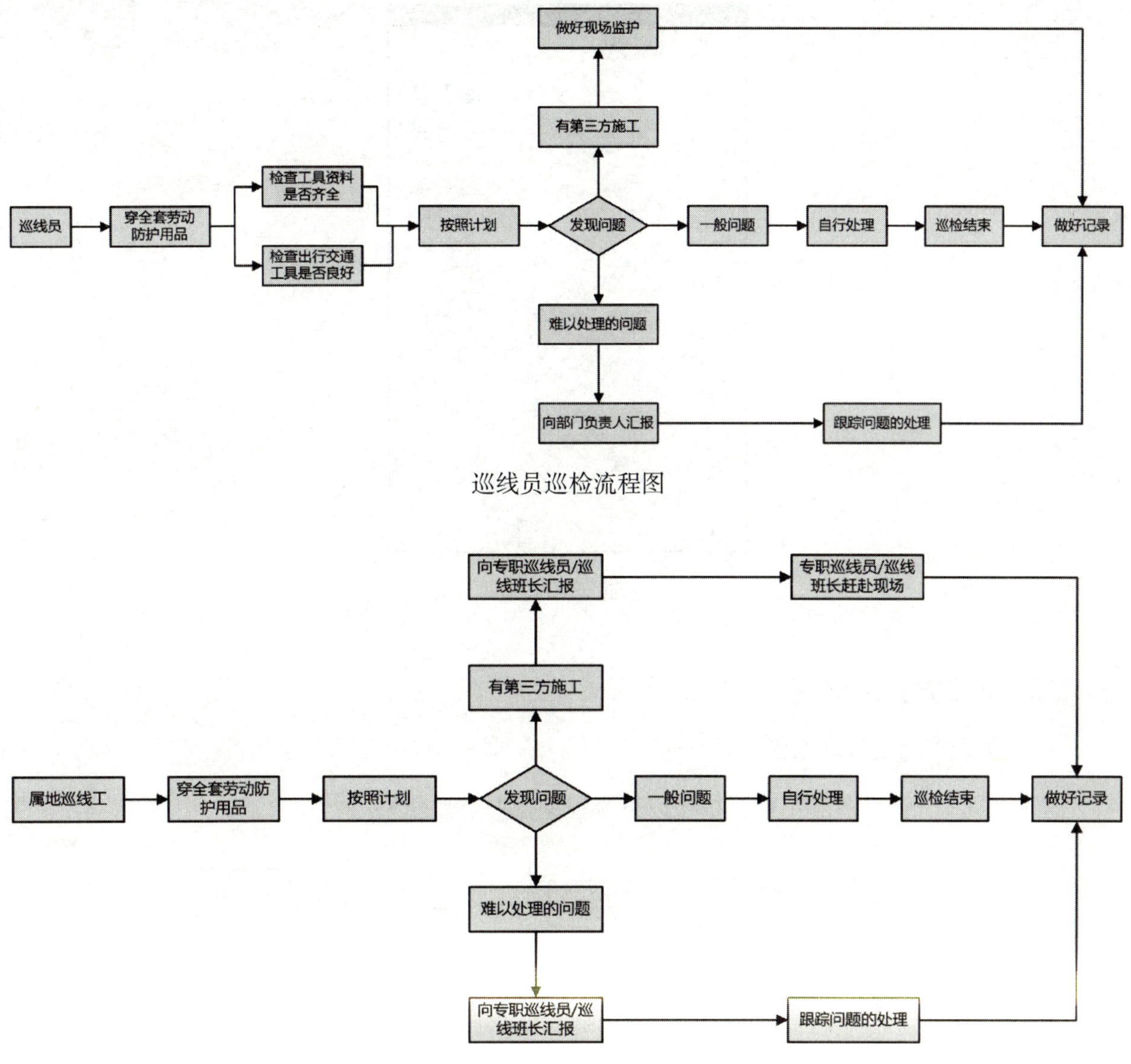

巡线员巡检流程图

属地巡线工巡检流程

（四）巡检监督管理

为加强巡线人员的监督管理，确保管道巡检工作落到实处，投资燃气建立了管道巡检监督软件，下图所示为某家单位巡检轨迹。

管道巡检轨迹

二、第三方施工管理

（一）第三方施工管理流程

巡线人员得知第三方施工后，按照以下流程进行安全管理：

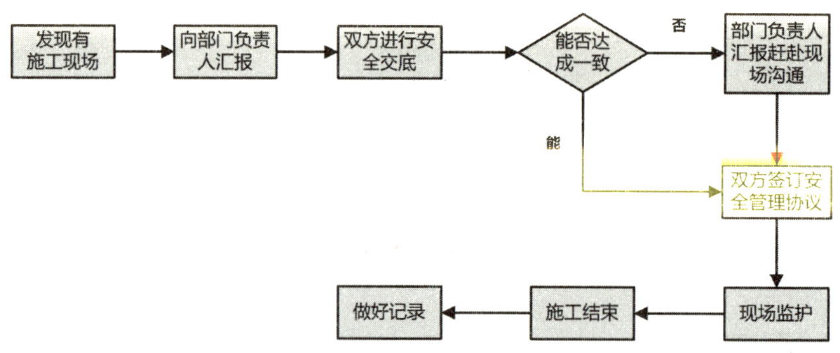

第三方施工现场管理流程图

（二）双方交底

甲方：①管道基本信息，包括材质、压力、管径、位置、埋深等信息；②天然气易燃易爆危害性；③天然气管道保护法律条款。

乙方：施工内容、位置、时间和方式等。

（三）签订协议

施工前双方应签订《天然气管道保护安全管理协议》。

三、管道保护宣传

管道保护宣传应针对不同对象制定不同的宣传方式和内容，具体详见下表。

管道保护宣传

宣传对象	开展形式	主要内容	开展频率
居民小区	展板宣传册	用户安全用气知识	每年1次
工商业用户	教育培训	燃气设施安全用气知识、设备运行维护知识	每年1次
管道沿线居民和企业	宣传册	天然气基本知识及管道保护相关法律条文	每年1次

四、管道阴极保护

管道阴极保护是保护埋地钢制管道不被腐蚀的一项重要措施。管道阴极保护主要有两种方式，一种是强制电流阴极保护，另一种是牺牲阳极阴极保护。投资燃气各所属企业埋地钢管阴极保护类型见下表。

单位名称	阴极保护类型
新余燃气	强制电流（高压管道）、牺牲阳极（中低压）正在增设
九江公司	牺牲阳极
高安公司	强制电流（高压管道）、牺牲阳极（中压）
抚北公司	牺牲阳极
德兴公司	牺牲阳极
余干公司	牺牲阳极
贵溪公司	强制电流
鄱阳公司	牺牲阳极

各所属企业每季度定期对阴极保护电源、电压等参数检测，以确保阴极保护设施正常运行。

五、隐患排查治理

通过每日巡检、月度巡检、季度巡检和年度巡检等措施，对发现的隐患，如泄漏、管道占压、遭第三方破坏、地上标识牌损坏等及时处理，并纳入到江西省人民政府部门的隐患排查治理信息管理系统中。

投资燃气成立至今共排查治理了949项隐患。（2015年总结）加大管道安全隐患整治力度。全面落实《江西天然气管道隐患整治实施方案》，深入开展管道安全隐患整治攻坚战，成立了专项整治领导小组，对于管道安全隐患，制定整改方案，明确责任，落实资金，多方协调，推动整治工作。

完成江西天然气管道安全隐患整治工作。继续协调安监、管道保护等部门加大执法力度，抓住重点，做好第三方施工监护，水工保护，管道保护宣传等工作，开展天然气管道安全隐患整治攻坚战，确保管道运行安全。

第四节　管道分公司

一、巡线管理办法

1. 为切实加强管道巡线检查的管理，提高管道巡检等相关日常工作效率，确保管道安全平稳运行，管道分公司下发了《巡线管理办法》，办法规定了公司实行管道保护部、场站、属地巡线员三级管理体制，部门全面负责管道保护管理工作，各场站是管道巡线的主体责任单位，属地巡线工是线路巡查、维护的具体执行者。办法从日常（特殊时期、特定地点）线路巡检、问题处置、事件汇报、检查及考核等工作的要求、流程、标准，对巡线责任区进行了明确划分，保证全线无盲区，确保线路受控状态。

2. 针对公司线路长、点多、面广的特点，机关总部和生产现场距离远，使一些亟待解决问题不能第一时间得到处理，经与相关技术公司进行调研、技术交流，目前已初步建立全省远程应急指挥系统，通过对讲机 + 群组划分 + 全省传输，切实做到调度指挥全员覆盖、群组划分、分级指令下达、区域圈定、临时工作组组建等，以此辅助线路日常巡线管理。

二、第三方施工管理

由于第三方施工极易导致管道受到破坏，引发火灾或爆炸等一系列重大事故，造成重大的经济损失和人员伤亡，所以第三方施工预防至关重要。

管道分公司于 2018 年 3 月下发了《第三方施工管理办法》，明确了相关职能部门及场站的工作职责。公司管道保护部是第三方施工管理的主管部门。负责依法制定公司第三方施工管理制度、办法；负责组织第三方施工项目的管道保护设计方案、施工方案进行审查；对符合条件、程序的第三方施工方案进行审批，对正在进行的第三方施工进行监督检查；负责指导监督场站做好第三方施工管理工作；工程技术部负责第三方施工项目管道保护设计及施工方案的技术支持工作；质量安全环保部负责第三方施工管道保护设计及施工方案中安全环保措施内容的审查；场站负责本辖区内所有第三方施工项目的前期处置、地方关系协调、第三方施工项目的管道保护设计、施工方案的初审、安全保护协议签订、发放《施工作业许可证》、现场监护、竣工验收、资料归档、报表上报等全部日常工作。

办法规定了自问题发现、前期处置、方案审批、安全监护、竣工验收、资料归档等环节的操作程序，形成了严密的闭环管理，切实实现第三方施工发现、监护、措施保护率“3个100%”。

三、管道保护宣传

管道分公司管线多地处于偏远山区，管道沿线政府、居民对天然气基础知识匮乏，对天然气特性认识不足，管道保护意识淡薄。公司针对以上情况积极采取各种方式加大宣传力度，一是会同各县（市、区）政府管道保护主管部门在管道沿线县（市、区）、乡（镇）广场、车站、医院、学校等人员密集的公共场所，通过知识有奖问答的形式，悬挂宣传横幅、摆放宣传展板、张贴宣传告示、宣传海报，发放宣传纪念品和宣传画册进行管道保护集中宣传。二是针对特定人群进行“五进”宣传。“五进”是指“进县（市、区）政府相关部门、进乡（镇）政府、进村委、进工地、进家庭”，进县（市、区）政府相关部门针对的特定人群，包括县（市、区）发改委、能源办、安监局、公安局、应急办的主要领导、分管领导及办事人员；进乡（镇）政府针对的特定人员，包括乡（镇）党政主要领导、分管领导；进村委针对的特定人群，包括村支书、村主任及其他村干部或村民小组长；进工地针对的特定人群，包括管道沿线建设工地的业主代表、施工单位现场负责人、施工人员、工程车辆驾驶人员；进家庭针对的特定人群，包括家庭户主、田间劳动者。通过针对特定人群的“五进”形式，开展“一对一、面对面”的宣传讲解，将管道保护宣传工作深入到基层一线。三是以广播、电视、手机信息、微信推送等方式进行管道保护宣传工作。四是设立永久宣传栏，通过管道沿线车站候车点、乡（镇）集市人员密集区设立永久宣传栏张贴宣传画报。

为了切实将管道保护宣传工作做实处，做到家喻户晓、人人皆知，达到企地联合、齐抓共管的目的。

公司联合地方政府，成立了由永新县主要领导为组长的《永新县天然气管道保护工作领导小组》，逐步建立“企地联动、企企联动”的管道保护机制，形成管道保护工作齐抓共管的良好局面。

截至2018年底，开展了永新县、吉安县管道保护宣传工作，发放管道保护宣传雨伞650余把，保温杯90余个，宣传环保袋1000余个，宣传T恤600余件，宣传册2000余份，宣传扑克700余幅。

第五篇

管　理

管　　理

江西天然气始终坚持以规范化、精细化、标准化的管理思路来指导和服务企业生产经营活动。经过十年的探索和创新，按照现代企业制度要求不断规范管理，全方面提升基础管理水平，强化管理手段，注重管理实效，十年来，江西天然气管理制度日趋完善、管理体系不断健全、管理理念不断创新，为发展成为省内清洁能源现代企业打下坚实基础。

第一章　人力资源管理

2012年5月25日，省投资集团下发《关于江西省天然气控股有限公司组织架构设置方案的批复》（赣投人力字（2012）23号），天然气集团人力资源部依据该文件成立。截至2018年12月，人力资源部配置主任一人，副主任一人，员工两人，负责天然气集团、页岩气公司的人力资源实务管理工作、管道分公司的人力资源指导工作及天然气板块的人力资源统筹服务性工作。

第一节　天然气集团

一、人才招聘与队伍建设

（一）人才招聘

由于江西省油气行业起步晚，人才缺乏，人力资源部积极拓展招聘渠道，通过公司官网、招聘平台、平面媒体等媒介，以多样化方式引进人才，包括省投资集团内部人才调入、板块内部调动、面向社会公开招聘、高端人才引进等。

1. 在引进页岩气公司钻井开发、地质勘探这类专业性较强的高端技术人才时，借鉴油气行业发展成熟的省份及企业相关经验，更加注重薪酬市场化，加强企业对人才的吸引力；

2. 在为新成立的管道分公司配置人员时，以板块内部优秀人才竞聘选调为导向，为人才提供广阔的发展空间和职业路径选择。

3. 根据工作需要在板块内灵活办理人员借调手续，在控制人力成本的基础上确保人员尽快到位，并不断规范人员引进的各项工作流程和保障措施，为公司各项业务的发展打好基础；

4. 在板块建立招聘报批备案制度，同时进一步规范板块人员招聘与引进程序，确保招聘过程管理程序到位、公开透明、实施有效；

5. 逐渐建立板块统一的招聘实务平台，统筹板块通用性大型招聘工作。

（二）队伍建设

1. 梳理人力资源现状提高管理成效

对天然气集团现有人力资源进行结构分析，只有对企业现有人力资源有充分的了解和有效的运用，人力资源的各项计划才有意义。截至 2018 年 12 月 31 日，天然气板块共有员工 1824 人。其中合同制员工 1528 人，劳务派遣制员工 296 人；其中博士研究生学历 1 人，硕士研究生学历 62 人，本科学历 928 人，大专及以下学历 833 人。截至 2018 年 12 月 31 日，天然气板块共有专业技术人员 847 人。其中专业技术人员在板块员工中人数占比 46.44%。

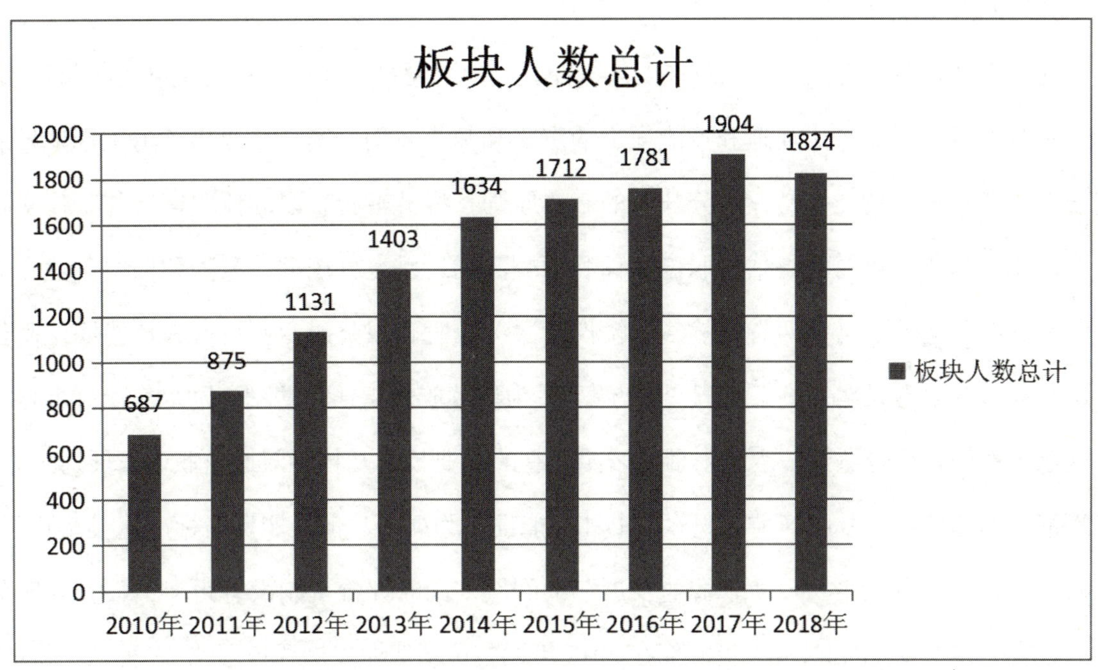

2010—2018 年天然气板块员工总数图

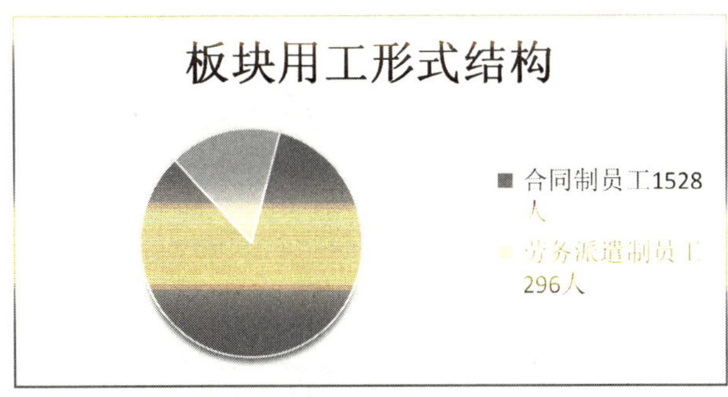

2018 年板块用工形式结构

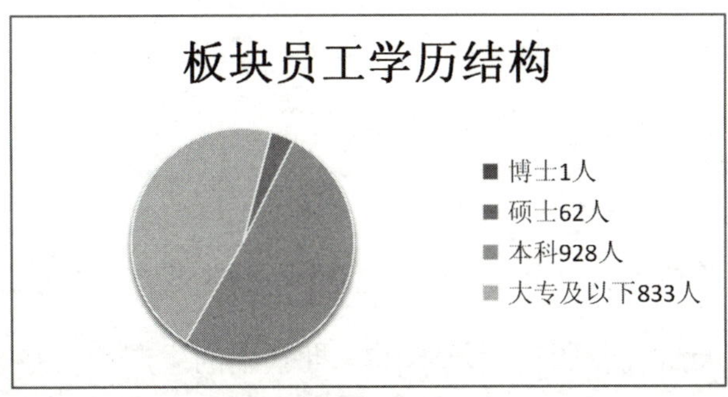

2018 年板块员工学历结构

2. 加强员工职业发展通道制度建设

2013 年，在党的群众路线教育实践活动“学习教育、听取意见”环节，天然气集团党委收到基层单位、场站员工普遍反映的由于公司员工年龄年轻化，单一的岗位晋升通道难以起到普遍的激励作用，希望公司能结合天然气行业的特点为基层员工的发展建立渠道，便于广大员工能制定合理的人生发展规划。

因此，人力资源部首次在《江西省天然气控股有限公司员工职业发展管理办法（暂行）》中明确了行政通道、专业技术通道和技能通道的定义和员工适用范围，并提出了员工职业发展通道建设“专业技术、技能人员评聘分开”的基本原则，将员工所获取的任职资格与工作实际表现结合起来，对人才进行再评估、职位聘任和薪酬激励，以充分挖掘、激励和保留企业专业骨干人才。同时，下发了《江西省天然气（赣投气通）控股有限公司专业技术和技能职位聘任管理办法》与《江西省天然气员工薪酬调整方案》，为后续职位聘任和薪酬激励工作做好准备。然而，这项工作的推行也遇到一定的困难。按照原有的专业技术和技能双通道职业发展通道思路，虽然理清了通道路径，并明确了以职称证书和技能证书为抓手，但任职资格标准建设量化不足，无法解决“达到何种标准可以实现职业发展”的问题；同时评价机制没有跟上，整套制度落地和推广存在一定难度。因此，人力资源部在 2017 年调整员工职业发展通道思路，以员工工作绩效、工作态度、业务能力为衡量标准和晋升导向，以积分制作为可量化的评价机制，重新优化职业通道发展方案。

3. 引导板块专业技术员工职称评定

针对机关管理类及专业技术类岗位，从 2014 年开始，人力资源部逐步整理员工获取专业资格证书（职称证书）的具体渠道和方法，并下发通知，对各投资企业人力资源部和广大员工的职称评定工作进行了指导。

4. 推行国家职业资格证书制度

针对社会通用或技能操作类工种，推行国家职业资格证书统一鉴定，组织包括板块基层一线员工输气工、管道保护工及汽车驾驶员的技能鉴定培训及取证考试。

5. 分步骤建立板块人才梯队

天然气集团在发展过程中，一直面临专业技术人才短缺问题。首先是因为天然气在江西是全新的业务领域，人才积淀欠缺。近年来，天然气集团初步培养了一批基础的生产运行技术人员，主要是2009年以来招聘的相关专业毕业生，这批技术人员在总人数中占比50.58%，虽然平均年龄29.76岁，年纪轻、学历层次高、理论基础较好，但是缺乏处理解决复杂问题、紧急突发事件的经验，且综合能力还有待提升。其次股东方委派高管任期不稳定。根据各合资公司章程，天然气集团经营班子由股东双方委派，天然气集团方委派的经营班子成员主要负责行政、党务、营销等非直接生产与工程业务；对方股东委派经营班子成员，虽然具有相关专业和工作经历，但属于任期管理，造成每期任职人员需较长时间重新熟悉江西天然气整体情况。

针对板块人才现状，人力资源部积极研究对策。引进专业人才建立梯队塔尖：从人才队伍实力较雄厚的公司（中国石化、中国石油等）引进一批石油天然气行业生产运行、工程建设、安全管理方面的人才，在板块从事专业技术与管理工作，补充专业技术人才梯队的核心缺口，提升人才队伍处理各类复杂、紧急情况的能力。同时做好技术与管理带头人的储备。以传帮带巩固梯队中坚：由引进人才对板块现有30岁层次中坚骨干人才进行传帮带和培训。预计在2026年，上述引进人才退休时，该批中坚骨干力量年龄将达到35–45岁，成长为板块人才梯队核心塔尖。利用校招夯实梯队基础：每年继续校招专业对口的人才，为现有人才梯队基层缺口不断补充新鲜血液。同时做好员工职业规划，激励其成长为专业技术管理人员和板块中层干部。四是不定期社会招聘完善梯队结构：根据实际工作需要和不同岗位需求，进一步扩展招聘渠道，以社会招聘、猎头招聘等多种方式为板块甄选合适人才。

二、人才队伍培训

为了进一步提升员工工作能力和效率，人力资源部以人才培养为重点，努力整合板块教育需求，组织开展板块通用大型培训项目。

（一）建立资源共享的培训平台

通过多次沟通协商，逐渐形成了以江西广播电视大学为第三方基础培训平台，与中国石化集团中原油田培训中心、西南石油大学、江西省委党校公务员培训中心等多家教育培训机构保持长期合作的良好态势。

（二）一线技能人才培训

由于我省本地缺乏天然气行业的专业技能鉴定机构和高等院校，以往一线技能操作员工取证培训依赖于送至外省院校和专业鉴定机构，培训的规模性、可持续性和经济性都较差。自2014年起，人力资源部开拓思路，引入第三方培训机构，与江西广播电视大学和中国石化集团中原油田培训中心合作，将外省专业鉴定机构的培训师资力量和本地的教学配套设备结合起来，实现了员工的大规模本地化培训。2014 年参加各工种取证培训人数达到 250 人次，2015 年取证培训人数达到 220 人次，2016 年达到 215 人次，2017 年达到 260 人次，2018 年达到 310 人次。这项培训工作在天然气板块取得一致好评并实现了几个创新：

1. 实现了新员工岗前培训本地化。解决了以往一线员工培训路程远，风险大，成本高，管理难的问题。

2. 确定了板块实训基地并筹措了培训设备。通过向各公司筹措培训设备和物资，解决了 150 余种培训设备和物资在三个实操基地之间的出入库、登记使用和归还等调度分配难题。

3. 第一次实现了理论课讲师和课件的自主开发。在板块内部自筹技术理论讲师，并结合其专业知识、工作经验和场站实际，自主开发理论课课件，力求贴近一线实际需要，利于学员学以致用。

4. 最大限度地降低培训成本。减轻了各公司的教育经费支出。

（三）中基层干部培训

为打造一支政治坚定、作风过硬、充满活力的干部队伍，人力资源部与江西省委党校合作，于 2015 年三月组织了两期省投资集团天然气板块中基层干部培训班。板块各相关职能部门中层干部、各分、子公司主要负责人及各场站站长共 194 人参加了培训并顺利结业。该培训通过创新的头脑风暴集体讨论、每日编制课堂简报及参观体验式学习等方式，打造了一次精品培训，获得了一致好评。

（四）板块内训师培训

1. 以新员工培训为契机，进一步开发板块内训师团队，组织天然气理论课讲师赴江西电大开展试讲培训，提升其授课技巧；指导其编撰了课程重点与难点大纲，使板块自行开发的天然气知识课程体系更加科学紧凑。

2. 积极组织员工参与省投资集团组织的内训师 3T 培训，与省投资集团人力资源部就板块内训师能力提升工作进行沟通。

3. 与合作方加强教师资源交流，推荐板块《终端燃气市场开发》课程的优秀讲师赴中原油田进行授课，师资力量得以进一步壮大。

（五）公文写作培训

为规范公文管理，不断提高公文质量和办公效率，人力资源部多次组织板块行政文秘人员赴江西省委党校进行文秘岗培训，通过《领导讲话稿撰写要点》《办公室人员素质与沟通协调能力提升》《商务礼仪》等专题课程的学习，进一步提高了板块文秘人员公文写作水平。

三、薪酬与福利

天然气集团成立至今，人员迅速增长，为了激励人才、保留人才，人力资源部花大力气落实员工薪酬福利工作。

（一）规范板块薪酬制度

梳理人力资源已有制度，经与各投资企业人力资源部充分沟通，下发了《关于薪酬体系项目优化调整建议的通知》及《关于加强江西天然气板块薪酬福利管理的通知》，进一步规范全板块薪酬发放项目和标准，严肃薪酬发放纪律，同时也鼓励各投资企业利用好薪酬激励手段，不断优化薪酬激励机制。

（二）审核板块薪酬预结算

对板块 2015 至 2017 年人工成本预算和预算执行情况进行分析整理，规范审核工作，使各公司预算更客观准确。

（四）做好人员薪酬调岗

按照公平公正的原则，考虑物价因素和通货通胀因素，结合员工绩效考核结果，人力资源部定期对天然气集团员工岗级进行调整，使员工共同分享天然气集团发展成果。另一方面，也可提升天然气集团薪资水平在省内、同行业中的竞争力，达到吸引人才、保留人才、激励人才的效果。

（五）保障员工福利待遇

人力资源部严格按照国家有关政策规定，规范优化人力资源各业务流程，按时办理员工劳动合同签订、档案托管、社保和公积金新增和转移手续，以保障员工的各项配套福利。

第二节 二级企业

一、天然气管道

天然气管道人力资源部负责天然气管道人力资源开发的规划与实施，负责组织员工学习培训，实施员工绩效考核与薪酬激励机制及人力资源管理的相关事务性工作，逐步建立内部人才开发平台。

截至 2018 年 12 月，公司职工人数 473 人（合同制员工和劳务派遣员工），其中研究生学历 16 人，大学本科学历 284 人，专科学历 110 人，专科及以下学历 63 人。截至 12 月底天然气管道共有初级职称员工 172 名，中级职称员工 91 名，高级职称员工 8 名。通过培训和业务实践，建设了一支数量相当、层次合理、专业配套的高素质的技术人员队伍。

在人员招聘上，天然气管道于 2014 年 3 月修订了《招聘、录用、离职管理办法》，通过校园招聘、社会招聘、人才引进等相结合的方式，在招聘过程中运用综合能力测评软件，为招聘过程提供参考依据。

在人才培养上，天然气管道于 2014 年 1 月出台了《员工教育培养管理办法（暂行）》，在具体的培训实施上通过引进资源，组织外训。与外部培训机构合作，组织外部拓展、心理辅导、国学讲堂等综合知识类培训。借助各平台，选派员工参加各种专业知识培训，提高员工业务知识水平。具备中基层干部领导力提升培训班，建立后备人才培训体系。精心组织，取证培训方面公司每年组织新员工上岗培训，取证培训合格后方能上岗并编制新员工培训手册，让新员工尽快熟悉天然气管道制度流程和公司文化。组织员工参加特种设备专业人员及危化品安全资格取证培训，站队员工及驾驶员技能鉴定。在培训交流、全员参与方面，各站队开展站队内部的技术交流，由站队内部员工轮流担任讲师。天然气管道组织“莲清读书会”“道德讲堂”等活动，让全体员工参与读书、参与培训，并且要求员工每年的培训课时达到 30 学时，否则取消年底评优资格。

天然气管道重视基层员工和生产一线员工的培养，加快操作人才队伍的建设，给一线员工搭建施展才能的舞台，发现和选拔技术能手、标兵，为员工提供了发展机会，也为企业发展奠定了坚实基础。在站队开展“师徒结对”活动，一对一结对帮扶新员工，促进新员工快速成长。创建“学习型、安全型、技能型、创新型、和谐型”五型班组，建造实训基地，员工创新工作室，培养一批工匠型人才。

天然气管道为员工建立了具备市场竞争力和内部公平性的薪酬分配体系，于 2015 年 6 月，修订完善了《江西省天然气有限公司薪酬管理制度》。进一步规范执行五险一金代扣代缴，并于 2014 年 1 月起实行“企业年金”制度，加强员工补充养老保险。2016 年起，实行员工“补充医疗保险”，给员工提供医疗保障。

二、天然气投资

天然气投资人力资源部成立于 2013 年 4 月，负责天然气投资人力资源规划与制度建设、组织结构及岗位管理、招聘、解聘管理、人力资源培训与开发、薪酬管理、绩效管理、干部管理、员工调配、职称和技能管理、员工组织关系管理等工作。

截至 2018 年 12 月 31 日，天然气投资共有员工 263 人（含劳务派遣员工 40 人），其中党员 95 人，占比 38%；大专以上学历 232 人，占比 88.2%；员工平均年龄 33 岁左右，干部队伍呈现年轻化的特点。

为提升人力资源管理水平，天然气投资于 2013 年相继印发了《专业技术资格管理暂行办法》《员工职业发展与聘任管理暂行办法》《员工职业技能鉴定管理暂行办法》《员工教育培训管理办法》《公司绩效考核管理办法》《公司补充医疗保险管理办法》《公司企业年金实施管理办法》《员工奖励办法》《考勤管理办法》，进一步为员工发展指明了晋级通道，对薪酬及福利体系进行了明确。

在职工发展方面，同步开放了“管理、技能、技术”三条通道，并鼓励部分优秀员工在不同通道间流动。管理通道将高管层以下的岗位从低到高设为业务员、业务主办、业务主管、中层副职、中层正职（总经理助理）共五级；技术通道从低到高设为技术员、助理级、中级、副高级、正高级共 5 级，分别对应国家各级人力资源社会保障（职称）部门认可和核发的专业技术资格证书（职称证书）的员级、助理级、中级、副高级和正高级；技能通道从低到高设为初级工、中级工、高级工、技师、高级技师共 5 级，分别对应国家各级人力资源和社会保障部门认可核发的职业资格证书的初级技工（五级）、中级技工（四级）、高级技工（三级）、技师（二级）和高级技师（一级）。天然气投资所有场站站长、副站长、技术员、安全员均通过公开竞聘的形式产生。

在员工薪酬管理方面，以岗位的价值、员工的能力和业绩为依据，实行以岗定薪、薪随岗变，以岗位价值为主，岗位与技能相结合，并针对不同的岗位设置晋级通道，鼓励不同专业人员专精所长。

在员工福利待遇方面，员工可享受年休假、婚丧假、探亲假、产假、哺乳假等，并在规定的休假期间，工资待遇视同在岗正常出勤计发。同时，天然气投资为员工购买了“六险二金”，养老保险、医疗保险、失业保险、工伤保险、生育保险、补充医疗保险及住房公积金和企业年金。

三、投资燃气

投资燃气人力资源部，负责实施投资燃气本部员工绩效考核与薪酬激励机制；负责投资燃气人力资源开发的规划与实施，并指导和监督下属公司人力资源管理工作，逐步建立内部人才开发平台。

企业发展离不开人才队伍的壮大。截至 2018 年 12 月，投资燃气全系统大学本科以上学历 268 人（其中研究生学历 6 人），大学专科学历 237 人，专科以上学历占比 72.5%；具有中级及以上职称资格 58 人；具有高级工及以上技能等级 34 人，初步形成了管理型、技术型、技能型人才三支人才队伍。

投资燃气高度重视人才工作。一直以来，与西安石油大学、西南石油大学等行业内知名大学合作，引进优秀毕业生，在员工当中播撒人才种子。截至 2018 年 12 月，投资燃气系统油气类专业人才共 43 名，占比 6.2%。对于这些优秀人才，投资燃气注重在工作中培养、在实践中锻炼。这些优秀人才正日益成为投资燃气内部人才的主要收获地；为更好地促进企业全面走向市场、打造一支精干高效的人才队伍，保障企业加快发展，自 2014 年起，加大了面向社会招聘引进优秀人才的常态化社会招聘工作，本着"人岗匹配、宁缺毋滥"的原则，共招聘引进各类技术、管理型主管以上人才二十余名。不论是应届大学生还是社会化引进人才，在投资燃气的培养和引领下，都发挥了不可替代的重要作用，除了在各个基层管理、技术岗位上发挥骨干作用外，其中有的同志走上了中层管理岗位，还有的走进了所属企业经营班子，成长为所属企业高级管理人员。得益于领导的高度重视，投资燃气的培训与人才开发工作正逐步走上系统化、规范化、品牌化的道路。

2008 年成立之初，公司培训工作以新员工入职培训和员工上岗技能类培训为主。为了不断适应公司人员的发展和人才梯队的建设，于 2014 年 4 月，投资燃气出台了《江西省投资燃气有限公司培训管理办法》，依托该制度，投资燃气成立了培训管理师、内部培训教员两支队伍，每年发布培训需求调查，结合企业当前主要工作、面临的主要问题，制定企业 A 类培训计划，并重点保障实施。在做好 A 类培训的同时，将培训目标、培训实施逐层分解到各所属企业、各职能部门，形成 B 类培训计划。通过这样一个纲举目张的培训体系，投资燃气内部培训工作成效显著。

2016 年 12 月，投资燃气进一步出台了《员工在岗培训办法》，提出了企业员工成长的"青苗""青叶""青果"计划，青苗计划针对校园招聘的应聘毕业生进行岗位匹配性、适应性，以及观察性培养；青叶计划针对有提升需求的各层级员工开展轮岗培养，加强综合能力建设；青果计划针对具有较高综合素质、在专业技术和管理方面有较强培养潜质的员工进行重点培养，增强其职业晋升的准备度、打造后备人才队伍。

2018年6月，投资燃气正式启动了第一批青果计划员的甄选、培训工作。这项工作得到了广大员工的高度关注和强烈反响，全新的培养方式为人才梯队建设进行了有益的探索。

对于主管、中层干部以及企业高管人员，投资燃气自2014年起，已连续五年开展了“卓越中高层管理培训”，从外部引进具有深厚专业功底、培训形式活泼有趣、内容深入浅出外部培训课程；对于绩效良好，具有培养潜质的基层员工，开展有“外派进修”培养形式，通过与港华、华润等行业内标杆企业合作，让员工嵌入式地到先进企业进行影子培训，学习先进的技术手段、管理理念。自2014年首批派出6名员工起，已累计派出4批18人次，这些进修人员回岗后，个人能力、企业效率都得到了有效提升。卓越中高层管理培训以及外派进修，正日益成为投资燃气重要的培训品牌，成为员工向往的职业发展机会。

2018年12月，投资燃气启动了“江西天然气员工技能培训中心”的筹建工作。技能培训中心致力于提升员工实操水平，为操作标准化服务，目前已完成了方案评审、内部讲师评选、管理制度编写等前期基础工作，投资燃气将努力把江西天然气首个技能培训中心建设成高标准、高起点的样板工程。

为规范所属企业高管人员的薪酬管理，2015年9月，发布了《所属企业高管薪酬管理办法》，进一步规范和加强了高管人员的薪酬管理，使高管个人薪酬与企业经营绩效紧密挂钩，薪酬的激励与保障作用进一步发挥。

2018年7月，投资燃气出台了《市场人员激励办法》，鼓励所属企业打开思路，勇于创新，在薪酬、用工、日常管理、培训等各个方面对市场人员进行倾斜，为进一步加大市场工作力度服务。

在员工福利方面，投资燃气一直致力于为员工提供良好的福利待遇，规范执行五险一金代扣代缴，并于2015年1月起实行“企业年金”制度，加强员工补充养老险，于2016年1月起开通员工“补充医疗保险”，进一步为员工提供优厚保障待遇。

为帮助新员工尽快融入公司氛围，适应工作环境，熟悉企业文化与制度规定，同时规范入职手续办理，2017年2月出台了《新员工入职导引》。

其他制度建设方面，出台了《下属企业野外工地津贴管理暂行规定》《进修人员管理暂行规定》《招聘管理办法》《培训管理办法》《借调人员管理办法》《所属企业高管出差及休息休假管理办法》等。

四、能源投资

能源投资人力资源部，负责人力资源开发的规划与实施，负责组织员工学习培训，负责制定并实施本部员工绩效考核与薪酬激励机制，负责人力资源管理的相关事务性工作，并指导和监督各所属企业人力资源管理工作，逐步建立内部人才开发平台。

截至 2018 年底，能源投资职工总人数为 209 人，其中经营管理人员为 133 人，中共党员 41 人，研究生及以上学历 5 人；本科学历 76 人，专科学历 58 人；高级职称 3 人，中级职称 27 人，初级职称 15 人；技师 13 人，高级工 10 人，中级工 9 人，初级工 9 人。

能源投资通过外部招聘与内部培养相辅相成，校园招聘与社会招聘并驾齐驱，结合公司发展现状及招聘渠道特点，对人才工作进行统筹规划，形成了公司党组织领导，人力资源部门牵头，其他相关部门密切配合，面向社会公开招聘的人才选拔格局。

能源投资以"培训促人才"为人才工作的基本出发点，通过坚持入职员工岗前知识技能培训与在岗员工专业技能取证培训两手并举，努力提高能源投资人才队伍的整体素质。有针对、有重点地对员工进行分项培训，着重提高经营管理人员的战略决策能力与企业管理水平，对专业技术人员重点进行取证培训与职称培训。

能源投资为员工建立了具备市场竞争性和内部公平性的薪酬分配体系。2015 年 6 月，修订完善了《江西天然气能源投资有限公司薪酬管理制度》《部门及人员绩效管理办法》，2016 年 7 月，总经理办公会研究通过了《市场开发人员绩效考核管理办法（试行）》。

能源投资一直致力于管理制度的建设和完善，2018 年，起草《江西天然气能源投资有限公司所属企业一线岗位定员定岗定编标准（试行）》《江西天然气能源投资有限公司加班与值班管理办法（暂行）》，经公司总经理办公会议研究通过，正式发布执行。

能源投资一直重视职工的福利，统一执行江西省各项保险规定，各所属企业执行当地社会保险政策，并为员工建立了补充医疗保险项目，为员工的医疗保险增添了一份保障，每年安排职工定期体检，发放防暑降温、取暖费、卫生费等。

五、页岩气公司

截至 2018 年 12 月 31 日，页岩气公司职工总人数为 34 人，其中经营管理人员为 3 人，中共党员 13 人，研究生以上学历 6 人；本科学历 21 人，专科学历 2 人；高级职称 3 人，中级职称 7 人，初级职称 6 人；高级工 2 人，中级工 1 人。

页岩气公司通过招聘平台、平面媒体等媒介，以多样化方式引进专业技术人才。特别是在引进钻井开发、地质勘探、地球物理这类专业性较强的高端技术人才时，借鉴油气行业发展成熟企业的相关经验，注重薪酬市场化，加强企业对人才的吸引力。

页岩气公司自成立以来，重视从业人员持证上岗，坚持专业技术人员 HSE、井控、硫化氢防护的学习和培训，确保安全生产。同时借助各平台，选派员工参加各种专业知识培训，提高员工业务知识水平。日常工作中推行全员培训常态化，不定期组织业务培训，形成较为典型的学习型组织。

页岩气公司为员工缴纳五险一金，并实行企业年金、补充医疗保险等补充保险制度，进一步为员工提供优厚保障待遇。

六、管道分公司

截至 2018 年 12 月，管道分公司职工人数 178 人（合同制员工和劳务派遣员工），其中研究生学历 14 人，大学本科学历 104 人，专科学历 37 人，专科及以下学历 23 人。截至 12 月底管道分公司共有高级职称员工 3 名，中级职称员工 23 名，初级职称员工 31 名，中级工 3 名。

管道分公司自成立以来，相继出台了《劳动合同暂行管理办法》《薪酬管理办法》《劳动模范和岗位标兵评选管理暂行办法》《中基层干部管理办法》《公司工程建设项目部管理办法》《招聘管理办法》《排班休假管理办法（暂行）》《培训管理办法》等各项制度，为公司发展提供支撑。

为适应管道分公司发展的需要，营造“人人上讲台、人人当教员”的内部学习大课堂的企业培训文化，从 2018 年 8 月起，管道分公司开展了“每周一课”全员培训活动，截至 2018 年底累计开课 15 余堂。

管道分公司处于工程建设期，人才需求紧缺，为管道分公司经营发展、业务发展规划，人力资源部 2017 年修订完善《公司招聘管理办法》，依据部门“三定”方案和实际人员配置情况及岗位职责与技能要求，通过内部竞聘、校园招聘、社会招聘等内外结合形式适时、合理开展招聘工作，避免盲目拔高选用标准或因人设岗，做到人岗匹配。

根据国家、地方、行业等有关规定，管道分公司为员工办理各种社保及公积金，包括养老保险、医疗保险、失业保险、工伤保险、生育保险、补充医疗保险、重大疾病险及住房公积金、企业年金等，全方面保障员工生活。

第二章　财务管理

为了加强江西天然气的财务管理，发挥财务在天然气集团经营管理和效益中的作用，在天然气集团领导的正确领导下，财务部门立足于企业战略发展规划，根据《中国人民共和国会计法》《企业会计准则》，结合天然气集团实际，制定了一系列相关财务管理制度，通过实施全面预算管理、搭建融资服务平台，提升财务管理水平，着力构建“财务标准化体系”和“业财融合”为核心的财务治理系统。

第一节　天然气集团

一、机构与职责

2007年，天然气管道成立财务部门，是板块内最早成立的财务部门，探索天然气行业财务体系建设，积累了丰富的行业财务经验，为天然气板块培养并输送了行业财务专业人才，为江西天然气事业发展奠定了良好的基础。

2011年10月，天然气集团计划财务部成立，立足于天然气板块财务服务体系建设，旨在提升板块整体财务运营水平、管理能力和执行能力，实施板块核算规范统一和垂直一体化的财务服务体系。

2016年1月，根据赣气控股字〔2016〕9号文，计划财务部更名为财务管理部并成立计划经营部。职能进一步划分，职责重新定位，是深化企业管理，增强板块内部协同效应，发展质量稳步升级，努力实现从优秀到卓越的新跨越的重要举措之一。旨在实施板块会计核算集中管理，打造“业财融合”服务体系，搭建融资服务平台，推动财务业务转型，为业务提供良好服务与支撑、优化资源配置与执行控制、提升信息挖掘深度与导航职能、为管理层和业务部门提供有价值的信息与决策支撑等职能，努力为企业价值增值服务，充分发挥江西天然气的规模效应和协同效应。

2018年6月，根据集团党委关于“提质增效，精简机构”要求，财务管理部与计划财务部合并，更名为计划财务部。部门职责为：负责财务管理、会计核算管理、投融资管理、资金管理、经营计划与预算管理等归口管理。

二、治理与风险

天然气集团成立后，围绕天然气集团战略发展目标，注重天然气集团财务治理工作，通过不断的探索和实践，实行母子公司范围内的会计基础工作标准化、规范化，加强财务管理规章制度建设，逐步形成一套比较完善的财务风险管理体系。

2008-2011 年，天然气板块逐步建立财务管理各项规章制度和工作流程，着力构建财务风险管理体系，规范板块内各公司的财务基础工作。各单位制定了《财务部岗位说明书》，从内部会计控制的角度，对会计机构、岗位的设置及职责权限进行合理划分，坚持不相容职务相互分离，确保不同岗位之间权责分明，相互牵制、相互监督，初步建立财务风险管理体系。

2012 年，天然气集团财务部门制定了《资金管理办法》《固定资产管理办法》《应收账款管理办法》《费用报销管理办法》。

2013 年，天然气集团印发《安全生产费提取和使用的会计核算指南》（赣气控股字〔2013〕87 号）。

2014-2015 年，通过积极开展“落实中央八项规定、反对‘四风’”自查自纠工作，加强各项费用开支合法合理性审核，严把财务审核关，有效防范经营管理漏洞。印发《差旅费开支管理办法》《业务接待管理办法》（赣气控股字〔2015〕41 号）。

2016 年，天然气集团修订和建立《差旅费开支管理办法》等 5 项制度，所属企业建立完善了 9 项制度、完成了 13 项财务内控业务流程及权限指引的编制，通过对制度、流程的完善，天然气集团内部控制更加稳固，会计处理均做到了有理有据，规范有效。

三、价值管理

2009 年 ~2012 年，天然气集团各单位逐步建立固定资产明细账卡片，建立固定资产、无形资产、低值易耗品等备查账。各单位先后建立了固定资产管理制度，明确了资产转资流程、资产处置流程以及资产的盘点、调拨管理等。做到资产增加有“上账”，处置有“下账”，变动有“调账”，清理有“对账”，“做账”有合规、合法的凭据，保证各项物资账实相符。天然气集团积极落实和争取政策支持，努力向管理要效益，向节税要效益，办理了防火防爆土地使用税费等各项税费减免。

2013 年，天然气集团各单位开始陆续为企业资产办理财产一切险和公众责任险投保事宜，为实物资产提供保险保障，分散企业经营风险、责任风险等。完成对页岩气、能源投资、遂川天然气、昌南等公司的注资和办理验资；按照省投资集团《关于规范会计核算、加强资产管理的通知》（赣投财务字〔2013〕20 号）的要求，做好天然气集团资产核算。天然气集团加强物资管理，按照科学化的管理、规范化和精细化的要求，初步建立了各公司、场站物资台帐。加强了资产增减的日常核算与监督，完善物资的出入库管理，按照制度规定及时做好剩余物资退库处理。在降成本增效益方面，天然气集团争取了页岩气项目财政专项资金、管网建设财政投资补助资金、打造南昌核心增长企业突出贡献财政奖励资金以及重点税源税收退税等。

2014 年，天然气集团建立"事前算赢"管理体系，通过"事前算赢"引导生产经营，贯彻前期投入即是后期的成本的理念，从源头上控制成本，通过深入业务前端，建立动态分析模型，先算账后决策，建立成本费用对标管理，降低企业成本。在板块内开展"本量利分析、投资决策分析"等为主题的财务工作坊活动，促使财务管理人员更好地掌握财务分析工具，加强实践创新。所属企业还制订《成本费用管理办法（试行）》，强化全员成本意识，规范成本核算，合理保证各项成本信息真实、完整，提高天然气集团成本管理水平。

2015 年，根据中央"八项规定"精神和省投资集团有关规定，天然气集团根据江西省财政厅及省投资集团新修订的差旅费管理办法，对《差旅费开支管理办法》进行了修订，规范完善了差旅费开支规定；针对天然气集团业务接待管理的实际情况，制定了《业务接待管理办法》，明确了业务接待开支标准和范围，规范了业务接待流程，为严格业务接待费管理提供了标准。

天然气集团积极发挥财务的价值管理作用，提升管理效率，为公司市场、资产做好财务服务工作，天然气集团销气量、营业收入、资产总额等逐年增加。

图 1：2011–2018 年公司营业收入

单位：亿元

图 2：2011–2018 年公司资产总额

单位：亿元

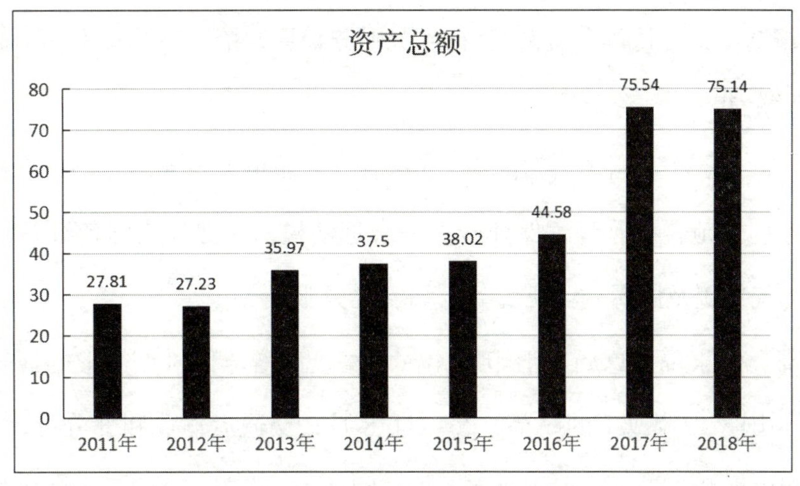

四、会计核算

自 2007 年天然气管道成立至今，天然气集团投资的天然气企业合计已达到 44 家，均遵照国家《企业会计准则》《会计基础工作规范》规定，展开会计核算工作。

2011 年天然气管道针对管网企业业务核算，制定了《江西省天然气有限公司财务管理办法》，城市燃气业务及管网建设等经济业务均形成了自身的核算方法。投资燃气根据城镇燃气业务特性，制定了《江西省投资燃气有限公司会计核算办法》。

2013 年天然气集团根据财政部、安全监管总局联合印发的《企业安全生产费用提取和使用管理办法》（财企〔2012〕16 号）文件精神，制定了《江西省天然气（赣投气通）控股有限公司安全生产费提取和使用的会计核算指南》，规范了安全生产费用的提取标准、使用以及会计核算方法。

2015 年江西省发改委下发了《关于规范管道燃气安装费管理的通知》（赣发改商价〔2015〕1262 号），根据通知的要求，城镇燃气公司须对管道燃气安装费收入及成本进行新的定义及划分。天然气集团迅速组织板块内企业对自身燃气初装业务进行梳理，决定从 2016 年 1 月 1 日起对燃气工程安装业务核算方法进行调整，对收取的安装费作为燃气工程安装劳务收入，庭院管网施工发生的成本作为燃气工程安装成本，采取完工百分比法确认燃气工程安装业务的收入、成本，同时按照该核算方法对前期会计报表进行追溯调整。

2016 年，天然气集团党委会通过在天然气板块建立会计集中核算中心，通过实施合理有效的统一、集中、标准化和共享为途径，充分发挥江西天然气的规模效应和协同效应，提升风险控制能力，监测企业在关键点上是否符合风险控制的要求，保障企业财务信息披露质量。

2017 年，编制《会计核算手册》，旨在规范财务核算，统一核算标准，提高会计信息质量。

五、税金缴纳

2007–2018 年，天然气集团始终坚持“依法管理、诚信纳税”的原则，严格执行国家各项税收政策和法规。为规范税务管理，保证合法、合理纳税，天然气集团持续跟踪研究国家最新法规政策，为天然气集团及所属企业税税务筹划、税务服务等。

随着财政部、国家税务总局关于印发《营业税改证增值税时点方案的通知》(财税〔2011〕110 号)，拉开了国家税制改革的序幕。2013 年 8 月，交通运输业和部分现代服务业“营改增”试点在全国范围内推开。天然气板块两家省级管网公司，管道分公司及天然气投资均在本次“营改增”之列。营改增后税负率大大提高，天然气集团组织相关人员认真学习相关政策法规，积极与主管税务局沟通协调，认真做好合理税收筹划。并于第一时间获悉《南昌市人民政府办公厅关于转发财政局市国税局市地税局南昌市实施营业税改征增值税试点过渡性财政扶持政策意见的通知》(洪府厅发〔2013〕91 号)，及时向财政、税务部门递交税负率资料，为企业取得相应的财政补贴。2014 年 1 月，为应对上游中石化“两票制”改“一票制”的结算方式，积极与所属主管税务局沟通协调，周密进行税收筹划。通过反复测算论证，结合本省天然气业务，决定继续对下游采用“两票制”的结算方式，管道分公司继续享受营改增“即征即退”优惠政策

2015 年，天然气板块企业先后被评为南昌县“2014 年度经济社会发展‘优秀企业奖’”“2014 年南昌市打造核心增长企业‘突出贡献奖’”“工业企业奖励”等荣誉称号，并获得奖励。

2016 年全面营改增实现了增值税对货物和服务的全覆盖，基本消除了重复征税，打通了增值税抵扣链条，促进了社会分工协作，有力地支持了服务业发展和制造业转型升级。同时，为进一步减轻企业税负，财政部、国家税务总局发布《营业税改征增值税试点过渡政策的规定》(财税〔2016〕36 号附件 3)，规定中明确“一般纳税人提供管道运输服务，对其增值税实际税负超过 3% 的部分实行增值税即征即退政策”，为省级管网公司降低增值税税负率获得了保障。

2017–2018 年，公司被评为南昌县“纳税信用评级”A 级单位。

为规避天然气集团税务风险，天然气板块人员积极学习税务新政策、新知识，积极为天然气集团提供税务咨询、涉税培训、税收筹划、风险揭示、税务协调等服务。

图 3：公司历年税金缴纳情况

单位：万元

六、资金管理

天然气集团高度重视资金的风险管理，组织天然气板块各单位结合实际制定了一整套资金管理规章制度与流程，规范了资金管理，合理配置资金，规避财务风险，提高资金使用效率。

（一）规章制度

天然气集团依据《中华人民共和国现金管理暂行条例》《企业会计准则》和江投集团关于资金管理工作的规定和要求，制定了《江西省天然气（赣投气通）控股有限公司资金审批暂行制度（修订）》《备用金管理办法》，各下级单位在天然气集团的制度基础上，均制定了资金审批相关制度或资金管理办法 8 项，明确了各项资金支付的审批流程，更好地服务于天然气集团业务的开展。

（二）管理措施

1. 加强资金内部控制与管理

天然气集团及其所属单位开通银企直联系统，提高资金运作效率。根据单位的情况，实行资金计划与预算管理，核定限额。各项资金必须列入年度（月度）资金预算，不得挪用他用或擅自改变资金用途。各单位对货币资金管理实行合理分工，严格要求，银行对账单必须做到每月核对，严禁以“白条”抵充库存现金。货币资金做到日清月结。正确使用各种银行结算工具，按照规定核定库存现金限额，按现金收付范围使用现金。

按照资金内部控制制度的基本要求，实行不相容岗位相分离的原则。

2. 加强资金审批权限管理

天然气集团实行财务分级授权审批制度，即授权特定审批人在授权范围内对各公司资金收支进行审核并批准，实行分级管理、分级审批。

3. 加强资金执行情况分析

天然气集团各月资金计划及执行情况分析，对资金使用效益、风险做好事前的衡量，及时跟踪资金运行情况，进行资金控制，做到对资金“掌控有度”；同时，强化存量货币资金管理，通过办理“协定存款”，提高存量货币资金的收益率。

企业若发生资金预算没有的资金支出，或存在预算中收入款项未按时入账，应及时向天然气集团作出书面汇报说明，资金支出涉及预算支出项目变动的，还要履行预算支出变动的程序。

七、融资管理

天然气集团认真贯彻江西省委、省政府“建设天然气入赣工程，加快江西利用天然气工作”的重要决策，全力推进 3000km 省级天然气管网建设，实现“气化江西、县县通气”目标。在天然气集团战略目标下，管网建设资金需求量大，天然气集团本着经济效益可持续发展原则，积极开展各项融资工作，为管网建设和天然气集团发展提供源动力。

天然气集团与国家开发银行、农业银行、工商银行、建设银行、农业发展银行、招商银行、中信银行等各大银行建立了长期良好的合作关系，取得了大量的银行授信与融资支持。天然气集团利用融资平台，通过发行中期票据、短期融资券等方式，以满足天然气集团多层次、多元化的融资需求。

近几年来，天然气集团在江西省发改委、江西省财政厅的大力支持下，取得了国家专项建设基金、中国清洁发展机制基金，融资成本有效降低，融资方式进一步创新。同时，天然气集团将积极争取国际金融组织贷款的支持，降低融资成本，不断拓宽融资渠道，创新融资方式，为江西天然气事业发展筹集建设资金。

天然气集团积极与各融资机构沟通，建立天然气集团、金融机构、所属企业联动融资平台，解决所属公司贷款难、融资成本高的问题，促进所属企业协同发展。

八、外资贷款管理

天然气集团作为江西省内天然气管网工程建设的唯一承接主体，为贯彻落实党的十九大关于提高保障和改善民生水平的系列部署，加快推进我省天然气管网工程建设，进一步拓宽融资渠道，降低融资成本，经报请国务院批准同意，于 2017 年 12 月中旬向国家发改委、财政部申报了《金砖国家新开发银行贷款江西省天然气管网工程建设项目》（以下简称“项目”），贷款金额为 4 亿美元，用于省级管网及配套基础设施建设。

（一）机构与职责

2018 年 4 月 28 日，经省投资集团批复同意，成立金砖国家新开发银行贷款江西省天然气管网工程建设项目管理办公室（以下简称“项目办”），项目办设在天然气集团，为天然气集团内设机构，主要职责为：在项目准备和实施期间开展项目日常管理工作；根据项目建设进度，负责新开发银行贷款项目的推进工作；负责与政府机构和开发银行协调、汇报沟通及相关资料报送工作。2018 年 11 月 2 日，经省投资集团批复同意，设立了金砖国家新开发银行贷款江西省天然气管网工程建设项目领导小组（以下简称“领导小组”），主要职责为：负责统筹推进新开发银行贷款江西天然气管网工程建设项目的执行和管理，指导和协调解决项目推进过程中存在的问题，保障项目的顺利实施。

（二）项目管理

天然气集团对项目推行“AB”岗工作制，采用“优势互补”原理，重点通过科学、有效管理以下五个模块来实现“1+1>2”的协同效应，以确保项目高效执行。

工程管理：配备“AB”岗，交叉任职，互为补充，重点负责项目全过程的工程管理工作，其主要内容包括：配合新开发银行对项目工程进度、工程质量、施工安全等事项进行监督、考察、抽查等工作；收集并定期汇总报送项目设计规划、工程相关评审资料、工程周报、工程验收资料工作。

采购管理：配备“AB”岗，全程参与项目采购管理工作，其主要内容包括：协调招投标代理机构、采购职能部门与新开发银行间的关系；定期制定、更新、报送项目的招标采购计划清单，提交特殊采购申请，跟踪项目的招投标和实施进展。

财务管理：配备“AB”岗，牵头负责项目相关的财务管理工作，其主要内容包括：财务制度管理、财务报表和单据的收集、整理、报送工作；制定项目的投融资管理，包括投资计划、还款方案等文件；监督项目的资金预算、资金使用管理，包括资金使用申请、支付管理，资金使用过程。

社会与环境管理：配备“AB”岗，重点负责项目执行中的社会与环境管理工作，其主要内容包括：配合新开发银行对项目社会与环境影响进行监控、分析和管理，并定期汇总、梳理检查资料，形成评估汇报材料。

行政与合同管理：配备“AB”岗，其主要工作内容包括：项目相关的综合行政事务管理、文件管理、文秘、翻译、合同管理工作，组织培训及考察工作。

九、经营计划与预算管理

在天然气集团领导正确领导下，天然气集团成立计划经营部，立足于板块企业战略发展规划，突出价值导向，优化资源配置，秉承精细管理，认真执行落实经营计划与预算管理工作，协同天然气板块各企业年度目标达成、经营计划互动、财务预算准确可控的经营管理体系。

（一）管理体系

天然气集团2012年12月1日根据赣投计划字〔2012〕9号文件精神成立预算委员会，下设预算办公室负责预算管理日常工作。天然气集团承接省投资集团发展战略，按照《江西省投资集团公司全面预算管理暂行规定》（赣投计财字〔2008〕20号）规定，上报经营计划与预算，经省投资集团审批、下达后严格执行。

2016年，天然气集团计划经营部建立了天然气板块经营计划与预算管理体系，明确了组织管理架构，完善了管理流程，使经营计划与预算管理工作效率大大提升。

天然气集团对所属企业的经营计划与预算进行归口管理，统一审核、平衡天然气板块年度经营计划与预算目标，并上报天然气集团审批；统一进行经营计划与预算执行的监督和分析，督促完成年度经营计划与预算目标。天然气集团每年10月份下发《关于做好全面预算通知》，通过“二上二下”的协调沟通，编制年度预算。按照“上下结合、分级编制、逐级汇总”的流程编制年度经营计划与预算，协调板块公司编制年度预算，并按集团要求严格审核所属公司预算。

（二）执行与控制

天然气集团下发《关于加强预算执行监督和分析的通知》《关于报送季度经济运行材料的通知》《关于开展2016年度天然气板块预算管理调研的通知》，采取月度、季度分析和预算调研相结合的方式，强化预算执行监督力度，加强预算执行跟踪分析，及时掌握预算执行进度与效果。

为做好天然气板块预算工作，天然气集团与各所属公司充分沟通，按照各公司实际情况严格审核各公司预算，力求预算与生产经营情况相符，从预算源头严格控制费用开支，确保天然气集团经营目标实现。在预算执行过程中，天然气集团强化预算执行监督力度，建立了预算执行和经营亏损预警机制，对所属企业没有完成预算目标和经营亏损的单位，采用下达预算预警通知单和经营亏损预警通知单的形式，对各单位进行预警，加强预算执行跟踪分析，及时掌握预算执行进度与效果，促使企业达成年度经营目标。

天然气集团深入研究《江西省投资集团公司控股企业全面考核办法细则》和《江西省投资集团公司经营业绩考核办法》，结合公司经营业绩考核结果，下发《认真做好企业经营业绩考核结果分析说明的通知》，深入分析并提出建设性建议，加强公司的经营工作，提高预算整体质量。

十、队伍与素质

天然气板块财务人员 141 人，其中，本科及以上学历占 65%；拥有会计高级职称 3 名，会计中级职称 50 名。

天然气集团建立了财务人员培养体系，通过分层次、多形式、走出去等方式，努力打造一支业务精湛、素质过硬的财务人才队伍。我们把财经法规学习放在第一位，严格财务纪律，抓好财税等国家财经政策的学习研究，培养知法、懂法、用法的意识，提升财务人员道德水平。为加强财务人才队伍建设，我们组织了一系列的培训学习，培训方向更加突出业务与财务的融合，促使财务人员更好地服务于企业经营管理。如：举办天然气板块“营改增”政策讲解专题培训，组织天然气板块融资专题培训，组织天然气板块财务人员开展对外经验交流，组织财务人员赴中石化、南昌燃气等单位学习交流，举办天然气板块首届财务知识竞赛，激发财务人员学习业务知识的积极性；同时，所属企业还通过财务工作坊的方式开展各项财务与管理研讨，给财务人员提供了一个提升自身专业技能平台。

天然气集团根据岗位要求，职责分工明确，对财务人员进行合理有效的职能分工，严格按照岗位职责内容开展工作，确保各项工作更快更好地完成。

历年获得奖励情况表：

年度	荣誉名称	授予单位
2011	会计报表和财务分析工作先进单位	江西省投资集团有限公司
2013	会计报表和财务分析工作先进单位	江西省投资集团有限公司
2014	会计报表和财务分析工作先进单位	江西省投资集团有限公司
2015	会计报表和财务分析工作先进单位	江西省投资集团有限公司
2016	会计报表和财务分析工作先进单位	江西省投资集团有限公司
2017	会计报表和财务分析工作先进单位	江西省投资集团有限公司
2018	会计报表和财务分析工作先进单位	江西省投资集团有限公司

第二节　二级企业

一、天然气管道

天然气管道财务资产部成立于2007年，主要职责是负责天然气管道财务基础管理工作及资产管理、负责编制天然气管道年度财务预决算、负责筹融资管理及风险控制等，保证天然气管道资产保值增值。截至2018年底，天然气管道累计销售天然气63.46亿方，累计实现营业收入142.37亿元，资产总额29.79亿元，天然气管道迁至南昌县后纳税3.19亿元，较好地完成了企业纳税义务，且多次被南昌县国税局、中共南昌县委、南昌县人民政府授予“南昌县国税局突出贡献奖”“纳税信用等级A级纳税人”等荣誉称号。

十一年来，财务资产部为适应公司发展与管理需要，以2017~2018年为例，先后制订了《全面预算管理制度（修订稿）》《费用报销管理办法（修订）》《固定资产管理办法（修订）》《备用金管理办法（修订）》《在建工程预转资管理办法》《全面预算考核制度》《应收账款管理办法》等制度。

财务资产部根据省投资集团及天然气集团对全面预算管理的新要求，建立以预算为导向的工作机制，成立全面预算管理委员会。遵循“计划—编制—反馈—落实—考核”的管理循环，全方位推动天然气管道预算管理，使其贯穿于财务管理全过程，实现成本最低化和效益最大化，确保完成年度经营目标。与此同时，财务资产部强化资金管理、优化资本结构、把握信贷政策，做好筹融资工作，确定合理的融资规模，加强资金的计划管理和综合调度，做好天然气管道各月资金计划、资金计划执行情况分析，对资金使用效益、资金风险做好事前的衡量，优化资本结构，紧盯国家的信贷政策走向，根据工程建设和公司发展的要求，做好资金保障。

财务资产部重视培养财务人员的大局观、前瞻性和预判性，做好财务梯队建设。明确分工，树立团队协作的观念，使财务各岗位之间环环相扣又相互牵制。为了适应经济环境变化，提高市场综合竞争力，财务管理从传统的事务管理向价值管理转变，转变思维，积极推动财务管理转型，树立财务人员的全局观，提高财务人员的预测、控制、分析水平，增强向心力和凝聚力，努力践行“严细实”的工作作风，全力打造思想进步、作风过硬、业务一流的人才队伍。

（天然气管道资产总额图示）

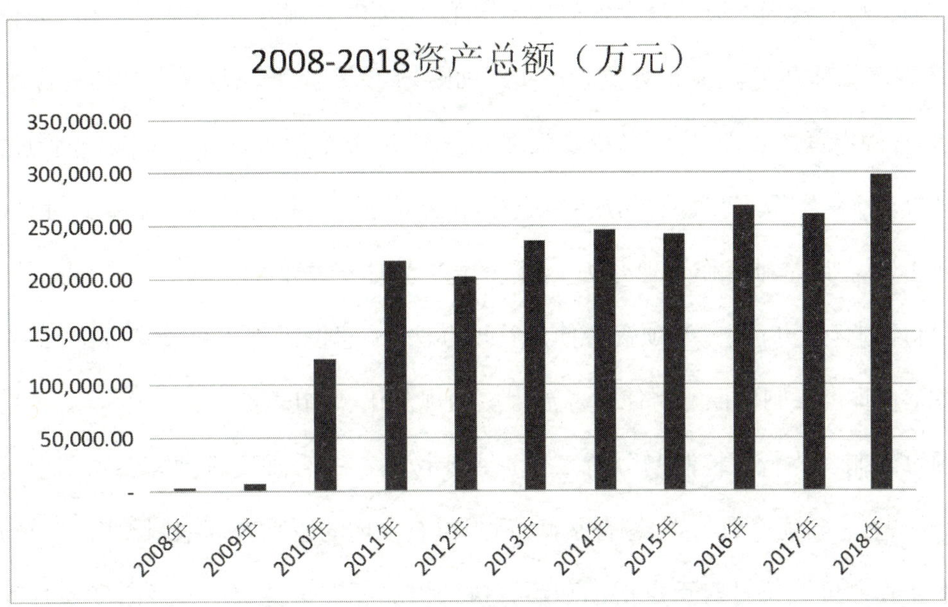

图：历年公司资产总额

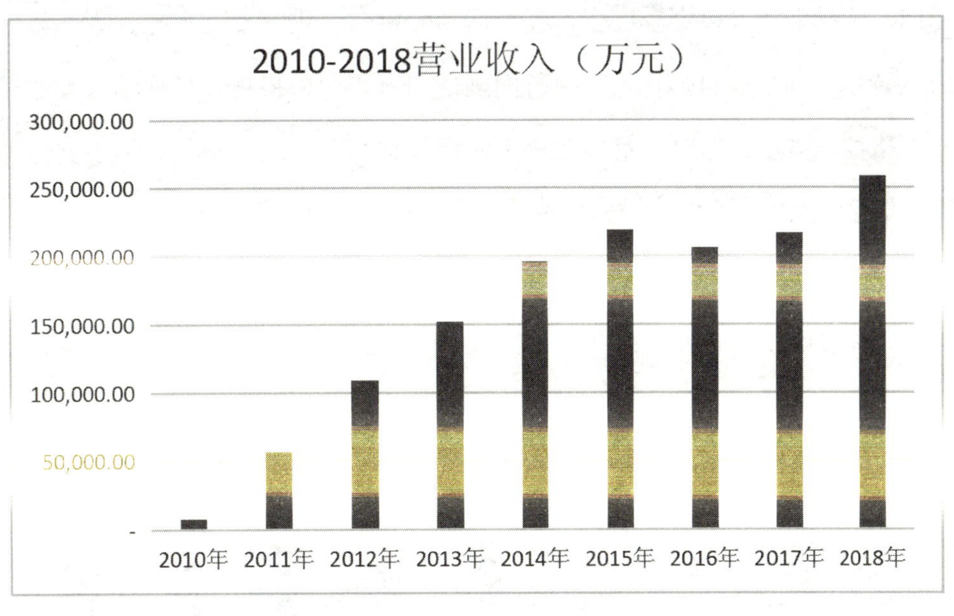

图：历年公司营业收入

二、天然气投资

天然气投资财务主管部门为计划与财务资产部，具体负责天然气投资的财务制度管理、投资计划、项目立项审查、造价管理与投资控制、预算管理、会计核算管理、财务管理与分析、资金管理与监管、成本费用管理、资产管理、融资管理、价税管理、保险管理等方面工作。

天然气投资财务管理紧紧围绕经营中心任务，坚持高标准、严要求，严格控制费用，降低融资成本，强化财务管理。天然气投资先后制定了 21 项财务制度，分别是《维护及修理费管理办法》《资产报废管理办法》《资产处置管理实施细则》《预算管理办法》《会计档案管理办法》《成本管理办法》《固定资产管理办法》《税收管理办法》《财务报销管理办法》《财务管理办法》《商业保险管理办法》《无形资产管理办法》《资金管理办法》《工程建设项目财务管理办法》《投资计划管理办法》《会计基础工作管理办法》《安全生产费财务管理办法》《建设工程结算管理办法》《大修理项目计划管理办法》《专项资金使用管理办法》《建设工程预算管理办法》，为天然气投资日常财务工作提供了制度保障，使财务流程更加规范化、制度化。

加强预算编制、执行、控制与分析工作，主要做法有：合理安排预算，强调全员参与，坚持安全环保优先、业务预算为主导、综合平衡、适当留有余地的原则合理编制预算。坚持月初预测、季度分析的工作制度。每月对重点指标和预算执行情况反馈至各部门，及时发现月度预算执行过程中存在的问题。每季对预算执行情况进行全面分析，对预算执行偏差较大的项目重点分析，查找相关原因，并在天然气投资季度生产经营活动分析会上进行专题汇报，为天然气投资决策提供了有力支持。坚持发挥与强化预算执行的刚性约束作用，将预算指标纳入天然气投资绩效考核体系，严格控制支出，通过不落实预算不允许签署相关合同、超预算不予支付等措施有效规避了预算外事项的发生，为完成天然气投资年度经营目标奠定有利基础。

为保证生产经营和工程建设资金的需求，保障各项生产的顺利进行，天然气投资高度重视资金筹措工作，并取得以下成果：2013 年 4 月取得昆仑银行授信 13 亿元，用于江西省天然气管

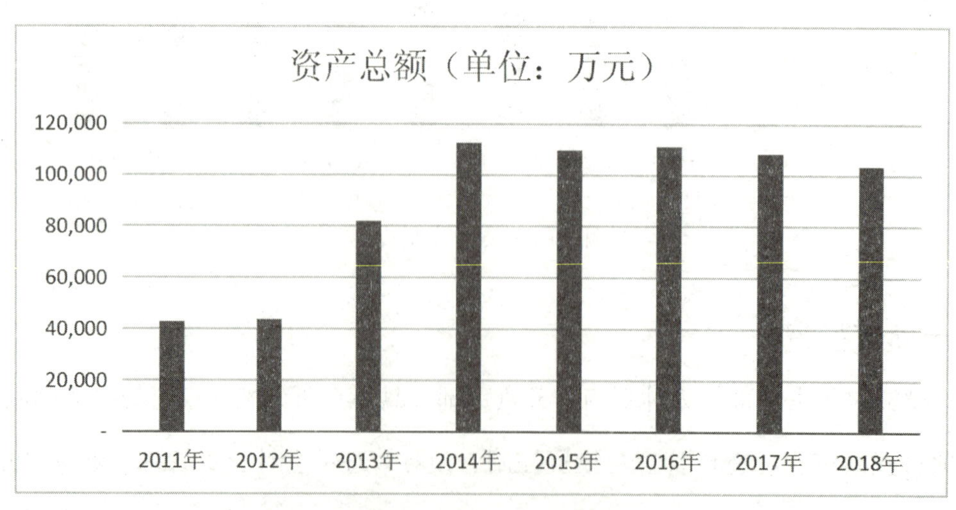

天然气投资公司 2011–2018 年资产总额

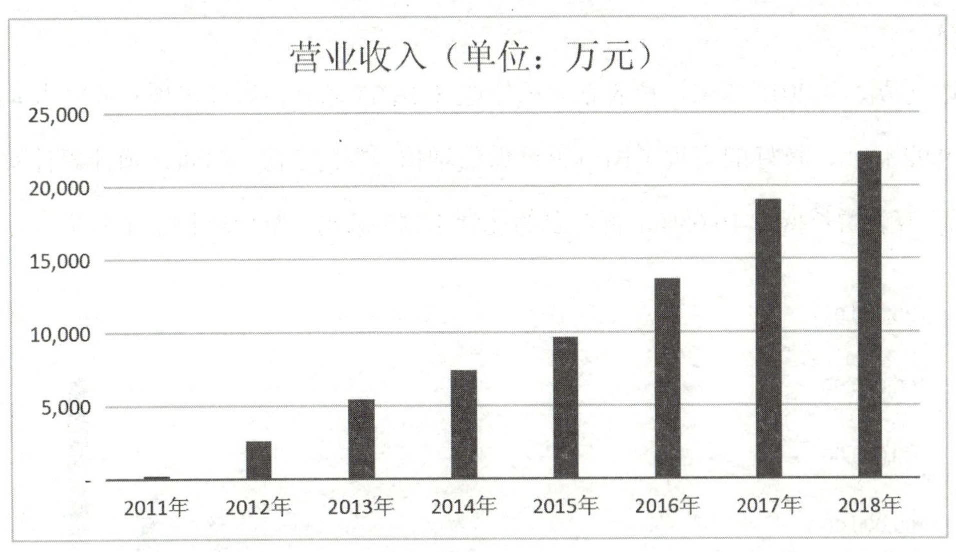

天然气投资公司 2011–2018 年营业收入

网二期工程项目及 CNG 项目建设，贷款期限 8 年，利率为基准下浮 6%，目前已取得贷款 5.48 亿元；2016 年 3 月取得农发行融资 100 万元，用于安全隐患整治，借款期限 10 年，贷款利率为 1.2%；2016 年 8 月取得农发行融资 1036 万元，用于西二线 2# 阀室 – 昌东分输站线路项目，借款期限 10 年，贷款利率为 1.2%。

三、投资燃气

投资燃气财务资产部，负责实施全面预算管理和财务管理、会计核算与资产管理，有效提高资金使用效率、实现国有资产保值增值

投资燃气现有财务制度共 26 项，通过逐步完善与修订，目前基本健全了资金、成本、预算、融资、税务管理、资产、成本费用、债权债务、会计信息化等财务内控体系。

投资燃气财务管理的重心放在财务风险管理，通过以价值创造、现金流创造为核心，实施财务控制，夯实会计基础，防范财务风险。一是搭建融资平台，构建投资燃气融资体系，满足所属企业合理的生产经营资金需求。截至 2018 年末，公司取得银行综合授信 2.45 亿元，服务对象由控股企业延伸至参股企业，融资渠道趋向多样化，融资成本逐步下降。二是以经营计划编制财务预算，把资源优势转化为经济优势，有效激发企业经济增长的内生动力。三是规范会计核算，加强财务检查，夯实会计基础，建立规范的会计工作秩序。四是强化现金流管理意识，积极鼓励所属企业分红，提升资金管理效益。五是强化资产管理意识，牵头所属企业办理保险保障，提升所属企业抗风险能力。六是加强税务管理，多举措提升税务管理水平，防范所属企

业涉税风险。

投资燃气成立至 2018 年末，控股企业销售燃气 16.03 亿方，累计实现营业收入 44.92 亿元，资产总额 9.92 亿元，较好的实现了国有资产保值增值。“十三五”期间，预计累计实现营业额 40.89 亿元，复合增长率为 16.65%；资产总额达到 12.25 亿元，复合增长率 1.55%。

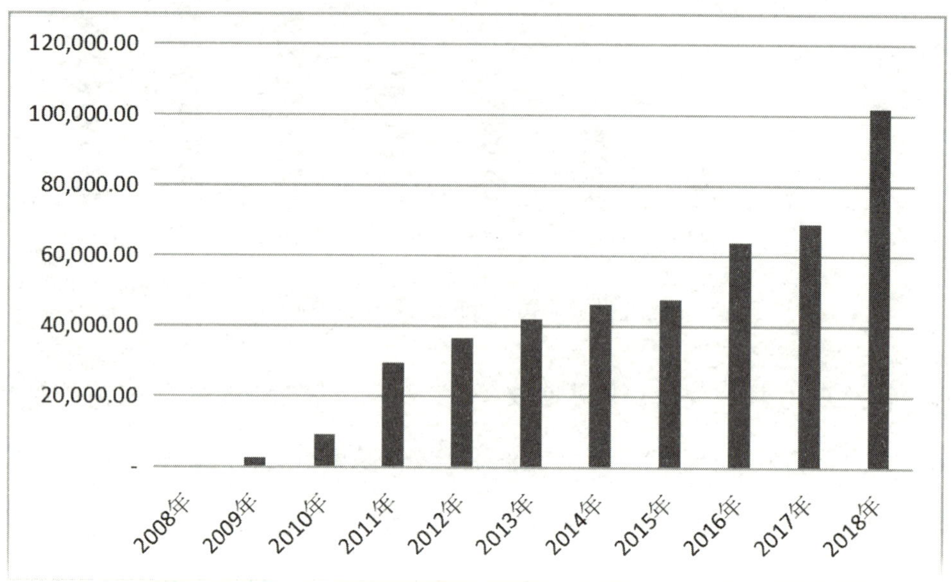

投资燃气公司 2008–2018 年资产总额（单位：万元）

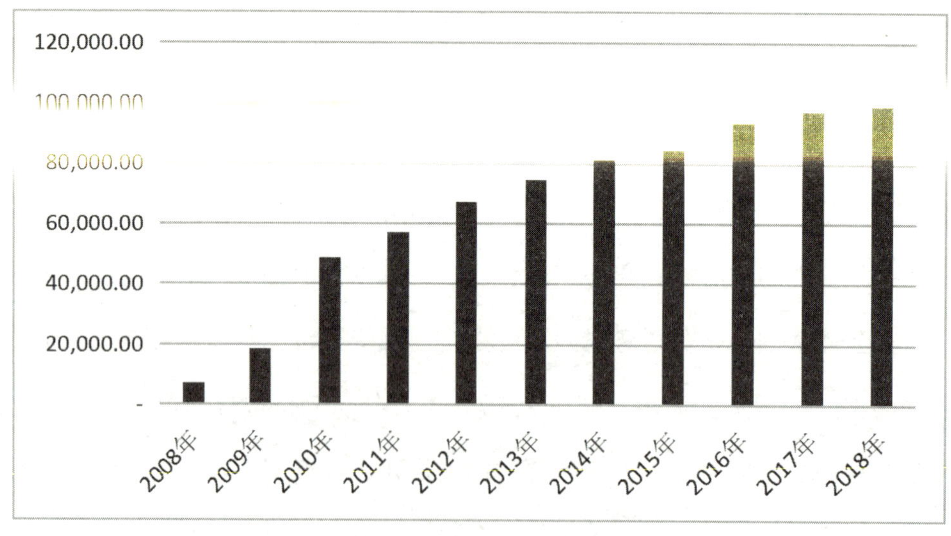

投资燃气公司 2008–2018 年营业收入（单位：万元）

四、能源投资

能源投资计划财务部，全面负责能源投资的会计核算、财务管理、预算管理等业务。先后制订了《财务管理制度》《资金管理办法》《固定资产管理办法》等规章制度，从内部控制和优化资源配置的角度出发，规范会计核算和资产管理，形成“统一管理、统一计划、分业经营、独立核算”的财务管理体系。

2013年5月，能源投资建立财务全面预算管理制度，统一规范能源投资本部与各所属公司、分公司的财务管理工作。2016年3月，重新修订了《全面预算管理暂行办法》。2017年5月重新修订了《差旅费开支办法》，2017年12月重新修订了《资金管理办法》，2018年8月重新修订了《费用报销管理办法》。

2016年2月，经天然气集团担保，中信银行提供能源投资公司授信，额度为8000万元。2018年8月，经天然气集团担保，九江银行提供能源投资公司授信，额度为6000万元。截至2018年底，能源投资合并报表资产总额为25531.85万元。

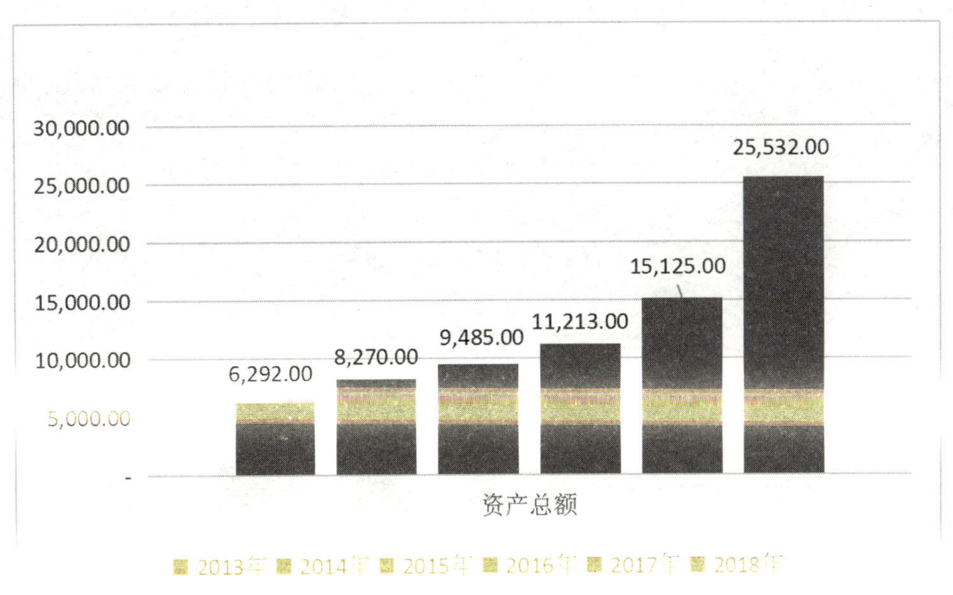

能源投资公司2013–2018年资产总额（单位：万元）

五、页岩气公司

页岩气公司财务资产部，负责页岩气公司预算、核算、资金、税务、资产等相关管理与运营工作。财务人员切实履行岗位职责，积极参与项目全过程。优化配置提高财务效率，加强内部监督，有效控制财务风险。做主动型财务，参与业务开拓，并结合财务理念及知识提出财务合理化建议。

加强制度建设，规范内部财务管理。先后制订了《资金审批制度》《差旅费开支管理办法》《固定资产使用管理办法》等多项规章制度。并于2018年制定了《大额资金使用管理办法(暂行)》《预算管理办法》。用制度来促进财务行为规范化，为各项工作有条不紊地开展提供了坚实的制度保障。

加强全面预算管理，合理控制预算开支。根据公司战略发展目标和近期发展规划，结合各部门工作任务与目标，编制并上报年度预算。每月对预算执行情况进行分析及比对，及时发现预算执行过程中的问题。实施财务资金管控，建立每周报告资金结余、每月报送财务资金分析的工作方式，及时了解资金动向。

以项目为支点，积极向行政部门争取资金。页岩气自成立至2018年末，共获取政府各类扶持及项目资金5008.33万元（省能源局新能源发展专项资金1600万，地调局油气中心修武区块页岩气形成富集条件及勘查进展研究技术服务费60万，地调局油气中心修武盆地埋藏演化与页岩贮存条件研究费20万，省财政厅财政补贴2900万，省安监局安全技术改造资金50万，省国土资源厅修武盆地构造演化与页岩气生排烃关系研究资金320万，省发改委修武地区勘探部署规划经费58.33万）。

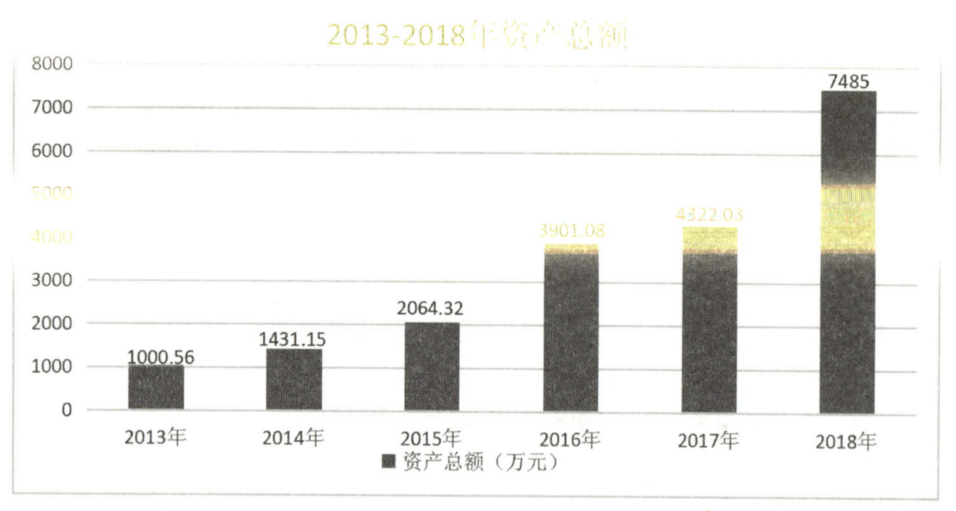

页岩气公司2013–2018年资产情况

六、管道分公司

为落实省委、省政府确立的“到2020年，实现‘气化江西，县县通气’、省级天然气管网突破3000km”的战略部署，天然气集团按照“控股投资、财务单列”的管理模式，于2016年3月出资组建了管道分公司，管道分公司成立后设立计划与财务部，主要负责公司计划与财务管理体系构建、建立健全财务制度、组织公司财务预算、会计核算、资产管理、资金管理、税务管理、工程造价管理与投资管理等工作，合理保障国有资产保值增值。

部门成立初期以构建财务管理体系为重点，逐步完善建立了涵盖财务核算、资金管理、预算管理、造价管理等各方面财务管理体系。

部门以培养高素质财务人员为抓手，学习了解公司各项业务，不断强化“业财融合”力度，提高公司财务管理、投资控制、造价管理工作实效。

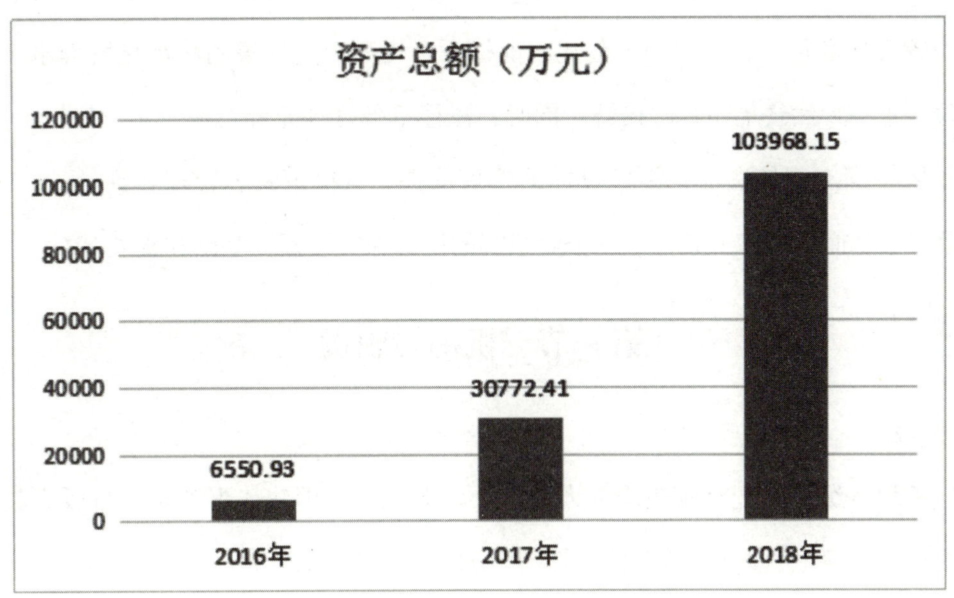

管道分公司 2016–2018 年资产情况

第三章　法律事务管理

法律事务管理主要依据国家法律法规、天然气行业规范等规定，在省投资集团法律事务部领导下，通过建立完善法律事务管理体系，为天然气集团经营决策提供法律支持，如法律意见、法律建议和法律调查等，确保天然气集团在市场经济的竞争中各项经营活动依法合规。在促进天然气集团管理标准化、制度化和规范化的前提下，提高天然气集团法治化管理水平，控制企业法律风险，维护天然气集团合法权益。同时，法律事务管理充分发挥“企业保护伞”的作用，是天然气集团全面实现依法治企终极目标的管理前提，从决策者、管理者到员工，统一重视、运用法律手段，从而将法律事务打造成企业坚实的谈判保障、投资基础和发展基石。

第一节　机构与职责

一、机构

天然气板块各级公司配有专职法务人员经办法务工作，即法律事务岗，自成立起设立。除天然气投资归口企管法规与监审部外，其余均归口企业管理部管理，企业管理部未成立期间由总经理办公室下设法律事务岗。

二、职责

专职法务人员主要职责：

1. 负责天然气集团经营管理活动中的法律风险防范和控制工作，对重大事项提出法律意见；
2. 负责天然气集团的涉诉事务和协调处理对外经济纠纷；
3. 负责天然气集团的仲裁、公证、司法鉴定、行政复议、听证等非涉诉法律事务；
4. 负责天然气集团的法律咨询、法治宣传教育培训工作；
5. 负责天然气集团的合同管理工作，参与重大合同谈判和拟订；
6. 负责对外法律文书的合法性审核；
7. 负责天然气集团外聘法律顾问和律师的管理工作；
8. 天然气集团经营管理中出现的其他法律事务工作。

第二节　制度建设

为了加强天然气集团法律事务工作，提高天然气集团人员法律意识，防范天然气集团法律风险，提高天然气集团管理效能，根据《中华人民共和国公司法》《中华人民共和国合同法》等法律法规并结合天然气集团实际情况，天然气集团及所属二级企业均制定了有关法律事务的规章制度。

一、天然气集团

2012年，天然气集团制定《江西省天然气（赣投气通）控股有限公司法律事务管理办法》；

2013年，制定《江西省天然气（赣投气通）控股有限公司合同管理办法》；

2016年4月，修订《江西省天然气（赣投气通）控股有限公司合同管理办法》（赣气控股字〔2016〕42号），细化合同签订流程、合同档案管理等；

2016年12月，天然气集团汇编制度之际，修订《江西省天然气（赣投气通）控股有限公司法律事务管理办法》（赣气控股字〔2016〕186号），完善办法适用范围、法务人员职责等。

二、二级企业

1.天然气管道

2014年3月，天然气管道制定《江西省天然气有限公司合同管理制度》（赣天然气企〔2014〕2号）；

2015年3月，下发了关于加强合同管理的通知；

2017年7月，修订完善《江西省天然气有限公司合同管理制度（修订）》（赣天然气企〔2017〕13号）。

2.天然气投资

2014年12月，天然气投资制定《江西省天然气投资有限公司合同管理办法》（赣气投字〔2014〕122号）；

2015年12月，修订《江西省天然气投资有限公司法律纠纷案件管理办法》（赣气投字〔2015〕14号）；

2016年12月，修订《江西省天然气投资有限公司合同管理办法（试行）》（赣气投字〔2016〕94号）；

2018 年 1 月，修订《江西省天然气投资有限公司合同管理办法》（赣气投字〔2018〕2 号）。

3. 投资燃气

2013 年 10 月，投资燃气制定《江西省投资燃气有限公司合同管理办法》（赣投燃气字〔2013〕253 号），并于 2017 年 6 月修订完善；

2017 年 11 月 23 日，制定并下发了《江西省投资燃气有限公司法律纠纷管理办法》（赣投燃气字〔2017〕124 号）；

2018 年 3 月 19 日，制定并下发了《江西省投资燃气有限公司合同管理办法（2018 修订版）》（赣投燃气字〔2018〕22 号）。

4. 能源投资

2013 年 4 月，能源投资成立之际于天然气集团制度汇编内制定《江西天然气能源投资有限公司合同管理办法》，并在 2016 年 6 月制度汇编修订时，修订《江西天然气能源投资有限公司合同管理办法》（赣气能投〔2016〕48 号）。

5. 页岩气公司

2016 年 12 月，页岩气公司制定《江西省页岩气投资有限公司法律事务管理办法》和《江西省页岩气投资有限公司法制宣传教育管理办法》（赣页岩气字〔2016〕37 号）；

2019 年 1 月，修订《江西省页岩气投资有限公司法律事务管理办法》和《江西省页岩气投资有限公司法制宣传教育管理办法》（赣页岩气字〔2019〕4 号）。

第三节　合同管理

天然气集团及所属二级企业合同管理部门，加强与外聘律师的合作，按照《合同法》及公司《合同管理办法》的规定，完善合同审批流程，及时建立外聘律师台账和合同管理台账，监督合同履行情况。天然气集团在华邦律师事务所聘任两名资深律师作为常年法律顾问，对天然气集团各类对外经济合同进行审核，参与重大合同的谈判、起草工作，对重大投资、天然气集团法人治理等方面提供重要法律依据。

一、天然气集团

2014 年，天然气集团完成昌东 CNG 加气母站项目土方回填及围墙施工、建立及造价咨询合同和南方液化公司、遂川新能源公司整体资产评估协议的起草、审核、签订。

2016年5月，为提高合同审批效率，配合LNG贸易部门审定《LNG购销合同范本》，分与供应商和客户两个版本，供参考使用。

二、二级企业

1. 天然气管道

2013年8月，天然气管道各分公司在“营改增”后成为独立核算的增值税一般纳税人，为使货物流、资金流及票据流保持一致，根据天然气管道经营方针对天然气管道合同主体进行变更，并下发通知实施。

2015年，对公司成立至2015年签订的各类合同进行检查、梳理，对天然气管道各项从事价值波动较大、经营风险较高、易发生较大损失的各类业务进行自查，形成报告向省投资集团报备。

2016年，配合中国石化对天然气管道2014~2015年合同进行审计抽查，对中国石化提出的有问题的合同进行整改并附情况说明，将缺少附件和各类材料的合同补充齐全；对每份合同统一编号进行登记归档，每月形成台账。

2. 天然气投资

2015年，公司制定了物资采购、车辆维修、房屋租赁、食堂委托、可行性研究、专项评价、委托培训、维抢修、天然气计量交接、货物运输、建设工程造价、审计业务等合同模板，统一封面、统一格式，并经法律顾问审核后提交公司经营班子会审议通过后执行，各部门严格按照公司制定的合同模板进行合同签订。

同时，严格要求各部门按照合同管理办法进行合同会签审批流程，并将所签订合同、统一编号、登记台账、按季度进行合同自查与财务核对付款情况，按月将所签署完毕的合同进行扫描留存，按年度将合同统一归档。

3. 投资燃气

2014年起，投资燃气每年组织人员对所属企业合同进行不定期合同抽查，针对所属公司合同管理档案不规范等共性问题，现场指导合同管理相关人员做好公司合同管理工作。

通过建立所属企业合同管理员联络网络，要求所属企业每月报送合同台账进行备案，强化对所属企业合同签订的监督和管理，提高服务质量。

逐步制定并完善合同范本，优先选择历年签订数量多、金额大的合同制定相应合同范本。2017年，投资燃气已编制完成合同范本100余份。

2016年，投资燃气引入数据分析方法，对2015年合同报表作数据分析，筛选重点领域、金额重大的合同进行有针对性的跟踪检查，提出合同修改意见，完善合同条款，要求所属企业进行自查自纠。

2018年,全年审核公司及所属企业合同共计136份并出具律师意见书,对于重大合同施行“双把关、双保险”，确保合同不出现重大法律风险；积极推动各所属企业聘请法律顾问，加强合同的法务审核力度，基本做到法律审核机制全覆盖。

4. 能源投资

能源投资通过加强与外聘律师的合作，按照《公司法》及《合同管理办法》的规定，严格依据有关流程对机关合同进行审核、登记、保管、建账工作，并依据授权对所属企业合同进行审核或备案。同时，为确保合同管理工作的一致性和规范性，能源投资要求各所属企业参照机关合同管理办法执行。为公司及所属企业重大合同的谈判、起草、签订、履约工作、重大投资、法人治理等方面提供了法律支持。

5. 页岩气公司

2013年起，页岩气公司严格按照合同管理办法进行合同会签审批流程，并将所签合同统一编号、登记台账，将所签署完毕的合同进行扫描留存，并于年度末将合同资料移交至档案室保存。

2015年，严格要求各部门在与其他单位首次签订合同时，将《恪守商业道德协议书》作为合同之附件，与合同具有同等法律效力。

2018年，强化对合同签订的监督和管理，按月进行合同自查，并与相关部门核对合同履行情况，与财务核对付款情况，按季度编制《合同履行情况一览表》提交审查备案。

第四节 普法教育

为贯彻“六五”“七五”普法规划,营造全民学法的学习氛围,落实国家依法治企的法律精神,板块内常年组织各种形式的普法活动，如法律法规知识培训、考试、竞赛等。

一、例行普法宣传

每年3月15日即“消费者权益保护日”，结合天然气集团员工对消费领域问题的反应，各公司举行法律讲座或者培训交流，解决员工身边法律需求。

每年12月4日即“国家宪法日暨法制宣传日”，各公司组织法律知识竞赛或法律知识讲座等形式，带领员工实际学法用法。

每年12月，天然气集团领导参加省投资集团组织的集中学法课程，同时按照省委组织部、省司法厅、省普法教育工作领导小组办公室下发的《关于组织全省领导干部法律网上法律知识学习和考试》的要求，统一在普法网参加《习近平总书记有关民主法治建设方面的论述》《江西省重点普及法律法规》《宪法》《公司法》等法律知识考试。

每年12月，各公司根据省普法办和省投资集团的要求，对全体公司员工举行“全民法律知识考试”，对考试结果统计并上报考试情况。

各级公司定期收集最新法律法规、司法解释及相关案例，通过OA办公系统定期对内发布，利用OA系统建立员工自觉学法的平台。

二、特色法律活动

1. 天然气集团

2015年3月，天然气集团下发《江西省天然气（赣投气通）控股有限公司2015年普法教育工作要点》，认真按照省投资集团各项要求对“六五”普法工作进行了全面总结，并以此指导各级公司当年普法宣传教育工作。

2016年12月，天然气集团组织公司各部门及省级投资企业参加“弘扬宪法精神　增强法治观念”主题知识讲座。

2017年4月“国家安全教育日”，组织各部门观看《国家安全法》等法律法规宣传教育片。

2018年4月“国家安全教育日”，组织各部门观看《保密法》《反恐怖主义法》《网络安全法》等宣传教育片，并将学习资料上传至公司内部办公网站供大家随时下载观看。

2. 二级企业公司

（1）天然气管道

2012–2017年，天然气管道定期邀请常年法律顾问，为天然气管道员工举办“买卖合同”“合同法律风险防范”“招投标”“土地类法律”等知识讲座。2015年12月，天然气管道参与由天然气集团组织的2015年国家宪法日暨全国法制宣传日法律知识竞赛活动，并获得板块内第一名。

（2）天然气投资

聘请了常年法律顾问对天然气投资给予法律支持，对所有经济往来合同签署给予法律意见，对天然气投资经营提供法律分析。每年组织合同法、公司法、招标法等法律知识培训，同时按照省投资集团以及天然气集团的要求，组织开展“六五普法”学习测试，制定了《江西省天然气投资有限公司2018年法治宣传教育工作要点》。2018年7月邀请专家为公司党总支中心组解读宪法修正案，将宪法修正案的学习作为党总支中心组专项学习的重点内容。充分利用“12·4”国家宪法日等各项纪念日、法律颁布实施日等时间节点，集中开展相关法律宣传月、宣传周、宣传日活动，积极参加“百万网民学法律”“民法总则宣传”等活动。组织参与天然气集团2015年度国家宪法暨全国法制宣传日法律知识竞赛活动，并获得板块内第三名，制定了《江西省天然气投资有限公司法律纠纷案件管理办法》等。

（3）投资燃气

2014年至2016年，投资燃气组织公司及所属企业人员参加《劳动合同法》《企业投融资法律知识培训》《城镇燃气项目设计、施工、运营相关法律法规》等法律讲座。通过该法律讲座的培训学习，深入细化法律知识普及，加强公司领导与员工的学法用法能力，不断提升公司法治化管理水平。

2016年起，投资燃气创新多种普法方式，一是收集最新法律法规、司法解释及相关案例，通过OA系统定期对外发布，利用OA系统建立员工自觉学法的平台，先后发布各类燃气法律法规、案例等相关文章三十余篇；二是与党建工作相结合，通过学习党内法律法规，组织观看纪录片、法律知识考试等形式力求党内法规宣传扎进人心，取得实效，不断深入；三是通过投资燃气B类培训，利用内部培训管理师资源，组织开展“民法总则”“项目手续办理”“房屋产权交易”等与职工工作和生活相关的法律知识培训。

2018年，投资燃气积极组织公司及所属企业参与“百万网民学法律”活动、组织全员参加法律知识考试、开展《宪法修正案及监察法》知识讲座等多种形式，向企业全体领导及员工宣传法律知识，提高员工法制意识，做到普法懂法。

（4）能源投资

能源投资先后以《物权法》《公司法》《反垄断法》《劳动法》等法律文本和“公司内部治理与外部经营行为的相关法律问题”“民间借贷”等主题，组织能源投资内部及其所属企业共同参加法律知识讲座。

（5）页岩气公司

2014年5月，页岩气公司成立诚信守法企业创建活动领导小组，更好地开展普法活动；2014年9月，下发公司诚信守法企业创建活动实施方案；2013年4月至2017年4月，页岩气公司先后开展《个人所得税法》《新安全法》《公司法》等单行法培训，以及以“普法教育‘四法一条例’”“普法教育‘三法一条例’”“普法知识大讲堂”“合同管理培训”“消防安全培训考试”“招投标基础知识培训”为主题的法律知识培训；2015年6月，在页岩气公司“第二届读书分享会”中，法务专员向页岩气公司各部门分享如何进行合同审查法律实务；2015年10月，组织员工参加“百万网民学法律”知识竞赛。页岩气公司于2016年5月荣获省国资委授予的“2011–2015年全省国资系统法制宣传教育先进集体”荣誉称号。2017年5月，在页岩气公司开展《民法总则》普法宣传活动；2017年10月，页岩气公司组织全体员工认真收看了中国共产党第十九次全国代表大会开幕会盛况，并制作了党内监督条例展板；2018年4月至12月，页岩气公司五次组织员工参加“百万网民学法律”专场知识竞赛；2018年12月，页岩气公司组织全体员工开展党的十九大精神知识暨法律知识竞赛，最终总经理办公室、党群工作部以及财务资产部分获一、二、三等奖。

通过每年多种多样的法律宣传活动，确保从领导到员工、从机关到基层，“人人学、处处学、时时学”法律知识，提高全体员工的纪律和法治观念，为逐步实现依法治企打下坚实的基础。

第五节　法律支持

法律支持主要是依据国家法律法规、天然气行业政策，在上级法律事务部门指导下，通过建立和完善法律支持和管理体系，为天然气板块经营管理和决策提供法律支持，确保天然气板块各项经营活动依法合规，促进天然气集团管理的制度化、规范化，提供天然气板块法治化管理水平，维护天然气集团合法权益

一、天然气集团

2016年5月，根据全国工商总局关于公用企业限制竞争和垄断行为突出问题的公告，天然气集团于今年6月初对各投资企业就相关调查内容及法律风险召开了座谈会，同时要求各投资企业及其所属企业展开限制竞争和垄断行为的专项自查行动并反馈自查情况，督促各级公司对一线人员进行强化反垄断行为的法律教育，加强反不正当竞争的风险意识，杜绝潜在违法行为。

2016–2017年，天然气集团以著作权中美术作品版权登记的形式保护“江西天然气”的图章及文字，经申请，二者均取得江西省版权局颁发的作品登记证书。

2017年4月，天然气集团进一步规范所属省级公司法律事务管理要求，完善和加强合同及授权管理，按业务类型统一省级公司总经理授权范围及额度，下发建议修改授权额度的通知，实现授权统一管理。

2018年就公司及分公司咨询劳务派遣用工、员工已报销的福利费用扣回、采购项目中标公示、

《江西省天然气管网工程于都支线、兴国支线勘察设计项目合同》合同相对人变更等出具法律意见。

二、二级企业

1. 天然气管道

2013~2017 年，天然气管道持续妥善处理农民工工资问题，通过与施工单位协商、制定内控制度、完善施工合同等各种方式方法，维护社会和谐稳定，保证公司平稳运行发展；2015 年 7 月，中国石化胜利油建工程有限公司在“江西省天然气管网支线工程抚州－南城－黎川支线线路及场站施工工程第 1 标段”工程项目中水工保护工程施工严重违约，天然气管道组织召开专项协调会，并与顾问律师充分沟通、分析资料，就施工方违约事宜提出法律意见，并委托顾问律师发出律师函。

2. 投资燃气

2014 年，投资燃气就黎川项目投资事宜、湖口公司增资事宜、新奥公司股权整合涉及国有股权问题、“集团授信、母子公司借贷”、城市管道燃气特许经营事宜、所属公司部分事业编退休员工待遇申诉事宜、非全日制用工等各部门法律问题提供法律意见；2016 年，投资燃气收集并整理 23 家公司章程和投资协议，按向对方股东的不同分类，对章程和投资协议中存在的法律问题进行归纳、汇总和分析，形成“公司章程和投资协议法律分析报告”。

2018 年，积极参与所属企业生产经营，提供法律支持，参与高安华能管道天然气有限公司企业管理状况、法律状况尽职调查，发掘目标公司存在问题，降低企业投资风险；积极跟踪江西天然气管道防腐公司股权变更事项，主动提供法律咨询服务，规范操作程序；全面梳理所属企业章程，进行风险提示，落实法人治理体系，积极推进“党建入章”工作，落实党组织的领导作用；审核各所属企业“三会”资料，提供法务审核意见，提示风险。

3. 能源投资

2016 年，能源投资就井冈山公司收购星源公司资产事宜、井冈山市城市燃气管道特许经营权事宜提供法律意见，并梳理完善公司相关制度和管理流程。

4. 页岩气公司

2014 年起，聘请了常年法律顾问对页岩气公司给予法律支持，对所有经济往来合同签署给予法律意见。就与合作单位的股权合作、人员薪酬、章程修改等变动事宜提供法律意见，并梳理完善公司相关制度和管理流程。

第四章　行政管理

天然气集团总经理办公室成立于2011年，现有主任1名，副主任1名，职员11人。总经理办公室是公司行政管理的专门机构以及对外沟通联系的桥梁纽带，协助公司总经理工作，负责天然气集团重大决策和目标的落实、执行情况的反馈和督办工作；组织和管理天然气集团会议、公文处理、制度建设等综合行政及后勤事务。

第一节　天然气集团

一、会议组织

为更好地推进天然气集团和板块各项生产经营工作，确保天然气集团及板块各项决策的落地实施，全面分析和掌握全板块生产经营情况，科学决策重大事项，天然气集团定期或不定期召开总经理办公会、年度工作会等会议。

（一）总经理办公会

天然气集团总经理办公会是贯彻内部控制，体现集体决策，总经理行使职权，审议天然气集团经营管理中的重大事项，充分发挥经营班子集体智慧的议事决策机构。为完善天然气集团现代企业制度，规范天然气集团治理结构，进一步明确总经理办公会议事程序，保证经理层依法行使职权、履行职责、承担义务，有效防范经营风险，促进天然气集团经济及各项事业持续、稳步、快速发展，根据《公司法》《公司章程》的规定，天然气集团制定了总经理办公会制度。总经理办公会的议事范围涉及公司或天然气板块重大生产经营管理、年度经营计划、财务预决算方案、基本管理制度等各个方面。会议召开前，天然气集团总经理办公室负责会议议题的收集、整理和审定、会中指定专人做好会议记录，会后由总经理办公室负责整理会议纪要和决定事项的监督落实工作，及时将决定事项下发抄告单。截至2016年12月31日，天然气集团共召开总经理办公会72次。

（二）年度工作会

年度工作会是为总结天然气集团及天然气板块过去一年的工作情况，部署下一年度工作重点，明确各项工作任务召开的会议。天然气集团年度工作会一般在每年年底或年初召开，参会人员由天然气集团党委和经营班子，天然气板块员工代表组成，会议形式由各投资企业分别召开或板块统一集中召开。自天然气集团成立年至2016年底，天然气集团共召开了4次年度工作会议，其他均由各二级企业自行召开。

二、公文处理

天然气集团总经理办公室及党委办公室是天然气集团行政及党委公文处理的管理机构，负责天然气集团公文处理、管理并指导板块各所属二级企业的公文处理工作。按照国务院办公厅最新发布的《党政机关公文处理工作条例》和《党政机关公文格式》的规定，结合天然气集团具体实际，天然气集团制定了相关公文处理工作制度。

（一）公文文种

天然气集团公文文种包括:决定、决议、规定、办法、通知、通报、报告、请示、批复、函、意见、会议纪要等。

（二）发文管理

发文分为拟稿、审核、签发、复核、编号、用印、分发和递送等过程。在发文中坚持注重实效、精简的原则,发文前严把公文行文关、内容关、政策关、文字关、体例格式关。严格履行审批程序,遵守《行文规则》及拟制公文的有关要求,努力提高公文质量。自2011年公司成立至2016年底,共发文2163份。

（三）收文管理

收文管理是对收到公文的办理过程,包括签收、登记、审核、拟办、批办、承办、催办等程序。对于紧急公文跟踪催办，重要公文重点催办，一般公文定期催办，提高公文的时效性。同时，指定专人做好收文的整理和归档。自2011年天然气集团成立至2016年底，共收文3358份。

随着现代化办公手段的提供和天然气集团信息化建设步伐的加快，天然气集团引入了OA自动办公系统，天然气集团日常办公已经实现了无纸化和数字化，办公效率大大提高。

三、信息化建设

2013年7月，天然气集团成立信息管理中心，2017年7月18日，将信息管理中心更名为科技与信息部，主要负责建立天然气集团信息化系统建设、信息系统运行维护、科技项目申报实施、科学技术专利管理及科技信息无形资产管理，以及相关制度的建立与落实。

随着企业不断发展，各项管理业务对信息化管理平台的需求日益提高。江西天然气主要上线了生产系统、办公系统、监控系统、经营系统等四大类别信息化系统，同时加强科技创新，为江西天然气实现了安全、高效、便捷、快速的无纸化生产和无纸化办公，提高了生产、工作效率。

（一）生产系统

1.巡线系统

巡线系统由天然气管道于2010年6月份建设并投入使用，系统采用C/S架构（客户端/服务器），实现了巡检巡查、巡检计划制定、日常报表、地图浏览等功能。2012年9月进行了系统的第一次升级，将C/S的架构升级到了B/S架构（浏览器/服务器），升级后系统的速度更快了，兼容性、可扩展性、功能、安全性都得到强化，系统的维护和调用也更加方便了。2016年12月进行了系统的第二次升级，增加了必经点考核、隐患管理等功能，同时新增了手持端软件，实现了事件上传、现场摄影、音视频采集、测量、必经点采集等功能，强化了对农民巡线工的管理。

2.PCM（工程项目管理）系统

PCM（工程项目管理）系统由天然气投资于2011年建设并投入使用，系统主要解决对在建工程的施工过程中进行管控，对已完工的工程做好数据和资料的留存。主要包含工程资料管理模块、工程信息上报管理、工程计划管理模块、工程进度管理管理、物资管理模块、QSHE管理模块、投资合同管理模块、外协管理模块、可视化展示模块、技术数据管理、竣工资料管理、站场数据填报管理等12大功能模块。

3.生产管理系统

生产管理系统由天然气管道于2012年2月份投入建设并使用，2012年7月份正式上线运营。主要功能包含生产运行监控、应急管理、设备管理、天然气日指定、年季月输气计划制定、计量管理、运行参数管理、生产数据统计、站队管理、报表展示。

4.天然气管道生产系统

天然气管道生产运行管理系统由天然气投资于2013年1月份建设并投入使用。由于系统为生产运行部人员自行开发，系统功能的可扩展性和适用性受到限制，天然气投资于2018年3月份由专业的系统开发公司重新建设并投入使用，系统建设分为两期。目前，一期功能已经建成，二期功能预计2019年3月开始建设2019年底投入使用。系统一期实现了以下功能：生产运行管理，包括输气计划管理、施工管理、运行数据管理、计量管理、调度管理、票证管理。设备管理，包括设备维保管理、备品备件管理、计划管理、站场管理、能耗管理、报表管理。二期功能预计涵盖以下内容：系统与 SCADA 系统对接实现各场站生产参数的有效监控，结算管理，生产问题及隐患监督管理，系统手机客户端 APP 功能。

5.GPS 管道巡检管理系统

GPS 管道巡检管理系统由天然气投资于 2013 年 3 月份建设并投入使用。系统主要功能包含：管理员制定巡检计划，指定路线、有效的巡检条件，系统自动下发任务，巡检人员按时执行任务，提供路线地图辅助巡检。巡检路线地图辅助巡检，遗漏提醒，巡检数据报表分析，帮助管理员管理巡检路线、巡检任务、巡检人员、巡检事件。地图上实时查看巡检状况，沿路线做标记，地图展示路线轨迹，一目了然。多层级设置，权限分配，高效管理。

6. 物资管理信息系统

物资管理信息系统由天然气管道于 2014 年 7 月份建设并投入使用，物资管理信息系统由天然气管道自主研发，一方面强化物资供应全过程的监管，健全天然气集团部室之间相互配合、相互监督、明确职责的运行机制，以制度规范采购行为，夯实物资供应管理基础，加强以物资需求计划、采购实施、资金支付和物资储备为主要内容的专业化管理；建立高效运转的物资供应管理体制，优化物资库存结构，规范库存管理，最大限度地降低采购成本，节约采购资金，加快物资周转，减少资金占用，提高物资供应管理工作效率，有效保证天然气集团生产运行、工程建设和后勤保障所需物资的及时供应；另一方面，培养信息化建设、运维人才队伍。系统主要功能是仓储管理模块、计划管理模块、基础信息管理、合同管理、招标管理模块、采购管理模块、岗位管理模块和工作台。

7. 华为视频会议系统

华为视频会议系统由天然气管道于 2011 年建设并投入使用，华为视频会议系统只能实现在 2 个及以下分会场调度的会议，同时只能实现一个会议召开，这就造成了整套系统资源应用的严重浪费，并且满足不了管理处成立后对视频会议系统应用的需求，急需对系统进行升级。2018 年经市场调研，升级原品牌（华为）满足要求的视频会议 MCU 设备，天然气管道信息中心深入了解市场上主流视频会议 MCU 设备的功能、兼容性、价格等情况，经过对比多品牌的 MCU 设备，利用近半年的时间充分测试各品牌 MCU 设备与各分会场视频会议终端的兼容性，最终完成原品牌（华为）设备的升级以满足需求。

（二）办公系统

1.江西天然气－共享协同办公系统

OA 协同办公平台由投资燃气于 2011 年 12 月份建设并正式运行，2013 年 9 月份由天然气集团收购管理并将 OA 协同办公平台升级为江西天然气－共享协同办公系统，2017 年 3 月 9 日由天然气集团将 OA 协同办公平台从 6.1 版本升级至 7.1 版本，系统为整个江西天然气板块员工使用，系统实现了协同审批、协同工作、通知公告、新闻中心、知识中心、文档管理、会议管理、办公用品管理、工作日志、我的日志等功能。系统以工作流引擎平台为底层服务，以通讯沟通平台为交流手段，以门户自定义平台为信息推送显示展现，为公司员工提供集成的共享协同工作环境。

2.共享人力资源系统平台

人力资源管理系统由天然气管道于 2013 年 5 月份建设并正式运行，2013 年 10 月份由天然气集团收购管理并将人力资源管理系统升级为共享人力资源系统平台，为整个江西天然气板块员工使用，系统实现了我的工作、人力资源、流程中心、消息管理等四大模块，人事信息管理以人为对象，人的各项信息以卡片的方式展示，人在系统中的重要动作，如工作流程的办理情况、信息的创建情况、所创建的日志等一目了然。

3.共享即时通讯平台

RTX 即时通讯平台由天然气集团于 2014 年 6 月份建设并正式运行，为整个江西天然气板块员工使用，系统平台主要帮助员工提高工作效率、减少内部通讯费用和出差频次。使团队和信息工作者进行更加高效的沟通。即时沟通交流：方便、快捷地即时消息发送与接收，提供不同颜色字体的文字，提供个性化。

4.共享 VPN 网络系统平台

共享 VPN 网络系统平台由天然气集团于 2014 年 12 月份建设并正式运行，为整个江西天然气板块员工使用。随着天然气集团商务模式的发展，在互联网技术的帮助下提升业务效率已经是必然的选择，通过构建一套平台，端到端的安全防护体系，多种加密技术，多种认证方式、主从绑定等特色功能，保证天然气板块员工身份安全、终端 / 数据安全、传输安全、应用权限安全和审计安全。

统一管理移动用户接入的身份认证、访问权限，并提供智能的操作体验，实现用户在任何时间、任何地点、使用任何终端安全、快速的接入业务系统。无论我们公司员工在何时何地，只要能连上互联网，就能实现业务的及时处理。

5. 共享视频会议系统平台

共享（RTX Conference）视频会议由天然气集团于2015年4月份建设并正式运行，为整个江西天然气板块员工使用。系统平台是基于先进的IETF XMPP标准协议，该系统充分考虑了系统的扩展性和对未来功能的延伸能力，提供给用户从即时通信、在线感知到即时会议、预约会议、会议通知等全方位的服务，为公司提供了一个统一的、完整的网络多媒体通讯系统。

6. 共享档案管理系统平台

档案管理系统由天然气管道于2013年8月份建设并正式运行，2015年7月份由天然气集团收购管理并将档案管理系统升级为共享档案管理系统平台，为整个江西天然气板块员工使用，系统平台主要解决公司管理业务有关档案按要求移交公司档案管理室的管理，其中文书档案一年一交、其他业务各类档案则根据业务进度及阶段移交，再由档案室统一进行归档、归档后档案进行档案利用管理。共享档案管理平台提供档案文件管理、档案归档管理、档案检索利用管理、平台配置管理等。

7. 共享门户网站系统平台

共享门户网站系统平台由天然气集团于2015年10月份结合在江西天然气二级投资企业各门户网站的基础上进行自主开发并正式运行，组建成江西天然气的门户网站群。企业门户网站是企业对外展示形象的重要渠道，企业门户网站的美观及信息量的呈现则直接影响到用户的感知，展示新的企业形象，以全新面貌展示在客户面前，在同行中提升竞争力。

8. 江西天然气统一移动审批门户平台（友空间）

江西天然气统一移动审批门户平台由天然气集团于2017年3月份建设，为整个江西天然气板块员工使用。江西天然气板块信息化建设经过近年来的快速发展，针对不同类型、不同权限的用户不能提供个性化定制界面。因此，为了让江西天然气信息化更有效地提高工作效率、降低信息化运维成本，实现应用系统的智能整合、信息共享的方式建设“江西天然气统一移动审批门户平台（友空间）”，截至2018年12月份已完成经营管理平台（移动抄表、移动安检、移动审批）、OA、企业邮箱、江西天然气岗位练兵、网络课堂等系统接入，实现了移动考勤等功能。

9. 共享在线教育平台

共享在线教育平台由天然气集团于2018年4月份建设并正式运行。平台内包含了党建学习、职场技能、办公软件、安全教育、投资营销、系统使用、系统开发等学习栏目，员工可自主学习，从以往的填鸭式培训转化为翻转式教育，同时支持移动端操作，方便员工更好地碎片式学习。共享在线教育平台自开通以来，江西天然气员工的参与热情也颇为高涨。

10. 共享企业邮箱

共享企业邮箱由天然气集团于2018年5月份建设并正式运行。企业邮箱是企业进行国内、外事务和商务交流的基本途径之一，其安全性、稳定性将对企业的商务等活动有着比较重要的影响，同时可以在公司业务往来过程中全面提升企业形象。公司通过企业邮箱可以自主地管理每个员工的邮箱，随时根据需要自我修改设置。不但可以添加、删除离职的员工邮箱帐户，还可以灵活分配各邮箱的容量大小。企业邮箱的企业地址簿和邮件列表管理及群发邮件功能充分考虑企业用户的特点，使企业的邮件往来更加便利，企业邮箱账号已实现大部分员工覆盖。

11. 共享企业云盘

共享企业云盘由天然气集团于2018年7月份建设并正式运行。企业云盘是实现协同办公的重要工具之一，其特点是文件同步更简单可靠，传输速度更快，员工间的沟通也更顺畅，实现了PC端、移动端的文件内容实时同步操作。

12. 江西天然气岗位练兵系统

江西天然气岗位练兵系统由天然气集团于2018年10月份建设并正式运行，为整个江西天然气板块员工使用。系统主要实现了考试设计、考场开通、课程成绩、试题管理、试卷管理、组织架构管理、用户管理、角色管理、模块设置、模型管理等功能。系统平台业务主要由质量安全监察部完成，系统平台主要由原来的线下测评替换成线上测评，帮助员工能够快速地掌握并提高安全知识面。

（三）监控系统

1. 车载GPS监控系统

车载GPS监控系统由天然气管道于2012年3月份建设并投入使用，车载GPS监控系统完成车载GPS设备的安装及调试，车载GPS监控系统正式运行，系统实现了对车辆进行实时监控、多级管理、报警及历史事件查询、数据统计等功能，达到了对车辆全过程管控，加强了车辆的使用安全，提高了管理效率，节省了车辆的使用成本。

2. 工业电视视频监控系统

工业电视视频监控系统由天然气投资于 2016 年 11 月份建设并投入使用，系统主要解决天然气投资各场站工业电视监控画面上传到南昌调控中心，实现了调控中心对生产作业行为、日常巡检工作的监控，更好地保证安全生产运行。后期将结合实际使用情况，进一步完善相关管理流程和制度，对场站站控室、工艺区实现更好地监控管理工作。

（四）经营系统

1. 用户信息管理系统

用户信息管理系统由新余燃气有限公司于2001年份开发并投入使用，主要功能有：柜台收费、银行网点收费、银行批量代扣。2005 年第一次改版，增加了报装业务，维修收费业务。2011 年 7 月第二次改版，界面全部更新，报装业务全面改版，增加了报修业务。自系统上线至今，可以通过全市所有国有商业银行、移动、电信、支付宝、微信、邮政等进行缴费，规避了收取现金带来的风险，加快了抄表速度，规范了公司对各种业务的管理，系统所有业务于 2017 年 10 月切换至江西天然气共享经营管理信息平台运行。

2. 江西天然气共享经营管理信息平台

江西天然气共享经营管理信息平台由天然气集团于 2018 年 12 月份完成整体建设并正式运行，为整个江西天然气板块员工使用。系统平台是江西天然气企业在经营管理活动中，全面运用现代信息技术，重点以客户为中心，对客户信息、营销信息、销售信息、工程项目信息、物资信息、客户服务信息进行有效管理和服务，建立经营管理的规范性、安全性、效益性。为江西天然气提供“营销—销售—工程—采购—服务”一站式服务的全流程信息化应用，改变单一公司、单一部门的经营管理信息化应用模式，满足多公司的销管理、销售管理、客户管理、工程项目管理、物资管理报告与合并的业务管理，实时了解各分子公司的经营运转状况。经营管理平台主要包含：客户关系管理、营销管理、销售管理、物资管理、项目管理、客户服务管理 6 大功能，其中销售管理、客户服务管理功能中又包含了：江西天然气网上营业厅、江西天然气微营业厅、呼叫中心、移动抄表、移动安检、银行收缴费等功能。截至 2018 年 12 月份已有 10 家企业完成上线：天然气集团、投资燃气、新余燃气有限公司、余干县天然气有限公司、德兴市天然气有限公司、天然气井冈山有限公司、九江市天然气有限公司、江西天然气鄱阳有限公司、天然气永新有限公司、天然气集团昌南压缩天然气分公司。

3. 江西省天然气管网智能管控一体化平台

江西省天然气智能管控一体化平台由天然气集团管道分公司于2017年6月建设并投入使用，平台包含综合管理子系统、工程项目管理子系统、全生命周期完整性数据库子系统、可视化GIS平台子系统、管道生产运营管理子系统、安全与完整性管理子系统、综合决策子系统、移动办公应用子系统功能。所有数据采集模板都要按照数据采集标准设计，按照采集标准进行采集；并按照数据模型及数据编码体系进行统一存储于全生命周期数据中心。通过建立覆盖天然气管网工程全生命周期的完整性数据库；实现可研、勘察、设计、施工和运营的数字化管理，基于可视化平台，全面、直观、形象地展示设计规划、施工进展、设备运行等情况，提高工程项目管理的效率和水平，实现生产经营管理的数字化、调度指挥的科学化、应急管理与风险监测的科学化管理，为管道建设者和运营者提供具有决策支撑能力的管理信息系统。为实现江西省天然气管网工程数字化建设、数字化运营、精细化管理、科学化决策提供信息支撑。截至2018年12月份已有3家企业上线使用：天然气集团管道分公司、天然气管道、投资燃气。

（五）科技创新

加强科技创新，专利成果显著。引导所属企业进行专利挖掘，申报高科技企业，截至2018年12月江西天然气已取得12项专利成果，其中1个发明专利、6个实现新型专利、5个软著，同时高科技企业申报工作正在有序进行中。

四、标准化建设

江西天然气标准化体系是指贯穿于江西天然气板块各级公司、各业务部门、各位员工日常企业经营管理、生产运营等各职能管理以及全过程的管理体系，对现有的行之有效的管理模式及制度予以固定，吸收引进市场化的管理理念、现代化的管理方法、科学化的管理技术，是对各公司、各部门、各员工进行考核评价提供依据的管理体系。

（一）标准化简要概述

江西天然气标准化体系以基于股权结构的组织架构体系梳理为前提，各公司、各职能部门、各岗位明确各自管理定位、管理事项、管理边界、管理规则，统一管理语言和管理行为，降低管理成本，提升管理效率。围绕架构管理标准化、运营管理标准化两大体系，对江西天然气各级成员企业（含分公司）的战略、投资、工程、物资、安全、生产运行、财务资金、人力资源、行政、信息化、党建和监察审计等职能业务形成全过程标准化管理，形成“分层级、可复制、可操作、可考核”的横向到边、纵向到底的管理体系。

（二）标准化项目启动

2016 年 10 月 9 日，经天然气集团党委会研究决定，同意实施江西天然气标准化体系建设，并成立领导小组，何国群为组长，孙秋平、黄强、叶金万、詹辉、胡素平、聂长文、赵雪海为副组长。下设办公室由周继来任办公室主任，挂靠企业管理部。

2017 年 1 月 16 日，江西天然气标准化体系建设领导小组办公室首次召开办公会议，审议关于《江西天然气标准化体系建设项目招标文件》的议题，确认该标准化体系建设项目招标中关于招标需求、实施范围、投标人资格、评审方法和最高限价等主要事项。

2017 年 2 月 6 日，天然气集团经总经理办公会审议通过招标文件，会议同意，此次标准化体系建设需求围绕架构管理标准化、运营管理标准化两大体系进行。

2017 年 3 月 7 日该项目首次进行公开招标，无人竞标。经江西天然气标准化体系建设领导小组办公室以及天然气集团总经理办公会研究决定对招标文件进行修改，于 2017 年 3 月 22 日重新发布招标公告，于 4 月 11 日再次开标，北京和君咨询有限公司中标。

2017 年 5 月 19 日，天然气集团在南昌召开江西天然气标准化体系建设启动会。天然气集团党委副书记、能源投资总经理孙秋平主持会议。

（三）标准化项目设计

2017 年 6 月 16 日至 18 日，天然气集团在南昌组织举办江西天然气标准化体系建设第一次工作会议（训练营），标准化咨询公司专家从构建管理蓝图及视图、职能标准化和表单标准化三大模块进行了宣讲，来自天然气板块 150 余名员工参加此次训练营会议。

2017 年 9 月 4 日，天然气集团在南昌组织举办江西天然气标准化体系建设第二次工作会议（训练营），各试点单位标准化体系建设分管领导、和君公司标准化项目组以及部分学员参加会议。

2018 年，形成战略、财务、投资、工程、物资、安全、生产、人力、行政、信息、党建、监审共十二个模块，共 23 本手册，其中包含流程近 240 个；

作业指导书 16 份。

2018 年 10 月 25 日，天然气集团党委会审议原则通过了江西天然气标准化体系建设项目方案设计成果。

（四）标准化项目成果推广实施

2018 年 10 月 30 日，标准化成果信息化在天然气集团本部推广实施。

2018 年 12 月 25 日，公司党委会审议原则通过了江西天然气标准化体系成果信息化推广实施方案。

五、档案管理

（一）档案基础设施建设

适应档案现代化管理需求，天然气集团于 2014 年 6 月着手建设档案室，实现了集中统一管理各种门类、各种载体的档案。建设初期档案室统一配备了密集柜、电脑、复印机及扫描仪等设施设备，2017-2018 年先后两次完善建设档案室，更新添置了 7 组档案柜、两台新式扫描仪、除湿机、温湿度计、灭火器、保险柜、移动硬盘等专用设备，设置独立阅览区域，优化档案室布局，不断加强档案室的硬件建设，为档案现代化管理创造条件。

（二）档案管理现代化建设

为推进管理处档案信息化建设，实现天然气板块档案信息资源共享和服务平台，公司购买了档案信息管理系统，大力开展档案数字化工作，实现了档案原文检索、在线借阅功能，提高了档案检索利用水平和工作效率，满足了各项业务工作需要。

（三）档案管理制度建设

天然气集团先后定制了《江西省天然气（赣投气通）控股有限公司档案管理办法（暂行）》《昌东 CNG 加气母站工程建设项目档案分类方案及编制说明》《江西省天然气（赣投气通）控股有限公司档案分类编制方案》《江西省天然气（赣投气通）控股有限公司文件归档范围和保管期限表》，制作了《重点防火部位（档案室）消防安全管理规定》《档案岗位责任制》《档案借阅制度》等上墙制度，2017 年 5 月下发了《关于进一步规范天然气控股公司档案整理工作的通知》，其中在档案管理办法中明确了档案管理机制和职责，严格规范了借阅流程。

（四）档案管理队伍建设

为进一步提高档案管理人员的综合素质和业务能力，2017 年 6 月，天然气集团组织开展了江西天然气 2017 年档案业务知识专题培训，邀请省档案局专家开展档案业务知识专题培训。多次组织天然气板块开展档案工作交流学习，注重加强档案工作者之间、档案管理单位之间的业务交流。

（五）文件材料归档

现天然气集团档案室以件为保管单位的文书档案 6200 件，其中永久 1510 件，30 年 1600 件，10 年 3090 件；科技档案 35 卷；会计档案 507 卷；声像档案 26 件；实物档案 11 件，其中奖状及证书 8 件，奖牌 3 块。编制了《2011 年 –2017 年度归档文件目录》《昌东 CNG 加气母站工程项目档案检索目录》等编研材料 8 个。

第二节　二级企业

一、天然气管道

总经理办公室主要负责协助领导做好重大决策、重要工作部署，负责落实上级部门及公司领导的有关指示决定，协助天然气管道领导处理各项日常工作，做好综合协调和督办工作，确保各项工作高效有序运行；负责公司综合文字材料起草、公文处理和秘书事务，做好天然气管道保密委员会的日常工作；负责天然气管道会议管理和公司重要会议、活动的组织安排，做好天然气管道重要会议的会议记录及纪要，并做好会议事项督办工作；负责天然气管道印章管理及介绍信、营业执照等证照保管、授权使用、年检等工作；负责天然气管道公文、会议纪要、大事记、各类活动声像等资料档案的管理，对各单位档案资料的收集、整理、立卷和移交工作进行指导、监督和检查；负责天然气管道对外联络、公共关系协调、信息发布和重要接待的组织工作；负责公司信息调研和大事记工作。行政管理还包括信息管理、物资管理等工作。

（一）公文管理

公文处理指公文的办理、管理、整理（立卷）、归档等一系列相互关联、衔接有序的工作。总经理办公室归口管理天然气管道公文处理工作，并负责指导各部门的公文处理工作。

1. 收文管理：收文指对收到的天然气管道内外公文的处理过程，一般包括签收、登记、初审、承办、传阅、催办、答复等程序。收到文件后，由总经理办公室登记编号，制作公文处理单，经总经理办公室负责人提出拟办意见后，送分管领导、主要领导批示后转有关部门办理。任何部门收到上级正式公文，或外出开会带回正式公文，须送总经理办公室登记办理，不得直接签批或传阅。审批公文时，对有具体请示事项的，主批人应当明确签署意见、姓名和审批日期，其他审批人签阅视为同意；没有请示事项的，签阅表示已阅知。主办部门收到交办的公文后，应当及时办理，不得延误、推诿。紧急公文应当按时限要求办理，确有困难的，应当及时予以说明；对不属于本部门职责范围或不宜由本部门办理的，应及时向主批人说明理由，由主批人研究决定。送天然气管道领导批示或交有关部门办理的公文，总经理办公室负责催办；做到紧急公文跟踪催办，重要公文重点催办，一般公文定期催办。

2. 发文管理。发文起草、审核、签发等程序。天然气管道公文实行分级审核负责制度。公文草拟后应分别经主办单位负责人、总经理办公室审稿人对文件进行审核。主办单位审核的主要职责：文种是否正确，格式是否规范；人名、地名、时间、数字、段落顺序、引文等是否准确；文字、数字、计量单位和标点符号等用法是否规范；发文稿纸所列各项内容填写齐全、准确；办文依据符合规定，附件及参阅件完整；对涉及其他部门职责的事项，充分征求意见，进行协商或会签。总经理办公室审核的主要职责：公文内容是否符合国家法律法规、规范标准；是否观点明确，表述准确，结构严谨，条理清楚，直述不曲，字词规范，标点正确;提出的政策、措施是否切实可行。外部单位拟与公司联合或会签的公文，由总经理办公室登记并转有关部门提出意见后，报分管领导审核、主要领导签发。各部门不得与其他单位机构联合行文。总经理办公室文秘人员排版校核后输出文件清样，通知主办部门进行文件校核。主办部门有关人员确认无误后，总经理办公室文秘人员按照文件最终校核稿印制正式文件、盖章。公文印制人员应当认真负责，按时保质完成公文印制工作，确保公文版面整洁、字迹清晰、格式规范。对印制质量不符合要求的公文，应主动、及时地予以重新印制。公文签发后，因故需推迟或取消发文时，需由主办部门及时写出文字说明，经部门负责人签署意见后，报文件签发人或上一级领导批准，并送总经理办公室文秘人员销号和备案。总经理办公室负责公司内部的公文分送工作，主办部门负责外部单位的公文分送工作。

（二）会议管理

天然气管道会议包括党总支会议、股东会会议、董事会会议、公司办公会议、公司周例会、党总支中心组学习会、部门例会、安委会会议和其他专题会议、座谈会、技术交流会及公司主办、承办或联合主办承办的外部会议。

总经理办公室是会议管理的主要职能部门，负责天然气管道会议的规划、审核、天然气管道主要会议的筹备及其他会议的服务支持和协调。会议应本着计划、精简、高效的原则进行组织，应有明确的主题、议程，会议结束后一般应形成会议决议或会议纪要。天然气管道办公会议、周例会等会议由总经理办公室负责安排；以技术交流会、培训会议、部门工作会议等由主办部门提交会议室审批表，经天然气管道领导审批后，由总经理办公室根据主办部门需求负责安排会议室。会议主办部门应在会前通知参加会议的人员，告知会议相关事项。议程由主办部门拟定，主要包括会议内容、讨论事项、达到目的、其他要求等。会议主办部门应派专人对会议内容予以详细记录，具体包括会议名称、时间、地点、出席人员情况、会议组织情况、主持人等，重点要做好会议议题、讨论发言情况、所形成的决议等内容的记录。凡会议议定事项涉及到的部门，部门负责人要认真组织落实，承担相应责任，并向领导汇报落实情况，由总经理办公室对有关事项进行督查督办。

（三）督查督办

重要行政、党群事务的督查督办工作由总经理办公室负责，各部门要高度重视督查督办工作，按照职责分工和领导批示具体承办，明确专人负责，确保重大事项按时保质保量地完成。督查督办内容包括上级机关和股东单位的重大决策、决定、重要文件、责任目标、工作部署等，明确要求报告贯彻落实情况的事项；上级领导批示或批办事项的落实情况；公司股东会、董事会、监事会、办公会议、党总支会议、各类专题会议等重要会议决定的需落实办理的事项；外单位来文、来函需要天然气管道办理的重要事项；其他需督查督办落实的事项。

总经理办公室对天然气管道的行政事务和党群事务督促检查工作负责；各部门负责人作为本部门督查督办工作的第一责任人，认真完成承办事项的相关工作。督查督办工作，从实际出发，讲究实际效果，切忌搞形式主义；查处问题要以事实为依据，以党的方针、政策和国家的法律、法规以及天然气管道各项规定为准绳；查处结果要客观全面，力戒绕开矛盾，掩盖问题，避重就轻。反映情况应客观全面，秉公直言，不枉不纵。承办部门要对办理结果负责，认真审核办理情况，严防虚假失实。凡上级交办并列入督查督办事项，原则上以书面形式上报落实情况。

（四）信息管理

2010 年 8 月 16 日成立了信息中心，负责天然气管道及投资燃气信息化工作；同年 9 月 3 日成立了信息化建设领导小组和以各部门员工为信息化工作人员筹建小组；2011 年公司成立信息中心从中独立出来。

2012 年 2 月 2 日发布《公司信息化管理办法》《公司计算机信息代码管理细则》《江西省天然气有限公司计算机信息系统运行维护管理细则》三个信息化管理制度。同年 2012 年 5 月 30 日发布了《江西省天然气有限公司通信机房管理办法》。

信息中心在天然气管道信息系统规划的蓝图下，建立了生产管理系统、管道巡线系统、人力资源管理系统、档案管理系统、车载GPS系统建设，并且自主研发了物资管理系统。共享天然气集团的企业门户与协同办公系统。人力资源管理系统于2013年转卖给天然气集团、档案管理系统于2014年租赁给天然气集团。这两个系统已在板块内共享使用。

（五）档案管理

2011年，总经理办公室内设置档案室，对天然气管道的档案进行集中统一管理。为进一步加强公司的档案管理制度建设，规范天然气管道的档案管理，2011年制定了《江西省天然气有限公司档案管理制度（试行）》《关于调整江西省天然气有限公司档案整理工作领导小组成员的通知》，并针对档案室的日常工作制定了一系列的规章制度：《档案室管理制度》《档案的鉴定与销毁制度》《档案的查阅利用制度》《专职档案人员岗位职责》《档案室库房管理办法》，2017年对原有的档案管理制度进行了修改，制定了《江西省天然气有限公司档案管理制度》（修订），依据公司的行业特点，对涉及到的重点工程建设项目档案制定了《江西省天然气有限公司建设项目档案归档管理办法（试行）》。截至2016年底，天然气管道共制定8项档案规章制度，公司档案工作有了重要依据。

档案室的日常工作。按照天然气管道档案管理制度严格把握档案的整理标准，区分归档和不归档文件材料，并分析档案的归档价值，确定保管期限。对天然气管道在生产经营活动中产生的文书档案、科技档案、合同档案及其他档案资料，按照档案业务规范要求进行分类、整理、装订、盖章、编目、组卷、打印脊背、排列、上架等。在归档过程中，对档案所有文件归档目录、盒内文件目录、备考表、案卷目录、文件资料汇编等进行计算机管理，并编制目录索引，便于查阅利用；文件、材料的归档全部使用无酸档案盒，文件不易被腐蚀、变质，有利于档案的保存，使天然气管道的档案逐步走向了规范化、科学化管理的轨道。

做好档案资料的查询利用工作。一方面对未利用档案进行妥善保管和防护，另一方面对可利用档案按照审批、登记、发出的程序向公司员工提供咨询服务，档案的查阅利用率明显提高，截至2018年底，天然气利用的档案共计5931件，充分发挥了档案工作服务公司建设的职能。

加强档案的安全、保密工作。在日常工作中，严格检查档案安全保管情况，发现对档案有害因素时，及时上报采取措施；按照《档案库房管理制度》做好库房的防潮、防火、防虫、防盗工作，保证档案的安全与完整；正确处理利用和保密的关系，增强保密观念，严守公司机密，严格执行借阅、查阅登记制度。

积极加快档案信息化进程。为了对大量的、分散无序的档案信息进行加工，使之更加有序化、系统化，查阅利用更为快捷，为企业经济技术决策提供更加快捷和可靠的依据，2012 年以来，综合档案室与信息中心一起，着力加快开发档案信息化系统建设进程，从 2012 年初提出的《关于建立公司档案管理信息化系统的建议》着手，至 2012 年十月份档案系统的正式开发，通过不断地与软件开发公司进行交流，按照天然气管道档案管理的实际情况，初步实现了档案系统的信息化建设。通过档案信息化，档案的日常管理、分类、查询等工作都可以由信息系统来完成，实现了档案资料手工检索向计算机检索的全面过渡，从而大大提高档案检索的效率，最大限度地发挥档案室的社会服务功能，真正把档案室建设成为一个为企业发展、为员工服务的信息中心和文化阵地。截至 2018 年底，天然气管道的档案系统共实现数据录入共计 14986 件。其中，文书档案 5605 件、科技档案 4888 件、合同档案 2271 件、电子档案 2222 件。

加强档案专业队伍的建设。为了不断提高专兼职档案人员的业务素质，采取多种方式，加强档案人员的专业知识，积极组织档案人员参加学习培训。一是请进来学。2012 年 3 月份公司邀请省档案局业务指导处有关领导专家来天然气管道指导业务工作，向专、兼职档案管理人员专门讲解文书档案的收集整理工作，传授档案管理经验。二是送出去学。天然气管道自 2011 年档案室成立以来，每年选派档案专、兼职人员参加省档案局举办的档案专业知识培训班，通过学习培训，为天然气管道档案工作的开展提供了有力的保证，有效提高了专、兼职档案管理人员的业务水平；2012 年组织档案室人员到大连及济南学习工程管理资料的审核与整理，学习有关单位的管理经验。截至 2018 年底，天然气管道共组织档案培训学习 14 次。通过学习培训，天然气管道档案的管理有了更加明确的目标和方向。

（六）物资管理

2013 年 5 月，物资装备部正式成立。为规范物资供应管理，做好物资供应管理工作，从 2013 年 11 月开始，物资装备部制定了框架性总体规定和七个物资管理关键环节的管理办法，形成了一整套完整的物资供应管理制度体系，并根据实际情况进行修订完善。

2013 年 11 月，物资装备部开始着手收集物资供应商名单；历经近 3 年的时间，物资装备部完成 167 家入网供应商目录的资料收集和更新，组织相关部门分批次完成供应商入网资料的预审工作，并经公司办公会审议通过，建立首批合格供应商目录。

2014 年 1 月，物资装备部建立了库存物资明细账，为规范库存管理工作奠定了基础。2016 年 9 月，物资管理信息系统仓储模块正式投入运行，系统自动生成库存物资总账及明细账，替代了手工登账，提高了工作效率。

由于天然气管道库存物资名称不统一、规格型号不规范、标准不详尽，物资采购信息沟通量大、出错率高、仓储信息难以共享。天然气管道按照“物料自然属性为主、管理要求与实用性相结合”的原则，开展了天然气管道物资编码库的建设，已完成 2700 多项物资的编码工作。2015 年 11 月正式投入使用。

二、天然气投资

天然气投资行政管理职能部门为：总经理办公室，由党政一把手直接分管，主要负责公司行政、信息化、后勤等方面工作，具体包括“三会”管理、公共关系管理、文秘管理、企业文化建设、信息管理、档案管理、后勤管理等。总经理办公室设有办公室主任、副主任各 1 人，并设有文秘、档案、信息、后勤等管理岗位。

（一）制度建设

2011 年至 2018 年年底，天然气投资先后印发了《保密管理办法》《计算机管理办法》《文件收发管理办法》《大事记记录管理办法》《接待管理办法》《公文行文管理办法》《督查督办工作制度》《会议管理办法》《印章管理办法》《网站管理办法》《驾驶员、车辆管理制度》《新闻宣传管理办法》等，并进行了修订。

（二）会议管理

会议记录规范、完整准确，会议纪要原则上均在会议后一个工作日内起草完毕。截至 2018 年 12 月 31 日，天然气投资累计形成股东会决议 20 期、董事会决议 31 期、监事会决议 7 期；形成安全生产周例会、招标领导小组会、总经理办公会、经营班子会纪要 369 期，形成党政联席会、党总支委员会纪要 104 期；形成督查情况通报 221 期。

（三）信息化建设

2011 年，组建了天然气投资门户网站，上线了物资采购、天然气管道生产运行管理系统、财务管理等系统。2012 年，建立天然气投资微信公众号。2016 年，组建 VPN 网络平台，全面推行 OA 协同办公及腾讯通系统。目前天然气投资 HR 人力资源管理及档案管理系统正在上线试运行中，配合天然气集团管理 OA 系统、云之家移动平台、RTX 系统、有道即时通讯、邮件系统、档案管理系统、人力资源系统、岗位练兵系统、防汛物资管理平台、云盘系统、友空间，及时更新、修复相应应用流程。

（四）档案管理

2013 年，总经理办公室内设档案室，对天然气投资的档案进行集中统一管理。始终以围绕建设“安全档案、规范档案、优质档案”、确保“基础更扎实、治理更规范、服务更有力”的目标，扎实推进档案资源体系、档案利用服务体系、档案安全保密体系和档案行政管理体系建设。

坚持把档案工作与其他工作一并布置、一并检查、一并考核，把档案工作列入重要日程，纳入年度工作计划和绩效考核体系中。根据公司领导班子成员调整情况，结合工作实际，及时调整公司档案工作领导小组及部门专（兼）职档案人员。为进一步规范公司档案管理，保证档案资料的完整性、准确性，使档案资料的移交、保管、借阅工作顺利进行，结合《江西省天然气投资有限公司档案管理规章制度（试行）》，制定《江西省天然气投资有限公司档案考核管理细则》。

坚持依规治档、科学管档，全面加强基础业务建设，不断提升档案制度化、规范化、科学化水平。一是做好材料归档工作，确保公司文件、材料的完整性，便于查阅利用，严防毁损、散失和泄密，要求各部门相关岗位责任人按照公司《档案管理规章制度汇编》的收集范围和要求收集、分类、整理本部门及本岗位归档材料，并做好保管工作。共收集材料 1589 件。二是推进档案归档工作，确保档案移交与档案验收同步开展、同步推进。收集项目前期资料共 128 册。三是为规范公司声像材料管理，确保声像材料得以完整收集、科学管理和有效利用，根据《照片档案管理规范》（GB/T11821-2002）、《磁性载体档案管理与保护规范》（GA/T15-95）有关规定，制定了《江西省天然气投资有限公司声像材料与归档管理办法》。

严把档案质量关。移交签字关、档案验收关。杜绝低质量档案的产生和进库。在对各部门进行业务指导中，严把质量关，要求归档文件齐全完整，接收进库中严格按标准验收，不合格档案发回重整，减少了档案收集整理中的错误和低劣问题。从而保证了档案的高质量产生、高标准进库和高效率利用。

档案安全常抓不懈。牢固树立安全底线思维，突出抓好实体安全、设施设备安全和环境安全，升级各项安全管理措施，提升档案安全保障水平。严格按照国家有关标准和规范，逐步提升档案库房改造。按照公司质量安全环保部要求，完善消防安全设施。配备灭火设备，自检摄像头、温湿度计、防盗设施。健全完善安全保密制度，制定《江西省天然气投资有限公司保密管理办法》。加强对涉密岗位、涉密人员、涉密文件、涉密计算机和存储介质的管理，开展保密安全自查，确保不发生失泄密事件。

强化档案业务指导。采取日常按需实地指导方式，着力提高各部门档案人员业务技能。出现问题，及时解决，逐一攻破，一对一相结合，既提升了各部门档案人员的档案整理技能，又为下一步探索档案工作的新途径、新方法，推进公司建档工作发挥了重要作用。

提高责任意识。档案工作人员始终牢记档案工作应真实地记录历史、保存历史，是一项非常重要的工作，它保存真相，利国利民，档案工作“功在当代，利在千秋”。铭记服务是档案工作的根本目的和永恒主题。优化服务手段，拓展工作领域，主动把档案工作融入公司发展大局，在公司建设中贡献不可或缺的力量。

提升优质服务工作。进一步做好档案资源收集整理与利用。通过运用OA管理系统，完善查阅平台建设、简化档案利用程序等措施，做好档案查阅服务工作。查阅档案资料216件次，为各部门提供了良好的服务。在开展档案查询利用的同时，注重档案利用效果跟踪，建立档案利用效果登记。

（五）后勤管理

规范办公用品采购，对办公设备、用品采取招标的形式进行采购，严格落实报废程序。强化公务车辆管理，凡属异地出差用车，必须先审批再用车，规范用车行为。高规格做好会议接待及商务接待工作，合理压减接待费用支出。

三、投资燃气

总经理办公室负责投资燃气会议管理、公文管理、工作计划管理、所属公司三会事务管理、企业文化管理、制度建设管理以及其他行政事务管理。

（一）会务管理

会务管理工作主要由总经理办公室负责，专项工作会议由职能部门召集。会务管理工作主要有会议召集、筹备、会议材料起草、会场布置、会务服务、会议记录、会议纪要等方面，会前精心筹备，落实会议方案、分工安排及会前检查，谱好会前“曲”，确保会议质量；会中服务到位，协调场前服务、场内服务、场外服务三个部分，唱好会中“戏”；会后抓好材料整理、工作总结、事项督查，弹好会后“琴”，避免会议流于形式。

投资燃气定期召开周例会、总经理办公会、经营分析会、安委会、年度工作会等工作会议，公司党总支定期召开党总支（扩大）会议、中心组学习会议、全体党员会议、支委会议、党政联席会议等。为规范日常会议组织和会议记录，编制下发《总经理办公会制度》《周例会制度》等规定办法，并多次组织开展办公室业务探讨培训，促进各企业办公室人员办会能力的共同提升。

（二）公文管理

发文管理。投资燃气规定，发出文件由承办部门起草并填写发文稿纸，经部门负责人审核签字，报送公司总经办负责人进行文字把关。符合要求后，上报部门分管领导、总经理逐级审核签发。签发完毕，收发文管理员对表单进行完善后形成正式红头文件加盖印章后发出。

收文管理。总经办接到外来文件或密封文件拆封后，由收发文管理员填写公文处理单、补充内容摘要提交至总经办负责人提出拟办意见，再提交至领导逐级阅批。收文管理员按照领导批示协办至相关承办部门，承办部门或人员在规定时限内按批示要求处理。

公文存档。收发文管理员每年 3 月前，按照公司《档案管理办法》，对上一年度的收发文进行分类、整理、归档，移交至档案室，统一由档案室保管。

为保证投资燃气公文处理工作规范化、制度化和科学化，规范了公司公文签批、流转等流程，及时按照国家标准对《公文管理办法》进行完善修订，定期组织对所属企业的公文处理情况进行检查考核，同时积极开展公文流程、格式规范等培训学习活动，提高企业办公效率，促进所属企业规范行政管理。

（三）信息化管理

投资燃气成立信息管理中心，负责信息化和标准化工作。

2013 年，构建投资燃气（含所属企业）协同办公平台。

2014 年，搭建投资燃气 VPN 网络建设平台，导入人力资源、档案管理两大系统。

2015 年，推进企业共性经营服务平台，自主开发生产运行日报系统，上线财务预算系统。

2016 年，为协调解决日常工作信息化，提高工作效率，新增办公管理系统、绩效管理系统、生产设备管理系统、工程快速报价系统、客户管理系统、LNG 贸易管理系统等 6 大系统。

2017 年，为满足安全生产部远程应急救援指挥的刚性需求，视频会议系统的建设工作正式启动，根据上级的有关要求，信息中心先后完成了硬件设备的选型及采购，指导所属企业部署安装，并多次与所属企业进行单独调试及联合调试，指导并帮助鄱阳、鄱阳湖 LNG、余干、九江、德兴等多家企业解决音频输入问题。为了保障视频会议的传输品质，信息中心通过采购音频转接线以及对调音台重新设置等方式，持续优化视频会议的音频品质，做到了效率与品质的双向保障。

2018 年，员工的企业内训是投资燃气关注的焦点，信息管理中心与人力资源部充分沟通后，决定为员工提供一个在线学习平台，上半年，信息中心完成了网络教育平台的搭建及配置，并先后上传了党建学习、职场技能、办公软件、安全生产等学习资料，员工可自行决定学习的时间，从以往的填鸭式培训转化为翻转式教育，同时支持移动端操作，方便员工更好地碎片式学习。网络教育平台自开通以来，平台账号已实现全员覆盖，员工的参与热情也颇为高涨。

（四）档案管理

2011 年，总经理办公室内设档案室，集中统一管理投资燃气本部全部档案。

2013 年，成立了档案管理工作领导小组，形成了档案管理网络体系。同步对档案室基础设施建设进行完善，现设有档案专库，配备防盗门、窗和防光窗帘，购置了全新的文书档案、会计档案、人事档案密集架，除湿机等，基本达到了防盗、防光、防鼠、放虫、防尘、防潮、防火、防高温的要求。

2013 年至 2015 年，投资燃气每年组织并邀请省档案局老师对所属企业档案专兼职人员和工程项目资料管理人员进行专题档案业务学习培训，投资燃气本部定期对所属企业档案管理基础能力建设、档案管理办法的制定、文件资料归档范围的界定、归档流程的完善规范等进行实地检查指导，并重点对新余燃气公司和鄱阳湖 LNG 公司的档案工作进行了规范指导，有效提升了档案管理人员的业务素质。

2014 年，投资燃气对原档案管理办法进行了修订，对档案的利用、借阅、保密等进行了规范，装框上墙，印制了档案借阅登记薄和温湿度记录，对档案的安全保管和有效利用提供了基本的物质条件。

2015 年，投资燃气对档案工作进行“四化”管理，推动全系统档案管理的规范化、推进档案管理队伍的专业化、实现文书档案的数字化、形成档案工作督查的常态化。

2016 年，制定《所属企业档案工作规范化管理标准及考核评分细则》，开始对所属企业的档案工作严格把关。同时启动了档案管理信息化建设，上线档案管理系统平台，发挥档案资料在天然气管网建设和运行管理工作中的服务作用。

2017 年，修订档案管理办法，对各部门文件资料的归档收集附件中的建筑工程文件归档范围、地下管线工程文件归档范围、会计档案归档范围及保管期限表以及档案分类编制方案进行了修订。

2018 年，配合天然气集团对档案系统进行升级。

四、能源投资

（一）机构与职责

总经理办公室是能源投资行政管理职能部门。负责能源投资会议管理、公文管理、行政管理、档案管理、行政事务督办，以及综治、工会等方面的日常管理事务。

（二）会议组织

为推动能源投资进一步提高管理决策的制度化、规范化、科学化水平，加强内部信息沟通共享，提升决策质量和工作效率，能源投资根据上级有关规定，结合能源投资实际制订了《会议管理制度》。会务管理工作主要由总经理办公室负责，专题会议由相关职能部室具体承办，能源投资党总支会议由党群工作部负责。会务管理工作主要有会议组织、筹备、召集、会场布置和记录等工作。

1. 总经理办公会

总经理办公会一般每月召开一次且根据工作需要延期或增加，由公司总经理召集与主持，能源投资经营班子成员、与会议议题有关的职能部门（所属企业）负责人参会讨论。总经理办公会实行集体充分讨论、少数服从多数的民主集中制原则，由总经理归纳到会经营班子成员的多数意见后作出决议。总经理办公室负责会议记录和纪要的起草工作，会议纪要经总经理审批后送达全体参会人员签字，并按照公司督办工作制度和总经理要求，对落实会议决定事项进行督办和检查。

2. 党总支会议

党总支会议每月召开一次以上，由能源投资党总支书记召集与主持，总支委员参会讨论，会议坚持认真贯彻党的基本路线和基本方针、维护大局的原则，坚持解放思想、实事求是的原则，坚持民主集中制原则，坚持集体领导和个人分工负责相结合的原则和保密原则，由党总支书记归纳到会经委员的多数意见后作出决议。党群工作部负责会议记录和纪要的起草工作，经党总支书记审批后，通过纸质文件方式或电子公文系统送达全体参会人员签字，并根据能源投资督办工作制度和党总支书记要求，对落实会议决定事项进行督办和检查。

3. 年度工作会

能源投资一般于每年年中、年末各召开 1 次年会，由总经理召集与主持，总经理办公室负责承办具体会务。公司领导，能源投资本部全体员工，所属主要负责人、员工代表参会。会上，能源投资总经理做公司工作报告；各所属企业负责人汇报本单位工作情况。

（三）公文处理

为适应经营管理和发展的需要，推进能源投资公文处理工作规范化、制度化和科学化建设，根据中办、国办《党政机关公文处理工作条例》和《党政机关公文格式》的规定，结合能源投资实际制定了公文处理工作制度，严格规范能源投资发文管理、收文管理和公文存档工作。总经理办公室在负责能源投资日常行政决定、通知、通报、报告、请示、批复、函、会议纪要等工作的同时，做好沟通协调工作，在公文处理中加强对重要时间节点的提醒与催办。总经理办公室文秘人员利用腾讯通、QQ 群等方式进行日常收发文的督办、交流以及发放学习资料等，进一步规范公文处理工作。

（四）信息化管理

2016 年 11 月，能源投资设立信息管理中心，负责信息化建设和日常管理职能。按照天然气集团的统一部署，2013 年 8 月，能源投资建立了对外门户网站。2015 年 10 月，对外门户网站正式加入江西天然气板块门户网站群;2013 年 8 月，建立了 OA 协同办公系统平台;2014 年 9 月，完成 RTX 即时通讯平台的上线运行工作；2015 年 10 月，完成了 HR 人力资源管理平台的上线运行工作；12 月，完成了 VPN 信息化互联网络的构建及上线运行工作；2017 年 2 月，完成了公司档案管理平台构建以及上线运行工作；2017 年 3 月，完成了公司视频会议系统构建以及上线运行工作；2018 年 4 月，完成了公司所属企业井冈山公司经营管理平台销售 / 物资 / 项目管理系统构建以及上线运行工作；2018 年 7 月，完成了公司所属企业永新公司经营管理平台销售 / 物资 / 项目管理系统构建以及上线运行工作。

（五）档案管理

能源投资总经理办公室负责建立健全的能源投资档案管理制度，管理档案资料的收集、整理、归档、借阅和销毁。认真贯彻落实《中华人民共和国档案法》《国有企业档案管理办法》等国家法律法规，以及上级关于加强档案管理的精神和要求，规范公司档案工作，充分发挥档案管理工作服务公司经营管理和发展的作用。能源投资本部设有档案专职管理人员 1 名；各所属控股企业、分公司的档案管理工作由综合管理部负责，并配备了专（兼）职档案管理工作人员。

为进一步加强能源投资档案管理工作，有效保护和利用档案，维护能源投资合法权益，充分发挥档案管理工作服务公司经营管理和发展的作用，根据《档案法》及其实施办法、《国有企业档案管理办法》等国家法律法规，在能源投资成立初期即结合公司实际制订了《档案管理制度》，并于2015年根据工作实际，对制度作出修改和完善。在工作期间充分利用QQ群、腾讯通的方式，开展档案工作咨询，实现对能源投资本部及各所属企业、分公司的档案定期督查和业务指导。2016年11月，能源投资按照天然气集团统一部署，开始建设档案信息化管理平台。

能源投资档案管理系统按照国家档案系统管理的硬件规定统一配置，本部建立档案室，确保档案在保存期间的完整、长久耐用、安全管理。档案室有档案柜5个、温度计、湿度计、扫描仪、灭火器以及监控探头等基本设施，并定期检查和更换过期、损坏设施，确保各项设施处于完好状态。

2013年8月，能源投资构建了金蝶OA协同办公系统平台，逐步实现“五指”“无纸”化办公，可通过OA线上“档案借阅流程”或填写《档案借阅审批单》，经总经理办公室分管领导批准后方可借阅；重要、涉密档案必须经过总经理批准方可借阅。2018年5月，能源投资应用金蝶档案信息化管理平台，将公司自成立以来所有归档文件进行录入，贯彻落实省档案局电子档案信息化建设工作。

（六）后勤

党群工作部负责能源投资对外接待、后勤服务、物资采购、车辆管理、物业管理后勤服务与保障工作。之前该项工作职能由总经理办公室负责。

五、页岩气公司

页岩气公司总经理办公室，负责公文管理、文秘工作、会议管理、督办协调、印鉴管理、新闻宣传、后勤管理、档案管理以及其他行政事务管理。

（一）会议管理

定期组织召开总经理办公会、党总支会议、安委会、工作总结会等会议，并制定了相关的会议管理办法，切实做到了周密部署、精简高效，有效地提高了会务质量和水平，保证了页岩气公司政务工作高效运转。

（二）信息平台建设

页岩气公司陆续上线了江西天然气－共享协同办公平台、共享人力资源系统平台、共享即时通讯平台、共享视频会议系统平台、共享 VPN 网络系统平台、共享门户网站系统平台等六大共享信息平台系统，基本实现无纸化办公，提高了工作效率，做到安全、高效、便捷、快速。

（三）公文处理

公文处理过程为公文办理、管理、整理（立卷）、归档等一系列互相关联、衔接有序的工作。公文办理的规范化程度，直接影响着公文质量，同时也直接反映出页岩气公司的管理水平及人员素质。按照国务院办公厅最新发布的《党政机关公文处理工作条例》，制定了《公文处理办法》，使公文处理工作进一步规范化、制度化、科学化。做好公文处理工作的同时，加强督查督办工作，紧紧围绕页岩气公司中心工作开展决策监督，对会议决定事项、页岩气公司重点项目及各部门重点工作实行连续跟踪督导、定期跟踪，确保政务处理畅通、高效。

（四）档案管理

结合页岩气公司实际和页岩气勘查行业特点，制定了《档案管理办法》，建立并完善了“制度健全、管理规范、调用方便”的档案管理长效机制，加强重点档案，尤其是地质、工程类档案的建设，确保页岩气公司档案管理的科学性和实用性。

（五）后勤管理

严格遵守中央“八项规定”精神及页岩气公司有关制度规定，本着“热情周到、有利公务、归口负责、对等接待、务实节俭、严格标准、简化礼仪、高效透明、预算管理”的原则做好接待工作。接待期间严格按照相关规格和标准进行，做到厉行节约，不浪费、不铺张，严格接待审批控制，对能够合并的公务接待统筹安排。日常性的公务活动和来访人员不予接待。

严格按照页岩气公司车辆管理制度，厉行节约、严格把关、统一调度，认真做好车辆用油、行车登记、派车申请等日常工作，确保公司公务用车及时、快捷、合理、安全。页岩气公司用车统一指定维修及保养地点，坚持事前申报，保障了页岩气公司公务用车能够得到及时维修和保养。做好车辆管理工作，加强司机安全教育，确保做到“车辆不带病上路，司机不带情绪开车”，实现安全行车“零事故”。

严格遵守“公司统一采购、归口管理、责任明确”的固定资产、办公用品、低耗品等采购原则，坚持厉行节约、货比三家，降低采购成本。采购期间做到了事前请示、事中询价（比价）、事后流程规范。在重质量、遵合同、守信用、售后服务好的前提下，选购低价物资，做到质优价廉。

六、管道分公司

（一）机构与职责

管道分公司总经理办公室成立于2016年，根据“三定方案”，办公室设主任1名，副主任1名，档案室主任1名，员工3名。总经理办公室作为公司综合协调部门，是承上启下，联系各方的枢纽，承担着会议管理、公文管理、文秘工作、督办管理、印鉴管理、档案管理、宣传管理、公共关系维护及其他行政事务管理工作。

（二）会议管理

由总经理办公室牵头组织召开的会议包括总经理办公会、年度工作会和经济工作分析会。截至2018年底，公司共召开总经理办公会139期，收集并审议会议议题834项。召开年度工作会2次。召开经济运行工作分析会2次。

（三）公文管理

公文管理主要包括收文管理和发文管理。收文管理由总经理办公室提出拟办意见，送分管领导及主要领导批示后转有关部门处理。截至2018年底，共处理收文1503件。发文管理实行分级审核负责制度，由文件发起部门及总经理办公室负责人审核后，交分管领导及主要领导审定。截至2018年底，共处理发文842件。

（四）督办管理

管道分公司的督查督办管理，按照“件件有落实，事事有回音”的原则进行办理，截至2018年底，公司共编制督查督办16期，共计督办事项586件。

（五）档案管理

总经理办公室内设档案室，对公司文书档案、科技档案等档案进行收集和整理。档案归档工作严格按照档案管理的要求推进，公司行政、工程、财务、人力资源以及党建、纪检、综治、工会等方面档案资料按照相关要求进行了归档处理。

（六）宣传管理

管道分公司于2017年8月创立了公司微信公众号。搭建了公司自媒体传播平台，公司成为“能说话，有声音”的公司。截至2018年底，公司微信公众号共刊发原创新闻稿件134篇。

（七）公共关系维护

在公共关系维护方面，公司较好地维护了与媒体的合作关系，积极协调省内主流媒体刊发公司新闻稿件。2017年10月19月，暨党的十九大会议召开第二天，积极协调《江西日报》新闻版刊发《2020年赣州实现管输天然气“县县通”》一文，及时报道公司赣州项目工程建设，取得了较好的宣传效果。十九大期间，在电视节目播出时段非常紧张的情况下，积极协调江西都市频道记者赴井冈山实地采访工程建设情况，节目于采访的第二天暨10月26日播出，产生了一定的社会影响力。

第五章　投资管理

第一节　天然气集团

一、机构

2013 年,《关于江西省天然气控股有限公司组织架构设置方案的批复》(赣投人力字(2012)23 号),投资管理部人员编制 3 人。

2013 年,《关于江西省天然气控股有限公司调增部门及人员编制的批复》(人力部人字〔2013〕4 号),投资管理部增加人员编制 2 人。

2015 年 8 月 25 日,经天然气集团总经理办公会研究通过,将投资管理部分设,编制 5 人,职能合并于企业管理部。

2018 年 7 月 3 日,经天然气集团党委会研究决定,组织机构调整后天然气集团设总经理办公室、党群工作部、人力资源部、计划财务部、质量安全监察部、纪检监察室、科技与信息部、企业管理部、投资管理部、新开发银行江西天然气管网工程建设项目管理办公室等 10 个部门。

二、职责

新业务开发、新投资项目市场调研、咨询、评估、论证、项目实施主体组建等前期工作和建设项目基建的指导、监督工作,招投标管理工作及对所属企业招标工作的指导监督。

三、制度建设

2016 年,印发《江西省天然气(赣投气通)控股有限公司招投标管理办法》(赣气控股字〔2016〕42 号)。

2016 年,印发《江西省天然气(赣投气通)控股有限公司采购信息服务平台实施细则》(赣气控股字〔2016〕42 号)。

2018 年 12 月,印发《江西省天然气(赣投气通)控股有限公司投资管理办法(试行)》《江西省天然气(赣投气通)控股有限公司本部投资管理办法(试行)》《江西省天然气(赣投气通)控股有限公司投资决策委员会议事规则(试行)》三个制度。

四、投资管理

2015 年，天然气集团累计完成投资 1166.25 万元，完成年度计划的 41.66%。其中：固定资产投资完成 1166.25 万元，占比 100%。

2016 年，天然气集团累计完成投资 8093.57 万元，完成年度计划的 23.39%。其中：固定资产投资完成 942 万元，占比 2.72%。

2017 年，天然气集团（含管道分公司）累计完成 31699.9 万元，完成年度计划的 149.31%。其中：固定资产完成 30949.9 万元，占比 97.6%；股权投资 750 万元，占比 2.4%。

2018 年，天然气集团（含管道分公司）累计完成 108769 万元，完成年度计划的 305.27%。其中：固定资产完成 98769 万元，占比 90.81%；股权投资 10000 万元，占比 9.19%。

五、招投标管理

负责公司招标计划编制及执行工作，板块企业招标计划统筹管理；负责组织天然气集团编制招标文件，及与招标代理机构的联系协调工作；负责国资采购服务平台系统的登记使用及管理工作。

第二节　二级企业

一、天然气管道

（一）机构

2014 年，《关于同意江西省天然气有限公司成立党群工作部和投资控制部的批复》（赣气控股字〔2014〕68 号），投资控制部人员编制 6 人。

（二）职责

1. 组织制定公司投资控制相关管理制度并督促执行；

2. 负责新建及改扩建项目投资估算、设计概算、施工图预算、招标控制价及工程结算等全过程造价控制；

3. 负责对建设项目实施动态管理，合理确定和有效控制工程造价，提高建设项目投资效益；

4. 负责建设项目招标中公司内部技术经济指标、补充单位估价表等；

5. 负责组织建设项目竣工结算管理、建设项目后评价；

6. 参与重大变更、签证合理性、经济性审核；

7. 参与建设项目前期工作，合理确定投资计划；

8. 协助处理建设项目索赔事宜；

9. 参与招标文件和拟签合同中有关工程造价、费用条款的确定，参加工程招标及投资控制相关会议；

10. 完成公司领导交办的其他工作。

（三）制度建设

2016 年，印发《江西省天然气有限公司建设项目投资管理制度》。

2016 年，印发《江西省天然气有限公司项目前期工作管理办法（修订）》。

2016 年，印发《江西省天然气有限公司设计评审管理制度》。

2016 年，印发《江西省天然气有限公司工程造价管理制度》。

2016 年，印发《江西省天然气有限公司工程竣工结算管理办法》。

（四）投资管理

2015 年，天然气管道累计完成投资 2155 万元，完成年度计划的 23.1%。其中：固定资产投资完成 2155 万元，占比 100%。

2016 年，天然气管道累计完成投资 9769.77 万元，完成年度计划的 96.98%。其中：固定资产投资完成 9769.77 万元，占比 100%。

2017 年，天然气管道累计完成 20563 万元，完成年度计划的 103%。其中：固定资产完成 20563 万元，占比 103%。

2018 年，天然气管道累计完成 40386 万元，完成年度计划的 103%。其中：固定资产完成 40386 万元，占比 103%。

（五）造价管理

负责新建及改扩建项目投资估算、设计概算、施工图预算、招标控制价及工程结算等全过程造价控制；负责对建设项目实施动态管理，合理确定和有效控制工程造价，提高建设项目投资效益；负责建设项目招标中公司内部技术经济指标、补充单位估价表等；负责组织建设项目竣工结算管理、建设项目后评价；参与重大变更、签证合理性、经济性审核；协助处理项目索赔事宜；参与招标文件和拟签合同中有关工程造价、费用条款的确定，参加工程招标及投资控制相关会议。

二、天然气投资

（一）机构

2010 年 8 月，天然气投资设立 5 个职能部门：总经理办公室、财务资产部、规划计划部、工程技术部、安全环保部。工程技术部负责招投标管理等工作；规划计划部负责新业务发展、新项目开发、对外投资、公司所辖区域天然气管网等重大战略的规划和评审等工作。

2013 年 4 月，机关设置 9 个部室，列正科级单位，分别是总经理办公室、规划计划部、财务资产部、人力资源部、质量安全环保部、生产运行部、管道保护部、工程管理部、物资装备部。

2014 年 7 月，增设企管法规与监审部，负责战略管理、制度管理、股权管理、法律事务与合同管理、招标监督管理、内控与风险管理、纪检监察、内部审计等工作。

2015 年 5 月，财务资产部更名为计划与财务资产部、规划计划部更名为规划与市场开发部。原规划计划部的投资计划等职能转至计划与财务资产部。

（二）职责

1. 贯彻、执行国家和股东单位有关项目建设方针、政策、法规，负责制订公司投资项目前期工作管理规章制度；

2. 负责与省发改委、当地政府和相关地区公司的联系协调项目前期工作；

3. 负责组织或委托编制投资项目可研报告；

4. 负责的项目可研报告预审和上报，配合相关单位开展项目评审工作；

5. 负责组织建设项目申请报告的编制和报批；

6. 负责组织省级核准项目前期工作；

7. 负责公司项目核准附件办理工作监管；

8. 负责组织项目前期工作管理平台信息的填报、维护和监管；

9. 负责组织开展公司项目前期工作考核；

10. 负责提供投资项目前期的天然气资源、计量、应急相关数据；

11. 负责与上、下游企业的联系协调工作；

12. 完成项目前期工作，参与审查（预）可研报告、项目申请报告中涉及天然气资源、产运销平衡、计量、应急、上游企业的相关章节。

13. 负责投资项目前期的市场调研，为项目立项、可研报批提供市场依据；

14. 负责协调与省能源局、当地政府、下游企业的联系协调工作；

16. 完成项目前期工作，参与审查（预）可研报告、项目申请报告中涉及市场的相关章节。

17. 协助机关业务部门完成业务区域内相关前期工作；

18. 负责本业务区域内各项目前期工作核准附件办理，不包括已由机关业务部门负责的附件；

19. 参与审查（预）可研报告、项目申请报告中涉及本业务区域的相关章节。

20. 全面负责天然气投资的投资管理工作，负责做好工程成本的结算、核算、分析与控制管理等工作，负责做好工程物资、材料采购合同的付款及结算审核控制等工作，招投标管理工作。

（三）制度建设

2016 年，印发《江西省天然气投资有限公司投资计划管理办法》（赣气投字〔2016〕97 号）。

2019 年 2 月，印发《江西省天然气投资有限公司招标采购管理办法（试行）》（赣气投字〔2019〕17 号）。

2019 年 5 月，印发《江西省天然气投资有限公司非招标采购管理办法》（赣气投字〔2019〕37 号）。

（四）投资管理

2015 年，天然气投资累计完成投资 5015 万元，完成年度计划的 99%，其中：固定资产占比 100%。

2016 年，天然气投资累计完成投资 1081 万元，完成年度计划的 36.06%，其中：固定资产占比 100%。

2017 年，天然气投资累计完成投资 1406 万元，完成年度计划的 39.5%，其中：固定资产占比 100%。

2018 年，天然气投资累计完成投资 1252 万元，完成年度计划的 48.00%，其中：固定资产占比 100%。

（五）招投标管理

负责天然气投资招标计划编制及执行工作，负责组织需求部门编制招标文件，及与招标代理机构的联系协调工作；负责招标文件的初审工作；负责招标过程的监督工作；负责招标结果的上报审批工作；负责国资采购服务平台系统的登记使用及管理工作。

三、投资燃气

（一）机构

2013年,根据《江西省投资燃气有限公司母子管控体系组织手册》,投资发展部人员编制6人。

（二）职责

搜集国家相关政策、法律法规，及时关注产业发展动态，针对相关重要问题进行研究并提交研究报告；对企业内外部发展环境进行调查研究，组织制定公司战略规划与对外投资计划及其修订，协助总经理组织实施战略规划与对外投资计划。广泛收集市场信息，建立公司投资项目储备，针对目标市场制定、实施拓展方案和计划；指导、协助下属公司进行市场拓展。牵头组织成立投资项目组，针对投资项目组织进行尽职调查，提交项目建议书和可行性研究报告，制定投资方案和计划并落实项目谈判、签约；对下属公司投资项目建立内部立项制度，对投资项目方案或计划组织评审，协助下属公司进行尽职调查和可行性论证、指导其落实项目谈判、签约。对投资项目根据设定的投资目标实施管理和跟踪，对推进受阻及存在的问题适时提出建议措施并协调内外相关部门工作；参与重大工程竣工验收，对公司及下属公司投资项目进行阶段性投资评估与投资后评估，提交投资评估报告；牵头组织对公司及下属公司投资计划与预算执行情况进行跟踪和评估。制定项目并购、退出方案以及其它资本运作方案与计划并组织评审、实施。

（三）制度建设

2014年1月,印发《江西省投资燃气有限公司对外投资管理制度》(赣投燃气字〔2014〕27号)。

2018年9月，印发《江西省投资燃气有限公司固定资产投资计划管理办法（试行）》（赣投燃〔2018〕72号）

2018年9月，印发《江西省投资燃气有限公司投资项目后评价管理办法（试行）》（赣投燃〔2018〕72号）。

（四）投资管理

2015年，投资燃气公司累计完成投资12489.02万元，完成年度计划的102.77%。其中：固定资产投资完成11694.86万元，占比93.64%；股权投资794.16万元，占比6.36%。

2016年，投资燃气公司累计完成投资3264.84万元，完成年度计划的128.3%。其中：固定资产投资完成3120.4万元，占比95.58%；股权投资144.44万元，占比4.42%。

2017 年，投资燃气公司累计完成投资 6565.14 万元，完成年度计划的 102%。其中：固定资产完成 4244.82 万元，占比 64.66%；股权投资 2320.32 万元，占比 35.34%。

2018 年，投资燃气公司累计完成投资 5465.72 万元，完成年度计划的 101.1%。其中：固定资产完成 4021.83 万元，占比 73.58%；股权投资 1443.89 万元，占比 26.42%。

四、能源投资

（一）机构

2013 年 6 月，能源投资成立投资管理部，主要负责能源投资发展战略、对外投资、项目立项等其他工作。

（二）职责

能源投资的投资业务部门、所属企业投资业务的归口管理部门；负责发展的战略管理与投资业务的市场开发；负责特许经营权管理；立项实施、投资管理、资本运作，协助所属企业制定投融资方案并组织方案评审与投资评估。

（三）制度建设

2013 年 6 月能源投资印发了《对外投资管理办法》

（四）投资管理

2014 年，能源投资累计完成投资 1130.05 万元，完成年度计划的 41.66%。其中：固定资产投资完成 1024.35 万元，占比 90.6%。

2015 年，能源投资累计完成投资 763.96 万元，完成年度计划的 8.1%。

2016 年，能源投资累计完成投资 1002 万元，完成年度计划的 34%。

2017 年，能源投资累计完成投资 4686.53 万元，完成年度计划的 164.6%。

其中：股权投资完成 3515 万元，占比 75%，固定资产投资完成 1171.53 万元，占比 25%。

2018 年，能源投资累计完成投资 5881.56 万元，完成年度计划的 105.2%。

五、页岩气公司

（一）机构

页岩气公司投资管理不单设部门，由企业管理部负责投资管理日常工作。

（二）职责

负责拟定页岩气公司投资管理制度和流程；负责新投资项目的投前工作，负责拟定投资总体规划，编制年度投资计划和投资总结分析报告；负责对投资项目的法律事项、风控、合同协议等提出书面意见和建议（法律意见书）。

（三）制度建设

2016年，印发《江西省页岩气投资有限公司招投标管理办法》（赣页岩气字〔2016〕37号）。

2016年，印发《江西省页岩气投资有限公司采购信息服务平台实施细则》（赣页岩气字〔2016〕37号）。

2019年，印发《江西省页岩气投资有限公司招标管理办法》《江西省页岩气投资有限公司采购信息服务平台实施细则》《江西省页岩气投资有限公司采购管理制度》《江西省页岩气投资有限公司投资管理办法》（赣页岩气字〔2019〕4号）。

（四）投资管理

2015年，页岩气公司完成投资2047.15万元，完成年度计划的54.83%。其中：固定资产投资完成2047.15万元，占比100%。

2016年，页岩气公司完成投资1681.18万元，完成年度计划的59.63%。其中：固定资产投资完成1681.18万元，占比100%。

2017年，页岩气公司完成投资1646.89万元，完成年度计划的65.59%。其中：固定资产完成1646.89万元，占比100%。

（五）招投标管理

负责页岩气公司招标计划编制及执行工作，配合业务部门编制招标文件，及与招标代理机构的联系协调工作；负责日常招标及采购的规范管理，负责国资采购服务平台系统的登记使用及管理工作。

六、管道分公司

（一）机构

2016年6月12日，经天然气集团研究决定，管道分公司成立计划与财务部、规划与市场部。

2017年11月29日，经天然气集团管道分公司支委会研究决定，成立企管法规部。

经2017年11月20日天然气集团党委研究批复，计划与财务部编制8人，规划与市场部编制5人，企管法规部编制4人。

（二）职责

计划与财务部主要职责：根据公司发展战略和年度经营目标，在公司领导的领导下，负责公司计划与财务管理体系构建、建立健全财务制度、组织公司财务预算、会计核算、资产管理、资金管理、税务管理、工程造价管理与投资管理等工作，合理保障国有资产保值增值。

规划与市场部主要职责：负责部门制度建设，为公司项目规划、项目前期工作、项目前期专项评价、市场调研、市场开发管理、销气量管理、气体采购管理、定价管理和客户服务管理等提供指导、支持与服务。

企管法规部主要职责：根据省投资集团发展战略和年度经营目标，负责本公司的中远期发展战略管理、组织召开招标工作、法律事务、法务管理、内控管理、制度管理等各项工作，为公司可持续发展提供支持。

（三）制度建设

2016 年，印发管道分公司投资计划管理办法、工程款支付管理办法（试行）、、建设工程造价管理办法、建设工程预算管理办法、建设工程结算管理办法。

2017 年，印发《江西省天然气（赣投气通）控股有限公司管道分公司招投标管理办法（2017 年修订版）》（赣气管道企〔2017〕4 号）。

2018 年，完成建设工程预算管理办法、建设工程结算管理办法的修订，印发公司造价咨询单位库管理办法（试行）。

2018 年，印发《江西省天然气（赣投气通）控股有限公司采购管理办法》（QG–BF–05–2018V01AO）。

2018 年，印发《江西省天然气（赣投气通）控股有限公司管道分公司采购信息服务平台实施细则》（赣气管道企〔2018〕2 号）。

（四）投资管理

2016 年，管道分公司累计完成投资 7353.57 万元，完成年度计划的 21.66%，完成调整后年度投资计划的 68.09%。其中：固定资产投资完成 7353.57 万元，占比 100%。

2017 年，天管道分公司累计完成投资 30950 万元，完成年度计划的 155.29%。其中：固定资产完成 30950 万元，占比 100%。

2018 年，管道分公司累计完成 97878.41 万元，完成年度计划的 333.26%。其中：固定资产完成 97878.41 万元，占比 100%。

（五）招投标管理

负责公司招标计划编制及招标计划统筹管理；负责组织公司各部室编制招标文件，及与招标代理机构的联系协调工作；负责国资采购服务平台系统的登记使用及管理工作，并与新开行项目部做好国际招标业务的相关工作。

第六章　三级企业管控

天然气集团所属二级企业5家，所属终端三、四级企业40余家，按照“谁出资谁管理”的原则，天然气集团对所属企业实行逐级管理、层层负责，二级企业对所属三、四级企业采用分类考核模式进行管理。

第一节　投资燃气管理模式

投资燃气通过实施全面经营计划与预算管理、签订总经理授权书等形式，多方式、多层次对所属企业进行管控，规范了对所属企业投资计划、工程建设、安全生产、合同管理、招投标等各类事项的服务和管理，同时抓实干部监督，层层签订党风廉洁责任书，确保一级抓一级；强化纪律监督，加强对“三重一大”集体决策等执行情况的监督检查工作。

一、引进启动（2013.1–2013.8）

投资燃气自2008年成立以来，随着业务的不断延伸和扩大，建立健全一套科学且符合投资燃气运行实际的管控模式和体系迫在眉睫。2012年11月12日，经公司董事会研究决定，聘请管理咨询机构启动母子公司管理咨询工作，科学、全面、清晰地理顺母公司对子公司的职责权限以及管控流程。

2013年1月7日，上海利物浦管理咨询项目组进驻公司，项目正式启动。通过近八个月的实施，明确了建立“管理服务高速公路”为目标的投资燃气母子公司管理模式设计和组织结构设计思路，并提出基于投资燃气战略需要和发展现状，投资燃气定位于操作型为主，兼有战略型的母子管理模式，并通过全面经营计划和预算绩效管理模式，以经营计划和预算为纲，实现对所属公司战略规划和业务运营的有效管理与监督。

一期管理咨询主要通过“战略线”“人力资源线”“业务线”展开，形成了《投资燃气内部管理现状分析及战略澄清报告》《投资燃气管理模式及组织设计报告》《投资燃气组织手册》《投资燃气人力资源体系设计及规划》《投资燃气管理制度汇编》等管理成果，通过近几年的不断实施及完善，成效显著：

一是意识转变，由管理控制转变为服务支持；

二是母子公司管理体系初步成型，责权利更加清晰；

三是打破部门墙，部门之间、母子公司上下之间沟通更加有序，总经理办公会的经营管理决策中心的功能更加清晰、强化；

四是通过制度建设，各项管理流程更加规范，管理效率大幅提升；

五是通过实施全面经营计划与预算管理，促使“目标—绩效”管理真正落地，各所属公司经营计划性、管理规范性、预算约束性大大增强，从而使全面预算管理真正能够落地并成为企业发展的驱动力。

二、向所属企业延伸（2013.9-2016.5）

随着管理咨询机构的引进，一期管理咨询工作取得了初步成效，投资燃气开始将管理咨询工作向所属公司延伸，选取新余燃气、新余清洁能源作为试点启动开展二期管理咨询工作。

二期管理咨询项目，是与投资燃气一期管理咨询项目相衔接，创立投资燃气在城市燃气、车船用气市场“管理标杆”的年度重要管理提升项目。此次项目通过对所属公司业务流程与组织设计的梳理，进一步推动投资燃气母子管理体系有效落地，并逐步走上规范管理的轨道，为标杆企业的树立和其他所属公司的管理提升建立可复制的基础管理制度。

二期管理咨询从 2013 年 9 月开始，历时 9 个月，主要经历了“组织诊断——流程识别与再现——组织设计、三定及作业标准化设计”三个阶段。第一阶段通过现场访谈和调研，对新余二家公司进行初步的诊断和分析，在此基础上，对新余燃气的业务规划、供销差的管理现状，对新余清洁能源的业务规划和商业盈利模式进行分析澄清；第二阶段是在第一阶段基础上，对新余二家公司目前的流程进行梳理，并按照一期母子管理体系的要求，对流程进行规范和标准化；第三阶段是在流程建立的基础上，设计组织架构、三定方案、岗位说明书、作业指导书，从而优化组织结构，确定职能职责和作业标准。

二期管理咨询成果具体如下：

公司	成果文件清单
新余燃气	《组织诊断报告》
	《业务规划澄清报告》
	《供销差现状分析报告》
	《业务流程手册》

公司	成果文件清单
	《组织设计及三定方案》
	《岗位说明书》
	《作业指导书》
	《人力资源管理制度》
新余清洁能源	《组织诊断报告》
	《业务规划澄清及商业盈利模式分析报告》
	《业务流程手册》
	《组织设计及三定方案》
	《岗位说明书》
	《作业指导书》
	《人力资源管理制度》

2015-2016 年新余燃气、新余清洁能源两家公司通过沟通交流、集中宣贯、制度模拟演练、专家评审等多种方式对二期管理咨询成果进一步落地实施及完善优化。2016 年 5 月，完成了项目验收并在两家公司内部取得了明显的效果：

一是改变凭经验做事的习惯，管理规范化意识增强；

二通过流程、作业指导书标准化的建立，有效堵塞管理漏洞，防范企业风险，管理效率和管理水平得到大幅提升；

三是通过全面推行绩效考核管理体系，打破吃大锅饭的传统，调动了全员积极性，提高了企业执行力；

四是掌握了管理咨询的工具和方法，提高了员工的业务能力，积累了经验供其他所属公司复制、借鉴。

三、全面推动（2016 年 5 月至今）

从 2016 年 5 月起，投资燃气企业规范化管理工作全面推动，二期管理咨询成果复制推广工作全面开展。

二期管理咨询成果经过新余两家公司近三年在实践过程中的不断修订及完善，已形成一套较为成熟的管理咨询成果，并具备向其他所属公司复制推广的条件。2016 年 8 月，经公司研究决定，在投资燃气所属公司全面开展二期管理咨询复制推广工作，进一步促进投资燃气整体规范化管理水平的提升。

2016 年 9 月，投资燃气编制了《投资燃气二期管理咨询成果复制推广方案》并进行宣贯，正式启动二期管理咨询复制推广工作，各所属企业积极响应，全员参与。

2017 年，投资燃气将管理主题确定为“精细管理、创新发展”年，并以二期管理咨询成果复制推广工作为抓手，通过宣贯、辅导、现场调研，收集管理周报，编制管理月报等方式全面推进二期管理咨询成果复制推广工作。同时，投资燃气将二期管理咨询成果复制推广工作列入了控股企业当年的重点工作并进行年度考核，将“精细管理”落到实处。截至 2017 年底，投资燃气所有控股公司均完成了流程和作业指导书的编制。通过该项工作的全面落实，各控股公司进一步理清内部管理流程，提高工作效率，加强内部管理能力，达到了内部管理精细化、标准化的最终目的。

2018 年，投资燃气根据省投资集团及天然气集团的部署下，编制了改革创新活动实施方案及管理提升活动方案，进一步推动投资燃气加强内部管理，提质增效、提升企业市场竞争力。同时，投资燃气将二期管理咨询成果复制推广与标准化相结合，在标准化体系建设成果的基础上，对所属企业现有的二期管理咨询成果进行全面升级和优化，要求各所属企业全面落地实施，并在落地实施过程中不断进行优化完善。

第二节　投资燃气管理发展

一、持续开展“管理改进”活动

2015-2016 年，投资燃气企业管理部连续两年开展了“管理改进”活动，所属企业根据自身经营管理现状有针对性地提出 1-2 个较为薄弱的管理事项开展“管理改进”工作，投资燃气实行“业务分管领导领题、业务部门负责制”，通过定期总结、交流研讨等方式不断跟踪总结所属企业的各项管理改进主题，确保“管理改进”活动取得实效。

2016 年 9 月，投资燃气编制了《投资燃气二期管理咨询成果复制推广方案》并进行宣贯，正式启动二期管理咨询复制推广工作，各所属企业积极响应，全员参与。

2017 年，公司将管理主题确定为“精细管理、创新发展”年，并以二期管理咨询成果复制推广工作为抓手，通过宣贯、辅导、现场调研，收集管理周报，编制管理月报等方式全面推进二期管理咨询成果复制推广工作。同时，投资燃气将二期管理咨询成果复制推广工作列入了控股企业当年的重点工作并进行年度考核，将“精细管理”落到实处。截至 2017 年底，投资燃气所有控股公司均完成了流程和作业指导书的编制。通过该项工作的全面落实，各控股公司进一步理清内部管理流程，提高工作效率，加强内部管理能力，达到了内部管理精细化、标准化的最终目的。

2018 年，投资燃气根据省投资集团及天然气集团的部署，编制了改革创新活动实施方案及管理提升活动方案，进一步推动投资燃气加强内部管理，提质增效，提升企业市场竞争力。同时，投资燃气将二期管理咨询成果复制推广与标准化相结合，在标准化体系建设成果的基础上，对所属企业现有的二期管理咨询成果进行全面升级和优化，要求各所属企业全面落地实施，并在落地实施过程中不断进行优化完善。

二、二期管理咨询成果复制推广

为了进一步巩固管理咨询成果，推动投资燃气母子管理体系有效落地，促进所属企业内部管理标准化建设，逐步走上科学、规范管理的轨道，2016 年 8 月，投资燃气全面开展了“二期管理咨询成果落地实施即成果复制推广”工作。

该项工作得到投资燃气领导的高度重视，由企业管理部起草并下发了《投资燃气二期管理咨询复制推广方案》，方案内明确了实施方法、阶段安排及职责分工，并确定了“团结合作、高效务实，结合实际、因地制宜，循序渐进、持续改进，标杆示范、提升管理”的 32 字工作原则。

企业管理部结合以往工作经验，以提高所属企业对二期管理咨询内容的认识为首要重点工作，2017 年初，企业管理部组织新余两家公司、投资发展部、人力资源部在本部进行“二期管理咨询基本内容培训”，将二期管理咨询理念及基本工作内容进行了初步宣贯。

3 月上旬，企业管理部根据“二期管理咨询成果复制推广周报”反馈情况，到九江、抚州两家公司进行单独辅导，帮助所属企业对“二期管理咨询成果内容”进行梳理，并将工具及方法进行传授。

4 月至今，企业管理部不定期到各所属企业进行调研及辅导，帮助所属企业对复制推广成果进行不断优化及完善。除此之外，企业管理部通过周报表、季度简报的方式，定期对所属企业“二期管理咨询成果复制推广”工作进行跟踪和总结，目前，二期管理咨询成果复制推广第一阶段工作已经全面结束，投资燃气控股企业均完成了二期管理咨询成果的复制推广，并在 2018 年结合控股标准化体系建设的基础上，进一步优化完善，在条件成熟的情况下与信息化相结合，从本质上提高投资燃气内部管理效能。

三、持续开展管理主题年各项工作

按照搭建“母子公司管理服务高速公路”的战略目标，投资燃气结合公司经营管理实际，自 2014 年起，找准公司面临的主要改进方向，持续提出了管理主题年的发展概念，从“管理服务年”“市场拓展年”“服务提升年”再到“精细管理·创新发展年”，投资燃气一步一步朝着“成为值得信赖和尊重的综合性清洁能源服务供应商”愿景迈进。

（1）管理服务年：2014 年是投资燃气实行“全面推行经营计划和预算管理”工作的第一年，此时，投资燃气内部管理提升的首要任务是加快搭建“母子公司管理服务的高速公路”。投资燃气根据该目标任务，快速制定了以战略目标为导向，制定经营目标和经营方针；以经营计划为主线，以预算为工具，进行经营目标的分解与经营计划和财务预算的编制；以季度经营分析为手段，对企业经营情况进行监控；以绩效考核为保证，确保经营目标顺利实现的工作思路。通过近几年不断的实施与完善，这一模式已成熟落地并效果显著。

（2）市场拓展年：为了切实提高公司市场营销业务水平，大力推进公司天然气产业链延伸。2015 年，投资燃气提出“市场拓展年”主题，通过成立市场开发及价格研究工作组、车用加气站项目建设推进工作组、水上 LNG 加注设施建设及 LNG 示范船舶推进工作组、乡镇及集镇，国家、省级新农村建设、城镇化示范点城市燃气项目推进工作组、客户管理提升工作组的形式，针对重点问题具体分析，各个击破，集合公司的有效资源全力开拓市场，通过 2015 年投资燃气在市场开拓工作上的重点突破和近几年对市场拓展的高度重视，目前投资燃气的销气量、市场开发数逐年攀升，取得了较好的经济效益。

（3）服务提升年：延续 2015 年市场拓展年的较好势头，投资燃气进一步明确企业战略定位，在 2016 年提出了“服务提升年”的管理主题。投资燃气在《“服务提升年”活动实施方案》中明确了本部及所属企业的“服务提升”含义，强调了“服务提升”是通过以良好的服务吸引客户、维护客户关系、为社会公众服务为目标，建立完善的客户服务体系和规范的管理制度，提高服务质量和客户满意度，并主动对接人民政府，完成人民政府交办的各项工作，积极为社会公众提供清洁能源服务，打造出“江西天然气”的服务品牌，从而提升企业竞争力，落实企业社会责任。各所属企业也高度重视该项工作，分别制定了适用于本企业的“服务提升”方案并实施，企业管理部通过“服务提升”内刊、征文等方式，对各所属企业的服务思路、措施、效果进行报道，在投资燃气内部也形成了良性的竞争，进一步提高了投资燃气整体的服务水平，提高了所属企业市场竞争的软实力。

（4）精细管理 · 创新发展年：为进一步提升投资燃气及各所属企业的管理水平，夯实管理新成果，培育发展新动能，确定2017年为“精细管理·创新发展”主题年。投资燃气编制并下发了《“精细管理、创新发展”主题年活动实施指导意见》，明确了以安全生产为前提，以市场开发为龙头，以精细管理为手段，以创新发展为突破口的指导思想，理清了精细管理和创新发展的内涵和联系，以安全管理、市场开拓、工程建设、内部管控等多方面重点工作为着力点，深入生产经营各个环节“精、准、细、严”，在发展思路上营造新理念。通过“精细管理，创新发展”理念的不断渗入，为投资燃气今后的发展奠定了坚实的基础。2017年，投资燃气通过创新、优化、完善所属企业绩效考核制度体系，从制定方案到实施考核检查、下达考核结果、考核反馈、绩效面谈等环节，形成了绩效考核的闭环管理，进一步发挥了绩效管理指挥棒的作用，实现了绩效考核向绩效管理转变的大步迈进，初步形成所属企业绩效管理体系，进一步健全、完善了母子管理体系。

第六篇

党　　群

党　群

江西天然气始终坚持按照上级党委的部署，着力夯实国有企业的“根”与“魂”，着力创新党建和群团工会工作，积极探索企业政治工作的新路子，把党的思想理论作为企业的灵魂贯穿于发展的全过程，让党建与经营深入融合，同频共振。同时，协调推进群团工会工作，努力构建和谐企业。十二年来，江西天然气逐步形成了独具特色的党群工作品牌。

第一章 党建工作

天然气集团党委坚持以履行国有企业的政治、经济和社会责任为己任，不断加强企业党的思想建设、组织建设、制度建设、作风建设和反腐倡廉建设，将党建工作与企业经营管理工作有机结合，紧紧围绕企业中心任务，充分发挥党委的政治核心作用、党支部的战斗堡垒作用和党员的先锋模范作用，有效推动了江西天然气事业的健康快速发展。

第一节 天然气集团

一、组织机构

（一）天然气集团

2011年5月31日，经省投资集团党委批复同意，成立天然气集团党委，下设天然气管道党总支、天然气投资党总支、投资燃气党总支，同时撤销天然气管道党委。

2012年5月25日，经省投资集团批复同意设置天然气集团党委办公室，是天然气集团党委的办事机构。

2013年5月2日，经省投资集团党委研究决定，同意何国群、孙秋平、黄强、叶金万、詹辉、胡素平、李永兰、谌伟模、周继来、赵江勇、易安涛等11名同志为天然气集团党委委员。何国群任党委书记、孙秋平任党委副书记。

2014年8月12日，经省投资集团党委研究决定，同意何国群、孙秋平、黄强、叶金万、詹辉、胡素平、聂长文等七名同志为天然气集团党委委员。何国群任党委书记、孙秋平兼任党委副书记、胡素平兼任纪委书记。

2016年7月25日，经省投资集团党委研究决定，同意增补赵雪海为党委委员，天然气集团党委由何国群、孙秋平、黄强、叶金万、詹辉、胡素平、聂长文、赵雪海等八名同志组成。

2017年8月18日，天然气集团党委第一次代表大会召开，会议选举了天然气集团新一届党委。新一届党委由何国群任党委书记，孙秋平任党委副书记，黄强、叶金万、詹辉、胡素平、聂长文、赵雪海、程晓龙为党委委员。

2018年5月11日，经省投资集团党委研究决定，天然气集团党委由何国群、孙秋平、叶金万、詹辉、胡素平、聂长文、赵雪海、程晓龙八名同志组成。

2018年6月29日，经省投资集团党委研究决定，任命李天晓为天然气集团党委副书记，天然气集团党委由何国群、李天晓、孙秋平、叶金万、詹辉、胡素平、聂长文、赵雪海、程晓龙九名同志组成。

2018年11月27日，经省投资集团党委研究决定，天然气集团党委何国群、李天晓、孙秋平、叶金万、詹辉、胡素平、聂长文、赵雪海八名同志组成。

2019年3月8日，经省投资集团党委研究决定，由李天晓担任天然气集团党委书记，天然气集团党委由李天晓、刘伟伟、孙秋平、叶金万、詹辉、胡素平、聂长文、赵雪海八名同志组成。

2019年9月18日，经省投资集团党委研究决定，由李天晓担任天然气集团党委书记，天然气集团党委由李天晓、刘伟伟、孙秋平、黄强、叶金万、詹辉、赵雪海七名同志组成。

（二）二级企业

1.天然气管道

2008年2月，经省投资集团党委批复同意，天然气管道成立党支部，詹辉任组织委员，叶金万任宣传委员。

2011年4月，经省投资集团党委批复同意，天然气管道成立党总支，经选举，詹辉任党总支书记，谌伟模任组织委员，许罡任宣传委员，薛宏彬任纪检委员，黄强、姚勇、张云福任委员。党总支下设3个党支部。

2011年12月，召开第一次党员代表大会，大会选举产生了第一届党总支委员，詹辉任党总支书记、谌伟模任组织委员、许罡宣传委员、薛宏彬任纪检委员。黄强、姚勇、张云福任党总支委员。下设3个党支部。

2013年5月，经天然气集团党委批复同意，天然气管道党总支委员进行了调整。胡素平任党总支书记，詹辉任副书记，程宜强任组织委员，刘兆明任宣传委员，王忠武任纪检委员，姚勇任群工委员。

2013年7月，经天然气集团党委批复同意，党总支下设8个党支部

2014年7月，天然气管道设立党群工作部（与总经理办公室合署办公）。

2014年9月，经天然气集团党委批复同意，天然气管道党总支委员进行了调整。胡素平任

党总支书记，詹辉任副书记，王忠武任组织委员，刘兆明任宣传委员，程宜强任纪检委员，姚勇任群工委员，增补袁献忠、李永彪、温宏达为党总支委员。下设 8 个党支部。

2015 年 12 月，分设党群工作部，党群工作部作为天然气管道组织机构之一，独立办公。

2016 年 8 月，天然气管道党总支所属 8 个党支部进行了换届选举。

2016 年 10 月，经天然气集团党委批复同意，召开第二次党员大会，天然气管道党总支进行了换届选举，大会选举产生了新一届党总支委员。胡素平任党总支书记，詹辉任副书记，袁献忠任组织委员，刘兆明任宣传委员，王忠武任纪检委员，姚勇任群工委员，程宜强、李永彪、刘远任党总支委员。下设 8 个党支部。

2016 年 12 月，经天然气集团党委批复同意，天然气管道党总支委员进行了分工调整，胡素平任党总支书记，詹辉任副书记，袁献忠任组织委员，刘兆明任宣传委员，刘远任纪检委员，姚勇任群工委员，王忠武、李永彪、申金林任党总支委员。下设 8 个党支部。

2017 年 6 月，经天然气集团党委批复同意，天然气管道党总支委员进行了分工调整，胡素平任党总支书记，詹辉任副书记，张国良任组织委员，申金林任宣传委员，刘远任纪检委员，姚勇任群工委员，刘兆明、李永彪、闫志岷任党总支委员。下设 7 个党支部。

2018 年 8 月，经天然气集团党委批复同意，天然气管道党总支委员进行了分工调整，胡素平任党总支书记，詹辉任副书记，张国良任组织委员，申金林任宣传委员，刘远任纪检委员，姚勇任群工委员，李永彪、赵庆军、张继亮任党总支委员。下设 7 个党支部。

2. 天然气投资

天然气投资党总支成立于 2011 年 11 月，设有委员 6 人，其中含书记、副书记、纪检委员、宣传委员、组织委员各 1 人。办公室设在党群工作部，挂靠总经理办公室。

2011 年 11 月 21 日，天然气投资召开第一次党员代表大会，叶金万、周凤川、邹德宏、刘铸、康小松等 5 名同志当选第一届党总支委员会委员，叶金万当选为第一届党总支委员会书记，周凤川当选为第一届党总支委员会副书记。

2016 年 8 月 31 日，天然气投资召开第二次党员代表大会，叶金万、刘玉华、康小松、邹德宏、丁铁成、胡彬当选为第二届党总支委员会委员，叶金万当选为第二届党总支委员会书记，刘玉华当选为第二届党总支委员会副书记。

2018 年 4 月，经天然气集团党委批复同意，天然气投资党总支委员进行分工，叶金万任党总支书记、彭建伟任党总支副书记、康小松任党总支纪检委员、林永任党总支宣传委员、王建任党总支组织委员、胡彬任党总支委员。

2018 年 12 月，经天然气集团党委批复同意，天然气投资党总支委员进行分工，叶金万任党总支书记、周毅任党总支副书记、康小松任党总支纪检委员、林永任党总支宣传委员、王建任党总支组织委员、胡彬任党总支委员。下设 6 个党支部。

3. 投资燃气

2011 年 12 月 26 日，投资燃气选举产生第一届党总支委员：孙秋平（党总支书记）、申洪亮、黄朋权、赵雪海、傅新生。

2015 年 6 月 12 日，投资燃气党群工作部正式成立，是投资燃气党总支直接领导下的综合办事机构。

2016 年 10 月 31 日，投资燃气选举产生第二届党总支委员：聂长文（党总支书记）、黄强（党总支副书记）、罗波（组织委员）、陈卫红（宣传委员）、熊骏飞、吴东荣、张华、陈东、陈春生。

2018 年 5 月 11 日，免去黄强党总支副书记。2018 年 9 月 17 日免去陈卫红宣传委员，增补彭勇为宣传委员。

4. 能源投资

2013 年 11 月，经报请天然气集团党委批复同意，能源投资成立党总支。

2014 年 8 月，能源投资党总支组织召开党员大会，选举产生了能源投资党总支支部委员会第一届委员。一届支委由孙秋平、傅新生、赵江勇三位委员组成，其中孙秋平任党总支书记、傅新生任组织委员兼纪检委员、赵江勇任宣传委员兼群团委员。

2016 年 5 月，能源投资成立党群工作部，负责公司党建、纪检、精神文明建设、后勤工作职能，纪检监察室纳入合署办公。

2017 年 12 月，能源投资党总支组织召开第二次党员大会，选举产生了能源投资党总支支部委员会第二届委员会。二届支委由孙秋平、傅新生、赵江勇三位委员组成，其中孙秋平任党总支书记、傅新生任组织委员兼纪检委员、赵江勇任宣传委员兼群团委员。

5. 页岩气公司

页岩气公司党支部于 2013 年 9 月经天然气集团党委批准成立，2014 年 4 月选举产生第一届支部委员会委员，由谌伟模、姚天真、刘伟伟、郭海锋 4 位同志组成党支部委员。

2016 年 12 月 14 日，页岩气公司召开第一届党总支委会，余群生、程晓龙、姚天真、刘伟伟为第一届党总支委员会委员，余群生任第一届党总支委员会副书记。

2016 年 12 月 27 日，页岩气公司选举产生了第一届机关党支部和项目党支部委员会。机关党支部委员会由曹宁、郭海锋、朱良组成，项目党支部委员会由万松杨、陈煌、彭晓辉组成。

2016 年 6 月，页岩气公司党群工作部正式成立，主要负责党的路线、方针、政策的宣传贯彻工作，落实上级党委、页岩气公司党总支部署的党委宣传工作，执行公司党总支的决议、决策，拟订党内各项管理规定并检查落实，负责党总支相关会务组织工作、党支部建设工作、党员管理工作、组织发展工作、党员考核工作及信访工作、协助党委做好党、政、工、团、妇等日常工作的协调，组织开展公司精神文明创建等相关工作。

2018 年 11 月 27 日，刘伟伟任页岩气公司党总支书记。

2019 年 1 月 30 日，页岩气公司增选了机关党支部和项目党支部委员。机关党支部委员会由郭海锋、张诚潇、程明组成，项目党支部委员会由万松杨、喻毅华、任婷组成。

2019 年 4 月 19 日，王杨任页岩气公司党总支书记。

6. 管道分公司

2017 年 1 月 10 日，经天然气集团党委研究批准，管道分公司党支部成立。2 月 16 日，管道分公司第一次全体党员大会顺利召开，大会审议通过了《管道分公司党支部委员选举办法（试行）》，会议选举产生了管道分公司第一届党支部委员会委员。其中：叶金万为党支部书记，钟艳、温宏达为支部委员。

2018 年 3 月 9 日，经天然气集团党委研究批准，管道分公司党总支成立。3 月 23 日，管道分公司第一次全体党员大会顺利召开，大会审议通过了《管道分公司党总支委员选举办法（试行）》，会议选举产生了管道分公司第一届党总支部委员会委员。其中：胡素平为党总支书记，叶金万为党总支副书记，钟艳为组织委员，温宏达为纪检委员，张安泽为群工委员。

二、组织建设

（一）天然气集团

1. 基层组织

天然气集团党委按照“项目发展到哪里，党组织就建到哪里，组织作用就发挥到哪里”的思路，确保项目党的组织、纪检组织、工团组织与行政组织同步建立、协同推进，有效发挥了党组织的保障和监督作用。创新建立了区域或联合党支部；积极探索混合所有制党建工作，在江西港华等参股企业设立了党支部，使党组织的政治核心作用、党支部的战斗堡垒作用发挥实现全覆盖。截至2018年12月31日，江西天然气共有基层党组织49个，其中党委1个、党总支7个、党支部41个，共有党员543名。

2012年，天然气板块基层党组织19个，其中党委1个、党总支3个、基层党支部15个。

2013年，天然气板块基层党组织34个，其中党委1个、党总支4个、基层党支部29个。

2014年，天然气板块基层党组织40个，其中党委1个、党总支4个、基层党支部35个。

2015年，天然气板块基层党组织42个，其中党委1个、党总支4个、基层党支部37个。

2016年，天然气板块基层党组织43个，其中党委1个、党总支5个、基层党支部37个。

2017年，江西天然气基层党组织42个，其中党委1个、党总支5个、党支部36个，共有党员510名。

2018年，天然气板块基层党组织49个，其中党委1个、党总支7个、基层党支部41个。

2.党建制度

2013年，天然气集团党委制定并发布《党建管理分册》，总共分为八大部分，即：党建基本制度、基层党支部建设制度、党员教育管理制度、民主管理制度、干部考察任免制度、党风廉洁建设制度、思想文化建设制度、综治信访工作制度。

2016年12月，天然气集团对党建、纪检、综治、工会工作进行梳理，对《江西省天然气（赣投气通）控股有限公司党建、纪检、综治、工会制度汇编》（2013年版）进行了修订，经党委会议通过予以发布。具体制度包括：《党建工作责任制实施办法（试行）》《党委会议议事制度》《中心组学习制度》《贯彻落实“三重一大”事项集体决策制度的实施办法》《党组织工作条例》《“三会一课”制度》《党费收缴制度》《党支部工作制度》《支部党员大会制度》《党员管理制度》《党员教育培训制度》《党员联系群众制度》《党组织生活制度》《发展党员工作制度》《发展党员工作程序》《讨论票决制度》《发展党员责任追究制度》《党员谈话诫勉制度》《民主监督制度》《民主评议党员制度》《党员领导干部民主生活会制度》《民主推荐工作办法》《领导班子及干部考察工作实施办法（试行）》《控股公司党委干部任前公示实施办法》《中层干部公开竞聘工作的办法》《中层干部竞争上岗实施办法》《中层干部选拔任用暂行办法》《领导人员廉洁从业若干规定实施办法》《风险岗位廉能预警与防范管理办法》《纪律检查委员会案件线索管理规定》《思想文化建设工作条例》《社会管理综合治理管理办法》《综治目标管理制度》《社会管理综合治理领导责任制实施办法》《社会管理综合治理办公室职责》《信访工作制度》等管理制度。

2017 年天然气集团党委制定并发布《江西天然气学习宣传贯彻党的十九大精神的工作方案》《省天然气控股公司中层管理人员选拔任用暂行办法（2017 修订版）》。

2018 年天然气集团党委修订了《党委会议事规则》《党委理论学习中心组学习规则》，制定并发布《江西省天然气（赣投气通）控股有限公司党委关于落实党风廉政建设党委主体责任、纪委监督责任的意见》。

3. 党员发展

天然气集团党员发展工作坚持围绕中心、服从发展的总要求，始终遵循“坚持标准，保证质量、改善结构，慎重发展”的方针，根据企业实际情况，有计划、有重点地进行，尤其重视在生产经营一线和技术骨干当中培养和发展新党员。

近五年发展党员及转入、转出情况一览表

年度	发展党员数	转入数	转出数	党员总数
2012	6	61	3	213
2013	20	69	12	290
2014	16	47	8	345
2015	31	24	4	396
2016	30	41	25	442
2017	39	41	12	510
2018	47	22	32	547

（二）二级企业

1. 天然气管道

2011 年 4 月，经省投资集团党委批复同意，天然气管道成立党总支，经选举，詹辉任党总支书记，谌伟模任组织委员，许罡任宣传委员，薛宏彬任纪检委员，黄强、姚勇、张云福任委员。党总支下设 3 个党支部。

2013 年 7 月，经天然气集团党委批复同意，党总支下设 8 个党支部。

2017 年 3 月，经天然气集团党委批复同意，党总支所属 8 个党支部调整为 7 个。

截至 2018 年 12 月底，天然气管道党总支所属 7 个党支部。共有党员 145 人，其中正式党员 137 人，预备党员 8 人。

2. 天然气投资

截至 2018 年 12 月 31 日，天然气投资共有党员 102 人；党总支部下设有 6 个基层党支部，分别为机关第一党支部、机关第二党支部、吉安分输站党支部、昌南分输站党支部、萍乡分输站党支部、车队党支部。

3. 投资燃气

投资燃气党总支成立于 2011 年 4 月，下设 14 个党支部，124 名党员（正式党员 113 人，预备党员 11 人）。另，新余燃气 56 名党员党组织关系属地管理。

4. 能源投资

2014 年 9 月，能源投资党总支成立机关、昌南公司两个所属党支部。其中，机关支部管理机关、大鼎公司、上饶分公司、三清山分公司的党员；昌南公司党支部管理昌南公司、鑫源公司、九江公司、瑞昌公司的党员。

2014 年 11 月，能源投资党总支成立遂川公司、井冈山公司两个所属党支部。其中遂川公司党支部管理遂川公司、赣州公司、万安公司的党员；井冈山公司党支部管理井冈山公司、永新公司、莲花公司的党员。

2015 年 1 月，能源投资党总支成立宜春公司党支部，管理宜春公司、樟树分公司的党员。

截至 2018 年底，能源投资党总支共有党员 47 人，其中正式党员 41 人，预备党员 6 人，党总支采取划片区挂靠管理的模式，设有机关、昌南、遂川、井冈山、宜春等 5 个基层党支部，实现了基层党支部在终端企业的全覆盖。

5. 页岩气公司

2016 年 3 月 24 日，经省投资集团党委批复同意，页岩气公司党支部升格为党总支。2016 年 12 月 14 日，经天然气集团党委研究，同意余群生、程晓龙、姚天真、刘伟伟四位同志为页岩气公司党总支委员，同日，批准成立了机关党支部和项目党支部。2019 年 5 月，页岩气公司党总支委员由王杨、刘伟伟、余群生、姚天真四位同志组成。截至 2018 年底，页岩气公司共有正式党员 16 人，预备党员 2 人。

6. 管道分公司

2018 年 3 月 9 日，经天然气集团党委研究批准，管道分公司党总支成立。2018 年 4 月 18 日 –23 日，管道分公司陆续组建四个支部委员会，分别为机关第一党支部、机关第二党支部、井冈山项目部党支部、赣州项目部党支部，截至2018年底，公司共有正式党员47人，预备党员3人，入党积极分子8人。

三、党建基础工作

天然气集团党委本着“围绕发展抓党建，抓好党建促发展”的原则，着力打造特色党建品牌，牢固树立“党建+”理念，精心组织开展了党的群众路线教育实践活动、“三严三实”专题教育和“两学一做”学习教育。各级党组织结合“理论中心组学习”“三会一课”安排及“七一”“八一”“十一”等重大庆典活动，广泛开展专题讲座、专题讨论、演讲比赛、文艺表演、参观革命历史纪念馆等丰富多彩的主题活动，坚定了党员干部“听党话、跟党走”的信念，激发了广大员工爱党爱国、爱企爱岗、立足本职、敬业奉献的热情和干劲。

（一）理论学习

天然气板块各级基层党组织开展学习贯彻党的十八大历届会议及习近平总书记系列讲话精神。各级党组织采用观看现场直播、集中学习会、报告会、讨论交流等形式，引导和帮助党员干部理解和贯彻十八大精神，推动各项事业的科学发展。进一步完善中心组理论学习制度，保证党委、党总支两级中心组学习经常化、规范化，做到了有计划、有措施、有记录。同时，紧密结合工作实际，围绕企业发展中面临的形势和问题，积极转变思想观念，用先进理论武装头脑，探索和解决实际问题，推动各项工作，切实提高领导干部领导科学发展的能力。

（二）党员教育管理

2012年，以喜迎建党91周年为契机，开展了一系列教育和庆祝活动，各级党组织组织党员赴井冈山、瑞金等地进行红色主题教育。同时，通过邀请专家讲党史、举办邱娥国同志先进事迹报告会、赴方志敏烈士陵园开展清明祭扫、举办入党积极分子培训班、组织演讲比赛和征文活动，进一步坚定了永远跟党走的信念。

2013年，各级党组织组织党员赴井冈山、韶山等地进行红色主题教育，深切感受建党92周年艰辛历程，取得了较好的教育效果。同时，通过邀请专家讲党史、赴方志敏烈士陵园开展清明祭扫、举办入党积极分子培训班、演讲比赛和“永远跟党走”征文活动等纪念活动，进一步增强了干部员工对党的认识，激发全体党员工作积极性和学习热情，进一步坚定了永远跟党走的信念。坚持以人为本，提倡尊重人、理解人、关心人，把解决思想问题与解决实际问题相结合，贴近实际、贴近生活、贴近思想，提升思想政治工作的实效性。广泛运用辅导报告、党课、文体活动等员工群众喜闻乐见的教育形式，把思想性、针对性、知识性、趣味性统一起来，吸引员工广泛参与，自觉学习提高。

2014年，组织开展“六个一”主题教育活动。一是组织一次表彰先进活动。“七一”前夕评选表彰了4个先进基层党组织、5名优秀党务工作者、38名优秀共产党员；二是组织一次重温入党誓词主题教育活动。在南昌八一起义纪念馆组织开展了“三十年党龄老党员给90后新党员佩戴党徽”活动。三是组织一次走访慰问活动。深入基层走访慰问困难党员、困难职工51人，发放慰问金61200元。四是组织开展一次“下基层、帮企业”帮扶活动。各基层党组织要对基层党组织及用气企业提供点对点服务，为企业业主解决用气方面存在困惑和难题896件。五是组织开展一次以“坚定信念跟党走,服务发展当先锋”为主题的党日活动。组织开展“先锋创绩”党员承诺活动，每位党员签订“党员承诺书”，实行“承诺一件、完成一件、销号一件”制度；六是组织开展一系列党员志愿者服务活动。组织开展了“热爱自然、保护环境”青年志愿者服务活动。

2015年，深入推进“三大工程”，扎实推进服务型党组织建设。在“连心”工程上继续开展了“两贴近、两服务、两促进”主题活动，一是组织领导班子成员下基层活动，帮助基层单位办理实事126件；二是开展结对帮扶基层单位、困难群众活动。2015年共帮扶困难党员25人；三是组织开展“一线服务月”活动。江西天然气机关干部下基层人数达850多人次，做到工作在一线落实、问题在一线解决、成效在一线检验。在“模范”工程上，广泛开展学习榜样活动，组织观看《焦裕禄》等电影、纪录片，要求广大干部立足本职工作创先进、争先进，努力做焦裕禄、龚全珍式的好党员、好干部。在“七一”前夕评选表彰了4个先进基层党组织、9名优秀党务工作者、35名优秀共产党员。江西天然气各级基层党组织开展了公司领导带头讲专题党课、邀请省政协常委汪玉奇作十八届五中全会精神解读的党课报告、组织赴豫章监狱及女子监狱进行警示教育；组织党员赴方志敏烈士陵园和江西革命烈士纪念堂开展革命传统教育。组织了天然气板块200余名中基层管理人员赴省委党校开展党性修养及素质提升培训，打通了员工管理、技能、技术多渠道晋升通道。

2016年，天然气集团党委围绕大局，着力在提升党组织和党员干部的服务水平上下功夫。主要是做到了“三个注重”：一是注重发挥党员先锋模范作用。在天然气项目建设、市场开拓等领域，营造“个个项目有党组织、处处都有党员”的良好氛围。二是注重服务一线、服务基层。

为确保天然气板块规范管理、安全运行，天然气集团党委组织成立五个小组，对板块 19 家三级企业开展安全生产、工程建设、财务管理等方面的经营管理交叉督查，夯实管理基础，检验“两学一做”成效。三是注重树立优秀典型，发挥宣传带动作用。在“七一”前夕评选表彰了 8 个先进基层党组织、43 名优秀党务工作者、14 名优秀共产党员；授予了 1 个抗洪抢险先进单位，9 个抗洪抢险先进基层单位，20 名抗洪抢险先进个人。

2017 年，天然气集团党委着力抓好党的十九大精神的学习，组织开展学习贯彻党的十九大精神暨党委理论中心组（扩大）学习会，邀请原省政协经济委员会副主任、省社科院院长汪玉奇教授作党的十九大精神专题辅导，围绕“讲政治、有信念——做政治合格的共产党员”“讲规矩、有纪律——做执行纪律合格的共产党员”、“讲道德、有品行——做品德合格的共产党员”“讲奉献、有作为——做发挥作用合格的共产党员”四个专题组织讨论，以“党员活动日”“三会一课”为主要形式组织了学习，深入开展“立合格标尺、树先锋形象，以优异成绩向十九大献礼”主题实践活动，以喜迎建党 96 周年为契机，开展了一系列教育和庆祝活动。

天然气集团党委扎实推进“三融三促”。把党建工作融入工程建设，促进工程质量不断提升。管道分公司成立井冈山项目部党支部，紧紧围绕工程进度、质量保障、提质增效，发挥党员的先锋模范作用，700 余天夜以继日推动省级天然气管道不断向井冈山革命老区延伸。2018 年 11 月 26 日，省天然气管网工程井冈山支线实现了全线投产通气，井冈山市正式迈入管输天然气新时代。把党建工作融入安全生产，促进省级管网平稳运行。省天然气管网一期工程九沙线、九昌线两条管道被新规划的芳兰组团规划区占压，管道存在严重安全隐患，天然气管道决定对改管道进行改线，立即成立芳兰组团改线连头施工项目临时党支部，切实发挥党组织和党员在急难险重任务中的作用，确保项目如期保质保量完成，确保人民群众生命财产安全，保障平稳供气。把党建工作融入市场推广，促进销气总量再创新高。2018 年 8 月 22 日，投资燃气德兴公司与江铜集团德兴铜矿及银山社区签约，正式启动“三供一业”供气分离移交改造工作，为确保重点项目安全有序进行，德兴公司党支部联合德兴高新区安监办共同成立“党员安全监察队”，历时 5 个月，江铜集团银山社区首批用户抢在新春前夕，如期用上天然气。2018 年全年建成管线 424km，投产管线 122km，省网供应天然气 20.91 亿方，同比增长 20.52%，所属控股终端企业销气 3.89 亿方，同比增长 46.24%，截至 2018 年 12 月 31 日，省网连续安全平稳运行 3115 天。

组织党员专题学习党的十九届三中全会、全国两会精神和新《条例》，搭建了“党建网校”

学习平台，紧密围绕企业中心工作开展“强化创新驱动，提升企业核心竞争力”“不忘初心使命、传承优良作风”“诵读红色家书”等形式多样的主题党日活动；组织了江西天然气板块学习贯彻十九大精神知识竞赛；所属7个党总支分别前往井冈山、莲花等教育基地举办学习贯彻党的十九大精神轮训班，共计培训党员455人，实现板块党员轮训“专题、集中、全覆盖”;将“专家讲党课、书记讲党课、党员讲党课”相结合，开展6次“党课大家讲”活动；以“双百行动”为契机，进一步贯彻落实省投资集团务虚会精神，组织开展了“抢抓机遇、勇闯新路、改革创新、共谋发展”解放思想大讨论活动，内容涵盖大讨论活动、“我为江西天然气改革发展献一策”“解放思想我先行”等主题征文活动，围绕天然气保运、技术革新、终端市场“混改”、职业经理人制度、骨干员工持股等方面举办系列论坛、讲座及成果转化活动。

（三）和谐企业建设

2012年，江西天然气各级基层党组织深入开展机关部室挂点基层活动和“五小工程”建设，实现“家文化”从机关本部到前线的纵深推进，成功举办“缘定江西天然气，共筑幸福大家庭”首届青年员工集体婚礼，极大地增强了员工的归属感、自豪感、责任感。通过以“岗位学雷锋、行业树新风”主题，广泛开展“以老带新”“爱心捐助”“义务献血”等活动，大力弘扬和践行雷锋精神，推动了学雷锋活动长期化、常态化、机制化。

2013年，进一步丰富和提升“家”文化建设内涵，完善企业文化建设规划，对企业文化建设进行全面升级，全面梳理整合现有的文化资源，提炼形成江西天然气企业精神、核心价值观，继续完善江西天然气标识的规范、全面、深度运用工作，使江西天然气标识为广大员工所认同。突出行业特点，继续强化安全文化建设，鼓励安全文化创新，完善安全文化建设制度，广泛开展员工喜闻乐见的安全教育活动，营造浓厚的安全文化氛围。

2014年，大力实施文化强企战略，深入开展机关部室挂点基层活动和“五小工程”建设，实现“家文化”纵向推进。

2015年，天然气集团党委加大统筹推进基层党建工作力度。一是强化基层和机关党建工作。全面落实“三会一课”、党员发展“双严双优”等制度，全年新发展预备党员30名，持续加强和跟踪后进基层党支部整改提高工作。二是强化党务工作者业务提升。组织党务工作者交流培训3次，提高业务能力。三是强化党群联动共建。积极开展安全知识竞赛、徒步比赛、篮球赛、爱心帮扶等活动。

2016 年，天然气板块在省投资集团党委高位推动下，始终把精神文明建设摆在企业发展的突出位置，并与生产经营、党的建设有机融合，成效显著，2016 年天然气板块 6 家单位同时荣获南昌市“第十六届文明单位”称号。积极开展“徒步比赛”“篮球友谊赛”和“安全知识竞赛”等活动，组织开展了“面对面、心贴心、实打实服务职工在基层”活动，全年组织慰问员工 65 人次，同时联系太阳村儿童救助中心，开展爱心帮扶活动，积极践行企业社会责任。

2017 年，持续深化帮扶慰问困难员工活动，结合天然气板块场站、投资企业分散，员工来自五湖四海和年轻团员居多等特点，设立了“江西天然气 · 青年说”公共服务邮箱，为各级青年员工提供了一个诉求平台。大力推动文明创建活动，天然气板块所属 5 家省级企业全部通过南昌市文明办复查。

2018 年，江西天然气持续开展“夏季送清凉、冬季送温暖、节日送祝福、日常送关爱”活动，积极开展困难帮扶工作，持续帮助困难职工，全年慰问困难职工 31 人，职工生日慰问 88 人，职工结婚慰问 2 人，职工生育慰问 8 人，职工及直系亲属住院慰问 3 人，共发放慰问金 8 万余元。积极推进省、市、县三级文明单位创建活动，调整了文明创建领导小组，制定了文明创建工作要点，组织开展了道德讲堂、“爱国主义教育”、学雷锋志愿服务、“我们的节日”主题活动。公司荣获南昌市第十七届文明单位称号。

（四）党员代表大会

2017 年 8 月 17 日至 18 日，天然气集团第一次代表大会在南昌召开。省投资集团党委副书记刘钢，总经理助理李天晓、胡若兰到会指导，来自天然气板块各级党组织 108 名代表参加会议。

大会确定了今后一个时期江西天然气发展的指导思想是：以邓小平理论、“三个代表”重要思想、科学发展观为指导，全面贯彻党的十八大、十八届三中、四中、五中、六中全会精神和习近平总书记系列重要讲话精神，牢固树立创新、协调、绿色、开放、共享的发展理念，以能源供给侧结构性改革为主线，充分发挥市场配置资源的决定性作用，健全体制机制，统筹协调发展，按照“四统一”原则和“全省一张网”模式，加快建设和完善省级天然气管网和配套设施，扩大天然气利用规模，保障天然气安全供应，深入贯彻全面从严治党要求，加强领导班子和人才队伍建设，严格落实党建工作责任制，为江西天然气发展提供可靠的政治保障。

大会选举产生了第一届天然气集团党委委员共 9 名，具体名单为（按姓氏笔画为序排列）：叶金万、孙秋平、何国群、赵雪海、胡素平、聂长文、黄强、程晓龙、詹辉。大会选举产生了第一届天然气集团纪律检查委员会委员共9名（按姓氏笔画为序排列）：李卫明、杨景、余略、陈登、赵雪海、钟良、郭洪林、郭海锋、曾彩梅。中国共产党天然气集团第一届委员会召开了第一次全体会议，会议选举何国群为党委书记，孙秋平为党委副书记。天然气集团纪律检查委员会召开了第一次全体会议，会议选举赵雪海为纪委书记，郭洪林为纪委副书记。

大会审议并通过了《关于党委工作报告的决议》《关于纪委工作报告的决议》《关于党费收缴、使用和管理情况报告的决议》。

（五）专项学习教育

2013–2014年，江西天然气各级基层党组织深入开展党的群众路线教育实践活动。紧紧围绕以为民务实清廉为主要内容，突出"践行党的群众路线，共筑江西天然气幸福大家庭"这一主题，坚持"规定动作不走样、自选动作有创新"，扎实开展党的群众路线教育实践活动，取得了明显成效。教育实践活动整改项目23个，全部已整改到位。在教育实践活动中建立了32项制度，完善修订了78项制度。天然气集团党员干部职工思想观念有了新转变，工作作风有了新改进，机制创新有了新成果，业务工作有了新进步，达到了预期的目的。

2015年，江西天然气各基层党组织扎实开展"三严三实"专题教育。天然气集团党委把组织开展"三严三实"专题教育作为一项重大政治任务，深刻领会中央、江西省委和省投资集团党委精神，精心谋划、周密部署、扎实推进。天然气集团党委组织开展了"适应新常态、迎接新挑战、争创新业绩"主题思想教育活动，组织"看一场廉洁教育片"等"十个一"活动，教育引导党员领导干部筑牢思想防线，强化"深学"确保学习实效；面对天然气供需关系转变，市场竞争将更加市场化、透明化的新形势，要求把学习讲话精神和省投资集团各项战略部署与天然气集团中心工作结合起来，以重点领域和关键环节的突破做大用气量，增加管输量，重点"实学"提升行动自觉。

2016年，江西天然气各级基层党组织扎实开展"两学一做"学习教育。

一是抓实三会一课。认真开展"两学一做"学习教育4个专题学习讨论，邀请汪玉奇教授作专题辅导。同时创新形式，将党课从会议室搬到生产一线的"田间地头"，开展了"党员入一线、微型党课进基层"、赴小平小道纪念馆主题党日、新老党员宣誓以及观看专题片《永远在路上》等一系列活动。

二是强化学习效果。把开展"两学一做"与促进生产经营、管理创新相结合，天然气板块干事创业、敬业奉献的氛围更加浓厚，实现了井冈山支线开工，芦田－鄱阳支线投产和昌南CNG加气母站试投产；鄱阳湖LNG项目第一个2万立方储罐建成投产；联合中化国际开展LNG罐箱包装运输合作；完成了江页2井钻完井工程各项工作任务，积极开展南鄱阳盆地油气地质调查，成功申报气体矿产勘查乙级资质，已取得售电业务资质。

三是突出引领作用。中国石化“川气东送”管道断裂突发事件后，天然气板块立即启动应急预案和调峰保供工作，实行24小时值班，广大党员干部始终坚守在一线，实现了正常平稳供气。防汛期间，很多党员干部和员工吃住在抗洪一线；有的连续2个月坚守一线没有回家，有的睡在农户废弃的猪圈里；这些党员干部在关键时刻的担当，保障了天然气管网在汛期安全平稳供气。页岩气公司“抬车救人”事件有效检验了天然气板块“两学一做”成效。去年7月，在乐平市涌山镇，一辆满载液化气罐的大货车与2辆三轮摩托车突然相撞侧翻，现场情况万分危急。正好路过的页岩气公司地质项目勘探小组，发挥专业特长，立即组织群众抬车救人，最终事故得到妥善处置，充分彰显了危难时刻的党员担当。

2017年3月，经天然气集团党委批复同意，党总支所属8个党支部调整为7个。截至3月底，共有党员131人，其中正式党员124人，预备党员7人。

第二节　二级企业

一、天然气管道

多年来，天然气管道党总支以“一二三四五”的工作方针开展和加强党建工作。

牢固树立一个理念。树立“围绕中心服务大局”的理念，始终把党建工作与生产经营工作一起谋划、一起部署、一起考核，努力实现党建工作与中心工作同频共振。

发挥二个核心。充分发挥基层党组织的战斗堡垒作用。建立并不断完善党总支抓党支部、党支部抓党小组、党员带员工“四级责任网络”；持续实行经营班子成员带领机关部门联系基层党支部和挂点基层站队工作制度；持续推进“三大工程”建设；大力开展“五星党支部”创建活动；全面推动“党建＋”工作；推进党建工作标准化体系建设。发挥引导示范作用。

着重三个强化。一是着重强化学习教育。抓“三级联动”机制。坚持发挥以党总支理论中心学习为龙头带动党支部、党小组学习的“三级联动”学习机制作用，通过理论中心组学习会议、专题讨论、专家授课、党支部“三会一课”、党员活动日做到党员学习全覆盖，使党的理论政策内化于心、外化于行。抓学习型党组织建设。引导党员干部树立终身学习的理念，提升干部的学习能力、实践能力、创新能力。探索建立学习考核、激励、评价机制，广泛开展“领导干部讲党课、专家讲理论、先进人物讲事迹、党员讲体会”活动。抓群众性读书活动。围绕爱读书、多读书、读好书，2013年创办莲清读书会，坚持每月组织一次莲清读书会读书心得体会交流活动,连续举办了20余期;二是着重强化监督管理。抓党章党规学习。认真组织党员学习党章党规,学习习近平总书记系列重要讲话精神,切实让广大党员把增强党性与提高能力统一起来,做到“讲党性、重品行、作表率”。积极构筑“精神高地”。在井冈山、八一起义纪念馆、韶山等地开展革命传统教育,通过重温入党誓词,学习和弘扬井冈山精神,教育党员树立和发扬党的优良传统,牢记党的宗旨,自觉加强党性锻炼。抓党章党规贯彻落实。对照《党章》和《条例》,对党员发展、党费缴纳等工作进行专项检查，促进了“三会一课”、党员发展、党务干部配备、党建经费保障等工作进一步规范,确保党建工作有序开展、健康运行;在党员发展工作中,严把发展党员“入口”关，畅通党内“出口”关。三是着重强化活动载体。公司领导通过挂点联系为基层站队解难题、办实事，参加基层活动、走访慰问、与基层员工过节日等，以“四同”等活动为抓手，组织党员干部走出机关，深入基层，服务基层。选派年轻优秀的党员到基层站队挂职锻炼，积极鼓励党员干部参与基层工作，促进机关员工和基层员工的相互学习提高。抓典型引领。在抓好传统的评先选优工作的基础上，加大典型的宣传和培育力度，扩大影响力，发挥典型的引领辐射带动作用，形成比学赶超的浓厚氛围。抓人文关怀。健全困难党员救助帮扶制度，使他们真正感受到党的温暖，提升党员的政治荣誉感和归属感。

做到四个融入。一是做到把党建工作融入到生产经营全过程。天然气管道党总支和各党支部在不断加强学习的基础上，从“发现问题、分析问题、解决问题”的角度出发，把解决生产实际问题作为党建思想政治工作策划、实施和评价的本源，针对生产经营工作中遇到的难题，采用民主生活会和“一对一”的座谈方式，进行热烈讨论，建言献策，及时解决实际问题，使天然气管道上下形成了干群同心、目标同向、工作同步的良好氛围，为完成各项目标任务提供了坚强的思想保证。二是做到把党建工作融入到企业文化建设当中。天然气管道党总支以“家”文化建设为核心，积极打造“四个乐园”，弘扬“做负责任的人，干负责人的事”的责任文化，营造“干净干事、干事干净”的廉洁文化，建立“人人学安全时时抓安全”的安全文化。三是做到把党建工作融入到“三个文明”建设当中。以强化“三个文明”建设为落脚点，提升企业软实力。强化物质文明建设。为员工创造良好的工作、生活环境，推进场站（阀室）标准化建设，深化场站“五小”工程建设，为机关员工建立阅览室、活动室，缓解员工上班疲劳。强化政治文明建设。落实党风廉政建设主体责任，营造风清气正的环境。不断增强党员领导干部廉洁自律意识，及时学习中央、中纪委有关文件精神；组织全体党员、领导干部学习《中国共产党廉洁自律准则》《中国共产党纪律处分条例》《中国共产党巡视工作条例》，及时通报违反“八项规定”等典型事例，培养干部员工的自律意识。强化精神文明建设。从 2013 年开始以文明单位创建为抓手推动公司精神文明建设，定期组织学雷锋志愿服务，积极参与帮扶共建，履行国有企业的社会责任。四是做到把党建工作融入到人才队伍建设当中。以加强“三支队伍”建设为切入点，增强企业发展后劲。针对企业发展现状，公司不断关心帮助青年员工的成长成才，加大“经营管理人才、专业技术人才和技能操作人才”这三支队伍培养、选拔、交流的力度，不断畅通“管理通道、技术通道和技能通道”，员工可根据各自的实际情况，自由选择适合自己的发展方向。

注重五项建设。一是注重思想政治建设。着力加强理论武装、政治教育、党性修养和思想工作，认真落实上级决策部署，为完成天然气管道中心任务提供动力和保障。教育引导广大党员干部自觉学习、做到真学、真懂、真信。二是注重业务能力建设。推进学习型企业和党组织建设工作，引导党员干部在平凡的岗位上争创一流业绩。三是注重干部作风建设。以加强党性锻炼，改进作风为重点，密切干部同基层员工群众的联系，引导党员干部作转变作风，服务基层群众争做表率。四是注重反腐倡廉建设。认真落实“两个责任”，以树立正确的权力观为重点，加强理想信念、廉洁从业教育，建设公司党风廉洁走廊、党风廉洁教育室。定期组织党员干部观看廉洁影片，专题学习相关规章制度，传达有关文件精神；有针对性地开展警示教育、岗位廉洁教育活动；定期约谈重点部门负责人和关键岗位人员。五是注重群团组织建设。完善党建带工建、团建、妇建的群团共建工作制度，以党建工作机制创新突破，不断巩固党的群众基础，夯实党的执政根基。支持鼓励群团组织开展各类文体活动，开展徒步走、拔河、羽毛球、乒乓球等活动，丰富员工业余生活。

2018 年 7 月，天然气管道在南昌管理处打造党建工作室。工作室主体架构有：公司简介、公司党总支简介、南昌管理处党支部简介、支部党建工作的“一个中心，两个基本点”、党建工作“十六字”总体要求、党建五大品牌（即党建 + 工匠精神、党建 + 志愿服务、党建 + 文化、先锋党建、智慧党建）、成效、电视展示墙、结束语构成。多次接受参观学习，得到省国资委和省投资集团好评。

2018 年天然气管道党总支将党建工作融入中心工作，开展“一支一项”创品牌活动，7 个支部着力打造各具特色的党建服务品牌：

行政党支部以“党建 + 帮扶，促进党员发展，解决群众实际困难”为课题。开展“学雷锋、树新风、讲奉献”主题志愿服务活动。前往结对帮扶点南昌县黄马乡白城村开展“党建 + 帮扶”慰问白城小学贫困学生暨文明单位结对帮扶活动。前往九昌段管道永修境内管段开展徒步巡线主题党日活动。

经营党支部以“急难险重项目成立临时党支部，发挥党员先锋带头作用”为课题。先后成立九昌段内检测清管临时党支部，芳兰改线连头施工项目临时党支部，充分发挥党支部的战斗堡垒作用。

生产党支部以“党建 + 生产技术交流平台”为课题。分别在南昌管理处、景德镇管理处党支部开展以“立足生产抓技术，打造平台促交流”主题技术交流活动。联合九江管理处党支部与九江华电开展技术交流，参观九江深燃工艺区，对九景线新港至双钟段天然气管道进行徒步踏线。

南昌管理处党支部以“五型班组”“党建 + 工匠精神”为课题。编制组建设方案，明确考核评定标准。每季度进行一次评比，对排名第一的站队授予“五型流动红旗”。开展安全培训检查，管道保护宣传、技能比武活动

九江管理处党支部以“积分制考核构建党员管理新模式”为课题。把党员学习工作情况以“积分”形式表现，年底根据党员分数评定出优秀党员、合格党员、基本合格党员、不合格党员。

抚州管理处以“党员队伍业务技能与政治素养‘双达标’工程”为课题，开展“党员队伍双达标”暨第二届员工劳动技能比武大赛。开展党组织、党员公开承诺工作。

景德镇管理处以“党员带头讲安全，打造安全型班组”为课题。先后举办安全讲堂和安全知识竞赛，创新了安全管理工作，让安全融入员工心中。

二、天然气投资

持续开展品牌创建，着力“三个坚持”。坚持形势任务教育常态化。每季度召开一次辅导讲座，先后邀请江西省委党校、南昌市委党校、江西干部学院等专家学者作辅导讲座。坚持党建活动载体实效化。一年一个主题，先后开展了“一争二保三促”喜迎十八大主题实践活动，“三同六当”

主题实践活动，“五讲五比”树形象·同舟共济谋发展主题实践活动，“十个精细化，促进大提升”主题实践活动，“三带三促”主题实践活动，“三带三促三比”主题实践活动等。坚持精神文明创建深入化。以“五个一”为主线开展好文明创建活动，即：每天在官方微信转载或发布一条文明信息，每个月至少开展一次志愿者服务活动、一次道德讲堂活动、一次身边好人发布工作，每个传统节日开展一次“我们的节日”主题活动。同时，积极抓好文明帮扶共建工作。

持续强化组织建设，突出“三个到位”。党组织换届选举到位。根据《党章》及《基层党组织选举工作暂行条例》规定，及时组织开展换届选举。“三会一课”制度落实到位。将基层党组织落实“三会一课”制度情况纳入了工作目标考核及评选先进单位的主要内容，并采取随机和定期的形式进行检查。党费收缴到位。完善了“一册一表一簿一证”管理制度，“一册”是党总支党费收缴登记册；“一表”是党员党费收缴标准核定表，以便核查和更新；“一簿”是党员党费缴纳情况登记簿，明确各支部党员工资基数、缴纳比例和应缴额度；“一证”是每位党员配发《党费证》，利于掌握党员的党费缴纳情况。

持续注重统筹协调，发挥“三大作用”。发挥好综治机构的稳定和谐作用。坚持正确引导，规范管理，预防矛盾激化。坚持广集信息，预知预警，每月定期开展员工思想动态调研。坚持企地联动，提升合力，加强与当地消防、公安、信访、民政、司法等部门的沟通协作，构建和谐平安体系。发挥好工会组织的凝聚力量作用。依靠工会优势，推动企业文化建设，大力开展职工知识竞赛、专题讲座、推荐一本好书等活动。丰富活动载体，凝造和谐氛围，广泛开展剪纸比赛、徒步比赛、羽毛球比赛、座谈会、青年联谊活动等。扶弱帮困，实施送温暖工程，精准建立困难职工档案，坚持“上门”慰问、跟踪帮扶，切实为困难职工解决困难。发挥好共青团组织的增添活力作用。结合青年员工思维和学习能力强的特点，充分调动和发挥青年员工的积极性和创造性，通过掌握和运用先进的科学技术，学习和适应现代管理方式，诚实劳动，勇于创新，使青年员工的年轻活力最终转换为企业的发展动力、社会进步的根本动力，为国家发展建功立业。

三、投资燃气

投资燃气党总支积极探索混合所有制企业党建工作，2014 年，在参股企业港华公司组建了党支部，2015 年，确保了企业组建和党组织的全覆盖。

投资燃气党总支依托“三共一互”这张“总蓝图”，鼓励引导各基层党支部持续优化党建共享、群团共创、安全共筑，党员素质互促的党群工作机制，把党建工作渗入企业安全生产、市场拓展和内部管理等各个环节，把党建工作成效转化为企业的发展活力和竞争实力。

四、能源投资

认真搞好党员教育活动。2013年，组织开展了党的群众路线教育活动，《国有企业领导人员廉洁从业若干规定》学习等五项活动；2014年，组织开展了“七一”红色教育、学习《习近平总书记系列讲话重要读本》、到井冈山革命烈士纪念堂开展党性教育等6项活动。2015年，组织开展了学习《习近平谈治国理政》、到小平小道纪念堂开展党性教育活动、集中收看十八届五中全会直播等5项活动；2016年，组织开展了“两学一做”学习教育、学习鹿心社书记在全省“两学一做”专题党课上的讲话、集中收看十八届六中全会直播等5项活动；2017年，扎实推进“两学一做”学习教育常态化制度化，组织党员干部集中观看党的十九大开闭幕式，聆听专家讲解十九大精神专题报告会，撰写学习心得体会，到莲花县甘祖昌干部学院开展红色爱国主义党性教育等8项活动；2018年，持续推进“两学一做”学习教育常态化制度化，深入学习贯彻党的十九大精神和习近平新时代中国特色社会主义思想，认真学习新修订的《中国共产党纪律处分条例》，扎实开展整治“怕、慢、假、庸、散”作风建设，集中学习英模团队和先进事迹，集中观看庆祝改革开放四十周年大会盛况，组织全体党员干部在萍乡市甘祖昌干部学院开展“不忘初心　艰苦奋斗”集中轮训，七一期间到南昌舰开展学习教育等12项活动，切实将十九大精神贯彻到基层、落实到一线

五、页岩气公司

坚持抓班子，重规范，增强党组织凝聚力。按照项目推进到哪里，支部就建到哪里的要求。采取“支部主导、项目主体、党员主力”模式，优化组织设置，健全决策机制，强化制度建设，使支部活动制度化、规范化、常态化。

坚持抓学习，重实践，增强党组织创造力。精心制定了《“两学一做”学习教育实施方案》，及时召开了动员部署会。开设了学习网站专栏，成立了学习交流群、举办知识测试，充分利用网络资源，打造网络讲堂，累计学习626人次，通过创造条件学、领导带头学、针对问题改、肩负责任做，页岩气公司上下掀起学习热潮，凝聚起攻坚克难的强大动力。

坚持抓党员，重管理，增强党组织战斗力。始终把纪律挺在前面。围绕“理想信念”等四个专题，累计查摆整改问题59个，真正把合格党员“做”在实处。在乐平市涌山镇车祸现场，公司地质

勘探项目小组舍身忘我，对侧翻泄漏液化气罐车组织专业化救援，避免了一起重大安全事故的发生，真正以担当兑现忠诚。

坚持抓活动，重载体，增强党组织影响力。细化“党建 +”理念，将党建工作与中心工作、重大活动、文明创建相结合，组织开展了无偿献血、爱心捐款、抗洪慰问等一系列“连心”活动，截至 2018 年底，页岩气公司连续两届荣获南昌市县文明单位称号。

坚持抓保障，重落实，增强党组织服务力。专门成立了党群工作部、综治办，定期开展矛盾纠纷排查，收集并解决员工提出的 4 方面共 29 项意见，确保了页岩气公司内部的和谐、稳定，被省投资集团评为“2015 年度综治工作先进单位”。实行“项目攻坚党员责任制”，开展重点项目挂图督战，实现了以“项目党建”助推项目建设提速。

六、管道分公司

管道分公司党总支坚持围绕“项目抓党建、抓好党建促项目”的总体思想，注重发挥党组织和党员在省网建设一线的作用，创新“项目 + 支部”党建新模式，在省网建设中发挥了重要作用。

一是强化组织领导，建强战斗堡垒。近年来，人民群众对使用清洁能源的愿望日益迫切，加快气化江西进程关系着千家万户的美好生活。特别是井冈山、赣南地区的省网建设施工，项目工期紧、建设难度大、安全风险高，管道分公司党总支革故鼎新，扭住关键破解难题，以党建引领项目建设，创新实施了“项目 + 支部”新模式。每个工程项目部成立后，及时建立了项目党支部或党小组，充分发挥党组织的战斗堡垒作用。一方面，明确安全生产、廉政建设和基层党建“一岗三责”，对施工安全、项目进度、工程质量等环节，分工负责，严格把关。另一方面，按照“一个项目、一位领导、一个班子、一套考核”的“四个一”工作机制，从“严”上要求，从“实”处着力，实行倒排工期、挂图作战，把准关键时间节点，盯紧重点施工环节，争分夺秒推进项目建设，党支部成为了工程一线攻坚克难的战斗堡垒。

二是强化学习教育，增强思想合力。项目部普遍存在建设任务繁重、年轻员工比例偏高、业务能力急需提高等实际情况，项目部党支部围绕工程建设实际，把党建活动与提升项目部员工技能相结合，积极开展工程管理经验交流、工程设计变更交流学习、外协工作培训、劳动技能竞赛等，提升项目部一线员工综合素质，为打造高素质工程管理队伍夯实基础。同时，项目部党支部还积极引导一线党员主动参与各项党建生活，以集中开展党性教育、廉洁教育、观看先进事迹纪录片、党员自学、月度集中学习等方式，重点领会理想信念、中国梦、中国特色社会主义、“四个全面”战略布局、五大发展理念、社会主义核心价值观和全面从严治党等方面的要求和内容，努力实现党章党纪、党的政策理论、习近平新时代中国特色社会主义思想入心入脑，切实提高项目部广大党员思想认识，确保了学习的针对性、实效性，达到了党建工作与省网建设相辅相成、相互促进的目的。

三是强化党员作用，当好攻坚先锋。党员是党的细胞，是党的路线方针政策的执行者，也是省网建设的骨干力量。项目党支部在工地党员中开展“当好主力军、争创先锋号”“我是党员我带头、誓为党旗添光彩”“比素质、比质量、比进度，争创一流工程”等活动，通过系列活动的开展，凝聚工作合力，激发工作热情。在项目部党支部的组织领导下，项目部广大党员主动在工程质量、施工进度、安全管理等方面承担任务，带头攻坚克难，在关键岗位挑重担，关键工作树标杆、关键时刻冲在前，在机械轰鸣的噪声和烈日炎炎的天气中度过分分秒秒，展示着江西天然气人的奉献和忠诚，形成了党员形象在建设一线树立、先锋作用在建设一线发挥、基层党建在建设一线加强的局面。

第二章　纪检监察

中国共产党天然气集团纪律检查委员会成立以来，在天然气集团党委和省投资集团纪委的正确领导下，明确了党风廉洁建设的职责，制定了一系列党风廉洁建设的制度，加强对党员和干部的廉洁教育和监督，促进企业党风的廉洁建设。

第一节　组织机构

一、天然气集团

2009年经省投资集团党委批准，成立天然气管道党委，同年12月9日，省投资集团以赣投党字〔2009〕33号文件同意成立天然气管道纪律检查委员会，叶金万、张云福、谌伟模、姚天真、郭洪林5位同志任委员，叶金万任纪委书记。

2011年2月21日，经省投资集团纪律检查委员会批准，以赣投纪字〔2011〕4号文件同意补增程晓龙同志为天然气管道纪律检查委员会委员、任纪委副书记。

2011年6月23日，经省投资集团纪律检查委员会批准，以赣投纪字〔2011〕18号文件同意将原“中共江西省天然气有限公司纪律检查委员会”更名为“中共江西省天然气（赣投气通）控股有限公司纪律检查委员会”。

2013年3月19日，经省投资集团党委批准，赵江勇同志任天然气集团纪委书记。

2013年5月9日，天然气集团纪检监察室成立。

2014年8月12日，经省投资集团党委批准，以赣投党字〔2014〕40号文件同意胡素平同志兼任天然气集团纪委书记。

2016年6月，经省投资集团党委批准，赵雪海同志任天然气集团纪委书记。历届纪委书记任职情况见表1。

序号	纪委书记	在任时间
1	叶金万	2009.12.9—2013.3.19
2	赵江勇	2013.3.19—2014.4.15
3	胡素平	2014.8.12—2016.6.25
4	赵雪海	2016.6.25—至今

二、二级企业

各投资企业及二、三级单位设置了纪检监察机构，配备了专兼职纪检监察人员，截至2017年2月22日，天然气板块共有专兼职纪检人员44人。

2014年5月6日，能源投资纪检监察室成立。

1.天然气管道

2013年11月，经天然气集团党委批复同意，天然气管道成立纪检监察室，按照公司中层副职设置，挂靠在总经理办公室，设主任1人，干事1人。

2015年12月，天然气管道党群工作部成立，纪检监察室挂靠党群工作部。

2.天然气投资

2014年8月7日，经天然气投资2014年第一次董事会批准，以赣气投字〔2014〕58号文件同意成立天然气投资企管法规与监审部。

2018年8月，经天然气投资第五次董事会批复，天然气投资成立党群工作部，纪检监察室挂靠在党群工作部。原来企管法规与监审部调整为企管法规与审计部。

3.投资燃气

2009年5月，经省投资集团批复同意，投资燃气成立监审法务部。

2013年8月22日，投资燃气“监审法务部”更名为“监察审计部”。

4.能源投资

2014年5月，经天然气集团党委批复，能源投资成立监察审计室，挂靠总经理办公室，按中层副职部门进行管理。2016年5月，根据工作需要监察审计室与党群工作部合署办公。

5.页岩气公司

2014年11月18日，经天然气集团党委批准，页岩气公司设立纪检专员。

6.管道分公司

2017年11月29日，管道分公司成立党群工作部，党群工作部设立纪检监察干事。

第二节　制度建设

2012年6月19日，党委下发了《关于进一步加强有关工作纪律的通知》（赣天然气党发〔2012〕60号）1项制度。

2013 年 9 月 9 日，党委下发了《关于印发进一步规范日常管理及干部员工行为的若干规定》（赣天然气党发〔2013〕69 号）1 项制度。

2013 年 11 月，党委下发了以《领导人员廉洁从业若干规定实施办法》《风险岗位廉能预警与防范管理办法》《纪律检查委员会案件线索管理规定》3 项制度在内的《党建管理分册》。

2013 年 12 月，天然气集团下发了《内部审计管理办法》《招投标采购活动廉洁监督工作暂行规定》《招投标备案管理制度》《效能监察暂行办法》《工程建设责任追究管理办法》《制度督查规定》《废旧资源处理监督管理制度》7 项制度。

2014 年 9 月 24 日，党委下发了《“三重一大”事项决策管理办法》（赣天然气党发〔2014〕52 号）1 项制度。

2014 年 11 月 11 日，党委下发了《贯彻落实〈建立健全惩治和预防腐败体系 2013—2017 年工作规范〉实施细则》（赣天然气党发〔2014〕67 号）1 项制度。

2015 年 2 月 5 日，党委下发了《管理人员操办婚丧喜庆事宜实行“两报告一承诺”的暂行规定》（赣天然气党发〔2015〕14 号）1 项制度。

2015 年 7 月 30 日，纪委下发了《恪守商业道德协议书》（赣天然气纪发〔2015〕8 号）1 项制度。

2015 年 8 月 10 日，党委下发了《各投资企业关于落实党风廉政建设党组织主体责任和纪检监督责任》（赣天然气党发〔2015〕49 号）和《关于落实党风廉政建设党委主体责任和纪委监督责任的意见（试行）》（赣天然气党发〔2015〕50 号）2 项制度。

2015 年 11 月 26 日，纪委下发了《关于进一步转变工作作风、提高工作效率的通知》（赣天然气纪发〔2015〕14 号）1 项制度。

2016 年 1 月 20 日，纪委下发了《履职责任书》（赣天然气纪发〔2016〕1 号）1 项制度。

2016 年 12 月，天然气集团修订、新增并下发了以《领导人员廉洁从业若干规定实施办法》《风险岗位廉能预警与防范管理办法》《纪律检查委员会案件线索管理规定》《对加强和改进作风建设、严肃工作纪律开展监督检查的暂行规定》《关于实行党风廉洁建设约谈制度的规定（试行）》5 项制度在内的《党风廉洁建设分册》。

2018 年 9 月 25 日，纪委下发了《信访举报问题线索处置办法（试行）（赣天然气〔2018〕6 号）》。

第三节　党风廉洁

党委对党风廉洁建设和反腐败工作非常重视，按照“抓源头、重预防、建机制、强教育”的工作思路，坚持把纪律和规矩挺在前面，把握运用监督执纪“四种形态”重点是第一种形态的运用，严格落实党风廉洁建设责任制，加强纪检队伍建设，大力构建“制度建设、宣传教育、监督检查”并重的惩防体系，积极推进企业廉洁文化建设，为江西天然气持续健康发展提供积极的监督保障作用。

一、天然气集团

（一）领导班子廉洁建设

1. 坚持政治理论学习

领导干部的党风廉洁建设工作直接关系到天然气集团党风廉洁和工作作风建设。领导班子成员坚持政治理论学习，加强“三观”教育，形成了遵纪守法、廉洁奉公的工作作风。

随着天然气板块不断发展壮大，在天然气集团党委的领导和各投资企业的重视下，从天然气集团领导班子到各职能部门明确了责任目标，按照“谁主管谁负责”和分级管理的原则，层层签订责任书，形成了较为健全的党风廉洁建设责任体系，增强了各级干部的责任意识。通过贯彻落实党风廉洁建设责任制，逐步建立了党委统一领导，党政齐抓共管，纪委组织协调，职能部门各负其责、广大员工支持和参与的党风廉洁建设格局。班子成员注重政治理论学习，集中学习十八大以来习总书记的系列讲话、《中国共产党廉洁自律准则》、“中央八项规定”、《国有企业领导人员廉洁从业若干规定》《中共江西省委关于落实把纪律挺在前面要求的意见》，把党员干部和重点岗位工作人员作为教育的重点，积极探索新形势下党风廉洁教育的有效形式，增强教育的针对性和实效性。按照“三转”“三严三实”“两学一做”的要求，切实做到从思想上和行动上始终与党中央保持一致。

2. 执行“三重一大”制度

领导班子始终坚持民主集中制原则，严格执行“三重一大”制度，遵守党委会、股东会、董事会、党政联席会、总经理办公会和职工代表大会的议事规则。凡属于天然气集团生产经营的重大决策、重要人事任免、重大项目安排和大额资金运作决策范围，都要集体决策，不搞一言堂，以减少工作中的失误。

3. 发扬民主，接受监督

建立和完善以职工代表大会为基本形式的民主管理和民主监督制度。在职工代表大会上，领导班子成员向职工代表进行述职述廉，总结和回顾过去一年工作，将自己遵守廉洁制度、执行廉洁纪律，以及子女、家属的就业情况向职工代表进行说明，并接受职工代表检查、测评，积极接受群众监督；全体中层干部就自己在过去一年中的工作情况和遵守廉洁制度的情况向全体职工代表进行述职汇报，接受职工代表的评议和监督。

（二）廉洁教育

党委一直把党风廉洁建设当作第一要务来抓，采取不同的形式进行党风廉洁宣传教育。

1. 全方位、全过程教育

廉洁教育，从计划、组织到实施，从年初到年末，从领导到普通员工，通过各种形式深入到各个领域、各个角落。在加强日常教育力度的同时，注重重点环节、重点项目的关注、做到令行禁止，警钟长鸣。

2. 形式多样化教育

为企业生产经营持续健康发展提供强有力的纪律保障，营造廉洁文化氛围，结合天然气集团的特点和工作实际，开展了任务明确、操作性强、内容丰富、形式多样的企业廉洁文化教育。充分发挥天然气集团的廉洁教育平台作用，有效利用网络、微信、微博、手机短信便捷的优势，着力推动网上反腐倡廉教育阵地建设。

一是每年初召开反腐倡廉建设部署会，对全年的反腐倡廉工作进行详细部署；组织召开廉洁座谈会，介绍工作经验、廉洁心得；组织廉洁知识测试，促进员工廉洁意识的增强；通过收集具有典型意义的反腐教育片，组织广大党员干部和重点岗位人员进行学习，将反面教育与正面教育相结合，用反面的事例警示人，用正面的事迹激励人。

二是在不同时期，对重点部门的重点人员，有针对性地进行党风廉洁教育。每年元旦、春节、清明、五一、中秋、国庆等重要节假日期间，提出做好廉洁工作的具体要求，层层传达关于做好廉洁工作的通知，要求各部门在营造节日气氛的同时，发扬廉洁自律作风。对关键岗位人员定期不定期地进行廉洁约谈，提醒工作中需要注意的问题，进一步增强防范意识，在日常业务工作中自觉抵制不正之风，思想上筑牢反腐堤坝。

三是自天然气集团成立之时，建立了党建专属网页，搭建了网络信息教育平台。利用信息网络进行廉洁教育，开辟了反腐倡廉在线教育，结合典型案例进行认真的剖析，聘请江西省纪委、省委党校专家进行专题讲座，学习有关廉洁自律规定等举措，提高大家廉洁自律意识，正确运用手中的权力，清清白白做人，规规矩矩办事。

四是2010年起，在板块内推行《恪守商业道德协议书》，不断强化红线意识，进一步建立健全防治商业贿赂的长效机制，深入推进反腐倡廉工作。

五是2012年起，在每年的6月—9月集中开展反腐倡廉宣传教育月活动，按照上级部署和要求，结合实际，确立宣传教育月的主题和内容，通过编制理论学习手册、反腐倡廉宣传栏、党政主要负责人讲党课、廉洁文化进走廊、开展党员廉洁承诺、廉洁约谈、论文评选等活动，使廉洁教育工作再掀新的高潮，对天然气集团所有员工进行集中廉洁教育，提高了干部职工遵纪守法的自觉性。

六是2013年8月举办了“江西天然气‘中国梦—企业梦’演讲比赛活动”。

七是2015年起，在板块内推行以“九要九戒”为主要内容的《履职责任书》，为弘扬“为社会创造和谐，为企业创造效益，为员工创造事业”的企业价值观，倡导“做负责任的人，干负责任的事”的司训，并固化到各自岗位实践，提高廉洁从业的思想意识。“九要九戒”的履行，对各级党员干部提出了更高的要求，强化各级管理人员的担当意识。

八是2015年起，每月末通过OA、腾讯通等形式发布《廉风快讯》。内容包括天然气板块的相关新闻、廉洁理论探讨、学思践悟、通报违反中央八项规定精神典型案例曝光台等方面。

九是2016年4月举办了江西天然气党风廉洁建设知识竞赛。

十是2017年1月5日召开第一期天然气板块纪检工作交流会暨内部课堂活动。内部课堂每季度一期，全年四期，每期由一名纪检干部进行专题授课，旨在搭建一个平台，充分展现天然气板块纪检人员的专业水平。截至2018年12月底，共召开内部课堂8期。

十一是2018年12月举办了“学理论、强党性、讲纪律、促发展”学习贯彻十九大精神、纪律处分条例知识竞赛活动。

（三）廉洁监督

1. 自天然气集团成立以来，实行了党风廉洁建设责任书制度，层层分解，落实到人，确保廉洁目标全面实现。

2. 纪检监察部门严格贯彻落实中央八项规定精神情况的监督检查，将其融入企业生产管理各个环节，工作中注重关口前移，按照有关规定对“庸懒散奢”不良风气，早发现早提醒早纠正。对组织纪律、出勤纪律、工作纪律等情况及公务用车动向情况检查；组织纪检人员组成检查小组开展明察暗访活动，同时采取不定时间、不打招呼等方式开展明察暗访，随时检查发现问题，堵塞违规违纪漏洞，确保工程优质、人员廉洁、干部优秀，真正构架起廉洁“高压线”。

3. 统一设立举报电话、电子邮箱、意见箱；公布省投资集团廉政账号，畅通了信访举报渠道。

4. 纪检部门围绕工程建设领域突出问题、落实中央八项规定精神、反对“四风”活动以及整治“会所中的歪风”等方面开展自查自纠、对贯彻落实“三重一大”集体决策制度情况、“小金库”、红包等问题开展专项治理。巩固和发展了重点领域、重点部位和关键环节预防腐败的长效机制。

5. 天然气集团纪委积极践行“四种形态”，针对经营管理中的风险点，以及可能存在的苗头性、倾向性问题进行廉洁谈话，不断提升广大干部职工的廉洁自律意识。

（四）廉洁档案

2016 年起，纪委根据党风廉洁建设的有关规定，建立了纪检人员廉洁档案，详实记录了个人廉洁情况，为选人用人把好关。廉洁档案包括个人基本情况、党风廉洁个人自查情况、年度考核情况、个人重大事项报告登记等内容。

（五）信访举报

天然气集团纪委制定《信访举报问题线索处置办法（试行）》，对信访举报问题线索的办理流程、分类处置方式、办理期限、立案审查、案件审理、责任追究、立卷归档等方面做出严格规定。自 2017 年以来，截至 2018 年 12 月底，认真扎实开展信访件核查工作，突出重点，强化措施，依法依规办理完毕信访举报件 11 份，办结率达 100%。

二、二级企业

（一）天然气管道

自成立以来，纪检监察室把“廉洁自律，忠于职守，履行职责，不辱使命”当成工作理念。一是理清权责，做好了每年度党风廉洁目标责任书层层签订工作；二是强化教育，对天然气管道全体员工特别是党员领导干部、重点岗位、关键人员，经常性开展党性、党风、党规党纪教育和警示教育，加强公司廉洁文化建设，促使风清气正的氛围形成；三是监督常态化，纪检监察室不仅对天然气管道招投标、物资采购、项目验收、人事任免、绩效考核等内容进行日常监督检查，还加强了对党规党纪、中央八项规定精神落实等情况进行监督检查；四是畅通信息渠道，做好了信访接待和处理工作；五是做好了天然气管道每年效能监察项目申报和结项工作。

（二）天然气投资

天然气投资纪检监察职能主要有：一是组织制定纪检、监察、审计工作管理制度及工作流程并组织实施；二是组织建立健全惩治和预防腐败体系和廉洁风险防控长效机制，开展廉洁文化建设、警示教育等反腐倡廉宣传教育，落实党风廉洁建设责任制；三是组织对“三重一大”决策执行情况、党务公开情况的监督检查，围绕天然气投资生产经营中心任务，开展效能监察工作，组织对工程建设领域治理等专项监督检查工作，组织对各类招投标、合同谈判等重大经济活动的监督工作；四是负责受理投诉和举报；五是负责配合上级纪检部门对有关案件进行查处。

天然气投资党群工作部，成立以来统筹开展天然气投资党风廉政建设与反腐倡廉工作的专业部门，为推动天然气投资有质量、有效益、可持续发展提供了强有力的政治保证和纪律保证。

一是层层落实党风廉洁建设责任制。为明确天然气投资领导班子对党风廉洁建设的责任，保障天然气投资和谐稳定发展，进一步加强和改进党风廉洁建设工作，年初，天然气投资主要负责同志与各部门、站队及其他班子成员签订了党风廉洁建设目标责任书，同时要求各部门、站队把责任具体落实到岗、落实到人。通过签订责任书，真正形成了一层抓一层、一级抓一级，层层抓落实的责任链条，以及全方位、多层面、立体式的监督体系。

二是完善制度，坚决把权利扎进制度的笼子。天然气投资始终把制度建设作为党风廉洁建设和反腐倡廉工作的重中之重，不断建立和完善党风廉洁建设和作风建设工作相关规章制度，坚持用制度管人、管物、管事，确保党风廉洁建设各项工作顺利开展。先后出台并修订了《“三重一大”事项决策管理办法》《党风廉政建设责任制主体责任和监督责任实施细则》《公务接待管理办法》《物资采购管理办法》等一系列管理制度，做到把纪律和规矩挺在前面，使纪检监察工作有章可循、有据可依。

三是形式多样地开展党风廉洁建设和反腐败工作。通过天然气投资主要负责同志带头上党课，组织开展廉洁谈话活动，微信公众号每天分享一篇关于党风廉洁建设和反腐倡廉工作的文章或者案例通报，组织干部职工赴饶州监狱开展了“做合格党员·建廉洁企业”警示教育活动，组织集中观看专题纪录片《永远在路上》，举办“两学一做”学习教育暨廉洁知识竞赛等多种形式的活动，丰富党风廉洁建设和反腐败工作。形成人人时刻紧绷作风建设这根弦，人人严守政治纪律和政治规矩的良好工作作风。

（三）投资燃气

投资燃气结合《中国共产党章程》《中国共产党廉洁自律准则》《中国共产党纪律处分条例》《中国共产党问责条例》等法律法规、党纪条例和公司党风廉政建设有关文件，编制了《投资燃气廉政宣传教育学习手册》，共计印发269份，促使公司广大党员干部进一步熟悉法规条例，提高党员干部“讲政治、懂规矩、守纪律”责任意识，强化廉洁文化建设。

投资燃气狠抓党风廉洁建设，牢牢系紧规定“风纪扣”，认真贯彻执行中央八项规定精神等有关要求，严格落实省投资集团、天然气集团等上级纪委要求，将“两个责任”纳入党风廉洁建设责任书。每年公司主要领导与班子成员、各职能部门负责人及所属企业党政负责人签订“党风廉洁建设责任书”，2015年起，在江西天然气板块内，投资燃气率先组织公司全体经理人签署以“九要九戒”为主要内容的履职责任书。及时完善并严格执行“三重一大”集体决策制度等相关规定，遵守廉洁从业若干规定，并对规定执行情况监督。2018年，为落实中纪委关于加强执纪审查安全工作的要求，配合做好“走读式”谈话工作的安全保障工作，避免发生审查安全事故事件，按照省投资集团纪委的部署，结合公司实际，制定了公司《配合做好“走读式”谈话安全工作应急预案》，将安全工作具体到事、落实到岗、责任到人，按“谁送谁领、谁接谁送”的原则，严格履行“手递手”交接程序。同时，利用公司宣传栏、OA系统、门户网站等平台实行廉洁文化进机关，丰富廉洁文化学习内容和形式，大力开展党风廉洁教育，把从严治党落实为每个支部、每名党员的导向，从基础工作抓起，从基本制度严起，持续强化党风廉洁建设，严格落实党风廉洁建设责任制，强化廉荣贪耻的文化氛围。在2018年反腐倡廉宣传教育月活动中，由党政负责人联名签发给党员家属的一封“廉洁从业家信”，居公司微信公众号的传阅量第一。通过党员家属以亲情嘱廉、以家庭助廉，传家教、树家风。结合党中央各项规定和专项查摆活动，全面发挥内部审计“查错纠弊”的职能作用，确保了公司系统的风清气正。

（四）能源投资

监察审计室是能源投资审计与监察事务主管部门，主要承担“党风廉洁建设、审计工作、效能监察”等管理工作。一是加强制度建设。截至2018年底，能源投资共建立《领导人员廉洁从业若干规定实施办法》《纪律检查委员会案件线索管理规定》《内部审计管理办法》《效能监察暂行办法》等10项制度；二是加强对党员干部特别是各部门重点岗位的领导干部的教育管理，组织集中学习《党章》、新修订的《中国共产党廉洁自律准则》《中国共产党纪律处分条例》等，定期开展廉洁约谈，班子成员定期深入基层，推进“两个责任”深入人心，在全公司形成了学廉、倡廉、履廉的氛围；三是每年定期组织党员干部到警示教育基地现场开展警示教育，不断提升党员干部廉洁自律能力；四是开展招标效能专项监察，自 2014 年起每年研究确定效能监察项目。

（五）页岩气公司

页岩气公司纪检监察职能主要有：一是强化制度建设。制定了《“三重一大”事项决策管理办法》《效能监察管理办法》《制度执行监督办法》等各项纪检制度，切实将制度笼子越扎越紧、越扎越牢。二是强化监督检查。公司就中央八项规定精神执行情况进行日常监督检查。围绕公车私用、公款吃喝等“四风”突出问题开展日常监督检查；在五一、国庆等节假期间开展“明察暗访”，持续开展业务数据统计分析。按照集团统一部署，公司定期对公司红包问题、党风政风监督、监督执纪问责情况、党风廉洁建设情况等系列纪检监察业务数据进行统计分析，做到对落实中央八项规定精神问题的情况摸清摸透。坚持参与重大事项监督，切实担负起党内监督的责任。三是强化学习教育。公司将廉洁教育与“三严三实”“两学一做”学习教育相结合，采取个人自学与集中学习相结合，深入学习党章党纪、习近平新时代中国特色社会主义思想、党的十九大精神及中纪委、省纪委历届会议精神，开展岗位廉能风险、案例警示等教育，打牢廉洁从业思想基础。四是强化廉洁宣传。组织了“树清廉家风　建廉洁企业”主题教育，开展了“红色家书”诵读会、制作了《党群之家》电子杂志、观看了反腐倡廉警示教育片《祸起贪欲》和《11.24 事故警示片》。同时以道德讲堂为载体，以“家风·家教·家书”为内容，以员工手书的方式给家人写一份“廉洁家书”，以家书传家教、以家书正家风，使家庭真正成为拒腐防变的坚强阵地，推动廉政文化建设在公司落地生根。五是强化队伍建设。充分用好党纪国法“纪律铁尺”，开展和参加各类廉洁业务培训，以党规党纪和法律为尺子，强化对纪检人员的日常教育，不断深化自身建设，锤炼忠诚干净担当的纪检监察铁军。

（六）管道分公司

管道分公司纪检监察工作主要围绕中央、省委总体部署和要求，认真组织学习并贯彻落实中国共产党第十九次全国代表大会精神、十九届中央纪委三次全会精神、习近平系列讲话精神和《中国共产党章程》《中国共产党廉洁自律准则》《中国共产党纪律处分条例》等关于党风廉政建设方面的规范性文件精神，把学习贯彻党章作为加强党风廉政教育的基础工作来抓。严格落实党风廉政建设“两个责任”,按照党的纪律、党员廉洁自律规范和党员领导干部廉洁自律规范，加强党风廉政建设，增强群众观念，改进工作作风，强化清正廉洁意识，达到从源头上预防和治理腐败的目的，从思想上筑牢拒腐防变的坚实堤防。

1. 自觉尊崇党章、践行党的理想信念宗旨、优良传统作风，严守党规党纪，认真学习贯彻中央关于反腐倡廉建设的重大决策部署和重要指示精神，落实中央八项规定精神等重要规定的要求，严格管好亲属和身边工作人员，自觉接受各方面监督。

2. 严格执行天然气集团《关于落实党风廉政建设党委主体责任、纪委监督责任的意见（试行）》，结合本部室的业务工作和实际情况，指导、督促制定工作计划，推动本部门或职责范围内党风廉政建设和反腐败工作深入开展。

3. 认真贯彻执行管道分公司制定的各项规章制度，加强对本部门人员、重点岗位的监督。

4. 按照天然气集团2018年纪检监察工作要点的要求，有针对性地开展本部门党风廉政建设和反腐败工作，把党风廉政建设与业务工作紧密结合，同部署，同落实。

5. 组织对管道分公司党风廉政建设情况的监督检查和考核，发现有党性党风方面的问题和不廉洁行为，及时谈话，督促其检查、纠正，并按规定向管道分公司党总支汇报。

6. 贯彻执行《中国共产党巡视工作条例》和省委实施办法，自觉接受巡视巡察监督，积极配合巡视巡察工作，抓好整改落实。

7. 维护内部稳定，不发生影响管道分公司和谐稳定的违纪事件。

8. 不断加强党员队伍廉洁奉公责任意识，为管道分公司营造风清气正的发展环境。

9. 其他应当履行的党风廉政建设方面的责任。

第四节　效能监察

效能监察作为廉洁建设的一个重要手段，它对改善管理，提高效率、效益，有着不可替代的作用。天然气集团纪委本着为企业服务、提高企业经济效益的宗旨，围绕企业的中心工作开展效能监察工作。

一、天然气集团

（一）天然气集团效能监察制度

2013年12月建立了《效能监察暂行办法》专项制度，规范了工作程序，围绕企业中心工作，抓住生产经营、基本建设管理中的重点、难点、弱点和群众反映强烈的热点问题，查找企业生产经营、基本建设活动中存在的问题和薄弱环节，发现管理缺陷，纠正行为偏差，促进企业自我规范和自我完善，规范生产经营、基本建设管理行为，堵塞管理漏洞，提高企业效能的综合性管理监控工作。

（二）天然气集团效能监察工作

1．“筑牢安全管理基础，确保生产建设平稳进行”效能监察

2013 年，是江西天然气板块“安全管理强化年”，天然气属易燃易爆高危行业，安全直接影响着企业的效益和发展。江西天然气事业起步较晚，安全管理经验相对不足，而工程建设和生产运营却在快速推进中，迫切需要强化安全管理，提高员工安全操作技能和管理水平，确保工程建设和生产运营安全有序进行，促使企业稳健发展。效能监察领导小组根据工作实际，提出四个方面的目标：

（1）确保全年生产建设持续安全稳定；

（2）全年天然气销售突破 6 亿方；

（3）天然气管网建设达到 1200km；

（4）安全管理工作进一步强化，员工安全生产技能水平进一步提高。

通过各方的大力支持，当年效能监察取得了四项成果：

（1）截至 2013 年 11 月 30 日，江西天然气管网连续安全运行 1263 天，投产运行以来安全运营态势持续平稳。

（2）截至 2013 年 11 月 30 日，一年来省级天然气管网供应天然气 67874.5496 万方。

（3）截至 2013 年 10 月 31 日，累计建成长输天然气管道 1227.876km；投产运行长输管道 719.876km，城镇燃气管道 269.188km。

（4）开展各项安全生产检查项目 16 项，发现安全隐患 260 余项，整改率超过 95%，对暂时不具备整改条件的制定了监控防范措施和应急预案。

2．“增强制度执行力，提高企业科学化管理水平”效能监察

2014 年，在天然气集团完成了制度汇编工作后，为全面实现信息化办公，提高工作效率，节约办公成本，企业管理部协调各部门与信息管理中心完成了三大事项：

（1）梳理流程：1）待整理上线的流程；2）待优化的已上线流程；3）无需修改的已上线流程；

4）不宜上线的流程。

（2）整理优化流程：针对待整理上线的流程和待优化的已上线流程，各部门根据实际工作的需要进行整理和优化，并将完善后的流程提交至信息管理中心。

（3）OA办公流程升级：信息管理中心汇总各部门提交的流程修改完善方案后完成OA系统办公流程的全面优化和升级。

整个过程通过积极推进制度的贯彻与实施，强化了员工的制度管理意识，提高了制度的科学性和可操作性。

3.“加强信息化网络安全管理，构建VPN安全网络系统”效能监察

2015年，天然气集团聚焦企业生产经营管理过程的关键部位和薄弱环节，有关业务部门进行充分协商论证，按好中选优的原则确定加强信息化网络安全管理，构建VPN安全网络系统为今年的效能监察项目。目的在于加强天然气集团信息安全，为此制定了一个责任明晰、管理科学、运行有序的管理体系，组织开展制度汇编工作，完成汇编《江西天然气统一安全接入平台方案》《企业网络安全管理分册》和《SSL VPN操作手册》《Easy Connect使用说明》；进行网络安全宣贯活动，具体为：共编制上墙制度牌17块、移动端操作培训6次142人次参与、编制宣传操作手册5本，截至2015年7月VPN平均每天在线使用人数400人以上。整体实现了安全化、信息化、高效化的办公模式，并取得了以下积极的成效：

（1）搭建了学习网络安全的平台，增强了员工的安全意识、提高了效率。

（2）通过广泛征求意见并结合工作实际，不断提高制度的科学性和可操作性，有效推进了SSL VPN安全网络系统的实施，改进了工作模式，保障了网络办公安全，提高了工作效率，树立了良好的企业形象。

（3）VPN可以通过减少长途费用来节省企业的花费。减少出差约600人次\年，在该项上每年将节省30万元。

（4）VPN可以以每条连接的40%到60%的成本对租用线路进行控制和管理。对于话音数据，节约金额会进一步增加。

（5）采用VPN后，减少不断增长的网络设备费用，根据目前规模来看（网络服务器10000元\台、路由器160元\台、5口交换机80元\台、5口排插50元\个），为公司节省设备采购成本约30万元。从根本上降低了企业运营管理成本，全面提升了天然气板块制度化管理水平，

为企业的健康快速发展提供了内在动力。

（6）在线交易都需要绝对的安全，在现有的企业认证服务器上，提供对分布用户的认证。另外，VPN 支持安全和加密协议，如 Secure IP（IP sec）和 Microsoft 点对点加密（MPPE）。

（7）VPN 的网络安全管理模式及成效将对网络管理产生积极的示范作用，促进板块办公网络朝着安全化、高效化、科学化方向迈进。

4.“加强‘三会’管理机制建设，全面升级企业管理水平”效能监察

2016 年，天然气集团发展进入关键环节，天然气集团法人治理结构的健全和完善直接关系到企业制度改革的进程和终止成效，影响企业的运作和经营效益。因此，建立和完善现代公司法人治理结构是一项任重而道远的工程。天然气板块所属企业较多，股权结构复杂，建立健全科学的“三会”管理机制成为天然气集团完善法人治理结构的必要途径。通过规范“三会”管理机制，完善“三会”管理流程，完成三大事项：

（1）责任部门明确化

各投资企业需落实“三会”事务管理部门（或董事会秘书）。其主要职责包括：

1）负责按照《公司法》和公司章程规定协调“三会”会议的筹备和记录；

2）负责制作和保管“三会”会议档案及其他会议资料文件，保管企业股东、董事、监事和高级管理人员的名册和相关资料；按时向股东报送董事会（股东会）会议档案；

3）协助股东、董事及监事行使权利、履行职责、处理企业董事会闭会期间发生的日常事务等

（2）议案申报合理化

通过规范各投资企业“三会”议题的申报时间、形式和流程，实现“三会”议案申报的合理、规范化：

1）各投资企业应在年初制定定期会议计划，并在上半年完成会议的召开。会议组织召开前一个月需将议题向股东、董事及监事征求意见，经同意后方可着手编制会册材料（初稿）。

2）各投资企业完成会册材料（初稿）编制后，需在会议组织召开 20 日前提交天然气集团“三会”管理部门进行初步审查，审查内容主要包括议题材料合法合规性、完备性和程序合规性等。公司按照审核意见进行材料补充或修改后方可编制会册材料（审议稿）。

3）各投资企业需在会议组织召开 15 日前将会册材料（审议稿）提交股东及参会人员。股东单位“三会”管理部门负责向各业务职能部门征集意见（包括但不限于对审议事项的合理性、

可操作性、预期回报等予以审查，并提出具体意见）形成意见概要表，并于会前5日将意见概要表发至天然气集团委派的参会人员。

（3）档案整理标准化

各投资企业需按要求将“三会”材料及时报送至天然气集团备案。

通过规范、完善天然气板块各投资企业股东会、董事会、经理层和监事会等组织机构的管理，明确各自职权，理顺相互关系，健全运作制度，在各投资企业内部建立起权力机构、决策机构、执行机构和监督机构，各机构权责分明、团结合作、相互制衡、运作高效的机制，使天然气板块真正成为“自主经营、自负盈亏、自我发展、自我约束”的法人实体和市场竞争主体。该项目荣获省投资集团授予的“2016年效能监察项目鼓励奖”。

二、二级企业

（一）投资燃气

投资燃气围绕中心工作，每年认真深入开展效能监察工作，组织各所属企业效能监察立项。抓住生产经营、基本建设管理中的重点、难点、弱点和群众反映强烈的热点问题，查找企业生产经营、基本建设活动中存在的问题和薄弱环节，对管理缺陷、行为偏差进行纠正，进一步促进企业自我规范和自我完善，强化执行力，提高企业效能的综合性管理监控工作。

第五节　内部审计

内部审计工作服务企业发展大局，认真履行职能，紧紧围绕企业发展的中心任务，把堵塞企业漏洞、增收节支、加强企业管理、提高经济效益作为内部审计工作的出发点和落脚点，坚持从治理、机制和制度层面揭示问题、提出建议，以内部控制和风险为导向，充分发挥内部审计对企业经济安全、健康运行的“免疫”功能，为企业加速发展做好监督工作。

一、天然气集团

（一）机构与制度

自天然气集团成立以来，明确了内部审计职责，设置了专兼职审计人员，制定了《内部审计管理办法》，明确内部审计在反腐倡廉中的作用，充分发挥内部审计的监督、评价、控制和增值服务等职能。天然气集团制定了《2016—2018年度内部审计工作规划》，促进审计工作的计划性和科学性。

为适应新常态，内部审计工作重点放在促发展、促管理、促效益、强化内控、防范风险上，内容涉及企业生产经营、资金使用、资产管理、重要人事任免、项目决策等方面，对企业在“三重一大”决策制度、经营风险控制、内控制度执行以及费用预算编制等指标完成情况进行了真实性评价。五年来开展固定资产审计、财务审计、工程物资专项审计、离任经济责任审计、工程竣工决算审计等审计。

随着企业管理发展的需要，内审工作不再局限于传统的事后监督，更多的是事前预防与事中控制，内审的职能也从传统的“查错防弊”向为内部管理服务进行转型，重点也从内部检查和监督向内部分析和评价方面转变，审计对象也不仅仅局限在会计报表、账本、凭证及相关资料，重点关注制度建设、经济合同、经济目标、内控管理是否科学等方面。

对江西省国资委监事会、省投资集团监审部在历次审计中提出的意见和建议，制定整改任务清单，任务分解到相关部门，实时反馈，及时上报具体的整改措施和落实情况。

（二）审计工作

2011 年—2016 年，天然气集团在总经理和部门负责人的领导下，开展常规审计、经济责任审计、内部控制制度审计、基本建设工程和技改、修理工程审计、工会经费审计。通过内部审计，完善了各项内控制度，规范了会计核算，促进了财务管理，合理降低了工程及生产成本，规避了经营风险。详细情况见表 2

报告名称	审计编号	审计内容	审计年限
抚州抚北天然气有限公司原任总经理姚天真离任经济责任的审计报告	赣气控股字〔2013〕68 号	2010 年 2 月 8 日至 2013 年 5 月 18 日抚州抚北天然气有限公司原总经理姚天真任职期间的经济责任审计	2013
江西天然气鄱阳有限公司原任总经理程晓龙离任经济责任的审计报告	赣气控股字〔2013〕69 号	2012 年 8 月 16 日至 2013 年 6 月 8 日江西天然气鄱阳有限公司原总经理程晓龙任职期间的经济责任审计	2013
高安市天然气有限公司原任总经理林爱民离任经济责任的审计报告	赣气控股字〔2014〕64 号	2009 年 8 月 1 日至 2014 年 1 月 7 日高安公司原总经理林爱民任职期间的经济责任审计	2014
新余燃气有限公司原任总经理傅新生离任经济责任的审计报告	赣气控股字〔2014〕118 号	2010 年 3 月 9 日至 2013 年 12 月 17 日新余燃气有限公司原总经理傅新生任职期间经济责任审计	2014
江西遂川天然气有限公司原任总经理吁安离任经济责任的审计报告	赣气控股字〔2014〕144 号	2013 年 2 月 18 日至 2014 年 9 月 26 日遂川天然气有限公司原总经理吁安任职期间经济责任审计	2014
江西天然气昌南有限公司原任总经理江汉军离任经济责任的审计报告	赣气控股字〔2015〕75 号	2012 年 12 月 21 日至 2014 年 9 月 26 日昌南有限公司原总经理江汉军任职期间经济责任审计	2015
高安市天然气有限公司原任总经理刘建伟离任经济责任的审计报告	赣气控股字〔2015〕78 号	2013 年 12 月 31 日至 2015 年 3 月 23 日高安天然气有限公司原总经理刘建伟任职期间经济责任审计	2015
江西天然气抚州清洁能源有限公司原任总经理蔡升鑫离任经济责任的审计报告	赣气控股字〔2015〕79 号	2013 年 7 月 5 日至 2015 年 3 月 23 日抚州清洁能源有限公司原总经理蔡升鑫任职期间经济责任审计	2015

报告名称	审计编号	审计内容	审计年限
江西天然气赣州清洁能源有限公司原总经理艾桂根离任经济责任的审计报告	赣气控股字〔2015〕97号	2013年7月31日至2014年9月26日赣州清洁能源有限公司原总经理艾桂根任职期间经济责任审计	2015
江西天然气新余清洁能源有限公司原任总经理汪俊秀离任经济责任审计报告	赣气控股字〔2016〕72号	2012年9月10日至2015年12月22日新余清洁能源原总经理汪俊秀任职期间的经济责任审计	2016

表2　内部审计情况表

二、二级企业

（一）投资燃气内部审计

1. 每年组织审计小组对投资燃气所属企业及部分参股企业进行年度内部审计，查错纠弊，提高企业规范管理水平；

2. 牵头组织对达到决算条件的所属企业，进行工程决算审计工作。

第三章 工会工作

天然气集团工会委员会在天然气集团党委的正确领导下，坚定不移地贯彻党的全心全意依靠工人阶级的方针，认真执行《工会法》和《中国工会章程》，认真做好工会组织自身建设，做到“政治上保证，制度上落实，素质上提高，权益上维护”，工会组织在企业改革、经营管理中的作用得到充分发挥，广大员工的积极性、主动性和创造性得到充分调动。

第一节 组织机构

一、天然气集团

2012 年 2 月 28 日省投资集团工会委员会批复同意天然气集团成立工会委员会。

2012 年 6 月 25 日天然气集团召开了第一届全体职工大会，会议选举产生了天然气集团第一届工会委员会委员，胡素平、杨文国、钟艳、沈琼、刘文五位同志当选为第一届工会委员会委员。

2012 年 11 月 26 日天然气集团设立了工会专用存款账户。

板块各公司积极开展工会各项基础宣传工作，通过自愿报名的方式，发展和吸纳工会会员，并对每一位入会会员的基本资料进行了详细登记，截至 2016 年底，江西天然气板块共有 1781 名员工登记入会，入会率达 100%。

维护职工合法权益是工会的基本职责。2014 年 8 月天然气集团成立了工会办公室，主要负责天然气集团系统工会工作，在天然气集团党委领导下，依照《工会法》《中国工会章程》《劳动法》等法律、法规，组织、指导、协调公司系统工会工作，切实发挥工会组织的各项职能，促进职工和企业共同发展。

2018 年 4 月 25 日，工会办公室与党委办公室、团委、综治办公室合并，更名为党群工作部，编制为 7 人。

2018 年 11 月 16 日，天然气集团工会第一次会员代表大会隆重召开。选举产生了天然气集团工会第一届委员会、经费审查委员会和女职工委员会委员。其中，天然气集团工会委员会委员共 15 名，分别是李小坚、李平、吴升甫、何军、余珣、余群生、周继来、赵江勇、姚勇、高文霞、梅敏、康小松、喻琴琴、温宏达、熊骏飞。天然气集团工会经费审查委员会委员共5名，分别是吴升甫、沈琼、黄园、盛茌苹、喻琴琴。天然气集团工会女职工委员会委员共5名，分别是叶露、刘莹、高文霞、黄秀华、黄玮。大会选举周继来为天然气集团工会主席、李平为天然气集团工会副主席。选举吴升甫为天然气集团工会经费审查委员会主任。选举高文霞为天然气集团工会女职工委员会主任。

二、二级企业

1.天然气管道

2008年7月，经省投资集团工会委员会批准同意，天然气管道工会委员会成立。

2013年4月17日天然气集团工会委员会批复，同意召开天然气管道工会第一次会员（职工）代表大会。会议选举产生了第一届工会委员会。

2016年10月31日，天然气管道召开了第二届职工代表大会，会议选举产生了第二届工会委员会，姚勇为工会主席，组织委员余略，宣传委员王小妹，女工委员高文霞，文体委员谭伟，生活委员陈镜宇，委员赵婷婷。

2019年1月29日，天然气管道召开了二届三次职工代表大会，大会向全体职工汇报了2018年度工作报告、2018年工会经费使用情况说明和2018年度工会提案报告。

截至2019年5月，天然气管道工会会员383人，入会率100%。

2.天然气投资

天然气投资工会于2012年经天然气集团党委批复成立，设有工会委员5人，其中含工会主席1人，另有工会干事2人。工会办公室设在总经理办公室（兼党群工作部），2018年12月工会办公室设立在党群工作部。2012年12月18日，工会设立了专用存款账户，并同步兼设了工会会计、出纳各1人。工会会费来源一部分每年按比例从工资总额中计提，另一部分由工会会员缴纳。工会自成立以来，通过采取自愿报名的方式，发展和吸纳工会会员。截至2018年12月底，天然气投资员工入会率为100%。

2012年3月22日，天然气投资召开第一次职工代表大会，审议通过了《第一届工会委员会委员选举办法》，并选举产生了第一届工会委员会委员。康小松、李卫明、洪艳萍、易明亮、贾美胜同志当选为第一届工会委员会委员，康小松同志担任第一届工会委员会主席。

2014年2月20日，天然气投资召开第二次职工代表大会，公司董事长何国群出席会议并作重要讲话。会议审议了工会2013年度工作报告和提案工作报告，表彰了优秀工会积极分子、优秀工会工作者。

2015年2月9日，天然气投资召开第三次职工代表大会，公司董事长何国群出席会议并作重要讲话。会议审议了工会2014年度工作报告和提案工作报告，并表决通过了《关于公司企业年金实施办法的决议》。

2015年12月18日，天然气投资召开第四次职工代表大会，审议了工会2015年度工作报告和提案工作报告。

2016年7月22日，工会委员会研究通过了《江西省天然气投资有限公司工会经费使用管理办法》，进一步加强了对天然气投资工会经费的使用与管理，明确了工会经费的开支范围、开支标准、审批程序和批准权限。

2018年2月2日，天然气投资按照程序进行了工会委员的换届选举工作，新一届工会委员为：康小松、李卫明、邓勇平、孙玉萍、李小坚、袁光、江艺青，由康小松担任工会主席，本次大会审议并通过了公司2018年工作报告、财务工作报告以及二届一次职代会提案工作报告，并由康小松代表广大职工与公司主要领导签订了集体合同。

3. 投资燃气

2012年5月31日天然气集团工会委员会批复，同意投资燃气成立工会委员会。

2012年5月31日，天然气集团党委批复同意，成立了投资燃气工会委员会

2012年6月21日，投资燃气工会第一次代表大会在南昌召开，通过《公司工会委员会选举办法（草案）》并选举产生公司第一届工会委员：赵雪海（筹备组组长）、汪俊秀、曾彩梅、李德平、王宇伟。

2015年4月23日，天然气集团党委批复同意投资燃气工会增补委员。增补刘绚、胡红、涂美佳、朱珠为工会委员，汪俊秀、曾彩梅和李德平不再担任投资燃气工会委员。文体委员：王宇伟；宣传委员：刘绚；女工委员：胡红；财务委员：涂美佳；组织委员：朱珠。

2016年9月12日，投资燃气工会第二次代表大会在南昌召开，通过《公司工会委员会选举办法（草案）》并选举产生公司第二届工会委员。组织委员：朱珠；文体委员：王宇伟；经审委员：涂美佳；女工委员：李琼；青工委员：肖瑾萱；宣传委员：刘绚。

投资燃气所属14家控股企业，目前已有11家企业成立了工会。

截至 2018 年底，组织委员朱珠调离，未重新选举组织委员。

4. 能源投资

2013 年 12 月 13 日，经天然气集团党委批复同意，能源投资工会委员会成立。

2014 年 8 月 1 日，能源投资召开第一届工会会员代表大会，会议选举产生第一届工会委员会委员。2014 年 9 月 1 日，经天然气集团党委批复同意，赵江勇、钟良、黄邈、乐翀、龚才良任能源投资工会第一届委员会委员，赵江勇任工会主席。

2017 年 12 月 12 日，能源投资召开第二届工会会员代表大会，会议选举产生第二届工会委员会委员、经费审查委员、女工委员会委员。

2017 年 12 月 15 日，经天然气集团党委批复同意，赵江勇、姚渡、黄邈、龚才良、何芳仪任能源投资工会第二届委员会委员，赵江勇任工会主席；何祖洪、乐翀、肖俨芸任能源投资经费审查委员，何祖洪任经费审查委员会主任；余珣、王郁姿、黄邈任能源投资女工委员会委员，余珣任女工委员会主任。

截至 2018 年底，能源投资下辖基层工会组织 3 个，会员总数 192 人，其中女会员 64 人。

5. 页岩气公司

2014 年 7 月 21 日天然气集团工会委员会批复，同意页岩气公司成立工会委员会。

2014 年 7 月 21 日，经天然气集团党委批复同意，页岩气公司成立了工会委员会。

2014 年 12 月 25 日，召开了第一届工会会员大会，会议审议通过了《江西页岩气投资有限公司工会第一届委员会委员选举办法（草案）》，并选举产生了第一届工会委员会委员，姚天真、黄玮、钟佳三位同志当选为第一届工会委员会委员。经上级党委组织批准，姚天真为页岩气公司工会委员会主席。

2015 年 3 月 19 日，设立了工会专用存款账户。页岩气公司积极开展工会各项基础宣传工作，通过自愿报名的方式，发展和吸纳工会会员，并对每一位入会会员的基本资料进行了详细登记，截至目前共有 38 名员工登记入会，入会率达 100%。

2017 年 12 月 29 日，召开了一届二次职工（会员）大会，会议审议通过了《江西省页岩气投资有限公司第二届工会委员会委员选举办法（草案）》并选举产生公司第二届工会委员，余群生、掌英、傅方妹、肖潇、钟佳五位同志当选为第二届工会委员会委员。经上级党委组织批准，余群生为页岩气公司工会委员会主席。

2019年1月21日，页岩气公司召开了二届二次职工（会员）大会。

2019年4月9日，经天然气集团党委批复同意，页岩气公司工会增补委员。增补黄玮、张诚潇、赵建美为工会委员，掌英、傅方妹、钟佳不再担任公司工会委员。

截至2018年底，页岩气公司共有34名员工登记入会，入会率达100%。

6. 管道分公司

2017年1月10日，经天然气集团党委研究批准，管道分公司工会委员会成立。2月16日，管道分公司第一次职工代表大会顺利召开，会议选举产生了公司第一届工会委员会委员。其中：温宏达为公司工会主席。

截至2018年底，管道分公司工会委员会委员分别为：工会主席温宏达、女工委员张春燕、组织委员黄俊华、宣传委员刘淑琴、生活委员马亮、文体委员戴智勇、经审委员喻琴琴，管道分公司工会共有正式会员144人。

第二节　职工权益与人文关怀

一、天然气集团

为妥善处理天然气集团劳动争议、保障天然气集团和员工的合法权益，维护公司正常的生产经营秩序，天然气集团设立劳动争议调解领导小组。组长由天然气集团党委书记担任，副组长由天然气集团工会主席担任。并制定《江西省天然气（赣投气通）控股有限公司劳动争议调解处理工作制度》。

天然气集团根据《中国工会章程》《工会女职工委员会条例》和《女职工劳动保护特别规定》，制定了《江西省天然气（赣投气通）控股有限公司女职工关怀管理办法（暂行）》。

为推进企业人文关怀，切实为困难职工排忧解难，结合天然气集团实际制定了《江西省天然气（赣投气通）控股有限公司困难职工帮扶管理办法》，对职工本人或直系亲属患重大疾病导致家庭困难或双下岗、工作在一线的困难职工进行慰问。

天然气集团积极开展“爱心活动”，实施“平安工程”精神，把企业的关心送到员工心中，制定了《江西省天然气（赣投气通）控股有限公司职工及直系亲属住院和丧事事宜管理办法》。对职工本人及直系亲属住院的进行慰问。患重大疾病的职工（含离退休职工），在原慰问费用的基础上增加200元。对职工本人及直系亲属亡故的进行慰问，单位和部门各送花圈一个，提供用车方便，工会办公室负责组织有关善后事宜。

为弘扬天然气集团企业文化，体现人文关怀，让每位员工感受到“家文化”的温暖，工会在第一时间送去生日蛋糕券和公司总经理签名的生日贺卡。

2018 年，按照《江西省基层工会经费收支管理实施办法（试行）赣工发〔2018〕1 号文件，工会会员生日慰问，每年每人可发放不超过300元的生日蛋糕等慰问品（含指定蛋糕店的蛋糕券）。工会会员结婚、符合政策的生育，分别可发放不超过 600 元的慰问品。工会会员退休离岗，可以工会小组为单位召开座谈会（可备适当的干鲜水果）予以欢送，同时可发放不超过 1000 元的纪念品。工会会员生病住院，应予看望慰问（一年内同一病种慰问一次），不动手术的给予不超过 600 元慰问金，动手术的给予不超过 1000 元的慰问金。工会会员去世时，可给予不超过 2000 元的慰问金；其直系亲属（限于配偶、父母、子女）去世时，可给予不超过 1000 元的慰问金。

二、二级企业

1. 天然气管道

为了更好体现对员工的重视，加强“家文化”建设，切实做好人文关怀工作，构建和谐企业，天然气管道印发了《公司职工人文关怀管理规定》，进一步规范了员工生小孩及生病住院的慰问、丧事的慰问、家庭灾难的慰问。

积极推进“五型”班组建设，围绕安全生产、精细管理、技能创新，规范管理等方面，以创建“学习型、安全型、技能型、创新型、和谐型”班组为核心，着力加强班组的基础管理和标准化建设，提升天然气管道安全生产管理水平和核心竞争力，提高员工队伍的整体素质。持续开展各类劳动竞赛和技能比武活动，激发员工积极学习、钻研技术的热情。开展三八女神节活动，连续开展四届艾溪湖湿地公园徒步行走比赛，连续开展两届“舌尖上的场站”厨艺大比拼活动。开展“庆八一”建军节暨退伍军人座谈会，举办员工书法、摄影、绘画比赛。开展员工乒乓球、篮球、羽毛球比赛，积极参加省投资集团职工运动会。

2. 天然气投资

职工权益：2015 年 2 月 9 日，天然气投资召开第三次职工代表大会，天然气投资董事长何国群出席会议并作重要讲话。会议审议了工会 2014 年度工作报告和提案工作报告，并表决通过了《关于公司企业年金实施办法的决议》。

2015 年 12 月 18 日，天然气投资召开第四次职工代表大会，审议了工会 2015 年度工作报告和提案工作报告。

人文关怀：天然气投资工会积极开展“进百家门、知千家情、暖万人心”送温暖活动，把组织的关怀带到职工家庭，为职工献爱心。每年春节期间，天然气投资领导都要带头深入基层一线，对偏远地区来江西务工、春节期间仍坚守岗位的职工进行关心和慰问，对困难及特困职工发放爱心补助金。每当员工发生婚、丧、病、娶时，公司工会都会组织参加或探望，并给予适当慰问金；员工生日时，提前给员工准备由天然气投资领导签名的生日贺卡以及生日蛋糕券。为了使员工吃上放心水果，天然气投资工会在赣州分输站栽种了500余棵果树，包括脐橙、脐橘、蜜柚等。

3. 投资燃气

职工权益与人文关怀上，投资燃气关注职工情感需求，充分发挥出工会桥梁和纽带作用，注重人文关怀，积极开展帮扶互助，建立了困难员工联系机制，努力解决员工实际困难，在各项慰问费用规范使用的情况下，对于职工生小孩、生病住院等情况，工会都会派代表送上公司的关怀。对于基层企业一线员工，完善建立了送清凉机制，每年8月份左右，由投资燃气领导带队分赴所属企业开展“送清凉、送问候”等活动，表达投资燃气对生产一线高温岗位员工的关心与爱护，加强上下沟通。

4. 能源投资

为更好地保障职工依法行使民主管理权利，进一步深化企业民主管理，充分调动发挥广大职工的积极性和创造力，推动企业提高管理水平和经济效益，能源投资工会在能源投资党总支指导和支持下，根据我国《工会法》《劳动法》《劳动合同法》《公司法》，以及江西省《企业职工代表大会条例》的规定，及时指导和督促各基层工会组织职工通过民主选举组成职工代表大会，行使民主管理权力，对于切实保障和发挥能源投资和所属企业工会组织、职工代表在审议重大决策、实行民主监督、职工维权等方面的权利与作用发挥了重要促进作用。

能源投资工会在能源投资党政支持下，通过职代会、内网、发布大事记和设立司务公开栏等多种方式，定期向干部职工公开企业重要事项、改革发展动态、职工利益事项、党风廉洁建设等方面的重大事项，切实保证员工民主管理的权利和知情权、监督权。

能源投资工会始终围绕履行好“服务基层、服务职工”的职责，大力夯实基础工作，积极协助公司党政做好员工思想调查和关心职工、问计群众等工作。整理会员简历和花名册，并逐年更新完善。建立困难职工档案，不断规范档案台账管理。截至 2018 年，更新会员档案 192 件，职工入会率达 100%。

能源投资工会认真贯彻建立健全基层工会联络员制度的要求，充分发挥各级工会联络员在密切联系群众、参与企业民主管理方面的积极作用，不断健全能源投资内部联络和信息报送机制，组织各基层工会及时上报工会工作信息，认真办理基层工会组织和广大会员提交的意见和建议，有效地促进了工会宣传工作的开展。

能源投资工会始终坚持民主决策、按章办事。坚持评优评先、资金支出和重要活动必须事先征求基层工会组织和职工意见，经工会委员会集体民主研究并报请公司党总支研究决定；认真贯彻全总和上级工会有关规定和要求，严格依法依规管理工会经费，确保每一分钱用在职工身上，并定期公开经费收支情况，自觉接受会员监督。

在能源投资党组织和上级工会指导下，能源投资工会积极开展合理化建议活动，充分调动职工建言献策的积极性。确保合理化建议活动征集、评审、实施、督办、反馈“五落实”，推动合理化建议活动制度化、经常性开展。2016 年 8 月，能源投资面向全体员工广泛征集内部管理、生产运行、资金管理、安全管理、项目和市场开发、客户服务等方面的创新案例（方案）与合理化建议，共征集合理化建议 27 条、技术交流论文 5 篇，并组织评审表彰活动。有效调动和激发了广大职工干事创业的热情和聪明才智，推动了能源投资及各控股企业加快技术和管理创新步伐。

2017 年 11 月，为充分调动和激发干部职工积极投身企业民主管理和技术进步、管理创新的热情，推动合理化建议活动深入持久开展，与能源投资安全生产委员会联合组织开展了第二届合理化建议活动共收到建议 36 条，并进行评选和表彰活动。

2018 年 10 月围绕企业中心任务和重要工作，突出实用性强、覆盖面广的要求，推动合理化建议活动深入持久开展，与能源投资安全生产委员会联合组织开展了第三届技术进步和管理创新案例（方案）暨合理化建议活动，共收到建议 25 条，并进行评选和表彰活动。

2018 年与能源投资安全生产委员会共同组织开展班组建设前期工作，促进基层场站一线员工加强日常工作技能培养和岗位能力建设。

在上级工会和能源投资党组织的指导和支持下，能源投资工会时刻把职工的冷暖放在心上，牢记群众利益无小事，坚持做好服务基层、服务职工群众。做好生日、病丧慰问等人文关怀，每年春节前夕慰问能源投资困难职工，定期在酷暑高温节气到基层单位开展“走基层、送清凉”活动，由领导班子成员分头带队为所有基层企业员工送去防暑降温药品和慰问品。

5. 页岩气公司

工会部门以关心员工生活、为员工办好事办实事为己任，发挥工会桥梁纽带作用，当好员工的“娘家人”，切实关心了解员工家庭生活、工作状况、身体状况，做好人文关怀方面的工作，努力为员工排忧解难。工会对家庭困难的员工建立困难档案，给予困难补助，使员工感受到组织的关怀。2017 年 7 月，在建军节 90 周年前夕，组织开展退伍军人慰问活动。关注和维护女职工合法权益和特殊利益，关心女职工身心健康，开展“三八”妇女节慰问女职工活动。

6. 管道分公司

管道分公司工会将全面贯彻党的十九大精神，以习近平新时代中国特色社会主义思想为指导，深入学习贯彻习近平总书记关于工人阶级和工会工作的重要论述，围绕公司总目标，充分激发职工劳动热情和创造活力，着力做好工会服务工作，把工会组织建设得更加充满活力、更加坚强有力，切实提升职工群众获得感、幸福感、安全感。

第三节　劳动竞赛与文体活动

一、天然气集团

1. 劳动竞赛

认真组织开展劳动竞赛是工会“建设、维护、参与、教育”职能的重要任务，天然气集团工会高度重视各类劳动竞赛，每年都组织开展劳动竞赛活动，广大员工积极参与，形成了比、学、赶、超的劳动竞赛氛围。

2015 年 8 月 25 日，为了提高员工实操技术水平，省投资集团天然气板块第一届劳动竞赛在湖口 LNG 公司会议室隆重开幕。本次竞赛分为笔试和实操两部分。实操部分模拟由于安全生产需要，从 A 路（正在运行支路）切换到 B 路（备用路）过滤分离器进行供气，以保障企业安全生产。经过激烈的角逐，最终天然气投资的两支参赛队伍斩获劳动竞赛团体第一名、第二名，天然气管道的参赛队获得团体第三名。宁苇海获得个人第一名，程根、许悦明获得个人第二名，刘诗言、张晓江、程鹏波获得个人第三名。

2016 年 3 月 3 日，天然气集团安委会联合工会在页岩气公司“江页 2 井”驻地开展了正压式空气呼吸器穿戴劳动竞赛活动。参加比赛的选手分别来自天然气管道、天然气投资、投资燃气、能源投资和页岩气公司，共有 15 名参赛选手。经过激烈角逐，最终来自天然气管道的纪刚荣获一等奖，天然气投资万文、天然气管道马行空荣获二等奖，天然气管道夏发祥、天然气投资王春龙和投资燃气张哲俊荣获三等奖。

2016 年 8 月 26 日，天然气集团在蓝天驾校举办了驾驶员技能竞赛，共有 30 余名选手参加此次比赛。

2016 年 9 月 7 日，省投资集团天然气板块劳动竞赛在上饶隆重举行。本次竞赛分为笔试和实操两部分。实操部分模拟对上饶 CNG 加气母站调压撬进行压力设定，以保障安全生产。9 月 7 日首先进行笔试比赛。9 月 8 号，所有选手前往上饶 CNG 加气母站进行实操比赛，最终天然气投资宋江、万云辉组成的参赛队伍斩获劳动竞赛团体第一名，天然气管道的董长龙、董帅获得团体第二名，页岩气公司的喻毅华、朱良获得团体第三名。万云辉获得个人第一名，董常龙、宋江获得个人第二名，董帅、李帮良、朱良获得个人第三名。

2013 年 9 月 13 日，天然气集团安全监察部举办了 2013 年江西天然气安全生产知识竞赛。比赛队伍由各投资企业 6 组参赛队 18 名参赛队员组成。

2014 年 9 月 19 日，由天然气集团工会委员会与安全生产委员会共同组织的 2014 年江西天然气安全生产知识竞赛拉开帷幕。来自各投资企业的 8 支代表队共 16 名选手参加了此次竞赛。

2015 年 9 月 25 日上午，天然气集团安全生产委员会联合公司工会举办了 2015 年安全生产知识竞赛。比赛队伍由各投资企业派的 10 组参赛队，20 名参赛队员组成。

2016 年 10 月 11 日，天然气集团在赣能大厦八楼会议室开展了 2016 年安全生产知识竞赛活动。来自天然气板块各企业的 10 支代表队共 20 人参加了竞赛。

2016 年 11 月 15 日，天然气集团安全生产委员会联合工会委员会成功举办了 2016 年江西天然气消防安全知识培训。

2017 年 5 月 12 日，天然气集团安委会联合工会委员会举办了 2017 年安全生产知识竞赛活动。来自天然气板块各企业的 6 支代表队共 12 人参加了本次竞赛。

2017 年 8 月 16 日，省投资集团天然气板块第三届劳动竞赛在天然气管道所属九江输气站举行。天然气集团管道分公司荣获团队一等奖，天然气管道荣获团队二等奖，页岩气公司荣获团队三等奖。

2017 年 9 月 22 日上午，天然气集团在南昌市人才驾校举办了江西天然气第二届驾驶员技能竞赛，天然气板块共有 23 名驾驶员报名参加比赛。

2018 年 6 月 27 日，省投资集团工会主办，天然气集团安委会、工会承办的省投资集团第四届劳动竞赛在投资燃气鄱阳湖液化天然气公司举行。来自天然气板块各企业的 14 名选手参赛。

2018 年 11 月 8 日，天然气集团邀请省消防培训机构老师为广大员工举办了一场消防安全知识培训。

2. 文体活动

天然气集团工会高度重视员工文化体育活动，每年都组织板块的文化体育赛事，活跃员工文化生活，陶冶员工情操，强健员工体魄，并将寓教于乐贯穿活动始终，让员工在文化体育活动中体现天然气集团的团队文化。

2013 年 5 月，天然气集团积极参与省投资集团举办的“第九套广播体操”比赛。

2013 年 9 月 24 日，天然气集团成功举办首届天然气板块篮球比赛。本次比赛由天然气集团工会主办，天然气管道、投资燃气、能源投资各组建一支队伍参加比赛。

2013 年 11 月 8 日，由天然气集团工会推荐的蒋赟、徐珊两名选手成功晋级由江西省国资委承办的全省企业职工卡拉 OK 大赛决赛。

2014 年 5 月 28 日，江西天然气板块第一届员工羽毛球比赛成功举行。本次比赛由天然气集团工会主办，来自天然气管道、天然气投资、投资燃气、能源投资、页岩气公司等 5 个单位共 30 人参加了比赛。

2014 年 8 月 14 日，为歌颂中国梦·劳动美，歌颂我们对未来的生活充满美好梦想。天然气集团举办天然气板块文艺比赛。

2014 年 9 月 15 日，为配合党的群众路线教育实践活动深入开展，喜迎中华人民共和国 64 载华诞。天然气集团工会成功举办天然气板块职工摄影、书法、绘画优秀作品选拔赛

2014 年 9 月 26 日，江西天然气板块第二届篮球赛成功举行。本次比赛由天然气集团工会主办，天然气管道、投资燃气、能源投资各组建一支队伍参加比赛。

2015 年 3 月 5 日，天然气集团举办了女职工跳棋比赛，近 20 位女职工参加了本次比赛活动。

2015 年 4 月 14 日，为营造积极健康的工作环境，提高员工的精神文化品味，全面调动员工强身健体的积极性，天然气集团工会举办了环湖徒步行走比赛活动。

2015 年 8 月 14 日，天然气集团第一届员工羽毛球比赛成功举行。比赛由天然气集团工会主办，公司共 12 人报名参加了比赛。

2015 年 12 月 4 日下午，天然气集团举办了江西天然气 2015 年国家宪法日暨全国法制宣传日法律知识竞赛活动。天然气板块各投资企业派出 6 支代表队参加了比赛。

2015 年 12 月 12 日，天然气集团、页岩气公司联合南昌第二十中学，在赣能公司 8 楼会议室举办了题为“青春相约，和谐共建”2015 年单身青年联谊活动。在温馨融洽的氛围中，43 名单身男女青年参加了联谊活动。

2016 年 1 月 26 日，天然气集团在赣能篮球场举办江西天然气职工趣味运动会。来自天然气板块各公司 109 名职工参加了比赛。

2016 年 3 月 7 日，天然气集团举办了 2016 年江西天然气迎“三八”妇女节女职工趣味活动，来自天然气板块各公司 104 名女职工参加了活动。

2016 年 3 月 24 日，天然气集团举办了第一届财务知识竞赛活动。天然气集团高度重视本次活动，精心组织了天然气板块内 10 个参赛队 20 名财务精英参加。

2016 年 4 月 12 日，天然气集团党委、纪委、工会共同成功举办了 2016 年江西天然气党风廉洁建设知识竞赛。

2016 年 4 月 19 日，天然气集团在艾溪湖湿地公园开展了第二届徒步比赛活动。公司 70 余人报名参加。

2016 年 10 月 12 日，天然气集团组织开展了 2016 年度员工羽毛球比赛，来自天然气板块各公司 6 支参赛队伍、50 余名选手参加了此次比赛。

2016 年 11 月 18 日，天然气集团工会、纪委开展了理论征文活动。理论征文的主题是“做合格党员，建廉洁企业”。

2016 年 12 月 17 日，天然气集团主办的 2016 年单身青年联谊活动在南昌举行，来自江西天然气板块各公司、南昌第二十中学的 60 余名单身男女青年参加了此次活动。

2017 年 2 月 10 日，天然气集团举办江西天然气员工趣味活动，天然气板块各公司 137 名员工参加了此次活动。

2017 年 3 月 7 日，天然气集团工会组织板块女职工开展包饺子、吃饺子比赛，共有 7 支参赛队伍，52 名女职工参加此次活动。

2017年4月26至27日，天然气集团首届员工乒乓球比赛在南昌举行，来自天然气板块各公司7支参赛队60余名队员参加了比赛。

2017年5月，江西天然气荣获省投资集团第三届职工羽毛球赛优秀奖。

2017年7月6日，天然气集团员工户外拓展活动在联动基地举行。

2017年10月，江西天然气荣获省投资集团第五届职工篮球比赛优秀奖。

2018年2月，天然气集团组织板块人员参加中石化川气东送管道分公司十周年职工文艺汇演活动。

2018年3月8日，天然气集团开展了女职工户外踏春活动。

2018年3月，天然气集团组织员工代表观看了《厉害了，我的国》电影纪录片。

2018年5月11日，天然气集团组织开展“爱在天然气·感恩母亲节”主题教育活动。

2018年6月15日，天然气集团组织开展2018年“爱在天然气·五彩香囊迎端午”主题活动。

2018年9月，江西天然气第四届职工羽毛球比赛在昌举行，来自天然气板块各所属企业70余人参加了此次比赛。

2018年10月，江西天然气荣获省投资集团职工运动会（乒乓球比赛）第一名。

2018年10月，江西天然气荣获省投资集团职工运动会（羽毛球比赛）第五名。

2018年11月，荣获省投资集团职工运动会（篮球比赛）第一名。

二、二级企业

1.天然气管道

（1）2018年3月8日，组织机关全体女职工去湖光山舍田园农庄开展“三八”女神节户外拓展活动。

（2）2018年4月11日，组织开展了2018年无偿献血活动，献血总量达4500毫升。

（3）2018年5月11日，在艾溪湖湿地公园开展了第四届职工徒步行走比赛活动。

（4）2018年8月1日，工会召开了“庆八一”建军节暨退伍军人座谈会，宣传发扬人民军队的优良传统，鼓励公司退伍军人牢记光荣历史，在各自的工作岗位上作出更好成绩。

（5）2018年9月14日，开展了第二届“舌尖上的场站”厨艺大比拼活动。

（6）2018年12月，参加集团工会举办的“纪念改革开放40周年职工优秀书法摄影作品评选活动”，1人获奖。

（7）2019 年 4 月 23 日，组织开展以“悠悠献血情，浓浓博爱心”为主题的无偿献血活动，累计献血量达到 3200 多毫升。

2. 天然气投资

劳动竞赛：主办、协办以及参与各类劳动竞赛、技能比武 10 余次。在省投资集团举办的天然气板块劳动知识竞赛上，2015 年天然气投资参赛队伍囊括团体一等奖、二等奖，个人一等奖、二等奖、三等奖；2016 年天然气投资参赛队伍获得团体一等奖，个人一等奖、二等奖；2016 年 10 月，在天然气集团工会举办的《女职工劳动保护特别规定》知识竞赛活动上，取得了第三名。2013 年至 2016 年间，天然气投资工会先后四次协办生产运行部门开展技能比武活动。2017 年，在公司内部组织开展《2017 年度技能大比武》。同时，2017 年 –2018 年，均获得省投资集团天然气板块劳动竞赛第一名。2018 年 10 月，10 月中旬策划组织了“凝心聚力筑安全 · 管道巡护勇担当”管道巡线隐患排查活动，将工会活动紧密结合管道安全生产工作，在紧张热烈的气氛下，通过竞赛的形式将管道安全知识进行了普及，取得了较为圆满的成果。

文体活动：2012 年 1 月 14 日，举办“旭龙乘风起，和谐一家人”新春联欢晚会；2013 年 5 月 4 日，举办“弘扬五四、畅想青春”拓展训练及第九套广播体操比赛活动；2013 年 6 月 9 日，举办“心连心”男子三人篮球赛和拔河比赛；2013 年 7 月 5 日，举办“实现中国梦你我共奋进”主题演讲比赛;2013 年 8 月 1 日，召开“中国梦·从我做起”同龄青年恳谈会;2013 年 10 月 20 日，开展“金秋十月　爱在南昌”青年联谊活动；2014 年 8 月 27 日，开展“青春连连看”青年联谊主题活动；2014 年 10 月 24 日，举办“快乐工作 · 健康生活”秋季技能竞技运动会；2015 年 5 月 28 日，举办 2015 年“好声音”歌咏比赛；2015 年 6 月 19 日，开展“我们的节日 · 我们的端午 · 环艾溪湖徒步行走”活动；2015 年 8 月 15 日，举办第一届羽毛球比赛；2015 年 11 月 20 日，组织参加省投资集团举办的青年歌手大赛上，天然气投资 5 名选手进入决赛，2 名选手分获二、三等奖，1 名选手获得人气歌手；2016 年 9 月 13 日，组织开展“快乐过中秋 · 徒步走健康”环瑶湖徒步比赛。2017 年 1 月，以“迎新春 · 送万福”为主题开展“我们的节日 · 春节”主题活动；2017 年 3 月，举办了“庆三八 · 展厨艺”女神节厨艺比拼大赛、“弘扬生态文明　共建绿色家园”植树节活动、“我们的节日 · 清明追思革命先烈”主题活动；2017 年 5 月，举办了“我们的节日 · 端午环艾溪湖健康徒步走”比赛；2017 年 6 月，开展了“我们的节日 · 情浓端午　粽叶飘香”包粽子活动；2017 年 8 月，举办公司 2017 年“中国梦 · 劳动美 · 幸福路”职工摄影比赛；2017 年 9 月，举办 2017 年“我们的节日 · 中秋节”羽毛球比赛；2018 年 3 月组织公司女职工“美丽心情 · 舒适生活”艺术插花活动；2018 年 9 月，代表公司参加中国石油天然气销售南方分公司纪念改革开放四十周年文艺汇演活动。2018 年 10 月，参加国资委改革开放 40 周年“放歌新时代”文艺汇演、公司曹烨同志代表公司参加集团职工运动会，取得了篮球比赛团队一等奖的成绩；2018 年 12 月，组织员工参加省投资集团纪念改革开放 40 周年职工书法摄影比赛，万文同志获得摄影组三等奖，王莉同志获得书法组优秀奖。

3. 投资燃气

劳动竞赛与文体活动上，一是紧密围绕投资燃气生产经营任务，积极参与安全生产，筑牢安全基石，每年联合安全生产部面向各所属企业一线员工举办劳动技能竞赛活动，充分激发一线员工钻研专业知识的积极性，有效提升了员工技能操作水平；二是举办一系列节日和文体活动，包括“三八节”女职工趣味活动、“弘扬五四精神，奉献青春热血”无偿献血活动、“爱在七夕”篝火晚会、健康养生知识讲座、“绿色骑行、健康生活”体育趣味竞赛活动、爱心捐赠活动、春节元宵趣味游戏活动以及书法摄影比赛、职工运动会等等，释放员工积极正能量，丰富活动，营造和谐文化。

4. 能源投资

劳动竞赛：能源投资坚持把劳动竞赛、岗位练兵、技术活动比武作为提高职工素质，激发职工工作热情、促进能源投资发展的有效途径。截至 2018 年，能源投资工会联合能源投资安委会定期举办能源投资安全知识竞赛 4 届，选派人员参加省投资集团、天然气集团组织的劳动技能竞赛、知识竞赛。在能源投资安委会的支持下，积极参与推动各基层场站岗位练兵活动，有针对性地引导场站操作员工立足岗位学技能。

文体活动：为丰富职工的文化生活，培育和谐企业氛围，能源投资工会在能源投资党总支的指导和支持下，相继举办多项文体活动。

2013 年 5 月，能源投资组织员工参加省投资集团 2013 年度广播体操比赛活动。9 月，能源投资组队参加江西天然气板块第一届篮球赛。

2014 年 3 月，组织能源投资青年员工参加天然气集团音乐舞蹈器乐曲艺选拔赛，荣获文艺比赛三等奖。5 月，能源投资成立青年员工篮球队、羽毛球队，羽毛球队在天然气集团工会举办的羽毛球比赛中荣获优胜奖。9 月，能源投资工会积极组织青年员工篮球队集训，篮球队参加在省投资集团、天然气集团同年举办的篮球比赛中荣获省投资集团篮球赛优胜奖、天然气集团篮球赛三等奖；年底，能源投资工会组织员工参加舞蹈培训，积极组织员工参加省投资集团“最美江投人”颁奖晚会舞蹈排练，获得上级工会的好评。

2015 年 1 月，能源投资工会选派人员参加省投资集团“最美江投人”颁奖晚会舞蹈表演。4 月，能源投资工会组织本部全体干部员工参加环艾溪湖徒步走比赛活动。7 月，能源投资工会特邀专业医务人员来能源投资坐诊，针对颈椎、肩部和腰部常见问题为员工进行诊疗和按摩推拿。8 月，邀请江西中医药大学专家来能源投资举办女职工生理健康知识讲座，本部女职工近 20 人到场听讲;组织能源投资青年员工篮球队集中训练，与高新消防大队等单位开展友谊比赛。9 月，组织能源投资羽毛球队参加天然气集团组织的羽毛球比赛。12 月，能源投资工会举办能源投资第一届趣味运动会，能源投资本部全体干部职工参加比赛。此外，工会还定期组织职工观看电影，组队参加省投资集团和天然气集团职工技能大赛，取得了活跃氛围、锻炼队伍、促进职工相互加深了解、增强职工集体荣誉感和归属感的良好实效。

2016 年 2 月，能源投资组织“我们的节日——歌唱朗诵庆元宵”主题活动。3 月，能源投资工会在“三八”妇女节前夕，组织能源投资本部全体女职工参加环艾溪湖骑自行车观光活动。6 月，积极组织员工参加编练省投资集团劳动模范颁奖晚会舞蹈节目。8 月，针对夏季高温天气，邀请省中医院专家举办夏季养生健康保健知识讲座，并组织开展“冬病夏治”现场诊疗活动，职工参加活动达 76 人次。9 月，组织员工参加“大家一起学做操”集体健身活动。10 月，组队参加天然气集团工会举办的第二届员工羽毛球大赛，获得女子单打第一名等好成绩。12 月，积极参与天然气集团工会举办的江西天然气婚恋交友活动的筹备工作，并组织单身员工参加交友活动。

2017 年 5 月，能源投资在端午节前夕组织本部职工参加学习包粽子活动。8 月，为帮助员工培养职业规划意识，树立积极进取的人生态度，有效应对压力，能源投资工会邀请江西师范大学教授举办《职业发展与职场压力管理》讲座。11 月，组织员工参加能源投资第二届员工趣味运动会。组队参加省投资集团、天然气集团工会举办的乒乓球、羽毛球大赛、安全知识竞赛及“三八”妇女节包饺子等活动，取得省投资集团羽毛球赛优秀奖、天然气集团乒乓球赛团体第三名的好成绩。

2018 年 5 月，能源投资工会成立机关工会舞蹈兴趣活动小组，定时组织员工开展活动，丰富职工文化生活。7月，邀请专家来公司举办养生保健知识讲座。10月，组织开展能源投资第二届环艾溪湖徒步行活动。组队参加省投资集团、天然气集团工会举办的乒乓球、羽毛球大赛、安全知识竞赛、安全演讲比赛及各类活动，取得天然气集团安全生产知识竞赛和“安全在我心中”主题党日演讲活动第一名的好成绩。

2015年1月以来，工会在能源投资党政大力支持下，相继举办“悦读心语”职工读书分享活动20次，能源投资干部职工踊跃参与，累计21人次参与授课，601人次参与学习。

此外，能源投资工会还积极支持鼓励各基层工会跨域联合组织开展文体活动，活跃企业氛围，有效增强职工集体荣誉感、归属感。2017年10月，组织开展“关爱基层送健康”主题活动，为下属基层工会购置和配齐了羽毛球、乒乓球、篮球、跳绳等运动器材。2018年5月，联合樊登读书会举办高效团队建设学习体验活动。11月，组织单身未婚男女青年职工参加省总工会举办的联谊交友活动。12月，组织认真学习贯彻落实习近平总书记重要讲话和中国工会十七大精神系列活动。

为丰富广大员工文化体育生活，在能源投资党政支持下，因地制宜采取灵活多样的方式，为干部职工购置了文体运动器材，并采用灵活多样方式解决员工日常参加锻炼场所问题，促进“全民健身”活动持久开展。

5. 页岩气公司

工会部门积极组织参加各项劳动竞赛、知识竞赛，调动了职工工作积极性，为提高职工素质建设提供了保障。优化内容，创新形式。每季度开展一次读书分享活动，为职工搭建展示自我平台，有效提升员工文化修养，努力创建学习型企业文化。积极参加省投资集团及天然气板块举办的各类球赛、运动会。页岩气公司每年开展徒步走比赛活动，极大的鼓舞和激发了广大员工的工作斗志和爱岗敬业工作热情。成立了学雷锋青年志愿者服务队，积极开展社会公益活动，多次组织页岩气公司志愿者开展进社区、进敬老院、进抗洪抢险一线送温暖活动。为弘扬中华传统文化，在元旦、春节、清明、端午、七夕、中秋、重阳等传统节日开展“我们的节日”主题系列活动、道德讲堂活动。营造了尊重传统节日、热爱传统节日、参与传统节日的浓厚氛围。

第四章　共青团工作

天然气集团团委在天然气集团党委的领导下，围绕“建设省内清洁能源现代企业”的发展目标，强化思想教育，增强责任意识，加强组织建设，提高服务能力，不断拓宽工作思路，持续创新工作方法，在构建和谐企业、服务大局中发挥了重要作用，在服务青年中实现了自身价值，在服务社会中增添了光彩。

第一节　组织建设

一、天然气集团

共青团天然气集团委员会，成立于2009年12月，前身为共青团天然气管道委员会，2011年7月更名为“共青团江西省天然气（赣投气通）控股有限公司委员会”，更名后下设4个团总支“江西省天然气有限公司总支部委员会、江西省投资燃气有限公司总支部委员会、江西省天然气投资有限公司总支部委员会、江西天然气能源投资有限公司总支部委员会”、30个团支部，截至2018年12月共有团员425名。

二、二级企业

1. 天然气管道

2013年4月，经天然气集团党委批复同意，天然气管道团总支成立，设团总支书记、副书记、组织委员、宣传委员、文艺委员各1名。

2013年6月，团总支召开第一次代表大会，选举了团总支第一届委员会委员。

2014年1月，经天然气管道党总支批复同意，团总支下设8个团支部。

2018年1月3日，团总支下设团支部由8个调整为7个。

截至2018年12月底，天然气管道共有共青团员88人。

2. 天然气投资

天然气投资设有共青团总支部委员会，含团总支委员7人，其中书记、副书记各1人。2012年6月29日，天然气投资召开第一次团员代表大会，叶露、张莹当选为团总支书记、副书记；2016年9月9日，召开第二次团员代表大会，张莹、李宇当选为团总支书记、副书记。团总支下设16个基层团支部。2018年5月11日，对基层团支部和团支部书记进行调整。团总支下设11个基层团支部。

3. 投资燃气

2010年9月，投资燃气所属企业高安市天然气有限公司成立团支部。2012年05月，投资燃气成立团总支。2016年08月，投资燃气所属企业德兴市天然气有限公司成立团支部。

4. 能源投资

2015年6月，经天然气集团党委批复同意成立共青团能源投资总支部，与总经理办公室合署办公，2016年5月，根据工作需要，能源投资团总支与党群工作部合署办公。截至2018年底，能源投资共有共青团员46人。

5. 页岩气公司

2014年4月23日，经天然气集团党委批复同意成立页岩气公司团支部，与工会办公室合署办公。截至2018年底，页岩气公司共有共青团员4人。

6. 管道分公司

2018年8月2日，经天然气集团党委批准，管道分公司团总支成立。2018年9月30日，管道分公司第一届团员代表大会胜利召开，会议选举产生管道分公司第一届团总支委员会，张丽娟同志任团总支书记，同时成立4个团支部，分别为机关第一团支部、机关第二团支部、井冈山项目部团支部、赣州项目部团支部。截至2018年底，管道分公司共有团员53人。

第二节　团建活动

一、天然气集团

天然气集团团委在省投资集团团委的指导和天然气集团党委的领导下，以加强团的自身建设，立足企业改革发展，打造创新型、学习型团组织为载体，广泛开展青年志愿者服务活动，为天然气集团的发展和精神文明建设做出了积极贡献。获得省投资集团“五四”红旗团委荣誉称号。

结合天然气板块场站、投资企业分散，员工来自五湖四海和年轻团员居多等特点，广泛开展场站“五小工程”创建活动（建安静小书屋、建健康小食堂、建爱心小药箱、建绿色小菜园、建生动小活动室）和思想文化建设“四个一”活动创建活动（注重激励人，一块展板显风采，增强员工荣誉感；注重凝聚人，一张贺卡暖人心，增强员工归属感；注重感化人，一封家书保平安，增强员工责任感；注重培养人，一堂讲座提素质，增强员工自信心），帮助年轻的团员职工建立对“家”文化的认同感，不断为一线员工创造良好的工作、学习、生活环境，营造良好文化氛围。

扎实开展志愿服务活动积极开展帮扶共建工作。在南昌县蒋巷敬老院，开展“关爱老人·温暖夕阳”慰问活动，为老人们送去了大米、食用油及牛奶等慰问品；结合传统节日开展了慰问特殊群体活动，积极开展志愿者宣传活动。立足企业实际，开展了“提高安全用气意识，共筑幸福美好家园”活动。就天然气安全使用进行宣传，为社区居民用户发放了天然气使用手册、天然气知识宣传品等宣传资料，并为咨询者详细讲解了天然气使用知识，使天然气使用安全理念深入人心在南昌县玺园社区开展了宣讲“四德”正能量活动。积极开展志愿者服务活动。开展了“热爱自然保护环境”青年志愿者服务活动，志愿者们以实际行动为美化景区环境贡献自己的一份力量；每年“五·四”组织开展了“弘扬五四精神，奉献青春热血”无偿献血活动；中高考期间，青年志愿者组成爱心车队开展了“爱心送考”志愿活动。通过以上活动，展现了江西天然气人“做负责任的人，干负责任的事”的社会担当。

二、二级企业

1. 天然气管道

自成立以来，天然气管道团总支在党总支的领导下，把关爱团员青年成长成才、调动团员青年服务天然气管道发展的积极性作为重点工作，加强团员青年思想教育工作，成立学雷锋青年志愿者服务队，组织开展志愿者服务、文明单位创建等活动，激发了天然气管道广大团员青年立足岗位做奉献的工作热情。

加强团员青年思想政治教育，持续开展五四青年座谈，开展“赣图大讲堂”活动，开展“学典型　读红书　践初心”主题团日活动，开展“一学一做”学习教育活动，连续开展“我们的节日”主题活动，2014年至今每年组织开展无偿献血活动，积极组织参加上级单位各项联谊活动，为青年员工搭建交流平台。

2. 天然气投资

团总支在天然气投资党总支的领导下，切实加强团员青年思想教育，组织团员青年更加紧密地团结在党的周围，充分调动广大团员青年的积极性和创造力，努力做到服务大局有新贡献、服务青年有新作为、团的建设有新发展，不断开创天然气投资共青团工作的新局面。

多年来，团总支始终把思想政治教育放在首位，深入学习宣传贯彻党的十八大精神，在广大团员青年中广泛开展爱党、爱国、爱企业的主题教育活动；强化团的组织建设，夯实基础、完善机制，不断推动共青团事业向前迈进。健全组织体系，努力提升队伍素质。大力加强基层团组织建设和团干部队伍建设，不断完善团的自身建设。不断强化团员意识教育和团干部党性锻炼。组织团干部走近青年，了解青年所需所盼，开展了多轮青年思想调研工作，及时把握青年思想动态，团组织的凝聚力和影响力不断增强。

注重丰富引领青年的方式载体，推进新媒体工作，团总支充分利用网站、微信公众号、QQ、简报等多种形式，强化对新媒体的运用，把握对青年思想引领和舆论引导的主动权。依托各种新媒体引导帮助广大青年和团干部进一步牢固树立对党的科学理论的信仰、坚定走中国特色社会主义道路实现“中国梦”的信念、增强对党和人民政府的信任、增进对以习近平同志为总书记的党中央的信赖。2012 年创建了《新赣线》内部刊物，2014 年 8 月进行第一次改版，更名为《天然气投资之声》（简报），由双月刊改为月刊。2017 年 5 月进行第二次升级改版，由月刊改为季刊，以书刊形式发刊。在积极开展共青团工作宣传的同时，展示企业风采、弘扬企业文化，让简报成为天然气投资内部交流的重要工具，关怀青年、奉献社会、紧密联系青年。

注重积极开展文体活动，通过迎接新员工联欢会、开展主题演讲比赛、歌咏比赛、劳动竞赛、拓展训练、登山比赛等一系列文体活动，丰富青年的业余文化生活，不仅发挥了个体的特长、更使青年员工深入了解了企业，加强了青年之间的交流，提升了团员青年业余生活的内涵。针对未婚青年的婚恋问题，积极开展青春联谊、集体婚礼等活动，通过举办青年交友联谊活动，给青年职工搭建一个良好的交友、交流、展示自我和婚恋的平台，不断丰富团员青年业余生活。

注重积极打造志愿服务品牌，2013 年组建天然气投资青年志愿者服务队，2016 年 6 月正式命名为“正气”志愿者服务队。2017 年 7 月各基层团支部成立“正气”志愿者服务小分队。志愿服务队成立以来，天然气投资团总支坚持每月至少开展一次志愿服务活动，并将公益活动与生产实际、重大节日、热点事件相结合，积极打造具有特色的志愿服务。通过围绕“我们的节日”、重大活动、环境保护、立足岗位四个方面开展特色志愿服务活动，将志愿者活动融入公司的生产经营中、融入员工的生活中，使员工感受到天然气投资的关怀，增强青年员工的归属感。

3. 投资燃气

多年来，投资燃气团总支在党总支的领导下，自觉服务于投资燃气发展大局，坚持党建带团建，加强团员青年思想教育工作，帮助青年牢固树立正确的世界观、人生观和价值观。以人本文化为切入点，关爱广大团员青年成长，让青年们在追求事业的同时也感受到了家庭的温暖。以责任文化为出发点，号召广大团员青年奉献爱心。投资燃气团总支开展了一系列青年志愿者活动，充分发挥团员青年的热情，积极参与公益事业，通过为老人、幼儿、社会提供力所能及的志愿服务，推动敬老爱幼、老少共融、环保意识的良好社会风尚的形成。以安全文化为着力点，积极开展劳动技能主题活动，增强了职工“我要安全”的安全意识，引发了职工对安全的不懈追求，警醒职工时刻保持“警钟长鸣”，为公司安全生产建设提供了有力保障。

4. 能源投资

能源投资团总支在能源投资党总支的领导下，自觉服务于能源投资发展大局，团结带领青年职工投入到能源投资建设和生产运营中，能源投资共青团工作得到了稳步提升。一是加强团员青年的思想政治工作，及时掌握团员青年思想动态，开展教育引导工作。二是承上启下做好党建带团建工作，向党组织推荐和输送优秀青年，为培养青年骨干打好坚实的基础。三是积极开展丰富多彩的青年活动，丰富活动形式，创新活动载体。四是积极做好青年志愿者工作，以“青年志愿者服务队”为单位，组织开展志愿活动。

5. 页岩气公司

团支部主要负责协助页岩气公司党总支做好青年职工的思想政治工作，及时掌握、解决青年职工在工作学习中的思想问题，调动青年职工的积极性，做好青年职工队伍的稳定工作，服务企业改革和发展大局。负责组织开展青年志愿者服务、精神文明创建等相关活动，提高青年职工优质服务意识，促进青年成长与成才，服务企业中心工作。负责开展优秀团员评选工作，为页岩气公司培养后备人才；做好推优工作，为党培养后备军。负责组织开展适合青年特点的文娱、体育等活动，活跃青年生活。负责关心青年的全面成长，深入开展思想引导工作，使其在工作、学习及思想上积极要求进步；了解和反映青年职工意愿，维护青年的合法权益。与页岩气公司党、政、工等保持密切联系，主动配合，引导青年发挥生力军作用。

第七篇

荣　誉

荣　　誉

自成立以来，江西天然气涌现出了一批批勇于创新的先进集体、一个个奋发作为的先进个人，正是因为有了这些集体和个人的创先争优、无私奉献，才有了江西天然气事业的发展壮大。荣誉，是江西天然气人精神风貌的有力诠释，它为江西天然气发展提供了强大的精神动力和正能量。

第一章　集体荣誉

第一节　省、市级荣誉

一、天然气集团

（一）2013 年 4 月，荣获江西省“五一劳动奖状”。

（二）2016 年 3 月，荣获“江西省优秀企业”称号。

（三）2016 年 6 月，荣获江西省国资委 2015 年度“五四红旗”团委称号。

（四）2018 年 8 月，荣获“江西省优秀企业”称号。

二、天然气管道

（一）2010 年 7 月，荣获中共高安市市委、高安市人民政府授予颁发的“抗洪抢险先锋”称号。

（二）2011 年 6 月，荣获江西省“十一五”重点工程建设先进建设单位称号。

（三）2011 年 6 月，荣获江西省国资委纪念中国共产党成立 90 周年群众歌咏选拔赛——二等奖。

（四）2013 年 3 月，荣获江西省第十三届文明单位称号。

（五）2014 年 12 月，荣获南昌市第十五届文明单位称号。

（六）2015 年 5 月，荣获全省“五四红旗”团支部（总支）称号。

（七）2015 年 11 月，荣获江西省第十四届职工职业道德建设标兵单位称号。

（八）2015 年 12 月，《推动公司战略升级的机关部门、基层站队绩效管理》荣获第十七届江西省企业管理现代化创新成果三等奖。

（九）2016 年 4 月，荣获江西省第十四届文明单位称号。

（十）2016 年 6 月，荣获江西省国资委党委颁发的 2014-2015 年度省属企业先进基层党组织称号。

（十一）2016 年 12 月，荣获中共南昌市委南昌市人民政府颁发的南昌市第十六届文明单位称号。

（十二）2017 年 1 月，微电影《平凡的岗位成就不平凡》荣获省委组织部第十四届全省党员教育片二等奖。

（十三）2017 年 6 月，南昌站荣获江西省“青年文明号”称号。

（十四）2017 年 12 月，荣获江西省企业联合会颁发的“江西省优秀企业”称号、詹辉同志荣获由江西省企业家协会颁发的“优秀厂长”称号。

（十五）2018 年 2 月，荣获中共南昌县委、南昌县人民政府颁发的“突出贡献企业”称号。

（十六）2018 年 4 月，所属景德镇管理处荣获共青团景德镇市委颁发的 2017 年度“青年文明号”称号。

（十七）2018 年 12 月，党总支书记胡素平、党群工作部余略、陶云飞代表公司参加全省首届党务技能大赛，荣获中共江西省委组织部颁发的“党员发展”项目团体三等奖。

（十八）2018 年 12 月，荣获中共南昌市委南昌市人民政府颁发的南昌市第十七届文明单位称号，荣获南昌县人民政府颁发的南昌县文明单位称号。

（十九）2019 年 1 月，微电影《勇于担当青春激扬》在江西省委组织部全省党员电教片评比活动中荣获优秀奖。

三、天然气投资

（一）2014 年 5 月，所属上饶分输站荣获上饶全市“五四红旗”团支部（总支）称号。

（二）2014 年 9 月，荣获南昌县年度文明单位称号。

（三）2014 年 11 月，《以自主管理为目标的天然气场站标准化体系建设》荣获江西省第十六届企业管理现代化创新成果三等奖。

（四）2014 年 12 月，荣获南昌市第十五届文明单位称号。

（五）2015 年 3 月，所属吉安分输站荣获吉安市吉州区 2014 年度安全生产先进单位称号。

（六）2015 年 5 月，所属上饶分输站荣获上饶市全市“五四红旗”团支部（总支）称号。

（七）2015 年 12 月，《基于安全生产人员素质提升为目标的培训管理体系建设》荣获江西省第十七届企业管理现代化创新成果三等奖。

（八）2016 年 3 月，所属上饶分输站荣获“2015-2016 年度青年文明号”、“巾帼文明岗”称号。

（九）2016 年 4 月，荣获江西省第十四届文明单位称号。

（十）2016 年 9 月，荣获南昌县年度文明单位称号。

（十一）2016 年 12 月，荣获南昌市第十六届文明单位称号。

（十二）2016 年 12 月，《以信息化建设为核心的管道生产管理系统》荣获江西省第十八届企业管理现代化创新成果二等奖。

（十三）2017 年 12 月，《以“集中巡检”为突破口开展生产运行组织模式优化创新》荣获第十九届江西省企业管理现代化创新成果二等奖。

（十四）2018 年 1 月，荣获江西省第十五届职工职业道德建设先进单位。

（十五）2018 年 12 月，荣获南昌市第十七届文明单位。

（十六）2018 年 12 月，《基于集中监视为核心的生产运行组织模式优化创新》荣获第二十届江西省企业管理现代化创新成果一等奖。

（十七）2019 年 5 月，荣获第十五届江西省文明单位。

四、投资燃气

（一）2008 年 3 月，所属企业新余燃气有限公司荣获江西省消费者协会颁发的 2007 年度江西省诚信承诺先进单位称号。

（二）2009 年 2 月，所属企业新余燃气有限公司荣获 2008 年度全市安全生产先进单位。

（三）2009 年 8 月，所属企业新余燃气有限公司荣获 2008 年度新余市优秀企业。

（四）2011 年 2 月，所属企业新余燃气有限公司荣获新余市企业联合会、市企业家协会颁发的 2011 年度新余市优秀企业称号。

（五）2012 年 3 月，所属企业新余燃气有限公司连续五届（10 年）荣获“新余市文明单位”称号，公司家属楼荣获“文明楼院”称号。

（六）2012 年 3 月，所属企业新余燃气有限公司荣获 2011 年度全市应急管理工作先进单位称号。

（七）2012 年 9 月，所属企业高安市天然气有限公司党支部获评江西省国资委“省属企业创先争优活动先进基层党组织”称号。

（八）2013 年 12 月，所属企业新余燃气有限公司荣获新余市 2012 年度工业发展企业诚信经营奖。

（九）2013 年 5 月，所属企业新余燃气有限公司《客户服务经理体制改革》在江西省国资委 2013 年度省出资监管企业优秀效能监察项目评比中获三等奖。

（十）2013 年 6 月，所属企业新余燃气有限公司获评江西省委、省政府“第十三届文明单位”称号。

（十一）2013 年 11 月，所属企业鄱阳公司选送的课题《以节能减排增效为目标的鄱阳湖船舶“油改气”项目系统化管理》荣获江西省第十五届企业管理创新成果二等奖。

（十二）2014 年 3 月，所属企业新余燃气有限公司荣获 2013 年度新余市安全生产工作先进单位称号。

（十三）2014 年 4 月，所属企业新余燃气有限公司挂表班荣获 2013 年度全国“安康杯”竞赛活动优胜班组称号。

（十四）2014 年 4 月，所属企业新余燃气有限公司荣获 2013 年度新余市应急管理先进单位称号。

（十五）2014 年 6 月，所属企业新余燃气有限公司《供销差综合治理》在江西省国资委 2014 年度优秀效能监察项目评比中获三等奖。

（十六）2014 年 11 月，投资燃气本部选送的《国有控股企业的全面经营计划与预算管理》荣获江西省第十六届企业管理现代化创新成果三等奖。

（十七)2015 年 6 月，荣获南昌太阳村东方院儿童救助中心第二届爱心大使荣誉称号。（十九）2015 年 12 月，《供销差综合治理项目》荣获第十七届江西省企业管理现代化创新成果三等奖。

（十九）2016 年 2 月，所属企业德兴市天然气有限公司获评 2015 年度社会治安综合治理目标管理先进单位称号。

（二十）2016 年 2 月，所属企业新余燃气有限公司获评“新余市 2015 年度应急管理先进单位”称号。

（二十一）2016 年 3 月，所属企业高安市天然气有限公司获评“2016 年度高安市安全生产工作先进单位”称号。

（二十二）2016 年 4 月，所属企业新余燃气有限公司管网改造办荣获江西省总工会授予的省级“工人先锋号”称号。

（二十三）2016 年 4 月，所属企业新余燃气有限公司被授予第十四届省级文明单位称号。

（二十四）2016 年 4 月，所属企业新余燃气有限公司荣获“2015 年度新余市十佳诚信纳税人”称号。

（二十五）2016 年 4 月，所属企业新余燃气有限公司课题《供销差综合治理项目》荣获江西省第十七届企业管理现代化创新成果三等奖。

（二十六）2016 年 4 月，所属企业新余燃气有限公司荣获新余市委市政府颁发的“2015 年度加快推进新型工业化诚信经营奖”。

（二十七）2016 年 5 月，所属企业新余燃气有限公司团支部荣获共青团新余市委颁发的 2015 年度全市“五四红旗”团支部称号。

（二十八）2016 年 12 月，《以节能降损，绿色冶炼为目标的江铜集团清洁能源替代实效管理”》项目荣获江西省第十八届企业管理现代化创新成果一等奖。

（二十九）2017 年 4 月，所属新余燃气有限公司荣获 2016 年度全市推进新型工业化诚信经营奖。

（三十）2017 年 4 月，所属新余燃气有限公司荣获 2016 年度全市推进新型工业化服务经济发展奖。

（三十一）2017 年 5 月，所属新余燃气有限公司荣获 2016 年度新余市安全生产工作先进单位。

（三十二）2018 年 1 月，所属高安市天然气有限公司荣获高安市 2017 年度燃气行业安全生产先进企业称号。

（三十三）2018 年 2 月，所属新余燃气有限公司获新余市住建委系统基层党建工作先进单位称号。

（三十四）2018 年 2 月，所属江西天然气贵溪公司荣获贵溪市人民政府颁发的“2017 年度文明单位”称号。

（三十五）2018 年 2 月，所属高安市天然气有限公司荣获 2017 宜春市安全生产工作先进单位称号。

（三十六）2018 年 5 月，所属新余燃气有限公司团总支荣获新余市“五四红旗”团支部称号。

（三十七）2018 年 5 月，所属高安市天然气有限公司荣获宜春市第八届（2015–2017 年度）“文明规范服务示范窗口”单位称号。

（三十八）2018 年 6 月，所属新余燃气公司被新余市政府授予 2017 年度全市推进新型工业化“服务经济发展奖”和“诚信经营奖”两项大奖。

（三十九）2018 年 12 月，投资燃气荣获全省首届党务技能竞赛国企党建专场一等奖。

五、能源投资

2016 年 11 月，荣获“南昌市第十六届文明单位”称号。

六、页岩气公司

（一）2016 年 5 月，荣获“2011-2015 年全省国资系统法制宣传教育先进集体”称号。

（二）2016 年 10 月，荣获南昌市第十六届文明单位称号。

（三）2016 年 12 月，《基于地球物理技术运用的页岩气勘探部署优化》荣获第十八届江西省企业管理现代化创新成果二等奖。

（四）2018 年 12 月，荣获南昌市第十七届文明单位称号。

第二节　股东单位授予荣誉

一、天然气集团

（一）2014 年 5 月，荣获省投资集团 2013 年度“五四红旗”团委称号。

（二）2018 年 5 月，荣获省投资集团 2017 年度“五四红旗”团委称号。

（三）2018 年 11 月，荣获省投资集团职工运动会篮球比赛第一名、乒乓球团体比赛第一名、羽毛球混合团体比赛第五名。

二、天然气管道

（一）2009 年 5 月，荣获省投资集团深入学习实践科学发展观活动领导小组颁发的科学发展观知识竞赛优秀组织奖。

（二）2010 年 7 月，所属机关第一党支部荣获省投资集团党委颁发的先进党支部称号。

（三）2011 年 6 月，所属机关第一党支部荣获省投资集团党委颁发的先进党支部称号。

（四）2011 年 6 月，荣获省投资集团党委颁发的庆祝中国共产党 90 周年“红色旋律　唱响江投”合唱比赛三等奖。

（五）2011 年 10 月，荣获省投资集团颁发的第一届企业文化案例交流会一等奖。

（六）2012 年 5 月，荣获省投资集团工会颁发的职工游泳比赛男子 100MM 蛙泳第一名。

（七）2012 年 10 月，所属第三党支部荣获省投资集团党委颁发的创先争优先进基层组织称号。

（八）2013 年 1 月，荣获省投资集团颁发的“五四红旗团总支”荣誉称号。

（九）2013 年 1 月，荣获省投资集团颁发的安全生产达标企业称号。

（十）2013年1月，荣获省投资集团颁发的2012年度企业会计报表和财务分析评比一等奖。

（十一）2013年5月，荣获省投资集团工会颁发的第九套广播体操比赛三等奖。

（十二）2013年6月，荣获省投资集团工会颁发的第二届安全知识竞赛三等奖。

（十三）2013年7月，天然气管道党总支荣获省投资集团党委颁发的先进基层党组织称号。

（十四）2013年11月，荣获省投资集团颁发的2013年企业文化周职工篮球赛二等奖。

（十五）2014年7月，所属新余站荣获省投资集团党委颁发的“先进基层党组织”称号。

（十六）2015年1月，荣获由省投资集团颁发的2014年度安全生产先进单位称号。

（十七）2015年3月，荣获省投资集团授予的安全生产达标企业。

（十八）2015年8月，荣获省投资集团颁发的劳动竞赛团体三等奖。

（十九）2015年10月，荣获省投资集团第三届职工篮球比赛第一名。

（二十）2011年9月，荣获中国石化股份天然气分公司“川气杯”第一届职工羽毛球赛道德风尚奖。

（二十一）2012年3月，荣获中国石化股份天然气分公司第二届职工乒乓球赛男子团体亚军，女子单打第三名和女子团体第三名。

（二十二）2012年8月，荣获中国石化股份天然气分公司“青岛LNG杯”第一届职工篮球赛道德风尚奖。

（二十三）2013年5月，荣获中国石化股份天然气分公司“榆济杯”第二届职工羽毛球赛混合团体季军

（二十四）2018年6月，所属南昌管理处党支部荣获省投资集团党委“优秀基层党组织”称号。

（二十五）2018年6月，荣获省投资集团第七届安全知识竞赛三等奖。

（二十六）2018年11月，荣获省投资集团职工运动会“篮球比赛”第一名，“乒乓球比赛”团体第一名，“羽毛球比赛”混合团体第五名。

（二十七）2018年12月，荣获省投资集团“十九大知识竞赛”二等奖。

（二十八）2019年1月，所属九江管理处九江巡线队荣获省投资集团2018年度“先进集体”。

三、天然气投资

（一）2011年—2016年，连续评为省投资集团综治先进单位。

（二）2013年11月，荣获省投资集团第二届企业文化案例发布会二等奖。

（三）2015 年 8 月，荣获省投资集团 2015 年度天然气板块劳动竞赛团体一等奖、二等奖。

（四）2015 年 11 月，荣获省投资集团第三届企业文化案例发布会二等奖。

（五）2013 年 7 月，《天然气管理系统开发》荣获省投资集团年度技改创新成果三等奖。

（六）2016 年 9 月，荣获省投资集团 2016 年度天然气板块劳动竞赛团体一等奖。

（七）2016 年 8 月，天然气投资团总支荣获省投资集团 2014 年度“五四红旗团支部（总支）”称号。

（八）2015 年 7 月，所属赣西党支部荣获省投资集团 2013、2015 年度先进基层党组织称号。

（九）2016 年 6 月，天然气投资党总支荣获省投资集团 2016 年度先进基层党组织称号。

（十）2016 年 10 月，《损坏报废仪表设备再利用项目》荣获 2015 年度省投资集团技改创新成果二等奖。

（十一）2016 年 10 月，《以自主管理为目标的天然气场站标准化体系建设》荣获 2015 年度省投资集团技改创新成果三等奖。

（十二）2016 年 10 月，《激光对射周界报警系统硅光电池的自主维修技术研究及推广》荣获 2015 年度省投资集团技改创新成果三等奖。

（十三）2016 年 10 月，《气液联动执行机构电控单元箱体内实现气电分离改造项目》荣获 2015 年度省投资集团技改创新成果三等奖。

（十四）2017 年 12 月取得省投资集团关于“工程物资项目化全周期管理模式的实施应用”“备品备件代储代销模式研究与推广”2 项管理创新成果奖。

（十五）2017 年 12 月，《计量系统与上位机通讯方式的改造》荣获 2016 年度省投资集团合理化建议及成果三等奖。

（十六）2017 年 12 月，《创新管理模式，实现节能增效》荣获 2016 年度省投资集团合理化建议及成果三等奖。

（十七）2017 年 12 月，《进口转国产，精细维修，进一步降低运行成本》荣获 2016 年度省投资集团合理化建议及成果三等奖。

（十八）2017 年 12 月，《箱变数据上传改造》荣获 2016 年度省投资集团合理化建议及成果三等奖。

（十九）2017 年 12 月，《增设恒电位仪数据上传功能》荣获 2016 年度省投资集团合理化建议及成果三等奖。

（二十）2018 年 5 月，上饶团支部获评省投资集团“2017 年度五四红旗团支部（总支）”。

（二十一）2018 年 6 月，荣获省投资集团 2018 年度天然气板块劳动竞赛团体一等奖。

（二十二）2018 年 7 月，所属机关第二党支部荣获省投资集团 2017 年度先进基层党组织。

四、投资燃气

（一）2010 年 1 月，荣获省投资集团企业法律知识团体竞赛组织奖。

（二）2011 年 12 月，荣获省投资集团第一届企业文化案例交流会优秀奖。

（三）2012 年 1 月，荣获省投资集团 2011 年度合并报表编报评比第一名。

（四）2013 年 1 月，所属企业新余燃气有限公司荣获省投资集团安全生产达标企业称号。

（五）2013 年 7 月，《鄱阳湖船用液化天然气船舶改造》荣获省投资集团技改创新成果一等奖。

（六）2013 年 8 月，荣获省投资集团纪律检查委员会 2012 年度纪检监察工作先进集体。

（七）2014 年 7 月，所属企业新余燃气有限公司《客户服务经理体制改革》获省投资集团效能监察优秀项目奖。

（八）2014 年 7 月，所属企业新余燃气有限公司荣获省投资集团 2013 年度先进基层党组织。

（九）2015 年 7 月，所属企业德兴市天然气有限公司获评省投资集团党委先进基层党组织。

（十）2015 年 1 月，所属企业新余燃气有限公司获省投资集团 2014 年度安全生产先进单位。

（十一）2015 年 8 月，所属企业新余燃气有限公司《供销差综合治理》项目获省投资集团效能监察项目一等奖

（十二）2015 年 11 月，荣获省投资集团第三届企业文化案例交流三等奖。

（十三）2015 年 11 月，所属企业新余燃气有限公司《供销差综合治理》项目荣获 2014 年度省投资集团技改创新成果一等奖。

（十四）2016 年 10 月，所属企业新余燃气有限公司《场站管理中的事故隐患综合治理》项目获省投资集团技改创新成果三等奖。

（十五）2016 年 12 月，所属企业九江市天然气有限公司和抚州市抚北天然气有限公司荣获省投资集团安全生产达标企业称号。

（十六）2016 年 4 月，《供销差综合治理项目》荣获第十七届江西省三等企业管理现代化创新成果奖。

（十八）2018 年 5 月，荣获省投资集团 2017 年度五四红旗团支部（总支）称号。

五、能源投资

（一）2016 年 9 月，荣获省投资集团 2015 年度综治目标管理先进单位荣誉称号。

（二）2016 年 12 月，能源投资团总支荣获省投资集团 2015 年度五四红旗团支部荣誉称号。

（三）2017 年 7 月，所属昌南公司党支部荣获省投资集团 2016 年度先进基层党组织称号。

六、页岩气公司

（一）2016 年 6 月，荣获省投资集团第五届安全知识竞赛三等奖。

（二）2016 年 9 月，荣获省投资集团（天然气板块）劳动竞赛团体三等奖。

（三）2016 年 10 月，《江页 2 井钻井取心工艺技术优化及应用》荣获 2015 年省投资集团技改创新成果二等奖。

（四）2016 年 10 月，《修武盆地地震属性反演预测优质页岩储层指导井位部署》荣获 2015 年度省投资集团技改创新成果三等奖。

七、管道分公司

（一）2017 年 6 月，荣获省投资集团第六届安全知识竞赛三等奖。

（二）2017 年 9 月，荣获省投资集团第三届劳动竞赛（天然气板块）三等奖。

（三）2018 年 6 月，管道分公司党总支荣获省投资集团 2017 年度“先进基层党组织”称号。

第二章　个人荣誉

第一节　省、市级荣誉

一、天然气集团

（一）2016年3月，何国群同志荣获江西省企业联合会、江西省企业家协会颁发的江西省优秀厂长（经理）称号。

（二）2018年8月，何国群同志荣获江西省企业联合会、江西省企业家协会颁发的江西省优秀企业家称号。

二、天然气管道

（一）2010年12月，何国群同志荣获江西省劳动模范称号。

（二）2012年5月，维检修中心队长李虎荣获江西省国资委党委颁发的优秀团员称号。

（三）2012年6月，所属南昌站站长陈永清同志荣获江西省委颁发的全省创先争优为民服务十佳标兵称号。

（四）2015年3月，所属南昌站马倩倩同志荣获江西省妇女联合会颁发的江西省巾帼建功标兵称号。

（五）2017年12月，詹辉同志荣获江西省企业联合会授予的江西省优秀厂长（经理）称号。

（六）2018年4月，詹辉同志荣获江西省总工会授予的江西省“五一劳动奖章”。

（七）2019年3月，所属南昌站马倩倩同志荣获中华全国妇女联合会颁发的全国巾帼建功标兵称号。

三、天然气投资

（一）2009年5月，褚岩同志荣获“2009年度江西省国资委系统优秀团员”称号。

（二）2011年6月，赵雪海同志荣获江西省属国有企业优秀共产党员称号。

（三）2016年4月，田信同志荣获“2015年度江西省五四优秀团干”称号。

（三）2016年4月，田信同志荣获“2015年度上饶市优秀青年”称号；

（六）2016 年 4 月，曾烨晖同志荣获“2015 年度上饶市优秀共青团员”称号。

（四）2016 年 5 月，叶露同志荣获“2015 年度省国资委系统优秀共青团干部”称号。

（七）2017 年 5 月，张凡琪同志荣获“2016 年度新余市优秀共青团干部”称号。

（八）2017 年 5 月，胡冰同志荣获“2016 年度新余市优秀共青团员”称号。

（九）2017 年 5 月，张莹同志荣获“2016 年度南昌市优秀共青团干部”称号。

（十）2018 年 5 月，张莹同志荣获“省国资委系统优秀共青团干部”称号。

（十一）2018 年 5 月，张凡琪同志荣获“全市优秀共青团干部”称号。

（十二）2018 年 5 月，周军勇同志荣获“全市优秀共青团员”称号。

四、投资燃气

（一）2009 年 4 月，所属新余燃气有限公司廖晓军同志荣获新余市劳动模范称号。

（二）2009 年 9 月，所属新余燃气有限公司谢部生同志楹联书法作品荣获全国第六届楹联书法展一等奖。

（三）2010 年 4 月，所属新余燃气有限公司周琳同志荣获新余市人民政府办公室颁发的优秀窗口工作人员称号。

（四）2012 年 2 月，所属新余燃气有限公司杨炜同志家庭荣获新余市委市政府颁发的 2010—2011 年度五好文明家庭称号。

（五）2012 年 4 月，所属新余燃气有限公司傅新生同志荣获新余市五一劳动奖章。

（六）2012 年 5 月，所属新余燃气有限公司谢部生同志书法作品荣获江西省第七届青年书法作品展览一等奖。

（七）2013 年 4 月，所属新余燃气有限公司李庆同志荣获新余市职工职业道德建设“十佳标兵”称号。

（八）2013 年 5 月，所属新余燃气有限公司李庆同志获新余市五一劳动奖章。

（九）2015 年 4 月，所属新余燃气有限公司何瑛同志荣获 2014 年度新余市应急管理工作先进个人称号。

（十）2016 年 5 月，所属新余燃气有限公司安全管理部周亮同志被评为 2015 年度新余市优秀共青团干部称号。

（十一）2016 年 6 月，所属新余燃气有限公司总经理陈春生同志荣获新余市市直机关优秀共产党员称号。

（十二）2017 年 3 月，所属新余燃气有限公司何瑛同志被评为 2016 年度新余市三八红旗手称号。

（十三）2018 年 12 月，刘绚同志荣获全省首届党务技能大赛“国有企业党建”项目一等奖。

五、页岩气公司

2016 年 5 月，江西省国资委授予刘扬同志“六五”普法先进个人称号。

第二节　股东单位授予荣誉

一、天然气集团

（一）2014 年 7 月，马亮同志荣获 2013 年度省投资集团优秀共产党员荣誉称号。

（二）2014 年 7 月，李平同志荣获 2013 年度省投资集团优秀党务工作者荣誉称号。

（三）2015 年 7 月，郭洪林同志荣获 2014 年度省投资集团优秀党务工作者荣誉称号。

（四）2016 年 12 月，曹方秀璇同志荣获省投资集团 2015 年度优秀共青团员荣誉称号。

（五）2018 年 6 月，闫永辉荣获 2017 年度省投资集团优秀共产党员荣誉称号。

二、天然气管道

（一）2014 年 7 月，柯伟同志荣获省投资集团颁发的优秀共产党员称号。

（二）2015 年 1 月，所属巡线二队黄明敏同志荣获省投资集团党委颁发的最美江投人称号。

（三）2016 年 3 月，所属景德镇站卢逸凡同志荣获由省投资集团工会颁发的技改创新三等奖。

（四）2016 年 3 月，所属景德镇站郭露同志荣获省投资集团第五届安全知识竞赛三等奖。

（五）2016 年 6 月，所属巡线一队何军同志荣获省投资集团党委颁发的劳动模范称号，所属景德镇站纪刚同志荣获优秀员工称号。

（六）2018 年 6 月，余略同志荣获省投资集团党委“优秀党务工作者”称号。

（七）2018 年 6 月，所属新建巡线队队长胡志官同志、九江输气站安全员王强同志、工程管理部员工黄志同志荣获省投资集团党委“优秀共产党员”称号。

三、天然气投资

（一）2013 年 7 月，康小松同志荣获省投资集团 2012 年度优秀党务工作者称号。

（二）2013 年 7 月，贾美胜同志荣获省投资集团 2012 年度优秀共产党员称号。

（三）2013 年 7 月，胡彬同志荣获省投资集团 2012 年度优秀共产党员称号。

（四）2013 年 8 月，张莹同志荣获省投资集团 2012 年度优秀纪检监察干部称号。

（五）2014 年 6 月，张莹同志荣获省投资集团 2013 年度优秀共青团干部称号。

（六）2014 年 6 月，涂世欣同志荣获省投资集团 2013 年度优秀共青团员称号。

（七）2014 年 6 月，王国庆同志荣获省投资集团 2013 年度优秀共青团员称号。

（八）2014 年 7 月，康小松同志荣获省投资集团 2013 年度优秀党务工作者称号。

（九）2014 年 7 月，邓勇平同志荣获省投资集团 2013 年度优秀共产党员称号。

（十）2014 年 7 月，皮慧芳同志荣获省投资集团 2013 年度优秀共产党员称号。

（十一）2014 年 7 月，侯远超同志荣获省投资集团 2013 年度优秀党务工作者称号。

（十二）2014 年 12 月，布健峰同志被授予省投资集团“最美江投人”称号。

（十三）2015 年 8 月，宁苇海、程根、程鹏波同志荣获省投资集团 2015 年度天然气板块劳动竞赛个人一等奖、二等奖、三等奖。

（十四）2015 年 7 月，叶金万同志荣获省投资集团 2014 年度优秀党务工作者称号。

（十五）2015 年 7 月，李卫明同志荣获省投资集团 2014 年度优秀党务工作者称号。

（十六）2015 年 7 月，兰忠宇同志荣获省投资集团 2014 年度优秀共产党员称号。

（十七）2015 年 8 月，叶露同志荣获省投资集团 2015 年度优秀共青团干部称号。

（十八）2015 年 12 月，李小坚同志被授予“江投集团劳模”称号

（十九）2016 年 6 月，许国广同志被授予省投资集团优秀员工称号。

（二十）2016 年 7 月，李卫明同志荣获省投资集团 2015 年度优秀共产党员称号。

（二十一）2016 年 7 月，洪艳萍同志荣获省投资集团 2015 年度优秀共产党员称号。

（二十二）2016 年 8 月，蒋赟同志荣获省投资集团 2014 年度优秀共青团员称号。

（二十三）2016 年 8 月，李宇同志获省投资集团 2014 年度优秀共青团干部称号。

（二十四）2016 年 8 月，严娜同志荣获省投资集团 2015 年度优秀共青团员称号。

（二十五）2016 年 8 月，曾烨晖同志荣获省投资集团 2014 年度优秀共青团员称号。

（二十六）2016 年 9 月，万云辉、宋江同志荣获省投资集团 2016 年度天然气板块劳动竞赛个人一等奖、二等奖。

（二十七）2016 年 10 月，贾美胜同志荣获省投资集团 2015 年度技改创新先进个人荣誉称号。

（二十八）2016 年 12 月，夏笛同志荣获省投资集团 2015 年度优秀共青团员称号。

（二十九）2017 年 4 月，张晓江同志荣获省投资集团 2016 年度优秀共青团员称号。

（三十）2017 年 4 月，罗琦同志荣获省投资集团 2016 年度优秀共青团干部称号。

（三十一）2017 年 7 月，吴强同志荣获省投资集团 2016 年度优秀共产党员称号。

（三十二）2017 年 8 月，高雨龙同志荣获省投资集团 2018 年度天然气板块劳动竞赛个人一等奖。

（三十三）2018 年 5 月，蒋赟同志获评省投资集团 2017 年度优秀共青团干部称号。

（三十四）2018 年 5 月，李祯璐同志获评省投资集团 2017 年度优秀共青团员称号。

四、投资燃气

（一）2013 年 7 月，所属新余燃气有限公司曾文彬同志荣获省投资集团 2012 年度优秀共产党员称号。

（二）2014 年 12 月，孙海洋同志荣获省投资集团优秀员工称号。

（三）2015 年 1 月，所属新余燃气有限公司刘杰同志荣获省投资集团 2014 年度安全标兵称号。

（四）2015 年 7 月，所属新余燃气有限公司欧阳宇同志荣获省投资集团评为优秀共产党员称号。

（五）2016 年 7 月，所属新余燃气有限公司黄清辉同志荣获 2015 年度省投资集团优秀共产党员称号。

（六）2016 年 7 月，所属新余燃气有限公司陈春生同志荣获 2015 年度省投资集团优秀员工称号。

（七）2017 年 7 月，所属高安公司张超同志荣获省投资集团 2016 年度优秀共产党员称号。

（八）2017 年 7 月，所属新余清洁能源公司颜浩然同志荣获省投资集团 2016 年度优秀共产党员称号。

（九）2018 年 6 月，所属高安公司赵冀川同志荣获省投资集团 2017 年度优秀共产党员称号。

（十）2018 年 6 月，所属鄱阳湖液化天然气公司邓亚同志荣获省投资集团 2017 年度优秀共产党员称号。

（十一）2018 年 6 月，所属抚州清洁能源公司姜亮同志获省投资集团 2017 年度优秀共产党员称号。

五、能源投资

（一）2014年7月，所属遂川公司吁安同志荣获省投资集团2013年度优秀共产党员称号。

（二）2014年12月，所属昌南公司徐锐同志荣获省投资集团优秀员工称号。

（三）2014年12月，所属莲花公司陈云从同志荣获省投资集团优秀员工称号。

（四）2014年12月，所属井冈山公司倪丽云同志荣获省投资集团优秀员工称号。

（五）2015年7月，所属井冈山公司倪丽云同志荣获省投资集团2014年度优秀共产党员称号。

（六）2016年5月，所属井冈山公司、永新公司廖桂东同志荣获省投资集团优秀员工称号。

（七）2016年5月，所属昌南公司徐锐同志荣获省投资集团优秀员工称号。

（八）2016年6月，孙秋平同志荣获省投资集团2015年度优秀共产党员称号。

（九）2016年6月，所属大鼎公司、三清山分公司龙波同志荣获省投资集团2015年度优秀共产党员称号。

（十）2016年6月，所属遂川公司叶如意同志荣获省投资集团2015年度优秀党务工作者称号。

（十一）2016年12月，所属瑞昌公司邱乐林同志荣获省投资集团2015年度优秀共青团员称号。

（十二）2016年12月，刘文同志荣获省投资集团2015年度优秀共青团干部称号。

（十三）2017年4月，所属宜春公司刘思珊同志荣获省投资集团2016年度优秀共青团员称号。

（十四）2017年4月，所属万安公司张佳雨同志荣获省投资集团2016年度优秀共青团干部称号。

（十五）2017年7月，所属宜春公司胡育林同志荣获省投资集团2016年度优秀党务工作者称号。

（十六）2018年5月，龙玉婷同志荣获省投资集团2017年度优秀共青团干部称号。

（十七）2018年6月，吁安同志荣获省投资集团2017年度优秀共产党员称号。

（十八）2018年6月，所属万安公司、遂川公司周旭东同志荣获省投资集团2017年度优秀党务工作者称号。

六、页岩气公司

（一）2015年6月，刘伟伟同志荣获省投资集团优秀共产党员称号。

（二）2016年6月，曹宁同志荣获省投资集团优秀共产党员称号。

（三）2016年9月，朱良荣同志荣获省投资集团（天然气板块）劳动竞赛个人三等奖。

（四）2016 年 12 月，万松杨同志荣获省投资集团劳动模范称号。

（五）2016 年 12 月，罗忆同志荣获省投资集团 2015 年优秀团干部称号。

（六）2019 年 1 月，程四洪同志荣获省投资集团 2018 年先进工作者称号。

七、管道分公司

（一）2017 年 6 月，张赣润、陈力波同志荣获省投资集团第六届安全知识竞赛三等奖。

（二）2017 年 9 月，张赣润、陈力波同志荣获省投资集团第三届劳动竞赛（天然气板块）竞赛三等奖。

（三）2018 年 6 月，张春燕同志荣获省投资集团 2017 年度“优秀共产党员”荣誉称号。

（四）2018 年 6 月，张丽娟同志荣获省投资集团 2017 年度“优秀党务工作者”荣誉称号。

（五）2019 年 1 月，徐中伟同志荣获省投资集团 2018 年度“劳动模范”荣誉称号。

（六）2019 年 1 月，喻琴琴同志荣获省投资集团 2018 年度“先进工作者”荣誉称号。

（七）2019 年 1 月，谢毅利同志荣获省投资集团 2018 年度“先进工作者”荣誉称号。

附　录

天然气集团及二级企业简介

一、天然气集团简介：江西省天然气集团有限公司是江西省投资集团有限公司贯彻落实江西省人民政府关于加快打造一流投融资平台、进一步延伸并做大做强江西天然气产业链的指示精神，于2011年10月注册成立的国有独资公司。公司现有注册资本8.67766亿元人民币，总部设在江西省南昌市。公司现设总经理办公室、党群工作部、人力资源部、计划财务部、质量安全监察部、纪检监察室、科技与信息部、企业管理部、投资管理部、新开发银行项目办等10个职能部室。管理江西省天然气管道有限公司、江西省天然气投资有限公司、江西省投资燃气有限公司、江西省页岩气投资有限公司、江西天然气能源投资有限公司、南昌富昌石油储运有限公司等7家二级企业和管道分公司、昌南压缩天然气分公司、安鑫置业公司、新余燃气有限公司、九江市天然气有限公司、江西省鄱阳湖液化天然气有限公司、高安市天然气有限公司、抚州市抚北天然气有限公司、德兴市天然气有限公司、江西天然气鄱阳有限公司、江西天然气贵溪有限公司、余干县天然气有限公司、江西天然气新余清洁能源有限公司等61家分子公司，现有合同制员工1700余人。业务覆盖省级天然气管网、页岩气勘探开发、CNG加气母站、省级LNG储备调峰、城市燃气、工业园区供气、CNG汽车加气、LNG车船利用、管道防腐、管道设备安装、配售电、分布式能源和成品油流通等领域，与中国石化、中国石油、华润燃气、中化国际、港华燃气和新奥燃气等国内知名企业建立了良好的合作关系。厚德载物，行稳致远。江西省天然气集团有限公司将在江西省委、省政府和江西省投资集团有限公司的坚强领导下，立足江西，放眼全国，坚持“稳固中游、拓展下游、进军上游”产业一体化的战略，探索实施多元化、跨区域、产业延伸发展道路的思路，全力推进天然气管网建设、天然气推广利用和安全稳定供应等工作，为建设富裕和谐秀美现代化江西做出积极贡献。

二、天然气管道简介：2007 年 12 月，江西省委、省政府为建设天然气入赣工程，加快江西利用天然气工作，授权江西省投资集团有限公司与中国石油化工股份有限公司合资成立了江西省天然气管道有限公司，主要承接中石化川气东送入赣天然气，负责投资、建设、运营和管理江西省天然气管网一期工程。公司注册资本 7.63 亿元，股比为江西省天然气集团有限公司占比 54%，中国石油化工股份有限公司占比 46%。公司现设总经理办公室、党群工作部（纪检监察室）、人力资源部、企业管理部、财务资产部、营销发展部、生产运行部（调控中心）、工程管理部、投资控制部、物资装备部、安全环保部、管道保护部、科技与信息部、后勤服务中心等 14 个职能部门，下设运营、销售 2 个分公司，南昌、九江、景德镇、新余 4 个压缩天然气（CNG）分公司，设南昌、九江、抚州、景德镇 4 个管理处，共有 23 座输气站，4 座 CNG 加气母站，14 个巡线队，1 个维检修中心。截至目前，用工总数 472 人，其中合同制员工 415 人，劳务派遣员工 57 人，员工平均年龄 31.88 岁。天然气管道主要承接中石化川气东送管道，环绕鄱阳湖规划建设，规划管线约 1700km，涉及南昌、九江、景德镇、鹰潭、抚州、宜春、上饶、新余等 8 个设区市及其所属的县（市、区）。天然气管道在服务地方经济中迅速发展壮大，管网建设快速推进，企业管控逐步规范，气量销售高速增长，为江西经济社会发展作出了突出贡献。公司工作多次得到江西省委、省政府和中国石化等领导的亲切关心和充分肯定，并被江西省人民政府授予“全省十一五重点工程建设先进单位”荣誉称号。天然气管道将以求真务实、埋头苦干的作风，锐意进取，奋发有为，积极投身经济社会建设发展，为推助长江经济带建成生态更优美、交通更顺畅、经济更协调、市场更统一、机制更科学的黄金经济带，打造江西天然气上中下游一体化产业链，为实现富裕美丽幸福现代化江西作出新的更大贡献。

三、天然气投资简介：江西省天然气投资有限公司是中石油与天然气集团合资成立的专业化公司，成立于 2010 年 8 月 30 日，注册资本金为 4 亿元人民币，双方股东各持 50% 股权。按照 2011 年 3 月 8 日江西省人民政府与中国石油天然气集团公司签署的《战略合作协议》，公司负责江西省天然气管网二期工程的投资、建设、运营和管理，主要承接西气东输二线、三线入赣天然气，以西气东输二线、三线在江西省境内分输站为起点，建设至各设区市中心城市、县

（市、区）中心城市及工业园区的长输高压管网，工程覆盖南昌、九江、宜春、新余、萍乡、吉安、赣州、上饶、鹰潭、抚州等10个设区市、50个县（市、区）。同时，根据《江西省压缩天然气（CNG）加气站总体规划》，在赣州、上饶、吉安分别规划建设一座CNG加气母站，为管道暂未通达的地区及周边车用天然气市场提供有效的资源保障。

四、投资燃气简介：江西省投资燃气有限公司，成立于2008年2月，是江西省投资集团有限公司为深入贯彻落实江西省委、省政府关于“建设天然气入赣工程，加快江西利用天然气工作”战略决策成立的从事城市燃气投资、建设、运营和管理的现代化燃气企业。2010年12月，江西省投资集团有限公司与中国石化天然气分公司以增资扩股方式合作，注册资本金为3.7亿元人民币，其中江西省投资集团有限公司持股54%、中国石化天然气分公司持股46%。2012年9月，江西省投资集团有限公司将持有的投资燃气股份全部变更到天然气集团。其中天然气集团持股54%、中国石化天然气分公司持股46%。公司本部设在南昌，内设总经理办公室（与后勤管理部合署办公）、党群工作部、人力资源部、财务资产部、监察审计部、企业管理部、投资发展部（与市场营销部合署办公）、安全监察部、工程管理部与信息管理中心等12个职能部门，全系统有员工700余人。截至2018年底，公司已设立各类控参股企业24家，主要通过与港华燃气、新奥燃气、华润燃气和其他地方国有企业合资合作成立，分布在新余、九江、高安、抚州、上饶等地，业务领域涉及城市燃气、工业直供、汽车加气、船舶加注、管道安装和管道防腐等天然气终端领域。为推广鄱阳湖水域内各类船舶使用清洁能源，委托交通部水运科学研究院开展了江西省水运行业LNG应用的相关研究和探索工作。同时，公司整合多方资源，与中石化天分公司、中国船级社武汉规范所、中国航天十五所、中化国际、浙江华祥、重庆龙源动力等专业机构达成合作，致力探索天然气产业价值链延伸。近年来，在股东双方的正确领导下，公司上下坚定履行“保一湖清水，护一片蓝天”的企业使命，始终践行“人本、责任、安全、廉洁”的企业核心价值观，坚持以安全生产为前提，持续提升为所属企业的管理服务水平，在巩固城市燃气和工业直供用户市场的基础上，大力拓展车船用气市场，深入推进发展升级，积极策应赣江新区和生态文明先行示范区建设,朝着“成为值得信赖和尊重的综合性清洁能源服务供应商”的发展之路越走越宽!

五、能源投资简介：江西天然气能源投资有限公司成立于2013年4月，是省投资集团所属企业天然气集团独资发起设立的省级终端燃气供应公司。目前公司经营范围涉及省级LNG储备调峰、城市燃气、工业园区直供、CNG/LNG 汽车加气、燃气设备安装、管道防腐等领域，并正在遵照省投资集团和天然气集团的部署要求，重点围绕江西省天然气管网二期工程覆盖区域拓展燃气业务。公司现设总经理办公室、党群工作部、投资管理部、计划财务部、人力资源部、企业管理部、安全监察部、工程管理部、监察审计室、信息管理中心等 10 个职能部室，截至 2018 年 12 月，已投资设立江西天然气昌南有限公司、江西遂川天然气有限公司、江西天然气赣州清洁能源有限公司、江西天然气莲花有限公司、江西天然气井冈山有限公司、江西天然气万安有限公司、江西天然气永新有限公司、江西天然气宜春有限公司、江西天然气九江有限公司、江西天然气瑞昌有限公司、江西天然气大鼎实业有限公司、江西天然气鑫源投资有限公司、江西天然气能源投资有限公司三清山分公司、江西天然气能源投资有限公司樟树清洁能源分公司、江西天然气能源投资有限公司瑞金分公司等 15 家所属控股公司和分公司，参股吉安华润清洁能源有限公司和鹰潭润燃清洁能源有限公司等 2 家企业。在上级部门和社会各界的关心支持下，公司各项工作正在扎实有序推进当中，项目建设和运营管理不断取得新进展。绿色崛起添新军，投资兴业谱华章。公司将以科学管理为基础、饱满干劲为动力、优良作风为保障，深入贯彻省投资集团“经济效益与社会效益并重”的经营原则，忠实履行江西天然气“保一湖清水、护一片蓝天”的崇高使命，切实担负国有企业的经济、政治和社会三大责任，积极与社会各界通力合作，努力为公共事业、城镇居民和工业用户提供洁净安全的天然气能源和优质可靠的服务，致力打造一流城市终端燃气运营商，为江西保障能源安全、产业结构转型升级和能源结构优化竭诚奉献，力争为赣南等原中央苏区振兴发展和赣鄱大地发展腾飞做出新贡献！

六、页岩气公司简介：江西省页岩气投资有限公司是江西省天然气集团有限公司于 2013 年 3 月 12 日独资成立，注册资本金 25000 万元。公司设有地质研究部、工程技术部和安全环保部等七个职能部门，专门负责页岩气项目的投资、建设、运营及管理；压缩天然气和液化天然气的投资、开发及利用；天然气加气站的投资与管理；新能源项目的投资、开发及利用；页岩气工程的建设、安装、施工及维修；天然气管道的采购、防腐及销售；页岩气项目相关设备的生产与销售；成套设备的租赁；信息咨询服务；页岩气的其他相关业务。按照天然气集团上中下游一体化发展战略，公司承担了江西修武盆地页岩气区块勘查工作、南鄱阳盆地油气资源调查和丰城煤层气综合利用等项目工作。修武盆地页岩气区块位于修水、武宁两县境内，总面积为 598.28km^2。该项目自 2013 年 5 月份正式启动以来，科学部署实施，完成了专项地质调查、二维地震勘探、江页1井、江页2井钻完井工程及相关配套专题研究项目，获取了丰富的地质资料，圆满完成钻探地质任务，落实了目标层系页岩含气性，通过各项研究分析，形成了一系列成果认识，实现了勘查地质任务，对于推进我省与下扬子地区油气勘探工作具有重要的现实意义；2015年公司在对省内油气资源进行综合调查的基础上，重点开展了对南鄱阳盆地研讨论证、调研交流、野外调查、评价分析等工作，并积极寻求省政府、省厅在南鄱阳盆地油气调查评价项目上给予支持。2018年10月29日，江西省自然资源厅第16次厅长办公会审议同意公司在南鄱阳盆地开展页岩油气资源调查评价工作。2018年12月18日，公司邀请朱日祥院士、贾承造院士及多位业内知名专家对本项目进行评审，专家组一致同意通过该项目评审；2018.12–2019.3，完成了项目总设计审查验收，启动了南鄱阳二维地震勘探项目，于3月31日完成了地震野外采集施工；2019年4–12月，结合最新工作成果进行井位论证分析，开展实施钻完井井工程、录井、测井、VSP测井等工程。公司将继续秉承“保一湖清水，护一片蓝天”的历史使命，围绕“突破能源制约瓶颈，改变江西能源结构”这一发展总目标，发扬锐意改革、积极创新、攻坚克难的精神，为江西的页岩气的勘探开发积累经验、夯实基础，培养出一支集页岩气勘查、开发、科研、管理于一体的专业化人才队伍，探索出一条符合江西地质特征的页岩气勘探开发之路。

七、管道分公司

天然气集团按照“控股投资、财务单列”的管理模式，于2016年3月予出资组建了天然气集团管道分公司。

管道分公司按照省政府确定的“统一主体、统一网络、统一调配、统一价格”原则和“全省一张网”的模式，承接西气东输二线、西气东输三线入赣天然气。以西气东输二线、西气东输三线在南昌、宜春、萍乡、上饶、吉安、赣州等设区市境内分输站、分输阀室为起点建设至各县（市、区）中心城市门站的省级管网。管网总长约1516km，涉及45个尚未通达管输天然气的县（市、区），工程主要集中在赣州、吉安、赣西、赣东北等革命老区和原中央苏区。